KB169170

한국전쟁의 기원

해방과 분단 체제의 출현

1945~1947

1

한국전쟁의 기원

해방과 분단 체제의 출현 1945~1947

1

브루스 커밍스 지음 김범 옮김

글항아리

일러두기

- 외국 인명·지명 등은 국립국어원 외래어 표기법을 따랐다. 따라서 원서의 표기와는 조금 다른 경우도 있다.
  보기: 양칭유楊靖宇 → 양징위
- 외국 지명·서명 등은 필요한 경우 처음에만 원어를 병기했다. 인명의 한자·영문 표기는 찾아보기에 모아 실었다.
- 한국에서 일반적으로 사용되지 않는 단위(마일, 에이커 등)는 널리 쓰이는 단위로 환산해 괄호 안에 표기했다.
- 본문의 각주는 모두 옮긴이가 단 것이다.
- 원서에서 이탤릭체로 강조한 것은 고딕체로 표시했다.

보니와 재키에게

한국어판 서문

내가 이 책의 제목을 한국전쟁의 '기원'으로 정했을 때 그것은 한국인이 아닌 미국인을 위한 선택이었다. 1940년대 후반을 살았던 한국의 성인들은 이 책의 많은 내용이 기억 속에 살아 있을 것이고, 그들 가운데 많은 사람은 내전이 다가오는 모습을 볼 수 있었다. 반면 미국인에게 그 전쟁은 진주만을 섬뜩하게 떠올리게 하는 일요일 아침의 천둥 소리로 다가왔다. 이 전쟁이 어떻게 시작됐는지 그 기원을 놓고 트루먼 행정부가 공식적으로 발표한 뒤 스탈린이 김일성에게 공격을 지시했다는 사실이 전부라는 판단이 힘을 얻었다. 학자로 자처하는 이들을 포함한 많은 미국인은 아직도 이것을 공식 사관으로 받아들이고 있다. 한편 지식인들조차 1945년부터 1948년까지 3년 동안 미국이 남한에서 군정을 실시했고 그것은 한국 현대사가 형성되는 데 깊은 영향을 줬다는 사실을 모른다.

1981년 1권이 나온 직후 나는 하와이대학에서 열린 학회에 참석했는데, 뉴욕시립대학의 도널드 자고리아 교수는 1945년의 일부 사건이 1950년의 전쟁과 관련 있다는 내 생각을 비판했다. 기이하지만 이것은 연구를 시작했을 때 내 무의식에도 내재한 믿음이었다.

나는 1967년부터 1968년까지 서울에서 평화봉사단의 영어 교사로 일했다. 나는 어린 자녀 둘을 둔 다정한 한국인 가정에서 묵고 있었는데, 그들의 심성은 내 미국인 가족의 심성과는 꽤나 달랐다. 아버지는 교사였고 어머니는 개인 회사에서 행정 업무를 맡아 봤다. 나는 그들을 존경했고 아이들과 노는 것을 좋아했다. 나는 주한 미국 대사관, 미군, 국제개발처에서 재직하던 미국인들과도 여러 번 만났다. 몇몇은 냉전적 보수주의자였고 몇몇은 케네디적 진보주의자였지만, 그들은 모두 내가 "절약하며 검소하게" 살고 있다는 것을 잘 믿지 못했다(그들은 높은 담장이 둘러쳐진 거처에서 경호를 받으며 살았다). "김치 먹었습니까?" 그들은 나를 보면 이 질문부터 먼저 하곤 했다(미 대사관 직원들과 미군이나 군속들이 이용하던 일명 '아리랑 택시'를 잡지 못했을 때 '김치 택시'—그들은 그렇게 불렀다—를 타는 것이 그들과 김치의 유일한 관계였다). 그들은 내게 다른 질문도 많이 했고 그 가운데는 상당히 공격적인 것도 있었지만, 하나같이 자신이 돕고 방어하기 위해 몸담고 있는 한국 사회를 제대로 이해하지 못했다.

그들은 인종 차별을 상당히 노골적으로 드러내기도 했다. 물론 은근히 드러낼 때가 더 많았다. 한번은 내 부모님의 친구 가운데 국제개발처에서 파견된 분들이 한국 음식점에 데려다달라고 부탁한 적이 있다. 그분들은 꽤 진보적이었는데, 나는 그들을 서울에서 가장 좋다는 우래옥(지금은 세계적으로 널리 알려졌다)으로 모셨다. 우리는 한국 음식이 가득 차려진 탁자 앞에 앉았다. 가벼운 이야기를 나눈 뒤 음식을 먹기 시작했는데, 한 부인이 갑자기 일어나더니 집에 가야겠다고 했다. 이유는 말하지 않았다. 그분과 그분의 남편은 자리를 떠났고 나는 당황하는 종업원들을 지켜볼 수밖에 없었다. 그 뒤 다시 만났지만 그분들은 그렇게 무례한 행동을 한 까닭을 설명하지 않았다.

이것을 포함해 여러 경험을 하면서, 특히 미군기지 주변 기지촌의 분위기를 관찰하면서 나는 한국전쟁의 기원이 아니라 한·미 관계에 왜 그렇게 많은 식민적 의존성이 있는지 궁금해하면서 그 기원을 탐색하게 됐다. 그 결과 나는 컬럼비아대학에 제출한 박사논문에서 미군정의 첫해를 다루게 됐다. 그 와중에 1946년 3월 존 R. 하지 장군이 북한의 침공을 우려한 내용이 담긴 비밀문서를 읽었다. 그 뒤 1946년 10월 추수 봉기가 일어났다. 나는 5년

이 긴 시간이 아니라는 것을 조금씩 깨달았는데, 지금은 우습게 느껴지지만 20대 후반의 나 같은 사람에게는 새로운 발견이었다. 나는 이 전쟁이 그 5년 동안 독특한 기원을 갖게 됐고, 1930년대에 일본에 맞서 싸우거나 협력했던 젊은 지도자 세대들 사이에서는 그 기원이 더 오랜 기간에 걸쳐 형성됐다는 사실을 이해하게 됐다.

평화봉사단에 근무하면서 외부 사건들, 특히 베트남전쟁의 영향을 받기도 했다. 나는 한국에 갔을 때 케네디적 진보주의자였고, 한국에서 한 경험과 컬럼비아대학에서 박사과정을 시작했을 때 조성된 격렬한 정치적 분위기에 의해 1969년 무렵 급진화됐다고 분명히 말할 수 있다. 나는 강의실에서도 많은 것을 배웠지만 대학에서 거의 날마다 일어나는 시위에서도 많은 것을 배웠다. 교수들을 만난 것은 특별한 전환점이었다. 컬럼비아대학에 들어오기 전에 나는 책을 낸 교수를 한 분도 만나지 못한 것 같다. 하지만 내가 컬럼비아대학에서 강의를 들은 교수들은 거의 다 책을 냈으며, 윌리엄 시어도어 드배리와 도크 바넷 같은 분들은 자기 분야에서 탁월한 학자였다. 나는 그들을 상당히 경외했다. 하지만 그들 대부분은 학교의 혼란으로 큰 위협과 동요를 겪었고 1년도 안 돼 나는 그들 가운데 아무도 존경하지 않게 됐다. 윌리엄 몰리 같은 교수들은 반전을 주장하는 교수와 학생들의 경력을 중단시키려고 모든 방법을 동원했다(내가 컬럼비아대학에서 열린 학회에서 논문의 한 장을 처음 발표했을 때 몰리는 자신의 친구 유진오와 함께 왔다. 유진오는 미국이 1945년 후반 남한 단독정부 수립을 계획하기 시작했다는 내 주장에 얼굴을 붉히며 맹렬히 비판했다. 김성수가 자신에게 그것은 사실이 아니라고 말했다고 유진오는 언급했다. 한국인은 극비문서를 볼 수 없었는데 김성수가 어떻게 그것을 알 수 있겠느냐고 나는 말할 수밖에 없었다). 내 지도교수인 프랭크 볼드윈을 포함한 소수의 교수는 아시아 학계에서 진보적 단체인 아시아연구자위원회Committee of Concerned Asian Scholars의 일원이었다. 그들은 그 학회에 가입하면 정교수가 될 기회가 거의 사라진다는 것을 알았기 때문에 그렇게 하는 데는 엄청난 용기가 필요했다.

우리는 대부분의 진보단체와 마찬가지로 정해진 공간도 없이 옮겨가면서 주로 베트남전쟁과 아시아 정치를 논의하기 위해 만났다. 그런 경험으로 인해 나는 모든 것에 대한 비판적 사고에 눈을 떴다. 그런 과정을 거치면서 나 자신이 다른 사람이 됐다고 진심으로 믿는다. 1981년에 출판한 내 책을 1966년의 내가 읽었다면 이해하지 못했을 것이다. 내 연구는 결코 나 혼자 한 것이 아니었다. 내 생각은 오랫동안 전수된 지혜를 뒤집어엎은 한 세대의 학자들에게 큰 영향을 받으면서 형성됐다.

내 첫 책이 나오기 오래전 서울의 독재정권은 나를 발견했다. 어쩌면 내가 그들을 발견했다고 말해야 할지도 모른다. 1971년 가을 나는 고려대 아세아문제연구소에서 1년 동안 연구할 예정이었다. 나는 그곳에 꼭 하루 있었는데, 박정희 정권이 위수령을 발령하여 고려대를 폐쇄한 날이었다. 정규군인으로 보이는 사람들이 탱크를 몰고 교문으로 진입했고 곧 고려대에 주둔했다. 그들은 정말 독한 최루탄을 사용했고 그것은 학교 전체에 퍼졌다. 나는 아세아문제연구소에 배정된 연구실을 나올 수밖에 없었고 이름 모를 한 여성 학자와 함께 서둘러 출구로 향했다. 우리는 최루가스를 피하려고 마침내 담장을 기어올라갔고 내려와보니 어느 주유소 지붕이었다. 누군가 사다리를 가져다줘서 내려온 우리는 서둘러 인사하고 헤어졌다. 나는 고려대로 되돌아가는 대신 서대문의 한국연구원에서 조용한 한 해를 보냈다.

그 기간에 아무도 나를 방해하지 않았지만 어느 날 일본에 있는 친구가 보낸 소포를 받았는데, 얼굴에 화상을 입은 서승의 사진이 들어 있었다. 그는 서울에 유학 왔다가 북한의 간첩으로 고발됐다. 자백을 얻어내려고 거꾸로 매단 뒤 불 속으로 조금씩 내려보내는 '칭기즈칸' 고문법이 그에게 자행됐다고 했다. 정부에서는 그가 자살을 시도하려고 스스로 불 속에 뛰어들었다고 주장했다. 이튿날 나는 내가 뭘 하면서 살고 있는지 질문하면서 서울을 이리저리 걸어다녔다. 내가 사는 미국 정부의 전폭적인 지지를 받은 이런 사람들이 운영하는 나라를 연구하는 데 내 삶을 바칠 수 있을까?

1972년 가을 내가 귀국한 직후 독재정권은 계엄령을 선포하고 박정희를 종신 대통령으로 만드는 새 헌법을 공포했다. 닉슨 대통령은 못 본 체하면서 박정희에게 전권을 위임했다. 나도 한국의 중앙정보부가 미국에서 위험한 행동을 하고 있다는 것을 한국의 친구들에게서 들었는데, 재미교포를 협박하고 일부는 납치해 서울로 돌려보내기까지 한다는 것이었다. 1975년 나는 스워스모어대학에서 가르치고 있었는데 역겨운 사건들이 한데 뒤섞이는 것을 목격했다. 통일교는 미국 전역의 도시들에서 반공 노선을 지지했고, 한국 외교관들은 의회 의사당으로 100달러짜리 지폐 뭉치를 갖고 갔으며, 중앙정보부는 하버드대학부터 시작해 여러 대학의 한국학 연구 계획에 자금을 지원하기 시작했다. 내가 의회에서 한·미 관계를 증언할 때 낯선 한국 여성이 연락해 자신이 내 증언을 주선했으며 북한에 호의적인 말을 해서는 안 된다고 말했다. 내가 증언하는 동안 플로리다 출신의 한 하원의원은 술을 마셔 불콰해진 얼굴로 북한은 'tolitarian(그의 표현 그대로) 국가'•가 아니냐고 내게 계속 물었다(나중에 위원회의 위원장이 내게 사과했지만 그들은 다시 증언을 요청하지는 않았다).

이 가운데 일부만 코리아게이트 조사에서 밝혀졌는데, 전직 중앙정보부장과 그 밖의 전직 한국 정부의 관료·외교관들은 중앙정보부가 미국에서 벌인 광범위한 행동에 대해 위증하라는 협박을 받고 증언했다. 그들은 한국무역협회라는 단체를 만들어 미국의 여러 대학에 돈을 줬다. 많은 학자가 그 돈을 기꺼이 받아가면서 이 모든 일에 개의치 않아 했다. 어느 날 나는 하버드대학 한국학연구소장인 에드워드 와그너에게 주미 한국대사가 의회 의사당 주변에 100달러짜리 지폐를 뿌리고 있다고 말했다. "오, 그건 좀 우스꽝스럽군요." 그가 말했다. 달리 말해서 범인들이 맹세하고 증언했지만, 이 말을 꺼낸 것은 내 잘못이었다. 물론 그들은 워싱턴대학에도 자금을 주려고 했지만 제임스 팔레와 나는 강력히 반대했다. 나는 일부 학과의 교수들과 했던 회의를 아직도 기억하는데, 내가 중앙정보부에 대한 코리아게이트의 조사 결과를 논의하자 두세 사람은 웃음을 참을 수 없는 것 같았다.

이 무렵 나는 『뉴욕리뷰오브북스』에 김지하와 그의 저항시에 가해지는 탄압에 관한 글을 썼고 그를 기리는 시 낭송회에도 참가했다. 『동아일보』에

• "전체주의 국가totalitarian state"를 잘못 말한 것으로 보임.

서 해직된 기자들을 위한 탄원을 조직하는 일을 돕기도 했다. 1977년 지미 카터가 대통령이 됐을 무렵 나는 박정희의 독재에 지원을 중단할 것이라는 큰 기대를 품었다. 그는 주한 미군 철수를 추진했다. 그러나 1980년 전두환의 쿠데타와 5·18 민주화운동 진압을 지지하기 훨씬 전부터 완전히 쓸모없는 위선자라는 사실이 금세 분명해졌다. 그가 시애틀을 방문했을 때 제임스 팔레와 나는 그가 묵은 호텔 밖에서 대학원생 몇 사람과 함께 그를 비판하는 현수막을 들고 서 있었다. 그가 우리를 봤는지는 모르겠다.

나는 텔레비전 프로그램에서 통일교를 비판했는데, 어느 날 한 흑인 청년이 대학의 내 연구실로 들어와 전화번호부를 볼 수 있겠느냐고 물었다. 그는 그것을 잠시 정독했고 나는 무엇을 하느냐고 물었다. 그는 고맙다고 말하고는 떠났다. 며칠 뒤 나는 학생회관의 통일교 관련 전시 테이블 앞에서 그를 봤다. 다시 며칠 뒤 평일 오후에 우연히 집에 갔는데 그가 내 집 앞에 차를 대고 있었다. 나는 경찰에 전화를 걸었는데, 통일교도들이 미네소타에 있는 도널드 프레이저 하원의원의 집을 불태웠다고 들었기 때문이다. 프레이저는 코리아게이트 수사를 이끌던 주요 인물 가운데 한 사람이었다. 그 뒤 그 청년은 다시 나타나지 않았다.

1970년대 후반 나는 한국 정부의 관료들과 한 번도 접촉하지 않았고 그들에게서 방해받지도 않았다. 물론 나의 행동은 전부 그들의 주의를 끌었고, 살면서 정말 있을 것 같지 않은 경험을 한 가지 하게 됐다. 1979년 6월 나는 시애틀의 한국 영사관에 가서 비자를 신청했다. 한 젊은 여성이 내게 4년 만기 여권을 즉시 발급해줬다. 그 뒤 나는 도쿄로 갔고 서울행 비행기표를 보여주자 일본인 직원은 매우 당황하면서 당신은 한국 입국이 금지됐다고 말했다. 나는 당시 일본에서 일하고 있던 예전의 지도교수이자 좋은 친구인 프랭크 볼드윈에게 전화를 걸었고, 그는 내일 같이 주일 한국대사관에 가서 비자를 발급해주지 않으면 기자회견을 하겠노라 위협하자고 말했다. 우리는 약속한 시간에 대사관에 도착했고 문화 담당관 사무실로 안내됐다. 그는 유창하게 영어를 구사했는데, 17년 동안 웨스트버지니아의 작은 대학에서 심리학을 가르쳤다고 했다. 우리는 족히 세 시간은 이야기를 나눴고 나는 그의 행동에 놀랐다. 그는 나와 완전히 긴장을 풀고 편안하게 이야기를 나눴지만 부하 직원이 사무실에 들어오자 자세를 고치더니 마치 어린 아이를 대하듯 그 직원에게 말했다.

마침내 그는 사흘 만기의 비자를 발급해줬다. 나는 필요한 책과 물건을 좀 사고 몇몇 친구를 만나고 싶다고 그에게 말했다. 김포공항에 도착했을 때 세관의 고위 공무원이 내게 인사를 하고 물었다. "책과 물건을 좀 사고 친구를 만나실 건가요?" 나는 그렇다고 말했고 세관을 통과하니 서울대 교수 한 분이 나를 맞으러 나와 있었다. 그는 나와 같은 해에 태어났고 전에 조금 알던 사이였다. 그는 "책과 물건을 사고 친구를 만나는 데" 나와 동행하기로 돼 있었다. 그는 오래된 한식집에서 잘 차린 저녁을 내게 대접했는데 황소의 두 다리 사이에 달린 것까지 나왔다(나도 먹었다). 그러고 나서 우리는 맥주집에 갔고 젊은 여성 두 명이 어디선가 나타나 잔을 채워줬다. 나는 서울의 많은 전통 숙소 가운데 가장 좋아하는 사직여관에서 묵었다.

이튿날 아침 5시에 일어나 여관을 나와 여기저기 돌아다닌 뒤 끝으로 인사동에 있는 멋진 고서점들을 둘러봤다. 나뿐 아니라 우리 한국인 사서를 위해 사야 할 책의 긴 목록이 있었기 때문이다. 그러고 나서 전라도 음식을 하는 식당에서 풀브라이트 계획 책임자를 만나 점심을 먹었다. 그는 정부 요원들이 나를 찾아 자신의 사무실에 왔었다고 말했다. 그들은 내가 평화봉사단에서 알고 지냈던 예전 한국어 교사도 방문했다. 서울대 교수도 나를 찾고 있었다. 풀브라이트 책임자는 내가 산 책들을 외교 행낭에 담아 보내겠다고 했다. 이튿날의 일은 잘 기억나지 않지만 나는 오후 늦게 김포공항으로 가서 귀국편 비행기를 탔다. 사서에게 줄 책들은 가지고 탔다. 그녀는 그 목록을 뛰어난 서체의 한문으로 적어줬었다. 한 세관원은 내게 그 목록을 직접 썼느냐고 물었다. 도대체 무슨 생각이었는지 나는 그렇다고 답했다. 그들 가운데 몇 사람은 큰 존경을 표하면서 내게 허리를 굽혔다. 세관을 통과한 뒤 대기실에 있는데 그 서울대 교수가 땀을 흘리면서 달려와 어디 있었느냐고 물었다. 내가 탄 비행기가 활주로로 나왔을 때 그날 저녁 대통령 전용기를 타고 도착할 지미 카터를 영접하기 위해 직원들이 붉은 양탄자를 깔고 있는 모습이 보였다. 그 뒤 10월 김재규가 박정희 대통령을 살해했을 때 나는 주일 한국대사관의 그 문화 담당관이 김재규의 처남이라는 사실을 알게 됐다.

1970년대 후반 나는 워싱턴대학에 재직하면서 미국에서 가장 오래된 한국학 강좌 가운데 하나를 가르치는 한편 『한국전쟁의 기원』 1권을 쓰고 있었는데, 교수들은 아직도 카를 비트포겔의 극우적 견해를 따르고 있었다. 비트포겔은 1930년대 초반 독일 공산당의 이론가로 스탈린에게 숙청된 뒤 완전히 전향해 시애틀로 왔다. 그는 떠났지만 그가 채용한 많은 사람—이를테면 정연한 이론을 갖춘 보수주의자인 도널드 트레드골드 같은—은 여전히 시애틀에 있었다. 내가 소속된 학과는 뛰어난 학자들이 모여 하는 일본학 연구가 중심을 이뤘지만 미국적 상황에서 보면 매우 보수적이었다. 거의 매일 쟁점은 나의 정치적 견해—또는 그들이 그렇게 상정한 것—였다. 학과장은 동아시아학의 다른 주요 대학들이 나를 채용하지 않을 것이라고 말하곤 했다(1987년부터 나는 시카고대학 동아시아학과에 재직했는데 내 정치적 지향을 거론한 사람은 아무도 없었다). 내가 워싱턴대학에서 가르친 유일한 까닭은 제임스 팔레 때문이었다. 그는 그 세대의 가장 뛰어난 한국학 연구자였으며 내가 아는 최고의 학문적 정치가였다. 팔레는 프랭클린 D. 루스벨트를 지지하는 진보적 뉴딜주의자였고 내 세대의 급진적 정치학을 좀처럼 이해하지 못했다. 그러나 그는 어떤 사람의 학문적 능력이 뛰어나다면 다른 것은 전혀 문제 삼지 않았다. 나는 그에게서 학문적 견해와 그 이상의 것을 배웠다.

프린스턴대학 출판부에 원고를 제출했을 때 나는 '정년이 보장된 정교수'가 아니라 계약직 교원이었다. 내 동료 야마무라 고조는 뛰어난 일본 경제사학자였고 정치적으로는 철저한 보수론자였다. 그는 학문적 서열을 굳게 믿었고 최고의 학술 출판사에서 책을 내지 못하면 정교수에 임용돼서는 안 된다고 말하곤 했다. 몇 달이 흘렀지만 프린스턴대학에서는 아무 소식도 오지 않았다. 마침내 그들이 보낸 얇은 봉투를 받았을 때 나는 거절 서신이리라 추측했다. 봉투를 뜯기 전에 맥주부터 한 병 마셨다. 편지의 내용은 세 번째 검토자가 내 책을 읽고 있다는 것이었는데, 첫 번째 검토자는 내 책을 좋게 봤고 두 번째 검토자는 혹평했기 때문이다. 마침내 세 번째 검토자가 출판에 찬성했고, 나는 야마무라 교수의 얼굴이 침울해지는 것을 볼 수 있었다. "이제 당신은 정교수에 임용될 겁니다." 그는 무뚝뚝하게 말했다. "힘내세요. 다가오는 선거에 기권하면 5달러를 드리죠." 내가 말했다.

상당히 자랑스럽게도 『한국전쟁의 기원』 두 책은 세 가지 상을 받았다. 1권은 미국 역사학회에서 19세기 이후 시대를 다룬 가장 우수한 저서에 수여하는 존 킹 페어뱅크 저작상을 받았다. 2권은 국제연구협회International Studies Association의 퀸시 라이트 저작상을 받았다. 그리고 1984년 전두환 독재정권은 1권을 금지도서 목록에 올렸는데, 두 권뿐인 외국인 저서 가운데 하나였다. 다른 한 책은 영국의 뛰어난 역사학자 크리스토퍼 힐이 쓴 것이었다. 나는 이것이 리처드 닉슨의 정적 목록에 오른 것만큼이나 영예라고 생각했다. 하지만 나는 당초 두 권을 계획한 것이 아니었다.

1940년대 후반의 한국 관련 자료들을 연구하면서 나는 두 권을 써야 한다고 생각하게 됐는데, 1947년은 미국 정책에서 분수령이 되는 해였기 때문이다. 냉전은 트루먼독트린이 발표되면서 본격화했을 뿐 아니라 딘 애치슨은 그 독트린을 한국을 방어하는 데까지 확장하려고 했다. 나는 이것을 1947년 1월에 작성된 다른 자료에 스테이플러로 첨부된 수기 메모에서 처음 봤는데, 거기서 조지 마셜 국무장관은 남한에 단독정부를 수립하고 그것을 일본 경제와 연결시키라고 애치슨에게 지시했다. 이것은 완전히 수정된 일본 정책의 일부였는데, 일본 인접 국가들의 산업을 복구하는 방침을 철회하고 일본의 군사력과 정치력을 박탈하되 경제적 거점으로 다시 복원하는 방향으로 선회한 것이었다(이것은 지금까지 유지되고 있다).

1977년 나는 미국 국립문서보관소에 있었는데, 한 직원이 큰 손수레 가득 골판지 상자를 싣고 가면서 내게 그 안에 든 것을 읽을 수 있느냐고 물었다. 그것은 '242 기록군Record Group'인 '노획 문서'였는데, 1950년 가을 미군이 북한을 점령했을 때 수집한 출판물과 극비 자료로 이뤄진 보물창고였다. 갑자기 내 연구 주제가 내 앞에 펼쳐졌다. 이를테면 1940년대에 발간된 『로동신문』은 북한 바깥에서 이용할 수 있는 복사본이 없었지만, 이 문서에는 그 공식 기관지가 거의 다 들어 있었다. 2년 넘게 이 자료들을 읽으면서 북한에 대한 내 이해는 극적으로 달라졌다.

1권에서는 기존의 미국 비밀문서와 1940년대 후반 남한에서 간행된 자료를 주로 이용했지만 이제 나는 어떤 기록 보존 담당자도 볼 수 없었던—그들은 그 언어를 읽을 수 없었기 때문이다—자료를 이용할 수 있게 되었다(CIA나 정부기관들이 오랫동안 이 문서들의 일부를 제거한 흔적이 분명했지만 대부분은 1951년에 손에 넣었다고 해도 다르지 않았을 내용이었다). 한국전쟁과 관련된 글을 쓴 미국 학자들이 대부분 한국어를 읽지 못한다는 것은 슬픈 사실이다. 그런 사람들 가운데 한 명인 윌리엄 스툭은 '242 기록군'에 흥미로운 것이 있느냐고 내게 뻔뻔스레 묻기까지 했다. 당신의 관심을 끌 만한 것은 아무것도 없다고 나는 말했다.

시간이 흐르면서 내 두 가지 신념은 내가 이 책들을 쓸 때보다 더 깊어졌다. 첫 번째 신념은 특히 군대와 경찰에서 일본에 협력한 거의 모든 한국인을 다시 고용하기로 한 미군정의 결정이 무엇보다 가장 압도적이고 우선적으로 중요하다는 것이다. 1945년 한국인 항일 유격대를 추격하던 일본군 대좌였던 김석원이 1949년 여름 동안 38도선의 지휘관이 되리라고 누가 상상할 수 있었겠는가? 반면 북한 지도부는 거의 모두 항일 유격대원 출신이었다. 또는 이것을 생각해보라. 일본군 장교이자 서로 좋은 친구 사이였던 두 사람이 1946년 조선국방경비사관학교 2기로 졸업했다. 그들은 박정희와 김재규다. 그 뒤 베트남에서 프랑스에 협력했던 장교들을 다시 채용하면서 되풀이한 이 근본적인 오판은 식민지에 반대한 투쟁을 거쳐 건국한 미국이 20세기 중반 무렵 그런 지향을 완전히 포기했음을 보여준다.

두 번째 신념은, 1945년에 등장한 인민위원회는 매우 중요했지만 한국전쟁 관련 문헌에서 거의 완전히 무시돼왔다는 것이다. 나는 오랫동안 좀더 깊이 인민위원회를 연구했다. 특히 제주도 인민위원회는 3년 동안 평화롭게 존속했지만 섬 인구의 적어도 10퍼센트가 끔찍하게 학살된 수치스러운 유혈 사태로 끝났고 그 학살은 미국인들과 앞서 일본에 협력한 한국인 장교들이 주도했다는 사실을 알게 되었다. 이런 상황을 감안하면 누구나 곧 북한이 한국인 대다수가 친일 매국노로 여기는 사람들을 적대시함으로써 자신들의 입지를 확보할 방법을 찾으리라는 것을 이해할 수 있으리라고 생각하게 됐다.

2권을 완성하고 몇 년 뒤 소련의 한국전쟁 관련 문서가 기밀 해제됐다. 내가 이 문서의 내용을 통찰하지 못했다는 비난이 상당히 빠르게 쏟아졌다. 그 문서들은 내가 생각했던 것보다 김일성이 전쟁을 일으키는 데 소련이 더 강력하게 개입했음을 보여줬다. '242 기록군'을 토대로 한 것이기는 했지만, 내가 북한의 독립성을 지나치게 강조한 것은 잘못이었다. 북한이 스탈린의 승인 없이 독자적으로 행동하기에 스탈린은 너무나 엄청난 인물이었다. 소련이 이 전쟁에 참전하려 하지 않았다는 내 주장은 옳았다. 내가 살펴본 정보 자료들에 따르면 개전 이후 소련 잠수함들은 한국 해역에서 신속히 퇴각했고, 조선인민군 군사 고문들은 철수하거나 귀국했다. 1950년 후반 북한이 가장 큰 위기에 빠져 있을 때 스탈린은 그들을 위해 어떤 행동도 하지 않았다. 중국이 참전한 부분적인 이유는 동북부의 자국 산업시설을 보호하고 이르면 1920년대부터 중국에서 공산주의 운동에 참여한 수만 명의 한국인에게 보답하는 데 있었다고 나는 주장했다. 중국 학자들이 새로이 발굴된 많은 문서를 바탕으로 한국전쟁과 관련된 뛰어난 저서를 여럿 냈지만 나는 이 문제에 대한 내 판단을 바꿀 이유를 찾지 못했다.

나는 '음모론자'라는 비난을 받기도 했다. 그런 사람들은 음모에 대한 많은 환상을 갖고 있지만, 도널드 트럼프에게서 보듯 그것을 입증할 사실은 거의 없다. 1950년 6월 마지막 주에 문서로 작성된 몇 가지 음모가 교차됐기 때문에 독자들은, 특히 2권을 읽으면서, 많은 음모가 진행되고 있었다고 생각할 것이다. 국립문서보관소에서 내가 본 것과 같은 자료를 분석한 저명한 역사학자들이 자신의 논저에서 그 자료들을 전혀 언급하지 않는 것을 보고—이를테면 장제스를 실각시키려는 미국의 쿠데타 계획—나는 그 증거들이 이런저런 문서보관소에서 묵혀지도록 내버려두는 것보다 증거가 있는 한 특정한 이야기를 따르기로 했다. 이 방법도 특정한 문서를 기밀 해제하지 않는 미국 당국 때문에 원활하게 진행되지는 않았다. 그러나 나는 모든 작가가 바라는 탐구심 있는 독자들에게 봉사하고자 최선을 다했다.

나는 1945년 이후 이 유서 깊은 나라를 경솔하고 분별없이 분단시킨 미국의 고위 지도자들(당시 존 J. 매클로이보다 높은 '고위' 인사는 없었다)이 촉발한 분열에 나 자신을 개입시키지 않으려고 늘 노력했다는 사실을 한국의 독자들에게 말하고 싶다. 제2차 세계대전 동안 생산된 미 국무부의 많은 문서에 따르면 미국은 항일 유격대 출신의 한국인들이 집권하는 것을 막기 위해 한국에 들어갔고, 이제 그들은 그런 항일 유격대의 후계자들이 핵무기와 대륙간탄도미사일을 가지고 평양에 앉아 있다고 말한다(이것보다 실패한 정책은 생각하기 어렵고 해결책도 좀처럼 보이지 않는다). 한국을 분단시킨 것이 내 조국이었기 때문에 나는 늘 책임감을 느꼈다. 내 개인적 견해가 어떻든 남한이나 북한 가운데 어느 한쪽을 편들 수 없다는 뜻이다. 결과와 상관없이 나는 면밀한 역사적 탐구가 두 한국이 누려야 할 화해로 가는 최선의 처방이자 방법이라 믿고 있고 늘 그렇게 생각했다. 진실은 당신을 자유롭게 할 수 있고 이 경우 진실은 주요 문서들에서 찾을 수 있는데, 거기서 역사의 배우들은 자신이 대중에게 한 말과 곧잘 정반대로 행동했다. 사람들은 한국전쟁에 대한 내 '견해'를 자주 묻고 나는 친절하게 대답하려고 노력한다. 그러나 나는 이 두 책에서 이전의 기밀문서에 대한 내 판단의 근거를 제시하는 데 최선의 노력을 기울였다. 언젠가 누가 말했던 것처럼, 우리 모두는 자신의 견해를 제시할 권리가 있지만 자신의 견해를 사실이라고 주장할 권리는 없다.

나는 정말 많은 것을 가르쳐준 한국인들에게 감사하면서 1권을 시작했다. 내가 한국어를 배워 읽을 수 없었다면 그들의 생각을 이해할 수 없었을 것이다. 이제 두 책 모두 한국어로 충실히 번역돼 한국에서 읽을 수 있게 돼 정말 기쁘다.

출판사와의 연락을 도와준 에릭양 에이전시의 최일인씨에게 감사드린다. 그는 매우 정중하고 대단히 유능했으며, 무엇보다 인내심이 많았다. 내가 그의 요청에 회신할 때까지 그는 매우 참을성 있게 기다려줬다. 그의 모든 수고에 진심으로 감사한다.

김범 박사가 이 두 책을 번역하는 데 5년을 쏟아부었다고 알고 있다. 그의 노고에 어떻게 감사해야 할지 모르겠다. 번역자들은 언어의 장벽을 넘어 전 세계의 인간을 하나로 연결하는 책을 만드는 드러나지 않는 영웅이다.

나는 그에게 큰 신세를 졌지만, 동시에 나의 긴 책—어떤 사람들은 너무 길다고 하는—이 마침내 정식 한국어판으로 나와 한국 독자들이 읽을 수 있게 돼 매우 자랑스럽다. 이 한국어판은 고 정경모 선생의 뛰어난 일본어판 그리고 곧 출간될 중국어판과 함께 나란히 자리할 것이다.

40년 전 1권이 출판된 책이 지금에야 공식적으로 번역된 것은 이상할 수도 있다. 그렇게 된 한 가지 이유는 이해하기 쉬운데, 1984년 전두환 독재 정권이 1권을 금지도서 목록에 올렸기 때문이다. 그러나 이 책의 번역이 늦어진 좀더 중요한 원인은 주제의 중심이 한국의 분단이고 그 분단이 오늘까지도 지속되고 있다는 데 있을 것이다. 마찬가지로 한국전쟁과 그것으로 이어진 1940년대 후반의 상황은 내가 이 연구를 시작했을 때보다 현재가 훨씬 더 논란이 되고 있다. 새로운 자료가 여전히 자주 발굴되고 있으며, 그것은 이 동족상잔의 내전을 다시 조명하고 학자들 사이에서 많은 논쟁을 불러오기 때문이다.

나는 고단한 작업을 끝낸 김범 박사가 이제 충분히 쉬기를 바란다. 나는 한국어를 읽을 수 있는 모든 독자에게 그의 번역을 강력히 추천한다.

2022년 6월

브루스 커밍스

차례

머리말

1953년 한반도는 잿더미의 폐허였다. 남쪽 부산부터 북쪽 신의주까지 한국인은 죽은 이들을 묻고 잃은 것들에 대해 비통해하며, 산산이 부서진 삶에서 남은 것을 그러모으려고 노력했다. 수도 서울에는 빈 건물들이 콘크리트와 파편이 기괴하게 섞인 포장도로를 따라 해골처럼 서 있었다. 수도 외곽의 미군 야영지에는 미군이 버린 쓰레기에서 쓸 만한 것을 주우려고 수많은 거지가 기다렸다. 북한의 최신 건물들은 대부분 무너졌다. 평양과 그 밖의 도시는 벽돌과 재의 더미였고 공장은 텅 비었으며, 거대한 댐은 더 이상 물을 가둘 수 없었다. 동굴과 터널에서 두더지 같은 몰골로 나타난 사람들은 한낮의 악몽을 경험했다. 게다가 한국은 고립된 상태가 아니었다. 세 강대국의 군대가 한반도를 덮쳐 세계대전에 가까울 정도로 충돌하면서 핵전쟁의 불안을 고조시켰다. 그러나 1953년까지 이어진 전쟁은 아무것도 해결하지 못했고 그저 이전 상태로 돌아갔을 뿐이다. 30년이 흐른 지금도 문제는 그대로 남아 있다.

1945년에 끝난 또 다른 전쟁은 격렬했지만 한국에 거의 영향을 주지 않았다. 1945년은 해방과 구원의 해였으므로 아무리 염세적인 예언자라도 그때는 1953년에 닥칠 한국의 운명을 떠올릴 수 없었을 것이다. 그리고 이것은 한국 이외의 나라에도 마찬가지였는데, 1953년에 끝난 전쟁에서 서로를 적대했던 나라들은 그 이전의 전쟁에서는 동맹자였다. 1945년은 어떤 과정을 거쳐 1953년이 되었는가? 한국전쟁의 기원을 찾는 작업은 어디서부터 시작해야 할 것인가?

그동안 관심의 초점은 대부분 1950년 6월 25일 이전 모스크바나 워싱턴, 평양이나 서울에서 일어난 사건에 맞춰졌다. 기존 연구들은 전쟁을 일으킨 책임이 어느 쪽에 있는지를 추적하려고 했다. 남한과 북한의 공식 견해는 한쪽이 다른 한쪽을 침공한—단순한 공격이 아니라 정당한 이유가 없는 기습 공격이며 이전의 작은 충돌과는 다른—6월 25일 아침에 개전의 이유가 발생했다는 것이다. 미국의 공식 발표 또한 북한의 기습 공격 때문에 전쟁이 일어났으며 남한은 도발하지 않았다고 주장한다. 미국은 공식적으로 북한의 습격을 비난했지만, 중요한 결정을 내린 인물은 배후의 이오시프 스탈린으로 추정하고 있다. 해리 트루먼 대통령은 이렇게 말했다.

> 15~20년 전의 히틀러와 무솔리니, 일본인처럼 공산주의는 한국에서 활동했다. (…) 이것을 제어하지 않고 내버려둔다면 제2차 세계대전을 일으킨 사건과 마찬가지로 제3차 세계대전을 불러올 것이다.[1]

연구 문헌들은 이 전쟁의 초점은 누가 먼저 총을 쏘았느냐이며, 그 대답은 1950년에 국한해 찾아야 한다는 데 대체로 동의하고 있다. 데이비드 리스는 스탈린이 "한국에 대한 원대한 계획"을 세웠다고 주장했고, 애덤 울람은 "온당한 사람이라면 침공의 궁극적 책임이 소련에 있다는 것을 의심할 수 없다"고 언급했으며,[2] 전쟁에 개입하기로 한 미국의 결정을 흥미롭게 분석한 글렌 페이지는 전쟁 개시 책임과 관련된 미국의 공식 견해를 기본적으로 인정하면서도 1950년 이전 한국의 국내 상황을 서술하는 데는 겨우 1쪽만 할애하는 데 그쳤다.[3] 오래전 I. F. 스톤은 미국의 입장을 다룬 유명한 논문에서 전쟁의 기원은 명확하지 않으며, 여러 중요한 질문이 해결되지 않은 채 남아 있다고 주장했다. 그는 적어도 남한이 침묵의 음모를 꾸며 전쟁을 유발 또는 고무했으며, 존 포스터 덜레스와 더글러스 맥아더 장군 같은 미국의 고위 관료가 이승만과 전쟁을 공모했다는 가설을 다뤄야 한다고 지적했다. 그러나 그의 관심 역시 1950년에 일어난 사건들에 국한됐다.[4] 좀더 최근에 발표된 학술 문헌들은 스탈린이 사건을 지휘했다는 주장과 그리 부합되지 않지만, 북한이 전쟁을 시작했다는 추정을 유지하고 있다.[5] 대체로 전쟁 관련 문헌은 1950년부터 아직까지 남아 있는 주제—소련의 책임과 관련된 판단부터 38도선에서 일어난 소규모 군사작전 계획, 고위층의 결정에 대한 분석, 끝으로 시각은 정반대지만 상대편이 음모를 꾸몄다고 서로 주장하는 입장까지—를 계속 다루고 있다.

이 연구는 다른 전제에서 출발할 것이다. 한국전쟁의 기원은 1차적으로 1945년부터 1950년까지 일어난 사건에서 찾아야 하며, 2차적으로는 일제강점기에 형성돼 태평양전쟁이 끝난 뒤부터 한국전쟁이 일어나기 전까지 한국에 특별한 흔적을 남겨놓은 세력에게서 찾아야 한다고 생각한다. 이 막간—식민 지배로부터의 해방에서 시작해 분단 국가 수립을 거쳐 1950년 대포의 포성으로 끝난—의 특징은 혁명적 성격이 짙은 시기였다는 것이다. 1945년 8월 한반도 전역에서는 정치·경제·사회의 전면적 변화를 요구하는 주장이 터져나왔다. 정치 변화의 요구는 정당, 인민위원회, 노동조합, 농민·청년·여성의 대중조직 같은 여러 단체를 스스로 결성하는 것으로 나타났다. 일제강점기 이후 대부분의 농민이 지주가 지배하는 소작제 아래 놓여 있던 토지 상황에 초점을 맞춘 사회·경제적 변화의 요구가 이런 폭발적 정치 참여를 불러왔다. 다시 말해 1945년이라는 격변기에 전개된 한국 정치를 연구하려면 그때까지 해결되지 않은 채 남아 있었던 근본 문제인 지주와 농민의 관계를 다뤄야 한다. 이것은 일본 지배에서 벗어났을 때 한국 사회가 지닌 본질적 특징이었다.

1950년에 일어난 전쟁의 근본적인 원인은 해방 3개월 만에 명백하게 드러나 있었고, 이것이 10만 명 이상이 희생된 농민 반란·노동운동·유격전과 38도선 일대의 전투를 유발했다—이것은 모두 한국전쟁이 일어나기 전에 발생했다. 달리 말하면 1945년부터 시작돼 혁명과 반동의 변증법을 거치며 전개된 충돌은 국내적이고 혁명적이었다. 1950년 6월에 시작된 재래적 방식의 전쟁은 그저 다른 수단으로 이 전쟁을 지속한 것이었다.

그 전쟁은 본질적으로 내전 성격을 지니고 있었지만, 한국은 진공 상태가 아니었으며 서로 주도권을 다투는 강대국과 한국의 힘으로는 어떻게 하기 어려운 외부 힘의 소용돌이 안에 있었다. 남한과 북한 모두 아무런 상처 없이 해방을 맞지는 않았다. 양쪽 다 일제강점기를 겪었다. 그 식민지 외피는 오랜 기간 지속되다가 너무 갑작스럽게 산산이 부서져버렸다. 아울러 1945년 한국은 사회 내에 잠재하는 모순이 뚜렷이 나타나자 그것을 홀로 해결하지 않고 전후戰後 시기를 지배한 새로운 두 강대국—소련과 미국—과 두 고대 국가—국내 혁명에 휩쓸려 있던 중국과 몰락한 제국 일본—와 함께 풀려고 했다. 이처럼 40년 가까이 일제에 속박되었던 한국은 태평양전쟁이 끝난 뒤 분단되는 비운을 맞았다. 일본부터 만주까지 길고 복잡하게 이어진 구조는 즉시 해체됐고, 그 뒤 5년 동안 한반도에 제기된 질문은 어느 쪽—모스크바·워싱턴·베이징—에 새롭게 충성할 것인가였다. 또는 한국은 자신과 세계의 관계를 선택할 수 있는 독립적이고 자립적인 통일국가의 이상을 실현할 것인가? 한국전쟁은 이런 문제와도 연결돼 있었다.

이런 나라 안팎의 위기 상황은 해방된 한국이 마주칠 문제를 규정하고 한국인들의 선택을 제약했다. 이것은 1945년부터 1950년까지 결정되지 않은 채 남아 있던 선택지였으며, 모든 한국인은 강대국들이 자신에게 강요한 겉치레의 해결책(민족 분단과 서로 다른 체제)을 잠정적인 것으로 받아들였다.

두 권에 걸쳐 한국전쟁의 기원을 연구하려는 기획의 첫 권인 이 책에서는 해방 이후 첫해를 주로 다뤘다. 2권은 1947년부터 1950년까지를 다룰 것이다. 이 연구는 전간기戰間期 가운데 첫해에 치중했는데, 그 시기에 남한과 북한 모두 기본 구조가 형성되고 전쟁의 씨앗이 뿌려졌기 때문이다. 전쟁이 발발한 1950년과 전쟁의 본질을 파악하는 데 연구가 집중되면서 1945~1946년은, 그리고 때로는 1948년에 이르는 기간까지도 그동안 대체로 무시돼왔다—마치 1948년이나 1949년 이전은 중요하지 않다거나 남한에서 3년 동안 시행된 미군정만 간단히 언급하면 된다는 태도다. 그러나

1948년 남한과 북한에서 분단 정부가 수립된 것은 1945년과 1946년에 형성된 상황의 최종적 결과일 뿐이며, 한국전쟁은 그 이전에 5년 넘게 계속된 갈등의 대단원이었다. 요컨대 1945년 8월 및 1950년 6월과 관련된 주요 사건들은 끊기지 않는 사슬로 얽혀 있다.

1945년부터 1950년에 이르는 기간에는 자체적인 배경도 있었다—한국의 옛 질서를 무너뜨린 36년의 식민 지배와 거기서 동원된 여러 방법은 일제가 무너지면서 나타난 새로운 체제를 준비하고 형성하는 기반이 됐다. 일본의 통치는 변화를 촉진하거나 억제하면서 한국 사회의 계급 구조에 깊은 영향을 미쳤다. 이를테면 한국 노동계급의 출현을 촉진하고 기업가적 요소의 발전을 저해했다. 일제는 중심부인 자국의 이익을 위해 한반도를 근대화시켰고, 1931년 이후 한국과 만주를 통합하려고 시도하면서 도로·철도·항만·통신 시설을 건설했다. 그들은 북부 지방에 주요 산업 시설을 세웠다. 이런 근대적 시설은 모두 당시 한국으로서는 지나치게 나아간 것이어서 한국 사회 구조의 실제적 강점(또는 약점)과는 거의 부합하지 않았다. 한국 사회에서 농민은 소작 제도에 저항했고, 양반은 뒤로 물러나 인내를 요구하는 교육 활동을 하거나 개인적 명상에 빠졌으며, 민족주의자와 공산주의 유격대는 제국의 주변부나 빈틈을 공격해 일본이 시도한 변화에 저항했다. 그에 맞서 일제는 긴밀하고도 속속들이 침투시킨 국가기구를 이용해 식민지를 개발하고 저항을 진압했다. 그것은 한국에서 국가의 전통적 역할을 극도로 왜곡하고 전간기에 전개된 정치에 큰 영향을 주었으며 비대하고 둔중한 관료 제도의 유산을 전후 한국에 남겨놓았다.

농업과 산업의 변화는 농민에게 가장 뚜렷한 흔적을 남겼다. 그들은 한국 계급에서 가장 인구가 많고 해방 정국에서 대규모 참여와 폭넓은 저항이라는 두 가지 특징을 보여주었다. 이와 관련해 특히 중요한 것은 토지 소유의 변화와 국제무역 증가, 광범한 사회적 이동, 일본이 패망하기 직전에 집중된 전쟁 수행 노력에 한국인이 적극적·직접적으로 동원되면서 나타난 대대적인 인구 이동이었다. 그 결과 한국의 수많은 농민은 뿌리 뽑혀 해외로 이주하거나 공업에 종사하게 됐다. 이런 사건들은 갑자기 광범하게 그리고 처음 일어날 때 가장 큰 피해를 준다. 한국에서 대대로 정주한 사람들은 오랜 일상을 잃어버렸고 식민 체제가 종말을 맞자 사회로 풀려나왔기 때문에 그 영향은 일본인이 자기 섬으로 되돌아간 후에 훨씬 더 커졌다. 해방 기간에 폭발적으로 나타난 대중 참여의 원천적 동력을 제공한 것은 이런 농민—또는 노동자의 성격을 강하게 지닌 농민과 귀향한 군인 등—이었다.

일제강점기에 나타난 변화들은 일본이 힘을 잃었지만 연합군이 완전히 점령하기 전인 해방 직후에 가장 분명하게 느껴졌다. 그 시간은 한국인이 주도한 격렬한 변화의 무대였다. 그 시간은 건국준비위원회建國準備委員會·인민위원회·노동조합·청년 단체와 지방의 농민조합 같은 새롭게 결성된 좌익 정치단체들이 지배했다. 이 기간에 모든 한국인에게 새로운 '인민공화국'이라는 개념과 수많은 자치 조직의 실체가 나타났다. 그동안 주목받지 못했지만, 이런 해방 체제와 그것의 운명은 1950년까지 한국 정치의 중심 쟁점이 됐다. 외국 세력이 본격적으로 개입하지 않은 이 기간의 충돌은 이후 특히 한국적이고 내전적인 전쟁의 기원을 따질 때 핵심적 요소였다. 당시 상황은 한국이 미국과 소련의 대립 구도에서 어느 한쪽을 선택했다기보다는 미국과 소련이 당시 한국에 이미 존재하는 균열들을 둘러싸고 서로 침해하면서 대립했다는 것이 좀더 사실에 가깝다.

미국과 소련이 한반도의 운명에 중요한 책임을 지게 된 상황은 분명치 않으며, 소련과 관련해서는 더욱 그렇다. 자료가 없어 이 책에서는 소련의 동기를 추측할 수 있을 뿐이다. 그러나 최근 미국에서 풍부한 자료가 공개되면서 전후 미국이 아시아에 개입한 상황과 관련된 가장 이른 시점의 견해를 살펴볼 수 있게 됐다. 그런 자료를 소화한 뒤 미국과 관련해 어떤 결론을 내리든, 극비 문서에 관심 있는 모든 사람에게 그것을 공개하는 것이 민주 정신에 부합한다는 것을 독자들은 명심해야 한다. 이는 개인이 알 권리를 지닐 뿐 아니라 사람은 자기 과거로부터 배울 수 있다는 의미다. 이 두 가지는 우리가 살고 있는 세계의 진보적 신념이다.

이 자료들은 미국이 진주만 기습을 당한 뒤 2년도 되지 않은 시점에서 한국 문제에 개입하지 않는다는 오랜 정책을 뒤집었고, 자국의 안보와 관련해 한반도를 중요하게 인식하기 시작했으며, 전쟁이 끝난 뒤 한국 문제를 다룰 전형적인 국제적 방식을 만들었음을 보여준다. 그것은 전후 세계를 지배할 것이라고 미국이 생각한 4대 열강의 다국적 신탁통치다. 여러 세력을 관련시키고 다양한 이해를 수용해야 한다고 강조한 것은 그 뒤 미국의 한국 정책에서 하나의 흐름이 되었고, 그런 생각은 한국전쟁에 대한 미국의 개입을 의미한 유엔군 사령부의 형태로 나타났다. 이런 흐름에는 처음부터 끝까지 직접 대립하기보다는 방해하거나 반란 충동을 관리할 수 있는 다양한 교차적 방법으로 상대를 제한하고 억누르려는 반공적 의도도 있었다. 상대는 물론 스탈린이었고, 그 정책은 소련을 강대국의 하나로 만들려는 그의 욕망을 면밀히 고려했다. 그러나 한국의 혁명적 민족주의를 염두에 두지 않아 실패했다.

소련인이 아니라 한국인 혁명가와 맞닥뜨리면서 미국에서는 국제협력주의자가 물러나고 자국중심주의에 입각한 정책이 나타났으며, 공산주의에 맞서는 방벽을 한국에 세우려는 일방적인 조치가 추진됐다. 이런 흐름은 봉쇄와 대결 전선을 형성하고 반공사회를 만들 수 있는 남한 단독정부 수립이라는 자국중심적 해결책을 추구했다. 물론 이것은 세계 규모의 냉전이 진행됐다는 것과 동일한 의미다. 한국과 관련해 흥미로운 사실은 그것이 매우 일찍—일본이 패망한 지 석 달도 지나기 전에—나타났다는 것이다. 1945년 9~12월 미군정은 일본이 만든 총독부와 경찰 제도 그리고 거기 소속된 한국인을 그대로 유지하고 남한에서만 국방경비대를 출범시켜 남한 단독정부를 수립하는 방향으로 나아간다는 중요한 결정을 내렸다. 북한에서도 비슷한 결정을 내렸다는 것을 알지 못한 채 일방적으로 추진한 통상적 절차였고, 미국의 기존 정책과 곧잘 상반된 방향으로 진행됐다. 한국 점령 정책이 일본 점령 정책과 닮은 부분이 있다면 바로 이 마지막 측면이었다. 이 점을 제외하면 1948년 "역진 정책reverse course"으로 선회하기까지 미국의 일본 정책과 완전히 대조적이었고 때로는 급진적 양상을 띠기도 했다. 역진 정책은 한국에서 즉각적으로 추진됐다. 워싱턴의 정책 입안자들이 지지했든 소련과의 협상에서 타결됐든, 점령 초기 몇 달 동안 일어난 사건은 한국의 분단을 해소할 미래의 가능성을 크게 왜곡하고 편향시켰다. 그 이유는 다른 방식이나 더 나은 방법을 추진하려면 1945년 마지막 석 달 동안 했던 조치를 번복해야 했기 때문이다. 결정은 번복되지 않았고, 그 결과 이 시기에 미국의 한국 정책 수행에서 가장 중요한 선택이 이루어졌다.

굳이 독립하지 않아도 된다는 소수의 한국인을 빼면, 이런 중요한 선택은 한국인의 염원이 미국의 구상과 거의 언제나 상충되는 혼란 속에서 이뤄졌다. 노동자·농민·학생과 일제에 동원됐다가 고향으로 돌아온 이들에게 해방체제는 싸워 지킬 가치가 있었다. 사람들의 참여는 시간이 갈수록 확산됐다. 일본의 영향을 크게 받아 인구 변화와 농업 분쟁이 함께 일어난 지역에서 그리고 지리적으로 조직이 뿌리내릴 시간이 충분했던 지역에서 소요가 가장 심했다.

반면 북한은 고요한 섬이었다. 소련의 정책은 좌익 한국인의 전면적 참여[6]와 지휘 아래 철저하지만 지나치게 폭력적이지 않은 사회혁명을 지원했다. 규율이 잡히지 않은 광란의 첫 시기가 지난 뒤 소련은 한국인에게 정권을 이양하고 배후로 물러났다. 단기적으로 보면 효율성 있고 비용이 적게 드는 상당히 성공한 정책이었다. 물론 장기적으로 보면 소련은 자신의 의도대로 유순한 위성국을 만드는 데 실패했는데, 현재 일부 동유럽 국가와는 완전히 다른 양상이다. 이것은 소련이 항일 투쟁에 몸담고 소련의 통제를 거부한 급진적 민족주의 세력을 후원한 결과였다. 이와 관련된 사항은 2권에서 좀더 자세히 다룰 것이다. 최근 이용할 수 있게 된 북한 관계 자료는 1947~1950년의 기간을 살펴보는 데 매우 유용하다. 그러나 1권에서는 수도와 좀더 많은 인구가 있는, 세계 최강국이 점령한 1945년 직후의 남한을 주로 다룬다. 해방 직후 중요한 사건은 남한에서 좀더 많이 일어났다. 그러나 북한의 정치 형태는 첫해부터 남한에 널리 퍼져 있었으므로 남한의 좌익 정치를 파악하면 북한의 상황도 이해할 수 있다.

2권에서는 1947~1950년을 다룬다. 이 기간에 한국 정치와 사회 세력은 근본적이지는 않더라도 중요한 변화를 겪었다. 냉전이 심화되면서 미국은 이번에는 유엔과 여러 나라의 도움으로 한국 정책을 지원함으로써 최악의 결과를 가져온 앞선 정책에서 벗어나려고 했다. 1948년 대한민국이 수립되자 미국은 누가 봐도 취약한 이 정부와 지도자 이승만으로부터 거리를 두려고 했다. 군대는 철수했고 두 나라의 관계는 서먹서먹해지기도 했다. 미국이 남한을 보호하겠다고 한 약속에 의문이 제기됐으며, 그것은 남한 정부를 길들이는 데 이용됐다. 그러나 대한민국을 지키겠다는 미국의 약속은 중단되지 않았다고 여겨진다. 이 정부가 해방 뒤 미국이 추진한 정책의 결과이자 책임임이 분명했기 때문이다. 그것은 전후 아시아에서 수립된 다른 어떤 정부보다 훨씬 더 미국다운 작품이었다.

남한에는 강력한 우익 대중 정치가 나타나 북한에서 쫓겨나고 핍박받은 사람들에게 지지를 얻으면서 한반도에 있는 두 나라의 관계도 바뀌었다. 북한에서는 좌익이 권력을 장악하면서 평화통일의 가능성은 물거품이 됐다. 1947년 소란스러운 여름이 지나간 뒤 남한에서 좌익은 거의 소멸됐지만, 앞서 인민위원회가 영향력을 행사한 지역을 거점으로 자생적인 유격전이 전개됐다. 이런 내부 갈등은 산악 지역과 제주도 전체를 휩쓸면서 독특한 전투 국면으로 접어들었다. 남한 반란 세력은 그에 호응해 세력을 확장했다. 권력을 장악한 이승만은 일본군에서 복무한 북한 출신 장교들에게 주요 군사지휘권을 넘겨주었다. 반면 북한에서는 중국 내전에서 인민해방군의 일원으로 참가한 수만 명의 병사를 흡수해 만주부대를 중심으로 군대를 확대했다.

유격전은 1949년 말까지 계속되다가 38도선을 따라 교전이 벌어지면서 중단됐다. 그러나 이런 국면은 남부 빨치산의 실질적 패배와 함께 끝났다. 앞으로 살펴보겠지만 그것은 남북 갈등이 재래적인 군사적 방식으로 치닫는 전조였다. 대규모 재래전의 효율적 장점은 1949년 중국 내전의 최종 단계에서 또렷이 나타났는데, 한국의 갈등도 이 국면으로 접어들었다. 그러나 양쪽이 재래적 방식의 공격을 위해 각자 후견국의 지원을 받으려 애쓰면서 1950년 초반 기다림과 시험의 기간이 이어졌다. 이와 관련된 내용은 2권에서 다룰 것이다. 1950년의 사건은 아직도 우리를 놀라게 만든다.

또한 1권에서는 냉전의 기원이 한국 문제 안에 잉태되어 있었다는 여러 증거를 검토할 것이다. 미·소의 전형적인 냉전 관계는 종전 뒤 아시아에서 미국이 소련과 직접 맞선 유일한 나라인 한국에서 처음으로 나타났다. 봉쇄containment 정책은 비록 워싱턴의 승인을 얻지 못했지만 처음부터 추진됐다. 해방 뒤 첫해 중대한 몇몇 시점에 서울에 있던 봉쇄론자들은 존 J. 매클로이, 에이버럴 해리먼, 조지 케넌 등의 지지를 얻었다. 1945년 한국은 미국에게 중요하지 않은 변두리였지만, 훗날 다른 나라와 지역이 가야 할 길을 보여주었다. 서울의 미군정청이 추진한 모험적이고 선제적인 정책은 워싱턴의 동요와 비난을 불러일으켰지만, 끝내 호의와 지지를 얻었다. 지휘권을 쥔 쪽은 워싱턴이 아니라 서울인 것 같았다. 달리 말해 1945년이나 1946년 무렵 워싱턴에서 잘못된 정책이라고 판단한 것은 1947년이나 1948년이 되자 선견지명이 있는 통찰로 평가됐다. 물론 1950년에 감지된 소련의 한국 침략에 맞서 워싱턴의 대응이 전 세계적 규모로 전환되면서 한국은 전면과 중심으로 이동했고 긴박감이 뚜렷해졌다. 그러나 무력 충돌 및 그 결정과 관련된 영향력은 처음부터 미군정이 가진 것으로 보인다.

또한 아시아 혁명과 관련해서도 한국은 많은 관심을 받지 못했다. 1945년 한반도의 혁명적 분위기는 무르익었다. 소련과 미국이 진주하지 않았더라도 혁명은 몇 달 안에 한국을 엄습했을 것이다. 풍부한 경험을 지닌 지도자가 많이 포진한 한국 공산주의 운동은 아시아에서 가장 오래된 전통을 가졌다. 특히 남한의 토지 문제는 혁명의 조짐을 보였다. 그러나 북한에서는 베트남 유형의 공산주의가 형성되지 않았고 남한에서는 끈질긴 반란이 벌어지지 않았다. 그 원인을 밝히는 것은 이 연구의 또 다른 주요 목표다.

전후 한국 정치의 특징은 폭력·분열·무질서·변화 같은 갈등이었다. 이 작은 한반도에서 우리 시대의 거대한 충돌—두 세계관과 두 강대국 사이에 발생한—은 기이할 정도로 강렬하게 일어났다. 이런 위기에서는 아무도 중립으로 남을 수 없으며 어떤 순수한 객관성도 가능하지 않다. 역사 자료를 깊이 연구한다면 날마다 선택을 내려야 하고 모든 사실에는 선입견이나 추정이 개입하며 맥락과 타당성을 고려해야 한다는 점을 누구나 알 것이다. 정치에서는 더욱 심각하다. 어떤 사건은 하룻밤 사이에 상충하는 답변과 거짓말과 속임수로 짜인다. 권력은 진실을 무시하므로 연구자는 결과와 상관없이 진실을 추구하는 데 유일한 목표를 두어야 한다. 이 연구는 통설을 옹호하는 북한이나 남한의 학자들에게 만족스럽지 않을 텐데, 이는 당연하다. 내가 한국의 경험을 충분히 인식할 순 없지만, 외부인의 시각과 내게 주어진 좀더 자유로운 환경은 어느 정도 도움이 될 것이다. 한국의 처참한 충돌은 두 개의 한국이 역사를 지우고 상대를 마구 비방하면서 되풀이됐다. 자료를 읽고 나면 통설을 거부하고 진실을 추구할 용기와 통찰력을 지닌 수많은 한국인을 존경하게 될 것이다.

아울러 이 연구는 베트남전쟁을 둘러싸고 미국이 혼란을 겪던 기간에 구상됐으며 이후 아시아 연구와 정치학으로 확장됐다. 나는 아시아연구자위원회Committee of Concerned Asian Scholars의 일원이자 그 학회지 『아시아연구자위원회보Bulletin of Concerned Asian Scholars』의 편집자로 그런 논쟁에서 작은 역할을 수행했다. 돌이켜보면 행복한 시간이었다. 나는 자유롭고 엄정하게 연구할 수 있었고, 서로 따뜻한 배려 속에서 위압적인 태도와 비판은 삼가며 정치적 문제를 토론했다. 덕분에 정치에 대해 더 많이 공부할 수 있었다. 이런 경험을 통해, 때로는 우울하지만 즐겁기도 한 정치의 당연한 본질을 인정하게 되었다. 정치는 선택의 문제이고 그 선택에는 회피할 수 없는 책임이 뒤따른다.

이 연구를 진행하면서 나는 이 세기에 한국이 겪은 경험과 1945년 이후 전개된 한·미 관계에 완전히 사로잡혔다. 미국은 한국 문제에 30년 동안 적극적으로 개입했지만, 미국의 대외 정책을 입안한 인물들은 한국을 깊이 알지 못했다. 그들에게 한국은 대체로 다른 문제와 관련된 부수적 대상으로서만 중요했기 때문이다. 대부분의 미국인은 흐릿한 과거 언젠가 일어났던 끔찍한 전쟁과 연관해서만 한국을 떠올린다. 1967년 아내와 함께 한국에 갔을 때였다. 한국전쟁에 참전했던 한 미국인이 한국은 "우리보다 900년은 뒤떨어져 있다"고 말했다. 아내가 자란 일리노이주 남부 대학 도시 사람들도 비슷하게 생각하는 듯했다. 그곳은 미군정 사령관 존 하지가 태어난 곳이다. 내가 이야기해본 누구도 하지가 3년의 중요한 시간 동안 한국인 1500만 명을 통치했다는 사실을 기억하지 못했다. 현재 한국에 대해 전문 지식을 가진 미국인은 매우 적으며 지난 수십 년 동안 한국에서 활동한 수많은 미국인에 비하면 터무니없이 적다. 미국인은 한국에 대해 그리 많이 생각하지 않는다. 그러나 한국인에게 미국은 상당히 다른 의미를 지닌다. 미국은 1945년 이후 남한의 존재를 규정한 나라다. 그리고 북한에서는 한국전쟁 이후 30년 동안 미 제국주의의 끊임없는 위협을 언급한 결과 미국은 매일의 관심 대상이 됐다.

서로의 관계에 대한 미국과 한국의 큰 인식 차이는 한국전쟁 연구까지 이어졌다. 연구자들을 포함한 대부분의 미국인에게 그 전쟁은 냉전冷戰이 유럽에 집중된 상황에서 1950년 여름 멀고 예기치 않은 곳에서 갑작스럽게 터진 천둥 같은 열전熱戰으로 남아 있다. 이들에게 이 전쟁의 기원이 1950년보다 훨씬 전에 형성됐다거나, 1945년 이후 한국에서는 이와 동일한 냉전이 전개됐다거나, 미국이 현재의 남한 정치에 큰 책임이 있다는 생각은 전쟁의 본질을 꿰뚫는 지적이 아니다. 그리고 이런 견해들은 아직도 받아들여지기 어려운 것 같다. 그러나 한국에서 그 전쟁을 기술한 역사는 대체로 1945년을 시작점으로 잡고 있다. 특별한 역사를 경험한 사람들은 역사의 여러 측면을 더 잘 이해한다. 이 연구를 진행하면서 나는 한국인들에게 많은 가르침을 받았다는 사실을 깨달았다.

이 연구에는 수많은 후원자가 있다. 그들의 도움에 매우 감사한다. 제임스 팔레는 중요한 문제를 함께 논의했으며 진행 중인 연구에 의견을 제시하는 데 늘 시간을 내준 소중한 친구이자 동료다. 그의 자세한 논평과 점심을 먹으면서 나눈 수많은 대화와 토론은 이 연구의 모든 단계에 도움을 주었다. 제임스 커스는 강의실의 어떤 선생보다 내게 정치학을 많이 가르쳐준 친구로 치열하고 진지한 토론이 더 나은 교육임을 보여주었다. 프랭크 볼드윈과 마이클 옥센버그는 컬럼비아대학에서 학위 논문으로 추진한 이 연구의 시작부터 진행되는 내내 중요하고 통찰력 있는 지적을 해주었다. 개리 레드야드는 늘 따뜻하게 격려해주었고, 옥센버그와 마찬가지로 논문 전체에 대해 자세한 논평을 써주었다. 스티븐 레빈도 논문에 유익한 지적을 해주었으며 장을 구성하는 데 특히 도움을 주었다. 도러시 보그는 언제나 활발히 토론하며 나를 설득하려 노력했고(늘 성공한 것은 아니다) 견고한 사실의 범위에서만 추측하라고 일깨워주었다. 나는 그런 만남에서 그녀가 예상한 것보다 더 많은 것을 배웠다. 그레고리 헨더슨은 유용한 자료를 알려주고, 다루려 생각하고 있던 그 시대와 사람들과 관련된 자신의 폭넓은 지식을 열정적으로 제공했으며, 가끔 그의 연구를 직설적으로 비판해도 침착하게 참으면서 늘 격려하고 도와주었다. 허브 빅스, 도널드 헬만, 존 코츠, 도널드 맥도널드, 제임스 몰리, 짐 펙, 한태수, 제임스 타운센드, 도널드 트레드골드, 에드윈 윙클러 등은 학위 논문 단계에서 내 생각과 글쓰기를 인도해주었다.

20세기 한국 연구를 개척하는 데 크게 공헌한 두 사람인 이정식과 서대숙에게 특히 감사한다. 그들의 책은 정보와 논쟁의 보고이며, 그들은 이 연구의 핵심 내용에 동의하지 않더라도 자기 시간과 전문 지식을 너그럽게 제공했다. 특히 희귀한 신문을 비롯한 연구 자료를 제공해준 이정식 교수께 가장 깊이 감사드린다. 한국에 대한 나의 관심을 따스하게 격려해준 김일평에게도 감사한다.

존 할리데이도 늘 영감을 주고 따뜻하게 격려해주었다. 이 원고의 여러 부분에 의견을 제시하거나 토론한 사람 가운데 특히 페리 앤더슨, 에드워드 베이커, 바턴 번스타인, 대니얼 치롯, 토머스 퍼거슨, 에드워드 프리드먼, 찰스 골드버그, 피터 고레비치, 에드윈 그래거트, 로버트 카우프만, 시어도어 클로스, 존 메릴, 마크 폴, 엘리자베스 페리, 새뮤얼 팝킨, 마이클 로빈슨, 케네스 샤프, 마틴 셔윈, 신인섭, 윌리엄 스툭에게 감사하고 싶다. 프린스턴대학 출판부에 소속된 두 익명의 독자께도 폭넓은 지적을 해준 것에 감사드린다.

한국에 머무는 동안 수많은 분이 자신의 경험과 연구 자료를 알려주고 내 작업을 격려해주었다. 내 관심사를 알고는 자주 뒷방으로 사라졌다가 먼지투성이지만 소중한 책을 들고 돌아오곤 했던 전국의 많은 서점 주인을 특히 기억한다. 여러 사서, 특히 한국연구원·아세아문제연구소·국립중앙도서관의 사서들이 이 연구를 도와주었다. 그들의 이름을 하나하나 들지 않더라도 독자들은 이해할 것이라 믿는다. 그리고 컬럼비아대학 동아시아도서관의 채유진과 미 국회도서관의 K. P. 양Yang에게도 친절하고 지속적인 도움에 감사드린다.

자기 시간과 전문 지식을 제공한 여러 기록보관소 직원 가운데 국립기록관National Records Center의 존 사운더스와 국립문서보관소National Archives 현대군사사부Modern Military History Division의 존 테일러에게 특히 감사한다. 또한 국립기록관의 윌리엄 루이스와 제임스 밀러, 국립문서보관소 군사사 과장실에 소속된 해나 자이드릭과 현대외교사부의 캐시 니카스트로, 국립문서보관소 열람실에서 기꺼이 친절하게 도움을 준 직원 그리고 노퍽에 있는 맥아더기념관과 스탠퍼드대학 후버연구소의 사서들께도 감사하고 싶다.

또한 한국을 연구하는 동료들이 나를 너그럽게 이해해주기를 부탁한다. 한국의 식민지 경험이나 해방 공간 또는 한국전쟁을 정리하고 해석하려 한 사람만이 앞으로 해야 할 일이 얼마나 많이 남아 있는지 알 수 있다. 이 책이 다른 사람의 호기심을 자극할 질문과 도전을 제기했다면 나는 충분히 만족한다. 이 책을 쓰면서 여러 분야의 학문을 통합해야 했는데, 그 과정에서 어떤 특정한 연구 분야의 규칙을 크게 침해하지 않았기를 바란다.

컬럼비아대학의 여행장학금은 1971년 워싱턴 DC에서 추진한 예비 연구에 도움이 됐다. 사회과학연구회Social Science Research Council의 해외방문학자 지원 제도 덕분에 1년 동안 서울에 머문 뒤 미국에서 연구하고 집필할 수 있었다. 컬럼비아대학 동아시아연구소에서는 자료가 소장된 곳을 방문하는 여행 비용을 지원하고 1974~1975년 전임연구원으로 편안히 머물 수 있도록 배려했으며 그 뒤에는 연구소에서 후원하는 연구에 이 책을 포함하기로 결정했는데 이에 깊이 감사드린다. 사회과학연구회의 한국 연구 합동위원회와 스워스모어대학의 하계연구기금의 도움으로 1975년과 1976년 하계 연구를 진행할 수 있었다. 헨리 M. 루스 재단은 1977~1980년 한·미 관계 연구와 집필을 지원해주었다. 독자들은 관심 없겠지만, 이 연구를 진행하면서 정부와 민간을 포함해 남한이나 북한 어느 곳에서도 연구비를 받지 않았다는 점을 밝히고 싶다. 연구를 도와준 데이비드 새터화이트와 마이클 로빈슨에게 감사한다. 캐런 해넌은 최종 원고를 완벽하게 타이핑해주었으며 레일라

샤보뉴는 지도를, 태미 안은 색인을 만들어주었다. 워싱턴대학 국제학부 학장 케네스 파일 박사의 도움에도 감사드린다.

지칠 줄 모르고 철저하며 지혜롭고 무엇보다 즐겁게 편집해준 프린스턴대학 출판부의 샌디 대처와 특히 탬 커리에게도 감사하고 싶다. 끝으로 이 책의 오류와 해석의 책임은 물론 모두 내게 있다.

자기만의 방식으로 영문 이름을 표기한 이승만과 김일성을 제외한 한국인 이름은 모두 매큔-라이샤워 방식으로 표기했다.

1부

배경

1장

식민지 한국의 계급과 지배 기구

15세기에서 온 어느 한국인이 1875년 서울 거리를 거니는 것을 상상해본다. 그는 인구가 더 많아지고 상품이 상대적으로 다양해졌으며 어쩌면 관리가 더 많아졌다는 사실도 알아챌 것이다. 그러나 그를 놀라게 만들 만한 일은 거의 없을 것이다. 그는 사람들의 옷차림, 집들의 모습, 만난 사람들의 계급에 대체로 익숙할 것이다. 그가 1945년의 서울에 온다면 일본식 건물, 분주하게 오가는 전차, 근대식 공장, 넓어진 거리 같은 물질적 변화에 놀랄 것이다. 그리고 1965년 무렵의 서울로 온다면 시끌벅적한 상업 활동, 바쁜 공무원, 수많은 노동자, 판잣집이 늘어선 언덕 같은 사회적 측면의 변화에 놀랄 것이다.

이제 1875년에 같은 거리를 거니는 미국인을 상상하면 두 사람을 갈라놓은 큰 격차에 대한 추적을 시작할 수 있다. 그 미국인에게 한국은 19세기 사회에서 당연하다고 여겨지는 필수 요소가 대부분 결여돼 있는 것처럼 보일 것이다.[1] 예전과 마찬가지로 도시에는 상업이 이뤄지는 조짐이 거의 없고 상업 계급이 존재한다는 증거도 전혀 없다. 반면 좁은 골목, 불편한 교류, 초보적 교통 시설, 대부분 빈둥대며 시간을 보내는 사람들, 국내외 무역 규제를 가장 우선시 하는 정부 등 상업 활동의 걸림돌은 어디에나 있다. 이런 목가적 벽지는 미국인에게는 완전히 낯설 것이다. 미국인이 그 사회를 편안히 느끼거나 적어도 공통점을 인식하기 시작한 것은 겨우 1970년대 무렵이 되어서다.

이런 마술 속에서 한·미 관계의 윤곽이 이해되기 시작한다. 전자는 조선 왕조 500년 동안 지속된 농업적 관료국가였고, 국민은 계급과 국가, 지주와 농민, 토지와 생산물, 세련된 지식과 야만적 무지 같은 문제에 대해 생각했다. 후자는 한 세기 동안 유지된 자본주의적 민주국가였고, 국민은 개인과 대표자, 자유로운 시민과 농민, 상업과 산업, 역동적 성장과 침체된 나태 같은 문제에 대해 생각했다. 이처럼 서로 매우 다른 사회 형태가 나타난 까닭은 전자가 몇 세기에 걸쳐 연속된 구조를 유지한 반면 후자는 변화했기 때문이다. 그것은 미국이 한국을 점령하고자 들어온 1945년이나 전쟁을 수행하려고 온 1950년에도 그리 좁혀지지 않았다. 그러나 차이가 좁혀지면서 한국 사회에서는 1000년에 걸쳐 일어날 만한 변화—한국전쟁의 기원을 이해하려면 반드시 거기서부터 출발해야 하는—가 시작되었다.

변화의 첫 중개자는 일본이었으므로 거기서부터 검토하는 것이 적절하다. 19세기 중반 일본은 유럽 중심의 세계질서에서 고립되고 중국 문명과 가까웠으며 토지와 그 생산물에 관심을 두었다는 측면에서 한국과 비슷했다. 외부 세력에 의해—서양과의 접촉—큰 변화를 경험하기 시작했다는 것도 비슷했다. 다른 점은 일본에 봉건제—엄밀한 의미에서 유럽(또는 카롤링거 왕조)의 중심부를 제외하면 유일하게 순수하고 자체적인—가 있었다는 것이다.[2] 봉건제가 그 뒤 일본의 발전에 기여한 측면은 활발하게 논의돼왔지만, 메이지유신이 일어나기 전 많은 수확을 거두는 농업 방식, 광범한 상업화, 발달한 군인 정신, 일정한 교양을 갖춘 인구를 형성했다는 사실은 대체로 분명하다.[3]

시간의 흐름에서 보면 일본의 발전은 급속한 것 같지만, 세계사의 시간에 비춰보면 늦었다. 일본은 실제적이든 상징적이든 19세기 세계 체제에서 거의 남아 있지 않던 공백 가운데 하나였고, 서양의 신흥 국가들이 문을 두드리면서 발전하기 시작했다. 그들은 일본을 오랫동안 주시하면서도 주로 중국에 관심을 집중했다. 그 덕분에 일본은 대책을 마련할 "시간적 여유"를 얻었다. 일본은 제국주의 세력의 관심이 적었던 것을 급속한 발전의 호기로 이용했다.[4] 일본은 경쟁을 위해 국내에서 자원을 발굴하고 절약했으며, 산업국들이 가진 영토처럼 원자재와 노동력이 있는 주변 지역을 찾기 시작했다.[5] 일본은 이렇게 서구와 경쟁하면서 즉시 국내를 개혁하고 궁극적으로는 해외와의 관계를 다시 정비해야 할 필요성을 느꼈다.[6]

이런 개혁의 결과 강력한 국가가 탄생했으며 그 국가는 산업화의 핵심 동맹국이 됐다. 최근 메이지 정부의 역할에 대해서는 일정한 논쟁이 있지만[7] "방어적" 근대화를 겪고 있는 나라에서 "후진성"의 이점을 지적한 알렉산더 거셴크론의 주장과 관련해 일본이 그 고전적 사례라는 것은 반박하기 어렵다고 여겨진다. 그 나라들에는 19세기까지 봉건제가 지속된 결과 영국처럼 참정권 확대와 의회 제도의 발달 같은 자유주의적 정치와 함께 진행된 점진적 산업화가 나타나지 않았다고 그는 주장했다. 뒤늦게 산업화를 시작한 나라들은 민간 자본이 부족하고 그나마 분산돼 있었다. 기업이 발달할 수 있는 요소가 결여된 상태에서 상업 또는 산업 활동을 불신했으며, 선진 산업국가로부터의 위협도 있었다.[8] 그러나 그 나라가 풍부한 자본과 유기적 조건을 갖추고 철강·철도 같은 산업을 발전시키기 시작하면 봉건적 장애는 이점이 된다. 이런 과정에서 국력은 상승하며 독일·일본 같은 나라들은 강력한 정부가 산업화의 주된 조력자로 등장해 이를 추진하고 조직했다. 달리 말해 국가가 발달한 자본가 계급이 주로 맡은 "고전적" 기업가 역할을 스스로 대신했다. 하지만 그런 대체는 희생 없이 이뤄지지 않았다. 데이비드 랜더스는 일본에 대해 이렇게 서술했다.

> 자녀를 영재로 만들고자 하는 어머니처럼 국가는 근대화를 목표로 삼고 산업화를 방법으로 삼아 새로운 형태의 경제를 급속히 일으키고 가차 없이 밀어붙였다. 그 자녀는 자라서 자신의 재능을 발달시켰지만 이런 강제적 양육으로 야기된 기형을 극복할 순 없었다.[9]

이런 선천적 특성과 기형을 인식하는 것은 일본 안팎 모두에서 일본이라는 국가의 역할을 이해하는 데 필수적이다. 이전과 마찬가지로 메이지 정부는 자신의 이해관계에 따라 국내의 관료 기구를 만들었고, E. H. 노먼의 표현에 따르면 그것은 1885년• 이후 "일본 정치의 강력한 도구"가 됐다. 내무성內務省과 경찰은 관료 제도의 "총사령부"였으며 내무대신은 "거의 변함없이 가장 어두운 반동적·독재적 성향을 가진" 인물이었다.[10] 또한 관료 제도는 소작농에게서 잉여 농산물을 착취하는 효과적 수단이 됐는데, 그런 정책의 결과 1880~1890년대에 전체적으로 중소 자작농은 줄고 토지는 지주에게 집중됐다. 노먼은 그 과정을 16세기와 18세기 영국의 1·2차 인클로저 운동에 견줬다.[11] 예상할 수 있듯이 일본과 미국의 일부 학자는 그 해석에 의문을 제기했다. 그러나 한국에 수립된 식민 지배 기구는 강력한 권력과 자치권을 부여받고 한국인을 착취·조종했는데, 메이지 정부가 의도한 이런 기능에는 이론을 제기하기 어렵다고 생각한다. 일본 국민은 메이지 정부가 급속한 산업화의 이익과 서구와의 경쟁을 추구하면서 요구한 희생을 참고 나아가 받아들일 수 있었다고 추정할지언정, 한국인도 그랬다고는 말할 수 없다. 그 희생은 한국—나아가 만주와 중국 본토까지—을 고통스럽게 했다.

1910년 한국은 합병돼 일본의 식민지가 됐지만, 결정적인 해는 일본이 한반도의 처분을 둘러싸고 30년 동안 이어진 격렬한 제국주의적 충돌을 끝낸 1905년이었다. 한국이 실질적 식민지가 되는 과정은 지루할 정도로 익숙하며, 유럽의 식민 활동을 아는 사람에게는 반복적이기까지 할 것이다. 이는 한국의 수많은 역사서가 묘사한 것처럼 그렇게 독특한 현상은 아니다. 그러나 일본이 한국을 식민지화하는 과정의 어떤 측면은 참으로 독특했다.

일본의 산업화가 자국을 지키려는 방어적 성격이었다고 말하는 것이 타당하다면 그것의 식민 지배 정책도 방어적이었다고 말할 수 있을 것이다. 식민 지배의 경험에서는 그 시기와 역사적 맥락도 중요하다. 일본의 발전이 세계의 강대국들보다 늦었던 것처럼 타이완과 한국을 식민지로 만든 것도 마

• 메이지 18년으로 내각제가 확립된 해다.

찬가지였다. 일본이 동아시아 내륙 지방에서 자국 영토를 얻으려 한 방식은 세기가 전환되는 시점에 유럽 열강이 아시아에서 한 일과 거의 차이가 없었다. 그러나 일본이 근대로 진입했을 때 이미 세계는 수백 년의 식민지 경험을 축적한 상태였으며, 영국과 미국처럼 가장 발전한 나라에서는 내부에서 반제국주의 운동이 일어나기 시작했고 해외에서는 민족주의가 태동하고 있었다. 일본은 처음부터 영국 사회주의자와 미국 자유주의자의 비난에 시달렸고, 한국을 합병한 몇 년 뒤에는 식민지의 민족자결을 강력히 주장한 윌슨의 이상주의와, 제국주의를 철저히 분석한 레닌주의, 식민지 국민을 지원한 볼셰비키와 맞닥뜨렸다. 일본의 식민지 경영은 (일본 내의 사회주의자와 자유주의자는 말할 것도 없고) 여러 사람이 보기에 상당히 빨리 시대착오적인 모습을 보였다. 그러나 일본 식민주의의 시대착오는 그것이 근대 세계에 참여한 시간적 차이와 떼어놓고 설명할 수 없다. 국내에 자원이 부족한 일본은 서구의 선진 산업국과 경쟁하려면 영토가 반드시 필요하다고 생각하고 영토 획득에 집중했다.

서구의 주요 선진 산업국이 19세기 후반 세계의 중심부를 형성하고 나머지 세계가 주변부나 준準주변부를 구성했다고 보면, 다른 방향에서 일본의 위치를 이해할 수 있다.[12] 이런 구조는 세계적 규모로 분업이 이뤄지고 중심부의 이익이 주변부의 불이익으로 이어지는 불균등한 발전에서 형성됐다. 중심부가 주변부의 잉여 생산물을 착취해 도시가 발달하고 직업의 특화와 분화가 나타나며 상업·노동계급이 해방되면서 그 체제는 한때의 작은 차이를 나중에 거대한 격차로 변모시켰다. 중심부-주변부 구조는 본질적으로 국경을 초월하는 것이었기 때문에 관료적 국가 제도가 통제한 경제 교류에서처럼 국경은 그리 중요하지 않았다.[13]

19세기 후반 일본은 중심부로 진입할 수 있다는 희망과 주변부로 떨어질지 모른다는 위협 사이에서 불안하게 존재하는 "준주변부"였다.[14] 그리고 중국과 동남아시아의 사례가 곤경에 처한 일본에게 어떤 길잡이가 됐다면, 미래에 기다리고 있는 것은 완전한 식민지로 전락하거나 혹은 중심부에 종속되는 것이었다. 일본은 메이지유신의 성공으로 종속화의 위험을 예방하고 주요 국가의 하위 동료가 되려는 생각을 품게 됐다. 그러나 일본이 동북아시아에서 자기 영역을 넓힐 수 있었다면 자신이 중심부가 되는 대안적 중심-주변 구조를 창출했을 것이다.

그런 구상은 실현되지 않았지만, 1945년 일본이 패망할 때까지 꾸준히 추진됐다. 그때까지는 일본이 아시아 대부분을 아우른 새 중심-주변 구조를 수립할 가능성이 살아 있었다. 한국은 국경을 초월한 이런 체제에서 통합이 가장 잘된 지역이었고 아직 발전되지 않은 다른 주변부와도 어우러질 수 있는 특징이 많았다. 자본주의는 발전하면서 국경을 초월하려고 한다. 그리고 일본 자본주의는 외부로 계속 발전하는 모습을 보였는데, 동심원에 견주면 가장 안쪽에 있는 원은 "국내 식민지"로 대부분 일본의 농민층이었다.[15] 그들의 이용 가능성이 고갈되자(또는 분화되자) 한국이 국내 식민지가 됐고, 그 뒤 1930년대에는 만주를 합병해 새로운 주변부로 만들고 한국을 준주변부로 격상시켰다. 일본 국내의 발전에 핵심적인 역할을 수행한 국가기구는 식민적 형태로 한국과 만주에 차례로 이식됐다. 각각의 경우에 식민지 통치 기구는 자원을 수탈해 중심부의 이익에 봉사하고 근대적 시장 관계를 발전시키는 데 필요한 환경과 지원을 공급했다. 일본이 독특한 첫 번째 측면은 유럽적 방식을 본뜨고 그것과 매우 비슷한 경영 방식을 선택했다는 것이 아니라 시점과 맥락에 있다. 당시 세계적 규모로 존재하던 중심-주변부 관계의 맥락에서 볼 때 일본은 뒤늦게 출발했다. 그런 상황은 스스로 유럽과 미국을 대체할 수 있는 중심부가 되려던 일본의 시도를 끝내 좌절시켰다.

일본 제국주의의 독특하고 첫 번째 측면과 연관된 데다 좀더 주목할 만한 두 번째 특징은 자국과 식민지의 인접성이었다. 다른 적절한 지역(중국 본토와 동남아시아)은 대부분 이미 복속됐거나 복속할 수 없는 상태였고 허약하고 흔들리는 러시아는 상대가 되지 않자, 일본은 인접한 지역으로 팽창해 갔다.[16] 그 결과 일본은 자국과 인접한 나라를 식민지로 만든 세계에서 유일한 식민국가가 됐다. 일본은 자국과 가까운 곳에 힘을 집중했기 때문에 먼 곳의 식민지를 관리해야 하는 제국帝國들보다 상대적으로 유리했다. 일본은 (이를테면 아프리카와 달리) 국경이 이미 확고히 설정된 지역에서 일정 단위의 영역을 차지했다. 식민지가 인접했기 때문에 자국민을 본토에서 이주시키기 쉬웠던 것은 일본인처럼 배타적 단일민족에게는 특히 중요했다. 무엇보다 인접성은 식민지를 통합·조정해 식민 본국에 묶어두는 데 편리했으며, 주요 교통수단으로 해로가 아닌 철도를 사용할 수 있어서 본국과 식민지 교역에 필요한 시간을 크게 단축시켰다.[17]

주목할 만한 세 번째 특징은, 종류가 아니라 정도의 독특성인데, 일본의 식민지 경영이 본질적으로 매우 의도적이고 조직적이며 결과를 예상할 수 있게 추진됐다는 것이다. 그 계획은 대부분 유럽의 식민 지배를 본떴지만, 일본은 급속하게 식민지를 건설해 구조적이고 조직적으로 경영하는 특징을 보였다. 일본의 식민 지배는 대부분 일본 지도층의 구상에서 나왔기 때문에 그들이 한국을 비롯한 지역에서 전개한 정책과 관련된 설명을 지금 읽어보면 실제로 구현된 정책보다 더 악랄했던 것으로(다른 시각에서 보면 밝은 미래를 약속하는 것으로) 느껴진다. 달리 말하면 그것은 관념적 식민 정책이었다. 서양의 위협에 맞서면서 팽창을 통해 자립을 추구한 정책은 일본인의 마음을 하나로 단결시켰다.

일본이 자립을 추구하면서 한국은 종속됐다. 일본이 상대적으로 성공하면서 한국은 주권을 잃었고 일본의 필요에 따라 왜곡된 개발이 이뤄졌다. 이것은 전혀 새로운 발언이 아니며, 한국의 식민지 경험을 다른 나라들과 차별 짓는 것도 아니다. 그러나 독특하고 대조적인 사실은 한국이 1910년 이전 1000년 넘게 독립적이며 자치적인 나라로 존속했다는 점이다. 다른 많은 식민국가와 달리 일본은 민족·인종·종교나 부족에 따라 나뉜 지역적 단위로부터 새로운 나라를 만들지 않았다. 그들은 확고히 안정된 지역적 경계와 언어·문화·민족성에서 놀라울 정도로 동질적인 오래된 정치체제에 자신의 통제력을 부과했다. 한국은 독립국가를 세우는 데 필요한 대부분의 전제 조건을 유럽인보다 훨씬 앞서 가졌던 것이다. 일본은 한국을 식민지로 만들면서, 농업과 관료 제도에 기반해 500년 동안 한국을 통치해온, 오랫동안 일본보다 우월하다고 여겨온 왕조의 통치자들을 회유하고 퇴위시키거나 파멸시켰다. 한국인에게도 일본의 침략은 새로울 것이 없었는데, 3세기 동안 조선의 아이들은, 세계를 재편하려는 야망을 지닌 일본 지도자 도요토미 히데요시가 아시아 대륙 정복의 첫걸음으로 조선을 복속시키려다 실패한 1592년과 1597년의 침략에 대해 들어왔다. 일본의 식민 정책은 식민지에서 새 국가와 새 지도층을 창출하고 그들이 나중에 독립국가의 잠재력을 깨닫는 일반적 경로를 밟지 않았다. 민족주의는 아니더라도 한국인은 언제나 자신이 일본인과 구별된다는 분명한 의식을 지녔고 그것은 1910년 합병, 1919년 3·1운동, 1920~1930년대 소작쟁의와 노동자·농민조합, 망명운동에서 일본 제국주의에 맞선 한국인의 저항을 고무했다.

일제강점기 내내 한국인들은 자기 나라가 식민 지배자가 만들어준 선물이 아니라 일본인이 매국적 한국인과 결탁해 강탈한 것이라고 주장할 수 있었고 실제로 그렇게 했다. 주권을 상실했다는 엄청난 실패에 대한 비난은 일본과 허약한 옛 체제에 돌아갔으며, 국내와 해외의 지속적 저항은 주권 회복의 희망을 담은 저장처가 됐다. 요컨대 한국인들은 다른 식민지 국민보다 식민 지배의 합법화를 쉽게 허용하지 않았다. 이것은 한국인이 언제 어디서나 일본에 저항했다는 의미가 아니라—그들은 그러지 않았다—유럽 열강이 여러 식민지에서 그랬던 것보다 일본이 한국을 통치하기 시작하고 유지하는 데 더 많은 어려움을 겪었다는 뜻이다.[18]

일본은 한국을 지배하는 새로운 방법을 창출하기보다 조선의 체제를 식민적 관료 제도로, 한국인 지배층을 일본인 지배층으로, 한국어를 일본어로(두 언어는 문법이 비슷하다), 한국인 지주를 일본인 지주로 대체했다. 창출보다 대체에 가까운 이런 작업의 결과 일제강점기를 겪으면서 민족 분열은 매우 격렬하고 전형적으로 나타났다. 그러나 대체의 형태가 봉건적 환경이 아닌 농업적 관료 제도에서 나타났다는 사실을 기억해야 한다. 이것은 한국과 일본의 근본적 차이였으며, 한국이 19세기 후반 제국주의 침략에 대한 저항에서 실패한 까닭을 설명하는 데 많은 도움을 준다.

전통 국가 조선은 새로 탄생한 메이지 정부와 거의 완전히 반대였다. 조선은 주로 세입을 늘리는 데 경제의 목표를 두었지만, 언제나 재정은 남기기보다는 균형적인 수준이었고 경제 성장에 잉여 세입을 사용하려 하지 않았다.

이런 측면에서 조선은 단기적 유지와 적응이 주요 임무였던 전통 중국의 관료 제도와 비교할 만하다.[19] 조선의 제도는 대립 세력의 균형 유지에 필요한 변혁을 단행하고, 안정된 국가와 자족적 경제 유지에 필요한 부수적 사항을 조정하는 데 적응력과 유연성이 뛰어났다.[20] 최근 연구들은 조선이 그 사회를 강력히 장악한 중앙집권적 국가였다고 평가하지만,[21] 이와 반대로 제임스 팔레는 그 체제가 허약했고 대토지를 소유한 지배층이 장악한 사회에 종속됐다는 사실을 보여주었다. 그는 "중앙집권적 전제 구조는 양반 지배의 실체를 은폐한 것에 지나지 않는 겉모습이었다"고 지적했다.[22] 지배층은 특권을 유지하는 데 국가권력을 사용했고, 이런 모습은 일본에 합병되기 직전과 그 이후까지도 나타났다.[23]

지배층과 국가는 가용 가능한 잉여 자원을 차지하려고 경쟁했는데, 후자가 지곤 했다. 관료 제도는 지배층의 필요에 맞도록 조정됐기 때문에 대체로 강력한 국가에서 나타나는 자치와 착취 능력이 부족했다. 그 대신 조선에는 중앙 조정의 침해에 맞서 "진정한 봉건귀족"과 매우 비슷하게 저항할 능력을 가진 "지배 신분과 지주가 융합된" 강력한 신분 구조가 형성됐다.[24] 조선은 고정된 자원을 둘러싼 지배층과의 경쟁에서 대체로 패배했다. 그렇다면 어떻게 조선은 근대에 와서 구별되기 시작한 공적 영역과 사적 영역의 차이를 인식할 수 있었으며, 국가 전체의 이익 증진을 위해 공적 영역이 부의 축적에 개입 가능하다는 점을 이해했는가?[25] 거기서 나타난 것은 농업의 퇴보와 비슷한 정치의 퇴보였고,[26] 국가는 기존 자원으로부터 더 많은 것을 착취하기 위해 새로운 방법을 고안하거나 그런 노력을 강화했다.

그러므로 조선은 겉으로 보기에 중앙이 강력했지만 지방과의 고리는 허약했다. 양반 지주는 국가를 이용해 자신을 존속시키고 농민을 지배했다. 그러나 지배는 완전하지 않았다. 관계는 끊어질 수 있었고, 그로 인해 농민 반란은 거듭됐다.[27] 19세기 끝 무렵에 접어들자 이 나라는 일본이든 서구 열강이든 새로 일어난 산업 세력의 침탈에 전혀 대항할 수 없었는데, 그것은 너무 익숙한 이야기이므로 여기서 되풀이할 필요가 없다. 대신 강조해야 할 사실은 양반 지주가 국가를 이용해 자신의 지배를 유지하는 데 큰 성공을 거둔 결과 외부 압력에 저항할 수 있는 조선의 능력을 치명적으로 약화시켰다는 측면이다.

식민지 통치 기구

식민지 통치 기구인 조선총독부의 통치력은 노쇠한 조선과 비교할 바가 아니었다. 오래지 않아 그것은 그 이전에 한국에 있었던 어떤 국가보다 총체적이고 자율적인 침투 능력을 갖게 됐다. 실제로 한 학자는 그것을 전체주의적 권력이라고 불렀다.[28] 그러나 그런 명명은 식민 본국의 이익을 위해 한국인을 조직·동원·착취한 이 통치 기구의 기능보다 흥미롭지는 않다. 그 방법 가운데 하나는 한국 지배층 안에 교묘하게 긴장을 조성하고, 옛 관료 제도에서 중요한 협력자를 찾아내며, 그 밖의 인물을 일진회一進會 같은 친일 조직에 참여시킨 것이었다. 합병 이후 "조선 지배층과 관계를 상세히 분석해 선택된" 84명 정도의 최고위층 양반들이 3645명의 관료와 함께 연금을 받고 은퇴했다.[29] 강점 초기 식민 통치 기구에는 군인 출신이 주로 임명되었다. 메이지 정부의 원로인 야마가타 아리토모山縣有朋는 한국을 지배할 총독과 고위급 군인을 자기가 소속된 조슈長州 파벌에서 추천하거나 선발했다.[30] 1919년 식민 통치에 저항한 만세운동이 일어난 뒤 민간인이 총독에 임명될 수 있었지만, 그런 경우는 없었다.[31] 도쿄에서 보기에 총독은 대체로 제약 없이 한국을 통치할 수 있었으며, 실제로 1919년까지는 일왕에게만 보고했다.

자국을 중심부로 발전시키는 데서 나타난 메이지 정부의 역할은 주변부인 식민지에서도 매우 비슷하게 나타났다. 토머스 스미스는 메이지 정부와 관련해 "정부는 근대 산업을 발전시키면서 기업가·자본가·경영자로 행동할 수밖에 없었는데 (…) 개인 자본은 발전을 맡기에 너무 약하고 소심하며 경험이 부족했기 때문이다"라고 결론지었다.[32] 식민지 농업의 중요한 전문가인 도고 미노루東鄕實의 견해도 비슷했다. 그는 "투자를 신속히 회수할 것으로 기대할 수 없기 때문에 (국가가) (…) 식민지에 자금을 조달하고 경영하고 계획하는 데 주도적 역할을 맡아야 했다"고 보았다. 민간 부문은 그런 임무를 독자적으로 수행할 수 없다고 그는 생각했다.[33] 두 나라의 계급 구조 차이를 고려하면, 그런 판단은 일본 민간 부문보다 한국 민간 부문과 좀더 합치됐다. 그리고 일본에서 국가는 적어도 같은 민족이 형성한 반면 한국에서 국가로 기능한 통치 기구는 중심부에서 온 이민족이 형성했다. 그 결과 강력한 권한을 가진 국가가 민간을 대신해 산업화를 추진하는 현상과 그 과정에서 나타난 왜곡은 조선이라는 특정한 상황에서 더욱 극심했다.

식민지 통치 기구는 한국 사회를 권위적이고 강제적으로 통제하면서 군림했다. 그들은 한국의 비주류 지배층과 갑자기 부유해진 부류—양반·지주·관료—와만 접촉했는데, 그 관계는 매우 허약했고 이들을 주요 국무에 참여시킨 것이 아니라 포섭해 저항을 누그러뜨리려는 의도로 형성된 것이었다. 대체로 일본은 한국에서 권력 균형을 이동시키고 전례 없는 규모로 자원을 동원·수탈하려는 목적에서 중앙 권력을 강화하려고 노력했다. 주변부와 불안정한 유대로 이어진 허약한 관료 제도가 아니라 샅샅이 침투한 강제적 명령 체계가 만들어졌다.

식민지 한국의 상황을 식민지 시대 베트남과 비교하면 1937년 프랑스는 행정관료 2920명, 프랑스군 1만776명, 현지인 3만8000명 정도로 베트남인 1700만 명을 지배했지만, 같은 때에 일본은 앤드루 그라즈단제브가 식민지 통치 기구의 일부로 분류한 공직과 전문직에 있던 일본인 24만6000명과 그 아래의 한국인 6만3000명 정도가 한국인 2100만 명을 통치했다. 1937년 한국에 있던 일본인의 42퍼센트 이상이 행정 분야에서 일했다. 비교하자면 베트남에 있던 프랑스인은 매우 적었던 것이다. 그런데도 호찌민 같은 저항 세력 지도자들은 영국의 인도 통치와 대조적으로 베트남에는 프랑스인이 많았다고 말하곤 했다.[34] 일본은 육중하고 지나치게 거대한 중앙집권적 통치 기구를 지향해 한국의 관료 제도를 크게 왜곡시켰다. 그 결과 새로운 형태의 정치 참여를 급격하게 촉진하거나 반대로 심각하게 늦출 수 있는 가공할 만한 관료 제도의 무기를 전후 한국에 물려주었다.[35]

철도망의 발달

1843년 하인리히 하이네는 철도망이 일상생활에 미친 영향을 이렇게 표현했다.

> 우리가 사물을 보는 방식과 생각에 지금 얼마나 큰 변화가 일어났는가! 시간과 공간의 기초적 개념까지 흔들리기 시작했다. 공간은 철도에 의해 살해되었고, 우리는 시간과 함께 홀로 남겨졌다. (…) 이제 당신은 오를레앙까지 4시간 반 만에 갈 수 있고, 루앙을 가는 데도 그 정도면 된다. 벨기에와 독일까지 노선이 완성돼 그곳 철도와 연결되면 어떤 일이 일어날지 상상해보라! 나는 모든 나라의 산과 숲이 파리로 진군하는 것처럼 느낀다. 바로 지금 나는 독일의 보리수나무 냄새를 맡을 수 있다. 북해의 파도가 내 문에 부딪힌다.[36]

20세기 후반 모든 선진 산업국가에서 일본은 가장 빠르고 효율적이며 안락한 철도교통을 보유한 나라 가운데 하나다. 탁월한 철도의 나라라고 부를 만하다. 철도가 한국과 만주로 확장되면서 식민지들은 일본의 발전에 이용됐는데, 일본이 먼 곳이 아닌 이웃 지역을 식민화했기 때문에 가능한 독특한 상황이었다. 철도는 중심부와 주변부를 연결하고 교역 확대를 쉽게 만들었으며, 상품의 생산·거래·소비에 드는 시간을 줄이고 군대의 신속한 이동을 가능케 했다. 또한 식민지에 건설된 철도는 진보적 근대 국가로서 일본의 인상을 좋게 만들었고 한국과 만주에 거주하는 사람들에게 전례 없는 변화의 조짐과 일본 국력의 상징을 제공했다. 그것은 1930년대 남만주철도주식회사(이하 만철—옮긴이)의 흔한 선전 벽보에서 가장 또렷이 나타났다. 거기에는 칠흑 같은 강력한 기관차 "아시아호"가 연기를 내뿜는 모습 위에 일본이 건설한 만주철도망을 겹쳐놓은 지도가 그려졌다. 이 철도망(그림 1 참조)은 일정 기간 일본이 동아시아에서 국경을 넘어 지배 지역을 획득하는 데 성공했다는 증거였다.

에릭 홉스봄은 1830~1850년 영국의 철도 발전을 이렇게 서술했다.

> 철도는 모든 측면에서 혁명적 전환이었다. (…) 철도는 가장 먼 시골과 가장 큰 도심까지 닿았다. 철도는 이동 속도와 사실상 사람의 삶을 바꿨고 거대하고 전국적인 복합 조직과 철도 시간표(그 뒤 모든 '시간표'는 여기서 그 이름과 영감을 얻었다)로 상징되는 정확하게 연결되는 일상이라는 개념을 알려주었다. 철도는 다른 어떤 것보다 기술 발전의 가능성을 보여주었다.[37]

프랑스에서도 마찬가지였다.

> 새로운 철도망이 시골 대부분에까지 침투한 것은 진정한 사회혁명의 전조였다. (…) 그것이 완성되면서 시골 마을의 고립은 옛일이 됐다. 마침내 사람·생각·상품은 시골로 흘러들어가고 흘러나왔다.[38]

한국과 만주의 철도는 지게와 달구지, 구불구불한 길을 신속한 최신 교통수단으로 대체하면서 프랑스와 마찬가지로 모든 지역을 통합하는 효과를 불러왔다. 일본은 도로·고속도로·항만을 건설해 일본 본토와 한국, 만주 세 지역을 하나로 잇고 더 가깝게 만들면서 철도·도로·해운이라는 "강력한 세 가지 수단"을 갖게 됐다.[39] 한국이 분단되기 전 1945년에는 부산에서 기차를 타고 파리까지 여행할 수 있었다. 철도는 지속과 통합—산업(일본의 산업은 아니라도)이 지속되고 국경이 점차 의미를 잃는 일본 제국의 통합—을 상징했다. 그러나 한국과 만주의 철도 발전은 무엇보다 농업의 상업화를 촉진하고 두 지역을 일본만이 아니라 세계적 시장 관계 안으로 편입시켰다.[40] 일본은 철도를 이용해 전통적인 한국의 고립을 깨뜨리고 세계 경제와 통합했다. 철도는 이 작은 나라를 우선은 도쿄 그리고 나중에는 그 밖의 선진국과 연결하면서 내장과 힘줄이 됐고, 그 과정에서 대전 같은 촌락을 도시로 변모시켰다.

산업화의 모든 과정에서 철도를 발전시키려면 막대한 자본금을 지출해야 하며, 그것은 필요한 토지를 얻는 수용권 행사에 국한하더라도 국가가 강력한 역할을 해야 한다는 사실을 암시한다. 예상대로 일본에서는 철도를 부설하는 데 정부가 큰 역할을 맡았다. 그러나 아시아 내륙 지역에서 일본이 건설한 철도는 식민 정책의 선봉이었고 1930년대에는 식민지의 산업화를 이끌었다.[41] 1906년 일본은 "아시아 대륙과 관련된 일본의 경제·정치적 이익을 증진하려고 조직한 최초의 거대한 반관적半官的 기업"인 만철을 만들었다.[42] 만철은 사실상 국가기관이었고, 일본의 거대 은행과 산업·상업 기업이 그 자본을 댔다. 1931년 일본이 만주 지배권을 획득한 뒤 만철은 러시아·중국·일본이 부설한 기존 노선(모두 5800킬로미터 정도)을 인수하고 새 노선을 건설한 끝에 10년도 안 돼 전체 길이를 두 배 가까이 늘렸다. 1933년 한국의 철도는 만철의 관할 아래 들어갔다. 만철은 항구와 도로도 건설했는데 "육지와 바다의 모든 근대적 운송수단"의 종합적 관리권을 가졌다는 의미였다.[43] 만철의 지배권이 아직 랴오둥반도遼東半島 조차지租借地에 국한됐을 때 작성된 한 초기 보고서에는 다음과 같은 내용이 있다.

> 이 거대한 회사는 사실상 만주에서 주인과 하인의 역할을 모두 수행한다. (…) 여행자는 이 회사의 객차로 여행하고 이 회사의 화력발전시설에서 생산된 전기로 난방을 하는 호텔에서 묵는다. (…) 도중에 병이 나면 (여행자는) 분명히 이 회사가 운영하는 병원에 입원할 것이다.[44]

철도는 만주 대륙을 나진羅津 같은 한국 북부의 항구와 연결했다. 그에 힘입어 나진은 "1927년 500명이 살던 작은 시골에서 10년 뒤 2만6000명이 거주하는 북적이는 항구"로 성장했다.[45] 1940년대에 만주는 일본과 한국 북부의 공업지대와 통합됐다. 만철도 한국인을 만주로 실어 나르고 한국인이 사는 촌락을 세웠으며 자체의 철도경찰을 배치해 그곳들을 보호했다. 이렇게 철도는 만주 침투의 수단이 됐고 한국인은 언제라도 이동시킬 수 있는 인적 자원이 됐다.

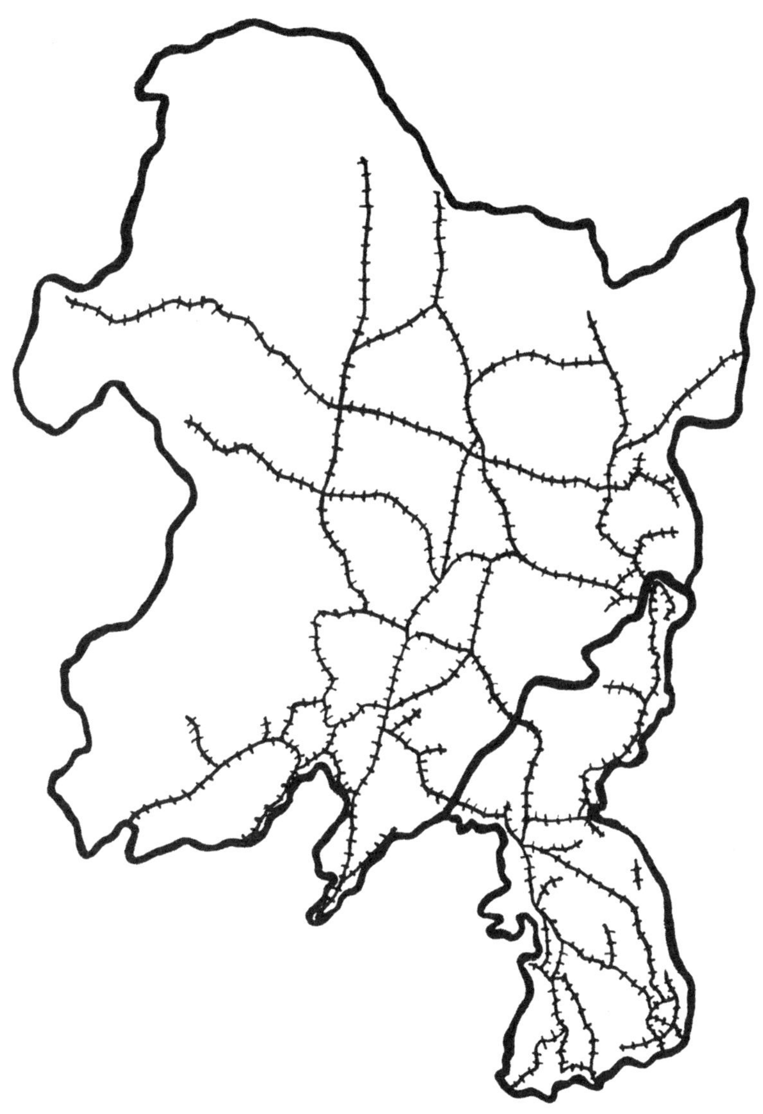

〈그림 1〉 만주와 한국의 철도망

만주와 한국의 교통시설에서 이런 "뉴딜New Deal"[46]은 교통·통신의 변화 때문만이 아니라 변화의 시대가 압축됐기 때문에도 중요했다. 발전은 차례대로(이를테면 영국처럼) 일어난 것이 아니라 사회 전체에 거대한 발전을 가져오면서 총체적으로 전개됐다. 이번 세기까지 한국은 "세계에서 가장 도로가 부족한 나라 가운데 하나였다".[47] 그러나 1945년에는 한반도를 교차하는 광범한 버스·트럭 도로와 6200킬로미터 정도의 철도(절반을 조금 넘는 부분이 남한에 있었다)가 존재했다. 한국 영토 100제곱킬로미터마다 도로 24킬로미터와 철도 3킬로미터가 놓였다.[48] 선진국과 견주면 그리 대단하지 않지만 1945년의 중국이나 베트남과는 확실히 비교된다. 중국은 1945년에 철도 2만1700킬로미터가 있었다고 추산되는데, 그 4분의 3 정도가 만주에 있었고 대부분은 망가진 상태였다. 가장 활발한 시기인 1943년 한국 철도는 승객 1억2847만 명을 수송했는데, 중국은 1949년 이전 전성기였던 해에 승객 2억6501만 명을 실어 날랐다.[49] 달리 말하여 중국의 일부 성省보다 작은 나라인 한국은 중국 철도의 30퍼센트에 해당되는 시설로 중국의 절반 정도에 달하는 승객을 실어 날랐다. 아울러 중국의 철도는 해안선을 따라 집중됐고, 베트남에는 하노이에서 후에를 거쳐 사이공까지 구불구불하게 내려오는 철도 노선 하나만 있었다. 한국에는 모든 주요 도시를 달리는 노선이 있었고 고립된 동해안 중부와 산악 지대에만 철도가 없었다. 도로망도 비슷했다. 1950년 중국에는 10만 킬로미터의 "사용 가능한" 도로가 있었다고 추산되는데, 대부분 동부와 북부에 있었다. 1945년 한국에는 5만3000킬로미터 정도의 자동차도로와 지방도로가 있었다.[50] 계산하면 중국(전체 영토를 590만 제곱킬로미터로 보면)에는 약 100제곱킬로미터마다 도로 2킬로미터가 있었고 한국에는 100제곱킬로미터마다 도로 24킬로미터가 있었던 것이다. 교통 환경을 이렇게 비교해보면 사회 기반시설 능력에서 한국은 중국·베트남과 확실히 차별된다. 이런 차이는 전후 한국의 지방, 특히 도로와 철도가 가장 많이 놓인 한국 남부의 농촌에서 일어난 정치 운동의 운명을 설명하는 데 도움을 준다.

상업

근대화 계획의 성공으로 열기가 고조된 일본과 같은 강국의 식민지가 되고 그들보다 기업 활동의 동력이 현저히 약했던 것이 한국의 불행이었다. 그것은 식민 당국이 통치를 주도하는 것이 훨씬 더 적합하다고 보이게 만들었다. 한국 계급 구조의 이런 약점은 20세기에 대체로 지속됐다. 그리고 조선총독부의 묵인이나 도움으로 자본가계급이 등장했기 때문에 상업에 전혀 관심이 없던 대중이 처음부터 그들을 부패집단으로 바라봤다는 점은 중요하다고 생각된다.

20세기 초반 한국의 계급 구조는 배링턴 무어가 묘사한 농업적 관료 제도가 근대화하는 과정과 상당히 비슷한 경로를 따라 형성됐다. 상업적 농업으로 전환한 양반 지주계급 대신 유한계급은 중앙의 관료 기구에 의지해 농업의 잉여 생산을 짜냈다. 대부분의 농민은 독립된 자작농이 아니라 소작농이었다. 자기 권리를 주장하고 자기 이념을 가진 상업계급이 급증하는 대신 조선에는 행상과 소매상 그리고 소규모 은행 같은 곳에 투자하는 등 이전과 다른 행동을 하는 양반이 나타났다.[51] 그렇다고 해서 일본·독일처럼 상업계급이 지주계급과 동맹을 맺을 정도로 강력했다는 의미는 아니다("다스릴 수 있는 권리를 돈 버는 권리와 바꾼다").[52] 조선은 중국과 좀더 비슷했다. 사실 조선의 상황은 중국보다 무어가 묘사한 유형과 부합하는데, 토지 소유 계급은 중국보다 조선에서 좀더 견고하게 자리 잡았고 상업의 자극은 좀더 약했기 때문이다. 내부적 발전이 자연스럽게 전개됐다면 농민혁명이 일어났어야 했다. 그러나 일본의 침략은 조선의 발진을 중난시켰고, 그 결과는 일본의 지배가 시작된 1910년보다 그것이 끝난 1945년에 더욱 심각하게 나타났다.

조선의 상업은 18세기에 와서 특히 개성과 수원에서 성장했다. 최근 한국 역사학계 일각에서는 상업을 비롯한 다른 발전의 상당 부분을 자본주의가 자생적으로 시작된 첫 징후로 보고 있다.[53] 그러나 이런 서막은 흥미롭기는 하지만, 속편도 없었고 지속되지도 않았다. 1876년 조선이 개항한 뒤 개성·수원 상인은 어디서도 두드러지게 나타나지 않았다.[54] 그 결과 그들은 법칙이 옳다는 것을 증명하는 대립적 예외로서만 흥미로운 존재였다. 조선은 상업을 정부 수입의 원천이나 핵심 활동으로 보지 않았다. 경제적 침체에 직면했을 때 동원하는 첫 번째 수단은 소비 확대가 아니라 절약이었다. 19세기 후반 조선에는 시장이나 화폐경제가 없었고 제한된 국내 교역은 국가의 감독 아래 시행됐다. 대외 경제 교류의 중심은 1408년(태종 8) 처음 설치돼 1609년(광해군 1) 이후 일본과 접촉하는 유일한 거점이 된 초량의 왜관倭館이었다. 무장한 검문소 6개가 왜관을 둘러싼 높은 석벽에 접근하는 것을 통제했고 문을 통과하려면 철저한 검문을 거쳐야 했다.[55] 이것보다 19세기 조선의 폐쇄적 상업을 더 잘 상징하는 사실도 없을 것이다.

일본과 서구에 개항한 뒤인 1880~1890년대에도 조선의 상인은 소수였고 세력이 약했다. 그들은 지원받지 못했으며 대체로 부유하지 못했다. 그들은 해외와 경쟁하다가 대부분 무너졌다. 그들은 계급은 말할 것도 없고 옛 한국을 변화시키기 위한 동인動因을 제공한 부류가 아니었다. 대체로 이 상인들은 "지배층에게 사회적으로 무시받고 자신의 독점판매권 유지를 늘 걱정하며 백성에게 불신받은 특별할 것 없는 다수였다".[56]

1800년대 후반에 기업가로 불린 소수의 한국인이 존재했다. 대체로 그들은 토지로 축적한 부를 상업 자산으로 전환한 양반이거나 외국과 연계해 재산을 불린 독특한 부류였다. 전자의 예는 김종한이다. 그는 1844년(헌종 10) 양반 가문에서 태어나 전통 교육을 받고 1877년(고종 14) 과거시험 문과에 급제해 관원이 됐다. 1890년대에 그는 한국의 첫 토착 은행 가운데 하나를 세웠다. 후자의 예로는 박기종을 들 수 있다. 그는 1839년(헌종 5) 부산의 가난한 집안에서 태어나 정규 교육을 받지 못했지만 일본어를 배워 일본 상인의 통역이 됐고 마침내 한국의 첫 토착 철도회사 설립을 도왔다.[57] 그러나 그처럼 비교적 성공한 기업가들도 나라의 도움은 조금 받거나 거의 받지 못했으며 자신의 빈약한 자본이나 외국 자본에 의지해야 했다. 이처럼 합병 이전 기업가의 재능을 지닌 부류는 대부분 해외에서 왔으며, 1910년 일본은 토착 한국 회사 설립을 금지하는 법령을 통과시켰다. 그때도 일본은 기존 기업을 강력히 지배했다. 일본인이 소유한 회사는 전체의 70.1퍼센트였고 일본인과 한국인의 합작회사는 10.5퍼센트였으며 한국인이 완전히 소유한 회사는 17.8퍼센트에 지나지 않았다.[58]

상황은 일본이 1919년 3·1운동에 뒤이어 1920년 "문화 정책"을 시작해 한국인의 상업 활동 규제를 완화하면서 조금 달라졌다. 일부 개인 회사가 설립돼 그 뒤 해방된 한국에서 중요한 역할을 했으며 상당한 자본이 한국인에게 흘러갔다. 자신의 존재와 특권을 인식한 자본가 같은 존재가 나타났는가 하는 문제와 마찬가지로, 그들이 스스로의 힘으로 부유해졌는지 일본의 도움을 받았는지는 또 다른 문제다.

최근까지 대체로 한국인들은 자신들이 식민지 기간 내내 상업에서 구조적으로 배제됐다고 주장해왔다. 1930년대에 이훈구는 면밀히 조사한 뒤 이렇게 주장했다.

> 한국인 상인들은 불쌍하다. 그들이 발전해온 역사는 그것을 또렷이 보여준다. 현재 비교적 소수의 한국인 사업가가 기업을 운영하고 있는데, 그 기업은 일본·중국의 경쟁 기업과 충분히 겨룰 만큼 효율적이다. 도매상·소매상·중개인·조사업자·위탁판매인·해운업자 등이 있지만, 지방의 소매상은 대부분 고정된 상점 없이 이 시장에서 저 시장으로 옮겨다니는 행상이다. 그들의 자본과 매출액은 적다.[59]

그는 상업이 "일본 상인에게 거의 독점됐다"고 생각했다. 한국 기업인은 소수였고 "자본과 경험도 적어" 일본 경쟁자들과 겨룰 수 없었다. 한국의 산업은 대부분 가내수공업이었는데, 그것조차 일본의 공장 제도가 들어오면서 "쓸려나갔고" 지방에서는 실업자가 증가했다.[60]

1928년 조선총독부의 통계에 따르면 일본인은 제조업에 투입된 자본 총액의 93퍼센트를 차지했으며, 공업 생산의 76퍼센트를 점유했다. 한국인이 소유한 공장은 2751개였고 일본인이 소유한 공장은 2425개였지만, 한국인 공장에서 일하는 노동자는 전체 노동자의 30퍼센트였으며 일본인 공장에서 일하는 노동자는 67퍼센트였다.[61] 이것은 한국인 회사의 자본이 적고 규모가 작다는 것을 보여주기도 하지만 일본의 지배 아래에서 한국인의 기업 소유권이 성장한 정도를 알려주기도 한다.

이훈구에 따르면 한국 도시에서는 상업이 활발히 이뤄지는 모습이 거의 나타나지 않았다.

> 한국 도시들은 대체로 행정 중심지다. 서구나 도쿄·상하이의 무역 거점처럼 바쁘고 활발한 도시는 한국에 한 곳도 없다. 가장 큰 도시인 서울도 인구가 37만 명 이하이며 모든 것은 멈춰 있고 조용한 것 같다.[62]

몇 안 되는 상업 거점은 새로운 철도 중심지와 미곡 수출항이었다.

다른 자료는 앞서 본 것보다 더 많은 변화를 나타낸다. 한 연구자는 1920년대 "기업 활동에 참여한 사회지도층이 크게 늘고 한국인 기업가가 급증했다"고 밝혔다. 그럼에도 그는 25만 엔 이상의 납입 자본을 가진 기업을 보면 3퍼센트만 한국인 소유였다고 지적했다.[63] 전체적으로 보기에 1930년대 초반까지 한국인 상업계급이 상당히 존재했다고 말하기는 어렵다고 생각된다. 급속한 산업화가 시작된 그 뒤의 시기는 어떤가?[64]

1930~1940년대에 좀더 본격적으로 추진된 한반도의 산업화는 동양척식회사·만철 같은 "국립 공기업"[65]을 포함한 조선총독부, 조선은행·식산은행殖産銀行 같은 중앙은행 그리고 미쓰비시三菱·미쓰이三井·스미토모住友 같은 일본 대기업으로 구성된 세 거대 기관이 주로 맡았다.[66] 변화의 동력은 다시 한번 한국의 계급 구조 밖에서 발생했다. 식민지 통치 기구와 은행은 일본인에게 다양한 보조금과 차관, 매년 일정 수준 이상의 이윤을 보장했다. 이런 활동은 세계적 규모로 거대하게 일어났다. 이를테면 조선질소비료 주식회사는 세계에서 두 번째로 큰 비료공장을 흥남에 세웠다. 1929년부터 1939년까지 10년 동안 공업에 투자된 자본은 9배 정도 증가했지만, 한국인이 소유한 기업은 미미한 상태에 머물렀다.[67]

좀더 연구해야겠지만, 잉여자본을 가진 한국인은 토지와 그 생산물에 투자하는 것이 좀더 이득이라는 사실을 깨달았다. 토지에 대한 투기와 농촌의 고리대금업은 오랫동안 이뤄져왔기 때문에 그것은 예상되는 기대였다. 상업과 관련 있는 한국인은 대부분 곡물 거래에 종사하는 도매상·중개인·상인이었고 그 활동은 군산·목포·부산 같은 새 항구도시에서 급속히 커졌다고 이훈구는 지적했다. 1920년대 토지등록대장은 빌려줄 돈과 제공할 담보를 가진 한국인이 많았음을 보여준다. 어떤 한국인은 일본인보다 훨씬 더 활동적이었다.[68] 많은 한국인 지주는 단순히 지대에 의존하는 데서 벗어나 곡물의 해외 판매와 수출로 전환했다. 그러나 자기 수익을 산업에 투자하는 사람은 거의 없었다. 실제로 조선총독부와 은행의 전폭적 후원을 받는 일본인과의 경쟁을 감안하면 그들에게는 그러지 않는 편이 훨씬 더 이로웠을 것이다.

최근 한국의 일부 연구는 한국 민족주의의 깊이와 중요성과 관련된 일반적 관심의 일부로 식민지 시대에 "민족자본가"가 생겨났다는 사실을 서술하려고 시도했다. 이런 현상은, 그것이 있었다면, 1919년 3·1운동이 일어난 뒤 독립하려는 한국인의 희망을 상당히 먼 미래까지 유예하고 그들이 덜 저항적이며 온건한 길을 선택하도록 만들려는 일본의 "문화 정책"—한국인이 일본의 지배에서 풀려나는 그날을 위해 그들을 준비·교육시키고 양육한다는 명목의 장기적 작업—의 맥락 속에서 발생했다. 새로 생겨난 민족자본가 계급은 없다고 생각되지만, 그런 개인의 출현과 그들(과 일본의 정책)이 한국인 사이에 야기한 분열은 매우 중요했다. 해방된 한국에서 지배층을 분열시킨 틈이—정치·문화·사회 분야에서—나타나기 시작한 것은 바로 이 1920년대 이후다. 민족자본가로 상찬된 인물들은 이런 변화에서 매우 중요한 역할을 했다.

그런 한국인 자본가는 다시 두 유형으로 나뉜다.[69] 하나는 토지자본을 상업·산업 활동에 투자한 부류로 신·구 지주적 배경을 가진 인물이었다. 다른 하나는 평민이나 천민 출신으로 순수한 기업가적 재능을 지닌 부류로 꾸준히 성장했다. 조지프 슘페터가 기업가의 미덕으로 지적한 예지력·대담성·창조성을 찾아볼 수 있는 것은 후자 쪽이다. 그러나 한국 지배층으로부터 거의 지원을 기대할 수 없었기 때문에 일본에 매달린 것도 그들이었다. 그들의 민족적 또는 애국적 특징은 그들의 출신이 모호한 만큼 대체로 의심스러웠다. 그들의 특징은 한 학자가 "지주 기업가들"이라고 부른, 민족주의자 색채가 짙은 용어에 가려져 있었다.[70] 일본 지배층에게 접근하는 데 볼썽사납게 저항할 필요가 있었던 쪽은 한국 사회에서 안정적이고 안전하게 뿌리내린 사람들이었다.

넓은 평야의 곡창지대이자 군산·목포 같은 미곡 수출 도시가 있는 호남 지방은 지주 기업가의 중요한 발상지였으며, 가장 두드러진 인물은 김성수였다. 김성수는 그 뒤 전후 한국에서 중요한 역할을 한 호남 출신 세력의 핵심 인물이 됐다. 여러 대에 걸쳐 전라북도 고창에 넓은 토지를 보유한 대단한 지주 가문에서 태어난 그는 무엇보다 1921년 이후 한국의 유력지인 동아일보사, 전라도 고부학원高阜學院, 서울 보성전문학교普成專門學校(뒤에 고려대학교로 이름을 바꿨다) 그리고 일제강점기 한국인이 소유한 최대 기업이 된 경성방직주식회사京城紡織株式會社를 설립했다. 동생 김연수는 이런 조직 일부에서 그를 도왔고 1930년대 섬유 등의 산업과 만주국에 세운 한국인 학교에 거액을 투자했다.[71] 김성수는 일본에서 대학을 다니면서 송진우·윤상은·김병로·현준호·장덕수 그리고 가장 유명한 민족주의적 작가인 이광수를 포함해 그 뒤까지 동료로 남은 동창들과 긴밀한 관계를 형성했다.

현준호·김병로·윤상은은 모두 부유한 지주 가문 출신인데, 한국으로 돌아온 뒤 김성수와 함께 호남은행과 경성방직주식회사를 세웠다. 호남은행은 토착적·자립적 한국 자본을 세우려는 전반적 노력의 일부로 곧 전라도 일대의 주요 한국인 지주에게서 투자를 이끌어냈다.[72]

그 밖에 호남 지방의 지주 기업가로는 다음 인물이 해당될 텐데, 모두 상당한 토지를 소유했다. 호남은행 설립자 가운데 한 사람인 차남진, 매동은행梅洞銀行을 비롯한 몇몇 기업을 세우는 데 조력한 조계현, 목포 일대의 지주로 호남은행과 목포고무주식회사 설립에 관여한 정영철, 목포에서 은행업·곡물 교역·고무 제조에 종사한 김상섭, 광주농공은행光州農工銀行 설립을 돕고 1930년 목포 일대에서 가장 큰 지주로 평가된 김성규, 곡물 저장과 해상 수송에 종사한 김원희, 역시 곡물 교역에 종사한 문재철 등이다.[73] 대구에서도 한국인의 비슷한 활동이 뚜렷해 지주 정재학·최준·이일우는 대구은행

을 세우고 장직상은 경일은행慶一銀行에 관여했다.[74]

지주 출신은 아니지만 1920년대에 자기 기업과 능력으로 상당히 성공한 한국인 기업가 가운데 가장 중요한 인물은 박흥식이다. 평민 출신인 그는 충분한 자금을 모아 평안남도 용강에서 공동으로 인쇄소를 열었다. 그는 그 얼마 뒤 20세 때 서울로 와 화신백화점을 세웠고, 그 뒤에도 중일전쟁 때 일본군 비행기 부품을 만드는 회사를 포함해 몇몇 대기업을 설립하는 데 관여했다. 박흥식은 1945년 한국에서 가장 큰 부자 가운데 한 사람으로 여겨졌고 오늘날에도 남한에서 중요한 기업가로 남아 있다. 비슷한 인물은 방의석인데 평민 출신으로 1930~1940년대에 박흥식과 협력했다.[75]

이들 가운데 마지막 두 사람에게 어떤 민족주의적 의식이 있었다고 말할 수는 없다. 두 사람 다 일본과 매우 긴밀히 연관됐다. 1940년대에 방의석은 핵심 친일 기구인 중추원中樞院에 소속됐고, 방의석과 박흥식 모두 해방 뒤 친일파로 널리 인정됐다. 지주 자본가의 사례는 더 복잡하다. 이를테면 김성수와 장직상도 1940년대에 중추원에 소속됐지만, 김성수와 마찬가지로 그들 대부분은 오늘날 남한에서 친일파로 인식되지 않는다. 그러나 이 집단의 민족주의적 색채는 적어도 일제강점기 마지막 기간에는 의심스러우며, 다른 민족주의자와 견주면 그들이 선택한 길은 상당한 재력을 유지하는 데 기여했다. 아울러 일제가 문화 통치로 후견인 역할을 하겠다는 공약이 지켜지지 않은 것은 그들의 행동 때문이 아니라 1937년 일본이 침략 전쟁을 시작한 갑작스러운 변화의 결과였지만, 한국의 국력을 꾸준히 기르려는 그들의 바람은 환상일 뿐인 것으로 밝혀졌다. 그 뒤 1945년까지 일본은 가장 명망 있는 한국인들에게 제반 통치와 전쟁을 적극적이고 공개적으로 지지하도록 강요했다. 그 결과 일제는 1920~1937년 식민 치하에서 활동하려고 노력한 온건한 민족주의자의 위상을 무너뜨렸다. 어쨌든 이들의 민족주의적 색채나 그것의 상실은 여기서 중요한 문제가 아니다. 대신 "지주 기업가"라는 용어에 관심을 집중해야 한다. 그것은 한 형태의 부와 활동에서 다른 형태로 이행하던 첫 한국인 세대인 그들의 모습임이 분명했다. 그러나 1945년 일제강점기가 갑자기 끝나면서 한국의 발전은 중단됐고, 그 흔적은 모든 한국인 계급에 남겨졌다. 호남 출신 및 그들과 비슷한 부류는 불안한 처지에 놓였으며, 상업이나 산업 활동에 종사하는 만큼이나 자신의 토지 소유와 거기서 파생된 특권을 유지하려고 애썼다.

이처럼 민족자본가에게는 "민족적" 모습과 그렇지 않은 모습이 섞여 있었다. 어쨌든 그들은 자본가가 아니었으며 그런 목표로 나아가기 시작한 이들일 뿐이었다.[76] 자본주의의 미덕을 인식하는 데 매우 저항적인 태도를 보인 사회에 그들의 길이 놓여 있었다. 유교 규범과 실천이 상업 활동을 저해한 것은 너무 자주 일어나 진부해진 현상이었다. 그것은 사실이지만 그럴 수밖에 없기도 하며, 지나치게 강조하면 싫다고 발버둥치면서도 자본주의 관계 안으로 끌려갈 수밖에 없다는 점은 모든 사회가 마찬가지라는 걸 숨기는 일이 될 수도 있다. 자본주의 이전의 모든 사회는 다양한 혐오의 척도로 자본주의와 자본주의자를 바라봤다.[77] 한국과 관련해서는 어째서 조선시대에 개개의 신분 차원에서 그리고 국가 차원에서 발전하거나 재산을 소유하려고 분발하려는 생각이 없었으며, 더 나은 미래를 위해 사물을 변화시키거나 사람이 그런 미래를 만들 수 있는 방법과 관련된 충분한 개념이 없었는지 살펴보는 것이 좋다. 알렉산더 거셴크론은 이렇게 말했다.

> 뒤처진 나라에서 침체의 장벽을 뚫고 나아가고 사람의 상상력에 불을 붙이며 그들의 힘을 경제발전에 이바지하게 하려면 (…) 고전적 모험심이나 기업가적 창의 외에도, 높은 이윤을 볼 수 있다는 전망보다 좀더 강력한 자극이 필요하다. 일상과 편견의 장벽을 없애는 데 필요한 것은 신념, 생시몽의 말을 빌리면 황금시대는 과거가 아니라 미래에 있다는 신념이다.[78]

한국의 기업가 계급은 1960년대 이전에는 그런 신념을 갖지 못했다. 일제강점기와 그 뒤에도 대체로 한국인은 상업과 산업을, 종사해야 하거나 거기서 이윤을 얻어야 하는 활동이라고 생각하지 않았다. 전후 남한과 북한에서는 일제강점기를 "자본주의" 시대라고 부르는 경우가 많았는데, 그 용어는 별도의 획기적인 시대를 뜻하는 것이 아니라 낯선 제도가 35년에 걸쳐 도입됐다는 의미였다. 그 제도는 한국인 대부분에게 그 도입의 조짐만큼이나 낯설었다. 일본의 식민 지배를 도운 부유하고 활동적인 기업가는 한국인을 직접 해치지는 않았더라도 외세의 하수인이나 "국내의 외국인"으로 인식됐다.[79] 한국인 자본가는 "침략적 제국주의와 국내의 외국인 자본가와 긴밀히 협력해 스스로 민족을 저버렸지만, 대부분의 한국인은 이런 자본가 세력의 착취로부터 해방되는 것을 유일한 구원으로 생각했다"고 갈홍기는 이런 측면을 날카롭게 지적했다.[80]

이런 태도는 쉽게 사라지지 않았다. 자본주의가 본격적으로 시작된 1960년대 중반 남한에서도 비슷한 시각은 여전히 지배적이었다. 1965년 서울에서 열린 한 국제학술회의는 자본주의의 미덕에 대한 한국인과 미국인의 태도 차이와 관련해 주목할 만한 사례다.[81] 한국의 저명한 경제학자들과 철학자들은 모두 한국인 자본가를 폭리를 취하는 사기꾼으로 봤지만, 미국의 저명한 학자들은 모두 기업가의 열정을 근대성의 상징으로 이해했다고 말하는 것은 회의 내용을 전혀 왜곡하는 것이 아니다. 이를테면 한 한국인 학자가 한국 대기업이 지나친 폭리를 취하고 있다고 비판하자 매리언 레비는 "부의 편재偏在가 심각하게 나타나면" 저축의 필요성이 강제로나마 생기며 그것은 폭리를 포함한 여러 방식으로 나타난다고 지적하면서 중요한 점은 "착취한" 자본으로 어떤 일을 하는가 하는 데 있다고 말했다. 그 뒤 한 한국인 학자가 전통시대 한국에는 기업가적 요소가 없었다는 주장을 담은 논문을 발표하자 레비 교수는 "기회주의적 태도로 개인적 이익을 노리도록 훈련된 계급인 기업가적 범주"가 조선시대에 존재하지 않았다는 것은 믿을 수 없다고 말했다. 비슷한 취지의 논문이 발표되자 루시안 파이는 "새로운 것을 건설하는 과정에서 오래된 것을 파괴할 수 있는 능력을 지닌" 부류가 분명히 존재했는데도 그것을 제외했다고 비판했다. 계속해서 그는 기업가를 "참으로 어떤 것을 창조할 수 있으며 (…) 큰일을 생각하고 그것을 이룰 수 있는 사람"으로 묘사하면서 "그러려면 매우 독특한 복합적 능력, 다시 말해 다른 사람들이 따라오도록 설득할 수 있는 가차 없는 태도(어떤 희생을 치르더라도 자신이 하려는 것은 반드시 옳다고 믿는)가 필요하다"고 지적했다.

대체로 한국인 학자들은 일본이 한국에 억지로 자본주의를 이식했고, 한국인 자본가는 일제강점기 동안 자신의 윤택한 생활과 자녀 교육에 그 이윤을 사용했으며, 한 줌의 예외를 빼면 그들은 모두 "친일파"였는데, 이런 상황은 본질적으로 기업가는 없고 상품 투기와 정부와의 결탁에서 이익을 얻는 부류만 있는 1960년대 남한에도 고스란히 남아 있다고 주장했다. 어느 한국인 학자는 "우리에겐 진정한 의미의 기업가가 없다"고 말했다. 레비 교수는 즉각 반론을 제기했다.

> 궁극적으로 경제 발전을 가져왔다면 나는 당신이 그것을 착취라고 부르든 말든 상관하지 않습니다. 문제는 좋게 생각하느냐 그렇지 않느냐가 아니라 무슨 일이 발생했을 때 그것을 통제하고 일정한 방향으로 인도할 수 있느냐 하는 것입니다. (…) 당신이 그것을 배제하고 완전히 다른 방법으로 할 수 있는지의 문제가 아닙니다.

이런 직설적인 논쟁은 계급이 없다면 계급 정신이 나타날 수 없다는 마르크스의 판단을 가장 잘 보여주는 사례다. 그 회의는 매우 복잡한 전제와 가설을 핵심만 남긴 구호로 만든 증류 장치 같았는데, 미국인 학자들은 "자본을 축적하라! 그것을 산업에 투자하라! 양심의 가책을 갖지 마라!"라고 주장한 반면, 한국인 학자들은 "자본 축적은 속임수를 쓴 도둑질일 뿐이고 이익은 수치스러운 것이며 그런 행동은 조금도 합법화될 수 없다"고 판단했다.[82]

물론 이 회의에 참석한 한국과 미국의 학자들은 자본주의가 역사적으로 재능 있는 개인과 계급의 독자적 활동에 힘입어 발전했고, 자본주의 윤리는 상품 투기나 정부와의 "유착"을 고귀하게 여기지 않았지만 실제로 거기에 의지한 것이 발전의 보편적 수단이었다는 일반적 가설에 모두 동의했다. 한국인 학자들은 상인계급의 존재가 자국에서 미약했다는 것을 과장하기도 했다. 김성수와 그 동료들은 다른 나라(이를테면 인도네시아나 미얀마)에서는 들어보지 못한 존재였다. 일제강점기에 그런 한국인이 활동할 수 있는 공간은 더 있었다. 그런 발전이 외국의 원조와 그들과의 협력으로 이뤄졌다는 사실에서 한국인은 혐오감을 느꼈고, 그 때문에 식민지 시대의 이런 측면은 대부분 연구되지 않은 채 남아 있다. 아직도 일반적 의견은 명확한 것 같다. 한국은 활동적인 상인계급을 배출하지 못했고 유교 윤리가 너무 널리 퍼져 자본주의를 추구하는 활동을 거의 지지하지 않았으며, 식민지 시대에 외부에서 낯선 자본주의가 이식됐고, 그리 분명하게 인식되지는 않았지만 덜 중요하지는 않을 텐데, 강력한 외세의 침략으로 "자연스러운" 발전이 가로막혔다는 인식은 대체로 1960년대 중반까지 퍼져 있었다.[83] 1945년 당시에 그런 판단은 더욱 명확한 상태였다. 우리는 이런 경험이 얼마나 쓰라렸고 짧은 시간에 압축적으로 전개됐는지 알고 있다. 사회 구조는 이물질에 접목되었고, 이념은 주요 세부 사항이 모두 빠진 채 나타났으며, 전제가 된 생각들도 숙고하지 않은 채 제기됐다. 달리 말하면 현실과 이념 모두에서 한국은 거대한 근대 권력이 벌거벗은 모습으로 충돌한 거친 전쟁터였다.

노동력의 동원

아서 케스틀러는 『한낮의 어둠』의 한 구절에서 이전의 모든 노동과 산업노동의 차이를 인상적으로 묘사했다.

> 글레트킨은 평소처럼 정확한 목소리로 말했다. "나는 열여섯 살 때 시간이 분으로 나뉘어 있다는 것을 배웠다. 내가 사는 마을의 농부는 도시로 가려면 해 뜰 때 기차역으로 가서 대개 한낮에야 오는 기차가 도착할 때까지 대합실에서 누워 잤다. (…) 다른 나라의 농부들은 산업적 정확성과 기계 조작에 익숙해지는 데 100~200년이 걸렸다. 혁명 후의 러시아에서는 10년밖에 걸리지 않았다."

산업은 기계적 절차와 규칙·속도·정확성·훈련을 요구한다. 이것은 한 해의 특정 시점에만 열심히 일해야 하는 농업적 주기에 시간이 맞춰진 농민의 생활과는 반대다. 사람들은 자발적으로 또는 손쉽게 후자를 포기하고 전자를 선택하지 않는다. 그들은 그렇게 하도록 떠밀리거나 재촉받는다. 그들은 우선 토지와의 연결이 끊어져 이동할 수 있는 상태가 되고, 산업 환경의 기술과 규칙에 맞도록 길들여졌다. 한국에서 과정은 해외 원조로 시작돼 10년 만에 압축적으로 이뤄진 뒤 시작할 때처럼 갑자기 끝나 노동자는 옛 직업으로 다시 내동댕이쳐졌다. 일제강점기에 노동자였던 농민은 다시 농민이 될 수밖에 없었고, 이런 변화는 계급 구조의 상층보다 하층을 훨씬 더 급격하게 바꿨다.

1910년 합병될 때 한국의 직업 분포는 전체 가구의 84퍼센트가 농업에 종사하고 0.81퍼센트만 광업과 제조업에 종사할 정도로 농업에 편중돼 있었다.[84] 그러나 1936년에는 중공업이 전체 산업 생산의 28퍼센트를 차지했고 50만 명 이상의 한국인이 산업 분야에서 일했다. 이런 수치는 1943년까지 줄곧 빠르게 상승했고 한국의 산업노동자도 세 배 가까이 늘어났다(〈표 1〉 참조). 1943년 한국인 노동자가 모두 130만 명인 데 견줘 1933년 중국인 노동자는 모두 200만 명 정도였다(이런 수치는 10년 뒤에도 거의 늘지 않았다).[85] 한국의 산업은 마찬가지로 일본의 식민지였던 타이완보다 두세 배 정도의 비율로 빠르게 성장했다.[86] 일본과 만주에서도 수십만 명의 한국인이 일하던 것을 감안하면 이런 한국의 수치는 산업에 종사하는 한국인 노동자의 전체 숫자를 상당히 낮게 잡은 것이다. 이처럼 한국의 산업혁명은 여느 식민지와는 전혀 다르게 일제강점기 마지막 15년 동안 본격적으로 시작됐다.

〈표 1〉 1923~1943년 한국 내의 한국인 산업노동자

연도	인원	증가 지수
1932	384,951	100
1934	483,396	126
1936	594,739	154
1938	585,589	152
1940	702,868	183
1942	1,171,094	304
1943	1,321,713	343

전거: 『朝鮮統計年鑑』 26~32쪽(광업과 교통산업 종사자는 제외. 모든 수치는 조선총독부의 통계를 따름)

1945년 한국에서는 노동계급이 막 형성되기 시작했고 직업 분포의 무게추는 농업에서 공업으로 계속 이동했다. 그러나 이 노동계급은 외형만 갖추었다. 급속히 등장했지만 식민지 시대가 끝난 뒤 지속적으로 발전하지 못했기 때문이다. 한국의 노동계급은 대부분 곡창지대인 남부 지방 출신으로 다시 농업에 종사하기를 바라거나 최근에 농업을 그만둔 사람들이었다. 이처럼 그들은 완전한 노동자가 아니었지만 더 이상 농민도 아니었다. 지주 자본가처럼 그들은 산업적 환경에 영향을 받았지만 그 신분이나 본질이 완전히 바뀌지는 않은 혼합적 존재였다.[87]

한국인이 산업노동에 종사하게 된 경로는 주로 두 가지였다. 첫째, 1920년대에서 1930년대 초반까지 토지 소유가 계속 집중된 결과였다. 토지를 잃은 농민은 실업자가 되거나 자기 터전을 떠나야 했다. 좀더 높은 임금과 더 나은 일자리를 얻을 기회는 1930년대 후반까지 일부 농민을 토지에서 떠나게 만들었지만, 더 큰 영향은 토지 소유의 집중에 따라 농업을 그만둔 것이었다. 이것은 "아래로부터의" 동원이라고 부를 만하다. 두 번째 동원은 위로부터 발생했는데, 일제는 1937년 중일전쟁을 일으킨 뒤 한국인의 거의 모든 생활을 통제해 전쟁을 지원하려 했기 때문이다. 한국인 노동자는 일제의 산업·군사 정책에 따라 이리저리 옮겨지는 인적 자본이 됐다. 일본에 있는 일본인과 마찬가지로 한국인은 노동력 관리를 목적으로 한 국가총동원법의 적용을 받아 다양한 징용·강제 노동과 근로보국대勤勞報國隊 등에 동원됐다.[88] 일본인과 한국인은 내선일체 정책 아래 몸과 마음과 영혼을 일제의 필요에 봉사하도록 동원됐다. 1937년 도·군·면과 직장 단위에까지 지부를 둔 국민정신총동원조선연맹國民精神總動員朝鮮聯盟이 결성됐다. 이듬해에는 육군특별지원병 제도가 만들어져 젊은이들을 군대로 끌고 갔으며, 총독부는 조선방공협회朝鮮防共協會를 설립해 각 도에 지부를, 경찰서·마을·공장·회사에 지회를 두었다.[89] 직장 등에서 반공사상 교육에 의무적으로 참석해야 했던 것은 사회주의가 인기를 끌게 됐다는 한 반증이다. 좌익 사상을 품은 노동자든 지식인이든 저항하는 한국인은 자기 죄를 서면으로 고백하고 "자기 생각을 개조한" 사람들의 조직인 사상보국연맹思想報國聯盟(전국에 지부를 두었다)에 가입할 준비가 될 때까지 혹독한 심문을 받으며 머리에서 불온한 생각을 걸러내야 했다.[90] 공산주의에서 전향한 사람은 가치 있는 모범 사례로 한국인들 앞에서 행진해야 했다.

진주만 공격 이후 한국에서의 동원은 전체적으로 강화됐다. 1942년 국가총동원운동에 책정된 예산은 1937년의 네 배였다가 1943년 다시 두 배로 늘었다.[91] 총독부는 1942년 조선청년특별훈련법을 통과시킨 뒤 한국의 모든 도·시·군·면에 3245개 정도의 "청년 단체"를 두었는데 회원은 250만 명이었다.[92] 그 단체들의 임무는 다양했지만, 곳곳에 산재한 작업장에서 노동력을 제공하는 일이 가장 중요했다. 이것은 거대한 노동력 동원 계획의 일부일 뿐이었는데, 한국의 역사학자들은 한국인 414만6098명이 한국 내에서 강제 노동에 징발됐다고 추산했다.[93] 1936년 일본에서 설립된 내선협화회內鮮協和會와 관련된 에드워드 와그너의 논의는 노동력 동원 조직의 집요한 본질을 매우 흥미롭게 보여주었다. "협화회의 활동은 한국인의 모든 일상생활에 스며들어 개별적으로 접촉하면서 모든 행동과 (때로는) 말을 통제했다."[94] 한국인 노동자 10명을 하나의 보도반補導班으로 편성하고 보도반 4개를 모아 자강대自彊隊 분대分隊를 만들었으며 분대 3개로 다시 하나의 자강대를 조직했다. 그 상부에서는 직장별로 지방 지부의 감독을 받았고, 그것은 다시 중앙 조직의 지휘를 받았다. 재일 한국인은 모두 협화회에 등록되어 거기서 내준 신분증을 늘 갖고 다녀야 했다. 협화회는 그들의 취직이나 여행에 필요한 서류를 모두 관리했다. 만주에 있는 한국인도 마찬가지로 협화회·청년보호단·애국근로대 등에 소속됐는데, 모두 노동력을 동원하고 한국인끼리 감시하게 하려는 목적이었다. 이를테면 청년단원은 한국인 세대주를 감시하고 "정치적 불온 인물"을 감춰주는 집을 적발했다.[95]

전쟁 동안 여성과 아이를 포함한 수많은 한국인이 일본으로 동원된 결과 1945년 1월에는 일본 전체 노동력의 32퍼센트를 차지하게 됐다. 1941년 140만 명 정도의 재일 한국인 가운데 77만 명이 노동에 종사했는데 22만 명은 건설업, 20만8000명은 제조업, 9만4000명은 광업, 나머지는 농업·어업 등의 부문에서 일했다. 그러나 1941~1945년 50만 명이 넘는 한국인이 추가로 일본에 보내졌고 그 절반 정도는 탄광에서 노동했다. 1945년 초반 13만6000명 정도의 한국인이 일본의 탄광에서 일했다. 이런 한국인 노동자의 전체 숫자는 다른 식민지와 비교할 수 없을 정도로 충격적이다.

여기서 이 무렵 탄광으로 내몰린 한국인 노동자나 농민의 삶을 상상해볼 필요가 있다. 더럽고 위험한 석탄 채광업은 조선시대의 백정처럼 사회적으로 기피하는 직업이 됐고 광부는 자신이 사회의 맨 아래에 놓여 있다고 자주 느꼈을 것이다.[96] 많지도 않은 토지를 빼앗겨 탄광에서 일할 수밖에 없게 된 농민은 얼마나 더 비참했겠는가? 게다가 전쟁 기간에 일본에서는 노동자를 보호하는 법안이 폐기됐다. 군사적 명령 체계가 자유로운 노동계약을 대체하면서 자본과 노동은 "진정한 하나가 돼" 전쟁에 봉사했다.[97] 일본의 탄광에서는 기계를 거의 쓰지 않았기 때문에 사람의 노동력이 더욱 많이 필요했다. 가장 고된 일은 갱도 안의 채탄 작업이었다. 전쟁 동안 한국인은 채탄 노동력의 60~70퍼센트를 차지했다. 오전 5시 30분 작업 시간이 되면 광부들은 하루를 시작하러 줄지어 걸어간다. 공식 자료들에 따르면 광부는 하루 12시간 일했는데 전쟁 후반에는 사고가 늘고 "피로가 누적"됐으며 1인당 생산량은 극한까지 늘어났지만 하루치 식량 배급은 생선이나 과일 없이 주곡主穀 700그램으로 줄었다.[98]

노동력을 동원하는 과정은 가혹했고 한국인을 분열시켰다. 노동자를 요구하는 지시가 총독부 내무국에 하달되면 그곳에서 인구에 따라 도별 할당량을 세웠다. 그 뒤의 과정은 지방 관청과 경찰의 변덕스러운 명령에 따라 멋대로 이뤄졌다.[99] 일본인은 감독만 맡았기 때문에 그 과정은 "한국인이 한국인을 대상으로 한 작전으로 보였다". 노동사무소는 대부분 지방 경찰서에 있었는데, 직원과 경찰은 제 할당량을 채우면 후하게 보상받았다. "그런 한국인은 현지에서 가장 큰 증오의 대상이었다."[100]

이런 식민지 노동 정책은 그동안 한국의 계급 구조가 분화되면서 뚜렷이 나타난 변화를 강화했다. 일제는 인적 자본에 투자하는 대신 짧은 기간 노동력을 쥐어짰다(노동자는 대부분 2~3년짜리 계약을 맺었고 계약이 끝나면 한국으로 돌아갔다). 일제는 농민을 자신의 고향에서 떼어놓았지만 산업에 새로 정착시키지 못했고, 농민에게 근대 산업의 공포를 심어주면서 그들을 그 안으로 통합시키지도 못했다. 거기에 민족적 분열이 더해졌다. 총독부는 열등한 인종이라 여긴 대상을 착취했고 식민지보다 오래 지속된 한국인 내부의 증오와 경쟁을 자극했다.

일제강점기에 일본인이 한국인 지배층을 대체하면서 국적과 지위는 상당 부분 일치하게 됐다. 그러나 그런 일치는 국적과 특권이 반드시 결부되지 않아도 되면서 점차 사라지기 시작했다. 그런 현상은 1920년대부터 일본인이 한국인 지주의 특권을 용인하고 고무하려는 의지를 보이면서 나타났다. 그러나 국적과 지위의 일치가 실제로 줄어든 것은 1931년부터 전개된 산업화 시대부터였다. 계급의식과 사회주의가 퍼지면서 다른 식민 권력들처럼 일본도 분할통치의 유용함을 깨달았다.[101] 일본의 식민 정책이 더 많은 한국인에 침투해 그들을 노동자로 동원하면서 한국인을 한국인에 대항시키는 책략이 확산됐다. 관청이 늘어나고 관료 제도가 퍼지면서 그 자리는 한국인에게 보다 더 개방됐다. 한국인은 자기에게 닥친 불운을 더 이상 외국인 탓으로만 돌리기 어려웠는데, 그 식민 권력 당국에는 한국인 관료가 자주 보였기 때문이다.

한국인 관료들도 "구조적으로 속박"됐다. 그들은 자국민에게서 멀어질수록 식민 권력으로부터 보상받았다. 그러나 그들은 식민지 관료 제도에서 승진할수록 자기 국적 때문에 그 열망에 한계를 느꼈고, 그 뒤 이런 한계는 착취당한 한국인과 연대하는 계기로 작용하기도 했다.[102] 요컨대 이런 식민 정책은 지배자와 피지배자 사이에 복잡한 연결관계를 형성해 국적과 계급 또는 지위 사이의 일치를 파괴하고 식민지 상황을 복잡하게 만들었으며, 결과적으로 한국인 노동자는 일본인 경찰을 증오하는 만큼 한국인 군수도 미워하게 됐다.

노동계급에서도 국적에 따른 차별이 뚜렷했다. 일본인 노동자는 한국인 노동자와 똑같은 일을 해도 두세 배의 임금을 받았다. 차별은 타이완 식민지보다 한층 더했다. 1937년 일본인 목수의 일당은 일본에서는 1.97엔, 타이완에서는 2엔, 한국에서는 2.15엔이었다. 타이완인 목수의 일당은 1엔, 한국인 목수는 0.66엔이었다.[103] 비슷한 임금 구조는 식민 기구 전체에 걸쳐 적용됐다.

국적과 지위의 불일치가 가장 심각한 곳은 경찰 조직이었다. 서울의 중앙 본부로부터 임명과 지휘를 받은 이 전국 조직은 국민 통합을 강제하는 데 특히 효과적인 수단이었다. 경찰은 절반 정도가 한국인이었기 때문에 한국인 내부의 갈등을 심화시키는 경향이 있었다. 일본인은 좀더 가혹한 경찰 업무를 한국인에게 맡겼다. 노동력 동원은 지방 경찰서와 파출소에서 지휘했다. 만주국에서는 "상당한 숫자"의 한국인이 경찰에 고용됐고 "특히 잔인하고 부패하다는 악명"을 얻었다. 한국인과 중국인 유격대를 진압하는 데 동원된 이동토벌대는 "주로 일본인 장사壯士나 폭력배, 한국인 하층계급으로 구성돼 특히 두려움의 대상이었다".[104] 많은 한국인 장교는 만주국에서 유격대 토벌 작전으로 첫 군사훈련을 받았다. 일본은 태평양전쟁 동안 연합군 포로수용소 간부로 한국인을 근무시키기도 했는데, 그들이 그곳 포로들로부터 얻은 오명은 전쟁이 끝난 뒤에도 사라지지 않았다.

식민지 분할통치 전략은 이렇게 모든 곳에, 특히 한국에 쓰린 유산을 남겨놓았다. 한국인 관료는 승진할수록 자기 국민과 멀어졌다. 그는 자신의 패기를 증명하려면 "한국인을 다루는" 능력을 보여줘야 했다. 그는 자기 국민과 멀어질수록 주인의 위치에 있는 일본인과 자신을 더욱 동일시하고 그에게 더욱 의존했으며, 그러면서 더욱 깊이 느낀 자기혐오를 외부로 가혹하게 발산했을 것이다. 한국인 경찰은 식민 지배의 특히 탁월한 협력자였으며, 스스로도 마음속 깊이 그것을 알고 있었다. 이런 한국인 경찰의 운명은 그 뒤 해방된 한국의 정치를 결정하는 데까지 오래 지속됐다.

일제가 추진한 정책의 궁극적 결과는 한국인을 서로 대립시킨 것이 아니라 한국인 지배층에게서 합법성을 박탈한 것이었다. 소작인을 지배한 지주든, 노동자를 동원한 경찰이든, 세금을 걷는 관료든, 대동아공영권의 미덕을 강연한 지식인이든 그런 경험은 그 뒤 한국인의 민족적 정체성을 계속 물어뜯었다. 식민 지배가 끝나지 않았거나 덜 급작스럽게 끝났다면 1930~1940년대의 한국인 지배층은 오늘날 일본과 그리 밀착되지 않은 한국에서 좀더 자신감을 지닌 지도자들이 됐을지도 모른다. 그들은 앞면이 나올 것이라고 기대하면서 동전을 공중에 던졌다. 그러나 1945년에 나온 것은 뒷면이었다.

저항운동

일제의 동원령에 직면한 한국인은 반공 단체에 가입하거나 광산 노동이나 징용의 대상이 되거나 일본의 적을 자신의 적으로 증오하는 것 같은 정치적 선택을 강요당했다. 이런 정치의식은 정부의 오랜 착취 때문에 특히 농민들에게서 나타났다. 정치는 한국 사회의 최하부까지 침투했기 때문에 농민과 노동자도 정치에서 선택의 문제를 이해하기 시작했다. 적어도 일제의 선전 공작은 굴복 이외의 다른 선택이 있고 저항하는 한국인이 있다는 사실을 알려주었다. 한국과 만주국의 국경 지대에서 일어난 항일 투쟁은 1930년대 후반 국경 너머에서 마지막으로 나타난 저항이었다. 일본인은 그들을 공산주의자라고 불렀으며 날마다 그들을 증오한다고 한국인들에게 말했다. 중국과 한국의 공산주의자들은 중국 북부를 중심으로 항일 투쟁을 전개했으며, 일본이 지배하면서 발전하게 된 지역까지는 나아가지 못했다. 결과적으로 많은 한국인에게 좌익 사상과 공산주의는 '반일'과 동의어가 됐다. 저항운동은 민족적·애국적 분위기를 띠었다. 서대숙은 이런 측면을 설득력 있게 지적했다.

> (공산주의자는) 민족주의자로부터 한국 혁명의 주도권을 빼앗는 데 성공했다. 그들은 한국인, 특히 학생·청년·노동자·농민에게 공산주의의 영향력을 깊이 심었다. 성공하겠다는 그들의 불굴의 용기와 굳센 결심은 한국의 지식인과 작가들에게 깊은 영향을 주었다. 끝나지 않을 것 같던 외세의 억압에 오랫동안 굴복한 노년의 한국인들에게 공산주의는 새로운 희망이자 기적의 횃불이었다. (…) 공산주의 사상은 아니더라도, 대부분의 한국인에게 공산주의자의 희생은 가끔 폭탄을 던지며 저항한 민족주의자의 활동보다 훨씬 더 강한 울림

을 주었다. 고문으로 초췌해진 공산주의자의 모습과 모든 한국인의 공통된 적을 향한 그들의 단호하고 엄격한 자세는 사람들에게 지대한 영향을 미쳤다.[105]

1945~1950년 내내 많은 한국인이 좌익과 자신을 동일시하며 그에 공감하게 만든 것 또한 일본이 남긴 유산의 하나였다.

합병 즈음에 전개된 저항, 이른바 의병은 1907~1910년 일본과 산발적인 유격전을 벌였다. 프랑스에 대한 베트남의 저항처럼 그것을 이끈 세력은 양반이었다.[106] 그러나 한국 민족주의의 시작은 대체로 1919년 3·1운동 이후로 보며, 공산주의자가 처음 나타난 것도 이 시기였다. 민족주의자는 한국 안에 머무른 부류와 해외로 망명한 세력으로 나뉘었다. 그리고 각 집단은 무장투쟁을 옹호하는 세력과 문화·교육·사회·정치 활동을 전개하면서 점진적으로 독립을 준비하자는 부류로 나뉘었다.[107] 후자는 특히 일제의 조종에 취약했다. 일제 통치를 수용할 의사가 있는 온건한 한국 민족주의자의 존재는 덜 온건한 집단을 급진 세력으로 보이게 만들었기 때문이다. 식민 당국은 자연히 훨씬 더 큰 위협이었던 "과격주의자"를 억압한 반면, 온건주의자를 양성하고 그들이 어떻게 하느냐에 따라서 언젠가는 한국의 독립이 이뤄질 것이라는 인상을 심어주었다. 그 결과 1930년 후반까지 일본은 지식인이 통치에 노골적으로 도전하지 않는 한 상당한 자유를 허락했다. 그로 인해 야기된 한국인 내부의 대립은 해방 뒤까지 이어졌다. 1940년대 후반에 나타난 좌우 갈등의 기원은 20년 전에 형성된 것이었다.

한국에서 일부 집단은 소작쟁의와 파업, 가끔의 폭력 행동으로 지속적으로 직접 대립했다. 1930년대 한국인 수천 명은 이런 행동으로 결국 투옥됐으며, 태평양전쟁이 끝날 때까지 풀려나지 못했다. 그들 대부분은 다양한 종류의 좌익 부류와 공산주의자였다. 그들의 투쟁으로 좌익은 1925년 이후부터 항일 투쟁에서 우월한 지위를 얻었다.[108] 한국 공산주의 운동은 크게 네 집단이 이끌었다. 한국에서 최초이자 가장 영향력 있는 공산주의자 일부를 포함한 이른바 "국내파", 볼셰비키 혁명 이후 반체제 한국인의 중요한 피난처 가운데 하나가 된 소련의 활동가 집단, 1940년대 초반 옌안延安을 비롯한 거점 지역에서 중국 공산주의자와 연합해 활동한 부류 그리고 한·중 국경 지역의 빨치산이다. 일반적으로 말해서 공산주의 운동(그렇게 부를 수 있다면)은 주로 노련한 일본 경찰의 탄압과 통제 때문에 분열되고 끊임없이 재조직됐다. 그러나 수천여 명의 한국인은 오랫동안 참으로 주목할 만한 저항을 전개했으며, 제1차 세계대전 이후 아시아를 휩쓴 혁명의 물결에서 중요한 역할을 했다. 아울러 한국 공산주의의 파벌주의와 당파성, 미숙함은 정확한 근거도 없이 지나친 비판을 받아왔다. 이를테면 1920년 무렵부터 1945년까지 한국과 베트남의 공산주의 운동을 체계적으로 비교해보면 주목할 만한 유사성이 나타나며, 적어도 식민 지배에서 일본과 프랑스의 차이를 고려하면 한국인의 활동은 가장 활발했으며 많은 성공을 거뒀다고 평가할 수 있다.[109] 특히 1930년대 한국과 만주에서 활동한 조직자는 소작인과 농촌 문제로 운동의 방향을 전환하는 데 성공하고 적색농민조합을 조직해 한국 안에서 농민의 불만을 고조시켰으며, 만주 국경 지대에 소규모 유격대의 거점을 확보하고 일본군과 몇 차례 국지전을 벌여 승리하는 성과를 거뒀다.[110]

꼭두각시 국가인 만주국의 수립[111]과 전 세계적 공황의 영향으로 많은 한국인이 만주로 이주하면서 한·중 국경 지역에서 항일 유격전은 급증했다. 공산주의자와 민족주의자, "대도회大刀會"를 중심으로 한 비밀결사 등 16만 명 이상의 반란 세력이 1930년대 초반 이 지역을 점령했다.[112] 일본 관동군은 반란 거점 지역에 식량을 끊고 "보호촌保護村"을 만들었으며 항복한 유격대를 이용해 이전 동료를 포획하고 적색 세포 조직을 파괴한 뒤 그것을 대신해 반공 "백색 세포 조직"을 만들려고 시도했다.[113]

1930년대 만주 유격 활동은 대부분 멀리 떨어져 있고 궁벽하지만 일본에게 매우 중요한 지역에서 일어났다. 이에나가 사부로는 중국, 특히 북부 중국과 만주가 1931년부터 태평양전쟁의 중심지라고 지적했다. 항일 빨치산의 "집요한 저항"은 중국 본토의 전쟁을 교착상태에 빠뜨렸고, 만주와 중국 북부의 수렁은 일본의 계획을 무효로 만들었으며, 그 좌절감은 진주만에 대한 자멸적 공격으로 이어졌다.[114] 이에나가가 "전쟁의 주요 무대"라고 부른 핵심 지역에서 이른바 동변도東邊道[115]는 특히 중요했다. 일본군 참모본부는 소련과의 전쟁에서 한·중 국경 지대가 "군사 작전의 전략적·물리적 기반"이라고 판단했다.[116] 1933년에 파견된 조사단은 동변도에 자연자원, 특히 석탄과 철이 풍부하다고 보고했다. 일본은 건설하고 있던 압록강의 거대한 수력 발전소(당시 세계에서 두 번째로 큰 수풍水豐댐을 포함해)와 이런 자원을 연결하고 통화通化시를 그 지역의 중심지로 삼으려고 구상했다. 일본은 이런 목표로 1930년대 후반 통화까지 철도를 확장했다.[117]

동변도와 인접한 지역은 중국과 한국 만주 유격대의 핵심 거점이었는데, 그곳 사람들은 매우 가난하게 살았고 일본의 침략에 격렬히 저항했다. 또한 그곳은 숲이 무성한 산악 지역이어서 소수의 사람들이 "거칠고 원시적인" 방법으로 좁은 계곡에서 농사를 짓거나 먼 언덕에서 화전을 일구며 살았다.[118] 1930년대 후반 일본은 철도와 "군사용 고속도로", 경찰용·군사용 통신망 같은 기반 시설을 확장해 동변도를 안정·발전시키려고 했다. 경찰 보고는 유격대 진압에 그런 시설이 줄곧 사용됐음을 보여준다.[119]

동변도는 "오래 지속된 강력한 민족주의와 공산주의 운동의 영향을 받은" 한국인 이주민으로 가득했다.[120] 그리고 마찬가지로 유격대가 활발히 활동한 그 인근의 간도間島에도 1940년 무렵 한국인 53만 명이 거주했는데 그곳 전체 인구의 70퍼센트를 차지했다.[121] 일제는 간도와 동변도에 "만주국 협화회協和會"를 만들어 겉으로는 민족 화합을 표방했지만 실제로는 "그 지역 한국인을 이용해 저항적 한국인을 말살하려고 했다".[122] 그들 대부분은 자신의 "사상"을 씻어낸 전직 빨치산으로 한국인 저항 세력을 토벌하는 "특별작전" 부대에 배치됐다.

동변도와 인접 지역은 1930년대 내내 유격대의 거점이었다. 그러나 만주국 설립에 이어 시작된 유혈 진압 작전 이후 유격대의 숫자는 1936년 2000명 정도로 줄었다. 그 무렵 중국인 유격대원 양징위楊靖宇는 잔존 세력을 규합해 다양한 중국인과 한국인 유격대로 구성된 상부 군사 조직인 동북항일연군東北抗日聯軍에 편입시켰다. 현재 북한의 지도자인 김일성이 확고한 빨치산 전사로 떠오른 것은 이런 환경에서였다. 1912년 평양 인근 마을에서 김성주金成柱라는 이름으로 태어난 그는 어릴 때 만주로 이주해 1932년에 조직적 유격대 활동을 시작한 것으로 보인다. 김일성은 동북항일연군에서 수백 명의 한국인 빨치산으로 구성된 부대를 지휘했다. 그들은 1937~1940년 만주와 한국 북부에서 일본과 소규모 전투를 벌여 여러 번 승리했다. 그 가운데 가장 잘 알려진 것은 1937년 보전堡田이라는 한국 마을(지금은 보천보普天堡로 이름이 바뀌었다)을 공격해 여러 공공건물을 파괴하고 다수의 일본 경찰을 죽인 전투다.[123] 1939년 일본 경찰은 김일성이 양징위와 동일한 지위에 있으며 각각 빨치산 400명을 이끌었다고 보고했다(그 뒤 북한의 중요한 지도자가 된 최현은 따로 100명의 빨치산을 거느렸고 그 밖에 한·중 국경에서 활동한 한국과 중국 빨치산은 모두 1200명 정도였다).[124] 일본은 "김일성 토벌 특별행동대"를 조직해 김일성과 그 협력자를 추적[125]했는데 대부분 항복한 한국인들이었으며 유격대 50명을 한국인이 지휘하는 구조였다.

전후 김일성이 갖게 된 이점 가운데 하나는 40년에 걸친 긴 저항 투쟁의 마지막 10년 동안 유명해졌다는 것이다. 그때 다른 지도자들은 죽거나 투옥되거나 투쟁을 접었지만, 스스로 명성을 세우고 세력을 보존한 그는 해방이 다가오면서 부하들과 함께 유리한 위치를 차지할 수 있었다. 일본이 진주만을 공격할 무렵 그와 그 동맹 세력은 만주와 소련 극동(아마도 하바롭스크 인근) 사이로 퇴각해 세계적 규모로 전쟁을 벌이려는 일본의 결정이 가져올 필연적 결과를 기다린 것으로 보인다. 김일성은 전사였지만 자기 보존에 능하고 적절한 시기를 본능적으로 기민하게 파악한 생존자이기도 했다.

김일성 또한 처음부터 한국의 가장 어려운 정치적 이상인 통일을 추구한 것으로 보인다. 1930년대 그는 파벌주의를 반대하고 통일전선전술을 신봉했으며 민족주의와 혁명을 능숙하게 융합했다. 그는 중국·소련의 공산주의와 모두 협력한 드문 한국인 가운데 한 사람이었지만, 애국적 이미지가 강했고 한국인 동지들로부터의 충성을 계속 확보하고 있었다. 이것은 기회주의라고 지적될 수 있지만(그리고 분명히 그렇게 지적돼왔다) 사실 매우 좋은 정책이다. 이승만과 마찬가지로 김일성은 작은 나라가 더 큰 요구를 제기하고 강대국을 자신의 이익에 기여하도록 만드는 기술과 수완을 가진 인물이었다.

그 뒤 김일성이 성공할 수 있었던 또 다른 핵심 요소는 일본에 체포되지 않았다는 것이다. 일본 경찰은 수천 명에 이르는 한국인 혁명가를 잡아 고문을 포함한 무자비한 방법을 동원해 동료들에 대한 정보를 실토하고 신념을 포기하라고 강요했다. 그 과정에서 다치지 않은 사람은 아무도 없었다. 조사에 따르면 1934년 한국에서 풀려난 정치범 934명 가운에 375명은 공산주의를 포기했다.[126] 투옥된 사람 대부분은 서로를 믿을 수 없다는 점을 깨달았는데, 일본 경찰은 지속적으로 그런 느낌을 부추겼다. 체포되지 않은 사람들에게만 의심이 제기되지 않았다. 1945년 무렵 이것은 김일성을 비롯한 소수의 한국인 저항 세력에게 중요한 자산이 됐다.

김일성의 집권에서 또 하나 중요한 사실은 1945년 이전 그가 일본인, 한국인 자신, 소련, 미국 국무부 등 전후 한국 정치를 이끈 모든 주요 세력의 관심을 받았다는 것이다. 물론 그는 1935년 이후부터 일본 경찰과 정보기관의 보고에서 정기적으로 언급되어왔다. 1944년 11월 그와 관련된 흥미롭지만 확인되지 않은 정보는 다음과 같은 내용을 담고 있다.

> 현재 김일성은 블라디보스토크 근처의 오간스카야 군사학교Oganskaya Field School에 머물며 만주에서 활동할 한국인 유격대를 훈련시키는 데 열중하고 있다. 최근 입수한 정보에 따르면 김일성은 미국이 한국·만주 요충지를 공습할 때 그 지역의 철도를 파괴하려고 부대를 파견할 준비를 하고 있다.[127]

한국에서 김일성의 활동은 여러 신문을 비롯해 『삼천리』 1938년 11월호에 실렸다. 스칼라피노와 이정식에 따르면 그는 "풍부한 유격전 경험을 가진 27세의 용감한 젊은이"로 묘사됐다.[128] 서대숙은 김일성이 1941년 이전에는 소련에 알려지지 않았다고 주장했지만[129] 1937년 소련 신문 『치히오칸Tikhii Okean(태평양)』에는 그와 관련된 중요한 기사가 있다. 거기서 V. 래퍼포트는 김일성을 아주 우호적으로 언급했다. 그러나 더욱 중요한 사실은 이 특별 기사가 1945년 일본이 패망하기 전 미국 국무부 일본과日本課 조지 매큔의 요구로 국무부 안에서 번역됐다는 것이다.[130] (그 번역에서 김일성은 일본어 발음 긴니치세이Kin Nichi-sei를 러시아어로 음역한 "김니첸Kim-Ni-Chen"으로 불렸다).

> 일본과 전투를 벌이면서 뛰어나고 재능 있는 지도자들은 스스로를 부각시킬 기회를 가졌다. (…) 그들 가운데 김니첸 부대는 특히 두드러졌다. 그 부대원은 매우 용감하다. 가장 위험한 작전은 모두 이 부대가 수행했다. 그들의 행동은 대체로 잘 계획됐고 빠르고 정확하다. 그 부대는 보유한 무기 가운데 중기관총 2정을 활용해 일본군과의 접전을 감당했다. 일본은 이미 1년 동안이나 김니첸 부대를 추적하려고 노력하고 있지만 실패했다.

그 기사는 1935년 전투에서 죽은 만주 한국인 유격대의 저명한 여성 지도자 이홍광의 공적도 자세히 다뤘다.[131]

이처럼 김일성은 태평양전쟁의 마지막 투쟁 시점에서 중요하고 널리 알려진 항일 투사였다. 이런 강인하고 운 좋은 생존자가 오늘날 북한에서 용감한 만주 항일 투쟁의 공로를 인정받는 사실상 유일한 인물이라는 점과, 그를 제외한 나머지 수천 명의 생명과 건강, 의지, 역사적 위상은 간과되고 있다는 점은 슬픈 역설이다.

만주의 항일 투쟁은 한국 공산주의의 특수성을 이해하는 데 중요하다. 김일성·최현·이홍광과 그 동료들의 항일 투쟁은 합병 무렵 뒤늦게 시작됐다. 항일 투쟁이 지속됐다는 사실은 일본의 무자비한 탄압이 자주 성공하면서 1930년대 중반 연로한 지도자가 대부분 사망하거나 변절하고 새로운 세대의 활동가가 등장했다는 의미였다. 만주의 거친 환경에서는 아주 작은 성공이라도 전후 한국에서 지도자로 떠오를 수 있는 지위를 보장했는데, 김일성 부대의 성공은 작지 않았다. 게다가 다른 망명 활동가들은 중국 본토에서 투쟁했지만, 그들은 한국과 가까운 지역이나 한국 안에서 활동했다. 그러나 한국과 인접한 지역에서 활동했기 때문에 미국이나 서구의 관심에서는 멀어졌다. 만주는 항일 투쟁의 중심지였지만 서구에는 잘 알려지지 않았기 때문이다. 이처럼 옌안의 중국 공산주의자나 베트남의 호찌민 세력과 달리 만주의 항일 세력은 서구와 전혀 접촉하지 않았으며—프랑스 치하에서 베트남 공산당이 외부와 널리 접촉하면서 경험을 쌓은 것과는 전혀 달랐다—서구의 관심에서 멀리 떨어진 주변부로 남았다. 지금도 서구에서는 이 항일운동을 거의 모르기 때문에 관련해서는 기초연구부터 시작돼야 하지만, 북한이 김일성의 항일운동을 민족적 신화로 만들고 그 밖의 사항은 모두 무시하는 것은 아무런 도움이 되지 않는다. 그로 인해 김일성은 대부분의 서양인에게 가장 좋게는 허식을 일삼는 사람으로, 가장 나쁘게는 남의 이름을 사칭한 사람으로 남았으며, 그 뒤 북한의 권력을 장악한 역사가 만주에서 형성됐다는 사실은 전혀 이해되지 않고 있다.

이런 만주 항일운동의 또 다른 측면은 특별히 언급될 필요가 있다. 김일성을 비롯한 유격대는 일본에 체포되지 않았다는 것이다. 일본은 그들을 뒤쫓아 사살할 의지가 있는 한국인을 찾아냈다. 보병과 하급 장교, 그리고 카이저수염을 뽐낸 김석원 대좌 같은 소수의 고위 군인 등 수백 명의 한국인이 유격대 진압 작전에 참여했다. 김석원은 1940년대 "중국을 무대로 빛나는 전공"을 세운 영웅으로 묘사됐고 많은 한국인이 그를 따라 일본군에 입대했다.[132] 그의 공훈에는 1937년 일본군에 편성된 한국인 부대를 지휘해 김일성 부대를 토벌한 것이 있었는데, 일본의 신문들은 두 한국인 지도자의 대결을 크게 보도했다.[133] 1950년 한국전쟁이 다가오면서 그 대결은 다시 시작됐다. 그 무렵 한국군 사단장이던 김석원은 한국군이 북한을 공격하면 원산에서 아침을, 평양에서 점심을, 신의주에서 저녁을 먹을 것이라고 주장해 유명해졌다.[134] 1950년 6월의 실제 사건은 김석원의 예상과 상당히 다르게 전개됐지만, 이것이 전쟁의 내전적 기원을 모호하게 해서는 안 된다. 충돌의 기원은 식민지 시대 속으로 깊이 들어가 있다. 말하자면 일본인들은 바람을 심었지만 한국인들은 회오리바람을 거둬들였다.

2장

식민지 한국의 지주와 소작농

기독교가 시작되면서 비길 데 없는 보편성을 주장하는 새로운 삶의 방식이 전 세계에 퍼졌지만, 그것은 철저히 물질을 기반으로 하는 것이었다. 그러나 그런 움직임과 함께 반작용도 나타났다. 그것은 변화에 맞닥뜨린 사회가 통상 보이는 방어적 행동을 넘어섰다. 그것은 사회 구조를 공격한 혼란에 맞선 반작용이었다.

_칼 폴라니

한국 토지 관계의 역사는 지주와 소작농의 상호 관계가 몇 세기 동안 온전히 유지되면서 사회 형태가 보기 드물게 지속된 주목할 만한 사례다. 한국 토지 관계의 기원을 정확히 찾아내기는 매우 어렵다. 이 책에서는 1392년 조선의 건국부터 시작하지만, 에드워드 와그너가 주장한 대로 조선은 "새로운 건설이라기보다는 개선에 가까웠다". 양반 지배층의 구성은 고려에서 조선으로 넘어오면서 거의 바뀌지 않았다.[1] 어쨌든 19세기와 마찬가지로 조선 전기에 이미 소작농을 거느린 양반 지주가 나타났다.[2] 그렇다고 조선 전기가 주종관계의 사회였다는 말은 아니다. 그러나 문헌 자료가 상당히 남아 있는 18세기 전반에 확립된 토지 소유 제도는 1945년까지 유지됐다—소작농이 경작한 대규모 사유지나 국유지는 경상도와 전라도에 더욱 많았다. 소작이 널리 시행됐다는 사실은 조선시대에 마지막으로 실시된 토지조사(1898~1904)에서 뚜렷이 나타났는데, 그 결과에 대한 한 연구는 농민의 75퍼센트가 경작지의 전부나 일부를 임대한 소작농이었음을 보여주었다.[3]

소작농은 무거운 지대를 현물로 내고 소작 계약이 늘 불안했기 때문에 매우 가난했다.[4] 예상할 수 있듯이 소작농은 추가 세금이나 고리대금 탓에 최저 생활수준 아래로 떠밀렸을 때 자주 봉기를 일으켰다.[5] 반면 양반 지주는 귀족적 특권과 사적 토지 소유를 아주 강력히 결합시켰다. 이를테면 그들의 강력한 힘은 토지조사가 대체로 드물었다는 사실에서 명확하게 드러난다. 법령에는 20년마다 실시하게 돼 있지만, 1820년(순조 20)에 시행된 토지조사는 한 세기 만에 이뤄진 사업이었다. 국가가 대지주를 장악했다면 세입을 확보하려고 훨씬 더 자주 토지를 조사하고 분류했을 것이다. 그러나 조선은 지주의 장단에 맞춰 춤을 췄다. 19세기 조선의 사대부들은 대토지로 구현된 재산이 중국보다 자국에서 더 큰 힘을 휘두른다는 것을 알고 있었다. 양반의 지위는 너무 견고해 고대 중국에서 시행된 고전적 토지 개혁은 일어나지 않았다.[6]

인류학적 연구는 이런 역사적 유형을 압축적으로 보여준다. 한국의 세 촌락과 관련된 연구는 1940년대 대지주 가문이 임진왜란부터 그 지위를 유지했음을 보여주었다. 이를테면 경상남도 밀양 박씨는 임진왜란 이후 대지주가 됐으며 가문 자체는 기원전 57년 신라 왕 박혁거세에서 기원했다고 주장한다. 촌락의 평민들은 오랫동안 이 가문에 노동을 제공하며 생계를 꾸려왔다. 전라북도 고창 근처 촌락의 주요 가문 출신 여섯 대지주의 기원은 임진왜란 이후로 거슬러 올라간다. 주로 그들은 지방 관직을 차지하고 대금업에 종사했다.[7]

최근 김용섭 같은 한국의 일부 학자는 조선 후기 토지 관계의 구조가 이른바 경영형 부농 등의 등장으로 악화됐다고 주장했다. 일본 도쿠가와 시대의 변화와 관련된 토머스 스미스의 분석처럼, 그들도 농민에서 새롭게 나타난 이런 기업가적 요소가 상업적 농업을 자생적으로 발전시켰다고 주장했다. 김용섭은 상민과 천민의 상당수가 양반으로 상승했으며 스스로의 노력으로 그에 합당한 토지를 소유했다고 지적했다. 이처럼 토지 관계는 고정된 것이 아니었다. 그러나 한국에서 상업적 농업이 발전할 가능성은 1876년 이후 일본과 서구의 자본과 상품이 밀려들면서 무너졌고, 그 결과 농업적 촌락 경제는 파산했으며 양반과 관원은 토지에서 유리된 소작농을 매개로 재산을 축적했다고 김용섭은 주장했다.[8]

식민지적 토지 상황과 관련해 일본을 비판하려는 욕망은 제쳐두더라도,

이런 해석의 문제점은 한국에서는 18세기 일본의 농민 기업가나 그 이전 영국의 독립적 자작농인 요먼yeoman 같은 부류가 전혀 나타나지 않았다는 데 있다.[9] 게다가 한국의 지주는 농민층에서 발생하지 않았다. 소농에서 지주로 성장했거나 일정한 지역의 경작권을 영구적으로 보장받은 사례가 일부 있었지만, 새로운 계급으로 지주가 출현했다는 의미는 아니었다. 물론 18세기 일본의 핵심적 특징인 시장의 등장과 농업의 상업화가 조선 후기에 완전히 두드러졌다고 주장하는 사람은 없다.[10] 오히려 토지 소유 관계의 구조는 19세기 말까지 수백 년 동안 유지되면서 사유지는 "소수의 대지주"에게 집중됐으며 소작농은 "소규모 자작농이거나 소작농이거나 농업 노동자"로 남았다.[11]

일제강점기의 농업

1910년 일본의 합병은 한국 토지 관계의 구조를 급격히 변화시키지 않았다. 오히려 지배적 인상은 과거와의 연속성이었다. 조선의 양반은 중앙 관료 제도에서 관직과 영향력을 잃었지만, 옛 지배계급이 사라졌다고 말한다면 한국 토지 소유 제도의 지속성을 너무 간단하게 무시하는 것이다.[12] 일본의 지배는 양반 제도보다 토지에 훨씬 더 견고하게 뿌리내렸는데, 토지는 그 힘의 마지막 보루였기 때문이다. 이를테면 일제는 조선의 관원 수천 명에게 작위와 은사금恩賜金을 주었는데, 그들은 주로 토지를 사는 데 그 돈을 투자했다. 한국의 일부 학자는 이를 계기로 조선 사대부가 새로운 지주계급으로 변모했다고 주장했다.[13] 그전까지 토지를 갖지 못해 관직에만 생계를 의지했던 부류에게는 사실이지만, 식민 통치가 일으킨 변화를 견디고 살아남은 전통적 지주계급에게는 그렇지 않았다.

조선총독부가 실시한 첫 주요 사업은 1910~1918년 철저히 추진한 토지 조사였다. 유럽의 식민 정권과 마찬가지로 일본은 명확히 규정된 권리·특권과 결부된 사유재산 제도를 세워 전통적 토지 소유 관계를 합리화할 필요를 깨달았으며, 성문법으로 이를 강화하고 근대적 행정 기구를 동원해 전례 없는 규모로 토지의 잉여 생산물과 세입을 걷었다.[14] 토지조사에서는 한국의 모든 토지의 소유권·형태·토질·가격을 자세히 기록했다. 그 결과 1918년 새로운 토지세가 확정돼 1930년 조선총독부는 1910년보다 2.5배 많은 세입을 거둘 수 있었다. 1930년 토지세는 식민당국 총세입의 45퍼센트를 차지했다.[15] 토지조사는 곡물 수확량을 으레 줄여 신고하거나 불법적이고 허위적으로 소유권을 등록하거나 재산을 은닉하는 등 그동안 세금을 회피한 관행을 적발하는 식민지 관료 제도의 능력을 크게 증진시켰다.[16] 그러나 철저한 조사는 다른 결과도 가져왔다.

군나르 뮈르달은 동남아시아의 식민 정권들은 "강력한 행정 기구를 값싸게 창출할 필요가 분명히 있었다. (…) 그러려면 이전부터 존재한 토착 세력과 어느 정도 타협해야 했다"고 지적했다. 아울러 토지 소유를 통제할 수 있는 행정적 권한은 "식민 정권에 적대적인 부류를 처벌하거나 협력적인 부류에게 보상할 수 있는 강력한 무기였다".[17] 토지조사사업은 좀더 연구해야 하지만, 식민 통치에 반대하는 세력을 회유하고 지지하는 세력에게는 보상하는 주요한 수단이 됐다고 생각된다. 토지등록법은 옛 조선과 새 식민행정 기구의 관원·서리뿐 아니라 양반 출신 한국인의 토지소유권을 인정하고 그들이 합법적으로 계약할 수 있도록 허용했다. 반면 소작농은 새 법을 잘 몰랐거나 정보가 의도적으로 왜곡된 탓에 토지를 빼앗겼다. 한국인 소작농의 거대한 이동은 이 제도가 실시된 뒤 시작됐다. 또한 일본은 한국인 지주에게 대가를 요구했는데, 토지 소유의 특권을 유지하느냐 여부는 일본 통치에 협력하는 데 달려 있었다.

토지조사사업을 담당한 군郡 위원회에는 대체로 일본인과 한국인이 동일한 비율로 참여했다.[18] 그들의 임무는 토지조사사업의 규정을 설명하고 시행하는 것이었다. 실제적인 삼각측량은 무장경찰과 한국인 통역, 지방의 유력한 한국인 지주와 동행한 기술자가 실시했다. 그 결과는 이들의 토지 소유가 합리화되고 힘없는 수많은 한국인 소작농이 토지를 잃는 것이었지만, 또 다른 결과는 기존의 한국인 지주가 계속 용인된 것이었다. 이를테면 1922년

100정보町步(1정보는 2.45에이커)• 이상을 소유한 한국인은 426명이었지만 일본인은 490명이었다.[19] 그 뒤 일본은 만주의 중국인 지주도 같은 방법으로 포섭했다.[20]

근대적 또는 합법적·합리적 기초 위에 지주-소작인 관계를 설정하면서 고대적·관습적 상호 의무는 무너졌다. 지주가 한 소작농에서 다른 소작농으로 바꾸면 이익이 더 커질 수 있다는 사실을 알게 되면서 소작권은 불안해졌다. 이처럼 옛 제도에 일정한 안정성을 부여한 기존의 비공식적 의무는 모두 해체되기 시작했다. 토지의 등급과 가격이 고정된 것은 토지가 협상할 수 있는 자산이 됐다는 의미였다. 토지는 대출에 담보로 사용될 수 있었다. 그리고 전통적으로 금지되어오던 게 완화되었다는 사실은 토지를 담보로 한 채무를 이행하지 않을 경우 그것을 잃어버리기도 더 쉬워졌다는 뜻이었다. 실제로 지주·대금업자와 그 밖의 중개인은 이런 상황에 따라 채무를 이행하지 않을 경우 토지를 몰수해 적극적으로 재산을 쌓았다.[21]

일본은 관개 사업, 과학적 품종 개량 같은 혁신으로 한국 농업의 생산성을 높였다. 그러나 토지조사사업의 결과와 시장경제의 발전은 토지소유권을 소수에게 과도하게 집중시키고 소규모 자작농을 소작농으로 전락시켜 "세계에서 유례를 찾기 어려운" 소작 상황을 만들었다.[22] 일본도 빚에 시달리는 소작농에게 의존하고 있는 농업 상황은, "식량이 상품화되기 전 수탈하는 데 유용한 수단을 제공한다"고 인식한 다른 식민 권력과 다르지 않았다.[23]

1930년 무렵 한국에서 시행된 두 번의 토지조사는 한국 인구의 거의 80퍼센트가 소작농이었음을 보여준다. 이훈구는 공동 소유 및 공동 소작을 포함하면 "한국 농부 5명 가운데 거의 4명이 소작농"이라고 판단했다. 한 미국인 선교사의 조사에 따르면 한국인 농부 4분의 3이 자신이 경작하고 있는 토지의 전부 또는 일부를 빌린 소작농이었다.[24] 그 뒤의 연구들은 소작농이 계속 늘어나는 상황을 보여줌으로써 이런 조사를 뒷받침했다(〈표 2〉 참조).[25]

• 약 9915제곱미터.

〈표 2〉 일제강점기 소작농의 증가

연도	지주	자작농	자소작농	소작농
1913	3.1퍼센트	22.8퍼센트	32.4퍼센트	41.7퍼센트
1918	3.1	19.7	39.4	37.8
1924	3.8	19.4	34.6	42.2
1930	3.6	17.6	31.0	46.5
1932	3.6	16.3	25.3	52.8
1936		17.9	24.1	51.8
1939*		19.0	25.3	55.7
1943**		17.6	15.0	65.0
1945***		14.2	16.8	69.1

전거: 小早川九郎, 『朝鮮農業發達史』 부록 표 3

* 서상철, *Growth and Structural Changes*, 8쪽

** 『朝鮮統計年報』, 42~43쪽

*** 미군정청 농업조사부, 24군단 기록 자료. 1945년 12월 남한에만 해당됨

토지 소작을 조장한 체제가 본질적으로 억압적이거나 착취적인 것은 아니다. 토지를 빌린 농민이라도 번창하여 소출을 많이 낼 수 있다. 그러나 소작계약이 불안정하고 많은 빚과 고리대금이 있으며 보상은 없는 다양한 형태의 노동이 요구되면 착취적 성격을 띠며 농가를 가난하고 불안하게 만든다. 한국에서는 인구가 증가하고 토지 소유가 지속적으로 집중되면서 잠재적 소작농이 늘어났으며, 지주는 소작농을 극도로 억압할 수 있는 영향력—교체의 위협—을 갖게 됐다.[26] 실제로 소작권 이동은 놀랄 만큼 수시로 일어났다. 이훈구는 남한의 모든 소작지의 20~40퍼센트에서 해마다 소작농이 바뀌었다고 추정했고, 울프 라데진스키는 한국 전체에서 30퍼센트 정도였다고 봤다.[27] 이런 상황이 일본인 지주와 한국인 소작농의 대립보다는 일반적 농업 계급 구조 때문이라는 사실은 한국인 토지 소유자를 대상으로 한 통계에서도 지주와 소작인의 관계가 비슷하게 나타난다는 데서 드러난다.[28]

자기 토지의 권리를 가지려는 소자작농과 소작농의 희망은 누적되는 빚과 부담스러운 소작료와 맞닥뜨렸다. 1930년 일반적 소작료는 수확의 50퍼센트를 현물로 내는 것—이른바 1년 수확량에 기초한 타작打作—이었다. 그러나 전라북도·경상남도와 일부 다른 지역의 비옥하고 소출이 많은 논은 90퍼센트에 가까웠다.[29] 중국에서 가장 가혹한 소작료가 적용된 상황과 견

줄 만했다.[30] 대부분의 소작농은 이듬해에도 소작 관계를 유지하려면 농업 주기의 일정 시점에서 담보를 잡혀야 했다. 그런 가난한 농민에게서도 이익을 얻으려는 대금업자와 중개인은 대출에 연 60~70퍼센트의 이자를 매겼다.[31] 소작농은 "소작을 빼앗기지 않으려면" 다른 강제 징수도 견뎌야 했다. 무상으로 더 일하거나 새해에 지주에게 선물을 바치거나 소작료 외에 토지세를 추가로 내야 하기도 했다.[32] 이것들은 모두 자기 식구가 한 해를 살아가는 데 전혀 충분하지 않은 작은 토지를 경작하는 소작농에게 더 무거운 짐을 지웠다.

1930년대 한국의 신문들은 특히 "춘궁기"에 나타난 소작농의 비참한 생활을 보도했다.

> 굶주림에 시달리는 농민의 상황은 어떤가? 함경남도 덕원군에서만도 농민 2만 명이 굶주리고 있다. 집에서 굶어 죽기를 기다릴 수 없어 2000명 이상이 유랑을 떠났다. 조선의 불합리한 농업경제는 마을을 초토화하는 지경까지 농민을 몰아넣었다. (…) 자연재해로 수확이 계속 타격을 입어도 소작농은 무자비한 지주와 냉혹한 고리대에 착취당해 거의 남는 것이 없다. 지금 식량은 바닥나 초근목피草根木皮로 연명하고 있다. (…) 사태는 절망적이어서 농민은 남부여대하고 유랑을 떠날 수밖에 없다.[33]

1938년 조선총독부 스스로도 300만 가정 또는 농업인구의 80퍼센트 정도가 소작농이라고 보고했다.

> 해마다 봄이면 식량이 모자라 먹을 수 있는 풀과 뿌리, 언덕의 나무껍질을 찾아 연명해야 하는데, 이런 희망 없는 상황 때문에 사람들은 의욕을 잃고 게으르게 일한다.

이 보고에서도 그들이 "무거운 빚"을 지고 있다고 인정했다.[34]

농민들은 불안하지만 홀로 떨어져 화전을 일구는 것을 소작보다 선호했다.[35] 소작농 대부분의 삶은 "외부인으로서는 상상하기 어려울 정도로 극빈했다".[36] 이훈구와 앤드루 그라즈단제브 같은 온건한 학자들은 급진적 변화가 이뤄지지 않는다면 한국의 토지 문제는 희망이 없었다고 인정했다. 그라즈단제브는 지대한 영향을 가져올 개혁이 식민지 해방과 함께 이뤄져야 한다고 생각했다. 그는 지주에게서 토지를 무상으로 몰수한 뒤 농민에게 무상으로 분배해 "거의 완전히 기생적 집단"인 지주가 "계급 정권을 수립할 위험"을 막아야 한다고 강력히 주장했다.[37]

식민지 시대가 끝날 무렵 한국인 지주는 어떤 사람들이었는가? 일제강점기 한국인 지주와 관련된 체계적 연구는 거의 없다. 대체로 한국의 보수적 역사 서술은 일본인 지주에 견줘 한국인 지주의 토지 소유는 많지 않았으며 일본인 지주와 달리 소작농과 조화롭게 살았다고 평가한다.[38] 그러나 통계는 식민지 시대 내내 한국인 지주계급이 지속됐음을 뚜렷이 보여준다. 그리고 민족 감정에 따라 소작농이 한국인 지주를 선호했을 수도 있지만, 한국인 지주가 일본인 지주보다 소작농을 덜 착취했다는 것도 입증하기 어렵다.

한국의 학자들은 스스로 경작할 수 있는 면적(대체로 5정보)보다 더 많은 토지를 소유한 사람이면 누구나 지주라고 부르지만 50정보(약 123에이커)• 이상을 소유한 사람은 "대지주"라고 구분하는 경향이 있다. 통계에 따르면 시기에 따라 50~100정보 범주에는 일본인보다 한국인이 두 배 정도 많았고 100~200정보 범주는 비슷했으며 200정보 이상 범주에는 일본인이 한국인보다 두세 배 정도 많았다(〈표 3〉 참조).

• 약 49만7000제곱미터.

〈표 3〉 1921~1942년 국적별 지주 수와 소유 규모

연도	200정보 이상		100~200정보		50~100정보	
	한국인	일본인	한국인	일본인	한국인	일본인
1921	66	169	360	321	1650	519
1926	66	177	325	366	1689	676
1930	50	187	304	361	1566	676
1936	49	181	336	380	1571	749
1942*	116	184	429	402	1628	733

전거: 小早川九郎, 『朝鮮農業發達史』 부록 표 4
* 『朝鮮統計年報』, 1948, I-30쪽(1정보=2.45에이커)

그러나 1942년 200정보 이상을 소유한 한국인은 일본인의 3분의 2 정도로 나타난다. 1942년 한국인 지주의 도별 분포를 담은 〈표 4〉는 남부 지방에 지주가 더 많았음을 보여준다. 숫자는 황해도와 평안남도가 높게 나타나지만 그러한 까닭은 남부 지방에서는 토지 가격이 더 높고 노동집약적 논농사가 널리 퍼진 반면, 북부 지방에서는 마른 논에서 잡곡을 주로 재배했기 때문이다. 부재지주도 강원도를 빼면 남부 지방에서 30~46퍼센트로 가장 많았다.[39]

〈표 4〉 1942년 도별 한국인 지주

도	200정보 이상	100~200정보	50~100정보
경기도	13	85	317
충청북도	2	7	66
충청남도	2	30	116
전라북도	4	30	143
전라남도	13	48	117
경상북도	2	19	98
경상남도	4	15	74
황해도	44	76	267
평안북도	-	18	112
평안남도	24	30	139
강원도	4	62	120
함경남도	4	6	53
함경북도	-	3	8

전거: 『朝鮮經濟年報』, 1948, I-30~31쪽

해방 직후 한국인 지주의 전체 숫자와 관련하여 믿을 만한 통계는 없다. 토지 권리 증서가 파기되고 일본인이 소유한 토지를 한국인(특히 일본인 지주에게 고용된 한국인)에게 비공식적으로 양도하며 남한과 북한 일부 지역에서 지주의 토지를 신속히 몰수하면서 상황은 복잡해졌다. 미군정청 농무부는 1945년 12월 남부 지방에 지주 4만7021명이 있다고 추정했지만 "지주"라고 정의한 근거는 명확하지 않다. 1946년 인정식은 남부 지방에 3만 명가량의 "대지주"와 "부재지주"가 있었다고 추산했다.[40] 해방 뒤 일본인의 토지가 한국인에게 양도되고 북한에서 토지를 몰수당했지만 계급적 특권을 아직 인식하고 있으며 언젠가 자기 소유를 회복하려는 지주가 밀려들었기 때문에 남한에서는 대지주가 상당히 많아졌다고 생각된다.

한국인 지주는 몇 가지 측면에서 일본인 지주와 달랐다. 그들은 자본을 늘리는 수단으로 은행 융자를 적극 활용하지 않았기 때문에 대체로 토지 소유 면적과 투자액도 적었다. 대체로 일본인 지주는 어디서 어떻게 토지를 얻는지 정보가 보다 풍부했고 높은 소출과 잉여 생산물을 확보하는 전문 지식과 기술 면에서도 우월했다. 그러나 한국인 지주가 일본인 지주보다 덜 착취했다거나 덜 "기생적"이었다는 증거는 없다. 사실 반대였을 것이다. 지주제도의 착취성은 지주가, 이를테면 장비·씨앗·기술과 관련된 전문 지식을 제공하는 등의 생산 과정에서 핵심 기능을 하는지 그렇지 않은지에 달려 있다고 곧잘 이야기된다. 배링턴 무어의 지적처럼 "지주의 기여는 (…) 소작농에게 명백해야 하며, 소작농의 상환은 그가 지주에게서 받은 도움보다 훨씬 더 많아서는 안 된다". 달리 말하면 물품과 봉사의 교환이 호혜적인지 아닌지에 따라 진보적 지주와 기생적 지주를 나눌 수 있다.[41]

제프리 페이지는 진보적 지주가 경제적 제재와 유인책 및 기업가 정신으로 자기 지위를 유지하지만 "관료적" 지주는 정치적 수단과 강압에 의존한다고 주장한다.[42] 어느 정의를 따르든 한국인 지주는 뒤쪽 범주로 분류해야 한다. 그들은 대체로 식민지 관료 제도에 의지해 자기 지위를 유지하고 높였으며, 강력한 조선총독부—특히 경찰과 법원—는 옛 조선에서는 얻지 못했던 지원을 그들에게 제공했다. 이처럼 구매력이 높아지면서 한국인 지주는 장비·씨앗·비료를 비롯한 필수품을 준비하는 책임을 포함해 더 많은 생산 비용을 소작농에게 떠넘길 수 있었다.[43]

과학적·혁신적·기술적 계획의 형태를 띤 기업의 기능은 총독부의 "수많은" 행정 관료와 기술자의 손안에 있었는데, 그들은 한국 전역에 퍼져 농업 생산을 통제했다.[44] 아울러 한국인은 상업이나 산업자본에 투자해 좀더 진보된 자본가로 변신할 필요가 거의 없었다. 오히려 한국인 지주는 낮고 고정된 지세와 토지에 투자해 얻는 높은 수익률 덕분에 토지 소유를 강화하는 방향으로 나아갔다. 1937년 한국에서 논의 수익률은 8.0퍼센트였고 밭은 8.5퍼센트였다. 같은 시기 일반 주식의 배당률은 6.5퍼센트였고 일본 국내에 있는 논의 수익률은 4.89퍼센트였다.[45] 이것은 지방을 안정시키고 수출할 쌀을 수탈하는 데 지주를 핵심 세력으로 만들려는 식민 정책의 일부였다. 토지 소유가 높은 이익을 보장하고 투자할 만한 다른 분야가 마땅치 않았기에 한국인 지주들은 유럽의 식민 지배를 받은 동남아시아의 토착 지주들처럼 "봉건 토호의 특권을 포기하지 않고 자본주의 아래서 지주의 특혜를 계속 누렸다".[46]

일본 통치의 주요 효과는 한국의 전통적 양반 대지주를 제거하지 않고 존속시켰다는 사실이었다. 이것은 아시아 식민지에서 독특한 상황이 아니었다. 프랑스가 지배한 베트남에서도 농업 구조는 연속성을 보였고 한국과 매우 비슷한 변화가 나타났다.[47] 그러므로 일제의 지배 아래서 한국 사회의 모든 계급이 착취당했다고 묘사하는 것은 단순한 신화일 뿐이다.

한국 농민과 시장의 출현

칼 폴라니는 이렇게 지적했다.

> 시장경제는 노동력·토지·돈을 비롯해 산업의 모든 요소를 포함해야 한다. (…) 그러나 노동력은 사회를 구성하는 인간 자신이며 토지는 그가 살고 있는

자연일 뿐이다. 그들을 시장 체제 안에 포함시킨다는 것은 사회의 실체 자체를 거기에 종속시킨다는 의미다.[48]

한국인 대부분은 일본인이 오기 전 농민이었고 그들이 떠난 뒤에도 농민으로 남았다. 그러나 해방 이전 농민의 10퍼센트 이상이 공업으로 옮겨갔으며, 그보다 훨씬 더 많은 인원이 세계시장 체제의 힘으로부터 영향을 받았다. 일제 치하와 그 뒤 한국의 운명을 만드는 데 매우 중요한 사실은 시장의 등장과 산업의 흥기가 동시에 이뤄졌다는 것이다. 본질적으로 한국의 자본주의 혁명이 시작됐다는 뜻이다.

농민은 자신이 살고 있는 사회와 분리해서 이해할 수 없다. 농민 사회의 핵심 요소는 "기초 자원인 토지의 할당·처분·사용을 결정하는 권력의 구조다".[49] 이 구조는 전형적으로 서열화되어 있고, 농민 사회의 구조는 대부분의 사회적 관계보다 지배층과 피지배층의 협력이 더욱 필수다—얼핏 보는 것과 달리 피지배층은 더욱 다양할 수 있으며 지배층은 사회적 상승이 제한됐을 수도 있다. 그러나 최저생활을 영위한 한국의 소작농은 시장경제에서 이윤을 얻으려고 작물을 생산하는 농부와 달랐다. 그들은 자기 가족 전부를 농업 주기에 맞춰 움직이는 생산 단위로 사용했다.[50] 그들이 일하는 목적은 가족의 생계를 유지하고 정치·사회·경제적 권력자의 "강제적 부과금"을 내는 데 있었다.[51] R. H. 토니에 따르면 최저생활을 영위한 소작농은 물이 코 밑까지 차올라 작은 물살에도 빠져 죽을 수 있는 상황에 놓인 사람과 비슷했다.[52]

한국의 사회적 계급과 존경 또는 명망은 토지 소유에 따라 정의됐다. 가장 큰 명망과 권력은 물론 지주에게 돌아갔지만, 다른 사람의 이익을 위해 경작하거나 소작농이 되는 것은 경작할 토지가 없거나 다른 직업에 종사하는 사람보다 우월하게 여겨졌다. 소작농 안에서도 엄격한 구분이 존재했다. 자기 토지를 갖고 경작한 사람은 최저생활을 영위한 소작농과 다르게 행동했다. 조지 포스터가 "좋은 것은 드물다"고 적절히 표현한 대로 삶에서 좋은 것은 언제나 공급이 부족하고, 내년은 올해보다 더 나빠질 수도 있으므로 물자를 절약해야 하며, 어떤 것은 거저가 아니라 다른 사람을 희생해야 얻을 수 있다는 비관론에 사로잡힌 부류는 후자였다.[53] 달리 말하면 밑바닥 소작농은 남는 것이 아무것도 없는 투쟁으로 세상을 인식했다. 대부분의 한국 농민은 1920년대까지 일본이 철저한 토지조사를 마쳐 자신들을 일본뿐 아니라 세계시장 체제와 전체적으로 연결시킬 때까지 그런 생각을 갖고 있었다.

최근 농민을 둘러싼 정치와 관련된 매우 뛰어난 연구는 세계시장 체제가 농업 관계를 변화시키는 효과를 매우 적절하게 강조했다.[54] 그러나 그런 분석이 두 사회주의 이론가인 카를 마르크스와 칼 폴라니에게 상당 부분 의존하고 있다는 사실은 그리 자주 인식되지 않는다. 마르크스는 시장 체제가 농촌에 침투하면서 소작농의 삶이 무너졌다고 파악했다. 시장은 소작농을 토지에서 떼어내고 오랜 농업적 공동체를 파괴했으며 "노동으로 생계를 유지하는 자유로운 대중"을 창출했는데, 그들은 자본주의가 발전하면서 근대적 공장에 소속됐다. 마르크스가 "원시적 축적"이라 부른 것은 그것이 나타나기 전까지는 성숙한 자본주의라고 말할 수 없을 정도로 자본주의 혁명에서도 필수 요소였다.[55] 한 세기 정도 흐르면서 시장경제가 확산되고 심화된 뒤 폴라니는 유럽과 세계의 식민지에서 소작농이 토지로부터 이탈되는 과정을 분석했다. 그가 강조한 부분은 시장과 사회의 변증법이었다. 전자는 후자를 복속시키기 위해 침투하고 유인하지만, 후자는 최선을 다해 대응하고 스스로를 지켰다.

> 자율적 소성 능력을 가진 시장은 냉혹한 이상향이라는 것이 우리의 주장이다. 그런 제도는 인간과 사회의 자연적 실체를 전멸시키지 않고는 한시도 존재할 수 없다. 그것은 인간의 육체를 파괴하며 그가 사는 환경을 황무지로 변화시킨다. 필연적으로 사회는 스스로를 지킬 방법을 선택할 수밖에 없다.[56]

영국에서든 다른 곳에서든 시장경제는 "사회를 혼란스럽게" 만들었으며 토지와의 관계가 느슨해져 "자유로워진" 것은 다른 계급보다 소작농이었다. 기본적으로 시장경제는 농업의 동기를 자급에서 이윤 추구로 대체했다. 사회와 사회관계는 물론 호혜와 재분배처럼 안정을 유지하는 데 필요한 전형적 방법에 종속되었던 경제를 배제하고 그 관계를 역전시켰다. 이제 사회를 지배하는 것은 경제였다. 폴라니가 "지역 생활의 부속물"이라고 부른 농촌의 전통적인 정기시장은 도시에 기반을 둔 세계시장 체제로 대체됐다.[57] 폴라니는 이런 대체가 일어난 속도를 특히 강조했다. 수십 년이나 수 세기에 걸쳐 느리게 일어나 사회가 그 분화를 수용할 시간이 있었는가? 아니면 빠르게 진행돼 사회가 황폐해졌는가? 핵심은 시장 제도가 얼마나 빨리 "완전히 다른 조직을 가진 공동체로 침투했는가" 하는 문제였다. 식민지에서 그 과정은 농업의 상업화, 식량 생산의 증가 그리고 잉여 생산물의 중심부 수출이라는 세 단계를 거쳤다.[58] 마르크스도 "무엇보다" 혁명적인 것은 "수많은 대중이 자신의 생존 수단에서 갑자기 강제로 유리돼 '구속되지 않은' 무산계급으로 노동시장에 던져진 순간"이라고 주장하면서 변화의 속도를 중시했다.[59] 그 뒤 시장의 침투와 상업화에 사회가 대응한 모습을 살펴보고 그 과정에서 서로 다른 계급 구조가 어떻게 바뀌었으며 그 결과 어떤 정치체제가 성립됐는지 분석하는 임무는 배링턴 무어에게 남겨졌다.[60] 한국 대부분의 지역이 해당되지만, 세계시장 체제가 관개농업을 통해 쌀을 생산하는 지역으로 침투하는 과정의 특히 강력하고 폭발적인 충격을 탐구하는 임무는 우리에게 남겨져 있다.[61]

이 책에서는 토지와 관련된 계약적 기초를 확립하고 세계적 기준에 따라 그 산물의 가격을 고정하며, 미곡을 수탈하는 데 지주와 관료를 이용하고 잉여 생산물을 농촌 이외 지역(한국의 도시나 만주의 공장)에 투자하거나 중심부에 공급하는 등의 전체적 특징에 맞춰 한국의 상업화 과정을 파악하려고 시도했다. 그로 인해 식민지의 도시나 중심부에서는 부의 축적과 생활의 다양화가 이뤄졌지만, 기타 지역에서는 원시적 축적과 가난, 최저 수준의 균일한 생활이 나타난 극단적 분화가 진행됐음이 드러났다.

철저한 토지조사사업이 이뤄진 뒤 7년 동안 한국산 쌀은 일본 수입의 47퍼센트를 차지했다. 그 뒤 5년(1926~1930) 동안은 57퍼센트, 다시 5년 동안은 65퍼센트를 점유했다. 그 뒤 그 비율은 떨어지기 시작해 가장 불황이 극심했던 마지막 5년간은 수입이 급격히 줄었다.[62] 그러나 그 기간 내내 한국의 쌀 생산은 지속적으로 상승했다. 달리 말하면 수출은 한국에서 증가한 잉여 생산이 아니라 일본이 한국 쌀을 요구한 것에 따라 전적으로 결정되었다. 한국의 1인당 쌀 소비는 1915~1919년 0.71석石에서 불황(1930~1933) 때는 0.45석으로 계속 줄었다.[63] 1931년 이후 한국인은 수출된 쌀을 만주국에서 공급된 수수로 보충했는데, 중심부-준주변부-주변부 관계의 전형적인 예시다. 1940년 일본이 전쟁을 확대해 동남아시아가 새로운 주변부로 포함되면서 일본의 쌀 수입 지역은 한국에서 인도차이나로 갑자기 바뀌었다. 1938년 일본은 한국에서 170만 톤의 쌀을 수입했는데, 1940년에는 한국에서 6만6000톤만 수입하고 인도차이나에서 130만 톤을 수입했다.[64]

이처럼 발전한 시장과 수출 방식은 농민의 계급 구조에 깊은 영향을 주었다. 새로운 상업 도시나 항구 도시에 인접한 진취적 세력은 자주 부농이나 지주로 성장했지만 소작농은 일반 대중과 동일시됐다. 시장은 소자작농이나 작은 토지를 경작하는 소작농이 영위하는 삶의 수준을 높이거나 낮출 수 있었지만, 더 중요한 것은 시장이 가져온 변동과 순환이다. 토니가 묘사한 물 위로 코를 내놓은 소작농에게 시장은 파도를 더 크고 파괴적으로 만들 뿐이었다. 수많은 소작농은 빚을 지거나 자기 토지에 새로운 계약이 체결되는 꼴을 보고만 있거나 완전히 파산했다. 농촌의 분쟁은 증가했다. 실제로 불황이 시작되면서 1920년대 후반부터 1930년대 전반 한국에서는 소작쟁의와 소규모 농민 봉기가 급증했다.

한국 농촌 경제가 진정으로 무너진 때는 소작농의 빈곤을 심화하고 수많은 사람을 토지에서 유리시킨 이 불황기였다. 소작농 가운데 80퍼센트 이상에서 1인당 곡물 소비량이 줄었고 토지의 집중과 소작농의 파산이 급증했다. 불황을 거치면서 한국 소작농의 생활은 거의 나아지지 않았고 세계시장 체제가 가져온 최악의 효과에 시달렸다. 총독부와 거기에 연합한 지주는 수출할 쌀을 수탈했다. 그것은 농민이 판매한 것이 아니었다. 사실상 한국 소작농은 일본 소작농과 달리 자기가 소유한 쌀을 탈곡하지도 못했고, 쌀은 거대한 정미소로 보내진 뒤 해외로 수출됐다.[65] 그럼에도 소작농은 세계시장에서 쌀값 변동의 영향에 시달렸다.

지주계급도 시장 변동의 영향을 느꼈다. 일부는 계속 편안히 앉아 잉여 수확을 걷고, 투기와 대부에 이익을 사용했으며, 도시로 나가 살았다.[66] 이런저런 퇴영적 모습을 보인 이 부류를 'A형' 지주라고 부르자. 그리고 상업화된 무역 농업에 깊이 관여한 'B형' 지주도 있다—그들은 수익을 생산 확대에 다시 투자한 기업가이거나 정미소를 운영하거나 운송업·창고업에 종사했다. 자본주의로 전환해 상업화를 시작한 대지주계급은 두 번째 부류였다.[67] 마르크스와 페이지 등은 자유로운 노동의 개념은 좀더 자유로운 정치를 의미하므로 'B형' 지주가 소작농과 노동자의 권리와 조직을 좀더 많이 용인할 수 있다고 주장했다—그들은 그것이 자기에게 더 이로우며, 첨예한 계급투쟁을 완화해야 경제적 이익이 늘어날 수 있다고 생각했다. 그러나 'A형' 지주는 잃을 것도 얻을 것도 없다는 소작농과 생각을 같이했다. 그들은 정치적 권리를 허용하는 데 소극적이었으며 반항적 태도를 탄압했다. 그런 지주는 농민이 직접 시장에서 매매하는 것을 막으려고 했다. 자신의 지배력을 약화시키고 그들의 세력을 강화하기 때문이었다.[68]

이런 계급 분화는 한국에서도 나타났다. 일부 한국인 지주는 자신의 소작농에게서 쌀을 사 수출항으로 운송하고 무역 도시에서 정미업과 창고업에 종사했으며, 군산·목포·부산·대구·서울·원산·신의주 같은 1930년대 주요 곡물 시장의 거래에서 투기하기도 했다.[69] 그러나 농업에 나타난 변화는 대부분 일본이 외부에서 들여왔기 때문에 이런 지주는 얼마 되지 않았다. 변화는 한국인 지주의 혁신적 태도에 힘입었다기보다는 쌀 수탈에 주요한 관심을 가진 총독부 때문에 일어났다. 서상철이 지적한 대로 수출 무역을 목표로 한 수탈은 "생산의 분배를 완전히 통제하고 잉여를 최대화해" 자국으로 보내려는 일본의 주요 목표였다. 일제는 지주를 이용해 소작농을 억압하고 통제했으며, 지주와 소작농은 농업 생산을 혁신해도 큰 포상을 받지 못했다. 소작료로 걷은 쌀은 대부분 해외로 수출됐고, 수출량의 60퍼센트 이상은 대지주가 소유한 토지에서 생산됐다.[70] 일본의 통제는 그들이 소유한 다른 식민지보다 한국에서 훨씬 더 광범위했고 몇몇 수출 중심지가 아니라 전국이 일본 본토와 통합됐다. 이런 통제는 한국 농업에서 개인적 영역이 발달하는 것을 억눌렀다.

아울러 1945년까지 한국인 지주가 기업 활동을 회피한 것은 전통과 애국심 때문이었다. 그렇게 하면 일본인과 날마다 부적절하게 접촉하지 않아도 됐기 때문이다. 그들은 서울로 가서 편안히 쉬면서 고전이나 모국어를 공부하면서 일본이 물러갈 날을 기다릴 수도 있었다. 이런 모습은 특히 양반 지주에게 일반적으로 나타났다. 일제 치하에서 번창하고 옛 조선 계급 구조에 대한 편견과 기회 부족에서 벗어난 한국인 벼락부자는 상업 활동에 더욱 관심을 두었다. 앞선 조선 왕조와 마찬가지로, 토지 소유 관계를 강화한 식민지 당국은 양반 지주와 벼락부자의 부와 특권을 보장했다. 1945년 8월 식민 체제가 무너지자 정치적 자산이 부족했던 한국인 지주도 울타리를 잃고 스스로의 힘으로 자신을 지킬 수밖에 없었다. 그러나 일본이 떠난 자리를 총독부에서 근무한 한국인과 그 기반시설로 채우면서 전후 한국에는 대체로 'A형' 지주가 계속 남게 됐다. 해방되기까지 한국의 농업은 중심부인 일본의 이익에 계속 봉사했으며, 일본인 관료·지주와 일본 자본에게 장악돼 있었다.

한국의 인구 유출

새로운 시장 관계의 효과와 1930년대 산업의 흥기 그리고 식민 정권의 동원 정책은 매우 강력하여 그처럼 비교적 짧은 기간 안에 일제 치하의 한국보다 엄청난 인구 이동과 혼란이 일어난 사회는 거의 없다고 주저 없이 말할 수 있다. 한국은 오래전부터 지방에 안정적으로 인구가 분포됐기 때문에 그 현상은 더욱 파괴적인 결과를 가져왔다. 급격한 변화는 특히 일제강점기 후반에 일어났다. 한국인 인구는 자연적으로도 급격히 증가했지만, 일본이 한국인을 직접 (강제로) 동원하면서 인구 이동은 놀라운 수준으로 늘어났다. 한국 국내 이동과 한국에서 일본과 만주로의 이주 모두 대규모로 진행됐다. 1944년 전체 한국인의 11.6퍼센트가 한국 바깥에 살았는데 "극동의 다른 민족보다 월등히 많았고 세계 다른 지역과는 거의 비교할 수 없는 비율"이었다.[71] 아마 전체 한국인의 20퍼센트가 해외나 고향 이외의 지역에서 살았을 것이다.[72]

일제강점기 후반 한국의 인구 증가와 이동 규모에 내부적 일관성이 있었음을 보여주는 좋은 자료가 있다. 내부적(도道 사이의) 이동과 관련된 수치는 해외 이주보다 정확한데, 후자의 수가 좀더 많아 아쉬운 측면이 있다. 그 통계에 따르면 일제강점기 한국인 인구 증가율은 평균 10년당 25~30퍼센트 정도로 상당히 높았다. 그 통계는 특히 산업화 이후 1930년대~1940년대 초반 도시화가 빨리 진행됐다는 사실도 보여준다. 1932~1942년 서울·평양·원산 등은 인구가 세 배 가까이 늘었고 부산·대구는 두 배로 늘었다. 나진 같은 북부 지방 도시는 같은 시기 네 배가 늘었다.[73] 15년이라는 짧은 기간에 도시 거주 인구 비율은 3퍼센트에서 10퍼센트로 뛰었다. 도시는 네 배의 인구 증가를 경험한 반면 지방은 겨우 15퍼센트가 증가했다(〈표 5〉 참조).[74]

〈표 5〉 1925~1940년 도시와 지방의 인구 증가

구분	1925	1925~1929 (퍼센트)	1930	1930~1934 (퍼센트)	1935	1935~1939 (퍼센트)	1940
도시	0.6	46.4	0.9	40.0	1.2	91.0	2.4
지방	18.4	6.2	19.5	7.2	20.9	1.0	21.2

(특정 연도로 표기된 곳은 100만 단위이고, 기간으로 표기된 곳은 증가율을 퍼센트로 나타냈다.)

도시화는 정주한 농민에게 큰 영향을 미친 중요한 현상이었다. 그러나 더 중요한 것은 도道와 나라를 넘어 이주한 것이었다. 일본의 정책 때문에 말 그대로 한국인 수백만 명이 고향을 떠나 도시나 다른 도 또는 다른 나라로 옮겨갔다. 1920년 이전에도 일본·만주·러시아로 상당히 이주했지만, 그 까닭은 확실치 않다. 그러나 토지조사사업이 실시되고 토지를 갖지 못한 소작농이 늘어난 뒤 "한국에는 궁핍한 사람이 급증했는데, 토지는 사라졌고 그들을 흡수할 산업이 없었기 때문이다".[75] 1930년 중반까지 일본과 만주로 이주한

한국인은 대부분 이런 토지 없는 소작농이었다. 와그너는 1921~1931년 일본으로 이주한 한국인 40만 명은 대부분 토지에서 떨어져나간 가호나 개인이었다고 밝혔다. 1936년 고베에서 이뤄진 조사에 따르면 90퍼센트 정도의 한국인이 일본에 오기 전 소작농이었다.[76] 아이린 테이버는 1930년 만주에 있던 한국인의 90퍼센트는 농업에 종사했다고 지적했다.[77] 그러나 1940년 한국 북부와 만주(만주국)에서 산업이 급증하면서 농업에서 떨어져나간 인구가 그쪽으로 흡수되기 시작했다. 1940년 만주에 거주한 한국인 145만 명 가운데 69퍼센트만 농업에 종사했다. "한국인에게 만주국은 산업화와 도시화의 개척지가 됐다."[78] 한국 북부에 일본의 대규모 중공업 시설이 늘어나면서 남부 지방의 농민들이 거기서 일하기 시작했다. 〈그림 2〉와 〈그림 3〉은 1930년과 1940년에 일어난 도 사이의 이동을 보여준다. 〈그림 4〉는 북부의 산업이 남부의 노동력을 흡수한 상황을 보여준다.[79] 북부 지방의 고용 증가는 대부분 제조업·산업·광업·상업이 성장한 결과였다.

이처럼 국내 다른 지역과 국외로 이주한 사람은 대부분 남부 지방의 농민들이었다. 한국 북부와 일본으로 이주한 사람들 때문에 경상북도에서는 특히 인구가 많이 감소했다. 이를테면 1931~1945년 북부 도의 인구는 최대 35퍼센트까지 증가한 반면 경상북도는 3퍼센트가 줄었다. 게다가 경상남·북도로 이동한 숫자는 대구와 부산의 인구가 크게 늘어난 것이 포함되었다.[80] 그러나 각 도의 해외 이주 수치나 총인구 감소를 근거로 전체 인구 이동을 파악할 수는 없다. 남부의 도로도 인구가 많이 유입됐으며, 연간 인구 이동은 전체 인구의 29퍼센트까지 올라갔다(〈표 6〉 참조). 이런 현상에는 도와 나라 사이의 이주가 단기적이었던 것도 크게 작용했다. 다른 식민 체제와 마찬가지로 일본은 높은 임금을 매개로 노동력을 산업으로 유인하지 않고 강제와 강요를 동원해 짧은 기간 안에 가장 큰 노동생산성을 이뤘다.[81] 일제는 노동자를 비참한 환경에서 박봉으로 부린 뒤 그들을 버리고 새 인력을 들였다. 이처럼 1945년 고국이나 고향이 아닌 지역에 머무른 한국인의 전체 수는 기존에 종사하던 농업에서 뿌리 뽑힌 소작농의 실제 수보다 훨씬 적었다. 한국인은 일본으로 대거 이주했지만 그만큼 많이 돌아왔다. 이를테면

1917~1929년 한국인 180만 명이 일본으로 갔고 90만 명의 한국인이 돌아왔다. 1939~1940년에는 한국인 40만 명이 고국으로 돌아왔다. 한국인은 대부분 1년 남짓 일본에 머물렀다.[82] 한국 북부와 만주로 이주한 이들은 그곳의 산업 시설에서 좀더 오래 일했지만, 역시 비슷했다고 생각된다. 국내나 해외의 산업 시설에서 노동하기 위해 농업을 포기한 소작농의 수는 정확히 제시하기 어렵다. 그러나 400만 명을 웃도는 한국인이 일제강점기에 일본에서 일한 것은 분명하며, 만주와 관련된 수치는 200만 명 정도로 추산된다.

〈표 6〉 1930~1946년 제곱킬로미터당 각 도의 인구 밀도 증가

도	1930~1940	1930~1944	1944~1946	1930~1946
경기도*	33.33퍼센트	43.45퍼센트	-	-
충청북도	4.96	9.09	13.64퍼센트	23.97퍼센트
충청남도	13.45	20.47	13.11	36.26
전라북도	6.25	10.80	20.51	33.52
전라남도	13.10	17.26	7.61	26.19
경상북도	2.36	7.87	21.90	31.50
경상남도	3.45	12.64	31.63	48.28
강원도*	14.93	24.56	-	-
한국 전체	15.79	23.16	-	-

전거: 『朝鮮經濟年報』, 1948, Ⅲ-19쪽

*1946년 수치는 38도선 이남만을 대상으로 했다.

식민지 시기가 끝날 때 일본·만주·한국 북부로 쫓겨갔던 사람들은 대부분 고향으로 돌아왔다. 〈표 7〉은 1945년 10월 본국 송환 업무가 공식적으로 시작된 뒤 남한으로 유입된 인구를 보여준다. 이 수치는 1947년 말 이전에 돌아온 사람의 수지만, 1946년 중반 더 많은 인구가 돌아왔다. 아울러 1945년 10월 이전 비공식적으로 송환된 사람도 매우 많았다. 와그너는 1945년 1월부터 10월까지 30만~50만 명의 한국인이 일본에서 돌아왔으며, 8월 15일부터 11월 말 사이에 비공식적으로 55만 명 정도가 더 돌아왔다고 추산했다.[83] 만주에서 비공식적으로 송환된 인원은 알 수 없다.

해방 이후 돌아온 사람들은 직업·지위·계급이 물론 서로 달랐지만, 일정한 공통점을 찾을 수 있었다.[84] 대부분 토지를 잃고 인구가 늘어나면서 원

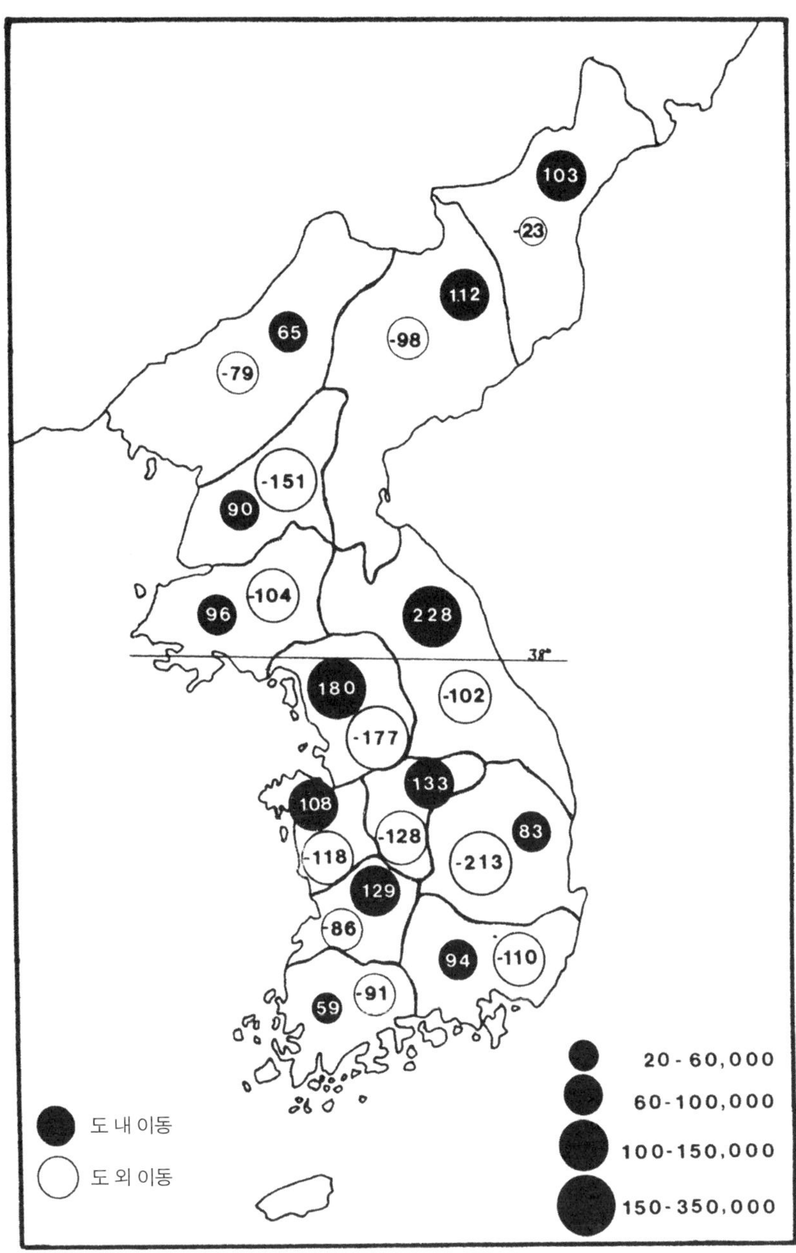

〈그림 2〉 1930년 각 도 간 인구 이동(단위 천 명)

전거: Trewartha and Zelinsky, "Population Distribution and Change" 그림 10

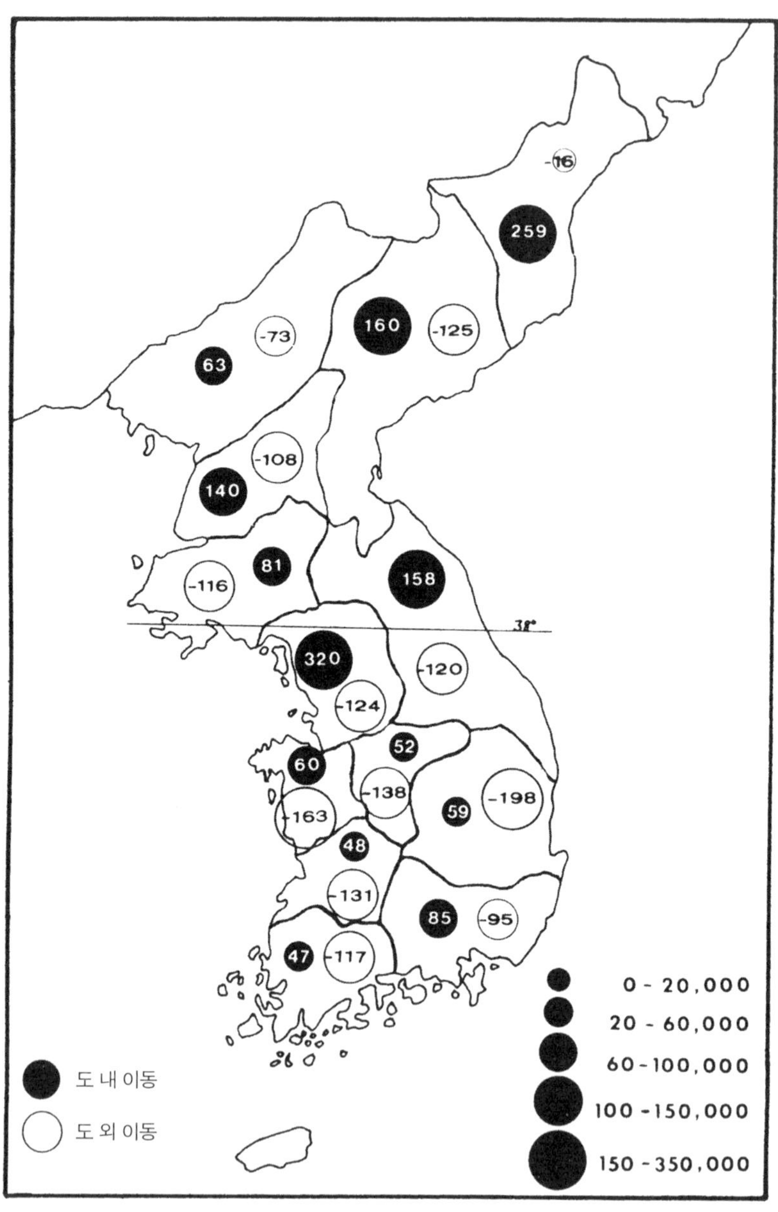

〈그림 3〉 1940년 각 도 간 인구 이동(단위 천 명)
전거: Trewartha and Zelinsky, "Population Distribution and Change" 그림 11

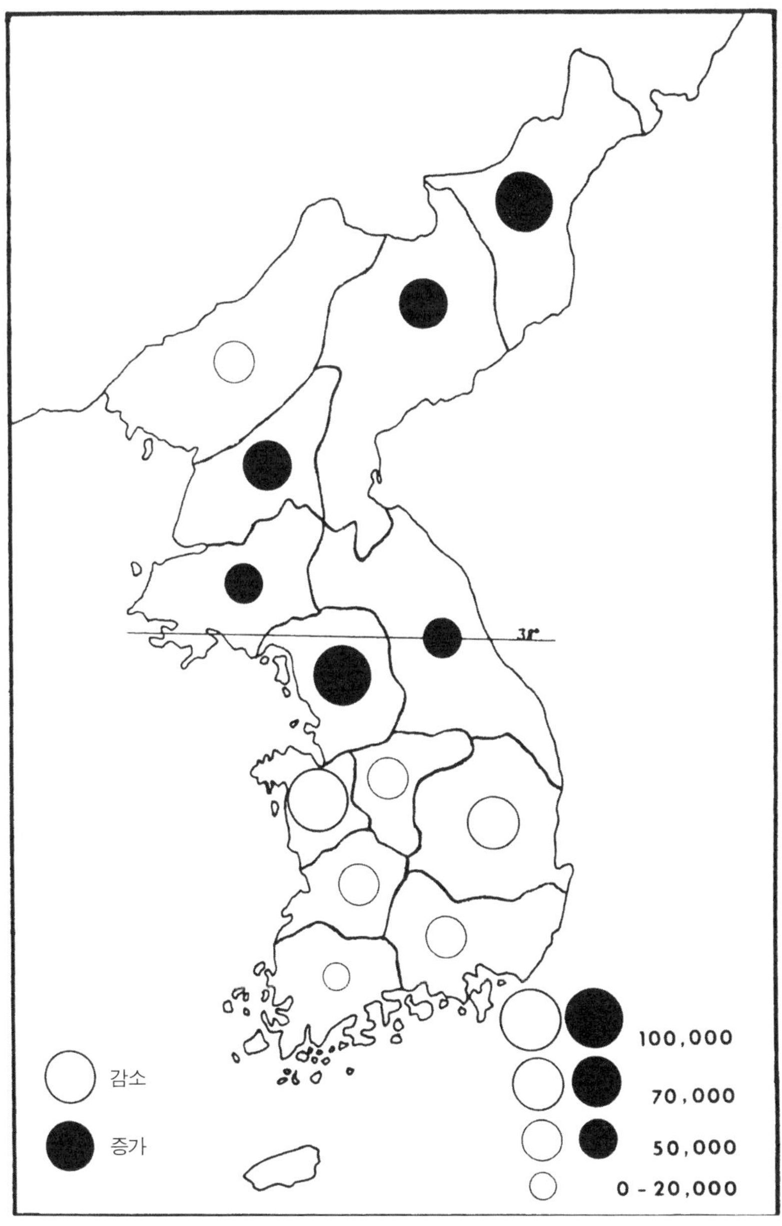

〈그림 4〉 1930~1940년 고용 인구의 증감

전거: Trewartha and Zelinsky, "Population Distribution and Change" 그림 9

래 살던 곳을 떠나야 했던 소작농이었다.[85] 토지나 생활 수단을 빼앗기거나 강제 노역에 끌려간 그들의 불운은 경제적 약점뿐 아니라 사회적 약점에서도 기인했다. 다른 농업사회와 마찬가지로 한국도 토지를 소유하거나 토지에서 일할 권리를 소유한 부류는 임금노동에 종사하는 사람보다 우월한 지위를 가졌다. 한국에서 토지를 잃으면 결국 일본의 탄광에서 일하는 처지가 되며, 이로써 경제적 상실에 지위의 상실이 더해졌다. 많은 한국인, 특히 한 세대가 안 되는 짧은 기간 해외에 있었던 한국인은 비참한 생활을 영위하고 재산을 잃었으며 깊은 불만을 품고 돌아왔다. 그들은 토지를 분배하고 한국인을 외국으로 이주시키는 데 중요한 역할을 맡은 옛 식민 관료를 쫓아내라고 요구하는 집단의 준비된 신입 회원이 됐다. 일제강점기에 한국과 그 밖의 지역에서 산업에 고용된 한국인이 늘어난 것은 새로운 무산계급이 창출됐다는 의미보다는 새로운 작업 환경에 놓인 소작농이 자신의 주변적 위치를 새롭게 깨닫기 시작했다는 측면에서 중요했다. 에릭 울프는 이렇게 지적했다.

> 혁명운동은 무산자 계급이 자체적으로 성장하면서가 아니라 아직 농촌의 생활양식과 긴밀히 연결된 임금노동자가 증가하면서 태어난다.[86]

외국과 북한에서 돌아온 한국인도 정치 이념에 직접 영향을 받았다. 일본에서 돌아온 사람들은 대체로 좌익 이념에 영향을 받았다. 일본공산당은 한국 독립에 공감하고 재일 한국인의 열악한 생활 조건을 개선하라고 촉구한 일본의 몇 안 되는 집단 가운데 하나였기 때문이다. 일본에서 돌아온 약 35만 명은 대부분 남한 지역 출신이었지만 해방 뒤 북한 지역으로 갔다.[87] 남한으로 돌아온 사람들은 대체로 경상남·북도로 모였다. 1945년 가을부터 1946년 초반까지 북한에서 남한으로 온 사람들은 토지를 몰수당해 좌익에 불만을 가진 부류와 북부의 공업지대에서 일했던 소작농이었다.[88] 만주의 한국인 가운데는 공산주의자도 노동자·농민에게 영향을 주면서 활발히 활동했다. 그러나 만주에서 돌아온 부류에는 일본인과 중국인의 중간적 위치를 차지한 만주국의 행정 관료와 일본인을 따라 상업에 종사한 이들이 있었다. 일본군 '위안부'나 공안 기관에 속해 있으면서 항일 활동에 참여했던 한국인을 적발한 자들도 있었다. 그래도 만주에서 돌아온 한국인은 대부분 쫓겨난 소작농이었다. 한 세대가 안 되는 기간에 수백만 명이 외국의 식민 권력 또는 경제 권력 때문에 토지에서 분리된 채 낯설고 고단한 산업 환경으로 떠밀렸다.

〈표 7〉 1945년 10월~1947년 12월 남한의 인구 유입

유입의 출발점	귀환자 수	남한 인구에서 귀환자 비율*
북한**	859,930	5.4퍼센트
만주	304,391	1.9
일본	1,110,972	7.0
중국	71,611	0.5
기타	33,917	0.2

전거: 『朝鮮經濟年報』, 1948, Ⅲ-19쪽. 미군정청이 집계한 귀환자 숫자를 사용.
*1945년 5월 현재 38도선 이남의 인구는 1580만 명으로 추산.
**북한에서 유입된 인구 가운데 38만8694명은 피난민이며, 나머지(60퍼센트)는 남부 지방이 고향임.

동원과 반란

인구 동원과 그 이동에 대해 통계 수치를 제시하는 것은 쉽지만 그런 수치의 격증과 변화가 거기 관련된 개인에게 어떤 영향을 주었는지를 설명하는 것은 그리 쉽지 않다. 특히 농민이 그러하다. 그들이 남긴 기록은 희귀하며 그들의 경험을 학문적으로 파악하기가 어렵기 때문이다. 그러나 레온 트로츠키가 지적한 대로 농민은 발로 투표해 자신의 의지를 표현하는 습성이 있다. 그리고 그들의 발소리는 한국에서 해방 기간 내내 들렸다—그들은 토지를 몰수하러 달려가고 토지대장과 면사무소를 파괴했으며, 경찰과 격렬하게 싸우고 정치 활동을 조직했다.

농촌 경제의 뚜렷한 성장과 농민층의 분해, 농촌 인구의 급격한 성장이나 토지 상실이 농민을 전통에서 해방시켜 새로운 정치적 참여를 고무하는 핵심적 요소라는 것은 널리 인정되고 있다. 미국 정치학계에서는 그런 변화를

"사회적 동원"이라 부르는데, 아래서는 그 과정의 핵심을 간단히 살펴볼 것이다.

칼 도이치의 정의에 따르면 사회적 동원은 "그동안 사회·경제·심리적으로 주요한 가치가 있다고 여겨진 대상이 무너진 결과, 새로운 형태의 사회적 행동을 할 가능성이 많은 사람에게 제시되는 과정"이다. 그 과정에서 일어나는 현상은 "거주지·직업·사회 환경·대인 관계·제도·역할의 변화" 등이다. 사회적 동원은 두 단계로 나타난다. 첫 번째 단계에서는 사람들을 토지에서 이탈시키고 옛 관습에서 벗어나게 하며 새로운 삶의 기회를 제공한다. 그런 현상은 이를테면 공업화와 도시화의 진전, 글을 읽고 쓰는 능력의 증가처럼 다양한 지표로 나타난다. 이런 지표는 같은 속도로 증가하거나 변화하기보다 같은 방향으로 성장한다. 두 번째 단계는 수치로 나타내거나 명시하기가 좀더 어렵다. 그래서 도이치는 첫 번째 단계에서 작용한 정치적 영향을 상정했다. 첫 번째 단계의 변화가 누적된 영향은 어떤 형태로든 개인의 정치적 행동을 규정한다는 것이다. 대부분의 일반 대중이 정치 활동에서 배제된 나라에서 "사회적 동원은 정치적으로 무시되는 사회계층을 팽창시킨다". 사람들은 고향에서 쫓겨나고 가난해지며 사회 주변부로 몰려나고, 강압적 방법으로나마 투표권을 갖게 된다. 그 결과 "시간적 차이는 있지만, 광범한 정치 참여를 통해 자신들의 의지를 표명하려는 사람이 늘어난다".[89]

사회적 동원에 휩쓸린 사람은 "집단의 일부인 자신의 존재와 다른 집단과의 관계에서 발생하는 자신의 이익 및 주장을 점차 더 많이 알게 된다"고 새뮤얼 헌팅턴은 지적했다. "가장 두드러진 현상은 (사회적 동원이 이뤄지면서) 많은 사회 세력에게서 자각·응집력·조직·행동이 증가한다는 것이다." 그 과정에서 "개인과 단체들은 열망과 기대가 충족되지 않을 경우 정치 활동에 참여하게 된다".[90] 헌팅턴의 견해에서 한국의 상황 및 토지 관계와 관련해 특별히 흥미로운 측면은 "사회적 동원이 이뤄지면서 (…) 불평등을 좀더 잘 인식하게 되고 거기에 대한 분노도 커진다. 새로운 사상이 들어오면서 그동안 시행된 분배의 합법성에 의문이 제기된다. (…) 사회적 동원이 전통적으로 이어져온 경제적 불평등을 반란의 자극으로 이끄는 것은 이런 이

유들"[91]이라고 한 점이다. 헌팅턴이 미국 학계의 정치적 발전과 사회적 동원의 학설 가운데 어느 정도 정량화할 수 있는 부분의 개념을 의식이 사회적 변화와 갈등의 매개체라는 마르크스적 분석과 연결시켰다는 점은 잘 알려지지 않았다고 여겨진다. 산업화로 의사소통·인구 이동·계급 차별이 증가하면서 하층계급과 집단은 "기존의 분배 구조"를 바꿔야 한다고 느낀다고 헌팅턴은 말했다. 마르크스적 용어로 표현하면, 객관적 이해관계는 주관적 이해관계로 전환되며, 즉자적卽自的 계급은 대자적對自的 계급으로 바뀐다. 아무튼 사회적 동원의 대상이 된 사람들은 새로운 형태의 정치적 참여를 "할 수 있게 된다"는 도이치의 수동적이고 기계적인 공식화("다른 사람들"이 그들을 참여로 이끌 것이라는 추정)를 넘어 새롭고 다른 정치적 행동을 유발하는 계급 내부의 변화를 보여주는 좀더 역동적인 정식에 도달할 수 있는 것이다.

마르크스는 "계급"이라는 용어를 고정적이고 서술적인 의미가 아니라 사회적 서열에서 다른 위치에 있는 사람들 사이의 역동적 관계를 표현하는 분석적 용어로 사용했다.[92] 이것은 그가 "즉자적" 계급과 "대자적" 계급을 정의한 데서 뚜렷이 나타난다. 전자에서 한 계급은 다른 계급과의 구조적 관계에 따라 존재하며 서로 객관적 계급 이익을 갖는다고 정의된다. 마르크스에 따르면 불이익을 받은 계급의 객관적 이익은 이익을 얻은 계급을 타도하는 것이다. 그러나 그런 목적으로 나아가는 행동은 한 계급이 자신의 이익을 인식해 "대자적" 계급이 되기 전까지는 일어나지 않는다. 또는 랄프 다렌도르프가 유용하게 다시 정리한 대로 "계급은 조직된 집단으로서 정치적 투쟁에 참여하기 전까지는 스스로 구성되지 않는다".[93] 이처럼 객체적 이해관계를 주체적 이해관계로 전환시키는 것은 정치의식의 발전과 관련된 정의 중 하나다.[94]

마르크스는 계급 구성원의 소통이 상대적으로 쉬울수록 계급의식이 발달한다고 파악했다. 또한 억압받은 계급은 자신의 운명을 바꾸려고 시도하지 않은 채 몇 세기를 보낼 수 있다고 지적했다. 로베르트 미헬스는 마르크스의 요지를 이렇게 표현했다. "역사에서 계급투쟁이 일어난 주요 원인은 단순히 억압적 상황이 존재한다는 데 있는 것이 아니라 억압받는 사람들이 그런 상황을 재인식한 것에 있다."[95] 덧붙이면 단순한 재인식이 아니라 변화의 기회를 깨달은 것이라고 말할 수 있다. 마르크스는 노동자가 모여 원활히 소통하면서 자신의 공통 이익을 인식하게 된 근대적 공장 생산 체제 아래서 무산계급은 스스로 하나의 계급이 될 수 있다고 생각했다. 그러나 농민은 서로 떨어져 존재하기 때문에 그들의 객관적 불만은 집단적 불만이 되지 못했다. 마르크스의 유명한 표현에 따르면, 프랑스 농민은 "자루에 넣은 감자는 감자 자루가 되듯 동일한 집단으로서 자신들을 인식하면서 농민계급으로 변모했다". 그는 이렇게도 썼다.

> 수백만 가정이, 생활양식과 이해관계와 문화가 다른 계급과 완전히 분리된 생존 조건 이하의 경제 환경에서 살고 다른 계급을 적대하도록 강요받는 한, 그들은 하나의 계급을 형성할 수밖에 없다. 이런 소농과 소작농이 지방에서 단순히 교류할 뿐 서로의 이해관계를 인식하면서 어떤 공동체나 전국적 규모의 연합체·정치조직을 만들지 않는다면, 그들은 동질화된 계급을 형성하지 못한다.[96]

이것은 농민의 소통과 그것이 그들의 정치의식 및 조직화를 자극하는 문제와 관련된 언급이다. 농민이 외부에서 강제된 과정에 던져지지 않은 상황에서 정확한 지적이다. 그러나 농민이 언제나 이해관계를 제대로 이해하지 못하는 것은 아니다. 테오도르 샤닌이 지적한 대로 "농민은 위기 상황을 맞으면 비교적 낮은 '계급성'을 가진 사회적 실체로 떠오른다".[97] "계급성"은 농민 사이의 동질성·연대·집단성을 형성하고, 협소한 개인적 이익을 공공의 이익과 일치시키며, 그런 이익을 수직적이 아니라 수평적으로 적용하는 상황에서 나타난다.

마르크스는 "산업이 발전하면서 (…) 경쟁으로 초래된 노동자의 고립은 연대를 매개로 한 혁명적 결합으로 변모한다"고 지적했다.[98] 그러나 아쉽게도 마르크스의 세계관과 달리 혁명적 결합은 아주 드물게 일어났다. 노동자의 결집뿐 아니라 유산계급의 적응성과 회복력 때문이기도 했다. 1930년대부터 1940년대 초반 한국 농민은 대거 산업으로 집중됐다. 그런 집중은 그동안 가족·가문·고향에 치우쳤던 농민의 이해관계를 수평적 방향으로 전환시켰다고 추정되었다. 공익을 목표로 한 공동 투쟁의 가능성은 자신의 가족을 위해 집중했던 투쟁을 생존권 유지와 관련된 투쟁으로 바꿨다. 그동안 작은 이익을 놓고 서로 다퉜으며 복잡한 의무(전통과 관습이나 가문과 관련된) 때문에 좀더 부유한 농민이나 지주와 얽혀 있던 소작농은 자신의 상황과 그 개선 방법을 좀더 넓게 인식할 수 있게 되었다. 한 해의 특정 시점에만 힘써 일하고 부족한 물자를 절약하도록 농민을 옥죄었던 전통적인 농업적 주기를 개인적 시간이 대체했다(농민을 "보수적"으로 만든 것은 이 때문이지 농민의 사고방식 때문이 아니었다). 마찬가지로 이전에는 가족의 기초적 생계를 위해 작은 규모의 토지를 소유해야 한다고 강조하던 것—역시 보수적이라는 편견을 갖게 한다—도 농민이 자신의 토지를 잃고 산업에 종사하면서 줄었다. 그리고 토지와의 연관성이나 토지 소유의 가능성이 약화될수록 이전의 농민들은 집단행동을 할 수 있게 되었다.

신분 상승의 가능성도 그런 상황에 영향을 주었다.[99] 조금 성공한 소작농이나 소자작농은 신분 상승에 관심을 두며 자신의 이해관계를 자기 위에 있는 부류와 일치시킬 것이다. 최저 생계를 유지하고 있는 농민은 자신과 비슷한 농민을 몰아내는 데 어떤 희생이라도 치를 것이다. 그러나 개선의 전망은 어둡고 사회·경제적 지위는 급격히 하락하면서 농민은, 식민지 한국의 현상과 마찬가지로, 개인보다는 집단적 지위 상승에 목표를 두게 되었다.

지주계급의 성격은 이런 모든 고려 사항에 영향을 준다. 어떤 농민이 동원됐다가 고향으로 돌아갔을 때 지주가 토지의 지배권을 포기하고 다른 수단으로 자신의 지배적 지위를 유지하려고 한다면—앞서 말한 "B형"의 지주—그 농민의 불만은 작은 경작지를 얻어 빠르게 해소될 것이다. 반면 지주가 토지를 계속 소유하면서 경제적 방법(다시 농사를 짓게 된 농민에게 동기를 유발하는)이 아닌 정치적·경제적 수단으로 농민을 지배하려고 한다면 반란이 일어날 수 있는 불안한 상황이 조성될 것이다. 경직된 지주와 무산계급이 된 농민이라는 제프리 페이지의 이론을 적용할 수도 있지만, 그로 인해 혁명으로 나아갈 가능성이 크다.[100] 그러나 불행히도 1940년대의 한국은 결과가 매우 복합적이었기 때문에 이 유형에 해당되지 않는다. 상업과 공업, "B형"의 지주로 이동한 지주도 있었지만 그렇지 않은 지주도 있었다. 일부 지방(특히 경상도)에 있던 농민은 대부분 고향을 떠났지만, 기타 지역 농민은 토지와 연결된 채로 남았다. 일부 지방은 변화의 과정에 아무런 영향도 받지 않았다. 이런 접근은 "농민적 사고방식"이 아니라 크게 변동하는 이해관계와 갈등 상황에 반응하는 농민, 개인적 동원과 집단적 동원 그리고 지주계급의 본질적 성격에 초점을 맞춘다는 측면에서 장점이 있다.

끝으로 농민의 불만에 호소하고 그것을 이끄는 정치조직의 존재는 농민에게 없어서는 안 될 동맹 세력이지만, 그런 조직이 존재하기 위해서는 농민의 행동 양식이 여러 측면에서 앞서 말한 유형과 일치하지 않을 수도 있다. 중국의 상황과 관련된 분석은 지주의 통제가 약하거나 무너진 지역에 어떻게 정치조직이 나타났고 진정한 농민 혁명으로 가는 여러 단계의 과정으로 농민을 이끌었는지 보여주었다. 마오쩌둥과 그의 동맹 세력은 민족 반역자에 대한 규탄으로부터 "마음속의 울분을 토로하고" 지주에게 원한을 갚으며 끝으로 농민조합과 지방 행정 기구를 조직하는 것으로 농민을 이끌었다. 그들은 동기를 부여하고 한 단계에서 다른 단계로 발전하며 과거에서 미래로 나아가는 데 변증법적 논리를 동원해 농민이 예전으로 돌아가지 않게 했다. 윌리엄 힌턴이 말한 대로 조직의 주요 역할은 "사회 정의를 실현할 수 있다는 확신"을 보여주는 것이다.[101] 이처럼 농민의 활동에서 조직은 결정적 요소가 아닐지도 모르지만 반드시 필요한 것임은 분명하다.

결론

식민지를 겪으면서 한국의 수많은 농민은 고향을 떠났다. 그들은 대부분 젊고 가난하고 불만으로 가득했다. 그들은 세계대전이 끝나 고향으로 돌아왔을 때도 여전히 젊고 가난하고 불만으로 가득했다. 그러나 그들은 더 이상 완전히 소작농도 노동자도 아닌 그 중간 어디쯤에 있는 존재였다. 그들은 노동자·광부·군인으로 일했지만 좀더 중요한 사실은 고향이 아닌 곳에서 세계에 노출됐다는 것이다. 그들은 사회가 자신이 알던 것과는 다를 수 있다는 사실을 이주하기 전까지는 몰랐을 것이다. 그러나 1945년이 됐을 때 그들의 시야는 그렇게 좁지 않았다. 전쟁의 종식은 농민-노동자에게 새로운 출발이었다. 급진적 조직 운동가에게 그것은 새로운 원료를 풍부하게 가져다주었다.

일본은 1945년 철수하면서 근대의 여러 모습을 한국에 남겼다. 그들은 비교적 발달한 교통망과 세계시장 체제와의 연결을 남겼다. 그들은 근대적 기술을 남겼다. 그들은 고대부터 동질성을 유지해온 한국에 근대적 통합체로서 국민을 형성하는 데 필요한 물리적 기초를 남겼는데, 특히 중요한 것은 고도로 체계화된 관료 조직이었다. 그들은 인구를 널리 분산시켰다—한편으로는 시장경제의 도입과 산업화의 시작으로 촉발된 "아래로부터의" 이동이었고 다른 한편으로는 의도적이고 강제적인 전시 정책戰時政策으로 야기된 "위로부터의" 이동이었다. 무엇보다 중요한 사실은 일본이 한국을 떠났다는 것이다. 식민 지배는 1945년에 갑자기 끝났고 한국을 짓누르던 억압은 사라졌다.

그러나 식민지 시대와 관련해 기억해야 할 기초적 사실은 일본이 가져온 커다란 변화의 정도가 아니다. 핵심적 측면은 변화가 자연스러운 경로를 따르지 않았다는 사실이다. 농민은 토지에서 유리되고 계급으로서 붕괴되었다고 해서 산업에 종사하게 되지는 않았다(이를테면 영국에서 인클로저 운동과 함께 공업 생산이 등장한 것과는 달리). 그 대신 그들은 공장에서 잠시 일한 다음 고향으로 되돌아왔다. 지주는 상업·산업적 기업가로 변모하지 않고 기업가 정신과 전통 사이의 어떤 지점에서 여러 모습으로 남아 있었다. 한국인 관료는 근대적 또는 합리적 관료 제도에서 근무하지 않았고, 이민족이 지배한 체제 안에서 일본인 상관은 물론 같은 민족인 한국인에게도 적대시되면서 능력을 발휘하지 못했다. 항일 세력 중에서도 민족주의자와 공산주의자 사이에 균열이 생겼으며, 이는 식민 지배가 끝난 뒤까지도 좁혀지지 않았다.

끝으로 전쟁이 갑자기 끝나면서 일본이 동북아시아에서 국가 단위를 넘어 만든 거대한 창조물도 산산이 부서졌다.

전쟁이 끝나면서 한국은 남북으로 분단됐다. 그 과정에서 철도·도로·해운도 단절됐고 차츰 황폐해지면서 사용할 수 없게 됐다. 일본의 패망으로 중심부와 주변부를 잇던 매우 중요하고 복잡한 구조는 이렇게 파괴됐다. 열악하고 혼란스러운 남한 지역의 경제와 정치는 새 체제가 형성될 때까지 곪을 수밖에 없었다. 이를테면 식민지 관료 제도는 육중하고 효율적인 지방 조직과 관할 지역의 절반만 가진 채 서울에 건재했다. 북한은 해방 이후 일정 기간 만주와 통합돼 있었지만 남한 및 일본과의 연결은 끊어졌다. 1945년부터 1950년에 이르는 기간에 해방된 한국의 운명을 결정할 수많은 사건이 일어났다. 그것은 통일된 한반도에서 한국인을 이을 고리가 될 것인가, 혹은 사회주의적 초국가 체제 안에서 모스크바나 베이징과 연결되는 방향으로 진행될 것인가, 아니면 다른 초국가적 체제 안에서 도쿄와 워싱턴에 연결되는 방향으로 나아갈 것인가?

이처럼 한국이라는 나라로서든 그 계급 구조로서든, 일본의 패망으로 일어난 거대한 변화와 재건은 중요한 결과를 가져왔다. 한국은 역경을 통과했지만 이는 식민 지배·산업화·전쟁이라는 "근대적" 역경이었으며, 자국의 정치·사회적 역량을 모두 동원한 강대국의 충돌은 한국 사회를 분열시켰다. 해방 이후 한국의 정치와 한국전쟁의 기원에 대해서는 이와 같이 중단되고 좌절되어야 했던 "발전"의 맥락을 깊이 고려하고 분석해야 한다.

3장

혁명과 반발: 1945년 8~9월

악은 어쩔 수 없다고 생각될 때는 참을성 있게 견딜 수 있지만 거기서 벗어나려고 생각하면 참을 수 없게 된다.

_알렉시 드 토크빌

인간의 역사는 고생물학과 비슷하다. 어떤 맹목적 판단에 사로잡히면 가장 뛰어난 지식인이라도 눈앞의 사물을 보지 못한다. 그 뒤 결정적 시간이 오면 앞서 보지 못한 조짐이 어디서나 있다는 사실을 보고 깜짝 놀란다.

_카를 마르크스

'신바람'이라는 한국어는 강요가 아니라 의지에 따라 행동할 때 사람이 느끼는 기분이나 내적 기쁨을 뜻한다. 이때의 바람은 '바람風'이라는 의미다. 사람이 이 바람을 타게 되면 입에서는 노랫소리가 절로 나오고 다리는 기뻐서 춤을 춘다. 신바람은 억압에서 해방돼 자신의 자유를 다시 찾고 상호 신뢰의 사회에 사는 사람들의 마음속에서 소용돌이치는 묘한 바람이다. 무속의 신비가 깃들어 있는 이 말은 한국인에게 부적 같은 호소력이 있다.

_정경모

1945년에 끝난 전쟁은 세계적 중요성을 띤 세계대전이었다. 그 전쟁이 지속되는 동안 세계 곳곳의 수많은 사람이 자기 열정을 소모했고, 전쟁의 종결과 함께 자신에게 적용된 힘에서 벗어나 다양한 세계를 향한 공통된 운명을 모색하기 시작했다. 전쟁이 전개되면서 생겨난 전례 없던 혼란과 뒤섞인 관계는 사람들의 공통된 삶이 됐다. 프랑스 레지스탕스 전사의 환호를 베트남 게릴라가 메아리로 되받았다. 독일에 협력한 노르웨이의 정치가 크비슬링의 파멸은 일본의 꼭두각시인 만주국의 붕괴와 함께했다. 깨어난 사람들은 과거가 지나갔고 새 시대가 밝았다고 결론지었다. 다시 태어난 사람들은 새로운 운명을 만들고자 했으며 혁명의 전염이 지구를 휩쓸었다.

1945년 8월 15일 일본이 항복한다고 일왕 히로히토가 발표하자 한국인은 기꺼이 감격하며 축하했다. 광복절은 모든 세대의 한국인에게 가장 중요한 날이 됐다. 이런 흥분된 분위기 속에서 몇 년 동안 끝나지 않을 혁명의 시대가 시작됐다. 해방은 그저 하루가 아니라 한국사에서 이전에도 없었고 그 후로도 없을 대중 참여의 거대한 변화가 진행된 시대를 불러왔다. 일본의 패망으로 한국인은 자신의 유산—역사·문화·언어·인권—을 재발견했다. 이런 권리를 자각하는 데서 한국인은 프랑스인·그리스인·베트남인과 전혀 다를 바 없었다. 1945년 한국인의 축제와 자기 권리 주장은 수십 년간의 억눌림 끝에 들이마신 신선한 공기였다.

그러나 해방을 열광적으로 기뻐한 한국인의 모습에서 순간적이고 목표 없는 추구만을 본다면 오산이다. 떠들썩하게 잔치를 즐긴 사람들은[1] 이튿날 맑은 정신으로 깨어났다. 새 제도와 나라를 세우는 데 적극적 관심을 보인 사람들도 있었지만, 새로운 질서에 두려움을 느낀 사람들도 있었다. 갈등이 내재한 위기의 정치는 이런 환경에서 나타났다. 변혁을 요구하면서 남한과 북한의 "인민공화국" 아래 결집한 강력한 세력은 자신들보다 약하고 위태로운 처지에 있으며 변화를 반대하는 세력과 충돌했다. 전자는 "현재의 지배층, 신분과 계급 관계, 제도·가치·상징·신화의 폭력적이고 근본적이며 급격한 변화"나 좀더 단순하게는 "지배계급 전체에 적의를 품은 파괴적 행동"으로 정의된 혁명을 추진해야 한다고 주장했다.[2] 후자는 "반혁명"으로 표현된 모든 것을 옹호했다.

일본 식민 통치의 종식

식민지 시대의 주종 관계에서 나타난 기묘한 상호 관계는 익명의 한 일본인의 다음 발언에서 잘 나타난다. "한국인이 우리를 외국인처럼 대하는 것은 너무 참기 어려웠다."[3] 지배자가 피지배자를 자신과 근본적으로 확실히 분리시키는 것은 지배의 핵심 원리다. 피지배자는 다르고 열등하며 비천하고 폭력적인 데다 자기 일을 처리하지 못한다. 그렇지 않다면 어떤 논리로 식민 관계를 정당화할 수 있겠는가? 이처럼 인간성을 부정하는 착각은 다른 사람을 지배하는 데 필수적인데, 합리화하거나 더 높은 목표를 말하지 않고는 지배에 수반되는 억압을 당연하게 여길 수 없기 때문이다. 그러나 지배받는 대상과 그의 인간성을 분리시킬 방법은 고안되지 않았으며, 지배자는 마음 깊은 곳에서 이런 사실을 알고 있다. 사라지지 않는 질문이 있다. 사람은 어떻게 그런 관계를 용인할 수 있는가? 피지배자가 자유로워진다면 지배자에게 어떤 행동을 할 것인가? 처지가 바뀐다면 어떻게 될 것인가? 이런 질문에 대한 대답은 분명하다. 지배자의 마음속에는 피지배자의 두 가지 모습이 공존한다는 것이다. 하나는 자신을 방어하는 것이 완전히 금지당한 수동적이고 유순하며 순종적인 피지배자이고, 다른 하나는 정당한 권리를 주장하면서 보복할 수 있는 피지배자다. 후자의 모습은 마음에 두려움을 불러온다. 이것은 모든 식민지의 피지배자가 거둔 작은 승리다. 무뚝뚝하게 순종하는 아주 작은 몸짓으로도 그는 지배자의 마음에 그런 두려움을 심어줄 수 있다. 피지배자는 아직 남아 있는 인간성을 보여줌으로써 자신의 실제 능력을 훨씬 뛰어넘는 잠재적 위협을 드러낼 수 있다.[4]

일본의 한국 지배는 1945년까지 거의 40년 동안 지속됐고 한국인은 소극적 저항 외에는 일본의 무장 권력을 실질적으로 위협하지 못했지만, 1945년 8월 한국에서 해방을 맞은 일본인들이 억류당할지도 모른다는 "큰 불안"과 "공포"를 경험한 것은 이 때문이었다.[5] 그 이전 25년에 걸쳐 추진된 동화 정책은 열매를 맺지 못했다. 한국인은 계속 다루기 어려웠고 일본에 증오를 품었으며, 이는 식민 체제가 끝난 뒤에도 사라지지 않았다. 일제 치하에서 투옥된 약 3만 명의 죄수가 대부분 정치범이거나 "사상범"이었다는 사실은 한국인의 저항과 일본의 정책적 실패를 생생히 증언했다.[6]

일본인은 한국인의 보복을 두려워할 충분한 이유가 있었다. 항복이 며칠 남지 않았을 때 조선총독부는 법과 질서를 보존하고 일본인이 한국을 무사히 떠나게 해줄 과도적 행정 기구를 수립하기 위해 영향력 있는 한국인에게 접근하기 시작했다. 8월 9일 일본인 고위 관료 4명은 신원미상의 일본인 집에서 송진우를 만났다.[7] 그들은 송진우에게 "행정위원회"를 조직해 평화를 유지하고 한국의 독립을 준비하길 바란다고 말했다. 송진우는 8월 10일부터 13일까지 여러 차례 제시된 이런 요청을 포함한 제안들을 거절했다. 관료들은 송진우가 협력하기만 하면 신문·라디오를 비롯한 통신수단과 여러 교통수단을 이용할 수 있다고 말했다. 송진우의 지지자들에 따르면 송진우는 (1) 한국의 어떤 정부라도 앞으로 올 연합군의 승인을 기다려야 하며 (2) 충칭의 대한민국임시정부가 한국의 합법 정부임을 믿기 때문에 일본의 제안을 거절했다고 말했다. 또한 일본인이 협력을 원한다고 해서 그렇게 해주지는 않을 것이라고 송진우가 말했다고 전했다.[8] 그러나 다른 자료에 따르면 송진우는 자기가 너무 아파서 그런 책임을 맡을 수 없다고 일본인에게 말했다고 한다.[9] 송진우는 재력이 있었고 일본은 전쟁 기간 내내 협력을 압박했기 때문에 이 시점에서 총독부의 요청을 수락했다면 친일의 오점을 피할 수 없었을 것으로 생각된다. 송진우가 계속 반대하자 8월 14일 일본인들은 그의 가까운 동료 김준연을 매개로 그와 접촉하려 했다. 그러나 김준연은 송진우 없이는 어떤 행동도 하지 않았기 때문에 일본인들은 다른 곳으로 방향을 돌릴 수밖에 없었다.[10]

다음으로 일본인들은 여운형에게 접근했다. 앞서 송진우에게 건네진 제안을 알고 있던 여운형은 8월 14일 일본이 자신에게 질서 유지를 목적으로 한 기구를 조직하도록 요청할 것이라는 소식을 들었다.[11] 그는 제안을 수락하기로 결정하고 8월 15일 이른 아침 총독부 정무총감政務總監 엔도 류사쿠를 만나 그렇게 했다.[12] 알려진 바에 따르면 엔도는 여운형에게 이렇게 말했다. "일본은 이제 패배했다. 오늘이나 내일 발표될 것이다. 그때 우리는 평화를 지켜야 한다. 지금부터 우리의 생명은 여기에 달려 있다." 여운형은 제안을 수락하기에 앞서 일본에 5개의 요구 조건을 제시했다. (1) 전국에서 정치범과 경제범을 모두 즉각 석방할 것. (2) 앞으로 석 달 동안 식량 공급을 보장할 것. (3) 치안 유지나 독립을 목표로 한 한국인의 행동에 절대 개입하지 말 것. (4) 학생과 청년을 교육하는 데 절대 간섭하지 말 것. (5) 노동자와 농민을 조직시켜 훈련하는 데 절대 개입하지 말 것.[13]

이 요구들은 일본인의 예상을 훨씬 넘어선 것이었지만—그들은 식민지 통치자가 피하고자 했던 공포를 더 많이 느꼈다—8월 15일 아침에 남아 있던 다른 선택지는 거의 없었다. 그 뒤 총독 비서 오다 야스마는 여운형이 "다소의 급진적 사상"을 갖고 있어 학생들에게 인기가 있었기 때문에 접촉했다고 말했다. 일본인은 한국 학생들을 매우 두려워했던 터라 여운형의 협조는 학생들의 시위를 억제하는 데 도움이 될 것으로 기대됐다. 오다 또한 8월 15일 일본인은 소련이 한국을 모두 점령할 것으로 예상해 "다소 급진적인" 한국인을 앞세워 소련의 협력을 얻으려고 했다고 말했다.[14] 일본인은 전쟁 막바지에 동남아시아에서 추진한 것과 비슷한 정책을 따라 독립을 지향하고 반서구적 자세를 취할 것으로 여겨진 급진주의자와 민족주의자를 후원했다. 그러나 그들이 독립을 주장하는 동시에 일본의 이익을 보호하리라는 기대는 동남아시아에서나 한국에서나 모두 무산됐다.

조선건국준비위원회

여운형은 이른 아침 엔도와 만난 뒤 운니동 자택에 몇몇 지도자를 모아 회담에서 합의한 사항을 논의하고 그다음 조직 활동을 준비했다.[15] 여운형은 "치안 유지"가 한국인의 유일한 관심사인지 아닌지 돌려 물었다. 그는 친일 세력이 권력을 잡지 못하도록 폭넓은 정치 활동을 펴야 한다고 주장했다. 그는 연합군이 도착하고 망명 인사들이 외국에서 돌아올 때까지 과도적 행정기구에서 그런 활동을 펼쳐야 한다고 생각했다.[16] 그 결과 그를 비롯한 참석자들은 조선건국준비위원회(건준)를 조직하기로 결정했다.

앞으로 도착할 연합군에 제출하려는 4개항의 협정문을 8월 11일에 작성한 것을 볼 때 여운형은 일본이 항복하기 며칠 전부터 그런 단체를 결성하려고 생각한 것임이 분명했다. 문서에서는 일본에서 해방되는 데 기여한 연합군의 도움에 감사를 표했지만 한국은 한국인의 나라가 돼야 한다고 강조했다. 연합군은 한국의 국내 정치에서 "엄격한 중립"을 지켜야 한다고 요구했다. 그럼으로써 사대주의의 폐해[17]를 피하고 국내의 정치적 갈등에 외세가 개입하는 것을 막으려고 했다. 같은 날 여운형은 한 측근에게 1919년 3·1독립선언서에 기초하되 민주주의를 특별히 옹호하고 친일 협력자 축출을 명시한 독립선언문 초안을 작성하라고 지시했다. 선언문에서는 국내에 남아 있던 인사들과 해외에서 귀국한 인물들이 "완전히 평등한 상태에서 협력해야 한다"고 강조했다.[18]

외국의 개입 없이 한국은 즉각 독립하며 친일 세력을 권력에서 배제할 것을 요구한 두 문서의 내용은 한국 역사에서 늘 큰 반향을 일으켰고 해방 공간의 정치적 담론을 지배한 두 주제였다. 두 문서 모두 일진회 같은 한국인 단체가 일본의 국권 탈취를 돕고 사주한 합병 이전 시기를 언급했다. 1945년 많은 한국인은 일진회와 비슷한 단체가 다시 등장하여 외세와 원칙에서 벗어난 동맹을 맺어 한국의 독립을 다시 한번 좌절시킬까 걱정했다. 여운형과 그 지지자들은 병탄 때의 매국 세력과 1940년대 일본의 전쟁 수행 과정에 협력한 한국인을 연결짓곤 했다. 그들은 국내와 해외에서 항일 활동을 전개한 애국자와 혁명가의 고난이 해방 후 보상받지 못해서는 안 된다고 판단했다.[19] 그들은 대일 협력자들이 맞이할 운명을 구체적으로 밝히지는 않았지만, 권력을 유지하도록 허락하는 것은 엄청난 불의라고 생각했다.

그다음 며칠 동안 정확한 시점을 제시하기 어려운 사건들이 빠르게 이어졌다. 건준 본부가 서울 계동에 세워져 "(매일) 새벽부터 문화·사상·경제계의 주요 인물이 끊임없이 출입했다".[20] 이여성과 김세용의 지휘 아래 선전반이 전국으로 파견됐다. 8월 16일 여운형은 한국인 5000명 정도가 모인 가운데 한국인의 단결과 유혈 사태 방지를 촉구하는 연설을 했다. 건준 부위원장 안재홍은 일본 시민과 재산을 보호하도록 한국인들에게 요청했다.[21] 이처럼 상당히 온건한 연설은 일본이 여운형과 안재홍에게 기대한 치안 유지를 위한 상호 협력과 상당히 비슷했다. 8월 16일 여운형이 엔도와 함께 선 『매일신보』 사진은 그런 협력관계를 강조했다.[22]

그러나 그런 관계는 8월 16일 전국에서 정치·경제범이 석방되면서 급속히 악화됐다. 헌신적이고 변절하지 않은 공산주의자는 대부분 일본 통치가 끝날 때까지 감옥에 있었기 때문에 석방된 죄수들은 건준의 활동에 급진적 색채를 빠르게 덧칠했다. 거기에 애국적 분위기가 더해지면서 건준은 그저 일본의 후원을 받은 치안 유지 기구가 아님을 분명히 보여주었다.[23] 석방된 죄수들은 전국에 건준 지부를 비롯한 여러 단체를 신속히 조직했다. 남한에서 풀려난 죄수는 모두 1만6000명가량이었는데, 서울에만 1만 명 정도가 있었고 대구에 1600명 정도가 있었다.[24] 아울러 대부분 강제로 징집된 학생과 청년이었던 1만5000명 정도의 한국인이 일본군에서 제대했다.[25] 거기에 일본인이 만든 어용 청년 단체와 강제 노동수용소에 있던 젊은이 수천 명이 더해졌다. 며칠 만에 한국인 수만 명이 석방돼 치안 유지 임무와 정치 활동에 참여하게 됐다.

8월 17일 건준의 공식적 수립이 전국에 발표됐고, 닷새 뒤 지도부의 긴 명단이 공개됐다. 그러나 소식은 그 전에 신문·입소문·전화 같은 비공식적 경로를 통해 멀고도 널리 퍼졌다. 건준 지부와 산하 단체는 하룻밤 사이 전국에 생겨났다. 145개 정도의 지부가 8월 말 남한과 북한에 존재했다.[26] 그러나 평화로운 나날을 보내던 한국을 강타한 폭발적 참여의 한 모습일 뿐이었다. 지금까지 수십 년 동안 독재에 쉽게 통제된 것처럼 보였던 조용한 국민은 갑자기 정치 활동과 조직으로 뛰어들었다. 스페인 안달루시아의 농민 무정부주의자와 관련된 제럴드 브레넌의 뛰어난 묘사는 해방 한국에 고스란히 들어맞는다.

> 종교적 부활처럼 갑작스럽고 뚜렷한 이유 없는 이례적 소요가 지방을 휩쓸었다. 들판과 농상, 길가의 여관에서 사람들은 진지하고 열정적으로 한 가지 주제를 격렬히 토론했다. 낮에 쉴 때도, 밤에도, 저녁을 먹은 뒤에도 사람들은 모여서 노동자가 어느 무정부주의자의 문건을 큰 소리로 읽는 것을 들었다. 그리고 연설하고 토론했다. 그들은 그것을 이미 알고 있었으며 자신의 삶이라고 느꼈다. 어떻게 그들이 거기서 귀를 닫을 수 있었겠는가?[27]

이런 흥분된 나날 속에서는 진실과 정의가 승리할 것이며 실제로 이미 승리했다고 믿을 수 있었다. 외국 침략 세력이 거꾸러진 것은 천년을 기다린 희망의 손짓이 아니었을까?

물론 이런 정치 활동은 하룻밤 사이에 싹튼 것이 아니었다. 한국에서 그것은 앞선 10년 동안 잠복돼왔으며 공산주의 운동과 노동자·농민조합의 존재 그리고 일제의 후원을 받은 애국·반공주의 집단들이 한국 사회 곳곳에서 활동하면서 특히 격렬해졌다. 1945년 수백만 명의 한국인은 근대적 형태의 정치 동원을 어느 정도 경험했다.[28]

8월 16일 장권·최용달을 포함한 일부 건준 지도자는 서울 풍문여자중학교에 본부를 둔 건국청년치안대를 결성했다. 그들은 약 2000명의 청년·학생을 동원해 교통을 정리하고 평화를 유지했으며 100명 이상을 지방으로 보내 지방 치안대를 조직하게 했다.[29] 본부는 학도대·청년대·자위대·노동대 같은 지방의 여러 치안 유지 단체의 활동도 승인했다.[30] 이런 두드러진 청년·학생운동은 유도나 체육을 가르치는 교사가 이끈 경우가 많았다.[31] 그 뒤 치안대 본부는 중앙에서 파견된 대표와 중앙의 승인을 받은 지방 단체가 전국에서 162개 지부를 결성했다고 발표했다. 9월 2일 서울의 본부는 건국치안부를 공식적으로 조직하고 장권을 부장으로 임명했다.[32] 다른 지도자에는 정상윤·장일홍·송병무 등이 포함됐다.

치안 유지 단체를 공식적으로 조직한 것은 해방 이후 혼란기에 거의 존재하지 않았던 결집력과 지도력을 보여주었다. 상부의 치안대 아래 모인 조직은 매우 다양했다. 그 뒤 좌익 또는 우익과 연합한 집단 모두 치안 유지 단체로 활동했다. 이를테면 조선학병동맹은 9월 1일 치안대에 가입했다. 그들의 첫 구호에는 애국을 모호하게 부르짖는 것밖에는 정치적 내용이 전혀 없었고 결국 우익으로 변모했다.[33] 이런 집단 대부분에서 나타난 즉흥성과 중앙 조직의 부재는 해방 후 북한의 고향을 추억한 김은국의 글에 잘 나타나 있었다. 그곳에서 그의 아버지는 끝까지 일본에 저항했다고 인정되어 지방 치안위원회 의장으로 선출됐다.[34]

치안대는 기존 일본 경찰력을 대체하는 데 어느 정도 성공했는가? 뒤에서 좀더 자세히 살펴보겠지만, 치안대의 성공은 지역마다 크게 차이 났다.

그러나 국가 전체로 범위를 넓히면 8월 말 치안대는 대안적 경찰력을 구축하는 데 상당히 성공했다고 말하는 게 공정할 것이다. 이런 측면은 북한에서 좀더 사실에 가까웠다. 소련은 지역의 치안 유지 조직의 활동을 후원하고 식민 지배 세력을 추방하는 활동을 적극 지지했다. 그 결과 일본인과 그들에게 협력한 한국인 경찰은 대거 남쪽으로 내려갔다. 남한에서 일본인은 만주와 북한에서 철수해 일본으로 돌아가는 데 핵심 거점이 되는 서울·부산·개성·춘천 같은 도시와 인천·목포 같은 항구를 여전히 견고하게 장악했다. 그에 따라 남한에서 치안대의 활동은 일본인이 더 이상 중시하지 않은 지역에서 활발히 전개됐다.

그러나 남한에서도 치안대는 전반적으로 일제 경찰에서 근무한 한국인을 대체했다. 한 공식 자료에 따르면 8월 15일부터 9월 8일까지 일본인 경찰 간부는 90퍼센트 정도가 자기 자리를 유지했지만, 같은 기간 한국인 간부 80퍼센트 정도는 자리에서 쫓겨나거나 달아났다.[35] 한국인은 식민 경찰력의 50퍼센트 정도를 구성했기 때문에 경찰력의 대규모 축소였다. 아울러 제자리에 남은 경찰은 대부분 법과 질서를 지키기보다는 자신의 안전과 재산을 보호하려고 했다.

치안대는 1945년 8월 치안을 유지하는 데 중요한 역할을 맡았다. 폭력 사태가 거의 일어나지 않았다는 것은 이 단체에 소속된 개인과 한국인의 공로였다. 일본인조차 치안대의 활동은 존경할 만하다고 인정했다.[36] 그 뒤 『뉴욕타임스』는 "한국 주재 통신원에 따르면 8월 15일 이후 한국인 35명이 일본 경찰에게 죽임을 당했지만 일본인은 한 사람도 한국인에게 피살되지 않았다"고 보도했다.[37] 그러나 일본 경찰에 근무한 한국인은 이런저런 박해의 대상이 됐다. 이를테면 한국인 경찰은 구타당하고 투옥됐으며, 서울·인천·수원 등에서는 집을 빼앗기거나 파괴당했다. 치안대에 의한 것도 있었고, 분노한 마을 사람들이 그렇게 한 사례도 있었다.[38] 한국인 경찰과 그 밖의 식민지 관료가 근신과 자제를 선택하지 않고 반발했다면 폭력의 수준은 전체적으로 훨씬 더 높았을 것이다. 그들은 대부분 도망가거나 숨었다. 특히 프랑스 등의 비슷한 상황과 견주면, 전체적으로 한국인은 해방 이후 매우 불

안한 상황에서 폭력을 아주 잘 억제했다.[39]

8월 15일 이후 한국에는 군사적 또는 준군사적 조직이 여럿 나타났는데, 일본군에서 제대한 군인과 장교들이 주요 역할을 맡았다. 전체적인 조직은 대체로 일본군을 따르면서 새로운 이름을 채용한 것으로 생각된다. 9월 미군이 진주한 뒤 이 조직들은 수많은 개인적 군사 조직과 청년 단체로 나뉘었다. 그러나 8월에는 대부분 건준 아래 있었다. 일부는 치안대로 활동했지만 대부분 조선국군준비대의 일부였다. 일본군에서 제대한 장교와 병사들은 8월 17일 건준을 도와 치안을 유지하는 방안을 마련하기로 협의했다. 그 달 말 조선국군준비대라는 이름이 채택됐고 본부는 서울 중심인 명동에 설치됐다. 지도자는 앞서 학도병으로 일본군에 입대한 육군 소위 이혁기와 그 뒤 북한으로 가서 공군 부사령관이 된 박승한이었다.[40] 지방에서는 건준과 조선국군준비대 지부를 한 사람이 이끌기도 했다. 이를테면 경상북도에서 오덕준은 두 조직을 이끌면서 휘하에 700명 정도를 두었다.[41] 조선국군준비대와 관련된 자료는 거의 없지만, 주목할 만한 조직 활동을 전개하기도 했다. 공식적(이고 적대적) 자료에 따르면 조선국군준비대는 남한의 모든 도에 지부를 두고 6만 명 정도의 신병을 입대시켜 적어도 1만5000명을 어느 정도 훈련시킨 결과 "다른 어떤 비공식적 군사 단체보다 더 강력한 조직력을 갖게 됐다".[42]

그러나 가장 인상적인 조직 운동은 8월에 노동자·농민·청년·여성 단체가 초기 대중조직을 수립한 것이다. 대중 동원에 개입하지 말라는 여운형의 요구를 일본인이 받아들인 것은 참으로 판도라의 상자를 연 것이었다. 몇 주 만에 이런 조합과 대중조직이 폭넓은 규모로 나타났고 그들 대부분은 좌익과 연결됐기 때문이다. 공산주의자와 좌익은 1930년대 노동자와 농민을 조직하는 데 어느 정도 성공했다. 근대적 대중 정치가 한국에 소개된 것도 소련·중국·일본의 사례를 모범으로 삼은 좌익의 업적이었다. 물론 한국의 보수주의자들은 대부분 대중 정치를 떠나 다른 곳으로 갔다. 공장주와 지주는 노동자·농민의 충성을 얻으려는 노력을 거의 하지 않았다. 좀더 깊이 살펴보면 보수 세력은 대중조직의 중요성을 인식하지 못했을 뿐이다.

1945년 한국 보수주의자들이 상상한 정치조직은 학식을 갖춘 유명 인물들이 서울에 모여 결정을 내리는 어떤 협의회 정도였을 것이다. 그들은 노동자·농민을 통제의 대상으로 여겼으며, 그 결과 의지한 것은 조합과 그 밖의 대중조직이 아니라 경찰과 관료 조직이었다.

대중조직은 대부분 1945년 11~12월 각 도에서 올라온 대표자가 서울에서 만나 모든 수준에서 도별 단체를 통합하는 전국 조직을 결성하면서 모습을 드러냈다. 그때부터 계속 노동자·농민 조직은 상부의 지휘를 받았다. 그러나 8~9월에는 일반 대중의 자발적 노력과 헌신이 많이 나타났다.

노동조합[43]은 8월 15일 직후 전국의 공장과 직장에서 결성됐다. 대부분은 일본인·한국인 소유주에게서 공장을 인수하는 데 성공했다. 조합원이 실제로 공장을 운영하기도 했지만, 입찰을 거쳐 경영자를 공모한 뒤 필요한 기술자와 계약해 공장을 경영하기도 했다.[44] 그 뒤 미군정청 노동부 문서를 열람한 미군 장교는 "실제로 대규모 공장이 모두" 이렇게 인수됐다고 말했다. 한국인 스스로도 세계 노동운동에서 이렇게 빨리 성장한 사례는 없다고 말했다.[45] 노동조합은 1945년 8~11월 노동자가 "공장을 자유롭게 운영한" 경상남도에서 특히 강력했다.[46] 노동자들은 조합이 공장을 실제로 인수하지 못할 경우 파업과 태업을 일으키기도 했는데, 8월 31일에 시작된 서울의 경성방직공장의 파업이 주목할 만한 사례다.[47]

농민조합[48]도 이 시기에 발전했다. 1945년 가을에 지방을 점령한 미군은 그런 조합을 곳곳에서 발견했다. 일부는 상당히 급진적이었고 일본인과 한국인 지주를 축출하려고 한 반면, 다른 일부는 온건했고 소작 관계·지대 등을 합리화하려고 노력했다. 농민조합들은 추수 기간에 쌀 수확·보관·분배를 맡았다. 1945년 말 농민조합은 순수한 숫자로 볼 때 한국의 다른 어떤 조직보다 강력했다고 생각된다.

노동조합과 농민조합은 1920~1930년대에 이뤄진 선구적 조직 활동을 계승한 것이었다. 노동조합은 1919년 3·1운동 이후 산발적으로 조직됐다. 그 뒤 러시아 볼셰비키 혁명의 성공에 깊은 영향을 받은 한국인들은 지방에 분산돼 있는 조직을 통일하려는 목표로 1924년 조선노농동맹朝鮮勞農同盟을 결성했다. 1926~1927년 이 단체는 조선노동총동맹과 조선농민총동맹이라는 두 조직으로 나뉘었다.[49] 특히 조선노동총동맹은 1929년 석 달 동안 이어진 원산 파업을 일으키는 데 성공했다. 그러나 조선농민총동맹은 1931년 만주사변에 저항하는 의미로 청진淸津 파업을 전개했지만 일본에 진압당한 뒤 지하로 숨었다. 조선농민총동맹은 때로 동학의 계승자라고 주장하기도 했지만[50] 자신들의 정통성을 세우는 데 더 중요한 사건은 1920년대 후반~1930년대 전반 선구적 소작쟁의에서 상당한 성공을 거둔 일이었다. 적색농민조합은 전국의 농촌에 뿌리내림으로써 1945년에 부활할 수 있는 조직적 기반을 제공했다.

1945년 8~9월 노동자·농민조합이 자발적이고 분권적인 방식으로 급속히 성장한 것에는 의문의 여지가 없다. 조합이 성장한 배후에 어떤 중앙 조직이 있었다는 증거는 없다. 요리사가 오븐에서 케이크를 꺼내 당의를 입히듯 11~12월 지도자들은 서울에서 최종적으로 전국적 대중조직과 중앙사무소를 설립한 뒤 전체 과정을 추인받았다. 마르크스적 용어로 표현하면, 사실상 이 지도자들은 대중운동보다 뒤떨어졌다. 그들 스스로 지방 조합은 "자연적이고 분산된 형태로 넓은 지역에 조직됐으며 특정한 계획 없이 지방에 따로 흩어져 각자 발전했다"고 말했다.[51] 지도자들이 자신의 공적을 특별히 내세우지 않았다는 측면을 감안할 때 이런 발언은 사실로 인정할 수 있다고 생각된다.

지금까지 논의한 여러 단체의 성공은 대부분 지방에서 일어난 일이었다. 그러나 8월~9월 초 지방에서 전개된 상황과 관련된 유용하고 자세한 정보를 얻기는 어렵다. 그런 자료는 미군이 지방을 점령한 뒤에야 얻을 수 있었다. 이런 자료의 공백은 종전과 함께 혼돈과 혼란이 전개된 지역에서 정보를 수집하는 것이 어려웠다는 사실을 부분적으로 보여준다. 그러나 이것은 한국인의 관심이 어디 있었는지도 알려준다. 한국인은 정치에 대해 쓰려고 하면 서울에서 일어난 일과 그곳에서 활동하는 지도자들의 당파에 대해 서술하려고 했다. 그 결과 연구자는 건준을 구성한 모든 당파와 거기에 반대한 집단의 당파를 거의 완벽하게 분석할 수 있으며, 사실상 그런 분석에 따를 수밖에 없게 된다. 그러나 서울에서 일어난 사건은 전체적인 관점에서 봐야 한다. 건준의 주요 역할은 불을 피울 불꽃을 일으키는 것이었다. 건준을 이끈 집단을 분석해도 지방에서 일어난 활동의 특징은 거의 알 수 없다.

그럼에도 건준 활동의 어떤 측면을 이해하는 것은 중요하다. 서울의 건준 지도자들은 주요한 두 파벌에 소속됐으며, 각 진영은 서로 다른 정치적 지지와 충성을 가진 하위 파벌로 다시 나뉘었다. 한 파벌은 여운형을 지지했고 대체로 비공산주의자였으며, 다른 하나는 대부분 공산주의자였다.[52] 여운형 계열은 1944년 10월에 창설된 조선건국동맹(건맹建盟)이라는 조직에 기초했다.[53] 첫 건맹 지도자에는 여운형의 예전 협력자이자 1914년 중국에 함께 갔던 조동호가 포함됐다. 나중에 그 계열에 참가한 인물로는 김세용·이만규·이여성이 있었다. 건맹의 강령은 독립, 일본인 추방 그리고 "친일파"와 "민족 반역자"를 제외한 민족의 대동단결이었다. 여운형과 그 지지자들은 자기 조직이 해방 이전 여러 항일운동에 참여했다고 주장했지만 확인하기는 어렵다. 아울러 여운형은 감리교 목사 이규갑·함상훈 그리고 유명한 안재홍 같은 민족주의자와 이강국·최용달·박문규 같은 이른바 성대파城大派에 소속된 공산주의자의 지지를 받았다. 맨 끝의 세 사람은 1932년 경성제국대학에서 마르크스주의 연구 모임을 결성했으며 그 뒤 원산의 노동 조직에서 함께 일했다.[54] 건준의 다른 주요 계열은 이른바 장안파長安派로 8월 16일 서울의 장안빌딩에서 새로운 공산당을 창설하는 모임을 연 데서 이름을 땄다. 이 계열의 지도자는 이영·최익한·정백·홍남표 등이었다.[55] 이들은 대부분 1920년대 후반~1930년대에 이런저런 파벌에 소속된 "국내파" 공산주의자였다.

이 두 주요 계열의 존재는 8월 17일과 22일에 발표된 건준 지도부의 첫 명단에서 뚜렷이 나타났다.[56] 8월 22일 명단에서 여운형 지지자는 11명 정도였고 장안파는 5~11명이었으며 나머지 12명은 확정하기 어렵다.[57] 이 지도자 가운데 10명은 공산주의자를 자처하면서 조직과 감찰 같은 중요한 책임을 맡았다. 이것을 근거로 8월 22일 시점에 공산주의자들이 건준을 장악했다는 비난이 자주 제기되지만, 과연 정당한가?

대답은 분명히 "아니다"이다. 이 시점에 한국에는 훈련받고 강력하게 조직된 공산주의 정당이 없었기 때문이다. 장안파는 1945년 8월 거의 아무것도 지배하지 못했다. 장안파는 8월 22일 발표된 명단에서 근소한 우위를 차지했지만, 그 영향력은 그달이 끝날 무렵 거의 소멸됐다. 게다가 장안파는 훈련받은 정당도 아니었다. 사실 1945년 한국이 어떤 "역사적 단계"에 있었는지 밝히려고 노력하면서 그 뒤 몇 달을 보낸 지식인들의 한 집단에 지나지 않았다.[58] 8월 16일 장안빌딩에서 만난 사람들은 그날 우연히 서울(이나 서울의 감옥)에 있던 이전의 공산주의자였을 뿐이다. 해방의 격랑 속에서 그들은 공산주의 지도자 없이 공산주의 정당을 결성하려고 노력하면서 성급하게 행동했다. 그러나 끝내 장안파는 다른 것은 차치하고서라도 자신의 구성원조차 통제하지 못했다.

건준과 그 뒤 인민공화국에 있던 수많은 공산주의자의 존재를 사후적인 시각으로 설명하기는 어렵다. 그 뒤 한국의 분단이 심리에 부과한 작용에서 벗어나 1945년 당시의 한국인으로서 한국을 보아야 한다.[59] 끝까지 일본에 저항한 사람들은 공산주의로 돌아섰지만 민족주의 진영은 많은 지도자가 일본에 협력하면서 심각하게 약화됐으며 타협적 자세를 갖게 됐다. 8월 15일 은신처나 감옥에서 벗어난 공산주의자들은 의심할 수 없는 애국적 자격증을 가졌다. 해방된 한국에서 정치 활동의 자격을 결정하는 핵심적 시험은 일제 치하에서의 행적이었으며, 공산주의자는 대체로 이 시험을 쉽게 통과했다. 다수의 민족주의 지도자는 부합되지 않았으며 9월 초까지 적극적으로 활동하지 않았다. 그렇게 많은 공산주의자가 건준에 나타난 까닭은 이것이다.[60] 건준에 적극 참여한 지도자들은 단 한 명도 심각한 대일 협력자나 "친일파"로 고발되지 않았다. 실제로 8월 22일자 명단에서 확인할 수 있는 모든 사람은 일제 치하의 감옥에서 이런저런 형을 살았던 경력이 있다. 그들은 그런 행적과 다른 대안적 후보 인사가 없기도 해서 1945년 8월에 승리할 수 있었다.

8월 22일의 명단은 발표 직전 며칠 동안 일어난 사건도 비춰준다. 8월 19일 또는 20일 김병로와 백관수는 건준 본부를 방문해 좀더 많은 민족주의자와 보수주의자를 포용할 수 있도록 건준을 확대해야 한다고 주장했다.[61] 또한 건준이 정부가 되겠다는 주장을 접고 치안 유지 조직으로 행동해야 한다는 의견을 제시했다.[62] 그러나 이런 제안에는 겉으로 드러나지 않은 의미가 많이 숨어 있었다. 8월 15일 전후로 여운형과 정백은 송진우와 김병로를 건준에 참여시키려고 노력했다. 여운형은 그 뒤 며칠 동안 그들의 협력을 얻으려고 여러 차례 노력했지만 성공하지 못했다.[63] 8월 15~20일 일본은 건준을 반대하는 입장으로 돌아섰다. 그들은 "건준이 원래 임무에서 벗어났으며 큰 실수를 저질렀다"고 비판했다. 총독부는 건준이 자신들의 이익에 맞게 행동하기를 바랐으며, 적어도 온건하고 유연한 조직을 기대했다. 8월 18일 무렵 그들은 건준의 기능을 치안 유지로 제한할 것을 요구했다. 아울러 일본군 사령부는 "믿을 수 있는 한국인"에게 무기 지급을 승인했다.[64] 8월 18일 여운형은 테러를 당했고 회복을 위해 며칠 동안 고향으로 돌아갔다.[65] 좌익이 공격한 것인지 우익의 소행인지 판단하기는 어렵지만, 그 결과 좌익과 우익의 협력은 더욱 어려워졌다.

이처럼 김병로와 백관수가 건준 본부를 방문한 것은 일본이 바란 대로 하도록 건준에게 요구한 것으로 보였다. 게다가 여운형이 공격당한 뒤 그들이 방문한 것도 문제를 불러왔다. 며칠 전 그들은 함께 일하자는 여운형의 요청을 거절했다. 이제 여운형이 부재중이고 좀더 마음이 맞는 안재홍이 그를 대신할 때 협력을 요청한 것처럼 보였다. 송진우와 그 일파를 대일 협력자는 아니더라도 온건한 자본가로 본 건준 내부의 좌익이 그들의 제안에 위협을 느낀 것은 놀랍지 않다. 이 시기 좌익 자료를 검토하면 바로 이런 요청이 "우익 자본가"와 "불순분자(대일 협력자를 암시)"를 어떻게 대할 것인가 하는 문제를 불러왔음을 알려준다. 자료에 따르면 끝까지 일본에 저항한 사람들은 일제 치하에서 혜택받은 이들을 도우려고 하지 않았다. 이제 한국의 지도층이 항일 투사에게서 배출되리라는 사실은 말할 필요도 없었다.[66] 일본이 건준에 반대한 것은 이런 판단을 확인해주었다. 8월 22일의 명단은 건준이 김병로와 백관수의 제안을 분명히 거절하고 스스로의 뜻대로 행동하겠다는 의지를 일본에 보여준 신호였다.[67]

조선인민공화국

8월 말까지 소련군은 한국 전역에서 일본의 항복을 받은 것으로 생각된다. 8월 중순 일본군은 한국 북단에서 소련군과 작은 접전을 벌여 그들의 남진을 지연시켰다. 소련군은 8월 마지막 주까지 38도선 가까이 나타나지 않았다. 소련군이 점령하리라는 예상이 남한의 정치적 환경에 어떤 영향을 주었는지는 판단하기 어렵다. 공산주의자가 지도부의 다수를 형성한 건준의 존재가 소련의 진주가 가져올 충격을 완화할 것이라고 일본은 기대했다. 부유한 한국인이 건준에 상당한 자금을 기부한 배후에는 소련의 위협이 있었다고 생각된다.

처음에는 그 반대였을 수도 있지만, 남한의 공산주의자와 좌익이 소련의 남진을 환영했는지는 분명하지 않다. 우선 그들은 소련이 앞으로 한국을 이끌 지도자와 관련된 독자적 구상을 갖고 있다고 확신했는데, 주요 논거는 코민테른이 한국 내부의 공산주의자와 영향력 있는 관계를 갖지 않았다는 것이었다. 다음으로 그들은 노력했음에도 스스로 한국을 해방시키지 못했다는 데 부끄러움을 느꼈기 때문에 독자적으로 한국 정부를 세워 명예를 되찾으려고 했다.[68] 항일 투쟁으로 경력을 시작한 공산주의자와 좌익에게 민족주의는 국제주의보다 우선적 가치였다. 끝으로 소련이 남한에 들어온다면 얼마나 오래 머물 것인지, 그들이 단독으로 올 것인지 아니면 다른 연합군과 함께 올 것인지는 아무도 알지 못했다.

그러나 8월 마지막 주에 소련이 남진을 멈췄고 미국이 오고 있다는 소식이 돌았다. 이 소식은 남한의 정치 상황에 심대한 영향을 미쳤다. 일본인은 한숨 돌렸지만, 더 중요한 사실은 자신들이 좀더 오래 한국에 영향력을 펼 기회라고 느꼈다는 것이다. 좌익을 지지한 한국인은 이제 건준의 기반을 넓혀야 할 필요성을 인식했다. 우익에 선 한국인은 더 이상 건준을 매개로 일하거나 그들에게 영향을 미치고자 노력할 필요가 없다고 느꼈다. 그 대신 그들은 자신의 조직을 만드는 문제를 생각하기 시작했다.

소련은 38도선을 기준으로 한국을 분할하자는 미국의 제안을 수락했고,

미국은 9월 초까지 한국에 점령군을 보낼 능력이 부족했던 터라 예상치 않게 일본인은 철수할 수 있는 기간을 3주 정도 벌었다. 그들은 이 시간을 이용해 자신의 식민 통치의 특징과 꽤 어울리는 선물을 한국인에게 주었다. 그들은 남은 물품들을 폐기하고 화폐를 마구 찍어냈으며 친일 성향의 한국인에게 "은사금"을 나눠주었다.[69] 그들은 창고에 있던 음식·기름·옷 등을 모두 팔았다. 또한 공장·집·가구를 비롯해 일본으로 되가져갈 수 없는 것은 모두 팔았다.[70] 일본인이 자산을 처리하느라 분주한 동안 남한 경제는 거의 파괴됐다. 8월 15일 당시 조선은행권의 유통 규모는 50억 엔 정도였지만, 일본은 그 몇 주 만에 무려 30억 엔을 찍었다.[71] 그 뒤 8월 말 일본 식민 당국은 미군과 접촉해 공산주의자의 반란 및 시민의 소요와 관련된 사항을 전달하면서 그들의 동정을 얻으려고 했다.

8월 28일에 발표한 건준 선언서는 그 조직이 당초 치안 유지에 집중하려는 목표에서 멀리 벗어나 새 정부 수립을 지향하고 있음을 보여주었다.[72] 건준은 정부 수립을 기다리는 동안 일시적이고 과도적인 기구가 되려고 했는데, 그 정부는 "전국의 인민 대표가 모여 선출한 인민위원회"를 기반으로 구성될 것이었다. 달리 말하면 건준은 한국 독립의 산파가 되려고 했다. 그 선언서는 한국의 혁명적 전환을 암시했다. 그것은 "완전한 독립과 진정한 민주주의를 이루고 봉건 잔재를 일소하며 일본 제국주의와 결탁한 민족 반역자를 대상으로 광범위한 대중 투쟁을 벌여야 한다"고 주장했다. 민족 반역자는 새 정부에서 자리를 얻을 수 없을 것이며 그들과 "원칙 없이 단결해서는 안 된다"고 명시했다.

이 선언문이 여운형 계열이나 장안파에서 나왔는지는 알 수 없다. 그 표현은 장안파의 급진 세력과 좀더 일치하는 것 같은데, 이런 강경한 발언은 1945년 8월의 급진적 분위기에서 대단한 호소력을 가졌으며 충칭 임정을 구성한 민족주의자의 발언과 거의 다르지 않았다.[73] 그러나 8월 28일 무렵 미군이 남한을 점령하리라는 말이 나오고 우익이 그날부터 조직화하기 시작했다는 측면을 고려하면, 이 선언문은 우익과의 대결을 명시하고 미군이 진주하기 전 어떤 정부 형태를 수립하려는 건준 내부의 좌익이 주도해 작성했을 가능성이 컸다.

9월 1일 한국 정부를 수립하려는 발걸음이 내디뎌졌다. 그런 노력을 이끈 사람은 여운형·허헌·박헌영이었다. 허헌은 변호사로서 여운형과 마찬가지로 좌익에 기울었지만 공산주의자는 아니었다.[74] 박헌영은 1945년에 "한국 공산주의의 가장 위대한 지도자"로 서술됐다.[75] 8월 말 지방에서 서울로 돌아왔을 때 박헌영은 옛 정적인 이영이 장안파를 이끌어 공산주의 정당의 결성을 시작했다는 사실을 알게 되었다.[76] 박헌영은 이런 활동이 성급할 뿐 아니라 자신의 권위를 모욕하는 것이라고 봤다. 그는 이영의 지지자 가운데 다수를 자기 쪽으로 끌어들여 9월 8일 이른바 재건파 조선공산당을 결성할 정도로 큰 영향력을 보여주었다.[77] 장안파를 떠나 박헌영 세력에 가담한 사람들 가운데는 홍남표·조동호·최원택이 있었는데, 모두 이전 화요회火曜會에서 활동한 인물이었다.[78] 또한 박헌영은 여운형과 그의 건맹에 참여했던 이강국과 최용달도 휘하에 포섭했다.[79] 박헌영은 건준에서 장안파를 대부분 제거하는 데도 성공했는데, 이것은 박헌영의 영향력과 함께 장안파의 약점을 보여주는 증거였다.

9월 6일 서울과 지방에서 활동하던 건준 활동가 수백 명은 서울의 경기여자고등학교에 모여 조선인민공화국(인공) 수립을 선포했다.[80] 이렇게 성급히 행동한 주원인은 미군의 진주가 임박한 데 있었다. 건준 지도자들은 한국인이 스스로의 문제를 다룰 수 있다는 것을 보여주고 미국의 장기적 후견이나 미국의 호의를 얻은 인물들이 집권하는 것을 미리 방지하려는 두 가지 목적에서 형식적이나마 한국 정부를 수립하려고 했다.

인공 또한 해방의 들뜬 분위기와 혁명적 열정의 산물이었다. 인공 조직자들은 프랑스 혁명의 고전적 "선례"를 따라 대표자 회의를 소집해 공화국을 선포했으며 국민의 의사를 확인하기 위해 앞으로 선거를 치르려고 계획했다. 9월 6일 대표자 회의는 또 다른 혁명의 전례를 따라 보통선거를 치르기 전 과도정부를 구성할 지도자 55명을 선출했다. 그러나 미국 제헌의회와 달리 인공 지도자들은 사회혁명을 선언했다. "두 번째 해방"이 임박했다.[81]

9월 첫 주에 탄생한 인공의 기원과 관련된 사실은 거의 알려져 있지 않다. 반공주의적 해석은 인공을 수립하기로 한 결정이 9월 4일 여운형·허헌·박헌영·정백의 비밀 회동에서 나왔다고 말한다.[82] 이런 분석의 문제점은 정백(장안파 지도자)이 이강국에 의해 건준 조직부에서 교체됐다는 데 있다. 아울러 박헌영의 이름도 9월 6일 발표된 인공 명단에 나오지 않는다. 그러나 재건파 조선공산당 지도부의 상당수가 이 명단에 보이므로 박헌영이 인공의 계획에 직접 개입했을 가능성은 있다고 생각된다. 건준에서 여운형의 건맹 지지자와 공산주의자가 드러낸 분열은 인공에서도 지속된 것 같다. 이를테면 건맹 지도자들은 조선인민공화국보다 조선공화국을 새 국호로 선호했다.[83] 그러나 갈등보다는 협력이 당시의 추세였다고 여겨지며, 온건파인 여운형과 허헌의 영향은 9월 6일 선출된 지도부에 뚜렷이 나타났다. 여운형과 허헌을 비롯한 인물들은 미군의 진주가 임박한 가운데 한국인을 통합하려면 공산주의자·민족주의자·좌익·우익에 상관없이 국내와 해외의 혁명가 및 항일 투사를 건준과 인공 지도부에 참여시켜야 한다고 인식한 것으로 보인다. 인공 명단은 모든 계층의 지도자를 포괄했다. 그것은 그 뒤 우익 세력이 이념의 경계를 넘어 통합과 연립정부를 수립해야 한다고 주장한 것보다 좀더 멀리 나갔다.

9월 6일 대표자 회의에서는 모두 87명의 지도자가 선출됐다. 55명은 중앙인민위원회를 구성했고, 20명은 후보 위원, 12명은 고문으로 선출됐다(부록 A 참조). 이들의 배경을 분석하면 1945년 한국 지도층과 관련된 흥미로운 그림을 얻을 수 있다. 배경이 알려진 62명 가운데 39명(63퍼센트)은 정치범으로 식민지 감옥에 있었다. 그들은 대부분 8월 15일에 출소했다. 87명 가운데 소수만이 자신의 애국심이 의심받을 수 있는 범위까지 일본과 협력했다. 그러므로 그 집단은 일제에 고통받은 애국적·혁명적 지도자로 가득했다고 볼 수 있다. 이승만·김구·여운형·김규식·오세창·권동진·김창숙 같은 연로한 애국자들은 조선 말엽에 성인이 돼 병탄이 이뤄지자 직접 저항에 참여했다. 오세창과 권동진은 1919년 3·1운동의 민족대표 33인에 포함됐으며, 홍명희는 독립선언서를 기초하는 데 참여했다. 이승만·김구·김원봉·무정·김일성 같은 망명 지도자들은[84] 자리에 참석하지 못했지만 일본에 맞선 투쟁이 인정돼 지도적 지위가 부여됐다.

그러나 인공 명단은 정치적 노선에 따른 세대 간 격차를 드러냈다. 민족주의자와 우익의 평균 나이는 66세인 반면 좌익과 공산주의자는 47세였다. 이런 뚜렷한 차이는 1920년대~1930년대 젊은 한국인 애국자들이 조국의 곤경을 극복하기 위해 공산주의로 돌아선 경향을 뚜렷이 보여준다. 순수한 숫자에서 9월 6일 명단은 명백히 좌익으로 기울어졌다. 일제강점기에 정치 활동을 한 경력이 있다고 알려진 지도자 55명 가운데 42명은 좌익이나 공산주의와 연합했다. 13명만이 민족주의자이거나 우익이었다. 이런 분포는 항일 투쟁의 마지막 20년 동안 공산주의자와 민족주의자가 남긴 각자의 공헌을 부당하게 왜곡하지는 않았다.

그러나 여기에는 심각한 문제가 있었다. 이강국·현준혁처럼 공산주의자로 자칭한 사람은 좌익이나 그 동조자로 분류해야 한다. 두 사람 다 공산주의 이론을 충분히 이해하지 못했다.[85] 그 밖의 여러 인공 지도자도 그랬다고 말할 수 있다. 1945년 9월 인공의 급진적 공산주의자 평론가조차 마르크스-레닌주의에 대한 유치한 이해를 드러냈다.[86] 박식한 김규식은 여러 "공산주의자" 정적보다 유물론을 더 잘 설명할 수 있었을 것이다.[87] 이런 분류의 또 다른 명확한 문제는 대부분 일본이 그렇게 분류했다는 것이다. 일제 경찰과 정보기관은 저항하는 한국인들을 체포·심문·분류했다. 그리고 그들의 철저한 보고는 1945년 이전 한국 공산주의를 연구하는 데 여전히 거의 독점적으로 이용된다. 일본이 철저하고 정확하게 조사했더라도 그들은 공산주의자와 일제 통치에 단순히 반대한 사람을 동일하게 보거나 모호하게 분류하곤 했다. 더 중요한 측면은 공산주의의 위협이 되풀이되면서 식민 당국은 저항과 공산주의를 동일시하게 됐다는 것이다. 그러나 초기에 민족주의가 공산주의와 가까워진 사실을 마르크스주의가 한국에서 구상한 사회혁명에 한국인이 헌신한 것으로 오해해서는 안 된다. 그들은 그 강령의 사회적 내용을 알게 되면서 한국에 대한 의도가 그저 일제를 축출하는 것보다 더 심각하다는 것을 깨달았다.

사회와 좋은 삶에 대해 고정관념을 지닌 미국인이 1945년 한국의 정치·

사회적 갈등을 이해하거나 올바르게 인식하기는 매우 어렵다. 미국인이 미국에서 공산주의를 이해하는 것은 한국에서 공산주의를 이해하는 것과 거의 무관하다. 공산주의는 미국에서 대중적 지지를 얻는 데 결코 성공하지 못했지만, 1945년 한국에서는 견고한 저항의 미덕과 그 계획에 대한 대중의 지지에 힘입어 대중에게 침투했다.

1945년 한국의 공산주의는 크렘린에 거주하는 권력에 깊이 경도된 세계관이나 충성, 또는 마르크스적 국제주의에 대한 헌신을 보이지 않았다. 그것은 분명히 한국적 공산주의였다. 그 지지자들은 한국 민족과 독특한 전통을 보존해야 하며 독특한 한국에는 독특한 해결책이 필요하다는 생각에서 민족주의자·보수주의자와 거의 구분되지 않았다.[88] 좌익을 우익과 구분하는 것은 (1) 한국의 일제 잔재를 철저히 청산하고 식민 통치에서 이익을 누린 한국인을 축출하며 (2) 대중 정치와 대중조직, 사회적 평등을 지향하고 (3) 자원, 특히 토지 분배에서 큰 불평등을 야기한 핵심 요인인 한국의 "봉건적" 유산을 개혁하겠다는 약속이었다. 이런 쟁점을 둘러싼 논쟁은 한국인을 분열시킨 요인과 1920년 무렵부터 유지된 지도층의 정치적 성향을 설명하는 데 유용하다. 그들은 국제적 영향에 따라 때로 한쪽이나 다른 쪽에 가담했지만, 가장 지배적인 양상은 한국인 내부의 분열과 한국 문제를 둘러싼 갈등이었다.

인공의 지도자 명단에서는 좌익이 우세하지만 두 진영에 다리를 놓으려는 시도가 보인다. 지도적 망명 정치가들은 당시 해외에 있었고 몇 달 동안 돌아오지 못할 것으로 예상됐지만, 그 명단에서 제외되지 않았다. 김성수·김병로 같은 국내 보수주의자도 배제되지 않았다. 인공은 곧 우익의 기둥이 되는 이승만 같은 인물을 주석으로 추대했다. 인공 지도자들은 이승만이 오랫동안 자취를 감춘 망명자에 지나지 않는다고 생각했고 이미 미국의 호의를 얻었는지도 모른다고 의심했지만 관대하게 대우했다. 하지만 이승만은 결코 보답하지 않았다.

9월 8일 인공은 좌익과 우익의 진정한 연합을 향해 한발 더 나아간 내각 명단을 발표했다.[89]

주석: 이승만

국무총리: 허헌

문교부장: 김성수

내무부장: 김구

사법부장: 김병로

부주석: 여운형

외교부장: 김규식

경제부장: 하필원

재무부장: 조만식

체신부장: 신익희

이들은 전문성에 따라 선출된 것으로 보인다. 이를테면 김규식은 식견과 교양이 풍부하고 여러 언어에 능통한 인물로 널리 알려졌다. 김성수는 고려대학교의 전신이 되는 학교를 설립했고, 김병로는 유명한 법률가였으며, 항일투쟁가로서 이름 높은 김구는 국내의 법률과 질서를 유지하는 직책을 맡았다. 이 내각을 당시 서울에 있던 공산주의자가 실권을 장악한 음모로 보는 견해도 있다.[90] 여운형·허헌 같은 인공 지도자들이 자신들은 지방으로 물러나고 이승만·김구·김성수 등에게 정권을 넘길 속셈이 아니었음은 사실이다. 그러나 해방 이후 한국의 분위기는 관용이 설 자리가 없다거나 협력이 아무런 미덕도 발휘하지 않을 정도로 심각하지는 않았다. 인공의 좌익 지도자들은 자신이 권력을 장악하고 있으며, 통합과 협력을 위해 자신의 정적에게 인공에서 일정한 지위와 상당한 명성을 줄 수 있다고 생각했다.

인공 배후에 있는 혁명적 추진력은 창립대회 이후 발표한 강령과 선언에서 뚜렷이 나타났다. 전후 수많은 나라와 마찬가지로 인공 지도자들은 자신이 제국주의와 파시즘의 잿더미에서 일어난 민주주의의 세계적 조류 가운데 하나라고 생각했다. 우선 정치적 해방이 승리했으니 이제 임무는 다음의 사회적 해방에 의미를 부여하는 것이었다. 해방을 순수하고 소박하게 해석한 것과 사회적 해방으로 인식한 것의 차이는 민족주의를 순수하고 소박하게 인식한 것과 혁명적 민족주의로 이해한 것의 차이와 일치했다. 해방 공간에서 나타난 수많은 문제처럼 이런 중대한 차이는 1919년 3·1운동 이후부터 형성됐다.[91]

9월 14일에 발표된 인공의 선언문은 아래와 같았다.

> 일본 제국주의 잔재 세력을 완전히 축출하는 동시에 우리의 자주독립을 방해하는 외국 세력과 모든 반민주적 반동 세력에 철저히 투쟁해 완전한 독립 국가를 건설하고 진정한 민주주의 사회를 실현할 것을 기약한다.[92]

이 선언에 이어 27개항의 시정방침이 발표됐는데, 제국주의와 "봉건" 잔재를 청산하는 데 집중됐다. 일본인과 "민족 반역자"가 차지한 토지를 무상으로 몰수해 농민에게 무상으로 분배하고 몰수한 토지에는 "3·7제"에 바탕한 합리적 소작료를 부과했다(현물로 내는 소작료는 수확의 30퍼센트를 넘지 않았다). 광산·공장·철도·해운·통신·은행 같은 주요 산업은 국유화하지만 "중소" 규모의 상공업은 국가의 감독 아래 개인이 운영하도록 허용했다. 산업화를 급속히 추진하겠다는 약속도 이뤄졌다.

시정방침에는 언론·집회·신앙의 기초적 자유도 보장했다. 민족 반역자를 제외한 18세 이상 모든 남녀에게는 선거권을 부여했다. "모든 특권을 없애고 여성 해방을 포함해 모든 인민의 절대적 평등을 실현"하겠다고 주장했다. 하루 8시간 노동의 확립과 아동 노동 금지, 최소 임금 보장을 약속하는 등 노동 문제에도 개혁적 자세를 보였다. 국가에서 기초 교육을 의무적으로 제공하게 했다. 끝으로 한국의 외교적 태도와 관련해 그 시정방침은 "민주주의 진영에 있는 미국·소련·중국·영국과 긴밀히 제휴하는 한편 외국 세력의 내정 간섭은 절대 반대한다"고 주장했다.[93]

시정방침에 포함된 요구는 인공에 강력한 추진력을 부여했다. 인공을 구성한 개인과 정파의 정치적 견해도 거기에 이의를 제기할 수 없었기 때문이다. 시정방침의 조항들은 앞으로 수립할 정부와 관련된 의제를 정의했으며, 그 뒤 3년 동안 한국에서 벌어질 사회·정치적 논쟁의 주제를 결정했다. 인공 지도자들은 이 방침이 그동안 나름대로 발전했지만 20세기 들어 일제의 식민 통치에 시달린 옛 국가를 세계의 선진국 대열에 합류시키는 방법이라고 생각했다. 그 뒤 3년 동안 정치적 담론을 지배한 것은 토지 개혁, 노동조건 개혁, 정치 활동의 자유 등과 관련된 요구들이었다. "인민공화국"이라는 이름은 많은 한국인에게 목표를 이루는 수단의 상징으로 다가왔고, 인공이 당초 의도한 목표를 상당히 뛰어넘은 결과였다.

"외국 세력의 내정 간섭은 절대 반대한다"는 시정방침의 결의는 한국의 대외 관계사를 되돌아보면서 앞으로 전개될 한·미 관계를 미리 보여주었다는 측면에서 중요하다. 인공 지도자들이 보기에 가장 중요한 것은 수십 년 동안 강대국끼리 외교를 전개해 병탄으로 이어지는 동안 한국은 수동적 역할밖에 하지 못했다는 사실이었다. 여운형은 9월 6일 대회의 연설에서 임박한 미국의 남한 진주 때문에 인공을 "긴급히" 선포했다고 인정했다. 어떤 실책을 저질렀든 그들은 인공이 적어도 한국의 주권을 상징하고 500년 동안 외세에 의존한 한국의 역사가 되풀이되지 않도록 막기를 바랐다.[94]

여운형은 한국의 최종적 해방이 외세에 힘입어 이뤄졌음을 인정했지만, 한국의 미래를 그들에게 맡겨서는 안 된다고 봤다. 한국인은 1910년부터 국내와 해외에서 일본과 싸워왔으므로 스스로 결정할 모든 권리를 가졌다. 연합국은 이런 역사를 존중하고 한국 문제에 간섭하지 않는 중립적 위치를 지켜야 했다. 한국인들은 여운형에게 공감했다. 스스로 조국의 해방을 이루지 못했다는 것은 애국자 세대의 부끄러움이었다. 적어도 그들은 평화를 쟁취하려고 노력할 수는 없었는가? 외세가 앞으로 수립될 한국 정부의 틀을 잡고 규정하는 동안 그들은 가만히 앉아 있어야 했는가?[95] 이강국은 "조선의 해방은 자신의 노력으로 자주적으로 이룬 것은 아니지만 조선인이 독립 정부를 요구하는 것은 당연하다"면서 여운형에게 동의했다. 그는 "독립은 미국이나 소련이 우리에게 주는 것이 아니다. 그것은 피나는 노력으로 조선 안의 혁명 세력을 결집해야만 이룰 수 있다"고 생각했다.[96]

이것은 성급한 데다 기회주의적으로 인공을 수립했다고 비판할 수 있는 한 측면이었다. 그 뒤 여운형은 말했다.

우리는 진정하고 진보적인 민주주의를 지지해 세계 각국의 인정을 받을 수 있는 나라를 즉시 건설해야 한다고 믿는다. (…) 물론 (미)군정청은 그런 정부를 수립하고 독립으로 나아가도록 전적으로 도울 것이라고 생각한다.[97]

인공이 수립된 방식에는 상당한 비판이 제기됐다. 좌익은 우익보다 비판에 적극적이었기 때문에 그 시기 인공과 관련된 비판은 주로 좌익 문서에서 볼 수 있다. 일부 자료에서는 9월 6일 창립대회가 서둘러 소집됐으며 "무모하고 분별없다"고 지적했다.[98] 한 공산주의 계열 신문은 그 대회에 앞서 지도자와 대중을 연결하고 중앙과 지방을 잇는 대중 선전과 동원이 이뤄져야 했다고 말했다. 그러나 9월 6일 대회에서는 "대중의 직접적 참여"가 거의 없었다. 사실상 "고립된 자본가적 관료 기구"와 전혀 다르지 않았다. 인공의 시정방침은 어떤 "혁명적" 관점도 보여주지 않았다. 그러므로 "무산계급이 주도하는" 새로운 대중 집회가 필요했다. 그러나 그것을 기다리는 동안 "지주·자본가"의 반대에 맞서는 인공을 지지해야 한다고 그 신문은 주장했다.[99] 또 다른 자료는 건준과 인공의 지도자들이 "조급하다"고 비판했다.

그들은 혁명적 대중을 동원하는 데 실패하고 전위적 지도부에서 대중을 분리시켰다. 그들은 일제 잔재를 청산하는 작업을 너무 소홀히 했다. 그들은 인민주권 확립과 관련된 기본 방침이 모호할 뿐 아니라 그저 권력 기구를 수립하는 데만 치중하고 국제적 상황을 무시했다.[100]

일부 자료는 인공이 "독단적이고 자의적으로" 지도자를 선출했다고 지적했으며[101] 다른 자료는 "인민 운동"의 규율 없는 즉흥성을 비판했다.[102]

그러나 인공의 잘못은 온건한 "자본가적" 지도자들 때문이기도 했지만 공산주의 지도자들에게도 동일하게 책임이 있었다. 공산주의자는 건준과 인공을 자신들이 신속히 권력을 장악하는 수단으로 삼았다. 이런 공산주의자들은 음모나 기만 대신 공개적으로 정치적 지위를 추구했다. 그들은 자신의 의도를 숨기려 하지 않았다. 8~9월 공산주의자는 집단적 난투극에 자주 가담하는 것처럼 보였다. 그들에게는 조직의 도구로 사용할 수 있는 규율과 통일성을 가진 정당이 분명히 없었다. 그 뒤 북한이 남한 공산주의 운동의 당파주의와 "분파주의" 및 미숙함을 비판한 것은 어느 정도 타당했다. 그것은 1945년 이전에 나타난 공산주의 운동의 한 모습이었다.

전체적으로 말해서 인공 지도자들은 오래 유지되는 조직을 건설하는 데 미숙했고 지방에 깊이 뿌리내린 정치운동을 거의 경험하지 못했다. 그들은 도시 지역, 특히 서울을 중심으로 다른 정파나 정당과 제휴하려고 시도했다. 기이한 역설은 그들이 서울의 피로한 정치에 빠진 결과, 지방에서 발생한 운동을 스스로 약화시켰다는 것이다. 근대적 정치가 지방 대중을 동원해 전국적 정치 세력으로 발전시키고 중앙과 지방을 강력히 연결하는 것이라고 정의한다면, 그들은 근대적 정치를 희생시켜 전통적 정치를 되살렸다고 말할 수 있었다.

이 모든 것을 지적하더라도 남한의 어떤 세력보다 인공 지도자들이 조직과 동원을 주도하고 민족적 목표를 설계해 주권을 확립하는 기초 작업을 뛰어나게 수행한 것은 사실이다. 치안대는 극도로 불안한 상황에서 3주 동안 평화를 유지했다. 건준은 주요 식량 창고를 유지·보호하고 풍작을 도왔다. 노동운동 지도자와 노동자는 수많은 공장과 시설을 유지했다. 지방의 조직가들은 인민위원회와 농민조합을 발전시켜 깊이와 의미 면에서 한국사에 유례없는 지방 대중의 정치 참여가 전개된 한 해를 이끌었다. 모든 것은 일본과 그 뒤 미국 그리고 중앙 권력의 억압을 이겨내고 진행됐다. 외국의 개입이 없었다면 인공과 그것이 후원한 조직은 몇 달 안에 한반도 전체에서 승리했을 것이다.

인민공화국에 대한 반대

로베르트 미헬스는 이렇게 썼다.

> 자신의 권리를 열렬히 믿지 않는 집단은 정치적으로 이미 죽은 것이다. 한 특권계급이 자신의 특권을 완강히 지킬 수 있다는 것은 그들에게 일정한 자질이 있다는 뜻이며, 그 자질 가운데 중요한 것은 무자비한 힘이다. 그것은 잔인함과 불성실과 결부해 더욱 강력해지기도 하지만 정의가 절대적으로 자신의 편이라고 확신할 경우 더욱 거대한 힘을 발휘한다.[103]

1945년 8월은 아직 일정한 권력과 부와 영향력이 있던 한국인에게는 좋은 시간이 아니었다. 일본에 동조한 소수를 제외하면 한국인은 모두 해방을 환영했다. 그러나 일제 치하에서 이익을 본 사람들은 식민지 이후의 질서를 몹시 걱정했다. 보복이 뒤따를 것인가? 재판이 치러질 것인가? 누가 우세할 것인가? 그동안 특권을 누린 한국인들은 식민 지배의 종언과 함께 득의와 침체, 부푼 희망과 낙망, 안심과 불안이 혼재된 반응에 휩싸였다. 1945년에 특히 지주는 몇 세기 동안 자기 계급이 지배한 과거를 돌이켜보고 스스로 보기에도 거의 쓸모없을 미래를 예상하는 불행한 운명에 처했다. 어떤 한국인이 식민 통치가 끝날 무렵 상당한 토지와 재산을 보유했다면, 그것은 그가 일본인에게 필연적인 대가를 치렀다는 뜻이었다. 그 대가의 일부는 식민 정책에 적극적으로 협력했다는 사실이었다. 좀더 미묘하지만 더 큰 대가는 자신의 정통성이었다. 한국의 특권계급이 지배권을 행사하려는 것을 정당하다고 인정해주는 사회의 일반적 합의가 돌이킬 수 없이 파괴된 것이었다. 그들의 지위는 일본에 협력했다는 오점 때문에 그동안 가졌던 정통성을 잃었고 회복할 수도 없었다. 더 중요한 사실은 그들이 스스로를 더 이상 믿지 않았다는 것이다. 일본이 남긴 유산은 격변 속에서 특권을 보존하는 데 필요한 핵심 조건인 자신감을 파괴했다. 해방 후 몇 주 동안 우익의 조직 활동이 불안하고 자신 없게 진행된 까닭은 이런 사정에 있었다.

이 시기 부와 영향력을 가진 한국인은 재산을 나누어주고 대일 협력자를 처벌하라는 대중운동과 직면했다. 지방의 급진적 농민운동은 일본인과 한국인 지주의 재산을 강제로 몰수했다. 건준은 일정 기간 국가 방송과 라디오를 비롯한 통신 시설을 장악했고 대일 협력자를 비판했다. 38도선을 넘어 남한으로 온 일본인과 한국인은 북한의 인민재판 및 몰수와 관련된 이야기를 전했다. 고위직에 있던 한국인과 특히 일본 경찰에서 근무한 사람들은 흩어졌고 대부분 숨었다. 그들의 특권은 영원히 사라진 것처럼 보였다. 그러나 일부 하위 협력자와 지주는 건준 지방 지부에 참여하거나 그것을 이끌기도 했다. 많은 재력가가 건준에 자금을 댔다.[104] 앞서 본 대로 송진우·김성수 같은 보수주의자는 자기 목적에 맞춰 건준을 움직이려고 시도했다. 좀더 적지만 살아남기 위해 일본인의 도움을 받고 무기를 구한 사람도 있었다. 그러나 8월 마지막 주 미국이 남한을 지배하리라는 소식이 들려왔다. 이 소식은 우익의 초기 조직 수립에서 핵심 요소로 작용했다.

8월 28일 "애국자"라고만 표현된 일군의 사람이 조선민족당 수립을 위한 예비 모임을 가졌다. 거기에는 김병로·백관수·조병옥·이인·김용무·원세훈·함상훈·박찬희가 포함됐다.[105] 곧 그들은 똑같은 생각을 가진 다른 보수 세력을 발견했다. 그 세력은 한국국민당을 결성하려는 백남훈·김도연·장덕수·구자옥·허정·최윤동·이운 등이었다.[106] 9월 1일 두 집단이 더 나타났다—안재홍의 조선국민당과 송진우를 중심으로 한 "대한민국임시정부 환국환영준비위원회"였다.[107] 앞의 두 세력은 9월 4일에 모여 "민주" 정당을 발전시키기 위한 준비 모임을 가졌다. 9월 7일 송진우 세력은 "국민대회준비위원회"로 개편됐다. 거기에 송진우와 함께 참여한 인물은 김성수·장택상·김준연 등이었다.[108] 9월 8일 미군 진주와 때를 맞춰 이 세 조직은 첫 합동 출판물로 "인민공화국 타도 결의문"이라는 제목의 문건을 발행했다. 9월 16일 그들은 연합해 한국민주당을 결성했다. 조병옥·이인·장덕수·원세훈·백남훈은 서울 도심의 천도교 대강당에서 열린 결당식에서 연설했다.[109]

한국민주당(한민당)은 해방된 지 몇 달 만에 우익의 기둥이 됐으며 미군정기 내내 가장 강력하고 유일한 우익 정당으로 남았다. 그들은 "애국자·저명인사와 각계 지식인"의 정당을 자처했다. 자신들의 엘리트주의적 가치 표방은 물론 진실에 대한 척도까지 담아낸 표현이었다.[110] 좌익과 온건파는 그들을 부유층과 지식인, 애국자와 대일 협력자, "순수한 세력"과 "불순한 세력"이 뒤섞인 정당으로 봤다.[111] 대중의 지지를 받을 만한 지도자들이 전면에 나섰지만, 대체로 그들은 식민지에서 한국인이 다스리는 나라로 넘어가는 과도기에 자기 재산을 유지하려는 지주와 처벌을 피하거나 영향력을 유지하려는 대일 협력자 및 민족 반역자를 보호하는 방패막이로 인식됐다.[112] 그 뒤 미국 자료들은 한민당이 "대부분 대지주와 부유한 사업가로 구성됐다"고 말했으며, 한민당 결당식에 참석한 한 미국인은 거기 온 사람들의 훌륭한 옷차림에 주목해 "부자와 명사들의 정당"이라고 결론지었다.[113]

한민당의 중심은 김성수·송진우 등이 이끈 지주·기업가와 신문·잡지 등의 발간에 종사하는 인물의 모임이었다. 곧잘 호남 집단이라 불리기도 했는데, 1장에서 논의한 지주-기업가와 정확히 일치하는 인물들로 구성됐다. 그들은 1920년대 일제 통치에 저항한 개혁주의자와 점진주의자였다가, 중일전쟁이 시작되고 총독부가 그들에게 협력하라는 강한 압력을 넣은 뒤 소멸됐다. 이 집단을 대일 협력자로 불러야 할 것인지는 보는 사람의 정의와 시각에 달려 있을 것이다. 송진우 같은 인물은 전통적 지배층이라는 자신의 정통성의 근거를 돌이킬 수 없이 퇴색시키지는 않았다고 생각된다. 자료로 입증된 것은 아니지만 그가 일본의 전쟁 노력에 적극 협력했고 기껏해야 꾀병과 어쩔 수 없는 침묵 같은 매우 무력하고 수동적인 방법으로 저항했다는 주장이 있다. 뒤쪽의 행동은 썩 훌륭하지는 않지만, 보수적이고 애국적 한국인들에게 그의 애국적 자세와 지위에 걸맞은 것으로 보였을 가능성이 컸다. 김성수가 1940년대 연설과 기부, 중추원 참여 등으로 일본을 적극 도왔다는 것은 의심의 여지가 없다.[114] 그래도 여운형은 건준을 구성하는 데 이들을 참여시키려고 여러 차례 노력했다.[115] 전후의 한국에서 그들이 정치에 참여하는 것은 대부분의 국내 한국인과 해외에서 좀더 치열하게 저항한 사람들에게도 용인될 수 있었지만, 전후의 정세를 지배하는 것은 받아들여지지 않았다고 말하는 게 정당할 것이다. 이것은 어떤 사람이 일본의 압력에 굴복한 것과는 별개로 자신의 명예가 더럽혀지지 않았다는 듯 해방 이후 자신의 범죄를 반성하지 않거나 간단히 다시 등장하는 것은 용납할 수 없다는 것이 당시의 일반적 생각이었음을 보여준다.[116]

한민당의 일부 지도자는 부인하거나 선뜻 용서받기 어려운 대일 협력의 전력이 있었다. 보성전문학교 교수 장덕수는 전쟁 기간에 일본을 지지하는 연설을 여러 번 했으며 이광수·신흥우·최린·최남선 같은 저명한 대일 협력자들과 공개 석상에 등장했다.[117] 그가 경기도 "애국국민의용대"를 이끈 것은 분명한 사실이다. 1947년 그의 암살범은 그가 일본군 사령부 고문으로 근무했고 한국인 정치범과 "사상범"을 교화하는 기관의 책임자였다고 규탄했다.[118] 미군정청에 소속된 미국인 가운데 아마 한국 정치를 많이 알았을 레너드 버치는 장덕수가 "미국인을 야만인이라고 격렬하게 비판하면서 일본과 진심으로 협력했고 지금(1946년)은 미국과 진심으로 협력하고 있으며 나중에는 소련과 진심으로 협력할지도 모른다"고 말한 바 있다.[119] 또 다른 한민당 지도자 김동환도 일본의 전쟁 노력을 주도적으로 찬양한 연설자이자 조직자였다.[120] 그 밖에도 다양한 대일 협력으로 고발된 한민당 지도자로는 김동원·백낙준(조지 백)·박용희·이훈구·유진오·서상일 등이 있었다.[121] 한민당 지도자가 모두 일본에 협력한 것은 결코 아니지만, 한민당의 애국적 자격증은 인공의 그것과 비교하면 부족했다.

식민 정책을 공개적이고 적극적으로 지지하지 않은 부유한 한국인이라도 대중은 일본의 끄나풀로 봤다. 앞서 지적한 대로 많은 한국인에게 식민주의와 자본주의는 전통 한국의 경제와 사회의 차분한 자급자족을 혼란에 빠뜨리고 무너뜨린 외부의 침입을 상징했다. 일제강점기는 곧잘 한국의 "자본주의 단계"라고 경멸적으로 불렸으며, 한국인 자본가는 스스로 벼락부자가 된 기회주의자이자 외세의 하수인으로 간주됐다. 이처럼 자본주의에 대한 반대는 조용하고 자급적인 전통적 경제를 복원하려고 시도한 반동주의자와 사회주의에서 해결책을 발견한 진보주의자 모두를 묶을 수 있었다. 이런 일반적 태도는 해방된 한국에서도 자본주의적 소유권을 유지하려고 노력한 사람들에게 큰 부담으로 작용했다.

한민당에는 제조업·산업·교육 그리고 식민 통치 기구에서 지도적 위치에 있던 인물들이 참여했다.[122] 김도연은 조선흥업주식회사의 대표였다. 초기 민족주의 진영의 지도자 조병옥은 1937~1945년 보인광업주식회사를 경영했다. 민규식은 한국의 선도적 금융기관 두어 곳 중 하나인 조흥은행朝興銀行의 행장이었다. 김동환(앞서 언급한)은 대동아주식회사를 소유했다. 조종국은 제약업의 주요 인물이었다. 김동원은 평안상공주식회사를 소유했다. 장현중은 동아기업을 경영했다. 교육계를 이끈 한민당 인사는 김성수·백낙준·이훈구·백남훈 등이었다. 뒤에서 보듯이 1945년 가을에는 그 관계를 공개적으로 밝히지 못했지만, 식민행정 기관에서 고위직에 오른 사람들은 한민당과 긴밀하게 일했다. 한민당은 일본이 지명한 도나 시의 고문을 당원으로 공표했는데 이봉구·배영춘·천대근·정순석·이종규·이종준 등이었다. 이들은 대부분 지주였다. 실제로 모든 한민당 구성원은 미군 정보기관이 지주·산업가 또는 이런저런 사업가를 추린 인명록에 들어 있었다.

1945년까지는 교육받은 한국인 가운데 서구에서 공부한 사람은 소수였다. 드문 사례를 빼면 서구권 유학은 그 자체로 상당한 부를 암시했다. 그러나 한민당 지도자에는 서구에서 공부한 사람이 많았는데, 장덕수(미국 컬럼비아대학)·장면·장택상(영국 에든버러대학 졸업)·안호상(독일 예나대학 철학박사)·구자옥·김준옥·조병옥(컬럼비아대 대학원) 등이다.

한민당 지도자 가운데는 일제강점기에 애국심을 온전히 지킨 뒤 나타난 사람들도 있었다. 이를테면 이인은 유명한 법률가이자 학자로 일제강점기에 투옥됐으며 여러 사건에서 한국인 정치범을 변호했다. 명제세는 3·1운동에 참가해 투옥됐고 1945년 8월 간춘을 떠나 한민당에 합류했다. 원세훈은 높이 평가된 애국자로 한민당의 온건파를 이끌었다. 김준연과 김약수는 공산주의에서 전향한 인물로 일제강점기에 감옥에서 오랜 시간을 보냈다. 인공과 마찬가지로 한민당은 오세창·권동진 같은 연로한 애국자를 지도자 명단에 포함시켰다. 그러나 인공과 달리 한민당은 한국의 정치적 분할을 뛰어넘어 좌익 세력을 포함하려고 노력하지 않았다. 그 첫 당직에는 임시정부의 우익 지도자인 이승만과 김구만 포함시키고 중도파 김규식과 좌익 김원봉은

제외했다. 당직의 나머지 명단은 아래와 같았다.[123]

수석총무: 송진우

총무: 원세훈·김동원·백남훈·조병옥·백관수·서상일·김도연·허정

사무국장: 나용균

외무부장: 장덕수

재무부장: 박용희

정보부장: 박찬희

문교부장: 김용무

조사부장: 유진희

경호사령부: 김전광·서상천 등

당무黨務부장: 이인

조직부장: 김약수

선전부장: 함상훈

노농勞農부장: 홍성하

후생부장: 이운

연락부장: 최윤동

중앙감찰위원장: 김병로

인공과 달리 한민당은 그 목표를 분명히 밝히거나 방침을 호소하지 않았다. 그 대신 한민당은 처음부터 인공과 그 연합 세력에 반대하려는 것으로 보였다. 한민당의 초기 문건을 읽어보면 그것이 거의 유일한 존재 이유였음이 드러난다.[124] 9월 8일 미국이 한국에 진주한 날 한민당 "국민대회 준비위원회"는 '인민공화국 타도 결의문'이라는 공격적 제목의 문건을 발표했다. 문건은 "일제 주구走狗"의 작은 파벌이 건준과 인공을 만들어 일본의 도움으로 방송국·신문·교통시설 등을 장악하고 그것을 "사회질서를 파괴하는 데" 이용했다고 규탄했다. 이런 "반역적 인민 대표"가 "가소로운" 인공을 세웠으며 한국의 "지명인사知名人士"라는 이름을 훔치는 데까지 이르렀다. 그러나 이제

한민당은 "파사현정破邪顯正의 쾌도快刀를 뽑아 인공 타도의 의거를 단행한다"고 선언했다.[125]

이렇게 한민당은 한민당 자체보다 더 오래 살아남은 장황한 매도罵倒의 문건을 발표했다. 그들이 인공을 비판한 주요 논거는 전후 한국의 분열을 야기했고 다른 이들의 정당한 소유권을 빼앗았으며 공산주의자와 친일파로 구성된 집단이라는 것이었다.[126] 한민당에 따르면 8월 건준의 활동은 공장·기업·곡물·유류·차량 등을 불법적으로 점유한 것이었다. 치안대는 평화를 유지한 것이 아니라 방해했다. 일본은 자신의 권력을 유지하려는 책동의 하나로 건준에 자금을 비롯한 여러 지원을 제공했다. 건준과 인공의 범죄에는 "토지는 농민에게, 공장은 노동자에게, 상점은 종업원에게 돌아가야 한다"는 발언도 포함됐다. 이런 모든 이유로 8월부터 9월 초까지 한민당은 "서울에 정당한 지도본부를 수립할 수 없었다".[127] 그러나 한민당의 주요 지도자 가운데 한 사람에 따르면 9월 8일부터 한민당의 "지상 목표"는 건준과 인공 그리고 그것을 계승한 단체를 뒤엎어버리는 것이었다.[128]

한민당의 정강과 계획은 세계 평화와 민족 문화 증진, "국민 기본 생활의 확보, 토지제도의 합리적 재편성"과 관련된 모호하고 불분명한 일반론으로 구성됐다.[129] 한민당 문건에서 구체적인 부분은 주로 인공과 관련된 것이었다. 한국의 미래와 관련해 이런 모호하고 아리송한 의제를 설정한 까닭을 찾기는 어렵지 않다. 지주제를 유지하고 개인이 산업을 소유하며 대일 협력자를 처벌하지 않거나 가볍게만 처벌하고 일제 치하에서 영향력을 지녔던 한국인이 계속 권력을 유지해야 한다고 주장하는 집단은 1945년 한국에서 지지를 얻을 수 없었기 때문이다. 로베르트 미헬스는 "자신과 같은 계급의 구성원이나 동일한 경제적 이해관계를 가진 사람들에게만 설득력을 지닌 상층 지주의 정당"이나 "자신의 유권자에게 당신들은 나라의 운명을 결정하는 데 능동적 역할을 할 능력이 없다고 공언하는 보수적 후보"는 견줄 수 없을 만큼 정직한 것이 아니라 정치적 착란을 보여주는 것이라고 쓴 바 있다.[130]

한 정당이 조금이라도 성공하려 한다면 자신의 이기적 이익이 보편적 이익이라는 사실을 보여주어야 한다. 한민당보다 이런 원칙에 아랑곳하지 않았던 정당은 없었다. 그러나 토지 개혁의 요구가 널리 제기됐기 때문에 한민당은 이 문제를 다룰 수밖에 없었고 지주에게 보상하는 유상有償 개혁 쪽으로 가닥을 잡았다. 지주에게 토지를 사서 경작자에게 분배하고, 소작농이 장기간에 걸쳐 매년 분할 상환하는 것이었다.[131] 이것을 근거로 한민당의 최대 목표와 최소 목표를 추론할 수 있다. 최대 목표는 1945년 이전에 존재한 토지 관계의 형태와 구조를 존속시키는 것이었다. 좀더 현실적인 최소 목표—한국 지주계급 가운데 선진적 부류가 나아가고 있는 특징과 상당히 일치했다—는 지주와 그 밖의 지배층이 토지든 다른 형태의 자본이든 특권에 접근하는 데 유리한 기존의 사회적 지배 구조를 유지하는 것이었다.

한민당의 강령에서 또 다른 핵심은 어떤 종류의 한국 정부를 수립하든 연합군의 진주는 물론 충칭 임정의 귀국을 기다려야 한다는 것이었다. 한민당은 독자적으로 대중의 지지를 얻기를 바랄 수 없었기 때문에 임정과의 연결은 가장 유용했다.[132] 그러나 임정이 돌아왔을 때 김구와 연합한 그 구성원이 한 첫 행동 가운데 하나는 한민당 수석총무 송진우를 암살한 것이었지만, 그때 한민당은 새로 도착한 미국과 훨씬 더 중요한 관계를 구축했기 때문에 임정과의 관계가 소원한 것은 거의 문제되지 않았다.

송진우와 그 지지자들은 "9월 7일 연합군이 도착할 것이 확실하다"는 소식을 8월 말에 들었지만 그때까지도 조직을 결성하려는 노력을 시작하지 않았다고 한민당 대변인은 솔직하게 인정했다.[133] 송진우의 전기를 쓴 작가도 그는 미군이 오고 있다는 것을 확신한 뒤에야 행동했다고 말했다.[134] 그리고 그 밖의 한국과 미국 자료도 여기에 동의한다. 미군정 공식 기록은 9월 16일 한민당이 실제로 창당된 것은 미국의 권고 때문이었다고 말한다.[135] 조병옥은 한민당이 서울에서 인공의 강력한 반대에 부딪혔고, 인공은 남한과 북한 "방방곡곡"에 조직돼 소련의 지원을 받고 있으며, 인공에 반대하는 세력의 유일한 희망은 오고 있는 미국이라고 썼다.[136]

자기 보존은 정치의 첫 번째 원칙이다. 한민당이 미국의 도움을 구한 것은 도덕적으로나 윤리적으로나 그르지 않다. 그러나 한민당이 그렇게 할 필요가 있었다는 것은 많은 사실을 말해준다. 앞서 본 대로 인공 지도자들은 그렇게 할 필요가 없었다.[137] 인공처럼 명확하고 호소력 있는 계획, 우월한 조직적 능력, 국민의 지지를 얻을 가능성이 없었기 때문에 한민당은 가까이 오고 있는 외국 세력에게 기댈 수밖에 없었던 것이다.

결론

해방 이후 몇 주 안에 한국은 정치적 질서를 조성하는 데 필요한 사항이 결여되어 있다는 점이 명백해졌다. 정치적 지도층은 기본 자원의 소유와 분배, 적절한 사회 형태, 인생에서 기회의 분배, 정치적 갈등을 규제하는 법칙 같은 기초적 쟁점을 둘러싸고 큰 견해차를 보였다. 이런 쟁점—실제로는 어떤 지배 체제가 전후 한국에 적절한가 하는 문제—을 둘러싼 갈등이 계속 격화되면서 한국에는 다양한 정치적 분포 대신 모든 중요한 문제를 둘러싸고 대립하는 두 진영이 나타났다. 상당히 짧은 시간 안에 정치는 대체로 거리에서 싸우게 됐다. 궁극적으로 정치권력은 누가 누구의 머리를 때리는가 하는 문제라는 C. 라이트 밀스의 분석이 한국에서 전형적으로 나타났다.[138]

1945년 시점에서 한민당은 지지 기반을 만들고 유권자를 포섭하는 과정에 무지한 사회적 저명인사들의 모임이었다. 그들은 지방 조직을 도외시한 채 서울에 노력을 집중했다. 그들이 지방으로 관심을 돌린 것은 지방 관리·군수·지방 경찰을 입당시키려는 의도였지 지방에 대중적 기반을 만들려는 의도가 아니었다. 그들은 대중을 두려워했다. 그들 개개인이 언제나 그런 것은 아니었지만 그들의 징치는 조선 후기와 연결됐다. 1940년대의 연로한 정치 세력은 1890년대 기법을 모방했다.[139] 에릭 J. 홉스봄은 영국 지배층이 새 병에 옛 상표를 붙이는 것을 선호한다면서 "내용은 완전히 바뀌었는데도 옛 제도의 형태를 계속 유지한다"고 썼다.[140] 한국의 연로한 정치 세력의 특징은 정반대였다. 그들은 내용을 그대로 두고 구조만 변화시켜 국가 관료 조직을 이용한 옛 조선의 제도를 따라 계급적 특권을 보호하면서 그것을 민주주의라고 불렀다. 1940년대의 차이는 일본이 옛 조선보다 훨씬 강력한 국가를 물려주었다는 것이다.

1945년 남한에 들어왔을 때 미국인들은 지방의 기반과 대중의 지지를 확보하지 못한 채 무너진 기득권을 회복하려고 모호하게 민주주의를 중얼거리는 개인과 정파가 한쪽에 있는 것을 발견했다. 다른 한쪽에는 한국의 주권을 요구하고 지방에 광범하게 침투한 혁명적 조직이 있었다. 그들이 보기에 혁명 세력은 견결한 항일 투쟁에 자신의 존재 근거를 두었고 보수 세력은 전통에 기대어 정통성을 주장하고 있었다. 자신들은 예전에 통치했으니 지금도 통치할 수 있다는 것이었다—다만 미국이 그렇게 하도록 해준다면.

4장

도가니 속의 한국 정책—1943~1945년 미국의 한국 정책에서 나타난 대립

> 한국은 (…) 장갑·향수香水·말솜씨가 필요 없는 날것 그대로의 외교를 볼 수 있는 곳이다.
>
> _윌리엄 록힐

> 국제협력주의자는 미국 버전의 중국 유학자이자 엘리트주의자로 인도주의를 믿고 투쟁보다 조화를 선호했으며, 전쟁에 반대하지만 보수적이며 자기 삶의 방식이 중국 격언처럼 "행복·부·장수"를 보장해주는 유일한 길임을 절대적이고 오만하게 자신하는 사람들이었다.
>
> _H. 프란츠 슈어만

일본이 동북아시아에서 구축한 초국가적 체제가 1945년에 붕괴되면서 한국에서는 변혁을 추구하는 사회 세력들이 분출했다. 그러나 좀더 중요한 사실은 그로 인해 이 지역에 일어난 국제적 역학관계의 변화였다. 일본이 구축한 체제가 부서지면서 여러 선택의 가능성이 나타났고, 이는 1950년까지 마무리되지 않았다. 여러 국가를 아우른 새로운 체제가 이전의 것을 대체할 것인가? 한반도는 좀더 큰 단위로 다시 통합될 것인가? 아니면 한국은 통일 국가가 될 수 있을 것인가? 한국인의 바람은 서로 달랐지만, 그들의 나라는 고립되지 않고 크게 소용돌이치는 국제적 역학관계 가운데 놓여 있었다. 제2차 세계대전이 끝난 1945년부터 한국전쟁이 일어난 1950년까지, 한반도는 완전한 자립부터 완전한 예속까지 무엇이 될지 쉽게 가늠할 수 없는 극단적 상황에 놓여 있었다.

그러나 세계대전에서 두 전선에 걸쳐 싸운 미국인들만이 이런 사실을 희미하게 인식하고 있었다는 사실은 1945년 이전 대부분의 미국인에게 한국이 얼마나 작은 의미를 지니고 있었는지를 보여준다. 어느 시대든 동북아시아의 평화에 대단히 중요했던 이 오랜 역사를 지닌 나라는 대부분의 미국인에게 나중에 고려할 대상이거나 2차적 적敵에 붙어 있는 사소한 신경 마디일 뿐이었다. 그러나 세계대전 동안 한국에 무지했던 미국의 외교 정책 담당자는 장갑 낀 외교와 향수 뿌린 말솜씨를 준비했다. 그러나 이는 동시에 "날것 그대로의 외교" 가운데 하나이기도 했다. 일국독점주의nationalism와 국제협력주의internationalism라고 부를 수 있는 미국 내부의 세력은 지구상의 다른 여러 지역에서처럼 한국에서도 각자의 주장을 폈다.

놀라운 사실은 아니지만, 일본이 항복하기 전 미국의 정책 입안자들이 한국과 관련해 발언한 일은 비교적 드물었다. 그렇다고 해서 미국이 일본의 항복 이후 한국을 독립시키려는 모호한 구상 외에는 한국과 관련해 세운 정책이 없었다는 말은 아니다. 한국은 미국에게 독자적 존재로서는 중요하지 않았다. 그러나 미국은 한국을 식민지였던 지역의 전후 처리와 관련한 대상으로서 중요하게 고려했다. 그 특별한 문제는 한 세대 이전, 제1차 세계대전이 끝났을 때처럼 제2차 세계대전이 끝났을 때도 미국을 고민에 빠뜨렸다. 일본이 패망하면서 한국을 비롯한 만주·타이완·인도차이나·말레이반도·인도네시아 등이 속박에서 풀려났다. 유럽 추축국이 패배하면서 아프리카 식민지가 해방됐다. 그 식민지들은 독립할 수 있었는가? 그 나라들은 승리한 연합국에게 분할되어졌는가? 그 나라들은 자신의 옛 주인에게 그대로 남겨졌는가? 안정되고 다루기 쉬운 전후 세계를 만들려는 미국의 구상은 식민지 국민의 독립과 자결권自決權을 고무한 대서양헌장 등의 약속에 비추었을 때 어떻게 조정됐는가?

이 문제를 둘러싼 미국의 대응은 복합적이었다. 정점에 있던 인물은 전후 세계의 거시적 설계자인 프랭클린 D. 루스벨트였다. 그는 공산주의와 자본주의 그리고 식민 세력에 반대하는 민족주의로 분화된 세력을 포용하고 포괄하고자 노력했다. 좀더 실제적 이해관계를 가진 국무부의 정책 입안자들은 대통령의 계획을 충분히 이해하지 못했어도 이를 추진하려고 시도했지만, 지휘와 긴밀한 논의의 부재 탓에 실패했다. 군부에서는 자신이 소속된 군대가 전후에 겪을 운명과 미국의 영향력에 나타날 한계를 고려한 실질적 정책을 제안했다. 그러나 좀더 중요한 차원의 갈등이 하나 더 있었는데, 바로 세계에서 미국이 보여줄 역할과 관련된 대안적 견해 사이의 충돌이었다.

하나는 자유무역, 열린 체제, 세계시장의 작동, 대의민주주의의 진보적 미덕, 탄압받은 나라에 대한 지원, 미국의 관대하고 온정적인 시혜에 초점을 맞췄다. 다른 하나는 자국의 이익을 추구하고 영토와 경제적 지배 영역을 넓히며 적대 세력과의 좀더 적극적인 대결에 임하는 태도를 강조했다. 규모로 볼 때 전자는 초국가적·협력적·세계적이고 후자는 일국적·배타적·지역적이었다.[1] 루스벨트는 첫 견해를 앞장서 주장했으며 한국 정책에 큰 영향력을 행사했다.

한국과 관련된 국제협력주의적 정책의 기준은 두 가지로, 1943~1946년 다국적 신탁통치를 시행하려는 시도와 1947~1950년 유엔을 이용해 한국 문제를 해결하려는 것이었다. 신탁통치의 구상은 식민지에서 해방된 국민이 독립할 수 있을 때까지 미국의 영향력을 유지하면서 우호적인 공동 통치를 시행하려는 시도에서 왔다. 식민지들은 자신의 문제를 스스로 다룰 준비가 됐다고 여겨질 때까지 강대국에게 맡겨진다. 여러 나라가 참여하는 신탁통치는 한 나라가 주도하는 식민 지배를 대체할 수 있으며, 식민지는 점진적으로 독립을 향해 나아갈 수 있다. 이것은 전형적인 루스벨트의 생각이었다. 루스벨트 대통령은 신탁통치를 논의할 때면 늘 최선을 다했다. 그것은 식민지 국민이 스스로의 힘으로는 할 수 없는 것을 해주려는, 이 자애롭고도 중요한 인물이 특히 좋아하는 사업이었다. 핵심은 식민지를 겪은 나라들이 미국의 이익에 반대되는 방향으로 나아가지 않는 것이었다. 프란츠 슈어만은 루스벨트의 제국주의가 "세계의 많은 부분을 일종의 안보적 목적에 맞춰 구조화하려는 매우 강력한 국가에 나타나는 현상으로, 가난한 나라를 발전시킬 수는 있었지만 안정을 보장하는 통제의 대상으로 만들기도 했다"고 지적했다.[2] 강자에게 이로운 것은 약자에게도 이롭다고 주장하면서 "둘 가운데 하나"보다 "둘 모두"를 추구하는 것 또한 일종의 제국주의다. 미국의 국제협력주의자가 전후에 펼친 외교를 지배한 것은 두 마리 토끼를 다 잡으려는 이러한 증상이었고,[3] 루스벨트 자신의 특징이기도 했다.

신탁통치의 개념은 이처럼 루스벨트가 구상한 계획의 근본 요소였으며, 윌러드 레인지에 따르면 "새로운 세계질서와 관련된 거대한 구상으로 국제관계의 새로운 체제를 창출하려는 목표를 가졌다".[4] 이런 거대한 구상의 잘못(또는 공로)을 루스벨트 개인에게 돌리는 것은 역사를 충분히 이해하지 못한 그릇된 견해다.[5] 루스벨트의 특징은 오래 유지된 전 세계적 식민 체제가 무너지던 시기에 세계에서 가장 강력한 나라를 이끈 것이며, 우드로 윌슨 같은 전임자와 달리 자신의 구상을 시행할 위치와 상황에 있었다는 것이다. 그 꿈 자체는 미국만큼이나 오래되었다. 루이스 하츠에 따르면 그것은 "로크의 사상을 모든 곳에 적용하려는 충동을 일으키고, 마음속 깊이 감춰진 신념에 남아 있는" 자유주의liberalism였다.[6] 20세기에 나타난 이 구상은 미국의 해외 개입과 관련된 구체적 정책보다 그것을 표현하는 생각이나 비유로써 훨씬 더 중요하게 기능한 문호 개방 정책에 뿌리를 두고 있었다. 문호 개방은 자유롭게 흘러가 빈 공간을 채우고 장애물을 혐오하며, 세계를 고립된 세력권으로 분할하려는 구상에 반대하는 미국의 팽창주의를 상징했다. 이런 흐름의 초국가적 자본주의는 자유로운 교역관계를 강조하며 오래되고 일반적인 제국주의를 강력히 반대했다.[7]

제1차 세계대전 후 미국의 문호 개방 정책은 식민지에 적용되면서 위임통치 방식으로 나타났는데, 식민지를 합리적·인도적으로 경영하고 식민지를 광범위한 상업활동에 개방하는 식이었다. 그것은 식민지 국민에게 요원한 독립을 이루기까지 이어질 사심 없는 보호를 의미했고, 강대국에게는 자유로운 접근을 의미했다.[8] 1940년대에 논의된 신탁통치 구상은 위임통치 제도 및 윌슨이 펼친 외교와 상당히 비슷했는데, 우드로 윌슨의 특징이라고 지적된 것은 루스벨트의 특징이라고도 말할 수 있었다.

> 윌슨의 반제국주의는 기존의 국제관계를 제한적으로나마 개혁하려는 의도에서 나왔다. 윌슨은 영토 합병, 무력 행동, 보호주의, 전쟁을 포함한 기존의 약탈적 제국주의에 반대했다. (…) 자본주의를 팽창시키려는 미국의 요구와 그 자신의 국제주의적 이념에 따라 형성된 윌슨의 기본적 관심은 당시 세계의 경제·사회적 관계를 좀더 합리적이고 인도적으로 만드는 것이었다. 위임통치 제도는 (…) 그의 온정주의적 지향을 보여주는 전형적인 사례였다.[9]

1940년에 혁명적 민족주의가 대두하고 식민지 국민의 투쟁이 전개되면서 1920년대에 새로운 것으로 느껴졌던 생각은 낡은 것이 됐다. 식민지에서 해방된 나라들에게는 독립으로 가는 과정에서 강대국의 후견을 한 차례 더 받아야 한다는 방안을 고려할 의사가 없었다. 게다가 힘의 외교가 전개되고 있는 세계에서 미국이 유약하거나 과묵한 태도를 보인다면 새로 개방된 문호는 그대로 유지되지 않을 것이었다. 이제 미국은 세계 최강대국으로 떠올랐고 다국적 국제기구를 이끌 것으로 예상됐다. 이것은 모든 연합국이 잘 알고 있던 사실이며, 이에 따라 그들은 미국이 전시에 제안한 문제에 대응했다.

신탁통치안의 대두—1943년 3월

신탁통치 구상은 국제회의에서 논의되자마자 난관에 부딪혔다. 1943년 3월 24일 워싱턴에서 열린 루스벨트 대통령과 앤서니 이든 영국 외무장관의 회담에서 루스벨트는 전후 신탁통치를 실시하는 데 특히 적합한 지역으로 한국과 인도차이나를 거론했다. 이든은 "대통령이 프랑스에 매우 엄격한 태도를 보였다"고 말했지만 미국이 제안한 신탁통치 초안을 좀더 검토하기로 한 데에 동의했다.[10] 전쟁 기간에 연합국은 신탁통치 구상에 대해 반대하거나 침묵했지만 미국은 여러 차례 무시했는데, 이것은 그중 첫 번째 사례였다. 미 국무장관 코델 헐은 "이든은 이 제안을 만족스럽게 생각하는 것으로 보였다"고 썼다. 그러나 나중에 이든은 "1943년 루스벨트가 워싱턴에서 제안한" 신탁통치 구상을 좋아하지 않았다고 썼다.[11] 아무튼 이든은 상당한 재촉을 받은 뒤 1943년 8월 신탁통치 초안과 관련된 영국의 공식 입장을 구두로 전달했다. "완전히 솔직하게 말하려면 (이든은) 우리 초안을 매우 좋아하지 않는다고 말해야 했다. 그는 자신을 괴롭히는 것이 '독립'이라는 단어였다고 말했다. 그는 영연방 자치령과 식민지 기반 위에 세워진 대영제국 체제를 생각해야 했기 때문이다"라고 헐은 설명했다.[12]

이든은 이렇게 그 문제에 참여했다. 그리고 그 뒤 전시에 열린 회담에서 영국—프랑스는 말할 것도 없고—은 신탁통치를 일관되게 반대했다. 분명히 영국과 프랑스는 자국이 보유한 식민지 때문에 이 방안이 가져올 영향을 탐탁잖아 했다.[13] 위의 인용문이 보여주듯이 미국은 영국과 프랑스가 자국의 이익 때문에 신탁통치에 반대한다고 판단했지만 연합국, 특히 영국은 신탁통치가 미국의 이익을 강화하려는 의도라고 생각했다. 이든은 영국의 견해를 분명히 말했다. "(루스벨트는) 해방된 식민지가 정치·경제적으로 미국에 의존하게 되기를 바랐고 다른 나라가 그런 역할을 맡으리라고는 생각하지 않았다."[14] 그러므로 신탁통치안은 1943년에 간신히 구상됐지만 활발히 논의되기도 전에 큰 반대에 부딪혔다고 결론짓는 것이 타당하다.[15]

영국이 반대했지만 미 국무부의 정책 입안자들은 전후 신탁통치안을 더욱 밀고 나갔다. 진보적 국제협력주의자들은 루스벨트의 생각에 일관성을 부여하고자 노력했고 그 과정에서 앞으로 몇 년 동안 지속될 국제협력주의자들의 한국 구상은 외형을 갖춰갔다. 1943년 초에 작성된 문서에서는 신탁통치를 실시하는 국가들은 "종속국의 국민"이 자치 정부를 수립할 수 있도록 "준비시키고 교육한다"고 규정했다. 즉 "그들을 착취에서 보호하고 그들의 경제 발전과 사회 정의를 진작할" 것이었다. 아울러 신탁통치국은 "세계의 이익을 위해" "차별 없는 교역관계"를 유지하고 "평등한 경제적 기회를 조성하며 세계의 안정에 기여한다"고 명시했다. 한국에 신탁통치를 실시할 나라는 중국·미국·소련으로 예정됐다.[16]

카이로회담: "적절한 시기에" 독립시킨다

1943년 12월 1일 카이로회담에서 만난 미국·영국·중국은 식민지가 된 한국의 독립을 지원하겠다는 강대국의 첫 약속을 담은 선언을 발표했다.

> 앞서 말한 세 대국은 조선 인민의 노예적 상태에 유의해 적절한 시기에 조선을 자유롭게 독립시키기로 결의한다.[17]

한국인은 이 선언을 환영했지만 "적절한 시기"라는 단서에 담긴 함의를 우려했다. 그들은 그 의도—한국인은 전쟁이 끝났을 때 스스로 통치할 준비가 돼 있지 않을 것이라는—를 파악하고 그것을 한국의 약점과 관련된 명확한 판정으로 받아들였다. 망명한 한국인이 발행한 신문은 이렇게 썼다.

> 한국의 역사를 모르는 일부 미국인과 유럽인은 "그들이 스스로 다스릴 수 있을까?"라고 묻는다. 북유럽인의 조상이 가죽옷을 입고 의식을 치르며 숲을 배회할 때 한국인은 자기 나라를 세우고 높은 수준의 문명을 이뤘다.[18]

일본이 한국 지배를 합리화할 목적에서 비슷한 논리를 편 것을 포함해서, 한국인은 이런 역사적 사례를 풍부히 경험했다. 해외에 망명한 한국인들은 그 뒤 2년 동안 이런 자기변호로 출판물을 채웠다.[19] 그러나 카이로회담에 참석한 인물들은 전후 한국의 잠재력을 알지 못했다. 카이로회담의 조항에는 식민지 국민이 일정 기간 후견을 받지 않고는 자신의 문제를 처리할 수 없다는 온정적이고 점진적인 신탁통치안이 담겨 있었다.

카이로회담을 연 궁극적인 이유는 중국을 4대 강대국의 하나로 세우려는 루스벨트의 열망 때문이었다. 그것은 부분적으로는 중국의 대일 항쟁을 강화하려는 수단이었지만, 무엇보다 그가 구상한 전후 동아시아 권력관계에서 핵심적 사항이었다.[20] 처칠은 중국이 전후 아시아를 안정시키는 데 긍정적 역할을 할 수 있다는 추측은 순진한 착각이며 기발한 발상이라고까지 생각했다.[21] 그러나 제임스 펙은 이렇게 제안했다.

> 루스벨트가 중국을 중시하는 것을 순진한 공상으로 치부해서는 안 된다. 일본의 무장이 해제되면 안정되고 "민주적(친서구적)"인 중국은 아시아의 안정과 평화에 거의 필수적 조건이다(강조는 원문).[22]

중국이 전후 아시아에서 핵심 역할을 맡기에 너무 약하거나 불안하다면 미국은 원래 계획보다 더 많은 책임을 지고 전후 일본의 역할과 관련된 구상을 수정해야 했다.[23] 중국이 강력해지면 전통적으로 한국의 보호자로 자처하며 기울여온 관심을 다시 확고히 할 것이었다. 허약하거나 분열된 중국은 한국에 아무런 중요한 영향력도 행사하지 못하며, 전략적 요충지인 한반도는 다시 강대국 분쟁의 초점이 될 것이었다. 루스벨트는 한국의 즉각적 독립을 희생시키고 한국 문제에서 중국의 역할이 커질 것임을 암시함으로써, 전후 중국이 아시아를 안정시키는 데 전념하게 할 수 있으리라 생각했다. 카이로에서 그는 "중국은 만주와 한국을 다시 소유하는 문제를 포함해 폭넓은 열망을 갖고 있다"고 언급했다. 적어도 그는 전후 어떤 방식으로 한국에 신탁통치가 이뤄지더라도 장제스 총통은 중국의 참여를 바랄 것이라고 생각했다.[24] 카이로회담의 기록을 검토하면 중국은 한국이 전후에 독립되기를 바란 것으로 나타난다.[25] 그러나 중요한 것은 루스벨트의 생각이었다.[26]

중국도 전후 처리 과정에서 일어난 분쟁에서 대부분 미국 편을 들면서 의지했는데, 다국적 협의(신탁통치 같은)에서도 미국을 지원하는 데 중요한 역할을 맡았다.[27] 그러면서 이런 식의 국제협력주의는 실질적인 열매를 맺었다—그것은 처칠이 미국이 "긁어모은 투표"라고 부를 정도로 미국의 이익을 기민하게 추구한 것이었다. 루스벨트가 허약하고 분열된 중국을 강대국으로 만들려고 한 또 다른 주요 이유는 이것이었다.

루스벨트는 카이로회담에 앞서 국무부 동아시아 전문가들에게 자문을 구하지 않은 것이 분명하다. 그들은 카이로 선언을 작성하는 데 아무 역할도 하지 않았고 실제로 12월 1일 선언이 발표됐을 때에야 내용을 읽었다.[28] 선언의 한국 관련 부분은 몇 개의 초안을 거쳤다. 1943년 11월 24일 미국이 제시한 초안에서는 한국이 "되도록 빠른 시점에at the earliest possible moment" 독립돼야 한다고 되어 있었다. 이튿날 루스벨트는 그 구절을 "적당한 시점at the proper moment"으로 수정했다. 곧이어 나온 영국 초안에서는 영국식의 장식적 문체인 "적절한 시기in due course"로 표현됐다.[29] 이런 수정은 사소한 것이 아니었다. 되도록 빠른 시점의 독립과 적당한 시점의 독립은 달랐다. 앞의 것은 독립이 최고의 목표임을 명시했지만 뒤의 것은 즉각적 독립보다 다른 고려가 우선시될 수 있음을 암시했다. 맨 마지막 것은 루스벨트의 의도를 정확히 담았다.

루스벨트는 정책 입안에 변덕스럽게 개입하지 않았으나, 앤서니 이든이 지적한 대로 그의 방식은 "쾌활하지만 경솔하게" 보인 경우가 많았다.

> 그는 적국은 물론 연합국에서도 많은 지역의 운명을 자신이 결정한다고 생각한 것처럼 보였다. 그가 이것을 매우 우아하게 처리했기 때문에 반대하기는 쉽지 않았다. 그러나 그것은 다이너마이트의 본질을 이해하지 못한 곡예사가 다이너마이트로 만든 공으로 능숙하게 곡예를 하는 것과 비슷했다.[30]

영국은 루스벨트가 자신들에게 세계 정치를 강의하는 것에 분개했을 것이다. 루스벨트는 카이로에서 처칠에게 이렇게 말했다.

> 윈스턴, 이것(신탁통치안)은 당신이 이해할 수 있는 문제가 아닙니다. 당신의 피에는 400년 동안 이어진 탐욕스러운 본능이 흐르고 있으며, 우리 같은 강대국이 어떤 나라를 식민지로 만들 수 있음에도 그러지 않는다는 사실을 이해하지 못합니다. 세계사의 새 시대가 열렸으며, 당신은 거기에 스스로를 맞춰야 할 겁니다.[31]

루스벨트는 구세계를 지배한 영국 제국주의자의 편견에 맞서 식민지의 독립과 자결권을 옹호하는 자신의 견해를 좋아했다. 또한 그는 전쟁이 끝난 뒤 식민지를 획득하고 다른 나라를 합병하는 것을 세계인이 혐오하리라는 측면을 정교하고 날카롭게 이해했다. 그는 옛 식민지에 접근하는 것이 허용되기를 바랐다. 접근이 허용된다면 미국은 주도권을 장악할 것이었다. 루스벨트가 포착하지 못한 것은 해방을 염원하는 식민지 국민, 특히 아시아 국민의 감정이었다. 이처럼 가장 뛰어난 전략가는 아시아 국민이 독립의 완전한 실현을 늦추지 않을 것이라는 사실을 모르고 있었다. 그것은 특히 필리핀을 후견하면서 독점적으로 지배한 경험에서 온 미국인의 무지이자 오해였다. 미국이 필리핀에 50년 동안 자선을 베풀었다는 이런 인식은 아시아 식민지

민중의 투쟁에 대한 가부장적 동정심을 불러왔다. 루스벨트는 신탁통치를 논의할 때 이 필리핀의 사례를 떠올렸다.[32] 그러나 그는 이를테면 미국의 지배권을 확립하기 위해 3년 동안 토벌 작전을 펼치면서 나타난 참상처럼, 미국이 필리핀에 남긴 어두운 자취를 간과했다. 그는 인도차이나·한국·말레이반도 등의 국민이 일본 패망 뒤 독립을 참을성 있게 기다리지 않으리라는 간단한 사실조차 간과했다. 세계를 이끄는 강대국의 도덕적 의무는 충분하지 않았다.

카이로회담 직후 테헤란에서 스탈린을 다시 만난 루스벨트는

> 자신이 가장 좋아하는 주제 가운데 하나인 인도차이나·버마·말레이반도·동인도 같은 식민지 국민에게 자치를 교육하는 문제를 언급했다. 그는 필리핀이 스스로 독립을 준비하도록 미국이 도왔다고 자신 있게 지적했다.[33]

루스벨트 대통령은 필리핀의 경험을 인도차이나와 한국의 신탁통치와 분명히 연결했다. 테헤란에서 그와 스탈린이 나눈 대화를 미국은 이렇게 설명했다.

> 중국은 인도차이나를 합병할 생각이 없지만 그곳 국민은 아직 독립할 준비가 되지 않았다고 장제스가 말하자 루스벨트는 미국이 필리핀을 획득했을 때 그 국민은 독립할 준비가 돼 있지 않았지만 일본과 전쟁이 끝나면 독립은 승인 없이 주어질 것이라고 대답했다.[34]

루스벨트는 스탈린에게 자신과 장제스는 "일정한 기간, 아마 20년이나 30년 동안 독립을 준비시킬 책임이 있다"면서 인도차이나의 신탁통치를 논의했다고 분명히 말했다. 스탈린은 이 견해에 완전히 동의했다.[35] 그 뒤 루스벨트는 테헤란에서 스탈린도 "한국인은 아직 독립 정부를 운영하고 유지할 능력이 없으며 그들은 40년(원문 그대로) 동안 후견을 받아야 한다"는 자신의 의견에 동의했다고 말했다.[36]

얄타와 포츠담: 불확실한 신탁통치

전쟁의 끝이 수평선 위로 보이고 전후 처리 문제가 모든 연합국의 생각을 지배하게 되면서 신탁통치의 정치적 핵심은 뚜렷이 드러났으며 유럽 연합국의 강력한 반대도 명백해졌다. 이런 반대와 함께 미국 내부에서는 전후 자국의 역할을 두고 혼란과 모순이 나타났다—한국을 직접 군사적으로 점령하려는 계획은 이런 상황에서 추진됐다.

얄타회담이 진행되던 1945년 2월 8일 루스벨트는 스탈린과 비공식적으로 만나 필리핀인을 가르친 미국의 역할을 열심히 얘기하면서 한국과 비슷한 측면을 다시 거론했다. 루스벨트는 필리핀이 50년간의 후견을 필요로 했으므로 한국은 20~30년의 신탁통치가 필요하다고 말했다. 스탈린은 신탁통치 기간이 짧을수록 좋다고 대답했다.[37] 이 회동에 배석한 소련 주재 미국대사 W. 에이버럴 해리먼은 한국인이 그들 자신의 정부를 수립할 수 있다면 무엇 때문에 신탁통치가 필요하냐고 스탈린이 물었는데 자신은 그가 소련식 정부를 의미하는 것으로 생각했다고 회고했다.[38] 그러나 이런 내용은 공식 기록에 나오지 않는다. 아무튼 미국과 소련은 전후 한국의 신탁통치와 관련된 확고한 합의에 이르지 못했다.

이튿날 처칠은 신탁통치안과 관련된 연합국의 논의를 맹렬히 비판했다. 이에 대한 미국의 설명은 다음과 같다.

> (처칠은) 어떤 일이 있어도 앞으로 40~50년 동안은 대영제국의 생존이 걸려 있는 문제에 다른 나라가 개입하도록 놔두지 않을 것이라고 강력히 선언했다. 그는 자신이 총리로 있는 한 영국의 유산을 한 조각도 양보하지 않을 것이라고 선언했다.[39]

처칠의 비판은 "스탈린이 의자에서 일어나 이리저리 걸어다니면서 활짝 웃고 가끔 손뼉을 칠 정도로" 그를 기쁘게 했다.[40] 물론 스탈린은 미국과 영국이 맹렬히 싸우는 것을 보면서 즐기기도 했지만, 신탁통치를 은폐할 수 없다는 근본적 문제를 처칠이 즉각 이해한 것을 특히 높이 평가했다고 생각된다. 처칠은 그 문제를 날카롭게 비판했고, 결국 미국은 신탁통치 방식을 "대영제국에는 적용하지 않는다"고 양보했다.[41]

그 뒤 몇 주 만에 미국은 프랑스에도 굴복했는데, 샌프란시스코에서 열린 유엔 준비회의에서 미국 국무장관 에드워드 R. 스테티니어스는 프랑스 대표에게 "우리 정부의 공식 발언에는 프랑스가 인도차이나에 대한 주권을 갖고 있다는 사실에 암시적으로라도 의문을 제기한 기록이 없다"고 말했다.[42] 유엔이 출범하기 전까지 미국이 보인 신중한 태도는 연합국의 식민지에는 신탁통치를 실시하지 않을 것임을 암시했다. 신탁통치의 기본 방식은 1945년 3월 17일 아시아 종속 지역 담당 부서 간 연락위원회에서 작성한 제안서 초안에서 마련돼 마침내 유엔 헌장에 포함되었다. 제1차 세계대전 뒤 국제연맹의 위임통치를 받던 지역과 제2차 세계대전이 끝난 뒤 추축국에서 박탈된 지역, 시정施政을 책임진 국가가 자발적으로 신탁통치를 수용한 지역에만 실시하기로 규정됐다. 또한 제안서에서는 일정한 영토를 "전략 지역"으로 지정할 수 있게 해 시정을 책임진 국가가 그곳에 군사기지를 강화하거나 설치할 수 있도록 했다. 맨 마지막 규정은 미국이 일본에게서 빼앗은 태평양의 섬들을 통치하는 유일한 권리를 보유해야 한다는 미국 해군의 요구를 적극 반영한 결과였다. 그 규정 덕분에 미국은 직접적 이해관계를 가진 지역에 신탁통치를 탄력적으로 적용할 수 있게 됐다.[43]

1945년 4월 루스벨트가 사망한 뒤 새로 들어선 트루먼 행정부가 식민주의에 반대한 전임자의 신실한 약속을 뒤집었다고 보는 학자도 있다. 그 뒤 인도차이나에서 드러낸 미국의 행동을 비판하는 학자들은 특히 그렇다.[44] 그들이 보기에 루스벨트의 이상주의는 희망을 높였고 밤에 어렴풋하게 보이는 딸랑대는 종처럼 아무튼 상황이 달라질 것이라는 암시였다. 루스벨트는 영국과 프랑스의 식민주의에 진심으로 반대했지만, 식민지 국민과 관련된 발언은 진보적 시대의 소박한 낙관주의와 공감한 결과 1940년대에는 제대로 이해되지 못했으며 시대착오적인 것으로 보였다.[45] 사망하기 직전까지 루스벨트는 군부 등의 일국독점주의자들과 싸웠지만 갈등은 그가 세상을 떠났을 때도 해결되지 않았다. 이를테면 1945년 3월 군부가 적도 이북에서 일본이 지배한 모든 섬을 전략 지역으로 지정하려 한다고 알려오자 루스벨트는 이렇게 대답했다. "영토와 관련된 해군 쪽 생각은 어떻습니까? 그들은 모든 것을 가지려 합니까?"[46] 그 뒤 1945년 4월 9일 스테티니어스는 루스벨트에게 제출한 각서에서 군부는 일정하게 지정된 지역에서의 "완전한 통제권"을 바라는데 그런 행동이 "국제적 신탁통치의 구상을 파탄시킬 것"이라고 말했다. 며칠 뒤 스테티니어스는 군부가 "합병 정책"을 추진하고 있다고 언급했다.[47] 해군장관 제임스 포레스털과 육군장관 헨리 스팀슨은 애매한 신탁통치안 대신 "태평양 방어 체제"와 필요한 지역의 "완전한 통제권"을 국무부에 요청했다. 그러나 스테티니어스는 태평양에 전략 기지를 허용하는 정책을 계속 추구했으며 이로써 미국이 "합병과 팽창 정책"을 추진하고 있다는 혐의에서 벗어나려고 했다.[48]

루스벨트의 국제협력주의는 영토 획득을 목표로 하지 않았으며 어떤 나라나 지역을 한 나라가 일방적으로 통제하는 데 반대했다. 미국은 그런 수단 없이도 우세할 것이었다. 그는 반식민적 민족주의를 반대하지 않았지만, 미국의 후견을 거쳐 세계 경제의 이익을 가져오는 방향으로 그것을 전환시키고 장악하려 했다. 그는 공산주의와 직접 정면으로 맞서는 대신 소련을 다국적 국제기구 안에 포용함으로써 반발을 가로막고 무력화하려고 했다.

루스벨트는 사망할 무렵 프랑스가 다시 인도차이나를 지배하는 데 반대하고 그곳에 신탁통치를 실시하려는 자신의 계획을 철회했다. 그러나 이것은 이상주의를 누그러뜨렸기 때문이라기보다는 자신의 이상주의가 언제나 일방적 식민주의를 끝내고 공산주의의 출현을 박거나 최소화하려는 정책에 유용하게 사용된 도구였음을 알았기 때문이다. 월터 레이피버가 지적한 대로 루스벨트는 프랑스와 인도차이나 가운데 하나를 선택할 수밖에 없게 됐을 때 프랑스를 선택했다.[49]

1945년 4월 대통령에 취임한 해리 S. 트루먼은 국제 문제에 경험이 매우 부족하고 "기질적으로 일국독점주의자"인 정치인이었다. 트루먼이 전후 미국의 정책을 일국독점주의로 이끌면서 루스벨트의 조언자 가운데 있던 일국독점주의자들은 갑자기 발언 기회를 얻었다.[50] 그러나 미국은 한국을 신탁통치하는 문제에서 연합국의 동의를 계속 요구했다. 1945년 5월 중순 한 내부 각서는 그 주제가 "얄타에서 구두로만 논의됐으며" 소련의 의도를 명확히 할 필요가 있다고 인정했다.[51] 1945년 5월 트루먼 대통령은 루스벨트의 가까운 조언자 해리 홉킨스를 모스크바로 보내 루스벨트가 별세하기 전 소련과 맺은 전후 처리 약속을 확인케 했다. 홉킨스는 4대국의 한국 신탁통치를 주장했다. "그것은 25년이 걸릴 것이다. 줄어들 수도 있지만 적어도 5년이나 10년은 될 것이다." 미국의 기록에 따르면 스탈린은 이 제안에 "완전히 동의한다"고 대답했다.[52] 그러나 이번에도 비공식적인 구두 합의일 뿐이었다.

국무부의 정책 입안자들은 한국의 전후 지위에 대해 자세히 합의한 문서가 없다는 사실에 관해 고민했다. 특히 얄타 합의에 따라 소련이 만주 인접 지역에서 지배적 역할을 할 것이기 때문이었다. 따라서 그들은 1945년 포츠담회담에서 전후 한국의 신탁통치 문제를 "자세히 논의"해야 한다고 판단했다.[53] 미국의 정책 입안자들은 신탁통치와 관련해 연합국—특히 소련—이 공동으로 행동하도록 합의하는 것을 "가장 큰 목표"로 삼았다. 또한 "가장 작은 목표"는 소련이 카이로 선언을 계속 존중하는 것으로 상정했다. 그들은 둘 가운데 하나가 달성되면 어떤 특정한 연합국이 일방적으로 자신에게 "우호적 정부"를 세우려는 행동을 막을 수 있으리라 생각했는데,[54] 이는 공산화를 염두에 둔 고려였다. 다른 계획서에 따르면 미국은 카이로 선언을 계속 존중하겠다는 소련의 태도가 한국 신탁통치를 암묵적이며 공식적으로 승인한 것이라고 받아들였다.[55]

소련 또한 포츠담에서 한국 신탁통치에 관한 견해를 나누고자 했다. 1945년 7월 3일 해리먼은 스탈린이 중국 대표 쑹쯔원宋子文과 나눈 대화를 모스크바에서 트루먼에게 타전했다. "스탈린은 4대국이 한국을 신탁통치하기로 한 합의를 쑹쯔원에게서 확인했습니다. 몰로토프는 이것이 매우 이례적인 합의이므로 세부 사항을 자세히 이해할 필요가 있다고 덧붙였습니다(강조는 인용자)."[56] 1945년 7월 22일 연합국 수뇌들이 만난 포츠담회담에서 스탈린은 한국부터 신탁통치를 실시하자고 제안하면서 논의를 시작했다. 그러나 처칠은 이탈리아가 아프리카에 보유했던 식민지 처리 문제를 언급하기 시작했다. 스탈린이 리비아 같은 이탈리아 식민지를 신탁통치하는 데 참여할 강대국을 묻자 "처칠은 '소련의 의도를 모르겠다. 스탈린은 이런 이탈리아 식민지에 권리를 주장하려는 것이 아닌가?'라고 말했다". 계속해서 처칠은 "소련이 아프리카 해안의 광범위한 지역을 차지하려 하지는 않을 것이라고 생각했다"고 말했다.[57] 이처럼 배신을 비난하고 고발하는 과정에서 전후 한국 처리 방안을 논의하려는 계획은 무산됐다. 더 깊은 논의는 1945년 12월 외무장관 회담이 열릴 때까지 미뤄졌다(7장 참조).

처칠과 스탈린에게 신탁통치안의 정치적 함의를 이해하는 일은 전혀 어렵지 않았다. 그런 일은 그들에게 제2의 본능이었다. 그러나 미국인 중에서는 그런 생각의 기저가 된 루스벨트의 국제협력주의적 시각을 이해하기 어려워했을 뿐만 아니라 서로 매우 다른 이해관계를 가진 연합국이 그 방안을 충실하게 이행할 것인지 상당히 타당하고 현실적으로 의심하는 이들도 있었다. 헨리 스팀슨 육군 장관이 말한 대로 신탁통치에 관한 연합국의 논의는

> 신탁통치를 실시할 지역을 확정하지 않는 한 조금도 진척될 수 없었다. 그 문제가 의제로 나오자 강대국들은 자신이 관심을 갖고 있거나 탐내는 지역에 가져올 영향에 비춰 그 문제를 고려했다.[58]

이런 모습은 연합국이 전쟁을 치르면서 그 의제를 논의할 때마다 정확히 나타났다. 그러나 전쟁이 끝나기 전 1945년의 어느 시점에 미국과 소련은 한국 문제와 관련된 합의를 도출할 수도 있었다. 루스벨트가 구상한 전후 세계질서의 핵심적 측면은 소련을 영·미 동맹 관계 안으로 끌어들여 그들의 이익을 인정하고 평화 유지의 책임을 부여하는 것이었다.[59] 한반도는 소련에 인접한 국가로서 모든 전후 협정에서 소련의 전면적 참여가 필요했고 요구되는 측면이 있었다. 미국이 이런 사실을 인정하면 한국을 중립화하는 몇 가지 방안이 도출될 수 있었다. 그런 방안 가운데는 한국의 주권을 존중하고

미국과 소련이 한반도를 실제로 함께 점령해 일본의 항복을 받은 뒤 모든 외국군이 신속히 철수하기로 서로 약속하는 것도 있었다. 이런 생각이 30년이 흐른 지금에는 터무니없어 보일 수 있지만, 루스벨트나 스탈린이 한반도를 가장 중요한 전략 지역으로 생각했다는 증거는 없다. 위에서 말한 가능성을 실현할 이상적 시기는 포츠담회담 기간이었다고 생각되는데, 앞으로 보듯이 미국이나 소련이 군사적 필요에서 한국으로 진주하려고 했는지는 분명치 않았다.

그러나 그런 선택은 추진되지 않았다. 전후 태평양의 안전을 보장하는 핵심 지역으로 더욱 중시되기 시작한 한반도와 관련해 소련의 잠재적 이중성에 맞서기에는 신탁통치안은 충분한 대응책이 아니라는 시각이 군부와 국무부 안에서 강력해졌기 때문이다. 1943년 후반부터 국무부의 정책 입안자들은 소련이 한국을 장악할 사태를 걱정하기 시작했고 1944년 초반부터는 한국과 관련된 부분적 또는 전면적 군사 점령 계획을 세우기 시작했다. 이런 계획은 대부분 국무부의 영토 소위원회에서 마련되었다. 거기에는 1940년대 내내 한국 정책에서 중요한 역할을 한 휴 보턴, 존 카터 빈센트, 윌리엄 랭던, 메럴 베닝호프 같은 인물이 참여했다. 그 뒤 상당히 일관되게 추진된 다음과 같은 미국의 한국 정책의 기틀이 잡힌 것도 이때였다. 즉 한국은 전후 미국 안보 정책에 중요하며, 한국이 적대국(소련)에게 완전히 장악되는 것은 그런 안보에 위협적이다. 한국은 일본이 패망한 뒤 스스로 통치할 수 없으며, 미국의 우위가 보장되지 않는다면 한 나라보다 여러 나라가 관리하는 것이 더 낫다. 신탁통치안은 한국을 둘러싼 전후 강대국 사이의 갈등을 처리할 수 있는 더 좋은 수단이지만 한국을 부분적 또는 전면적으로 점령하는 것은 미국의 영향력을 확인하는 데 있어 필요하다는 것이었다.

1943년 11월 영토 소위원회에서 작성한 문서는 "북태평양의 안보는 미국의 중요한 관심사가 될 것"이며 "한국의 정치 상황은 그 안보에 영향을 줄 것"이기 때문에 중요하다고 지적하고 있다.[60] 비슷한 때 베닝호프, 빈센트, 보턴, 앨거 히스는 다음과 같은 내용을 담은 문서를 작성하고 검토했다.

> 한국은 소련이 식민지 국민을 적절히 다루는 방식을 적용하고 극동에서 자국의 경제력을 크게 강화하며 부동항不凍港을 얻고 중국·일본과의 관계를 주도하는 전략적 지위를 차지할 좋은 기회를 제공할 것이다. (…) 소련이 한국을 점령하면 극동의 전략적 상황은 완전히 새로운 국면에 접어들 것이며 중국과 일본에 지대한 영향을 줄 것이다.[61]

이 문서가 독일이 점령하고 있는 유럽에 상륙작전을 개시하라고 소련이 미국을 압박하던 시기에 작성됐다는 것을 떠올려야 한다. 안보와 관련된 미국의 전통적 관심에 한국을 포함시킨 것은 미국이 팽창주의로 성큼 나아갔다는 암시였다. "극동의 완전히 새로운 전략적 상황이" 만든 결과는 소련이 한국에 관심을 갖는 것—수십 년 동안 그래왔다—이 아니라 미국이 관심을 갖게 된 것이었다.

1944년 3월 국무부는 미국의 한국 점령을 구상하면서 한국에서 어떤 군사작전이 일어나더라도 미국이 참전하는 것이 전후 미국의 목표를 이루는 데 중요하다고 지적했다.

> 한국 국내나 주변에서 일어나는 군사작전에 미국이 참여한다면 한국 내부 문제와 과도정부에 대한 국제적 감독에서 미국이 주요한 역할을 맡는 데 큰 도움을 줄 것이다.[62]

이 문건은 군정을 실시할 가능성도 제기했는데, 군정이 짧은 기간 유지되기를 바라지만 "상당히 오래 지속될" 가능성도 있다고 언급했다. 이 문건의 작성자들은 소련 극동 지방에 거주하고 있는 3만5000명의 한국인이 "소련의 이념과 정부 방침에 완전히 세뇌됐다"고 생각했다. 그들은 소련이 "한국의 상당 부분을 점령"할 테지만 특정 지역을 염두에 두고 있지는 않으며, 미군은 신탁통치를 실시하기 전 한국을 관리하는 데 소련과 협력해야 한다고 예측했다.[63] 이런 분석에서는 한국을 먼저 점령한 뒤 신탁통치를 실시할 것을 추천했는데, 소련이 협조하지 않는 태도를 보이거나 소련 측에 "완전히 세뇌된" 한국인을 이용하려 할 경우 실제적 점령이 좀더 확실한 방법이기 때문이었다. 두 달 뒤에 작성된 또 다른 문건은 소련군이 단독으로 한국을 점령한다면 "미국은 그런 상황을 태평양의 미래 안보를 위협하는 것으로 받아들여야 한다"고 언급했다.[64] 이처럼 처음부터 소련이 배신할 것이라고 예상한 태도는 그런 상황이 실제로 나타나리라고 생각하게 만들었으며, 그 뒤 미국이 소련에 대응하는 데 부정적인 영향을 주었다.

한국 점령과 관련된 국무부의 계획은 소련과 협력할 것인지 대립할 것인지, 점령 절차에 미국이 단순히 참여할 것인지 우위를 차지할 것인지 등과 관련된 문제를 언급했다. 얄타회담과 관련해 진행된 중요한 연구에서 국무부 정책 입안자들은 이렇게 썼다.

> 국무부가 보기에 한국 문제에 관해서는 그 국제적 특성에 따라 해당 지역에서 군사작전이 종결되는 동시에 다음과 같은 조처가 시행돼야 한다. (1) 한국의 점령군과 군정에는 되도록 연합국 대표를 파견해야 한다. (2) 소련이 태평양전쟁에 참전한다면 한국의 미래 지위에 실제적 이해관계를 갖는 미국·영국·중국·소련 등이 그런 대표를 구성해야 한다. (3) 다른 나라의 대표는 미국의 영향력을 줄일 만큼 많아서는 안 된다.[65]

이 문서는 한국을 "분단된 지역이 아니라 단일한 단위"로 관리해야 한다고 다시 한 번 주장했다. 그러나 핵심은 미국의 영향력이 "유효할" 정도까지 커야 한다는 것이었다—미국은 "점령과 군정에서 주도적 역할을 해야 한다".[66]

그 뒤 포츠담회담에 대한 계획서에서는 이렇게 말했다.

> 소련이 한국 문제를 주도적으로 통제하겠다고 강력히 요구할 가능성이 있다. 소련이 자국을 제외한 다른 세력에게 명목상의 발언권만 갖는 행정부의 수립을 요구한다면 한국을 신탁통치 지역으로 만들어 유엔의 관리 아래 두는 것도 조언할 만하다.[67]

이 부분은 핵심 문제인 "한국 문제의 관리"를 간결하게 말했으며 행정기관(군정)을 설치하거나, 신탁통치를 실시하거나, 형성 과정에 있는 유엔을 이용해 미국의 정치적 목표를 구현한다는 세 가지 방법을 제시했다. 이 가운데 미국은 한국 전체나 일부를 지배하는 데 가장 효과적인 방법을 선택하려고 했다. 이 세 가지 방법은 1945~1948년 한국에서 순차적으로 적용됐으며, 일부는 중국에서 미국의 이익을 보장하는 장점을 갖고 있다고 추천되기도 했다.[68]

우리가 인식해야 할 사항은 위의 문장에 전례 없이 야망이 표출돼 있다는 것이다. 1943년까지 미국은 한반도를 확보하는 데 큰 관심을 보이지 않았다. 사실 미국은 1905년 한국을 병탄하려는 일본의 계획을 지지했으며 그 뒤에는 거기에 이의를 제기하지 않았다. 그러나 이제는 아시아 본토에 자국의 영향력을 투사하고 소련이 오랫동안 이해관계를 맺어온 한 나라가 소련에 도전하려고 준비하고 있었다. 이런 미국의 정책 입안자들에게 신탁통치는 미국의 이익을 보장하는 많은 수단 가운데 하나였을 뿐이다. 그것은 미국의 최소 이익을 보장하고 소련의 최소 이익도 인정하는 교묘한 방법이 아니었다. 그들은 "이것도 저것도"라는 생각보다 "이것 아니면 저것"이라는 생각을 선호했다. 루스벨트는 전후 구상 대부분에서, 특히 신탁통치와 관련해서는 국무부를 배제했다. 그는 국무부의 정책 입안자들이 자신의 계획을 이해하고 있다고 생각하지 않았다.[69] 그러나 이 시기에 그들은 대통령의 지시를 많이 받지 않고 정책을 계획할 수 있었다. 앞서 살펴본 계획들이 루스벨트의 생각에 어떤 영향을 미쳤는지 알려주는 명확한 증거는 없다. 그러나 대통령의 행정 지도력이 사라진 뒤 국무부의 권력은 상승했으며 1943~1944년의 계획과 그 입안자들은 루스벨트가 살아 있었을 때보다 더 큰 영향력을 갖게 됐다. 이 연구 전체에 걸쳐 논의하겠지만, 여기서 1943년에 나타나 1950년까지 일관되게 지속된 미국의 한국 구상이 어떤 것이었는지 파악할 수 있다.

미국이 전시에 세운 한국 계획의 복잡성과 모순성과 모호함은 일본이 패망할 때까지 계속됐다. 국무부의 견해가 일치하지 않고, 그 안에 상충하는 시각이 뒤섞여 있었다는 사실은 1945년 여름에 편집된 주목할 만한 문서에서 뚜렷이 나타났다. 거기에는 미국이 한국을 점령한 뒤 펼친 시책과 전혀 다른 대안이 설계돼 있었다. 말하자면 군정이 실시한 조처는 대립적 대안들 가운데 하나를 선택한 것이었다. 「극동에서 전쟁이 끝났을 때 아시아와 태평양의 정세 예측과 미국의 목표와 정책」이라는 제목의 이 문서에서는 "모든 국민은 자국 정부의 형태를 선택할 권리를 갖는다"고 규정했다.[70] 문서는 서구 세력이 "전쟁과 전쟁의 위협 그리고 상대의 무지를 이용한 착취"로 아시아에서 영향력을 확대한 역사적 사실을 언급하면서 반제국주의에 가까운 시각을 보였다. 일본의 통치가 끝났을 때 대부분 소작농인 한국 농민이 일본인과 한국인 지주의 "가혹한 수탈"을 받은 농업 환경을 잘 이해하고 있었다. 문서에 따르면 이런 농민은 "의심할 바 없이 전면적 농지 개혁을 기대하며 일본인과 한국인 지주의 지배를 무너뜨리는 단호한 행동을 시작할 수 있다"고 말했다. 문서는 한국에서 소련의 잠재적 행동을 예단하는 데 반대했으며, 소련이 자국에 "우호적"인 정부를 수립하려 할 것이며 그 체제는 "대중의 지원을 쉽게 받고 (…) (그래서) 공산주의 이념이 잘 수용되도록 한국의 경제·정치적 환경을 변화시킬 것"이라고 말했다. 문서는 미국이 "한국의 군정과 과도정부에 모두 참여해야 하고 한국이 강력하고 민주적이며 독립된 국가를 수립하도록 도와야 한다"고 제안하면서 한국 관련 부분을 끝맺었다. 그러나 반제국주의가 동아시아에서 미국의 전후 목표와 어떻게 융합되는지, 전면적 농지 개혁이 미국의 이익과 민주주의의 정의와 어떻게 연관되는지, 미국과 소련이 한국에서 공존하는 체제를 어떻게 세울 수 있을지는 명시하지 않았다. 이런 모호성이 해결되려면 그 뒤의 사건을 기다려야 했다.

전후 최초의 봉쇄작전: 1945년 8월 한국의 분단

태평양전쟁의 상황을 근거로 판단하면 1945년 여름 미국이 한국 문제에 적극 개입할 가능성은 그리 높지 않았다. 미군은 1945년 11월 1일 일본 본토

(규슈) 공격을 시작하려고 계획했다. 1945년 7월 포츠담회담에서는 전황을 고려해 한국 침공은 사실상 소련군에게 맡겨졌다. 포츠담회담의 기록에 따르면 미국 국방 정책 입안자들은 소련이 대일 전쟁에 참여할 필요성에 모두 찬성했다. 한 핵심 자료는 "아시아 본토의 소탕과 관련해 우리는 소련이 만주에서 일본을 처리하는 것을 목표로 삼아야 한다"고 말했다.[71] 괄호 안에 언급된 한국 관련 군사작전은 7월 24일 미국·영국·소련 3국 군사회담에서 명확히 언급되었다. 당시 미국 육군참모총장 조지 마셜은 한국에서 미·소 합동작전이 전개될 전망에 대한 소련의 질문에 미군의 상륙작전은 "고려되지 않았으며 특히 가까운 미래에는 더더욱 아니다"라고 대답했다. 그는 "더 이상 한국 상륙작전에 투입할 수 있는 함정의 여유가 없으며 (…) 한국을 공격할 가능성은 규슈에 상륙한 뒤 결정될 것"이라고 말했다.[72]

1945년 6월 미국의 기밀문서는 일본이 만주와 한국에서 보유하고 있는 군사력을 87만5000명으로 추산했다(아울러 만주의 일본 관동군을 높이 평가했다). 규슈에는 30만 명이 있는 것으로 추산했다.[73] 이후에 이런 추산은 과장된 것으로 밝혀졌지만, 한국에서 군사작전을 감행하는 문제와 거기에 소련이 참가하는 사안과 관련된 미국의 생각은 1945년 7월에 내린 이런 판단을 고려하지 않고는 오늘날 판단할 수 없다. 이때 그들은 일본 본토 공격으로 초래될 손실이 매우 클 것으로 예상했지만 만주와 한국 침공이 가져올 손실은 더 많을 것으로 예상했다. 미국은 후자의 작전에 수반되는 손실을 소련 육군에 떠넘기려고 했다. 그리고 거기에 큰 대가를 지불할 용의가 있었다. 몇 달 전 더글러스 맥아더 장군은 소련이 대일전에 참전할 경우 가져올 결과를 예측했다. "소련은 만주 전체와 한국 그리고 아마 중국 북부를 요구할 것이다. 이런 영토 점령은 어쩔 수 없지만, 미국은 소련이 되도록 빨리 만주를 침략하게 해 그 대가를 치르게 해야 한다."[74] 포츠담에서 미국 군부는 소련의 손실을 보상하는 대가로 그들의 목표(로 추정된)인 영토적 점령을 허락할 용의가 있었는데 "이미 절망적 상황에 빠진 일본에게 소련의 참전은 결정적 타격을 주어 일본이 항복할 수밖에 없게 할 것"이기 때문이었다.[75]

그러나 미군은 일본이 실제로 하룻밤 사이에 멸망하리라고 예상하지 않았다. 그들은 8월 첫 주에도 나가사키와 히로시마에 투하한 원자폭탄의 효과나, 아시아 본토의 일본군을 상대로 소련이 재빨리 전쟁에 나선 사태의 효과를 예상할 수 없었다. 이 무렵 소련도 동일한 상황에 놓였던 것으로 보인다. 소련군 참모총장 알렉세이 안토노프는 포츠담에서 "극동에서 소련의 목표는 만주에 주둔한 일본군을 무찌르고 랴오둥반도를 점령하는 것"이라고 정확히 말했다.[76]

전황을 고려하면 한국을 중립화하기로 한 합의는 포츠담에서 이뤄질 수 있었던 것이라고 판단된다. 그리고 모든 합의가 한국에서의 군사작전은 소련에게 맡겨지리라는 사정을 고려한 상태에서 이뤄졌을 것이 분명하다. 이 주제가 논의됐다면 소련은 참전하는 대가로 한국에서 자유롭게 행동할 권리를 요구했을 것이다. 반면 그들은 미국이 한국 문제에 개입하지 않겠다고 약속한다면 한국 국내로 진입하지 않겠다는 데 동의했을지도 모른다. 포츠담에서—나아가 1950년 6월 미국 대통령 영빈관인 블레어 하우스 회의에서 한국에서 무력 사용과 관련된 논의를 전개하는 내내—미국 군부는 세계 전체가 갈등하는 시기에 한반도는 미국에 전략적 가치가 없다는 의견을 고수했다.[77] 미국이 한국 방어를 책임진다면 병력은 극도로 고갈될 것이며 방어선을 설정하는 데 더 좋은 지역이 발견될 것이라고 그들은 생각했다. 일부 진보적 국제협력주의자는 1940년대 한국에 대해 내린 결정과 관련해 미군을 비난하려고 하지만, 근본적인 책임은 정책 입안자들에게 있다. 포츠담 회담 중반 뉴멕시코주 앨러머고도에서 핵폭탄 실험이 성공하자 외교를 포기하고 태평양전쟁을 조속히 종결하며 전후 주요한 동아시아 문제에서 소련의 개입을 배제—사실상 소련을 봉쇄—하기로 결정한 사람은 바로 이런 정책 담당관들과 대통령의 가까운 고문 그리고 대통령 자신이었기 때문이다.[78] 미국은 8월 6일과 9일 히로시마와 나가사키에 핵폭탄을 투하했고, 소련은 재빨리 그리고 예기치 않게 아시아 본토의 일본군을 공격했으며 일본은 패망했다. 이런 사건이 일어난 직후 한국은 북위 38도선을 기준으로 미국과 소련에게 점령당하면서 분단됐다.

38도선을 긋기로 한 첫 결정은 전적으로 1945년 8월 10~11일 국무·육

〈사진 1〉 1930년대 유격전 활동을 하던 김일성(가운데).

〈사진 2〉 1945년 8월 16일 청년들과 인사하는 여운형.

군·해군 삼성三省조정위원회SWNCC의 철야 회의에서 내린 미국의 조처였다. 이 회의에 대한 보고는 여러 가지가 있는데, 그중 하나는 다음과 같다.

> 1945년 8월 10~11일 자정 무렵 찰스 본스틸 대령과 딘 러스크 소령은 (…) 미군과 소련군이 한반도에서 점령할 지역을 규정할 일반명령의 일부를 기초하기 시작했다. 그들은 30분 만에 초안을 완성했고 삼성조정위원회는 이를 기다렸다. 국무부가 되도록 북쪽에서 선을 그으려 한 반면 미군이 상륙하기 전 소련이 한국 전체를 장악할 수 있다는 것을 알고 있던 해군성은 좀더 조심스러웠다. 본스틸과 러스크는 서울 북쪽에 형성된 도道 경계선을 따르려고 했는데, 그로써 정치적 분단을 최소화하며 수도를 미국 지역에 포함시킬 수 있기 때문이었다. 그때 사용할 수 있는 지도는 극동을 그린 벽에 거는 작은 지도뿐이었고 시간은 촉박했다. 본스틸은 38도선이 서울 북쪽을 지나며 한국을 거의 비슷한 두 부분으로 나눈다고 지적했다. 그는 그 선을 분단선으로 제안했다.[79]

딘 러스크가 목격한 사실도 위 서술과 대체로 일치했다. 러스크는 존 매클로이(삼성조정위원회의 육군성 대표)가 자신과 본스틸에게 "옆방으로 가서 미군이 최대한 북쪽에서 일본의 항복을 받을 수 있게 하는 정치적 요구와 그 지역에 도달할 수 있는 미군의 능력에는 명확한 한계가 있다는 두 가지 사실을 조화시킬 만한 제안을 만들라"고 요구했다고 썼다.[80] 이런 두 가지 설명에서 중요하게 지적할 사실은 한국 분단의 결정은 본질적으로 정치적 성격을 띠었으며, 국무부 대표는 지역적 분할의 정치적 이점을 옹호한 반면 육군성 대표는 한국에서 충분한 영역을 확보하는 데 필요한 병력이 부족할 수도 있다고 경고했다는 점이다.

38도선은 "소련이 수락하지 않을 경우를 감안할 때 (…) 현실적으로 도달할 수 있는 위치보다 더 북쪽"이었으며, 제안된 분단선에 소련이 찬성하자 "약간 놀랐다"고 러스크는 말했다. 또 다른 설명에 따르면 미국은 자국의 제안이 소련에 전달된 뒤 답변을 기다리는 동안 "잠깐 긴장했으며" 소련이 수락을 거부하면 미군이 부산으로 진격한다는 방안을 마련했다.[81] 이처럼 이 선을 선택한 데는 소련의 대응을 시험하려는 의도가 분명히 들어 있었다. 소련은 남진을 멈출 것인가? 시험은 상당히 순조롭게 진행됐다. 미군보다 한 달 가까이 먼저 진주한 소련군은 한반도 전체를 장악할 수도 있었다. 그러나 그들은 미국과의 합의를 존중했다.[82] 미군은 그 뒤 수도와 인구 3분의 2, 경공업 대부분, 곡창지대를 포함한 한국의 일부를 점령했다. 이런 결과가 도출된 데는 딘 러스크가 참석했다는 사실도 중요하게 작용했는데, 그는 전형적인 봉쇄론자로 20년 뒤 "베트남에서 17도선의 불가침성을 복구해야 한다"고 강력히 주장하게 된다.[83]

스탈린은 38도선이 서로의 세력 범위를 엄격히 규정한 것으로 해석했기 때문에 미국과의 합의를 존중했다. 러시아와 일본은 1896년과 1903년에도 38도선을 기준으로 한국을 분할하는 문제를 논의한 바 있다.[84] 1945년 스탈린은 러일전쟁(1904~1905)에서 일본에게 잃은 이익을 회복하려 한다는 자신의 목표를 솔직히 말했다.[85] 소련도 미국처럼 통일되고 우호적인 한국을 선호했지만 분단된 한국도 소련의 기본적 안보 이익에 잘 부합할 것이라고 생각했다—그들은 이 합의를 통해, 한반도가 소련을 공격하는 기지로 사용되지 않을 것이라고 확신했다. 윌리엄 모리스가 주장한 대로 스탈린은 연합국의 협력을 유지하려는 목적에서 한국에서 소련의 활동을 제한했다고 생각된다.[86] 어떤 이유였든 스탈린은 자신이 완전한 통제력을 가진 지역에서 공동 행동을 승인했다.

이처럼 일본의 패전은 포츠담회담 며칠 전 소련에게 거의 내줄 뻔한 나라로 미국이 진주할 수 있는 뜻밖의 기회를 제공했다. 2년 동안 혼미했던 전후 미국의 한국 정책은 그 짧은 시간 동안 확정됐다. 군사적 점령이 더 확실한 방법이고 공동 관리나 신탁통치는 믿을 수 없으므로 미군을 현지로 급파한다는 것이 정책의 핵심이었다. 결정은 8월 중순 정신없이 바쁜 와중에 성급할 정도로 신속하게 내려졌지만, 이는 앞서 1943년 10월부터 태평양의 안보에 한반도의 지배를 연결시켜온 계획의 논리적 결과였다. 미국은 소련에게 한국이 완전히 넘어간다면 태평양 안보에 위협이 될 수 있다고 판단했다. 한국에 군대를 급파한다는 결정은 "오직" 일본의 항복을 받으려는 편의적 방법이었을 뿐이라는 게 1945년 이후 미국의 일관된 공식적 변명이지만, 이는 실제로 무엇이 당시의 핵심 문제였는지 호도하는 것이다. 동아시아에서 전개되던 국제적 권력관계는 누가 어디서 일본의 항복을 받느냐에 달려 있었다. 그것은 "군사적 승리가 현지의 정치를 결정한다"는 원칙에 기초했다.[87]

이처럼 한국을 둘러싼 첫 공방은 일국독점주의의 승리로 끝났다. 그동안 미국의 관심에서 멀리 떨어져 있던 이 한반도를 국무부가 전후 태평양 안보의 핵심으로 규정하지 않았다면, 국제협력주의가 승리했을 것이다. 앞서 본 대로 실제로 일이 닥치면 늘 현실주의자가 되는 국방부의 정책 입안자들은 소련이 반대할 경우 미국에게는 한국을 점령할 군사력이 없다는 사실을 알았다. 국무부의 정책 입안자들은 소련의 남진을 저지할 정치적 목적에서 되도록 한반도 북부까지 병력을 올려보내라고 요청했다. 1945년 8월에는 두 가지 목표를 모두 이루지 못하고 하나만 달성했다.

오키나와에서 서울로 "긴급히 이동하다"

일리노이주 골콘다의 농장에서 살던 소년이 1500만 한국인의 운명을 지배하게 된 것은 기이한 숙명이라고밖에 할 수 없다. 미 제10군 24군단장 존 리드 하지가 주한 미군사령관에 임명된 까닭은 1945년 8월 그의 부대가 일본의 급작스러운 패망으로 공백 상태가 된 한반도로 가장 빨리 이동할 수 있었기 때문이었다. 8월 10~11일 미국의 삼성조정위원회가 열릴 때까지는 남한을 점령하려는 명확한 결정을 내리지 않았지만, 맥아더 장군 휘하의 태평양 방면 사령부는 1945년 5월 궁극적으로 한국 점령을 포함한 일본 공격 계획을 잠정적으로 수립했다. 7월 16일 맥아더 사령부는 일본과, 만약 가능하다면, 한국까지 점령하라는 자세한 지시를 담은 블랙리스트 작전을 시작했다.[88] 블랙리스트 작전에서 한국과 관련된 부분은 베이커 작전으로 불렸다. 작전은 세 단계 점령을 구상했다. 1단계는 서울·인천 지역, 2단계는 부산 지역, 3단계는 군산 지역을 점령하는 것이었다. 작전에는 제10군 24군단에 소속된 3개 사단이 할당됐다.[89]

1945년 6월 23일 맥아더 장군은 조지프 스틸웰 장군을 제10군 사령관으로 임명했다.[90] 그러나 8월 중순 제24군단은 제10군에서 분리돼 맥아더의 직속 부대가 됐다.[91] 장제스 총통은 중국 해안이나 한국에 상륙한 미군을 스틸웰이 지휘하는 데 강력하게 반대했다. 워싱턴은 장제스의 요구를 받아들였다.[92] 스틸웰이 한국 점령을 직접 지휘해 제24군단을 통솔했는지는 확실치 않지만, 장제스의 개입은 그의 바람대로 스틸웰의 영향력을 배제하는 결과를 가져왔다고 생각된다.

그 뒤 맥아더 장군은 제24군단장 존 하지를 주한 미군사령관에 임명했다.[93] 여러 측면에서 하지는 스틸웰을 연상시켰다. 그는 "군인 중의 군인"이었고 단순하고 직설적이며 직접적인 접근으로 유명했다. 그는 "겉치레나 꾸밈이 거의 없었다".[94] 일리노이주 남부의 완만하게 경사진 농지에서 태어난 하지는 고된 군 생활을 거쳐 승진했다. 그는 웨스트포인트를 졸업하지 않고, 지휘참모학교와 육군대학에서 군사 교육을 받았다. 태평양전쟁에서 뛰어난 전공을 세워 종전 무렵 육군 소장으로 진급했다. 부건빌 전투에서 새로 편성된 미군을 지휘하다가 부상을 입었다. 그 뒤 태평양 과달카날섬, 필리핀 레이테섬, 피비린내 나는 사투였던 오키나와 전투를 지휘한 것이 "마지막 전투"가 됐다.[95] 하지는 이런 전투에서 공훈을 세워 유공훈장과 수훈훈장을 받았다.[96] 종군기자들은 그의 공격적 전투를 보고 "태평양의 패튼"이라고 표현했지만[97] 화려함과 가식이 없고 병사들에게 큰 인기를 얻은 모습은 스틸웰과 많이 닮았다. 그러나 스틸웰과 달리 하지는 아시아의 문화나 정치를 전혀 몰랐다.

1945년 8월 오키나와에 있던 제24군단은 전투에서 탈진했으며 병력도 줄었다. 오키나와 전투에서의 큰 손실 탓에 일반 사병 대부분은 훈련소를 갓 나온 신병이었다. 그러나 부대의 장교들은 훌륭했고 고위 간부들은 풍부한 전투 경험을 지닌 자신감 넘치는 노련한 군인이었다.[98] 제24군단이 한국을 점령하는 임무에 차출된 것은 상대적으로 한반도에 가까이 있었기 때문일뿐, 해당 사안을 다루는 데 특별히 탁월한 능력을 지녔기 때문은 아니었다. 이후 한국은 이런 고려가 적용된 유일한 곳이며 단지 '가까이 있다'는 이상한 기준에 따라 점령 부대를 선택했다는 사실은 전후 한국 정책의 빈곤함과 내키지 않는 행동을 반영하는 것이라는 지적이 많이 제기되었다.[99] 그러나 실제로 근접성은 미국이 모든 점령 지역에 처음 보낼 부대를 선정하는 기준이었다. 제24군단 같은 육군 부대는 점령의 초기 단계(이른바 전략적 점령)에 임무를 수행한 뒤 되도록 빨리 군정으로 대체됐다. 일본 점령의 예상된 성공이 미국의 계획과 거기에 파견된 뛰어난 인력 덕분이 아니었던 것처럼 한국 점령의 예측된 실패도 하지와 그가 이끈 제24군단의 준비가 부족했기 때문이라고 비판할 수는 없다. 실패와 성공의 책임은 좀더 고위층에 있었다.

1945년 8월 워싱턴의 정책 입안자들은 정치적 정책의 연장선에서 군사적 점령을 생각하고 이를 실행하는 수단으로 육군 파병을 고려했다. 제24군단 등의 육군 부대는 권력의 공백을 메우고 이질적 이념과 정치 활동의 유입을 막으며 강대국 정치의 전략적 경계선을 다시 확정하는 보편적 도구로 사용됐다. 그 부대의 준비가 미흡하고 상황을 충분히 이해하지 못한다는 것은 전혀 중요하지 않았다. 솔직히 당연한 현상이었다. 핵심은 그들을 그곳에 보내야 한다는 것이었다.

일본이 항복하기 나흘 전 모스크바의 해리먼 대사는 육군 부대를 한국과 랴오둥반도로 이동시키라고 촉구했다.[100] 트루먼의 가까운 조언자이자 배상 관련 문제의 대표를 맡은 에드윈 폴리도 미군이 "한국과 만주의 산업 지대를 되도록 많이 신속히 점령해야 한다"고 모스크바로부터 독촉받았다.[101] 워싱턴 삼성조정위원회의 정책 입안자들은 미군의 이동 능력에 한계가 있다는 사실을 더 잘 알았으며, 소련이 일반명령 1호를 묵인하여 하다못해 한국 남부라도 손에 넣을 수 있기를 바랐다. 그러나 "(조지) 링컨 장군은 소련이 이 제안을 받아들이지 않고 서울을 점령한다면 미군이 부산에라도 상륙해야 한다고 제안했다".[102] 이처럼 혼란스러운 제안의 일부는 오키나와의 24군단 장교들에게 알려졌다. 그들이 한국·만주·랴오둥반도·일본 또는 톈진을 점령하는 데 필요한 준비를 갖추지 못했어도 책임을 물을 수는 없었다.[103] 8월 11일 오키나와에서 제24군단이 남한을 점령할 것이라고 발표된 뒤에도 얼마 동안 그들은 한국에 진주하지 않을 것처럼 보였다.[104] 그리고 제24군단이 한국으로 이동하기로 확정된 후에도 상륙 날짜는 세 번 앞당겨졌다. 8월 12일 상륙 날짜는 "일본에 승리한 27일 뒤"로 결정됐는데, 대부분 9월 후반 상륙이 이뤄질 것으로 예측했음을 보여준다. 일본이 8월 14일(미국 시간)에 항복하자 날짜는 9월 11일로 변경됐다. 8월 27일에는 첫 부대의 한국 상륙 날짜가 9월 7일로 결정됐는데, 그 직후 하지는 "소규모 선발대"가 9월 4일 한국에 도착하는 것으로 계획을 변경했다.[105] 그 뒤 하지가 오키나와에서 서울로 "그토록 서둘러 이동했다"고 말한 것은 당연했다.[106]

일부가 생각하는 것처럼 이렇게 긴급히 한국으로 들어간 까닭은 한국에서 일본이 강력히 저항했거나 약탈을 자행했기 때문은 아니었다. 미군의 상륙 날짜가 거듭 앞당겨진 것은 소련이 만주와 한국으로 빠르게 진출했기 때문이었다.[107] 맥아더의 한 장교는 이렇게 말했다. "한국으로 신속히 이동한 까닭은 대통령의 지원과 지시 때문이었다. 국방부와 교환한 수많은 무전에서는 서울 지역의 우선권을 확보하는 것이 크게 강조됐다."[108] 8월 24일 합동참모본부는 맥아더에게 전보를 보내 한국으로 급속히 이동해야 한다고 말했다. "소련이 미군을 만날 때까지 남한으로 계속 내려오지 않을 것이라고 확신할 수 없습니다."[109] 국무부의 극동 담당관들은 "이제 한국 문제의 주된 요소는 후견의 필요성이 아니라 소련이 지원한 체제의 수립을 막는 것이라고 결론지었다". 그들 가운데 한 사람은 미군이 한국에 머무르는 데 특정한 시간적 제한은 없지만 "필요한 만큼 오래" 또는 한국이 국제안보 체제에 포함될 때까지 주둔해야 한다고 제안했다.[110]

제24군단의 8월 25일자 일지日誌의 첫머리에는 "트루먼은 미군이 한국을 신속히 점령하기를 바라고 있다"고 적혀 있다.[111] 오키나와에 있던 공식 기록관은 "소련이 (38도선) 이남으로 진군할 가능성은 미군 참모들의 마음에 계속 크게 남아 있었다"고 보고했다.[112] 8월 29일 맥아더는 하지에게 "국제적 분쟁"으로 상륙이 연기되지 않는다면 소련이 서울을 점령하더라도 한국으로 진군해야 한다고 추가적으로 지시했다.[113] 그러나 소련은 38도선 바로 아래인 개성 이남으로 내려오지 않았으며 미군이 상륙하기 훨씬 전에 거기서 철수했다.[114] 미국은 포츠담회담에서 소련에게 한국을 양보한 한 달 뒤에 한국 상륙을 지원하고 소련의 침입이나 소련의 지원을 받는 체제에 맞서 한국의 일부라도 지키기로 결정했다. 한국으로 신속히 이동한 조치와 이런 결정은 대통령 이하 이 문제와 관련된 모든 정부 기관의 지지를 받았다.

출발 전의 정책과 계획

현재 남아 있는 문서에 따르면 제24군단은 한국에 상륙하면서 사실상 아무 계획도 갖고 있지 않았다. 점령군은 "이기적 목적이 없었다. 실제로 그들은 목표도 정책도 없었다"고 그레고리 헨더슨은 썼다.[115] 그러나 이 주장은 좀더 자세히 살펴보아야 한다. 첫째, 제24군단은 미국의 한국 정책을 어떻게 이해하고 있었는가? 둘째, 점령에는 어떤 목표가 있었는가? 하지와 그 부대가 맞닥뜨린 첫 곤경은 전후 점령과 관련된 군부의 계획이 대부분 해방된 나라가 아니라 패전한 나라가 점령될 것이라는 상정 아래 수립됐다는 사실이다. 군사점령과 관련된 주요한 국제법인 헤이그 조약 제43조는 적국을 점령할 경우 점령군에게 사실상 무제한의 권력을 부여한 반면 평화적 점령은 점령지역 국민의 특정한 권리와 의무를 보장한 협정을 따르도록 규정했다. 따라서 점령지역 국민이 적대적인지 평화적인지, 그 나라가 패망했는지 해방됐는지, 적국인지 우방인지에 따라 점령 방식은 크게 달라졌다.[116] 미국의 또 다른 핵심적 구상은 무법에 맞선 투쟁이 전쟁이며 승리한 뒤에는 "법률에 따라 지배"해야 한다는 것이었다.[117] 파시스트 세력은 무법을 자행했기 때문에 그들의 제도는 철저히 개혁되어야 했다. 그렇지 않다면 무엇 때문에 전쟁을 했단 말인가?

그렇다면 한국은 패전한 나라인가, 해방된 나라인가? 한국인은 적인가, 친구인가? 1943년 카이로선언은 한국인의 "노예적 상태"를 언급하면서 한국은 적이 아니라 일본 침략의 첫 희생자라고 암묵적으로 인정했다. 8월

14일 스틸웰 장군은 오키나와에 전문을 보내 한국은 "준準우호국"으로 간주해 점령이 이뤄져야 한다고 언급했다. 곧 "인구의 5퍼센트 정도인 일본인을 제외하고는" 우호적으로 대우해야 한다는 것이었다.[118] 그리고 8월 말 맥아더는 한국인을 "해방된 국민"으로 다루라고 제24군단에 지시했다.[119] 그러나 9월 4일 하지 장군은 휘하 장교들에게 한국은 "미국의 적이었으므로 패전국 관련 규정에 적용되는 대상"이라고 지시했다.[120] 그 뒤 점령군의 공식 자료에서는 "미군정의 활동과 방침은 적국에 대한 경험과 적군에 대한 일반적 지시 및 훈련에 따랐다"고 보고했다.[121] 남한은 적국의 영토에서 완전한 승리를 거둔 적대적 점령의 대상이었으며 점령군은 1948년 8월 15일까지 그런 권한을 포기하지 않았다. 그러나 점령군 장교들은 한국이 해방될 것이라는 소식을 들었다. 무슨 일이 일어난 것인가?

오키나와의 점령군 사령부는 기존에 수립된 미국의 한국 정책보다 한국 현지에 있던 일본인의 설명에 좀더 귀 기울인 것으로 보인다. 8월 29일 조선총독부는 다음의 전문을 오키나와로 보냈다.

> 북한의 상황은 8월 23일 이후 급변해 일본인의 생명과 재산이 급박한 위험에 노출돼 있습니다. 이런 개탄스러운 상황은, 해결하지 않고 그대로 두면 분명히 남한까지 퍼질 것입니다. (…)
> 따라서 조선총독부는 남한의 치안과 질서를 유지할 권한을 인수할 연합군이 도착하기를 고대하며, 일본군의 무장해제와 일본인이 장악한 행정기관을 인수하기에 앞서 현지 상황을 충분히 고려해주기를 열망합니다.[122]

맥아더는 이런 내용을 적어 하지 장군에게 사실상 전권을 위임했다. "귀하는 앞으로 남한에서 벌어지는 사태를 적절히 처리하길 바랍니다."[123]

조금 어려운 상황이었지만 제24군단은 8월 31일 서울과 직접 무선 연락을 개설했고 "서로 많은 전문을 주고받았다".[124] 9월 1일 고즈키 요시오 소장少將은 서울에서 전문을 보냈다. "상황을 이용해 이곳의 평화와 질서를 무너뜨리려는 한국인 공산주의자와 독립운동가가 있습니다." 그날과 그 뒤 이틀 동안 보낸 전문에서 고즈키는 "적색" 노동조합이 미군의 한국 상륙을 방해할 가능성을 경고하고 "한국인 군중이 경찰에 맞서 폭동을 일으키고 생필품을 훔치며 파업을 하고 있다"고 말했다. 그는 자신의 처지가 위태로우며 "미국의 도착을 고대하고 있다"고 토로했다.[125]

고즈키의 전문은 하지에게 직접적인 영향을 주었다. 9월 1일 하지는 고즈키에게 질서를 유지하고 기존의 통치 기구를 존속시키라고 말했다. 그는 9월 1~5일 남한에 위와 동일한 요지를 담은 30만 장가량의 전단을 뿌리라고 지시했다(부록 3 참조). 그는 9월 1일에도 맥아더에게 전문을 보냈는데 그 일부는 다음과 같다.

> 한국의 특별한 상황을 고려해서 일본인이 소유한 무기를 혁명 세력이 탈취해 심각한 문제를 일으키는 곳에서는 일본군이 넘긴 무기의 일부나 전부를 파괴하거나 완전히 사용하지 못하도록 만들 권한을 제게 주시길 바랍니다.

맥아더는 이 요청을 받아들였다.[126] 그 뒤 하지는 일본인이 자신에게 가장 많은 정보를 제공했으며 미군의 한국 진주를 크게 도왔다고 보고했다.[127]

삼성조정위원회 이하 모든 미국인은 소련군이 한국에서 남진하는 것을 막아야 한다고 역설했다. 미군이 점령에 착수한 것은 이런 요청 때문이었다. 제24군단은 오키나와에서 한국으로 서둘러 이동한 행동의 배후에 있는 긴박함을 이해했다. 그러나 9월 초순 자신들이 소련뿐 아니라 현지의 혁명 세력과도 마주칠 것이라는 사실을 워싱턴보다 더 잘 알고 있기도 했다. 그 뒤 하지와 그의 장교들은 멀리 있는 워싱턴의 고위 인사들이 적절치 않다고 볼 법한 방식으로 일본인과 협력하고 그들을 이용했다. 그 결과 몇 년 동안 지속된 하나의 유형이 만들어졌고, 하지는 자기 권한을 넘어 쟁점에 강경히 대응한 탓에 끝내 곤경에 빠졌다. 하지는 늘 단호하게 행동했고 한국에서 미국의 이익을 보호하는 데 필요하다고 판단한 모든 사안에 개입했다. 그러나 그런 행동으로 한국에서 발생한 문제들은 워싱턴의 정책을 흔들었다.

1945년 8~9월 미 점령군에게 한국인은 적국에 준하는 국민으로, 일본인은 우방국의 국민으로 바뀌었는데 소련을 동맹국으로 본 전시의 평가가 변화하면서 미국의 한국 인식은 물론 점령과 통제의 필요성에 직접 영향을 주었기 때문이다. 그러나 이는 그리 큰 역설이 아니었다. 진정한 역설은 일본에 실시하려던 군정이 한국에서 시행됐다는 놀라운 사실이다. 9월 초순 맥아더 등은 일본에서는 기존의 행정기구를 이용하기로 결정했는데, 사실상 군정이 실시되지 않을 것이라는 의미였다. 1942년부터 2000명이 넘는 육군·해군 장교가 일본 점령 임무를 훈련받았다. 그러나 군정(또는 "민정") 담당반이 사실상 일본을 거의 다스리지 못하고 일본인 행정 관료를 감독하는 임무만 맡는다는 것이 분명해지자 그들은 대부분 남한의 미군정청으로 보내졌다. 한국은 "태평양 지역에서 군정이 실제로 수립된 유일한 나라"가 됐다.[128] 일본에서 한국으로 보내진 군정 관련 부서는 28개 정도로 실제 필요보다 "많았다". 민정 임무를 훈련받은 장교 87명과 병사 247명은 9월 8일 처음 한국에 상륙한 미군과 함께 들어갔고, 9월 27일에는 600명의 군정 요원 중 그때 필요하다고 여겨진 450명이 한국에 있었거나 그곳으로 가는 중이었다. 1945년 가을 미군정청 장교의 절반 정도가 군정과 관련된 훈련을 받거나 경험을 쌓았다. 최종적으로 2000명에 가까운 장교가 미군정청에서 근무했는데, 이 때문에 군정청은 "총독부"라 불리기도 했다. 장교들은 한국어를 몰랐지만(대부분 일본어는 배웠다) 그것 때문에 이 작전이 1945년 이후 미국이 아시아에서 전개한 다른 작전과 크게 달라지지는 않았다.

제24군단과 민정반은 한국과 관련해 무엇을 알았는가? 그들은 오키나와에서 1945년 당시 한국에 대한 매우 정확하고 방대하고 자세한 자료인 「한국 관련 육·해군 합동정보연구」를 검토했다.[129] 문서는 한국인이 독립을 열망하고 오랜 자치의 역사를 갖고 있으며 "어떤 나라가 일제를 계승해 통제를 확대하는 위험을 감수하기보다는 초기 단계에서 행정 경험의 부족으로 다소 미숙함을 보이더라도 그쪽을 선호한다"고 지적했다. 자료는 일제의 통치가 소수의 귀족을 이롭게 했을 뿐 농민은 심각하게 억눌렸다고 말하고 있었다. 이 문서는 매우 방대해 제24군단 장교들이 공부할 게 너무 많았을 것이다.[130]

9월 3일 국무부 연락관이자 하지의 정치 고문인 메럴 베닝호프가 오키나와에 도착했다. 점령군 공식 기록에서는 그가 "워싱턴에서 아주 간단한 지시를 받았으며 전체적인 한국 정책에 추가한 것은 거의 없었다"고 서술했다.[131] 사실 베닝호프는 한국으로 오기 전 상당한 설명을 들었으며, 1943년부터 국무부에서 한국 계획을 수립하는 데 중요하게 참여해온 인물이었다. 문제는 그가 신탁통치안과 한국에서 항복을 수락하는 기본적 방식에 대한 설명을 들었음에도 한국의 국내 사정을 알면 알수록 두 사안 모두 타당하지 않다고 생각했다는 것이다. 그 뒤 점령군은 목표와 정책을 수립했다. 문제는 그들이 한국에 상륙하자마자 발견한 상황에 대해 워싱턴에서 수립한 정책이 "적절한가"였다. 현지의 상황은 국제협력주의적 방법을 한국에 적용하기는 어렵지만 일국독점주의적 시각은 '대단히 설득력 있는 것'처럼 보이게 만들었다.

결론

루스벨트의 한국 정책은 인도네시아 정책과 마찬가지로 신탁통치였다. 이 국제협력주의적 방식의 핵심은 전후 미국의 안보 요구를 수용하고 식민지에 미국의 상업 활동과 정치적 후견을 침투시키며 공산주의와 반식민적 혁명을 봉쇄하는 것이었다. 적어도 1943년부터 미국의 정책 입안자들 대부분은 한국에서 미국과 소련 세력이 만날 것으로 생각해왔다. 루스벨트는 한국에서 다국적 신탁통치를 실시하면 소련을 포용하고 그들과 국경을 맞댄 이 나라에서 서로의 이익을 인정하면서도 힘을 견제할 수 있을 것이라고 판단했다. 그는 소련을 새로운 국제 체제에 참여시켜 무력하게 만들거나 적어도 "책임을 지게" 해 미국과 그 밖의 신탁통치 참여국의 견제를 받게 할 수 있다고 믿었다. 루스벨트에게 신탁통치는 소련에 대한 봉쇄 정책이었지만, 영토에 선을 긋는 대신 서로 이익을 얻는 관계에서 적을 끌어안고 포용하려는 정책이기도 했다.

이것은 능숙한 솜씨에 더해, 전쟁이 끝난 뒤 미국은 어떤 종류의 안보 정책도 지배할 수 있다는 자신감이 필요한 정책이었다. 신탁통치는 이 귀족적 미국인이 절대적 자신감을 갖고 국내와 국제정치에 접근한 전형적 사례였다. 루스벨트는 전쟁이 끝났을 때 세계 정세가 아무리 복잡하게 전개되더라도 미국이 국제질서의 정점에 오르리라고 막연하게 확신했다. 루스벨트 대통령 시절을 연구하는 학자 가운데 프란츠 슈어만은 루스벨트가 역동적 행정가이며 경제적으로 비유하면 조지프 슘페터가 정의한 사업가와 비슷한 인물이었다고 파악했다. 루스벨트는 뉴딜 기간에 미국을 혁신했으며 자신의 세계관에 따라 1940년대의 세계를 다시 만들고자 시도했다.[132] 이런 시각은 한 창조적 인물의 생각이 아니라, 전후 시대의 도전과 평화가 승리한다면 미국이 세계의 주도권을 장악할 것이라는 확신에서 나온 것이었다. 이처럼 루스벨트는 부분이 아니라 전체를 봤으며 명민한 주주처럼 51퍼센트의 이익에 만족하는 인물이었다. 그를 계승한 해리 트루먼은 용감하긴 했지만 전직 의류상답게 부분을 중시하고 명확함을 선호하면서 85퍼센트의 이익을 추구했다.[133] 루스벨트는 1945년 초까지 한국 정책과 신탁통치를 주도했지만 그가 세상을 떠나면서 그의 구상과 정치적 수완도 사라졌다. 그의 구상은 전시 동맹국의 거듭된 반대에 부딪혔으며 루스벨트가 오랫동안 무시해온 국무부의 국제 정책 입안자들의 지지도 그다지 기대할 수 없었다.

루스벨트의 국제협력주의는 목적이 아니라 수단의 문제였다. 그의 목표는 전후 세계에서 미국이 주도권을 잡는 것이었다. 그러나 수단은 차이를 만들었고 루스벨트가 사망하면서 힘의 균형은 무력의 사용과 점령, 소련과의 정면대결 그리고 국경선의 명확한 확정과 같은 고전적 일국독점주의 방식을 선호한 인물들에게 기울었다. 신탁통치를 비롯한 그 밖의 국제협력주의적 방법은 점차 고립된 일군의 대외 정책 입안자들이 선호한 방법으로 남았다. 한국의 경우 다국적 방법으로 소련과 반식민적 민족주의를 억제하려던 이런 정책은 포츠담회담 이후 분주한 시간 동안 폐기되었고 사실상 소련에게 양보했던 한반도로 군대를 급파하는 일방적 정책으로 전환됐다. 그 결과는 한 나라의 분단과 전후 최초의 봉쇄 정책이었다.

2부

1945~1947년 중앙의 정치 상황

5장

새 질서의 구축:
미군의 진주와 정부·경찰·국방 정책

모든 재건의 시기에는 새 세계를 세우려는 창조적 세력이나 땅에 널려 있는 오래된 잔재에 시선이 집중되며, 석공은 그 가운데서 힘겹게 일할 수밖에 없다.

_R. H. 토니

파괴하고 창조하는 일을 통해 문제의 핵심으로 다가갈 수 있다. 세계 어느 곳에서나 위대한 혁명적 사고는 옛 사회의 폐허에 새 사회를 건설하려는 노력에서 시작됐으며, 이것은 미국이 해보지 못한 경험이다.

_루이스 하츠

일반적으로 제24군단은 일본인 50만 명이 포악하게 행동했던 것보다 더 너그럽게 행동해야 했다.

_제24군단 기록관

한국에 상륙한 뒤 석 달 동안 미국이 내린 결정은 전후 남한의 여러 기본적 정치 구조를 갖추는 것이었다. "통치의 고전적 도구인 군대·경찰·정부·사법"과 관련된 정책이 구체적인 모습을 갖췄다.[1] 미국인들은 구조를 선택하고 거기에 배속될 사람을 선택했다. 또한 그들은 인공의 승인 같은 특정한 사안은 채택하지 않았는데, 이런 부정적 "결정들"은 긍정적 결정들만큼 중요한 것으로 밝혀졌다.[2] 정책과 결정의 핵심은 선택이다. 점령군은 1945년 후반 중대한 선택을 내렸고 2년 뒤 우익 독재정치가 승리할 수 있는 환경을 만들었다.

이 기간 미국의 구상을 규정한 한국의 주요 정치 상황은 좌익의 혁명적 공세였다. 점령군은 한반도 전체에 걸쳐 인민위원회·노동조합·농민 조직과 연합한 인공을 대단히 정치적인 존재로 파악했으며 모든 정책과 결정을 평가하는 기준으로 삼았다.[3] 어떤 조치가 혁명의 진전을 막을 것인지, 도울 것인지에 따라 추진과 폐지가 결정됐다. 한국에 진주한 직후 좌익 조직을 대체하거나 거기에 맞설 수 있는 독립적 세력을 찾으려던 미국인들은 곧 난관에 부딪혔다. 그들의 목표는 소련의 영향을 받은 외부적 혁명 세력과 국내의 자생적 혁명 세력의 물결을 차단할 방파제를 세우는 것이었다. 이 "방파제"라는 은유는 적절하다. 1940년대 후반 한국에서 일어난 여러 사건에 비춰 남한에서 전개한 노력을 이보다 더 잘 묘사한 표현은 없다. 그것은 봉쇄의 비유였다(또는 프랑스어로 제방endiguement인데, 홍수의 범람을 막기 위해 둑을 연결해놓은 것이다[4]). 또한 그것은 개방의 반대말인데, 둘을 비교하면 전후 미국이 구상한 한국 정책의 변화를 파악할 수 있다.

1945년 후반 미국이 수립한 정책은 한반도 전체에서 다국적 신탁통치를 실시하며 거기에 소련이 중요하고 평등하게 참여하는 것이었다. 이것은 국제협력주의적 노선이었다. 그러나 미국인이든 한국인이든, 국무부든 국방 관련 부서든 남한에는 국제협력주의자보다 일국독점주의자가 훨씬 더 많았다. 한국에 있던 미국인들은 해방의 뜨거운 분위기를 보고 자신들의 기대와는 어긋난다는 사실을 깨달았다. 서울의 미국인은 불안의 바다에 떠 있는 정체停滯의 섬에서 자신들이 아득한 심연의 꼭대기나 화산의 가장자리에 앉아 있거나 살얼음을 밟고 있다고 상상했다. 이처럼 국제협력주의적 정책의 규정 안에서 일국독점주의자들은 실제로 상당히 다른 정책을 입안했다. 구체적 행동들을 살펴보면 한국(또는 한국의 일부)을 미국의 이익에 종속시키려는 미국 정책의 적극적이며 의도적이고 역동적인 본질을 이해할 수 있다. 아울러 여론 조성을 목적으로 발표된 미국의 정책 성명의 이면을 검토하면 그 정책이 다른 목표를 갖고 있음을 알게 된다. 점령군의 공식 기록에 따르면 미국의 한국 정책에서 "기본 원칙"은 "질서 있고 효율적으로 운영되며 정치적으로 우호적인 한국을 만드는 것이고, 한국 국민을 기쁘게 하고 그들의 열정적인 협력을 얻는 것보다 중요했다(강조는 인용자)".[5] 또 다른 공식 기록의 첫 부분에서는 미국이 공식적으로 발표한 것보다 좀더 기본적인 목표가 있었다고 지적했다. "그것은 한국의 일부를 물리적으로 점령해 다른 세력이 독점적으로 상황을 장악할 수 없도록 만드는 것이다."[6]

이런 목표는 국무부의 한국 문제 담당자들의 의도와 일치하는 것으로 그들은 한반도 전체가 소련에 넘어가는 것은 미국(또는 태평양)의 안보에 위협이 된다는 측면을 1943년부터 강조해왔다. 한국 전체 또는 일부를 실효적으로 지배하는 것은 이 계획들의 공통분모였으며, 그 뒤 전쟁 중이던 1943년부터 군정 기간 내내 지속된 하나의 주제였다. 그러나 이는 표면에 내세운 신탁통치의 목표에서 벗어나 있었다. 그 결과 대부분 국무부와 연관된 소수의 진보적 국제협력주의자는 군정청의 정책에 반대했다. 그 정책은 일본이 항복하기 전 미국의 한국 정책에 있던 모호함을 해소했지만 워싱턴의 일부 정책 입안자의 신경을 거슬렀기 때문이다. 그렇다면 군정청의 정책은 미국이 세운 계획의 의도와 목표를 손상시켰는가? 아니면 시간상 조금 이르기는 하지만, 미국의 국제협력주의가 전 세계에서 유효성을 잃게 만든 냉전의 전조였는가?

인천과 서울: 새로운 우방과 적

하지와 제24군단은 9월 5일 태풍이 부는 가운데 5열로 늘어선 호송선 21척을 타고 오키나와를 출발했다. 그들은 완전히 소등해 존재를 감췄으며, 제국은 무너졌지만 아직도 더 많은 미국인을 죽이려고 이리저리 돌아다니는 일본 잠수함의 공격을 막기 위해 구축함이 주변을 호위했다.[7] 그러나 사흘 동안 항해하면서 특별한 일은 벌어지지 않았다. 한국을 특히 아름답게 만들고 누군가에게는 어떤 곳의 하늘보다 높다고 생각하게 하는 따뜻하고 깨끗한 9월 8일 늦여름 새벽, 그 배들은 인천항의 위험한 조수를 뚫고 나아갔다.

함선들의 도착은 1853년 페리 제독의 "흑선"이 일본에 도착한 것에 견줘질 만큼 한국에 참으로 중요한 상징성을 띠는 사건이었다. 한·미 관계는 일찍이 63년 전 미국을 한국의 후원자로 만든 조미수호조약朝美修好條約이 체결되면서 시작됐다. 이제 그 후원자가 도착했다.[8] 이것은 미국이 인천에 상륙한 두 사건 가운데 첫 번째였으며, (그날부터 거의) 5년 뒤에 일어난 두 번째 상륙에서 또 다른 개선장군은 승리를 코앞에 둔 북한을 패배로 몰아넣었다.

오후 1시 상륙을 시작했을 때 미군은 대검을 꽂고 검은 제복을 입은 일본 경찰이 인천 거리에 줄지어 있는 것을 발견했다. 그날 좀더 이른 시간에 미군 상륙을 환영하는 시위에서 한국인 두 명이 사살되는 사태가 발생하면서 분위기는 긴장됐다.[9] 기이하고 "적대적인" 상륙은 하지 장군의 몰지각한 발언으로 더욱 악화됐다. 하지는 일본인이 치안 유지에 협력한 데 감사하면서 한 미국인 기자에게 말했다.

> 부두에서 우리를 환영하려던 한 무리의 한국인에게 일부 일본인이 발포한 것을 포함해 한국인과 일본인 사이에 몇 가지 사건이 일어났습니다. 나는 상륙 작전에 방해가 될까봐 민간인은 가까이 오지 못하게 하라고 지시했습니다.[10]

또한 한국인과 일본인을 "같은 굴에 사는 고양이"라고 표현한 그의 발언은 널리 인용됐다.[11] 하지는 뜻이 잘못 전달됐다고 주장했고 다른 사람들은 그가 일본인에게 협력한 한국인만 가리킨 것이라고 해명했지만[12] 그의 발언은 한국인을 분노에 빠뜨렸고 그가 한국인의 열망은 전혀 신경 쓰지 않는다는 사실을 드러냈다.

이튿날 아침 미군은 조용히 서울로 행진했다. 다시 한번 일본군이 거리에 도열했다. 개선 행진이나 환영 인파는 없었다.[13] 미군 고급장교들은 조선호텔에 묵었고 나머지는 반도호텔로 가서 제24군단 사령부를 만들었다. 그날 오후 하지는 조선총독부 청사에서 공식적으로 일본의 항복을 받았다. 그 뒤 흥분한 수많은 한국인이 거리를 누볐다. 가짜 총을 든 치안대는 이제 도시를 인수했다. 그날 밤 미군은 야간통행금지를 실시했다.[14]

9월 9일 항복 의식을 치른 직후 하지는 총독 아베 노부유키를 포함해 총독부에 소속된 모든 일본인과 한국인이 업무를 계속 유지한다고 발표했다. 그는 한국인에게 인내심을 가지라고 연설하면서 덧붙였다.

> 앞으로 몇 달 동안 여러분은 세계의 민주국가와 그들의 대표인 내게 한국인

의 자질과 능력 그리고 세계 여러 나라의 일원이 되는 영광된 자리를 수락할 준비가 돼 있음을 입증해주기 바랍니다.[15]

그러나 한국인은 이런 진부한 온정적 발언에 그리 매혹되지 않았다. 한 신문 사설은 한국인이 아베에게 통치받느니 "보르네오에서 온 추장"에게 다스려지는 것을 선택할 것이라고 확언하면서 미군의 도착을 축하할 사람은 일본인이라고 주장했다.[16] 미국의 공식 자료도 하지의 이런 행동은 "일본인을 미국인과 한편으로 만들고 한국인을 적으로 돌리는 효과를 빚었다"고 말했다.[17]

미군 장교와 일본인 장교 사이의 꼴사나운 동지애는 그런 감정을 더욱 부채질했다.[18] 이런 행동이 나타난 부분적 원인은 전쟁이 끝났다는 단순한 안도감과 일본인의 순종적이며 협조적인 태도에 있었다. 그러나 초기에 미군 장교와 일본인이 제휴하면서 점령 기간 내내 지속된 편견이 시작됐다. 이런 일반화는 직관적인 것이어서 조심스럽게 추측해야 하지만, 많은 미국인은 처음부터 한국인보다 일본인을 좋아한 것으로 보인다. 일본인은 협조적이고 질서를 지키며 고분고분하다고 여겨진 반면, 한국인은 완고하고 다루기 힘들며 반항적으로 보였다. 문서에 거듭 나타난 이런 특징화는 1945년 가을 미국인이 처음으로 한국에 반응한 것에서 기원한 것으로 보인다.

워싱턴의 국무부는 일본인 관료를 그대로 두려는 하지의 정책에 강력히 반대했으며 "국무부는 (…) 잠정적으로 일본인을 관직에 남겨두기로 한 군사 명령과 전혀 무관하다고 밝혔다. (…) 그것은 분명히 현지 사령관의 결정이었다"고 『뉴욕타임스』는 보도했다.[19] 9월 14일 국무부는 그 조처에 반대한다는 의견을 맥아더에게 전달했다.

정치적 이유를 고려할 때 귀관은 아베 총독과 총독부의 모든 국장, 도지사, 도 경찰부장을 즉시 해임해야 합니다. 나아가 되도록 빨리 일본인 관료와 한국인 대일 협력자를 모두 축출해야 합니다.

맥아더는 이미 9월 11일 하지에게 일본인 관료를 즉시 해임시켜야 한다고 무전을 보냈다.[20]

9월 12일 하지도 비슷한 결론에 이르렀지만 정책의 이런 "전환"은 혼란을 부를 것이라고 회신했다.[21] 처음 하지가 고위 일본인 관료를 유임시킨 것과 관련한 공식 기록은 거의 설명이 없다. 그러나 그런 행동의 원인은 두 가지 정도로 추정할 수 있다. (1) 맥아더가 일본에서 기존 기구를 이용해 통치하려고 결정하면서 한국의 제24군단 장교들도 비슷한 방향으로 선회했다는 것이다(이 때문에 9월 11일 맥아더의 전보는 정책의 "전환"으로 보였다). (2) 미군 진주 이틀 전 선포된 인공이 일본의 철수 이후 권력을 인수할 가능성이었다. 하지가 혼란스러운 상황이라고 말하면서 일본인과 긴밀히 협력하게 된 것은 이런 혁명적 상황 때문이었을 가능성이 크다. 어쨌든 한국인들이 미국의 해방자에게 느낀 깊은 호의는 조금씩 침식되기 시작했다.

9월 12일 아치볼드 아널드 소장은 아베를 대신해 총독이 됐다.[22] 이틀 뒤 정무총감 엔도 류사쿠와 모든 일본인 국장이 해임됐으며 행정부의 이름은 "식민지 통치 기구"라는 뜻의 총독부에서 "군정청"으로 바뀌었다.[23] 영어는 점령군의 공식 언어가 됐다.

아널드는 9월 14일 "한국의 현재 경찰 조직은 한국인이 대체할 때까지 유지된다"고 발표했다. 그는 조직을 자기 휘하에 두고 "유능한 한국인"이 훈련을 마치는 즉시 일본인 경찰을 대체할 것이라고 말했다.[24] 그러나 미국인들은 일본인 관료를 해임한 뒤에도 그들에게 비공식적으로 계속 조언해줄 것을 부탁했다.[25] 초기 국면에서 미국의 주요 정보원이 된 인물은 아베의 심복 가운데 한 사람인 오다 야스마였다. 8월 15일 이후 그는 미국이 통역자를 확보하는 것을 도왔고 직접 면담했으며 한국 상황과 관련된 보고서를 썼다. 미국인은 일본인 관료와 상의하는 데 많은 시간을 썼다. 일본인 관료들은 1945년 8~10월 350건의 보고서를 영어로 작성해 군정청에 제출했다.[26] 군정청 3조組의 장교들은 서울시청에 배속돼 첫 며칠 동안 일본인 시장과 오랜 대화를 나눴다. 일본인과의 관계가 발전한 뒤에야 한국인 지도자들과 첫 접촉이 시작됐다.

미국인들은 상륙하기도 전에 한국 정치와 접촉했다. 9월 8일 아침 미군 호송선단이 인천 앞바다에 정박하자 한국인 3명이 기함 캐톡틴호에 탑승했다. 여운홍(조선인민공화국의 지도자 여운형의 동생)·백상규·조한용이었다. 그들은 사흘 동안 인천 앞바다에서 배를 타고 정박하면서 자신들이 건준의 대표라고 주장했다.[27] 그들에게 우호적인 자료의 기록에 따르면 그들의 주요 임무는 일본인의 음모를 미국인에게 경고하고 한국 정부가 수립될 때까지 건준이 과도적으로 권력을 담당하리라는 사실을 설명하는 것이었다.[28] 그들은 미군에게 두 가지 명단을 건넸다—하나는 "성실하고 믿을 수 있는" 한국인이고 다른 하나는 "친일" 한국인이었다. 첫 번째 명단은 세 사람 가운데 누가 진정한 대표인가 하는 문제를 불러왔다. 물론 이 첫 번째 명단에는 세 사람이 포함돼 있었다. 거기에는 여운형과 두 충성스러운 지지자 이만규·황진남도 들어 있었다. 그러나 명단의 나머지 11명 가운데 적어도 8명은 한국민주당의 초기 구성원이었다.[29] 그리고 이강국·허헌 같은 건준의 좌익 지도자들은 누락됐다. 세 사람은 자신들 외에는 대표로 인정하지 않았던 것 같다. 여운홍은 대일 협력자[30]라는 경력 탓에 첫 번째 명단에 포함되지 못했고, 두 번째 명단은 대일 협력의 정의가 좁고 제한적이라는 사실을 보여주었다.[31] 세 사람의 이런 대담한 행동은 기회주의를 노골적으로 드러낸 것에 지나지 않았다. 새로운 미국 체제에 아첨하려는 우스꽝스러운 시도였다.

미국이 특별히 흥미로운 반응을 보이지 않는다면 이런 일화는 그리 중요하지 않았을 것이다. 그러나 1946년 4월 대담에서 하지는 3명의 대표단이 "일본의 후원을 받았고" 자신은 특정한 정치단체에 우호적으로 보이고 싶지 않았기 때문에 그들과의 면담을 거절했다고 말했다.[32] 이때야 하지는 작은 역사에 참여했음을 뒤늦게 깨달았다. 건준이 일본의 후원을 받았다고 비난한 것은 한민당뿐이었기 때문에 인천 앞바다에 정박해 있던 하지가 그런 사실을 알 수는 없었다. 아울러 9월 8일 G-2(미군 정보부) 보고서에는 일본의 후원과 관련된 내용이 없었다. 그 보고서에서는 세 사람이 "상당히 믿을 만하며" "군정을 완전히 인정하고 군정과 한국 국민의 소통을 돕겠다고 자원했다"고 말했다.[33] 『서울타임스』는 세 사람이 실제로 하지를 만났다고 보도했고 그 뒤 하지 자신도 대표단 가운데 적어도 한 사람을 만났다고 기자에게 말했다.[34] 요컨대 하지는 김성수와 장덕수가 "성실하고 믿을 만한" 한국인으로 명단에 실려 있다는 것을 알았다면, 며칠 만에 스스로도 비슷한 판단을 내렸음을 고려할 때, 그들의 접근을 환영했을 것이다.

군정 초기에 미국인과 한국인 사이에 발전된 관계는 낯선 상황에서 전개된 정치적 갈등에 대한 미국의 대응과 외국 세력의 존재에 대한 한국의 대응을 살펴볼 수 있는 사례 연구의 대상이다. 서로의 의도는 조금 달랐지만, 미국인들은 하룻밤 사이에 자신들이 가장 보수적인 한국인들과 연결됐다는 사실을 알게 되었다. "현지 사람이나 조직화된 정치단체가 군정의 정책 결정에 참여해서는 안 된다"는 것이 점령군의 원칙이었다.[35] 그러나 며칠 만에 제24군단은 한민당과 관계를 형성했고 그 뒤 그것은 다른 정치단체를 보는 미국의 시각에 영향을 주었다.

9월 10일 3명의 한민당 대표 조병옥·윤보선·T. Y. 윤(윤치영으로 추정됨)은 군정 장교들을 만나 인공이 "친일 한국인 집단"에 의해 조직됐으며 여운형은 "한국 국민에게 친일 정치인으로 잘 알려져 있다"고 말했다.[36] 그 뒤 열흘 동안 작성된 G-2 일일보고서에 언급된 한국인 정보 제공자는 송진우·김성수·장덕수·서상일·설의식·김용무·김도연 등 하나같이 한민당 지도자였다.[37] 루이스 임(임영신)과 박인덕 같은 한민당 지지자도 이 무렵 군정에서 발언할 기회를 얻었다.[38] 한민당 지지자로 얼마 후 하지의 통역이 된 이묘묵은 9월 10일 유명한 음식점인 명월관明月館에 모인 군정 장교들에게 중요한 연설을 했다. 그는 미국인들에게 여운형과 안재홍은 유명한 "친일파"이며 인공은 "공산주의적 성향"을 띤다고 말했다.[39] 그 뒤 한민당의 공식 기록은 이 시기 그런 행동의 목표는 미국인에게 인공이 친일파이자 공산주의자이며 "민족 반역자" 집단이라는 사실을 확신시키려는 것이라고 언급했다.[40]

8월 말 이후 일본인들은 미국인에게 건준과 인공이 모두 공산주의자라고 말해왔지만, 제24군단 장교들은 인공을 "친일파"이자 "공산주의자"로 규정한 것에서 일정한 모순을 느꼈어도 그리 당황하지는 않은 것 같다. 그 대신 그들은 서울의 정치 상황에서 쏟아진 악의적 선전을 사실로 믿었다. 한민당은 생존을 위해 싸웠고, 인공이 보유한 대중적 지지와 조직적 능력이 없었으며, 조선시대 당쟁에서 사용됐을 것 같은 전통적 관용구로 대답할 뿐이었다. 사정을 모르는 미국인들은 한민당 지도자들이 여운형·허헌·안재홍처럼 일본에 강력히 저항한 인물을 맹렬히 비난하기에 앞서 일본의 전쟁 노력에 협력해 반미를 주장한 연설에 참여했다는 사실을 알지 못했다.[41] 그러나 근본적인 문제는 미국의 무지가 아니었다. 한민당 지도자들은 미국인의 정치적 한계를 정확히 측정했으며 그들이 듣고자 하고 믿고자 하는 것을 말해주었다.

그 결과 미국은 상륙한 뒤 인공에 대한 반대를 뚜렷이 표명했다. 하지는 10월 5일까지 여운형을 만나지 않았으며,[42] 만나자 "당신은 일본과 어떤 관련이 있으며 일본에게 얼마를 받았느냐?"고 물었다. 이것은 하지가 드물게 반대한 "친일" 문제 가운데 하나였지만, 그가 한민당의 선전에 얼마나 영향을 받았는지를 보여주었다. 그 뒤 여운형은 "미군정은 처음부터 나를 좋게 보지 않았다"고 말했다.[43]

한민당의 정보 제공자들은 인공이 공산주의자이자 민족 반역자 집단이며 한민당은 남한에서 민주주의를 이끄는 세력이라고 미국인들을 확신시켰다(물론 미국인들은 자신이 필요로 하는 만큼만 믿었다). 9월 11일 G-2의 책임자 세실 니스트 대령은 서상일·설의식·김용무 등과 이야기를 나눈 뒤 이들은 "유명하고 존경받는 사업가이자 지도자"이며 한민당은 "일반 한국 대중을 가장 대표하며 보수적이고 유능하며 존경받는 한국인 지도자이자 사업가를 가장 많이 보유한" 정당이라고 보고했다.[44] 한 주 뒤 니스트는 한민당이 "한국 국민의 절대다수를 대표하는 유일하고 주요한 민주 정당"이라고 결론지었다(강조는 원문).[45] 그런 판단은 곧 하지 장군, 메럴 베닝호프, 그 밖에 군정청의 핵심적 정책 입안자들에게 전달됐다. 그들은 그 뒤 미국의 정책이 형성되는 데 참으로 심대한 영향을 주었다.

한민당은 자신의 생존에 필요한 주요 고리인 외국 주둔군의 원조와 지원을 얻었다. 이제 그 지도자들은 일제가 만들어놓은 고도로 중앙집중화된 정치체제를 장악하려는 자신들의 궁극적 목표를 위해 미국의 공감을 얻는 데 전력을 쏟았다. 그들은 이 목표를 이루는 과정에서, 적어도 일시적으로, 자신들보다 불운한 한국인의 분노와 비방을 견딜 의사가 있었다.[46] 한민당은 가능하다고 생각했던 것보다 더 큰 성공을 거뒀는데, 미국에게 자신들이 믿을 만하며 민주적인 동맹 세력임을 확신시켰기 때문으로 여겨진다. 그리고 그것은 일부 한민당 지도자들 스스로조차 동의할 수 없는 어떤 것이었을지도 모른다. 미국은 한국 국내의 혁명적 흐름을 저지하는 데 의지할 수 있는 충성스러운 동맹이 필요했다.[47] 군정 초기 몇 달 동안 한민당은 이런 목적에 이상적으로 적합한 것으로 보였고, 스스로를 억압자가 아니라 해방자라고 여긴 미국인들은 자신의 양심을 위로하기 위해서라도, 실제로든 그렇지 않든 그들이 민주적일 것이라는 평가를 내려야 했다.

미국과 한민당의 관계는 국무부에서 파견된 하지 장군의 정치 고문 H. 메럴 베닝호프가 처음 워싱턴에 보낸 중요한 정치 보고에 잘 나타났다. 9월 15일에 처음 보낸 보고서의 서두에서 베닝호프는 한국의 정치 상황을 이렇게 서술했다.

> 남한은 불꽃을 대면 즉시 폭발할 준비가 돼 있는 화약통이라고 비유하는 것이 가장 적절할 것이다.
>
> 한국인은 즉각적 독립과 일본인의 축출이 이뤄지지 않은 데 크게 실망하고 있다. 한국인은 믿기 어려울 정도로 일본인을 증오하지만, 미군이 감시하는 한 폭력을 행사하지는 않을 것으로 생각된다.
>
> 일본인 관료를 축출하는 것은 일반적 견해로는 바람직하지만 얼마 동안은 실행에 옮기기 어렵다. 그들을 명목적으로 파면시킬 순 있지만 계속 일하게 해야 한다. 정부 기관·공공시설·보도 기관 모두 하위직을 빼면 자격을 갖춘 한국인이 없다. 아울러 일제 치하에서 고위직에 오른 한국인은 친일파로 간주되며 그들의 주인만큼 증오받는다. (…) 일본인 총독과 경무국장警務局長이 모두 축출된 뒤 서울 지역의 경찰관을 전면적으로 교체한다면, 정부는 강화되지 않겠지만 성난 한국인을 달랠 수 있을 것으로 생각된다.
>
> 모든 (정치) 단체는 일본인 재산을 차지하고 일본인을 한국에서 축출하며 즉시 독립을 성취하려는 공통된 생각을 갖고 있는 것 같다. 그들에게는 이것 외

> 에 다른 생각은 거의 없다. (…) 한국은 선동가에게 참으로 적합한 장소다.

계속해서 그는 군정과 한민당의 연합이 시작될 것을 시사했다.

> 정치 상황에서 가장 고무적인 한 가지 요소는 서울에 교육 수준이 높고 연로한 보수주의자 수백 명이 있다는 사실이다. 그들 가운데 다수는 일본에 협력했지만, 그런 오명은 결국 사라질 것이다. 그들은 "임시정부"의 귀국에 찬성하며 다수파는 아니지만 가장 큰 단일 집단인 것은 분명하다.[48]

한민당에 대해 이처럼 솔직하게 공감을 표한 것은 미군 주요 장교들의 시각을 정확히 반영한 것이었다. 그것은 세실 니스트 대령의 정보 보고서를 윤색한 것에 지나지 않았다. 니스트와 베닝호프 모두 민주적이며 친미적이라고 자칭하는 사람을 조금이라도 더 포섭하려고 노력했는데, 서울에만 존재하고 대일 협력자가 많았던 소규모의 한민당은 이 보고서에서는 "수백 명의 보수주의자"에서 "가장 큰 단일 집단"으로 변형됐으며 니스트의 서술에서는 "대다수 한국민을 대표하는" 집단으로 바뀌었다. 그러나 실제로 그것은 미국이 기댈 수 있었던 가장 큰 단일 집단이기도 했다. 베닝호프가 "급진적" 또는 "공산주의적" 단체로 규정한 다른 주요 단체는 소련과 관련된 것으로 인식됐다.

> 일본인의 재산을 즉각 점유하는 데 찬성하는 공산주의자는 법과 질서를 위협할 수 있다. 잘 훈련된 선동가는 우리 지역을 혼란시켜 소련의 "자유"와 지배를 지지하고 미국에 반대하도록 만들 수 있다. 남한은 그런 행동을 하는 데 매우 적절한 지역인데, 주한 미군은 통제 지역을 급속히 넓히는 데 충분한 병력이 없기 때문이다(강조는 베닝호프).[49]

1주(9월 8~15일) 만에 한국에 있던 주요 미국 장교들은 일본인의 명령을 따랐던 한국인들이 자신들의 지지 세력이 될 것이며 반대 세력은 소련에 가까운 이적 분자가 되리라고 판단한 것으로 보인다. 이것은 베닝호프, 하지, 니스트의 경험이 상대적으로 부족했기 때문인가? 작고한 외교사 권위자 허버트 파이스가 이 보고서를 "멀리까지 통찰한 서술이자 상황 분석"이라고 평가한 것으로 미루어 그것은 분명히 아니다.[50] 그렇다면 이 보고서는 소박한 계획이나 변칙적 생각이 아니라 낯선 상황의 정치적 갈등에 미국이 대응하는 방식과 관련된 보편적이고 뿌리 깊은 가정을 담고 있는 것이다. 베닝호프와 하지 등도 수사修辭를 배제하고 자신의 생각을 단순하고 직설적으로 표현함으로써 냉전의 조짐이 점차 나타나고 있음을 보여주었다.

계속해서 9월 15일 보고서에서 베닝호프는 워싱턴에서 정책을 지시하지 않는다고 불평하면서 "행정 운영에 경험이 있고 동양인에 대한 지식이 있는 유능한 장교를 참모로 보내주기 바란다"는 하지의 희망을 전달했다. 앞으로 살펴보겠지만 베닝호프는 처음으로 새로운 정책을 제시하면서 그 보고서를 끝맺었다. "망명 중인 충칭 임시정부를 귀국시켜 연합국의 후원 아래 과도정부로서 군정 기간과 한국 국민이 선거를 치를 수 있을 만큼 안정될 때까지 간판으로 활동하게 하자고 (하지는 요구했다)."[51]

2주 뒤 베닝호프의 생각은 진전됐다. 이제 그는 남한이 완전히 양극화됐다고 판단했다.

> 서울 그리고 아마 남한 전체는 현재 두 정치 세력으로 뚜렷이 나뉘어 있다. 서로 몇 개의 작은 집단으로 이뤄져 있지만 각자 분명한 정치 이념을 갖고 있다. 한쪽에는 이른바 민주적 또는 보수적 집단이 있다. 그들 다수는 미국이나 한국의 미국 선교 기관에서 공부한 전문직 종사자나 교육계 지도자다. 그들은 서구 민주주의를 따르려는 목표와 정책을 가졌으며, 대부분 이승만 박사와 충칭 임정의 조기 귀환을 바라고 있다.[52]

이 집단의 가장 큰 세력은 한민당으로 "고등교육을 받은 사업가와 전문직 종사자, 전국 각지의 지도자로 구성됐다"고 베닝호프는 판단했다. 다른 쪽은 "급진적 또는 공산주의 집단"으로 인공이 그 중심 세력을 형성했다.

급진 세력은 그들의 정적인 한민당보다 잘 조직된 것으로 보이며 (…) 신문 등에 따르면 명확한 계획과 훈련된 지도 계통이 그 배후에 있다.

조직을 이끄는 뛰어난 인물은 여운형이다. (…) 그러나 그의 정치적 신념은 기독교에서 공산주의로 바뀐 것으로 생각되므로 사람들은 지금의 그를 어떻게 판단해야 할지 잘 모른다.[53]

그다음 문단에서 베닝호프는 "바뀐 것으로 생각되므로"라는 표현을 삭제했다. 이제 여운형은 그저 "공산주의자"가 됐다. 계속해서 그는 8월 15일 이후의 인공을 분석했다.

여운형과 그의 지지자들은 자신들이 정부를 구성하고 있다고 생각했다. 그들은 정치범을 풀어주고 치안 유지와 식량 배급을 비롯한 정부의 역할을 수행했다. 이때가 건준의 권력이 정점에 오른 시기였는데, 공산주의자가 우세를 차지하자 보수 세력이 불만을 품으면서 건준은 급속히 영향력을 잃었다.

그동안 일본인은 미국이 남한을 점령하리라는 것을 알았다. 또한 그들은 여운형이 자신들의 명령을 따르지 않을 것이라고 예상했다. 그들은 건준의 권력을 줄이기 위해 그것을 치안위원회로 전환하고 3000명의 일본군을 하룻밤 사이에 민간인으로 전환시켜 서울에 경찰로 투입했다. (…) 그러나 여운형은 제어되지 않았다. 그는 정치적으로 자유롭게 활동할 수 있도록 미국이 허용한 특권(?)을 이용했으며 9월 5일 인민공화국을 수립하려는 목적에서 자신의 단체를 정당으로 재편했다. (…) 온건 보수 세력은 국민 다수의 지지를 받고 있다고 주장하면서 별개의 조직을 만들어 자신들을 보호하고 반공과 민주주의 신념을 지키려고 했다. 급진 세력은 (…) 더 잘 조직됐고 더 강경하다. 공산 세력(소련) 침투의 본질과 범위는 확실히 말할 수 없지만 상당할 것이다.[54]

베닝호프는 급진 세력이 "자기 나라를 다시 일으키는 데 도움과 지도를 받아들일지는 알기 어렵다"고 보고했다. 그는 워싱턴에 이렇게 확언하면서 이 보고서를 끝냈다.

> 미군은 평화와 질서가 유지되는 한 이런 정치 상황에 간섭하지 말아야 한다. 미군정청이 어떤 특정한 집단을 지원할 수 없다면 이것 외에 채택할 수 있는 정책은 없다고 판단된다.[55]

그러나 베닝호프가 이 보고서를 쓸 때(9월 29일) 미국이 불개입 정책을 채택했는지는 의심스럽다. 9월 12일 미군 사령부는 각 정파의 지도자들을 만났는데 그 자리에서 한민당의 주요 지도자 조병옥은 공산주의자와 인공을 비판해 참석자들의 거센 항의를 받았다. 9월 21일 미국은 한민당 수석총무 송진우가 공공 라디오 방송국에서 인공을 공산주의자와 친일파 단체로 공격하도록 용인했다.[56] 아울러 미국은 9월 27일 공식적으로 점령군을 환영하는 준비위원회를 설치하도록 승인했다. 위원장은 연로한 권동진, 부위원장은 김성수, 사무국장은 조병옥이 맡았다.[57]

10월 9일 베닝호프는 한민당 지도자들을 군정 내부, 이른바 고문단으로 끌어들이는 조직적 노력에 대한 첫 보고서를 작성했다.

> 10월 5일 군정장관 아널드 소장은 주요한 두 정치 세력(좌익 또는 급진파와 보수파)은 물론 교육자·법률가·사업가·"애국자"까지 포함해 신중히 선발한 11명의 저명한 한국인으로 고문단을 결성했다. 아널드 장군은 개인이나 정당의 이익이 아니라 나라의 이익을 생각하는 진실한 조언을 부탁한다고 그들에게 말했다. 11명은 그런 취지에 따른 지명을 수락했고 비밀투표로 김성수를 의장으로 뽑았다.[58]

11명 모두 지명을 수락했다는 베닝호프의 서술은 잘못됐다. 고문단에 지명된 사람 가운데 1945년 8월 건준의 북한 지부를 이끌었고 그 뒤 조선민주당을 만든 조만식은 참여하지 않았다. 누군가 조만식이 남한에서 고문단에 참여하기를 바라고 있다는 완전히 잘못된 정보를 미군에 전달했다.[59] 고문단에 참여하지 않은 또 한 사람은 좌익 대표로 선출된 여운형이다. 아널드가 10월 5일 모임에 참석해달라고 요청하자 여운형은 그런 조직은 "한국에서 누가 손님이고 누가 주인인지를 뒤집는 것"이라면서 거절했다. 그 뒤 여운형은 하지의 특별한 요청에 따라 결정을 번복했다. 그러나 그는 고문단의 첫 회의 때 참석한 9명이 모두 한민당 인사인 것을 보고는 9대 1이라는 수적 우세가 함께 일하기를 바라는 하지의 의중인지 물은 뒤 즉시 떠났다.[60]

고문단에 참여한 9명은 김성수·김용무·김동원·송진우·이용설·전용순·오영수·강병순·윤기익이었다.[61] 앞의 4명은 한민당의 주요 창립자였다. 나머지 5명이 한민당의 지도자나 당원이었다는 정확한 증거는 없다. 그들의 이름은 한민당 명부에 나오지 않으며 정치적 소속은 확실치 않다. 그러나 미군의 공식 자료는 9명 모두 "저명하고 보수적인 한국인"이라고 서술했다.[62]

고문단 구성은 군정이 우익에 절대적으로 유리한 조건에서 한국인 지도층을 군정에 참여시키려고 했지만 실패한 몇 가지 시도 가운데 첫 번째였다. 9대 1이라는 우익과 좌익의 비율은 1945년 가을 남한에서 좌익과 우익이 실제로 차지한 정치적 영향력 및 대중적 지지와는 정반대였다. 따라서 그 계획은 실행할 수 없고 폐기돼야 했다. 더욱이 그런 구상은 일본인의 관행을 떠올리게 했다. 10월 9일 베닝호프가 말한 대로 "지금까지 고문단 창설과 관련된 발표가 여론의 반응이나 언론의 주목을 받지 못한 것은 총독부의 후원 아래 비슷한 단체가 (최근 해체됐지만) 친일 세력을 모은 것으로 간주됐기 때문이다".[63] 고문단 의장 김성수가 해체된 총독부의 중추원에 소속됐다는 사실도 그런 생각을 강화했다.[64] 미국은 조언을 얻으려고 뽑은 한국인들에게서 피해를 입었다. 9월 22일 무렵 "김동성"이라는 인물은 군정 정보장교에게 일본이 만든 "중추원" 같은 단체를 "애국적 한국인"으로 다시 구성하면 좋은 결과를 얻을 수 있을 것이라고 제안했다.[65]

고문단이 대중의 지지를 받지 못했지만, 군정은 도지사를 선출하고 남한 전체의 모든 행정 단위에 비슷한 자문단을 구성하는 데 그들의 추천을 받아들였다고 보고했다.[66] 그러나 앞으로 보게 되듯이 그런 조언은 고문단이 아니라 보수단체와 한민당 지도자들에게서 비공식적 경로를 거쳐 나온 것으로 생각된다.

미군 사령부는 여운형이 고문단에 참여하지 않겠다고 거절한 것을 불쾌하게 여겼으며 그의 행동은 한국의 합법 정부라고 계속 주장해온 인공 때문이라고 생각했다. 그 대응으로 10월 9일 아널드 장군은 인공을 신랄하게 비판하는 성명을 작성해 10월 10일 모든 신문의 첫 면에 싣도록 지시했다. 거기서 아널드는 인공 지도자들을 유치하고 부패하며 "어리석게도 자신들이 한국의 합법 정부로 기능할 수 있다고 생각한다"고 비판했다.[67] "이 발언에는 평화와 질서를 어지럽히려는 악의적 행동을 중지시키기 위해서 무력을 사용할 수 있다는 명확한 암시를 담았다"고 베닝호프는 지적했다.[68] 대부분 아널드보다 연장자였고 정치적 경험도 훨씬 더 많았던 인공 지도자들은 발언을 매우 모욕적으로 받아들였다. 실제로 남한의 모든 신문은 그 성명을 비판했으며 『매일신보』는 게재를 거부했다.[69] 언급된 횟수로 판단해보면 1945년에 나온 미군의 발언 가운데 이 성명만큼 한국인을 분노시킨 것도 없었다. 게다가 고문단이 아널드의 성명을 지지하자[70] 자국의 명예가 위태롭다고 느낀 한국인들은 고문단을 더욱 혐오했다.

인공은 「민족 반역자와 애국자」라는 제목의 유명한 문건을 발표해 아널드의 비판에 대응했다. 거기서는 아널드의 발언이 "너무 모욕적이어서 우리가 발행하는 신문에 실을 수 없었다"고 지적했다. 인공은 "적절한 절차에 따라 수립된 인민의 기구"지만 미군은 "외세의 보호 아래 다시 대중을 억압하려는" 친일 한국인의 조언을 받기 때문에 인공을 인정하지 않는다고 그 문건은 말했다. 미군이 진정으로 "부패한" 사람을 찾고 싶다면, 1943년 11월 5일 "동아東亞의 신질서는 지금 만들어지고 있으며 지금이 황도皇道의 대의大義(일본 제국주의의 정의)에 죽을 때"라고 연설한 김성수를 보아야 한다고 주장했다. 계속해서 그 문건은 전시의 비슷한 연설을 인용했다. 그중 일부는 한민당 지도자 장덕수·구자옥·백낙준 그리고 고문단의 이용설이 미국을 맹렬히 비난했던 것이었다. 문건에 인용된 연설은 1941~1945년 『매일신보』에 실린 것이었다.[71] 그 문건이 발표된 직후 군정은 정치적 전단과 문건의 인쇄 및 배포를 금지했다. 미군 장교들은 "공산주의자의 전단" 때문에 이 지시가 내려졌다고 밝혔다.[72] 그러나 그 지시는 거의 효과가 없었다.

이 격동의 한 주 동안 미군은 서울에서 일어난 중요한 노동쟁의와 관련된 조처도 내렸다. 1장에서 언급한 박흥식은 해방 뒤 자신의 화신백화점을 문석태가 이끈 종업원 자치위원회가 인수하는 것을 지켜봤다. 10월 4일 그 위원회는 백화점을 재편하라고 요구하면서 박흥식과 공식 협상을 시작했다. 그러나 협상은 결렬됐고, 10월 12일 미군 헌병 4명이 일본인 경찰고문 2명과 일본인 통역 1명을 대동해 백화점에 진입해 문석태를 체포했다.[73] 그 뒤 박흥식은 백화점을 다시 소유했고 몇몇 고위 미군 장교와 친밀한 관계를 맺었다.

10월 중순 미군정 아래서는 인공의 미래가 없다는 것이 뚜렷해졌다. 미국과 인공의 이념적 부조화와 미국의 자국 중심 정책을 고려하면 인공과의 갈등은 처음부터 깔려 있었다고 말할 수 있다. 그러나 고문단은 인공 지도자들이 미국에 "비협조적"이라는 결정적 증거를 제공했다. 아울러 그들은 미국의 정책을 적극적으로 지원하는 주요 세력은 한민당이라는 것을 보여주었다. 10월 10일 베닝호프의 보고서는 군정 장교들이 그런 결론에 이르렀다는 사실을 또렷이 보여준다. 그는 인공에 대해 이렇게 말했다.

> (인공이) 소련(아마 이전부터 시베리아에서 저항하던 한국인)의 지원과 지휘를 받았다는 증거가 있다. 아무튼 그들은 가장 공격적인 단체다. 그 기관지는 미국의 점령 방식을 미국에 불리하게 해석될 방식으로 (소련의 그것과) 비교했다.

베닝호프는 한민당이 미국의 계획에 가장 협조적—한국의 독립을 희생할 정도까지—이라고 파악했다.

> 한국인 다수의 생각을 대표하고 있다고 여겨지는 온건 보수파는 군정과 협력할 의사가 있다. 그들 다수는 자기 나라가 일정한 후견 기간을 거쳐야 하며 소련보다는 미국의 지도를 선호한다고 말했다.[74]

베닝호프는 이승만을 비롯한 임정 지도자들이 "군정과 함께 일하고 현재 고문단과 동일한 조건으로 자문 기구에 참석할 용의가 있다면" 그들의 귀국을 바란다는 한민당의 요구를 지지했다. "옌안 등"에서 귀국하는 한국인들이 환영받는다고 해도 "군정은 돌아올 수 있는 인원을 일정 기간 제한할 필요가 있다"고 그는 분석했다.

한민당이 미국의 후견을 지지한 것은 매우 흥미롭다. 미국인은 이 문제가 얼마나 큰 분열을 불러올 것인지 몰랐다고 이해해줄 수도 있지만, 한국인은 그 함축된 의미를 모를 수 없었다. 대부분의 한국인은 후견이라는 용어에서 앞서 일본이 한국을 지배하면서 써먹었던 모든 정당화를 떠올렸으며, 한민당이 그것을 지지한 것은 지조 없이 외세와 타협한 행위로 봤다. 몇 년 뒤 조병옥은 한민당이 한반도의 적화를 막으려는 목적에서 후견을 지지했다고 해명했다.[75] 더욱이 당시 신문들도 그런 한민당의 속셈을 시사했다. 조선공산당의 『해방일보』는 "일정 기간" 군정을 지속해 한국인이 행정적 기술 등을 배우게 해야 한다고 찬성한 송진우와 김병로를 비판했다. 조선공산당은 그것을 사대주의라고 불렀으며 미국이 "일본에 맞서 오래 전쟁을 수행한 것"은 높이 평가해야 하지만 그들이 한국에 진주해야 할 유일한 이유는 일본군의 무장해제라고 말했다.[76]

10월 20일에 열린 미군 공식 환영식은 미국과 한민당의 동지애를 뚜렷이 보여주었다. 그 행사를 주관한 사람은 조병옥이었다. 그와 동시에 그는 군정청 경무부장으로 임명됐다.[77] 권동진과 이인이 연설했고 장택상이 통역했다(그는 곧 수도경찰청장에 임명됐다). 이인과 장택상은 한민당의 창당에 참여한 인물이었다. 아울러 행사에서는 귀국한 이승만이 소개됐다. 조병옥과 하지 장군은 이승만을 극진히 환영했고, 이승만은 행사에서 소련 치하의 북한은 "노예 상태"에 있다고 비난했다.[78]

미군정이 한민당 지도자들을 이렇게 적절치 못하게 편애한 사례들은 군정과 워싱턴의 일부 미국인은 물론 한국인들의 많은 비판을 받았다. 서울에 있던 국무부의 고문 가운데 한 사람인 윌리엄 랭던은 그런 비판에 이렇게 대응했다.

> 군정이 부유층을 선호하고 대중의 지지를 받는 좌익 인사를 배제한 것과 관련해 우리가 처음에 부유하고 보수적인 인사를 균형에 맞지 않게 많이 뽑았을 확률이 크다. 그러나 낯선 사람들 가운데서 누가 누구인지 우리가 어떻게 알겠는가? 실제적 목적 때문에 우리는 영어를 할 수 있는 사람을 고용해야 했는데, 영어는 한국인에게 하나의 사치품이었기 때문에 이 사람들과 그 친구들은 대부분 부유층 출신인 사태가 발생했다. 그러나 오래전부터 군정은 그들이 한국 사회를 대표하는 인물이 아니라는 사실을 알았으며 그 구조의 사회적 기반을 폭넓게 반영하려고 노력하고 있다.[79]

이 전보는 국무부 내부에서만 보게 돼 있었다. 랭던은 워싱턴의 상관들에게 자신은 잘못이 없다고 주장한 것이다. 그러나 그는, 의식적이든 무의식적이든 그들을 속이려고 했다. 여운형도 영어를 했고 그의 동생 여운홍은 오하이오주 우스터대학을 졸업했으며 그 밖의 좌익 지도자들도 영어를 했기 때문이다. 더욱이 앞으로 보듯이 11월 말 군정은 랭던이 "한국 사회를 대표하지 못한다"고 표현한, 군정에 고용된 한국인 세력을 해체하기보다는 굳히려고 했다.[80]

식민지 관료 기구의 재건

가장 포괄적으로 말해서 1945년 한국이 계승한 국가에는 두 가지 역할이 남아 있었다. 하나는 옛 조선에서 온 허약한 관료 제도였다. 국가의 부와 힘을 기르는 수단으로 경제를 활성화하는 데 관심이 없었지만 지주의 특권을 유지하는 데는 유용했다. 다른 하나는 물론 식민지 통치 기구에서 온 것으로 경제와 사회에 끊임없이 간섭하고 국민을 억압하며 거리낌없이 식민지를 복속시킨 강력한 관료 제도였다. 아울러 일본인은 베버적 개념에 따라 부패를 허용하지 않는 근대적 채용 제도와 완벽한 공무원 조직과 봉급 등을 도입해 한국의 관료 제도를 합리화했다. 초점은 협력을 강제하는 데 맞춰졌는

데, 그것을 주도한 기구는 중앙집권적이고 지나치게 비대했지만 통제와 지배에 대단히 효율적인 총독부였다. 이런 구조는 거기에 근무한 일본인을 빼고는 한국에 고스란히 물려졌다.

식민지 시대에 부와 권력을 유지한 한국인은 대부분 지방의 대지주였다. 그들에게는 중앙에서 실권을 쥘 수 있는 희망이 없었다. 따라서 한국인 대지주에게 해방 이후의 시기는 식민지 통치 기구의 외피가 부서지면서 생긴 공백을 메우며 중앙 관료 기구로 진입할 기회가 됐다. 또한 이것은 조선시대의 관습으로 되돌아가 한국의 정치적 전통을 다시 주장하는 것이었다. 그러나 한국의 사회질서는 식민지 시대에 완전히 바뀌었기 때문에 옛 질서로 되돌아가려는 1945년 이후의 노력은 지는 해의 저녁놀 같은 마지막 저항이었다.[81]

자신들의 서울 점령을 소련이 묵인한 덕분에 미국은 "거대한 문어 같은 관료 기구"의 통제권을 확보했다. 38도선 이남의 모든 사회 구조는 미국의 손에 들어왔다. 그리고 지배자로 행세하던 일본인이 철수하면서 미국은—기존의 통치 기구를 사용한다면—남한을 완전히 통제할 수 있는 힘을 가졌다. 기억해야 할 핵심은 여기서 미국이 한 가지를 선택했다는 것이다. 앞서 본 대로 미국의 점령 계획은 군정이었다. 한국을 억압적으로 통제한 식민지 통치 기구는 해체해야 했다. 아울러 미국에게는 북한에서 일본인과 그들에게 고용된 한국인을 축출하고 총독부의 지방 기구를 해체한 뒤 일상적 행정 업무를 도·군 인민위원회로 이양한 소련의 사례가 있었다.

군정의 공식 기록은 총독부가 8월 15일 이후 "껍데기만 남았다"고 썼다. 총독부가 여운형의 5개항 요구를 수락한 것은 "실질적으로 자기 지위를 포기한 것이었다".[82] 미군이 서울에 도착했을 때 총독부는 거의 완전히 혼란에 빠져 있었다. 공무는 중단됐다. 90퍼센트 가까운 직원이 결근했다. 한국인 관료들은 일본인 상사에게 지시받기를 거부했다. 한국인 경찰 간부는 대부분 달아났고 남아 있는 사람은 자기 임무를 수행하는 것을 두려워했다. 감옥은 사실상 텅 비었다. 법원도 기능을 멈췄다.[83] 이런 곤경에 맞닥뜨린 미국의 첫 대응은 식민지 통치 기구 자체를 부활시킬 뿐 아니라 위부터 아래까지 일본인 관료를 활용하는 것이었다. 한국인들과 도쿄·워싱턴의 고위 미국인들이 즉각적으로 강력히 반대하자 군정은 일본인 관료들을 강제적이고 공식적으로 축출해 그런 비판을 누그러뜨리려 했지만, 그들 일부는 비공식적 임무인 고문으로 계속 활동했다. 그 뒤 일본인 고문은 고위직에 한국인들을 추천하는 데 핵심적 역할을 했다.[84] 대체로 미군은 한국인 관료들을 기존 서열에 따라 승진시켜 일본인들이 차지했던 자리를 채웠다.[85] 군정은 각 부서의 최고직에 미국인과 한국인을 한 명씩 책임자로 임명했다. 그 한국인들은 대부분 이전에 총독부 관료였거나 한민당 당원이었다.

군정의 인사 정책은 전후 남한 관료 제도에 큰 영향을 미쳤지만—군정이 임명한 관료는 모두 17만 명에 달했다고 이원술은 추산했다[86]—더 중요한 것은 총독부 관료 기구를 존속시키기로 한 결정이라고 생각된다. 지금까지 전후 한국과 관련된 학술 논문에서는 이런 조치의 의미를 전혀 다루지 않았다. 군정의 공식 자료는 미국인이 "총독부의 기존 행정기관을 이용했다"고 썼다. 그들은 국局을 부部로 바꾸고 부를 국으로 바꾸는 것처럼 겉모습만 변경했다.[87] 그러나 식민지를 착취하려고 고안된 거대한 관료 기구를 1948년까지 유지했으며 일부 부서(주로 경찰)는 확대하기도 했다. 미국이 일본을 점령한 정책과 차이를 생각해보자. 일본에서 미국은 국가를 약화시켰는데, 그것은 일본이 민주화되는 데 장애 요소를 적절히 치유한 것이었다.[88] 그러나 한국에서는 체제가 강화됐다. 한국의 모든 제도는 권력 유지와 급속한 산업화에 집중되었다. 식민지 시대의 강압적 통치가 한국에 준 영향을 어느 정도 무시할 수 있다면, 그것은 한국의 역사적 발전 단계에 비춰 적절한 방법이었다고 말할 수 있다. 물론 핵심 문제는 이 체제가 어떤 목표를 향해 나아갈 것인가 하는 점이다. 그것은 신속한 변화와 발전이나 미래의 계획을 추구하도록 국민에게 동기를 부여하기보다는 시대에 뒤떨어진 특권을 유지하는 데 목표를 두었다. 전후 남한의 국가는 강력했지만 시대착오적이었다.

랄프 다렌도르프는 이렇게 썼다.

지배의 수단과 도구인 관료 제도는 그것의 통제를 맡은 사람의 뜻에 따라 움직인다. 그것은 정치적 대립 가운데 늘 존재하면서 어떤 집단이 권력을 잡든 상관없이 그들의 이익과 지휘를 충실하고 충성스럽게 따르며 지원한다.[89]

한국의 식민지 관료 기구는 어떤 정치 집단이 그것을 장악하든 강력한 제도적 무기가 됐지만, 1945년 총독부를 비롯한 식민지 통치 기구에서 근무했던 한국인 관료에게 대일 협력 문제는 생사가 달린 것이었다. 소련과 그들에게 협력한 한국인은 1945년 가을 북한에서 철저한 숙청을 단행했다. 아울러 북한에서 축출된 관료들이 남한에 넘어오면서 그런 위기의식은 뚜렷이 나타나고 시간이 지날수록 악화됐다. 그러므로 이론적으로 말하면 모든 관료 제도는 특정 집단에 봉사하지 않고 중립적이지만, 한국인 고위 관료는 대체로 그렇지 않았다. 그들은 자기 자리를 지키려면 남한의 개혁을 방해해야 하는 처지에 놓였다.

그런 한국인 관료는 얼마나 있었는가? 일제강점기 마지막 10년 동안 총독부 고위 관료(칙임관勅任官과 주임관奏任官) 가운데 한국인은 18~22퍼센트 정도였다. 정확한 수치를 들면 가령 1942년에 한국인 고위 관료는 442명이었다. 일제강점기 마지막 10년 동안 한국인 경찰 고위 간부는 251~310명으로 13~19퍼센트 정도였다. 한국인 검사와 판사의 비율도 비슷했다.[90] 그러나 1945년에 한국이 분단되면서 북한에 있던 관료는 대부분 월남했는데, 개편된 총독부나 군정에서 일할 수 있는 관료 숫자의 두 배 정도였을 것이다.

1945년 가을 일제 치하에서 관료로 근무한 한국인들은 미군 사령부와 한민당이 자신의 적극적 동맹 세력이라는 사실을 깨달았으며, 한민당 지도자 상당수가 관료 기구의 요직을 차지하게 됐다.[91]

조병옥	군정청 경무부장
장택상	군정청 경무부 수도경찰청장(경시총감警視總監)
김용무	대법원장
이인	검찰총장
김찬영	검사장
최병석	사법부 형정국장
구자관	사법부 수사국장
윤보선	농림부장
유억겸	문교부장
이동제	생활필수품 관리원장
박종만	군정청 체신부 총무국장
임병현	중앙방송국 편성부장
이훈구	군정청 농무부장
백낙준	서울대학교 총장
이순탁	군정청 기획처 통계국장
이운	서울시청 행정처장
정일형	군정청 인사행정처장
김준연·김도연·홍성하	군정청 중앙노동조정위원회 위원 5명 가운데 한민당원 3명

1945년 지방 인사와 관련된 자료는 그리 풍부하지 않지만 한민당이 주도하고 있는 비슷한 구도를 보여준다.

구자옥	경기도 지사
김홍식	경기도 광공국장鑛工局長
김명선	경기도 보건부장
이경희	대구시장
서민호	광주시장

군정이 임명한 군수의 정치적 소속과 관련된 정보는 전라남도만 남아 있다. 1946년 초반 군수 21명 가운데 17명이 한민당 소속이었다.[92]

군정이 강압적 기구인 경찰과 사법기관을 한민당의 지도적 인물에게 맡긴 사실의 중대한 의미는 부정할 수 없다. 조병옥·장택상·김용무·이인은 모두 1948년까지 그 자리에 있었으며 남한에서 좌익을 진압하는 데 중심적 역할을 수행했다. 랭던은 한국인 관료들이 "한국의 사회구조를 대표하지 못하는 상황"을 바꿔야 한다고 국무부의 상층부에게 확언했으며 군정청 내부에서도 조병옥과 장택상 등을 경질해야 한다고 거듭 조언했지만 교체되지 않았다. 이를테면 한민당원인 최병석은 1946년에 물러났지만, 후임 또한 한민당 창당에 참여한 김병로였다.[93] 하지 장군과 그의 가까운 고문들은 법률과 치안 기구에서 한민당 인사를 제외한 인물은 믿을 수 없다고 생각했다.

다른 행정부서와 관련된 한민당의 영향력은 뚜렷하지도 지속적이지도 않았다. 아울러 이훈구 같은 인물은 어떤 부서에서도 고위직에 오를 수 있는 인상적인 능력을 갖고 있었다.[94] 또한 위에서는 1945년에 이뤄진 인사 가운데 일부만 다뤘다. 군정이 한민당을 선호했다는 평가는 다른 정파의 인물도 임명했다는 사실을 보여줄 수 있다면 달라질 수 있다. 그러나 군정이 좌익 인사를 요직에 임명한 사례는 하나도 찾을 수 없었다. 오히려 한민당 외에 등용된 인물은 대부분 일제강점기 관료였거나 그 시기에 출세한 부류였다. 초대 서울시장 이범승은 9년 동안 황해도 지사를 지냈으며 조흥은행 부행장 장우식의 추천으로 임명됐다.[95] 대법원 판사에 임명된 이상기는 일제강점기 대구법원에서 근무했다.[96] 전라도청 내무부장에 임명된 임문무와 경상북도 지사에 임명된 김대우는 일제강점기에 고위 관료였다.[97] 군산시장에 임명된 김용철은 일제강점기에 군산 고문의회顧問議會에서 재직했다.[98] 임명된 사람의 배경에 대한 정보를 좀더 이용할 수 있게 되더라도 군정이 당파를 고려하지 않고 등용했다는 사례를 찾을 수 있을지는 의심스럽다.

앞서 제시한 대로 한민당 지도자들은 근대적 정치의 본질—대중의 지지를 얻고 지도자와 국민의 신뢰 관계를 형성하며 유권자의 의사를 대표하고 적극적으로 정책을 개발하는—을 거의 고려하지 않았다. 이런 모든 요소는 관료 제도에 접근하고 그것을 통제함으로써 얻는 정치권력에 견주면 하찮은 것이었다. 베트남인이 트럼멘trum men이라 부르는 고전적 사례가 있는데, 새로운 사회적 목표를 설정하는 임무를 저버리고 경찰과 행정 기구를 이용해 자신의 목적을 이루는 구체제의 대표자를 말한다.[99] 1945년 군정의 인사는 한민당이 "정치·경제·사회적 권력을 실질적으로" 장악하도록 허락했다고 말해도 지나치지 않는다.[100] 군정은 한국 사회에서 행정 기구가 갖는 권력을 이해하지 못했고, 임명된 사람들을 통제할 수 있으리라는 자신의 능력을 너무 크게 평가했으며 한민당 지도자들의 집요함을 낮게 봤는지 모르지만, 한민당은 주어진 기회를 놓치지 않았다.

이런 대규모 인사에 군정이 적용한 특정한 선발 기준을 알려주는 자료는 거의 없다. 공식 자료에는 7만5000명 정도의 한국인이 1945년 후반 석 달 동안 유임되거나 새로 임명됐다고 기록됐다.[101] 시간상의 제약을 고려하면 대부분 기존 관료를 유임시켰다고 생각된다. 그러나 최고위직 임명은 미국이 9~10월 한민당과 연계된 정보 제공자에게 의존한 논리적 결과였다. 하지의 고문이자 선교사의 아들로 한국에서 태어난 조지 윌리엄스는 거기서 특히 중요한 역할을 수행했다.[102] 한민당 지도자들과 가깝다고 널리 알려진 그는 경찰 수뇌부에 한민당 인사를 임명하는 데 핵심적 역할을 했다. 자료에 따르면 그는 10월 17일 한민당 수석총무 송진우를 방문해 그 직책에 합당한 인물을 추천해달라고 요청했다. 조병옥은 그 자리에서 윌리엄스가 송진우 등에게 이렇게 말했다고 회고했다.

> 모두 아시는 대로 북한에서는 공산군이 권력을 장악했습니다. (남한은) 공산주의의 본질을 명확히 인식하고 있고 반공 사상이 완전히 확립됐지만, (반공을) 실천해 이 상황에 대처하려는 애국자가 없다면 철저히 대응하기 어려울 것입니다. 한국을 위해 군정과 협력할 그런 애국자를 추천해달라는 하지 장군의 부탁에 따라 저는 여러분이 매우 진지하게 생각해 천거해주시기를 부탁합니다.[103]

이튿날 송진우는 조병옥에게 그 자리를 수락하라고 설득했다. 윌리엄스는 동아일보 사옥에 있는 한민당 본부에 도착해 송진우·조병옥과 함께 하지 장군을 만나러 갔다. 하지는 조병옥에게 한민당 당직을 사퇴하라고 말했다. 그러나 조병옥이 거절하자 한민당 지도부가 아닌 당원으로 남기로 합의했다.[104]

윌리엄스는 한국 정치에 매우 확고한 견해를 갖고 있었다. 1945년 10월 13일 한 면담에서 그는 자신이 추천한 인사 임명이 거부되는 데 지쳤다며 군정 기록관에게 불평했다. 그는 "저명하고 믿을 만한 한국인들"과 상담한 뒤 어떤 자리에 '정승영'이라는 사람을 지명했다. 그 직후 한국인들은 그가

〈사진 3〉 1945년 8월 16일 식민 치하 감옥에서 풀려난 죄수들을 환영하는 시민들.

〈사진 4〉 1945년 10월 20일 미군 환영 행사에서 연설하는 이승만. 사진 왼쪽에 앉은 사람은 하지 장군.

일본이 한국인을 교화하려고 세운 "악명 높은" 학교에 거액을 기부했으며 마약 밀매단의 우두머리라고 고발했다. 그러자 곧 윌리엄스는 전후 한국에서 중립은 불가능하다고 결론지었다. "계급적 급진주의자와 민주주의자"라는 두 집단이 있을 뿐이며 그 가운데서 선택해야 한다는 것이었다.[105] 한국의 사정을 좀더 잘 알고 이해하는 미군 장교 레너드 버치는 한국인이 해방 이전에 가졌던 경력에 신경쓰는 미국인은 거의 없었다고 내게 말한 바 있다. 그는 "그 자리에 적합하다면 누구든지 임용하는" 원칙을 따랐다고 말했다.[106] 그러나 대부분의 한국인은 그렇게 생각하지 않았다. 그리고 조병옥과 장택상 등은 능력에 맞는 자리에 임명된 것이 아니라 폭력적 수단을 실질적으로 독점한 직책에 배치되었다. 이런 방식으로 소수의 우익은 권력의 핵심으로 진입했다.

사법과 경찰 기구

한국에 있던 미국인은 1945년 말 사법과 치안 기구—법무부·법원·경찰—와 관련된 대부분의 주요 결정을 내렸다. "한국화"라고 부를 수 있는 정책은 그 분야에서 처음 시행됐다. 공식 자료에 따르면 이런 한국화는 1945년 11월 사법부에서 완성됐고 그 뒤 미국인은 한국인 직원의 고문 역할만 했다.[107] 달리 말하면 한국화는 일본인이 통제하던 사법 기구를 한국인에게 돌려주었을 뿐이며 한국인 직원과 관련된 구조의 근본적 변화는 군정이 끝날 때까지 이뤄지지 않았다.

일제강점기의 사법제도는 지방법원·고등법원·대법원으로 구성됐다. 맨 위에는 거대하고 고도로 중앙화된 사법부가 있었다. 이런 식민지 사법 기구는 치안과 질서 유지와 관련된 일반 업무를 추가로 맡았다. 이를테면 지방법원장은 토지소유권의 이전과 등기를 맡은 지방 등기소를 "엄격히 감독했다". 미군 또한 검사檢事에게 자세한 경찰 업무는 간섭하지 않고 법률적 해석만 맡겨야 한다는 사실을 알고 있었다.[108]

내가 조사한 바에 따르면 군정은 일제강점기 총독부 법무국에서 근무하던 한국인을 모두 유임시켰는데, 미국 자료가 인정하듯 그들은 대체로 대일 협력자였다.[109] 신임 발령은 식민지 시대부터 존재했던 전국법조인협회의 조언에 따라 이뤄졌으며, 대법원이나 고등법원의 고위직에는 판사나 검사로 10년 이상 근무했거나 변호사나 법학 교수로 15년 이상 경험을 가진 사람이 임명됐다.[110] 가장 핵심적인 자리에 임명된 사람은 이인·김용무·최병석·김병로·구자관 등 한국민주당 인사였다. 군정청 사법부에서 가장 중요한 한국인은 미국인 국장의 비서관이던 김영휘라고 생각되는데, 예일대학 박사로 일제강점기 후반 전국법조인협회 이사였다.[111] 그도 한민당원이었는지는 확실치 않다. 그러나 좌익과 중도파 자료는 군정청의 사법 기구가 대체로 한민당의 산물이라고 지속적으로 비판했다.[112]

군정기의 법률과 재판 제도는 일제강점기의 법률과 군정의 고유 권력에 기초한 특별법을 혼합한 것이었다. 미군정은 일왕 숭배를 요구하고 국적에 따라 한국인을 차별 대우하며 정치 사건을 다루는 데 경찰에게 특별한 권력을 부여하는 등의 억압적이고 부당한 식민지 법률을 대부분 폐지했다.[113] 그러나 그들은 일제강점기의 여러 법률을 존속시키고 그 뒤 군정이나 군정의 결정에 반대하는 한국인에 대한 특별한 권한을 유지했다. 1945년 11월 2일 군정법령 21호에서는 아래와 같이 규정했다.

> 앞으로 명령이 있을 때까지 그리고 앞서 폐지된 것을 제외하고는 1945년 8월 9일 현재 시행되고 있는 모든 법률과 옛 총독부가 공포해 효력을 지닌 모든 법률·규칙·명령·고시와 그 밖의 문서는 당국이 폐지할 때까지 유효하다.[114]

이 법령은 1912년 잠재적 반체제 정치범을 대규모로 미리 검거하는 데 사용된 일제강점기의 법률을 1946년 가을에 도로 살리자는 조병옥의 건의에 따른 것이었다.[115] 이것은 1908년 육군형법, 1910년 집회취체령集會取締令, 1936년 불온문서 임시취체법, 1907년 보안법 2호 같은 일제강점기의 부당한 법률도 효력을 유지할 것이라는 의미였다. 이것들은 모두 1948년 4월

8일까지 폐지되지 않았다.[116] 군정청의 판례집을 보면 일제강점기 법률이 군정 기간에 치러진 재판에서 자주 인용됐음을 알 수 있다.[117] 그러나 군정은 반체제 세력을 진압하는 데 일제강점기 법률보다 "적대적" 지역의 점령군이 가진 고유 권한에 더 크게 의존했다. 군정은 자신의 권력을 이용해 정치 문제에 개입해 출판물(편지까지)을 검열하고 모든 정당의 등록을 요구했으며(법령 55호와 72호. 7장에서 논의) 일반적으로 군정에 "유해하다"고 판단한 모든 행동을 막았다.[118]

한국 언론은 군정청의 재판과 처리 절차를 끊임없이 비판했다. 군정청 법무관으로 군정 기간에 사법심사위원회 위원장을 맡은 위그폴 그린도 인신보호제도의 완전한 결여, 두드러진 정치적 편파성, 이례적으로 높은 처벌률을 요구한 근무평정제도 등을 들면서 군정의 사법제도를 강력히 비판했다.[119] 사법부 집행관 조지 앤더슨 소령은 그 부서의 한국인이 끊임없이 정치 활동에 개입하고 있다고 비판했다. 또한 그는 사법부 국장 에머리 우돌이 서울 소재 경찰서들을 순시하면서 아직 유죄로 판결되지 않은 죄수들에게 그 자리에서 유죄를 선고한 사건도 거론했다.[120] 역설적이게도 그 부서에는 다른 부서보다 경험이 풍부한 장교가 가장 많았다. 에른스트 프랭켈은 군정의 핵심 인물로 사법부 법률고문으로 활동하면서 군정의 사법 관련 문서를 많이 작성했다. 그는 저명한 국제법 전문가인 찰스 퍼글러의 도움을 받았다.[121] 그러나 그들의 전문 지식은 정치적 속셈을 가진 한국인이 장악한 사법부에서 아무런 기능을 하지 못했다.

해방 시기의 비극과 미국의 무거운 책임은 군정 동안 국가경찰(군정청 경무부)에서 가장 뚜렷이 나타났다. 대일 협력자와 우익은 고도로 중앙집권화된 독단적이고 자립적인 국가권력을 장악하고 반혁명 세력의 전형적 수단으로 남용했다. "민중의 지팡이"는 수동적으로 치안을 유지하려는 태도를 접었다.[122]

> 한국 경찰의 과제와 임무는 공공질서를 유지하고 생명과 재산을 보호해 수동적으로 치안을 유지하는 민주국가들의 그것과 달랐다. 한국의 상황에서

그런 수동적 치안 유지는 살인과 파괴, 공산주의자의 유격전을 막을 수 없었다. 그래서 경찰은 나라의 독립과 자유를 보존하기 위해 무기를 들고 열심히 싸웠다.[123]

불확실한 운명과 마주친 대일 협력자에게 그리고 자신의 적대 세력이 보유한 조직력과 대중적 지지를 갖지 못한 우익에게 경찰은 정치 투쟁에서 필수적 자원이었다. 아울러 한국에서 경찰 관련 정책을 만든 미국인들이 본질적으로 같은 방식으로 그 쓰임새를 발견했다는 것도 부인할 수 없는 사실이었다.

연합국 최고사령부는 한국 관련 보고에서 한국 경찰은 "완전히 일본화돼 독재의 도구로 요긴하게 사용됐다"고 언급했다.[124] 일본이 항복하기 전 오키나와에 있던 제24군단에 제공된 정보 보고서에서도 한국 경찰의 전체주의적 특징을 인정했다. 10월 중순 군정은 삼성조정위원회의 "초기 기본 훈령"을 받았다.

형사 및 일반 경찰 기관 그리고 적절한 감독 아래 유지돼야 한다고 판단되는 그 밖의 기관은 신뢰할 수 없고 바람직하지 않은 세력, 특히 일본인과, 한국인으로서 일본에 협력한 부류를 단계적으로 축출해야 한다.[125]

군정 기록관은 "일제강점기의 경찰은 광범한 기능을 가졌으며 어떤 근대 국가보다 폭넓은 권력을 행사했다"고 썼다.[126] 여기에는 정치단체와 정치 집회의 등록·통제·감독, 인쇄물·신문·영화와 그 밖의 통신물에 대한 사전 검열, 미곡 수집 작업의 감독과 참여, 고도로 발달한 비밀경찰과 정보원 조직의 운영, "사상 통제"라는 표현으로 포괄되는 활동이 포함됐다.

그런 기능은 중앙의 통제를 받아 한국 사회의 가장 밑바닥까지 침투한 치밀한 조직이 수행했다. 일제강점기의 경찰은 서울과 각 도에 본부와 지부를 두고 서울시에는 별도의 본부(수도경찰청)를 추가로 배치했다. 남한만 하더라도 도 아래에는 132개의 군郡 경찰서가 있었다. 그리고 면과 리里마다 지서와 파출소를 두었다. 모든 경찰관은 도 경찰본부의 지휘를 받았으며 도 경찰본부는 도지사가 아니라 서울 본부의 명령을 받았다.[127] 전국의 경찰 조직은 자체의 통신·교통수단을 보유했다. 지방 사회를 통제하는 유일한 제도는 경찰과 군수·지방 유지, 특히 지주 사이의 연결망이었다.

앞서 본 대로 미군이 한국에 도착했을 때 총독부 산하 한국인 경찰은 80~90퍼센트가 결근할 정도로 혼란스러운 상황이었다. 대부분의 지방에서는 치안대가 치안을 유지했는데, 그들은 서울의 중앙 조직보다는 지방 인민위원회의 지시를 받았다. 군정 초기 경찰 업무에 가장 직접적으로 관여한 로런스 시크 준장은 9월 13일 경찰(일본인과 한국인 모두)은 "사실상 무력했다"고 말했다.[128] 시크는 경찰에서 일본인과 한국인 모두 그대로 유지시키기로 한 하지의 첫 결정에 중요한 영향을 미쳤다고 생각된다. 워싱턴과 도쿄의 상관이 경찰과 관련된 조처를 기각하자, 하지와 그의 가까운 고문은 경찰에서 일본인은 제외하되 한국인은 모두 존속시키고 기존의 전국적 조직을 그대로 유지하기로 결정했다. 미군은 한민당의 핵심 인물인 조병옥과 장택상을 최고위직에 임명했다. 1945년 10월 18일 하지는 앞서 언급한 대로 송진우가 추천한 조병옥을 군정청 경무부장에 임명했다. 장택상은 1946년 1월 16일 수도경찰청장(A구역)에 공식 임명됐지만 실제로는 1945년 10월 7일부터 그 자리를 맡았다.[129] 수도경찰청에는 남한 전체 경찰 3분의 1이 소속됐기 때문에 그의 지위는 조병옥보다 떨어지지 않았다.[130]

미군이 일제의 경찰 조직과 한국인 경찰을 유지하기로 선택한 까닭은 그보다 응집력이 강하고 좌익에 결사적으로 반대하는 세력이 달리 없었기 때문이다. 일제 치하에서 근무했던 한국인 경찰은 대일 협력자를 몰아내거나 처벌하려고 결심한 정치 세력이 권력을 잡지 못하도록 하는 데 커다란 관심을 갖고 있었다. 그런 관심은 그들에게 다른 집단과는 비교도 안 되는 응집력을 주었다. 조병옥은 자서전에서 자신과 하지는 경찰만이 남한에서 인공과 인민위원회를 해산시킬 수 있으리라 믿었다고 솔직히 인정했다.[131] 군정 자료도 그에 동의했다. 군정의 공식 사료는 "군대가 없는 상황에서 경찰은 권력의 유일한 수단이었다"고 서술했다. 아울러 "혼란한 나라에서는 필요한 장소로 신속히 동원할 수 있는 신축적이고 거대한 힘이 필요했다". 중앙에서 통제하는 전국적 조직은 "지방의 연결 고리를 파괴함으로써 저항 세력에 가담하는 것을 최소화하고 지역사회에 경찰을 깊이 침투시킬 수 있었다".[132]

미국은 건국한 뒤 자국에서는 이런 전국적 경찰 조직을 만들지 않았다. 그들이 한국에서 경찰력 사용을 정당화한 논거는 좌익의 위협이었다. 군정 기록관은 한국 경찰이 민주적이지 않으며 이론상 어떤 지역의 경찰은 "지역 주민을 지켜야 하지만 아래의 이점을 제공하는 것이 핵심이라고 생각했다"고 썼다.

1. 긴급사태와 재난이 일어나면 지체 없이 현장으로 동원할 수 있다.
2. 경찰서 사이의 관할권 다툼이나 사소한 분쟁을 피할 수 있다.
3. 경찰에 정치적 영향력을 행사하려는 시도를 거부할 수 있다.
4. 단합된 행동과 공정한 법 집행을 시행할 수 있다.
5. 개인적이든 집단적이든 어떤 (정치)단체에 들어갈 가능성이 줄어든다.
6. 많은 지역사회를 최대한 보호할 수 있다.
7. 지방 경찰은 체제를 전복하려는 움직임에 대한 정보를 누락해서는 안 되며 철저히 조사해 상부로 제출해야 한다.[133]

이런 방침이 그런 경찰력의 구축을 정당화한 일제의 논리와 그리 다를 게 없지 않냐고 질문하지 않는다면 태만이다. 물론 역설적 사실은 미국이 일본을 점령한 동안 "지방자치 조직의 통제에서 벗어난 전국적 경찰 조직을 가진 옛 제도는 독재적 억압의 도구로 너무 쉽게 사용됐다는 타당한 판단에 따라" 개혁을 추진해 경찰력을 폐지했다는 것이다.[134] 그러나 한국에서 그런 개혁은 좌익에 대한 공포와 군정청 경무부 국장 윌리엄 매글린 대령의 보고에서 전형적으로 나타난 미국인의 무신경 탓에 이뤄지지 않았다. "우리는 (경무부의 한국인이) 일본인에게 충성했다면 우리에게도 마찬가지일 것이라고 생각했다."[135]

경찰의 장비에는 미군과 일본군이 보유한 군사 장비가 보충됐다. 도널드 맥도널드는 이렇게 서술했다.

> 가장 극단적으로 중앙집권화된 조직은 경찰이었다. 각 도 경찰 책임자는 도지사가 아니라 서울에 있는 경무부장이나 경찰청장의 지휘를 받았다. 전국의 모든 경찰은 미군 차량과 일본군 소총·총검·기관총, 자체의 전화와 무선통신망을 갖춘 단일한 조직으로 통합됐다.[136]

이런 독립적 통신체계는 "폭동이 일상적인 나라에서 특히 필요했다". 1946년 중반 군정청 경무부는 39개의 무선기지국과 2만2700킬로미터의 전화선을 보유했다.[137]

국가경찰의 이점을 7개로 나열한 목록이 보여주듯 군정은 정치단체 관련 정보의 대부분을 경무부에 의존하게 됐다. 한국 자료에 따르면 군정은 첩보 활동과 사상 통제를 맡은 경무부의 "정보과"를 계속 운영하도록 허락했다. 자료에 따르면 미국인은 이런 기관이 "한국 국민의 이익을 위해" 활동할 것이라고 말했다.[138] 그러나 미국의 공식 자료는 군정이 경무부에 "사상 통제"와 비밀경찰 부서를 폐지하며 경찰은 정치 정보를 수집하지 말고 서적을 압수해 심사·검열하지 말라고 "거듭" 주의를 주었다고 서술했다. 경찰은 "원래 갖고 있던 권력을 조금도 포기하려 하지 않았다". 이를테면 수도경찰청은 "모든 정치 활동, 신문과 잡지, 공중도덕, 파업, 외국인의 동향,[139] 종교 활동"을 감시하는 "사찰과"를 계속 운영했다. 미국인에 따르면 "일부 경찰은 군정의 주요 관심이 좌익 진압"이라고 생각했다. 시위를 허가하는 경찰의 권한은 "좌익의 집회·거리 행진·출판, 연극 공연까지 막을 수 있는" 정치적 무기로 기능했으며 "영화까지 사전에 검열했다".[140]

군정이 그런 활동을 폐지할 능력이나 의지가 없었던 것은 한국인의 활동을 통제하기 어려웠고 경찰을 정보원으로 이용하려는 필요 때문이었다. 군정 내부와 한국 언론에서 경찰의 활동을 지속적으로 비판한 사실을 고려하면 경찰 정책을 맡은 미군 장교들이 무지했기 때문에 이런 문제가 나타났다고 볼 수는 없다. 아울러 미국인은 정기적으로 몇몇 사람을 사직시키고 구체적이지 않은 미래의 어떤 시점에 개혁을 약속하는 성명을 발표하는 것 이상으로는 경찰의 과도한 활동을 바로잡지 않았다. 경무부의 조직 개편이나 친일 경찰 채용과 관련해서는 아무 조치도 없었다.

경찰과 관련된 미국의 인사 정책은 1946년 10월 매글린 대령이 마크 게인과 나눈 대담에서 자세히 설명됐다.

> 지난해에 우리가 인계받았을 때 경찰 2만 명 가운데 1만2000명이 일본인이었습니다. 일본인을 송환한 뒤 우리는 한국인을 승진시키고 그동안 경찰을 도운 젊은이를 모두 모아 경찰을 구성했습니다. 이런 방식으로 우리는 2만 명에서 2만5000명으로 경찰력을 증강했습니다.[141]

여기서 매글린은 2만 명이라는 숫자가 남한이 아니라 한반도 전체의 경찰력이라는 사실을 언급하지 않았다. 미국이 일제강점기 남한에 있던 경찰의 수를 거의 두 배로 늘린 것은 대단히 예측불허한 정치 상황을 통제할 필요가 커졌음을 보여준다.[142]

처음에 군정은 일제강점기에 경찰이나 군인이었던 사람만 군정청 경찰이 될 수 있다고 말했다. 이런 조건은 거센 반발에 부딪혀 철회됐다. 그러나 곧 군정은 "친일파라는 비판을 무시"하면서[143] 일제강점기의 한국인 경찰을 대거 다시 채용했다. 1946년 11월 매글린은 남한과 북한에서 일제강점기 한국인 경찰 8000명 가운데 5000명이 미군정 경무부에 있으며 그들은 경무부를 재건하는 데 "핵심적" 역할을 수행하고 있다고 한미공동회의에서 보고했다. 군정은 오랜 경찰 경력을 가진 사람을 우대했기 때문에 경사 이상의 간부 가운데 80퍼센트 정도는 일제강점기 경찰이었다.[144] 일제강점기 경찰 출신 비율은 경무부 고위직에서 가장 높았다(〈표 8〉 참조).

〈사진 5〉 1945년 서울의 대한민국 임시정부 요인(사진 가운데가 김구, 그 오른쪽이 김규식).

〈사진 6〉 1946년 장택상(사진 가운데).

〈표 8〉 군정청 경무부에 남은 일제강점기 경찰(1946년 11월 기준)

직위	1946년(합계)	일제강점기 경찰	비율(퍼센트)
총감總監	1	1	100
관구장管區長	8	5	63
도경국장道警局長	10	8	80
총경總警	30	25	83
경감警監	139	104	75
경사警士	969	806	83

1946년 11월 1일 윌리엄 매글린 대령이 한미공동회의에서 보고한 내용에서 인용. XXIV Corps Historical File 소재.

북한에서 피신하거나 해직된 일제강점기 경찰 간부의 다수는 남한으로 와서 군정청 경무부에 합류했다. 이런 과정은 1946년 11월 20일 경무부 수사국장 최능진(대니 최)이 한미공동회의에 제출한 주목할 만한 보고서에 자세히 나와 있다. 그는 경무부를 "일제에 훈련받은 경찰과 민족 반역자, 북한에서 공산주의자에게 쫓겨난 부패한 경찰의 피난처"라고 불렀다. 그런 경찰들은 8월 15일 이후 평양에서 일본인으로부터 상당한 돈을 받았으며 그 뒤 "서울로 와서 그 돈을 이용해 경찰이 됐다". 최능진에 따르면 그들은 "군중이 자기네 재산을 몰수할까봐 고향으로 돌아갈 수 없었다". 그는 그 사례로 개성에서 쫓겨난 김후원과 "일제강점기의 악명 높은 형사로 해방 이후 집을 잃고 이곳(서울)으로 온" 이구범을 들었다. 이구범은 서울 주요 지역의 경찰서장이 됐다. 최능진은 자신과 조병옥이 대일 협력자를 활용하는 문제에서 다르다고 말했다. "그는 내가 애국자와 독립운동가를 쓰려고 한다는 이유로 계속해서 반대하고 있다." 최능진은 "매일 아무 증거도 없이 개인적 감정 때문에 사람들이 체포된다. 어떤 이가 저 사람은 좋지 않다고 말하면 그는 투옥돼 구타당한다"고 주장했다. 최능진은 "경무부는 썩었고 국민의 적이다. 이런 상황이 지속되면 한국인 80퍼센트가 공산주의자로 변할 것"이라고 판단했다. 최능진은 이런 의견을 진술한 뒤 쫓겨났다.[145]

경무부 고위 간부의 배경과 관련된 단편적 정보는 앞서 살펴본 정황을 뒷받침한다. 1946년 경무부 조직기획과장이던 장병인은 일제강점기에 충청북도 어느 군 경찰서 총무·동원과장을 지냈다. 1945년부터 경무부 행정국장으로 재직한 조주영은 1927~1936년 도쿄 지방검찰청 검사였고 1942~1945년 원동무역회사 사장이었다. 그는 1945년 이후 경무부 직책과 조흥은행 감사를 겸임했다. 경무부 간부로 전라남도 내무국장을 겸임(1947)한 주평노는 1938~1941년 만주국 협화회 내선內鮮과장이었고 1941~1945년 만주국 중앙농업개량협회 이사를 지냈다.[146] 그레고리 헨더슨이 "일제의 고문 경찰"이라고 비판한 노덕술은 수도경찰청 수사과장이었으며 해방 전에는 평안북도 경찰국 보안과장으로 근무했다.[147] 수도경찰청에서 장택상의 핵심 조언자 가운데 한 명인 최연은 일제강점기 말 경기도 경찰국 형사과장이었다. 역시 수도경찰청에서 근무한 이익흥은 일제강점기에 평안북도 박천 경찰서장이었다.[148] 경무부 차장 최경진은 총독부 경무국 사무관이었다.[149]

일부 미국인 고문은 일제강점기에 경찰을 재교육하는 데 많은 노력을 기울였다. 호레이스 언더우드 같은 사람은 민주적 경찰이 되는 방법을 강의했다. 미국인 고문들은 일제강점기의 경찰 구호를 "불편부당不偏不黨"이라는 새로운 구호로 바꿨다. 그들은 대중에게 봉사하고 시민을 책임진다는 생각을 심어주려고 노력했다. 요컨대 그들은 식민지 시대의 경찰을 미국 경찰의 이미지로 바꾸려고 노력했다. 그러나 경무부에 배속된 미국인의 숫자는 언제나 20명 정도였다. 그들은 모두 미국에서 경찰직을 수행했지만 너무 소수였기에 일상적인 경찰 업무는 한국인에게 맡길 수밖에 없었다.[150] 언어 문제도 있어서 1945년 10월 15일 옛 일제강점기의 경찰학교가 다시 문을 열었을 때 일본인 교관을 쓸 수밖에 없었다. 얼마 후 그들은 일제강점기에 경찰이었던 한국인 교관으로 내세웠다.[151] 그 뒤 경찰 훈련과 경무부의 "한국화"는 즉각 시작됐다. 군정이 일제강점기의 경찰 간부에게 "불편부당"해야 한다고 아무리 가르쳐도 소용없었다. 그들은 해방된 한국의 정치 투쟁의 결과에 생사가 달려 있었다. 불안하고 두려운 모든 사람과 마찬가지로 그들도 일단 기회가 주어지면 제 밥그릇을 지키려고 행동했다.

그런 경찰을 옹호하는 미국인도 많았다. 1947년 경무부 고문 H. E. 에릭슨 대령은 이렇게 말했다.

> 최근 경무부는 진정한 민주적 조직임을 스스로 증명했다. (…) 이런 변화는 점진적이지만 지속적이었으며 온건 우익과 온건 좌익, 심지어는 온건한 공산주의자까지 경찰을 두려워하거나 방해받지 않고 일상생활을 영위할 수 있는 때가 됐다.[152]

또 다른 미국인은 경찰의 과잉 행동을 "동양인의 일 처리 방식"으로 합리화했다.[153] 그러나 이런 정당화는 일제강점기의 억압적 경찰에게서 특수한 경험을 쌓은 한국인을 경무부에 임명한 군정의 책임을 호도하는 것이다.

군정은 일제강점기의 한국인 경찰을 경무부에 임용하는 것밖에 대안이 없었는가? 1945년 9월 하지와 그의 고문들은 친일 경찰을 쫓아내라는 지시를 받았다. 9월 14일 군정의 한 장교는 현재의 경찰을 완전히 폐지할 것을 제안했다.[154] 그러나 1946년 가을 인민 봉기가 일어난 뒤에도 하지는 경무부 고위직의 인사 이동에서 어떤 제약도 거부했으며 경무부의 조직 개편을 전혀 고려하지 않았다. 인공과 인민위원회를 비롯한 좌익 조직을 미국의 한국 정책에 대한 위협으로 인식하는 한 군정은 경찰에 의지할 수밖에 없었다. 순수한 현실 정치의 관점에서 보면 하지와 그의 가까운 고문들이 남한에서 유일하게 결집하고 믿을 만한 권력의 수단으로 경무부를 본 것은 옳았다. 국방경비대國防警備隊(다음 참조)처럼 결집력이 떨어지는 집단을 이용하려는 시도는 큰 실패로 끝났다. 경찰의 조직적·기술적 능력이 남한 좌익 세력을 종식시키는 데 핵심적 역할을 한 것을 볼 때 경찰의 축출과 변화를 거부한 하지의 결정은 옳았다.

그러나 그런 정책의 대가는 컸다. 경찰의 널리 알려진 장점—자족적 조직과 통신 체제, 지역적 연고와 그 지역에 대한 충성심의 결여, 정보 수집과 감시 능력—은 전체주의의 여러 정의와 들어맞았다. 전체주의 이론에서는 결집력 있고 고도로 통합된 조직이 2차적 조직, 지방에 뿌리내린 정치조직, 모든 형태의 중간 단체를 파괴하는 것을 중시하지만 그 결과 국민은 전체주의의 강압에 억눌린다. 헨더슨이 지적한 대로 현재의 남한이 "대중사회"와 비슷하다면, 경찰의 역사는 그 이유를 부분적으로 설명해준다.[155]

국방경비대의 출범

경찰은 남한 전역에서 치안을 유지하는 데 충분한 능력을, 적어도 서류상으로는 보유했다. 그러나 남한에서 경찰이 주도권에 대한 위협을 저지하는 데 필요한 능력을 보유한 것은 1947년 이후였다. 1945년 가을 시점에서 경찰 간부들은 사기가 매우 낮았고 미군과 함께 출동해야 할 때가 많았다. 지방에서는 사소한 난동을 진압하는 데도 미군의 지원을 받아야 했다. 그 결과 1945년 10월 군정은 경찰을 보조하고 지원할 수 있는 군대를 창설하기로 결정했다. 그 뒤 하지는 이렇게 언급했다.

> 나는 처음 점령할 때부터 미군이 작은 부분까지 한국의 안보를 책임져야 하는 부담을 덜 뿐 아니라 한국 정부를 수립하는 우리의 임무를 완수할 미래로 나아가는 출발로 한국군을 창설하는 데 큰 관심을 갖고 있었다. 그러나 상부에서 강력히 반대했다.[156]

군대를 창설하게 된 직접적인 자극은 10월 15일 남원 인민위원회와 국군준비대 지부가 경찰·미군과 충돌한 남원 사건이었다(9장 참조). 이 사건이 일어난 뒤 군정청 경무부의 미국인 고문 리머 T. 아고는 전라북도 도경국장 김응조를 만나 경찰의 치안 유지 활동을 도울 수 있는 경찰상비대 창설을 제안했다. 김응조는 그런 조직이 국군의 근간이 돼야 한다고 대답했다. 아고는 조직에 그런 이름을 부여할 수 없다고 말했다. "한국은 미국과 소련이 공동으로 점령하고 있는데, 어떻게 우리가 일방적으로 국군을 창설할 수 있겠습니까?" 또한 아고는 김응조에게 한국은 다국적 신탁통치를 받아야 하며 그 동안 군대 창설은 지양해야 한다고 조언했다. 김응조는 불만스러워하며 그 자리를 떠났고 전라북도 경찰 간부 사이에서 반탁운동을 조직하기로 결심했다.[157]

서울의 군정 당국자들은 지방 상황을 좀더 넓은 시야로 바라봤으며 남원 사건을 군정의 시책에 대한 인공의 일반적 저항의 하나로 받아들였다. 인공과 연계된 국군준비대와 그 밖의 사설 군사 단체는 하지와 시크 준장 같은 군인에게 특히 두려운 존재였다. 그 결과 북한에 있는 소련의 존재와 미국의 신탁통치 계획을 무시하고 국군을 창설하기로 결정했다. 그들은 그럼으로써 경찰을 지원하고 기존의 사설 군사 단체를 등록시키거나 해산시키는 수단이 되기를 바랐다.[158] 경찰 재건을 주도한 시크는 10월 31일 「한국의 국방 계획」이라는 제목의 보고서를 작성해 "내부 혼란을 진압하고" 남한 국경을 방어할 수 있는 군대 창설의 필요성을 주장했다. 군정청은 곧바로 11월 13일 군정법령 28호를 공포해 경무부와 신설된 "육·해군을 포함하는 새로운 군무국軍務局"을 관할하는 "국방사령부"를 창설하기로 했다. 그 계획은 5만 명 정도의 육군·공군과 5000명의 해군·해안경비대, 2만5000명의 경찰을 구상했다. 각각 미군과 일본군의 잉여 장비로 무장할 예정이었다. 11월 20일 하지는 이 계획을 승인했으며 맥아더는 워싱턴으로 전달해 국무부와 합동참모본부의 판단을 요청했다.[159] 그러나 11월 13일 군정청 경무부는 이미 국방사령부에 통합됐으며 이튿날 군정청은 경찰의 치안 유지 활동을 돕기 위해 남조선국방경비대를 창설할 것이라고 공식 발표했다.[160]

군정은 한국군을 창설한 권한이 없었다. 미국의 민정民政훈련학교에서는 점령지에 현지인으로 구성된 국방군 창설을 고려하지 않았다.[161] 하지는 삼성조정위원회로부터 그런 조처에 대한 설명을 듣지 못했다. 소련이 북한에서 그런 시책을 추진했다는 증거도 없다. 군대를 창설하려는 소련의 움직임을 가장 이르게 보고한 미국 G-2 보고서는 미국이 먼저 행동에 착수하고 거의 6개월 뒤에 나왔다.[162] 북한의 소련 당국은 1945년 가을 중국 팔로군八路軍에 소속된 한국인 부대가 귀국하려 하자 그들의 무장을 해제시키기까지 했다.[163] 더욱이 소련은 1946년 중반까지 서울에 영사관을 두었기 때문에 미국이 군대를 창설하려는 움직임을 몰랐을 리 없다. 1945년 11월 5일 참모회의에서 한 미군 장교는 그런 시책은 미국이 북한을 공격할 군대를 만들려 한다고 소련이 오해하게 만들 수 있다고 지적했다.[164] 이런 이유로 1946년 1월 9일 합동참모본부는 아래의 전문을 맥아더에게 보낸 것으로 생각된다.

"한국 국군"을 창설하는 문제는 한국의 독립을 이루는 국제적 공약과 관련해 아직 해결되지 않은 사항들과 밀접히 연관돼 있습니다. 따라서 그런 군대를 창설하려는 움직임은 미뤄야 합니다.[165]

11~12월 워싱턴은 이를 승인하지 않았고 1월에는 분명히 반대했지만, 이것이 한국군을 창설하려는 하지의 결정에 큰 영향을 주지는 않은 것으로 생각된다. 1946년 6월 국방사령부는 통위부統衛部로, 군무국軍務局은 경비국警備局(그 뒤 조선경비대)으로 이름이 바뀌었다.[166] 1945년 12월 군정은 "알파Alpha 계획"과 "뱀부Bamboo 계획"으로 알려진 남한(또는 한반도 전체?) 방어 계획을 입안했는데, 내용은 알려져 있지 않다.[167] 12월 초부터 한국인 장교를 선발해 훈련하기 시작했다. 1947년 1월 14일부터는 한국인 보병을 모집했다.[168] 이런 느닷없고, 적어도 절차상으로 보기에 반항적인 행동을 추진한 것은 무엇 때문이었는가?

한국 국방부가 펴낸 『한국전쟁사』에서는 "군정이 총독부의 행정조직을 이용했지만 (당시) 거기에는 군사 조직이 없었기 때문에" 그것을 창설해야 했다고 간략하게 서술했다.[169] 그러나 앞서 본 대로 군정은 군대 창설은 말할 것도 없고 총독부를 부활시킬 권한이 없었다. 군정이 국방경비대를 창설한 것은 남한의 혁명적 상황에 대응한 조치의 하나였다. 10월 중순 남한 전체에 걸쳐 인민위원회·농민조합을 비롯한 좌익 조직이 있다는 보고는 하지를 민감하게 만들었다. 그것은 그의 마음을 짓눌렀고, 그는 수동적으로 기다려 상황의 심각함을 상부에 인식시킬 수는 없다고 판단했다. 그는 12월 12일 참모 회의에서 "우리는 화산 분화구의 가장자리를 걷고 있다"[170]고 말한 뒤 맥아더에게 주목할 만한 보고서를 보냈다.

현재의 조건과 정책을 볼 때 미국의 한국 점령은 정치·경제적 위기에서 표류하고 있으며 극동에서 미국의 위신을 전혀 보장할 수 없는 것이 분명하다고 생각합니다. 국제적 수준의 선제적 행동을 전개하거나 아주 가까운 미래에 미국이 남한에서 완전한 주도권을 잡아야만 이런 표류를 멈출 수 있을 것

입니다(강조는 인용자).[171]

하지는 미국의 곤경과 한국에서 미국의 이익과 관련된 실용적 관심을 포착해 묘사하는 능력을 가졌으며 그가 "나중에 후회하느니 조심하는 것이 낫다"는 원칙에 따라 거듭 행동한 까닭은 그 때문이었다.

하지 같은 군인을 가장 불안하게 만든 것은 수많은 비공식적 또는 사설 군사 조직이 한국에 있다는 사실이었는데, 가장 강력한 것은 인공이 거느린 국군준비대였다. 10월 말 하지는 조병옥에게 경찰을 동원해 사설 군사 단체를 모두 해산시키라고 지시했다. 조병옥은 군정이 그들을 공인된 군사 단체로 편입시키는 계획을 제시할 때까지 그런 지시를 따르지 않겠다며 거부했다. "군정이 군대 문제를 해결한다면 우리는 사설 군사 조직을 해산시킬 것입니다."[172] 그 뒤 조병옥은 국군의 조속한 창설이 한국의 독립에 관건이라고 판단했다고 말했다.[173] 1945년 10월 시점에서 좀더 중요한 사실은 그가 당시 경찰과 한민당을 돕던 우익 군사 단체를 해산시키지 않으려 한 점이었다. 그 단체에는 이응준이 이끈 일본군 출신 한국인 장교들과 원용덕이 이끈 관동군 출신 한국인 군인들이 포함돼 있었다.[174] 미군이 상륙한 뒤 후자는 "법과 질서를 보호하는 우익 조직으로서 선도적 역할"을 했다고 특별히 언급됐다.[175] 조병옥이 자신의 견해를 하지에게 관철시킨 것은 군정 안에서 그의 지대한 영향력을 보여준다. 그 뒤 군정은 "그 계획에 찬성하는" 사설 군사 단체의 지도자 중에서 국방경비대의 새 지도자를 선발했다.[176] 그 직후 한국의 공식 기록에 따르면 "30개 정도의 군사 단체가 해산됐고 대부분의 우익 조직이 차례로 국방경비대에 들어갔다".[177]

12월 26~27일 인공의 국군준비대는 서울에서 대회를 열었는데 서울 주위의 지부에서 300여 명, 지방에서 대표 160명이 참석했다. 그 대회에서 김일성·김원봉·이청천·무정이 명목상의 지도자로 선출됐다. 국군준비대의 실질적 지도자는 대회 의장을 맡은 이혁기였다.[178] 국군준비대 경상도 지부가 그 뒤 그곳 국방경비대 연대聯隊의 일부가 됐지만, 군정이 국군준비대에 국방경비대의 참여를 요청했다는 증거는 없다. 1946년 1월 초순 경무부와 미군 헌병대는 서울의 국군준비대 본부와 양주군에 있는 국군준비대 훈련학교를 습격했다. 그들은 이혁기를 비롯한 국군준비대 지도자를 체포했다. 1월 20일 모든 사설 군사 단체 해산을 규정한 군정법령이 공포된 뒤 미군 군사법정에서 그 규정에 근거해 이혁기에게 징역 3년, 그 밖의 5명의 국군준비대 지도자에게 징역 2년을 선고했다.[179]

1945년 12월 5일, 국방경비대에서 근무할 예정인 장교들에게 군정의 공식 언어인 영어를 가르치는 군사영어학교가 창설됐다. 1기생으로 선발된 60명의 장교 가운데 다수가 1948년 이후 한국군 상부를 지배했다. 이들 존재는 1945년에는 미처 인식되지 않았던 중요한 의미를 지니고 있었다. 장교 60명은 세 집단 출신이었다. 20명은 일본군, 20명은 만주 관동군, 20명은 임정과 중국 국민당 계열의 광복군 출신이었다.[180] 제2차 세계대전 동안 5만 명 정도의 한국인이 일본군에서 복무했다. 대부분 징병된 이들이었다. 장교가 된 사람은 수백 명이었고 20명 정도는 일본 육군사관학교를 졸업했다. 육군사관학교보다 조금 떨어지는 간부 후보생 훈련소를 졸업한 사람도 상당히 많았다. 만주 관동군에 배속된 한국인 장교는 대체로 만주군관학교를 나온 뒤 한국과 중국의 항일 유격대를 진압하는 주요 임무를 도왔다.[181] 그러나 일본군에서 장교가 된 한국인은 매우 적었다. 그들은 국방경비대 장교로 충당하기에는 너무 소수였다.

광복군은 1940년 9월 17일 충칭에서 창설됐다. 남한의 공식 자료들은 1945년 광복군이 5000명의 병력을 보유했고 전쟁 동안 일본과 싸운 한국의 유일한 단체였다고 서술하고 있다.[182] 그러나 이런 주장에는 광복군 지부나 연대, 또는 중국에서 일본군과 싸운 날짜와 상황 같은 자세한 증거가 없다. 한 객관적 자료는 창설 초기 광복군에 한국인 200여 명이 참여했다고 말했다.[183] 1945년 8월 충칭에서 광복군을 관찰하고 그들이 내세운 명분에 깊이 공감한 미국 전략정보국OSS의 한 장교는 전체 인원이 600명 정도이고 그 가운데 200명이 "장교"였다고 추산했다. 광복군은 200명으로 구성된 3개의 지대支隊로 구성됐으며 비슷한 지대 2개를 만들어 총병력을 1000명으로 늘리려고 계획했다.[184] 충칭의 다른 관찰자는 광복군이 대부분 지식인

과 학생으로 이루어졌다고 말했다.[185]

중국 국민정부 군정부는 8월 일본이 항복한 뒤 중국에 있던 일본군의 한국인이 광복군에 합류하기를 바랐다.

> 이 결정은 소련이 태평양전쟁에 참전하고 특히 만주와 한국에 진입한 뒤 중국 국민당과 (중국) 국민정부가 (대한민국) 임시정부와 긴밀히 협조해 내렸다.[186]

그러나 중국 국민당이 중국에서 일본의 항복을 받아들이면서 직면한 어려움 때문에 그런 계획은 실현되지 못했다. 확인되지 않은 숫자의 제대한 한국인이 느슨하게나마 광복군에 참여했지만, 더 많은 인원은 스스로 한국으로 돌아가거나 중국 팔로군에서 싸우던 한국인 부대에 합류했다.[187]

광복군은 1945년 11월 개별적으로 남한으로 돌아오기 시작했다. 광복군이 "20만 명의 병력을 보유하고 있으며 중국의 모든 한국인 부대는 장제스군과 함께 싸웠다"는 한 군정 기록관의 기록을 볼 때 그들은 미군 장교들에게 사실을 과장한 것으로 생각된다. 그는 또한 "소련은 광복군이 남한에 침투했으며 국민당·김구와 맺은 관계를 잘 알고 있었다"고 단언했다.[188] 소련은 미약하기 짝이 없는 광복군에 대해 거의 모르거나 그리 관심을 두지 않았지만, 위에서 말한 미국의 인식은 중요했다. 1945년 11월 하지는 자신이 중국의 장제스와 동일한 전투를 한국에서 전개하고 있다고 판단했다. 장제스와 마찬가지로 그는 임정과 광복군을 이용해 자기 목적을 이루려고 했다(다음 장 참조). 하지에게는 불행하게도 광복군은 수백 명 또는 수십 명 정도밖에 되지 않는 것으로 밝혀졌지만 과연 이들이 남한에서 미국의 계획에 순순히 따를지에 대해서는 말을 아꼈다.

앞으로 보듯이 11월 하순과 12월 초순 임정과 광복군 인사의 귀국은 대체로 미국이 정책을 수립하고 그 뒤 그것이 실패한 것에 핵심적 요인으로 작용했다. 미국은 그런 애국자들이 귀국하면 군정, 특히 국방경비대의 창설에 참여하고 있지만 대체로 대일 협력자로 인식되던 인물들에게 정통성을 부여할 수 있으리라 기대했다. 그러나 광복군 지도자이자 한때 국민당 특수 조직 "남의사藍衣社" 간부였던 이범석 같은 극우 인사조차 국방경비대에 참여하기를 거부했다. 미국이 1946년 11월 상하이로 특사를 보내 이범석에게 참여를 묻자 그는 거듭 "군정 휘하의 이 국방경비대는 얼마나 어리석은 군사 조직입니까? 군대를 창설하기 전에 우리는 국권부터 반드시 회복할 것입니다"라고 말했다.[189] 한국으로 돌아온 광복군 인사들은 "친일파로 널리 낙인찍힌" 일본군 출신 장교들과 함께 국방경비대에 참여할 생각이 없었다.[190] 참여했을 경우 "소란스럽고 불만스러운 소수"이자 불만을 가진 "대일 협력자"로 간주됐다.[191] 국방경비대를 책임진 미국인들은 광복군이 기초적인 군사 훈련도 받지 못했다는 사실을 알게 됐다.[192] 게다가 미국은 국방경비대에 들어올 수 있는 인물은 일제 치하에서 투옥된 경력이 있어서는 안 된다고 규정했기 때문에 국내와 국외에서 저항한 한국인들은 배제됐다. 그 결과 국방경비대와 나중의 한국군은 "일본군 출신 장교"의 전유물이 됐다.[193]

광복군 인사의 퇴조는 군정이 일본군 고위 간부를 지낸 한국인들에게 의존하기 시작하면서 불가피해졌다. 가장 중요한 인물은 1945년 11월 국방경비대 창설 계획이 시작될 때 군정에 조언하고 협력한 이응준이었다. 이응준은 조병옥이 군정에 추천한 것으로 보인다.[194] 그는 일본군에서 대좌를 지냈고 군사영어학교 신입생을 선발하는 데 큰 영향력을 행사했다. 그 뒤 그는 경무국장 시크 장군의 고문이 됐다. 이응준은 1948년 한국군 초대 육군참모총장이 됐다.[195] "중국에서 일본군과 함께 많은 전투에 참가했고" 긴 군화를 신고 채찍을 휘두르며 "일본군처럼 거만한" 이씨 성의 남자가 있다는 일마 마테리의 말은 그를 가리킨 것으로 생각된다.[196] 또한 만주군 중위 출신인 원용덕은 국방경비대를 이끌 장교를 선발하는 데 영향력을 행사했고 국방경비대의 초대 사령관이 됐다.[197] 일본군 병기창兵器廠 책임자로 일본군 소좌이던 채병덕도 국방경비대 발전에 중요한 역할을 한 인물이다.[198] 일본군 장교 출신으로 군사영어학교 1기나 국방경비대 간부훈련학교 1~2기생이며 그 뒤 이승만 아래서 한국군이나 1961년 군사쿠데타에서 중요한 역할을 한 사람은 채병덕·장도영·최창언·최경록·정일권·강문봉·김재규(1979년 박정희를 암살한 인물)·김홍준·김백일·김석범·김동하·백선엽·박정희(대한민국 대통령, 1963~1979)·박임항·박기병·양국진·이종찬·이주일·이한림·윤태일 등이다.[199] 좀더 정확히 말하면 일본군에서 한국군으로 이동시킨 것이지만, 1945~1946년 국방경비대는 그것을 조직한 군정의 바람대로 한국군의 주요 인물을 배출했다.

태평양전쟁 동안 일본군은 한국인이 출세할 수 있는 드문 통로 가운데 하나였다. 태평양전쟁 초기 일본군의 승리는 군인으로서 매우 매력적인 경력으로 보였다. 그 결과 일본군은 전혀 어렵지 않게 김석원 같은 한국인 장교를 한국 젊은이들의 영웅이자 모범으로 만들 수 있었다(김석원의 활동은 1장 참조). 많은 한국인은 자신들이 만주에서 같은 민족끼리 싸울 줄은 몰랐을 것이다. 아무튼 일본은 패배했고 전리품은 그들의 적에게 넘어갔다. 일본을 점령한 미군은 다수의 일본인·한국인 고위 군인을 전범으로 재판해 처형하고 "육군·해군·지원예비부대에 소속됐던 모든 장교를 자동적 추방 대상"으로 정했다.[200] 그러나 한국에서 그런 장교들은 국방경비대의 지휘권을 받았다.[201]

이런 기이한 현상은 일본군에서 복무한 한국인 장교들조차 부끄럽게 생각했다. 리머 아고가 이형근에게 국방경비대 창설을 도와달라고 부탁하자 그는 "일본군에서 봉사했던 사람이 어떻게 한국군 창설에 참여할 수 있겠습니까?"라면서 거듭 거절했다. 아고는 "당신같이 경험 많은 사람이 참여하지 않으면 누가 하겠습니까?"라고 대답했다.[202] 뛰어난 무공을 세운 김석원 같은 한국인도 국방경비대 참여에 쉽게 입을 열지 않았다. 1946년 초반 하지는 김석원 등을 만나 다음과 같이 말했다고 한다.

> 국방경비대는 지금 미국식 훈련에 잘 적응하고 있으며 정부가 수립되면 국군으로 발전할 것입니다. (…) 당신은 일본군에서 복무한 경험이 있지만 이제 민주적 군대에서 새로 출발해야 합니다.[203]

미군 장교들은 "적진에 대한 무모한 돌격" 같은 한국의 훈련 방법이 미군 방식과 충돌한다고 불평했다.[204] 언어 문제도 미군 훈련 방법을 적용하는 데 방해가 됐다.[205] 효과적 훈련을 좀더 심각하게 제한한 것은 국방경비대를 어디에 사용할 것인가 하는 문제였다. 미군은 남한 국경을 방어하는 군사훈련 대신 폭동 진압 기술에 초점을 맞췄다. 국내의 소요를 걱정한 군정은 국방경비대를 경찰의 핵심적 예비 병력으로 생각했다.[206] 국방경비대를 주관한 미국인은 "공산주의자의 국내 반란과 유격전 활동"을 전술 훈련의 기회로 여겼다. 그들은 실전에서 "농촌 토벌 작전의 원칙"을 배울 수 있었다. 이처럼 국방경비대와 경찰은 1946~1950년 남한 곳곳에서 일어난 심각한 폭동을 진압하는 데 사용된 주요한 두 가지 무기였다. 국방경비대는 체포할 권한이 없었지만 "그것을 항상 무시하면서 마음대로 체포하고 영장 없이 수색했다". 그들은 1948년 제주도 유격대와 싸우고 여수·순천 반란을 진압하면서 "소중한 경험"을 얻었다.[207]

그러나 반란을 진압하는 데 국방경비대를 동원한 것은 치명적인 실수로 드러났다. 이런 반란 진압 작전의 대상이 된 쪽에서는 국방경비대를 장악하면 자신들의 목적에 효율적으로 봉사하는 정치적 무기가 될 수 있다고 생각했다. 그 결과 경찰과 달리 국방경비대에는 곧 많은 좌익이 들어갔다. 1946년 10월 무렵 미군 방첩대American Counter-Intelligence Corps(CIC) 조사관은 그들을 "미국이 군대를 통제하는 데 위협"이라고 생각했다.[208] 경상남도 연대에서는 국군준비대 지방지대地方支隊를 이끌던 오덕준이 부하들과 함께 국방경비대에 참여했다.[209] 경상북도 연대에서도 국군준비대 지도자 하재팔이 부하들을 데리고 국방경비대에 들어왔는데, 그들은 "모두 공산주의자"로 불렸다.[210] 그 결과 국방경비대의 경상도 지부는 1946년 가을 좌익의 폭동을 진압하는 데 아무런 역할도 하지 못했다. 다른 곳에서는 국군준비대와 국방경비대의 치열한 전투가 벌어졌다.[211] 미국의 국방경비대 정책이 최종적으로 실패했다는 사실은 제주도로 가서 유격대를 진압하기로 예정됐던 제14연대가 승선을 거부해 1948년 여수·순천의 피비린내 나는 반란으로 폭발하면서 명백해졌다.

국방경비대에 참여한 한국인들은 이런 문제를 사상 통제로 해결할 수 있다고 생각했다. 그에 따라 공개된 좌익 군사 단체의 구성원은 군사영어학교에 들어오는 것이 자동적으로 금지됐지만, 우익 단체에 소속된 사람들은 "좌익의 입학을 막기 위해 자질을 검증하고 사상을 확인받았다".[212] 그 뒤 한국인들은 미군 장교들에게 신병의 사상을 검증할 것을 요구했다. 그러나 미국인은 "한국의 상황을 이해하지 못했다(외부는 물론 내부에서도 강력한 좌익이 남한을 위협하고 있다는 의미였다)". 이런 "엄청난 실수"는 국방경비대에 좌익의 "침투"를 허용했다.[213]

그러나 군정이 남한의 좌익을 두려워하지 않았다는 한국인들의 판단은 오해였다. 앞서 본 대로 그런 두려움 때문에 하지와 그의 고문들은 좌익에 맞설 수 있는 어떤 집단이든 배경에 상관없이 포용했다. 그러나 일제 치하에서 복무한 경찰과 장교를 후원하면서 군정은 돌아오기도 빠져나가기도 어려운 길로 스스로 떨어졌다. 상황은 점차 다른 대안의 가능성이 적어지는 방향으로 나아갔다. 애국자는 대일 협력자와 일하지 않았다. 대일 협력자는 다른 사람의 사상을 검증하려고 했다. 미국인은 대일 협력자를 민주주의자로 변모시키려고 했다. 본말이 전도됐다. 모순이 모순 위에 쌓였다. 하지와 그의 고문들은 일단 자신들이 고용한 한국인에게 애국자의 역할을 주고 "미국이 남한의 주도권을 완전히 장악하는" 새로운 정책을 선택하기로 결정했다. 이런 정책은 다음 장의 주제가 될 것이다.

6장

남한 단독정부를 향해

내가 귀국한다면 한국 정부도 귀국할 것이다.

_김구

나는 자식이 없지만 우리나라의 모든 어린이가 내 아들딸이다.

_이승만

지금까지 미군이 처음 진주한 뒤 나타난 정치권력의 기본 도구—관료 제도·경찰·군대—와 관련된 미국 정책의 유형을 검토했다. 그 정책들은 한국이 실질적으로 분단된 나라이며 미국과 소련이 관리하는 지역 사이에는 협력이나 정책의 상호 보완이 가능하지 않았다는 사실을 알려주었다. 미국과 달리 소련은 북한을 점령한 직후 인민공화국을 인정했다. 그 결과 두 외국 세력은 정치적 성격이 전혀 다른 한국인들과 연합하면서 완전히 다른 구조에 입각해 정책을 실시했다.

그러나 미군정은 확실히 불리했다. 그들과 연합한 한국인이 대부분 과거에 일본과 협력했다는 오점이 있어 대중의 지지를 받거나 군정 외부에서 정치조직을 세우기 어려웠기 때문이었다. 결과적으로 군정의 목표는 미국의 정책에 자신의 민족주의적 자격증을 빌려줄 수 있는 애국적이고 믿을 만한 한국인을 모으는 일이 되었다. 이런 인물과 지지자들을 복구된 옛 총독부 관료 체제의 행정직에 임명한다면 군정은 기존 체제에 정통성을 부여할 수 있을 것이었다. 1945년 후반부터 1948년까지 미국 정책의 대부분은 복구된 관료 체제를 지휘할 수 있는 만족스러운 한국인 지도자들을 찾는 것과 관련됐다. 여기서도 하지는 자신의 생각이 워싱턴의 상관들과 다르다는 것을 깨달았다.

임시정부의 귀국과 "정무위원회"

1945년 하지와 고문들은 임정에 관련된 이승만·김구 같은 인물이 미국의 정책을 도울 수 있는 대중적 지지와 정통성을 가졌다고 생각했다. 9월 15일 H. 메럴 베닝호프는 임정 지도자를 군정의 명목적 대표자로 귀국시키자는 하지의 제안을 추진했다. 일본에 있던 맥아더의 정치고문 대리 조지 애치슨은 10월 중순 하지와 대화한 뒤 이 생각을 다시 밀어붙였다.

> 저는 일정 기간 국무부에 건의하기를 미뤄왔지만, 지금 한국의 상황을 보면 대중의 신망과 존경을 받는 진보적 지도자나 소수의 단체를 핵심 조직으로 삼아 우리 군정의 지휘에 따르거나 그 아래 두는 행정부로 발전시켜야 할지를 결정해야 한다고 판단됩니다. 그런 핵심 조직은 "대한민국임시정부"라고 부를 필요가 없으며 "한국 국민행정위원회"와 같은 이름을 붙이고, 하지 장군의 고문단을 그 위원회의 고문으로 활동케 하든지 아니면 상황에 따라 적절한 시기에 통합시켜야 합니다.[1]

그는 위원회를 이끌 인물로 이승만·김구·김규식을 추천했는데 모두 임시정부의 지도자였다. 그는 이런 제안이 "예전 미국의 생각과는 반대되지만 적극적으로 행동하지 않으면 우리는 더욱 곤란해질 것이며 소련이 북한에서 결성하고 후원하는 공산주의 단체가 남한으로 영향력을 확대할 것으로 예측된다"고 판단했다.[2] 임시정부는 무엇이며 그것과 관련된 "예전 미국의 생각"은 어떠했는가?

1919년 임시정부를 조직한 지도자들은 1921년까지만 함께 일했다. 그 뒤 그 단체는 분열돼 "거의 기능이 정지됐다"고 평가됐다.[3] 1920년대 상하이에서 김구는 임정 본부의 임대료를 내는 데도 어려움을 겪었다.[4] 임시정부는 진주만 사건 이후 약간 회복됐으며 전쟁의 막바지에 김구가 이끈 우익 세력은 김규식·김원봉이 이끈 중도파·좌익 세력과 잠시 연합했다. 그러나 임정은 한국 본토의 세력과는 연결되지 못했으며 충칭에서 국민당의 원조로 겨우 존속했다.[5] 1944년 5월 주중 미국 대사 클래런스 고스와 임정 조소앙의 대화에서 알 수 있듯, 중국에서 7년 동안 항일 투쟁에 참여한 뒤 임정 지도자들은 연합국의 전쟁 수행 노력에 참여할 구체적 방법을 결정하지 못했다.[6]

조소앙 (임정을) 인정하면 우리는 한국인이 일본군에 징병되는 것을 막을 수 있을 것입니다.

고스 어떻게요?

조소앙 글쎄요, 당신이 제안할 수 있는 조처는 무엇입니까?

고스 한국이나 만주 또는 일본에서 군사 정보를 얻어 연합군에 넘길 수 있는 한국인이 있습니까?

조소앙 없습니다.

고스 그렇게 하려는 시도는 있었습니까?

조소앙 없었습니다. 그러나 자금 없이는 어렵습니다. 최근 조선에서 충칭으로 온 사람이 본국에서는 카이로선언과 임정의 존재를 모르고 있다고 보고한 것을 볼 때 선전의 기회는 있을 것으로 생각됩니다.

그 자리에서 조소앙은 고스에게 임시정부 광복군은 500명의 비무장 인원과 장교만으로 구성돼 있지만 만주에는 많은 유격대가 있다고 말했다—물론 그것은 김일성이 이끄는 군대를 의미했다.

정부를 자칭했던 대한민국임시정부는 영국과 미국의 승인을 받았고 전쟁 동안 9만 명 정도의 병력을 참전시킨 런던의 폴란드 망명정부와 비교하기 어려웠다. 유럽인들이 자주 쓰는 표현인 "관구管區를 갖지 못한 채 주교主教만 있는 지역in partibus infidelium"과 비슷하게, 임정의 정치가들은 내륙에 고립돼 있었고 통치할 국민도 없었다. 이런 사정에도 불구하고 1925년 임시정부에서 축출됐지만 스스로를 "임시정부 주미특명전권대사"로 칭했던 이승만은 1940년대 초반 미국을 향해 한국 전체의 합법 정부로 임정을 공식 승인해줄 것을 요청했다.[7] 이승만은 1942년 초반 브루클린의 출판업자 프레스턴 굿펠로의 도움으로 국무부 관료들을 만났을 때 이런 요청을 전달했다.[8]

1944년 6월 이승만은 전쟁에서 거의 이겨간다고 생각한 미국 관료들에게 새로운 갈등—공산주의와 민주주의의—이 곧 일어날 것이라고 말했다. "미국과 소련의 전면전을 피하는 유일한 가능성은 될 수 있는 한 모든 곳에 공산주의가 아니라 민주주의 세력을 수립하는 것입니다." 그는 임정을 승인해 달라고 주장함으로써 "한국의 내전 가능성을 없애려고 했다".[9] 쉽게 승인이 나지 않을 것 같자 이승만과 그를 후원하는 미국인들은 국무부 안에 공산 세력이 영향을 미치고 있다고 비판하기 시작했다.

> (공산주의자) 집단은 늘 존재했으며 아직도 국무부 일부 관료의 협력을 받고 있다. 이는 한국 공산주의자들이 폴란드 루블린 공산 정부 같은 것을 세울 기회를 주려고 국무부가 임정 승인을 미루고 있다는 우리의 확신을 확인해 준다.[10]

국무부는 설득되지 않았다. 이르면 1942년 무렵에 대해, 이승만의 전기 작가는 이렇게 서술했다.

> 이승만은 자신이 한국에 전혀 알려져 있지 않으며 임정은 망명자 집단 가운데 제한된 인원으로 자체 결성한 조직에 지나지 않는다는 국무부의 의견을 (스탠리) 혼벡 박사에게서 직접 들었다.[11]

그 뒤 국무부는 임정 지도자들이 "개인적 야망이 있으며 다소 무책임하다"고 판단했으며 "망명자들만" 임정을 지지하고 있다고 말했다.[12] 1945년 여름 미국인 관료들은 "한국 국민을 진정으로 대표한다고 생각되는" 한국인 단체는 없다고 판단했다.[13] 그런 판단은 임정의 역사와 당시의 상태에 비춰 완전히 타당했으며, 앞서 본 대로 1943년부터 국무부가 소련이 한반도를 점령할 수 있다고 걱정해왔기 때문에 특히 중요한 의미를 지녔다.

임정과 관련된 국무부의 이러한 생각은 애치슨이 임정에 대한 자신의 권고를 워싱턴에 전달한 것과 거의 같은 때 맥아더 사령부에 도착한 삼성조정위원회의 "초기 기본 훈령"에 들어 있었다. 훈령은 "귀관은 한국 임시정부를 자칭하거나 그것과 비슷한 어떤 정치조직도 공식적으로 승인하거나 정치적 목적으로 이용하지 마라"라고 지시했다.[14] 또 "귀관은 필요하다면 그 조직에 책임을 지지 않고 개인 자격으로 이용할 수 있다"고 말함으로써 임정과 관련해 빠져나갈 구멍을 마련해두었지만 "귀관은 소련과 연락해 각자 남한과 북한을 통제하는 절차와 정책의 균일성을 최대한 확보하고 이 훈령의 목표와 일치시켜야 한다"고도 말했다.[15] 소련은 임정에 아무런 약속도 하지 않았기 때문에, 임정 지도자들을 명목상의 대표로 내세운다면 "각자 남한과 북한을 통제하는 절차와 정책의 균일성"을 확보할 수 없었다. 그러나 임정은 1945년 10월 중순 남한과 북한을 균일하게 관리하는 데 그리 중요하지 않은 문제였다. 군정은 고문단을 두거나 경찰을 재건할 때 그 같은 문제를 걱정하지 않았으며 임정 이용에 대한 결정은 유보된 채 남아 있었다.

국무부 극동국장 존 카터 빈센트가 애치슨의 전문에 대한 회신에서 한국에서 임정을 이용하는 데 반대한 사실은 미국의 정책이 이상과 현실 사이에서 중요한 갈등을 겪고 있음을 보여준다. 빈센트는 "공산 세력의 활동에 대항하려면 어느 정도 믿을 만한 한국인 지도자가 필요하다"는 데 동의했지만 이렇게 말했다.

> 우리 정부와 주한 미군 사령부는 김구가 이끄는 단체(임정) 같은 어떤 조직이나 이승만 박사 같은 어떤 개인에게 다른 한국인보다 그들을 더 지지한다는 인상을 주지 않는 정책을 언제나 지지해왔다.[16]

워싱턴의 빈센트와 그의 동료들은 이승만의 무모한 행동을 오랫동안 불만스럽게 생각해왔다. 빈센트는 임정과 관련된 미국의 정책이 일본의 항복 이전과 이후에 일관되게 이어지기를 바랐다고 생각된다. 그러나 그는 워싱턴의 느긋한 관점으로 한국을 바라봤다. 하지와 국무부에서 파견된 그의 고문들은 한국 현지에서 해방의 혁명적 움직임과 실제로 맞부딪쳤다. 워싱턴에게는 좌익이 승리하더라도 일본이 항복하기 이전에 수립한 한국 정책의 모호성을 해결하고 최종적으로 한국의 독립을 승인하는 공정하고 온정적인 후견을 실시할 의지가 있었는가? 하지는 "믿을 만하고" 반공적인 한국인 지도자를 쉽게 찾지 못했다. 그는 자기가 있는 곳에서 동맹 세력을 찾아야 했다. 이런 현실을 국무부에 알려 확신시켜야 하는 부담을 진 국방부 차관보 존 매클로이는 빈센트에 대한 회신으로 작성한 보고서에서 이렇게 주장했다.

> 빈센트의 보고서는 한국에서 우리가 마주친, 진정으로 긴급한 현실을 대체로 회피하고 있다고 생각된다. (…) 하지 장군과 대화한 결과, 그는 공산주의자가 직접적 수단을 사용해 우리 지역의 정부를 장악하는 사태를 우려하고 있었다. 그렇게 된다면 한국 국민이 자신의 정부 형태를 자유롭게 선택하도록 허락하려는 우리의 의도는 심각하게 손상된다. 공산주의자가 우리 지역 전체에서 활발하고 지능적으로 활동하고 있다는 사실에는 의문의 여지가 없다. (…) 그 문제에 전체적으로 대응하는 최선의 방법은 **합리적이고 존경받는 정부를 우리가 주도해 수립하거나** 하지 장군의 지휘 아래 현재 38도선 이남의 정치·사회·경제적 혼란에서 벗어나 일정한 질서를 회복할 수 있는 한 무리의 조언자들을 발탁함으로써 일정한 시간이 흐른 뒤 한국 국민이 진정으로 자유롭고 강압적이지 않은 선거를 치를 수 있는 토대를 제공하는 것이다(강조는 인용자).

매클로이는 북한에서 소련이 전개하고 있는 활동과 관련된 여러 주장을 나열한 뒤 계속해서 말했다.

> 빈센트의 보고서를 지지하는 일은 하지에게 우리는 사실상 그를 거의 신뢰하지 않으며, 그가 현지에서 우리의 목적을 달성하는 데 유용하다고 느낀 몇 가지 일을 추진시킬 준비가 안 되었다고 말하는 것일 뿐이다. (…) 공산주의 문제와 관련된 좀더 많은 정보를 가지고 있고 공산주의가 우리의 목표를 방해하지 못하게 만들 방법에 대한 그의 생각은 마땅하지만, 최대한 그의 재량에 따라 과도하지 않은 범위 안에서 해외에 망명한 한국인들을 활용하도록 허락

해야 한다.[17]

여기서 매클로이는 미국의 한국 정책에 내포된 모순을 분명히 지적하고 단독정부를 수립해야 한다는 군정에 동의하고 있다. 물론 매클로이는 먼 벽지에 있는 시시한 관료가 아닌, 전후 미국의 대외 정책에서 중심적 인물이었다. 이로써 군정은 국무부와의 대립에서 강력한 지원 세력을 얻었다.

단독정부를 수립하기로 한 군정의 결정은 1945년 11월 20일 윌리엄 랭던의 전문에서 분명히 언급됐다. 그는 신탁통치안을 폐기해야 한다고 주장하면서 자신의 생각을 밝혔다.

> 해방된 한국을 한 달 동안 관찰하고 이전에 한국에서 근무한 경험을 바탕으로 한 결과, 본인은 신탁통치를 이곳의 현실에 적용하기 어려우며 도덕적·현실적 관점에서도 타당하지 않다고 판단함에 따라 그것을 폐기해야 한다고 믿게 됐다. 한국 국민은 35년 동안 일본에 복속된 것을 제외하고는 늘 독립된 국가였고 아시아와 중동의 기준에 비춰 낮은 문맹률과 문화적·생활적 수준을 갖고 있다. (…) 한국인은 모두 자기 생전에 조국을 되찾기를 바라며 독립국가의 생소한 기준을 만족시키기 위해 어떤 형태라도 외국의 후견을 받지 않으려 하는 것이 사실이다.

계속해서 그는 김구 집단은 "해방된 한국의 첫 정부로 경쟁할 상대가 없기" 때문에 임정의 귀국은 "불만이나 비난이 제기되지 않는 건설적 한국 정책을 시도할 기회를 미국에 제공할 것이다. 이 정책의 개요는 아래와 같다"고 말했다.

> (1) 미군정 사령관은 몇몇 정치단체의 대표자로 구성된 협의회를 군정 안에 만들어 한국의 정부 형태를 연구하고 마련하며 정무위원회를 조직하도록 김구에게 지시한다. 군정은 위원회에 편의와 조언과 자금을 제공한다.
>
> (2) 정무위원회는 군정 안에 편입시킨다(군정은 신속히 한국인 기구로 만든다).

(3) 정무위원회는 군정을 계승한 과도정부로 기능하며 미군 사령관은 거부권과 필요하다고 생각되는 미국인 감독 및 고문의 지명권을 갖는다.

(4) 관련된 나머지 3개국(영국·중국·소련)에는 미국을 대신해 정무위원회에 감독과 고문을 파견하도록 요청한다.

(5) 정무위원회는 국가수반을 선출한다.

(6) 선출된 국가수반이 수립한 정부는 외국의 승인을 받고 조약을 체결하며 외교사절을 파견하고 한국은 유엔에 가입한다. 주석: 이런 과정의 어느 시점, 아마 (4)와 (5) 사이에, 군대의 상호 철수를 위해 소련과 협정을 체결하고 정무위원회의 권한을 소련 지역으로 확대한다. 소련에는 이런 계획을 미리 통보하고 협의회가 정무위원회에 지명한 소련 점령지역 인물을 서울로 초청해 이를 추진해야 하지만 소련의 참여가 진전되지 않는다면 38도선 이남만이라도 계획을 추진해야 한다.

한국의 전통적 체제는 국내적으로 봉건적이고 부패했지만 극동 3국 가운데 외국의 이익에 가장 호의적이어서 외국인의 생명·재산·기업을 보호하고 조약과 기업을 존중했다. (옛 체제의 종말과) 한국 국민과 국가의 발전과 외국의 감독 아래 나타날 변화를 고려하면 더 큰 기대를 할 수 있다고 생각되지만, 위와 같은 과정을 거쳐 수립된 한국 정부는 적어도 옛 조선과 비슷한 수준은 될 것이라고 확신한다. (…) 인구 4분의 1이 있는 북한 지역과 관련해 말하면, 한국인은 매우 동질적이어서 정치·사회적 변혁이 이뤄지더라도 전국적인 통일 정부를 환영하지 않는 수준까지 멀어지지는 않을 것으로 생각한다(강조는 인용자).[18]

랭던은 이 주목할 만한 보고서를 11월 13일에 공포한 "한국 육·해군의 조직·훈련·무장에 대한" 군정법령 28호를 적절하게 인용하면서 끝맺었다.

랭던의 보고서는 군정 첫해 동안 작성된 가장 중요한 문서이기 때문에 여기서는 거의 전체를 인용했다. 이는 1946년 2월 대표민주의원代表民主議院, 1947년 남한 과도정부, 1948년 이승만 정부의 최종적 권력 인수를 가져온 정책을 만들어냈다. 랭던의 제안과 실제 사건의 근본적 차이는 유엔이 (6)의 시점이 아니라 (5)의 시점에서 개입해 1948년 5월 남한 단독선거를 승인하는 데 이용됐다는 것이었다. 물론 그 선거의 승자도 이 보고서의 예측과 달리 김구가 아니라 이승만이었다. 이런 차이를 빼면 그의 계획은 하나하나 거의 그 결론을 따라 진행됐다.

육군성은 12월 4일 랭던의 계획과 관련해 회의를 열었는데 찰스 본스틸 대령과 아처 러치 장군, 베닝호프가 참석했다. 회의에 대한 본스틸의 보고서는 랭던의 정책이 "신탁통치의 필요성을 배제했다"고 지적했다. 아울러 "한국의 독립을 승인하려는 랭던의 계획은 충칭 임시정부를 이용하는 것이었지만 현재 한국인은 자치의 경험이 없다는 점을 충분히 고려하고 있다"고 말했다. 비망록은 그 계획을 미국의 한국 정책에서 설정한 기본 목표와 다음과 같이 연결시켰다. "한국을 독립시키는 데서 미국이 얻는 주요 이익은 한국이 진정으로 자유롭고 민주적이며 미국에 우호적인 나라가 되며 주요한 세 인접국 어디에도 지나치게 의존하지 않는 것이다."[19]

정무위원회와 관련된 제안은 "일국독점주의적" 봉쇄 정책의 고전적 표현이었다. 소련을 설득해 미국의 방침에 동참시키려는 좀더 세련된 정책을 포기하고 "우리의 조건에 따라 협력하라, 그렇지 않으면 협력은 없을 것"이라고 말한 것이다. 따라서 빈센트 같은 국제협력주의적 전략가는 계획에 반대했다. 그와 휴 보턴을 비롯한 국무부의 국제협력주의자들은 11월 20일 정무위원회의 전문에 국무부가 이 새로운 정책을 고려하고 있지만 "38도선의 장벽을 확실히 없애기 위해서는 기존의 신탁통치안이 여전히 필요할 수 있다"고 회신했다. 워싱턴에 있던 베닝호프는 전문에 서명하고 며칠 뒤 서울로 돌아왔다. 그러나 12월 12일 랭던은 다시 한번 국무부를 공격했다. "우리는 이미 완전한 독립으로 가는 과도기에 시행할 계획을 제출했다(11월 20일 전문). 이것은 소련의 정책을 따르려는 것인가?" 랭던은 자신이 제안한 전체적인 방향에서 소련과 합의할 수 없다면 다음과 같이 추진해야 한다고 주장했다.

미국은 성격상 제국주의로 보일지라도 필요하다면 독자적으로 행동해야 한다. (…) (그런 단호한 행동만이) 한국인 지도자들에게 그들의 독립과 관련된 우리의 의도가 진실이라는 것을 확신시킬 수 있으며, 그래야만 공산주의와 사회적 불안, 우리에 대한 대중의 적대감과 싸우는 데 있어 그들의 지원을 얻을 수 있을 것이다(강조는 인용자).[20]

그러나 미군정은 이미 워싱턴의 반대에 개의치 않고 독자적 정책을 추진할 마음을 굳혔다. 하지든, 그의 국무부 고문들이든, 도쿄의 맥아더든, 존 매클로이처럼 한국을 방문한 고위 관료든, 그때 현장에 있던 사람들은 거의 같은 의견이었다. 서울의 미국인들은 소련이 이 무렵 북한에 자신들의 독자적 정부를 수립했다고 생각했다(그것은 사실이 아니었다. 11장 참조). 그들은 모든 인민공화국 조직을 소련의 작품으로 여겼다. 그러나 이 계획에서 좀더 중요한 점은 군정이 우익 세력과 결탁함으로써 임정과 관련된 인식에도 영향을 주었다는 사실이다. 앞서 지적한 대로 한국민주당은 미군이 도착하기도 전부터 임정의 귀국을 지지했다. 9월 14일 한민당의 조병옥과 원세훈은 충칭의 임정 지도자들에게 조속히 한국으로 귀국할 것을 요청하는 편지를 썼다(부록 C 참조). 한민당이 임정의 이른 귀국을 지지한 것은 9월 15일 베닝호프의 보고서에 반영됐다.

임정을 보는 군정의 시각 만큼이나 중요한 것은 바로 얼마 전 충칭에서 한국으로 온 클래런스 윔스 2세가 작성한 비밀 보고서라고 생각된다.[21] 윔스는 임정이 "한국 독립운동의 절대적 존재이며, 그들이 한국에 있는 상황은 지도자와 국민이 현명하고 애국적으로 활동하는 데 영향을 줄 것"이라고 봤다. 아울러 그는 "전문적으로 훈련받은 상당수의 한국인 기술자가 중국에 있으며 그들 대부분은 임정이 귀국할 때 한국으로 함께 보낼 수 있을 것"이라고 말했다. 윔스는 임정 지도자들이 "공산주의에 반대하지만 외세의 지배가 확대되는 데"는 더욱 반대한다고 언급했다. "임정이 순조롭게 나아간다면 한국은 어떤 외세의 지배에도 격렬히 반대하는 민주적 형태의 정부를 갖게 될 것이며 미국과 진실한 우호 관계를 형성할 것이다." 임정 지도자들은 미국 선교사와 사업가들이 한국에 좋은 인상을 갖고 있으며 미국이 한국을

"일시적으로 감독하는 것"은 민주 정부 수립에 도움이 될 것이라고 생각했다. 여운형·송진우·김성수·장덕수·조만식·윤치호 등은 임정의 귀국을 환영한다고 윔스는 말했다. 임정 지도자들과 관련해서는 그들은 "여운형을 전폭적으로 지지하며 (…) 그의 인격은 비난할 부분이 없다"고 했다.[22] 윔스는 임시정부의 파벌 갈등—김구는 김규식을 증오하고 두 사람 다 이승만을 싫어한다는 등—을 자세히 서술한 뒤 이렇게 결론지었다.

> 지금 한국에 이런 혁명의 절대적 존재가 있는 것은 건전한 한국 정부를 수립하는 과정에 의심할 바 없이 도움이 될 것이다. 한국 국민과 마찬가지로 그들도 자유롭게 선택할 수 있다면 어떤 나라보다도 미국을 선호하고 있다. 그들은 소련 점령군의 영향을 두려워하고 있다.

임시정부를 이용하기로 결정한 군정의 첫 성과는 1945년 10월 16일 이승만의 귀국이었다. 이승만은 10월 12~15일 도쿄에서 맥아더와 하지가 논의한 뒤 맥아더가 제공한 비행기로 서울에 도착했다. 군정 공식 자료들은 하지가 이승만의 귀국을 강력히 권고했고 그를 비롯한 임정 지도자들을 과도정부의 중심 세력으로 삼기를 바랐다고 서술했지만[23] 이승만의 귀국을 둘러싼 상황은 좀더 복잡했다. 국무부는 이승만이 "한국으로 돌아가는 (임정의) 주미駐美 최고 책임자"라고 자처했기 때문에 그에게 비자를 내주지 않았다.[24] 이승만은 육군성과 전략사무국OSS의 도움을 받은 것으로 보인다. 앞서 본 대로 전쟁 기간에 이승만은 프레스턴 굿펠로와 가까워졌는데, 그는 곧 전략사무국 부국장에 올랐다. 대체로 전략사무국은 "(인광燐光이 번득이는 여우부터 불을 지르는 박쥐까지) 비밀 작전과 관련된 무모한 계획을 가진 모든 기이한 책략가가 자기 말을 들어주는 동료를 만날 수 있는 곳"이었다.[25] 이승만은 일본 전선의 배후에 한국인을 침투시키려는 계획을 가졌으며 "굿펠로의 중재로 육군성은 극동에서 적지 침투 공작에 참여할 한국 청년을 모집하는 임무에서 전략사무국과 연락을 담당하는 인물로, 이승만을 제한적으로 승인하는 데 동의했다".[26] 이 계획은 무산됐는데, 이승만이 휘하에 그런 한국인을 두지 못했기 때문으로 생각된다. 하지만 그와 미국인 지지자를 연결시키기 위한 다른 계획이 있었다. 이승만은 조선의 국왕처럼, 미국인에게 호의의 대가로 한국에서의 일정한 양보를 제공했다. 이를테면 그는 1945년 3월 새뮤얼 돌베어를 임정의 "광산 고문"으로 임명했다. 그 대가로 돌베어는 임정의 승인을 요청하는 편지를 국무부에 보냈다.[27] 이승만은 굿펠로와 비슷한 계획을 갖고 있었던 것으로 보인다. 1946년 중반 한국 자원의 양보와 관련해 이승만이 돌베어·굿펠로와 거래한 사실이 드러나자 굿펠로는 한국을 떠나도록 강요받았기 때문이다.

1945년 8~9월 전략사무국 고위 관료로서 굿펠로는 이승만을 도와야 한다고 국무부에 탄원했다. 그는 그들에게 "이 박사는 한국의 다른 지도자들보다 미국의 시각에 더 가깝다"고 말했다.[28] 국무부는 끈질기게 반대했지만, 아마도 육군성과 연락을 담당하는 굿펠로의 지위 덕분이라고 생각되는데, 이승만은 국무부에서 오래 근무한 여권과장 루스 시플리 부인에게서 일본 방문을 허가받았다.[29]

이승만이 도쿄에 도착한 뒤 맥아더는 "굿펠로 대령에게 이승만 대령이 보냄(원문 그대로). 발신: 연합군 최고사령부. 수신: 육군성"이라는 제목의 전문을 육군성에 보냈다. "10월 12일 오전 11시 무사히 도착. 오늘 밤 휴식한 뒤 내일 접촉할 예정"이라는 내용이었다.[30] 이승만이 도쿄에 머물렀다는 사실을 보여주는 다른 기록은 없다. 이승만이 맥아더·하지와 만나지 않았다거나 적어도 하지가 이승만을 귀국시켜야 한다는 자신의 생각을 맥아더와 논의하지 않았다고 생각하기는 어렵다. 그러나 그 뒤 하지는 이승만이 서울에 도착한 데 놀랐다고 자기 부관에게 말했다.[31] 다만 다른 증거는 하지가 그리 솔직하지 않았음을 보여준다. 1945년 10월 21일 한 편지에서 이승만은 "하지 장군이 나를 만나러 도쿄로 왔다"고 썼으며 "하지와 나는 우리가 준비될 때까지 내가 (서울에) 도착했다는 사실을 발표하지 않기로 합의했다"고 털어놓았다.[32] 솔직히 말하면 하지·맥아더·굿펠로·이승만은 국무부의 기존 정책에 따르지 않기로 공모한 것이다. 그렇게 하면서 그들은 단순히 일국독점주의와 봉쇄 정책을 지지하는 인물이 아니라 공산주의에 맞서는 새로운 정책 그리고 해방 또는 반격rollback을 옹호하는 핵심 인물 가운데 한 사람을 한국으로 귀국시킨 것이었다.[33] 군정은 미군 고위 장교 숙소로 마련해둔 조선호텔 특실에 이승만을 묵게 했다. 그 소식을 들은 한국인들은 전설적 애국자를 잠깐이라도 보려고 호텔 주위로 모여들었다. 이 이승만은 누구인가?

1945년 당시 이승만의 가장 큰 이점은 그와 관련된 정보를 알고 있는 한국인이 거의 없었고 미국인은 더 적었다는 사실일 것이다. 이승만은 1875년 황해도의 몰락한 양반 가문에서 태어났다. 그의 가문은 400여 년 전 왕실과 관계를 맺었다. 이승만의 아버지가 보학譜學 전문가로 일한 것은 그 때문으로 생각된다. 이승만은 1887~1893년 문과 과거시험에 여러 번 낙방했다. 그뒤 그는 1894년 배재학당에 들어가 영어를 공부했다.[34] 1898년 그는 서재필(필립 제이슨)을 따랐지만 위상은 그리 높지 않았고 유명한 독립협회와는 느슨하게 연결됐다. 그 직후 정치활동 때문에 투옥돼 1904년까지 수감됐다. 1905년 이승만은 미국으로 떠나 조지워싱턴대학 2학년에 입학했다. 그는 1907년에 졸업한 뒤 하버드대학에서 문학석사(1908), 프린스턴대학에서 문학박사(1910)를 취득했다.[35] 미국의 대학에서 박사학위를 받은 첫 한국인이라는 사실은 그가 한국 장년층에게 명망을 얻는 데 적지 않은 요인으로 작용했다. 1910년 이승만은 잠깐 한국으로 돌아왔다. 이듬해 다시 미국으로 떠나 1945년까지 머물렀다.

30년 넘게 미국에 머무르는 동안 이승만은 전형적인 망명 정치가가 됐다. 그는 직업을 가져본 적이 없다고 생각되며 다른 한국인들의 기부에 기대어 살았다. 그는 국무부에 자주 드나들면서 본인이 우드로 윌슨의 친구이자 학생이라고 주장했으며 미국이 한국 독립을 중재해줄 것을 탄원했지만 허사였다. 이승만의 모든 특징 가운데 가장 두드러진 것은 엄청난 고집이었다. 그는 진정한 고집쟁이였다. 1919년 임정 지도자들은 그를 독선과 권한 침해로 고소하고 1925년 임정에서 추방했다.[36] 그가 미국에서 재외 한국인과 벌인 갈등은 전설적이었다. 1943년 재미한인연합회는 "한국인이 힘들게 번 돈을 남용하고 자기 이름을 알리는 데만 힘썼으며 타협하지 않는 완고한 인물"이라고 맹렬히 비난했다.[37]

이승만의 적, 특히 북한에 있는 반대파들은 그를 한국의 전통을 잃어버린 "미국인 같은 한국인"이라고 불렀다.[38] 그러나 이승만은 어른이 되어 조선시대의 마지막 25년 세월을 겪었고 미국에서 나이를 먹는 동안에도 그의 성품은 거의 바뀌거나 폭넓어지지 않았다. 이승만이 외국인의 약점을 이용해 자기 목적을 달성하는 한국의 고질적인 술수와 "약자가 강자를 제어하는" 교묘하고 중요한 외교술에 통달하게 된 곳은 한국이었다.[39] 1945년 이승만은 70세의 고령이었지만 이런 재주와 용기와 결단력은, 곤경에 빠진 군정을 도와줄 간판으로 봉사할 애국적이며 협조적인 한국인을 찾던 하지 같은 미국인이 그를 엄청난 존재로 받아들이게 만들었다.

정치적 견해와 상관없이 한국인은 오랜 기간 망명한 애국자로서의 이승만을 환영했다—그들은 자기 삶을 한국 독립에 바친 유일한 망명자일 뿐 아니라 일본 병탄에 처음부터 반대한 소수의 한국인 가운데 한 사람으로 그를 평가했다. 인공의 허헌은 "내가 12~13세였을 때 이 박사는 이상재와 일하기 시작했다. 그는 평생 우리나라를 위해 싸웠기 때문에 우리는 그를 인공 주석으로 뽑았다"고 말했다.[40] 조선공산당의 『해방일보』도 평생을 한국에 바친 이 "혁명가"의 귀국을 보도했다. 그러나 조선공산당을 비롯한 모든 정치단체의 관심은 이승만이 어떤 세력을 지지할 것인가 하는 점이었다. "이 박사는 대중의 기대를 저버리지 않을 것이며 그래서도 안 된다."[41]

귀국한 뒤 처음 며칠 동안 이승만은 우익과 좌익을 통합하는 인물로 자신을 부각시키는 데 성공했다. "덮어놓고 뭉치자"는 모호한 구호 아래 그는 한민당과 조선공산당, 일부 인공 지도자와 그 밖의 단체를 대한독립촉성중앙협의회大韓獨立促成中央協議會(독촉)라는 조직으로 결집시켰다.[42] 그러나 10월 20일 미군 환영 행사에서 그는 소련과 소련의 북한 정책을 비난했다. 또한 그는 인공을 참여시키거나 그들과 함께 일하자는 요청을 거부했다.[43] 그 결과 좌익과 다수의 온건파는 이승만의 "단결"을 친일 한국인과 "봉건 잔재"를 포용하되 좌익 항일 투사를 제외하는 "일관성 없는" 것으로 보게 됐다.[44] 박헌영과 여운형 같은 좌익 지도자들은 10월 23일 독촉 창립총회에 참석했지만 11월 2일 두 번째 모임이 열릴 때는 탈퇴했다.[45]

아울러 이승만은 정치적 단결을 역설했지만 실제로는 한국민주당과 연합했다. 이를테면 독촉 중앙협의회의 새 구성원은 송진우·백남훈·김동원·허정·원세훈 등 모두 한민당 지도자로 짜였다.[46] 한태수는 이승만이 한민당의 대일 협력자들을 못마땅하게 여겨 입당하지는 않았지만, 그들과 함께 일한 소수의 항일 애국자 가운데 한 사람이었다고 썼다.[47] 그러나 이승만은 최근 군정에서 권력을 얻은 한민당을 무시할 수 없었으며, 한민당 지도자들은 이승만이 애국자로서 일정한 정통성을 자신들에게 주기를 바랐다. 그 결과는 편의에 따른 소란스러운 결혼이었다.

계속해서 이승만은 11월 7일 서울방송국의 라디오 방송에서 인공과 좌익 전체를 맹렬히 비난해 처음 그가 남한 정치단체 사이에서 형성했던 희망찬 협력의 분위기를 날려버렸다.[48] 그의 대중 연설은 군정 사령부를 당황시켰다. 군정이 운영하는 방송에서 한 그런 발언은 "의심할 바 없이 소련과의 관계를 손상시켰다".[49]

하지와 그 고문들을 설득해 임정 지도자들을 충칭에서 귀국시키는 데 중요하게 기여한 이승만은 10월 21일 로버트 올리버에게 보낸 편지에서 "우리는 공산당을 제외한 김구 등을 충칭에서 귀국시키려 한다"고 털어놓았다. 또한 그는 하지가 미국의 정책 변화와 임정의 이른 귀국을 촉구하면서 워싱턴에 보낸 전문의 복사본을 자신에게 보여주었다고 주장했다. 중국 국민정부도 같은 생각을 하고 있던 것으로 보인다. 한 중국인 관료는 1945년 5월 "충칭에서 중국의 후원과 보조를 받으며 활동하는 이른바 대한민국 정부와 미국에 있는 한국인 민족주의 지도자들은 모두 한국에 뿌리가 없고 추종자도 없다"고 전략사무국에 말했지만, 1945년 9월 우궈전吳國楨 박사는 충칭의 미국 관료에게 다음과 같은 전문을 보냈다.

> 대원수(장제스)는 (한국) 정부의 주요 직책에 임명될 가능성이 있는 충칭의 한국 임시정부 구성원이 한국으로 돌아가는 것이 바람직하다고 생각하고 있습니다.[50]

11월 2일 참모회의에서 하지는 임정의 김구 세력이 곧 한국으로 돌아올 것이라고 발표하면서 김구를 "스튜에 필수불가결한 소금"으로 묘사했다.[51] 열흘 뒤 하지는 참모들에게 김구의 귀국은 최고 기밀이라고 알려주면서 덧붙였다.

> 우리는 화산의 가장자리를 걷고 있습니다. (…) 한국의 정치 사건은 극동 전체, 특히 중국의 정치 사건을 비춰주는 거울입니다. 중국에서 공산주의와 싸우고 있는 장제스는 민주국가가 된 한국이 측면에 있기를 바라고 있습니다. 이 때문에 그는 김구를 후원하고 있으며 이런 사실은 한국의 급진 세력에게 잘 알려져 있습니다. 지금 중요한 핵심은 극동 전체가 공산화될 것인가 아닌가 하는 것입니다.[52]

하지는 김구 휘하의 우익 세력이 김규식과 김원봉이 이끄는 세력보다 먼저 서울로 돌아와야 한다고 분명히 요구했다.[53] 임정이 "정부" 자격으로 귀국하는 데 국무부가 계속 반대했기 때문에 군정은 항공편이 승인되기 전까지 임정이 정부로 행동하지 않겠다고 서약할 것을 김구에게 요구했다. 이런 과정을 거쳐 김구와 그의 지지자 14~15명은 11월 23일 서울로 돌아왔고 12월 3일 김규식·김원봉과 20명 정도의 지지자가 뒤따랐다.[54]

임정이 돌아온 직후 서울에는 군정이 미국의 감독 아래 한국 정부를 수립할 것이라는 소문이 퍼졌다. 임정과 다른 집단이 연합했다는 말도 있었고, 미국이 임정만 승인해 정권을 넘겨줄 것이라는 말도 있었다.[55] 랭던의 제안을 모르던 한태수는 임정을 한국 정부로 세우려는 시도의 배후에는 한민당과 이승만이 있다고 생각했다.[56] 김구 세력은 미국 헌병의 호위를 받았고 김구의 개인 경호원은 무기를 소지하도록 허락됐으며(다른 정치단체의 경호원은 그렇지 않았다) 군정이 그들에게 주택과 자동차를 제공할 정도로 소문은 효과가 있었다.[57] 임정은 12월 이승만이 참석한 가운데 "국무회의"를 열었다.[58]

하지 장군과 고문들에게는 불행하게도, 김구와 그 추종자들은 이승만보다 효용과 신뢰가 크지 않은 것으로 밝혀졌다. 군정은 국무부가 임정에 대해 제대로 판단했다는 사실을 어렵사리 깨달았다. 그것은 여럿 가운데 하나인 작은 망명 단체일 뿐이었다. 효율적인 정치조직이라기보다는 일종의 당파였으며 지도자들은 고집스럽고 변덕스러웠다. 혼란스러운 신탁통치 정국을 거치면서 이런 사실이 드러난 뒤 임정을 이용하려는 모든 희망은 사라졌다(다음 장 참조). 그 뒤 하지는 임정 지도자들이 귀국했을 때 "그들의 인기는 예상했던 것만큼 크지 않았으며 자신들을 후원해주기를 바라는 부유층을 제외하고는 다른 어떤 집단과도 연합할 수 없었다"고 언급했다.[59] 게다가 임정 요인들은 남한에서 목격한 상황을 달가워하지 않았다. 그들은 이승만의 인공 비난에 동참하기를 거부했다.[60] 가장 중요한 사실은 광복군 장교들과 마찬가지로 그들이 군정청 안의 대일 협력자와 여러 정부 요직을 차지하려는 한민당의 기회주의를 경멸한 것이라고 생각된다. 그런 시각은 김구의 측근 가운데 한 명인 신익희의 개인적 기록에서 나타났다.

> 우리는 군정 통역관이 임명한 관료를 모두 해고해야 한다. 1945년 8월 이후 친일파와 민족 반역자는 모두 숨었다가 (…) 통역관을 매수해 도청·군청·경찰에 자리를 얻었다. 우리는 이들을 모두 뿌리 뽑는 동시에 외국에 의존하려는 정신도 없애야 한다.[61]

좌익에 대한 탄압

1945년 가을 미국의 한국 정책이 형성된 배경과 기준은 군정 아래서 쇠퇴하기는커녕 날이 갈수록 번창하는 좌익의 강력함이었다. 9월 군정은 인공을 자신들이 서울에서 보수 세력을 지원하면 극복할 수 있는 사소한 문제로 봤지만, 지방에 침투한 미군이 보고서를 올리면서 군정 사령부는 인공이 행사하고 있는 영향력의 범위를 명확히 알게 됐다. 인공은 어디에나 있는 강력한 조직으로 그들 앞에 나타났다. 그것은 서울에서 언쟁을 벌이는 "부패한"

노인들의 집단이 아니었다. 하지가 다양하게 그 상황을 묘사한 대로, 갑자기 서울은 깊은 수렁의 가장자리나 끓고 있는 화산 꼭대기에 위태롭게 놓여 있는 것처럼 보였다. 하지는 인공이 "모든 수준에서 정부 역할을 담당하는 조직을 건설한" 반면, 한민당은 "대부분 지역에서 엉성하게 조직됐거나 아예 조직되지 않았으며" 국민에게 줄 것이 없는 것으로 보인다는 정보를 받았다. 그는 "군정이 개입하지 않는다면 인공을 제외한 정당은 세력을 펴지 못할 것"이라고 들었다.[62] 다른 지역에서 미국이 추진한 정책에 비추면 당연한 결과지만, 군정은 강력한 좌익을 제거하는 정책을 추진했다. 그 뒤 하지는 신원을 알 수 없는 친구에게 보낸 편지에서 이렇게 고백했다.

> 솔직히 말해 우리 임무 가운데 하나는 합동참모본부나 국무부의 지시나 도움을 받지 않고 이 공산 정부(인공)를 무너뜨리는 것이었다.[63]

군정 사령부와 한국인 관료들이 시행한 기본 정책은 좌익으로 기운 조직을 와해시켜 진공상태를 만들고 경찰과 국방경비대의 지원을 받아 우익 세력이 그 자리를 차지하게 하는 것이었다. 지방에 적용된 이 정책은 9장에서 검토하겠지만 여기와 다음 장에서는 서울에서 일어난 사건에 초점을 맞출 것이다.

앞서 본 대로 군정은 10월 5일 여운형에게 개인 자격으로 고문단에 참여해주기를 요청했지만 거절당하자 격노했다. 그 뒤 아널드 장군이 인공과 여운형을 강력히 비판하자 서울의 거의 모든 기자는 그 성명을 비판했다. 그러자 군정 사령부는 8월부터 인공에 동조적이었고 아널드의 성명을 싣지 않겠다고 거부한 『매일신보』를 탄압하기로 결정했다. 이런 행동은 남한 언론 기관들에 본보기를 보인 것이었다. 10월 13일 대담에서 조지 윌리엄스는 서울의 기자들은 "추잡하고 교육 수준이 낮고 신뢰할 수 없으며" 한 신문을 빼고는 모두 "신뢰할 수 없는 수준의 과격한 신문"이라고 주장하면서 이 결정의 배경을 설명했다. 그는 "공산주의자의 조종을 받는" 노동자위원회가 『매일신보』를 운영하고 있다고 고발했으며 보수 세력에게 "스스로 분발해 다른 측면을 보여주는 신문을 발행하라"고 요청했다.[64] 11월 첫 주에 『매일신보』를 조사하라는 명령이 내려졌다.

> 이 조사의 목적은 그 신문을 합법적으로 제재할 수 있는 약점을 찾아내는 것이다. "이것은 알 카포네에게 소득세를 매기려고 그를 체포하는 것과 마찬가지"라고 그 조사를 맡은 한 장교는 말했다.

11월 11일 『매일신보』에 정간 명령이 내려졌다.[65] 정간의 표면적 이유는 체불된 돈이 있다는 것이었지만 진짜 이유는 급진적 논조와 아널드의 10월 10일 성명을 싣지 않았다는 것임이 분명했다. 한국의 모든 언론 단체는 이 정간에 항의했다.[66]

1945년 가을 시점에 신문 수천 부를 발행할 수 있는 근대적 인쇄기는 서울에 세 대밖에 없었다. 그 가운데 둘은 『매일신보』와 일본어로 된 『경성일보京城日報』를 찍었다. 조선인쇄주식회사에 있던 세 번째 기계는 군정이 인수해 자기 인쇄물을 발행했다. 다른 신문들은 비교적 원시적 시설을 가진 영세업자가 발행했다. 『매일신보』는 『서울신문』으로 다시 창간돼 한민당 지도자인 하경덕이 운영했다. 11월 16일 송진우 계열은 1940년대 경영 부조리를 구실로 일제에 의해 폐간된 『동아일보』를 『경성일보』 인쇄기로 발간할 수 있도록 승인받았다.[67] 그 밖의 인공 계열 신문들은 계속 발간하도록 허락받았지만 더 이상 능률적인 인쇄기를 사용할 수 없었다.

거의 같은 시기에 군정은 여운형과 그 지지자들에게 인민당을 결성케 함으로써 첫 정치적 성과를 거두었다. 그들은 인공을 떠나지 않았지만, 정부가 되겠다는 인공의 요청을 거부하고 하나의 정당으로 불러야 한다는 하지의 요구에 암묵적으로 동의했다. 여운형은 인공이 서울에서 사흘 동안 전국인민위원회 대표자대회를 열기로 예정된 일주일 전인 11월 11일 인민당을 결성했다. 인민당은 건국동맹을 계승했다. 그것은 인공과 비슷하게 "노동 대중의 완전한 해방"을 목표로 한 30개 항의 강령을 두었으며 다음과 같이 한민당·조선공산당과 자신을 차별화했다.

> 한민당은 자본가를 대표하는 계급 정당이며 공산당은 노동자를 대표하는 계급 정당이다. 그러나 인민당은 노동자·농민·소자산가·자본가·지주를 모두 포함하는 대중정당이다. 인민당은 반동적 세력만 제외한다.[68]

이 정당의 결성은 인공보다 좀더 온건한 세력을 흡수하고 인공의 적대자들이 인공을 과격한 세력 조직으로 묘사하기 쉽게 만듦으로써 인공을 약화시켰다. 그러나 인공과 인민당의 구분은 실제로 그리 명확하지 않았고 1946년 2월 그들은 다시 민주주의민족전선으로 뭉쳤다. 여운형은 자신의 타협적 태도가 한민당과 임정에서 군정을 떼어놓기를 바랐지만, 그렇게 되지 않았다. 군정은 인민당을 "다루기 쉬운" 정당이라고 생각했지만 1946년 초반 여운형과 갈등을 겪으면서 그것은 또 다른 공산주의자 단체일 뿐이라고 확신했다.[69]

서울의 정치 정세는 11월 셋째 주에 절정에 이르렀다. 군정이 임정을 과도적 또는 잠정적 정부로 세울 것이라는 소문이 돌면서 임정 지도자들의 임박한 귀국은 인공에 심각한 위협으로 다가왔다. 인공이 군정의 계획에 맞서 정부를 자처하는 상황에서 군정은 그것을 대체할 수 있는 정부를 수립하는 정책을 비밀리에 입안했다. 앞서 말한 11월 20~22일 서울에서 열린 전국인민위원회 대표자대회의 주요 목적은 인공의 명칭에서 "공화국"이라는 표현을 없애고 정당으로 다시 조직하라는 하지의 요구에 응답하는 것이었다. 도·군·시와 서울의 다양한 인공 조직에서 온 대표자 600여 명이 대회에 참석했고, 주로 허헌이 의장으로 주관했다.[70] 그 문제는 사흘 동안 논의됐다. 마침내 참석자들은 군정 지지를 표명하고 38도선 이남에서 그 권한을 인정했지만 하지의 요구는 거부했다.[71]

인공 대표자들이 이런 결정을 내린 까닭은 네 가지다. 첫째, 군정은 임정이 "정부"라는 표현을 사용하는 데 반대하지 않는다는 것이다.[72] 둘째, 군정은 인공이 정부라는 명칭을 사용하지 말라고 일방적으로 요구할 수 없다는 것이다. 그들은 인공 조직과 기구는 북한에서 소련군도 사용하고 있으므로 인공의 지위와 관련된 모든 결정에는 소련도 참여해야 한다고 지적했다.[73]

셋째, 도·군 인민위원회 대표자들은 "국호國號"와 정부의 지위가 자신들이 지속적으로 활동하는 데 핵심 사항이라고 판단한다는 것이다. 그들은 대부분 인공의 이름으로 군郡을 통치했는데 그 명칭을 포기한다면 불법으로 권력을 강탈한 세력으로 갑자기 간주돼 고발 대상이 될 것이라고 생각했다.[74] 넷째, 대회 참석자들은 군정이 "민족 반역자"와 친일파의 조언에 귀 기울이고 있으며, 인공이 군정의 주요 임무—일본인의 무장해제와 축출—에 협조하고 지원하겠다고 거듭 표명했음에도 불구하고 자신들을 거부한다고 생각했다. 이 마지막 사항과 관련해 일부 참석자는 이렇게 말했다. "우리는 36년 전 한국의 운명을 결정한 중대한 시기에 다시 직면했다."[75]

세 번째 이유는 서울에 있던 인공 지도자들이 11월 대회 때까지 지방의 동향을 충분히 파악하지 못했으며 그 뒤에야 인민위원회가 남한과 북한 거의 전역에 조직됐음을 알았다는 사실을 보여준다. 이에 따라 그들은 중앙과 지방의 연락을 더욱 긴밀히 하기로 결정했다.[76] 그러나 중앙의 지도자들에게는 정부가 되려는 인공의 주장을 포기할 의사가 좀더 컸던 것으로 보인다(서울에는 통치할 대상이 없기 때문으로 생각된다). 서울 인민위원회는 "미군정이 38도선 이남에 존재하는 한 인공은 정부로 활동할 수 없고 그러지도 않을 것"이라는 결정을 통과시켰다.[77] 이것은 "공화국"이라는 이름을 포기한 것은 아니지만, 지방 대표자들보다 한발 더 나아간 것임은 분명했다.

대표자대회가 끝난 사흘 뒤 하지는 맥아더에게 다음과 같은 전문을 보냈다.

> 최근 서울에서 열린 조선인민공화국 전국인민위원회 대표자대회는 현재의 정부를 의미하는 "공화국"이라는 표현을 사용하지 말라는 제 요구를 따르지 않았습니다. 이 정당은 공산주의자의 지지를 받는 가장 강력한 단체이며 소련과 일정한 관계를 갖고 있습니다. 진정한 공산주의자는 아니지만 상당수의 좌익이 참여하고 있으며 우리가 현지에 도착하기 전에 새로 결성됐습니다. 그동안 그들이 정부를 의미하는 표현을 사용한 것은 국민에게 상당한 혼란을 일으켰고, 교육받지 못한 노동자계급에서 많은 추종 세력을 만들었으며, 조

선인민공화국의 지시를 위장해 지방에서 급진적 행동을 일으켰습니다. 저는 최근 대회에서 그 명칭과 오해를 없애라고 지도자들에게 촉구했습니다. 거기 참석한 제 대리인이 보고한 대로 그 대회에서는 미군정을 적극 돕겠다고 합의했지만, 저는 태도 변화가 어떤 결과로 나타나기까지는 믿을 수 없습니다. 결과적으로 태도가 변화하지 않는다면 이 정당이 정부라는 용어로 표현될 수 없음을 밝히고 우리는 그 정당에 반대한다는 사실을 대중에게 알리는 것이 중요하다고 생각됩니다. 사실상 한국 공산 세력에게 "선전포고"나 마찬가지인 이런 조처는 일시적 혼란을 가져올 것입니다. 또한 지방 공산주의자와 공산주의 계열 신문 모두 그것을 "자유" 국가에서 정치적 차별이라고 비판할 것입니다. 조선인민공화국의 활동이 이전처럼 지속된다면 한국이 독립할 준비가 됐다고 평가되는 시간은 크게 늦춰질 것입니다. 회신을 바랍니다.[78]

맥아더는 그날 회신해 이전처럼 하지에게 전권을 위임했다. "귀하가 최선이라고 판단한 대로 조처하기 바랍니다. (…) 나는 귀하에게 현명하게 조언할 만큼 현지 상황을 충분히 알지 못하지만, 그 문제에 귀하가 어떤 판단을 내리든 지지할 것입니다."[79] 12월 12일 하지는 공개적으로 인공을 비판하고 그 활동을 "불법"으로 규정했다. 그 뒤 공식 기록에서는 인공에 소속된 사람을 "공공의 적"으로 일컬었다.[80]

11~12월 인공과 연계된 대중조직들도 서울에서 전국적인 집회를 열었으며 역시 탄압의 대상이 됐다. 11월 5~6일 남한과 북한 전역의 노동조합 대표자가 서울에 모여 분산된 조합을 하나로 통합하는 문제를 논의했다. 그 집회에서 결성된 중앙 기구는 허성택이 이끈 조선노동조합전국평의회朝鮮勞動組合全國評議會였으며 "전평"이라는 약칭으로 불렸다.[81] 그 밖의 지도자는 현훈·문은종·김호영·박세영·한철 등이었다. 전평 집행부 10명은 모두 일제강점기에 정치범으로 투옥된 바 있었다. 전평 강령은 8시간 노동제, 임금과 노동 조건 개선, 아동노동 금지 등을 규정했다. 전평이 발간하는 신문은 인공과 박헌영 같은 공산주의자를 지지했지만 마르크스주의와 관련된 내용은 거의 싣지 않았으며 영국 노동당과 공산국가의 동향에 많은 지면을 할애했

다.[82] 전평 조직은 〈표 9〉와 같다.

〈표 9〉 전평의 세력(1946년 8월)

산업	지부	분회	조합원 수
금속	20	215	51,364
화학	18	167	49,015
섬유	16	121	30,368
인쇄	16	65	4,368
교통	28	140	58,041
식품	23	108	23,523
건설	17	127	59,118
전기	14	54	15,742
목재	2	125	30,722
어업	9	50	35,653
광업	9	123	64,572
통신	9	40	10,215
철도	14	117	62,439
일반	14	107	17,065
해운	7	9	4,720
조선	10	38	5,549
합계●	235*	1,676	574,475

전거: 『조선해방1년사』 158쪽.

하지의 노동 문제 고문 스튜어트 미첨에 따르면 남한의 노동조합은 "짧은 기간 안에 (…) 일본인이 소유했던 공장 시설을 모두 장악했다". 전평은 1946년 중반까지 남한의 유일한 노동 조직이었으며 10월 봉기 뒤에도 가장 강력한 조합으로 남았다.[83] 지방을 관찰한 미국인의 보고도 대체로 그런 평가를 뒷받침했다(9장 참조). 전평은 모든 공업 도시에 지방평의회를 둔 것으로 보인다.[84]

군정 내부에서는 전평과 그 지부의 노동조합이 한국 노동자를 대표하며 대체로 개혁적 성격을 띤다고 판단했다. 「노동과勞動課의 정책」이라는 보고서는 다음과 같이 말했다.

● 이 항목은 실제로 계산해보면 지부 226, 분회 1606, 조합원 수 52만2474로 나온다.

> 일본인 소유주를 쫓아내고 여러 업무를 장악한 노동자위원회는 전면적으로 탄압하기보다는 정규화된 조합을 통해서 통제하는 쪽이 좀더 낫다고 판단된다. 군정은 노동자를 진정으로 대표하는 조합을 육성하고, 이전 소유주를 추방하려는 막연한 계획만 있을 뿐 공장을 다시 열 수 있는 적극적 계획이 없는 무책임한 선동가를 축출하는 정책을 펴야 한다. (…) (군정은) 공산주의자가 노동자위원회를 모두 장악하고 있다고 성급히 결론 내려서는 안 된다. (…) 이른바 공산주의 단체는 대부분 상당히 온건한 것으로 밝혀졌다.[85]

그러나 미국이 보기에 개혁적인 것은 한국적 맥락에서는 혁명적이었다. 공식 기록이 서술한 대로 "몇 가지 사례에서 경찰은 농민·노동 조직이 모두 공산주의 단체라는 일본 경찰의 생각을 그대로 답습했다".[86] 아울러 군정이 우익 세력과 일제에 고용됐던 한국인 경찰을 지지하면서 노동조합 정책의 쟁점은 군정의 통제를 벗어났다. 의도했든 의도하지 않았든, 그 결과 전평은 광범하게 전개된 탄압의 대상이 됐다.

우선 군정은 비폭력적이고 합법적 수단으로 노동조합을 통제하려고 했다. 1945년 10월 군정은 서울·대전 등의 파업에 대처하면서 노동자와 사용자에 대한 강제적 중재 제도를 시행했다.[87] 10월 30일 군정법령 19호 2조는 "개인이나 단체가 고용돼 방해받지 않고 일할 수 있는 권리는 존중되고 보호돼야 한다"고 명시했다. 그 뒤 법학자 에른스트 프랭켈은 이 노동 보호 조항은 "피고용자를 해고에서 보호하지 못했고 제3자가 개인적 고용자와 피고용자의 노동관계에 개입하는 것을 금지했다"고 평가했다. 이처럼 군정법령의 "노동 보호"란 "공개적 노동쟁의에 참여하는 것으로부터 보호하는" 의미를 내포했다.[88] 군정법령은 "자본가와 전문직에 의해 규정된 조건 아래서 일할 수 있는 노동권을 보호하는 선언이었다. 한국인 노동자는 일제강점기 내내 이 '권리'를 누렸다"고 미첨은 냉담하게 말했다.[89]

12월 8일 파업을 금지하고 중앙노동조정위원회 설치를 규정한 군정법령 34호가 공포됐다. 앞서 언급한 대로 위원 5명 가운데 3명은 한민당 지도자였다. 그 직후 비슷한 위원회가 지방에도 설치됐다. "이런 위원회에 임명된 한국인은 산업 노동자나 그들의 대표자가 아니라 (…) 대부분 사업가나 전문직 종사자, 고용주였다."[90] 실제로 그 위원회들은 고용주 협회나 마찬가지로 경제적 영향력을 정치적 권력으로 변화시키는 전형적인 도구였다. 군정 기간에 이런 위원회는 법률 기구처럼 "모욕죄를 처벌할" 권한을 가졌다.[91]

군정이 노동조합과 그들이 대부분 관리하던 공장을 통제하는 데 사용한 또 다른 중요한 방법은 일본인이 남기고 간 재산을 군정에 귀속시켜 한국 정부가 수립될 때까지 관리하는 것이었다. 그 결과 1946년 2월 무렵 군정은 375개 정도의 공장과 상점에 관리자를 임명했다.[92] 이 시기 문헌들은 그런 임명에 엄청난 부패가 작용했다고 공통적으로 언급했다. 조지 매큔에 따르면, 임명된 한국인 관리자는 대부분 일본인이 소유했던 공장의 고위 간부였다.[93] 이승만 정권이 수립된 뒤 그들은 대부분 공장의 완전한 소유주가 됐다. 그들 같은 전후 남한의 기업가들은 이처럼 스스로의 노력보다는 정권과의 유착에 의존해 존속했다. 그러나 군정은 자립적 기업가 계급을 형성하는 데 관심이 없었다. 다른 대부분의 경우처럼 이런 정책의 이유는 정치적인 것이었다. 트루먼 대통령의 고문 에드윈 폴리는 1946년 한국을 돌아본 뒤 분명히 말했다.

> 한국의 공산주의는 세계 어느 곳보다 실제로 좋은 조건에서 출발할 수 있었다. 일본인은 모든 주요 산업과 천연자원은 물론 철도와 전력을 포함한 모든 공공시설을 소유했다. 따라서 이것이 갑자기 "인민위원회"(공산당)에 넘어가면 그들은 그것을 개발하는 데 아무런 작업이나 노력 없이 차지하게 된다. 이것은 미국이 민주적(자본주의적) 정부가 수립될 때까지 한국에 있는 일본의 국외 재산의 명칭이나 권리를 포기하면 안 되는 까닭 가운데 하나다.[94]

1946년 2월 초순 경찰은 서울의 전평 본부를 습격해 불법 무기를 소유했다는 혐의로 11명을 체포했다. 그 뒤 남부 지방의 여러 공장을 방문한 미첨은 전평 지도자와 그들의 활동이 "조직적 탄압"을 받았다는 것을 알았다.[95] 그러나 그 조직은 깊이 뿌리내려 쉽게 뽑히지 않았고, 1946년 가을의 대규모 파업 때까지 강고하게 유지됐다. 지방의 수많은 인민위원회처럼 이들은 노골적 폭력과 마주할 때까지 번성했다.

12월 8일 서울에 모인 지방 농민조합 대표자와 그 밖의 정치 지도자들은 전국농민조합총연맹, 곧 전농을 결성하고 김진영을 위원장으로 선출했다. 전농에 호의적인 자료에서는 이 집회에 239개 정도의 농민조합에서 545명의 대표자를 보냈는데 여기에는 북한에서 온 84명이 포함됐다고 언급했다.[96] 전농은 인공, 특히 그 토지 개혁 강령을 지지한다고 선언했다. 농민조합은 남한에 널리 퍼졌지만, 전농은 지방의 이질적 조합과 그 밖의 농민단체를 연결시키는 데 있어 전평보다 성공하지 못했다. 인공과 연계돼 12월 11일 서울에서 결성된 조선민주청년동맹과 열흘 뒤 창설된 조선부녀총동맹도 마찬가지였다.[97] 이 두 단체는 자신과 비슷한 우익 조직보다 더 강력한 조직을 서울에 가지고 있었지만(우익은 청년 단체가 많았지만 농민조직은 없었던 것으로 판단된다) 서울의 지도자와 지방단체를 긴밀히 연결시키지 못한 것으로 보인다. 지방에 견고히 자리 잡은 농민조합들은 중앙의 통제에 저항한 것으로 생각된다. 의심할 바 없이 전농과 청년동맹이 발전한 핵심 요인은 하지의 "선전포고" 직후 인공이 서울에서 자신을 지원할 조직을 필요로 한 데 있었다.

토지·미곡 정책

군정이 채택한 토지·미곡 정책과 관련된 기록만큼 따뜻한 선의와 자애로운 소박함, 오만한 자민족 중심주의가 기이하게 결합된 현상을 또렷이 보여주는 사례도 없을 것이다. 군정은 도착한 지 한 달도 안 돼 소작인을 위해 가혹한 소작제도를 개혁하고 일제강점기부터 세밀하게 규제된 미곡 유통 구조를 폐지해 경제를 장악하려고 시도했다. 군정 사령부는 기존의 토지 관계가 유지되기를 바라는 한국인들과 정치적으로 결탁했다. 그러나 이는 "반半노예적" 토지 관계를 끝내려는 미군 장교들의 진심어린 시도였음에도 결국 실패로 끝났다. 그 최종적 결과는 군정의 정치와 미·소 관계에도 깊은 영향을 준 파멸적 경제 상황이었다.

앞서 본 대로 1945년 한국에는 일본에 공급할 잉여 미곡을 창출하고 일본인·한국인 지주의 이익을 보장하기 위해 엄격히 통제된 미곡 중심의 식민지 경제체제가 형성돼 있었다. 특히 한국 남부 지방은 매년 풍년이 들어 곡식이 남아도는 곡창지대였음에도, 소작 조건이 가혹했다. 그러나 9월에 미군이 진주했을 때 일본인의 통제는 느슨해졌거나 완전히 사라졌다. 일본인 관료와 지주 수천 명은 도망갔고 일부 지역의 한국인 지주는 토지를 몰수당했으며 농업 정책 및 미곡 징수와 관련된 총독부 관서는 대부분 기능이 정지됐다. 인공 지도자가 식량 관리를 맡았는데 그 뒤 미군의 설명에 따르면 "한국인이 일본 경찰을 몰아낸 뒤 (인공 지도자는) 미곡 수확 업무를 맡아 미군이 도착할 때까지 성공적으로 수행했다".[98] 그해는 풍년이 들어 남한에서 쌀 100만 석을 수출할 수 있을 것으로 예상됐다.[99]

한국에 도착한 미군은 토지 소유관계의 개혁을 요구하는 소요가 거의 전국에서 나타나고 있다는 사실을 발견했다. 앞서 본 대로 한민당과 인공은 개혁의 바람직한 범위와 관련해 생각이 상당히 달랐지만, 모든 정치단체는 토지 개혁을 지지했다. 군정은 10월 5일 토지제도와 미곡경제에 관한 중요한 법령 두 건을 공포했다. 군정법령 9호는 다음과 같다.

> 현행 계약에서 소작인은 그 토지에 지불하는 가혹한 소작료와 이율 때문에 반半노예적 상태로 전락해 군정청의 목표보다 낮은 생활수준을 영위하고 있으므로 한국에 비상사태를 선포한다. (…) 소작료는 소작인이 자연인이나 법인에게 현물과 금전을 비롯한 어떤 형식으로 납부하거나 그 소작인이 경작한 작물로 그 뒤 어떤 사람이 납부하는가에 상관없이 총액의 3분의 1을 넘지 못한다.[100]

이 법령은 지주가 "정당한 이유 없이" 소작인과 맺은 계약을 파기하는 것도 금지했다. 두 번째 법령(일반고시一般告示 1호)은 미곡을 자유롭게 팔 수 있는 시장을 설치하는 것이었다. "효력을 가진 모든 법률과 규제는 (…) 미곡을 자유롭게 팔 수 있는 시장이 한국에 생길 때까지 폐지한다." 그것은 "미곡의 개인적이고 자유로운 판매"를 금지하거나 군정의 담당 부서에 미곡 판매를 요청하거나 "미곡 매매가의 자유"를 제한하는 모든 법률과 규정을 폐지했다(일본인과 그 조직은 제외했다).[101] 이 고시 직후 군정이 전매하는 품목(담배·소금·아편·인삼·설탕·약품)과 군정이 "비상시 필수품"으로 지정한 물품을 뺀 모든 상품과 관련된 "자유 시장"을 설립하는 조처가 뒤따랐다. "되도록 자유로운 시장 환경을 조성하라"는 것이었다.[102] 군정법령 19호는 다음과 같다.

> (군정은) 자유 시장 원칙을 회복해 이 아름다운 국토에 부여된 많은 자원을 모든 국민이 공평하고 정당하게 누리도록 할 것이다.[103]

소작료 제한은 큰 호응을 얻었다. 핵심은 인공의 3·7제와 비슷했지만 군정은 당시 상황을 진정으로 우려했고 북한에서 소련이 비슷한 정책을 폈기 때문에 이것을 채택한 것으로 여겨진다. 그러나 법령은 효과적인 강제 수단이 없었으므로 대부분의 지주는 이를 무시했다.[104] 법령은 군정 기간에 일부 소작 농가가 반소작-반자작 농가로 상향하는 데 어느 정도 영향을 주었다.[105]

자유 시장을 도입하려는 시도는 처음부터 끝까지 완전한 재앙이었다. 이 정책은 경작자의 생산물을 자주 몰수한 식민지 제도에 반대하고 공급과 수요의 자유로운 시장경제를 허용하는 미국의 자연스러운 성향 때문에 결정된 것으로 여겨진다. 군정법령 19호에서 인용한 부분이 보여주듯 미군도 자유 시장은 미국적 방식의 가치를 드러내며 북한의 소련적 방식과 반대된다고 생각했다. 한민당 고문들도 그 결정에 일정한 영향을 준 것으로 보이는데, 그들은 가격 통제를 중단하고 미곡의 자유로운 거래를 허용하는 것을 선호했다고 나중에 보고됐다.[106]

자유 시장 계획은 한 상황에 적용된 추정과 방식을 낯설고 완전히 다른 상황에 아무 생각 없이 시행하려다가 실패한 전형적인 사례로 보인다. 최저 생계를 유지하는 것이 관심의 전부인 한국 농민의 절대다수는 잉여 생산물을 시장에서 거래하기는커녕 지주와 중개인에게 착취당해왔다. 그들은 가격 상승에서 발생한 차액을 투자해 이익을 보는 기업가가 아니라, 통제가 느슨해지면 덜 일하고 생산물을 더 소비하는 방식으로 반응하는 전형적인 최저 생계 농민이었다. 그러나 한국인 지주들 또한 대부분 미곡 판매로 늘어난 이익을 대규모 투자로 전환하는 자본가가 아니었다. 대체로 그들은 잉여를 착취하고 아주 적은 대가를 지불했다. 그들이 어떻게 갑자기 서구적 유형의 "합리적 경제인"이 될 수 있겠는가?[107] 그 뒤 자유 시장 대신 지주가 지배하는 판매 방식이 유지됐지만, 앞서 그들을 통제한 행정 기구는 사라졌다. 이런 군정의 자유 시장이 가져온 결과는 투기·매점·과소비의 열풍이었다. 수확기의 잉여는 금방 사라졌다. 군정은 자유 시장 정책 때문에 남한 경제체제의 주요 강점—대규모 잉여 곡물을 뽑아낼 수 있는 능력—을 잃었으며 지속적인 통화 팽창과 1946년 초반의 기아, 전반적인 경제 붕괴를 불러왔다.

쌀 1부셸bushel(약 27킬로그램)의 값은 1945년 9월 9.4원에서 1946년 9월 2800원으로 엄청나게 올랐다.[108] 지주·경찰·공무원, 부자들은 모두 투기에 뛰어들었다. 리처드 로빈슨은 경찰 최고 간부가 "쌀을 서울로 불법 운송해 엄청난 값에 팔아 치부하고 있다"고 보고했다. 또한 남한과 일본 사이의 쌀 "밀수가 번창해" 1945년 수확의 4분의 1에 이르렀다고 주장했다.[109] 공식 자료에서는 군정에서 임명한 지방 관료가 투기에 널리 가담하고 매일 쌀 300섬을 일본으로 밀수한다고 기록했다.[110] 1945년에서 1946년 겨울 동안 밀수업자들은 충청남도의 미곡 대부분을 도 밖으로 유출했다. 부산 출신의 한국인이 논산에서 열차 열 대 분량의 쌀을 산 경우도 있다.[111] 자유 시장 정책이 추진된 기간에 군정청 농무부는 가난한 사람들에게 고정된 가격에 쌀을 판다는 조건으로 "일부 기업가"가 총독부 미곡 창고를 인수해 운영하도록 허가했다. 그러나 그들은 그 대신 "엄청난 이익"을 남기고 팔았다.[112]

1946년 2월 군정은 자유 시장 정책을 철회하고 하루에 1인당 1홉을 배급하라고 지시했다. 전쟁 동안 일본이 허용한 분량의 절반이었다.[113] 기아에 관한 보고가 흉년이 든 지방에서 빈번하게 올라오자 군정은 미국에서 남는 곡물을 수입해 남한 국민에게 배급하기 시작했다.[114] 미·소 관계는 미국이

1946년 봄 잉여 곡물을 북한으로 수송할 수 없다고 통보하면서 심각하게 긴장됐다. 그러나 가장 큰 손실은 군정이 옛 일제의 농업 정책과 미곡 공출 제도를 다시 시행할 수밖에 없게 된 것으로 여겨진다. 군정 공식 기록에 따르면 자유 시장 정책의 실패를 회복하는 유일한 방법은 옛 미곡 공출제도를 다시 시행해 "사실상 일제의 제도를 재건하는 것"이었다.[115] 군정은 먼저 총독부 산하의 조직과 여러 반관적半官的 기구를 "부활시켰다".[116] 거기에는 조선식량영단朝鮮食糧營團·동양척식회사(동척)·조선수입품통제회사와 그 밖의 운송·유류油類·석탄 관련 독점기업이 포함돼 있었다. 이 회사의 이름은 조선생활필수품영단·신한공사新韓公社·조선물자통제회사 등으로 바뀌었지만 일본인에게 고용됐던 한국인은 모두 그대로 근무했다.[117]

조선생활필수품영단은 매년 쌀 수확량의 대부분을 사서 고정된 가격에 유통시키는 책임을 부여받았다. 그러나 한 미국인이 지적한 대로 한국인들은 그것을 "모두 갖고 아무것도 주지 않는 거대한 착취 기구"로 봤다.[118] 그 결과 한국인들은 쌀 수급과 관련한 일제강점기의 제도를 다시 시행하는 데 저항하고 영단에 쌀을 팔지 않았다.[119] 곧 영단에 소속된 구매자들은 경찰의 보호를 받아야 했다.

신한공사는 1946년 2월 21일 군정명령 52호로 창설됐지만 1945년 11월부터 운영됐다.[120] 신한공사는 동양척식회사에 소속된 모든 토지와 약 10만 2000개의 일본인 회사 및 개인 그리고 19개의 공업·기술·광업회사가 소유한 토지를 감독하고 관리했다. 군정의 조직 편람에 따르면 신한공사는 "비료와 간척, 토지 등기, 토지 임대계약 및 식량 조달과 관련된 모든 세부 사항을 관리했다".[121] 동척은 일본의 여러 식민지 수탈 기관처럼 서울에서 강력히 통제되는 중앙집권적 관료 기구였다. 신한공사는 이런 효율적 조직을 계승했다. 군정 기간에 신한공사는 남한 농민이 경작한 모든 토지의 24.1퍼센트를 관리했다. 동척의 일본인 직원들이 자국으로 돌아가자 군정은 동척의 한국인 직원들을 새 기구의 가장 높은 자리로 이동시켰다. 군정 기간 전체에 걸쳐 신한공사에서 근무한 미국인은 20명 정도였다.[122]

신한공사는 군정 기간에 다른 기구들보다 좀더 성공적이고 효율적으로 기능했다. 여느 기구와 달리 미곡 수집과 관련해 큰 어려움을 겪지 않았다. 지방의 신한공사와 동척의 "소작인 감독관"은 소작인에게 씨앗과 비료를 공급하고 전체적으로 감독하는 "지주의 여러 기능"을 수행했다.[123] 이처럼 신한공사는 거의 최저생계를 유지하면서 일하고 있는 소작인에게서 잉여 생산물을 착취하는 능숙하고 효율적인 조직으로서, 일제 치하에서 수행한 업무를 대부분 이어받았다. 그러나 전문 지식을 가진 일본인 관리자들이 사라지면서 신한공사에는 동척에서보다 더 많은 부정과 부패가 나타났다.[124]

1946년 1월 하순, 군정은 신한공사가 관할하지 않는 지방의 쌀 공출을 마을 원로와 명망가, 시·군·면 공무원, 경찰에게 다시 맡겼다.[125] "군정의 동의를 받아 고위 경찰 간부·마을 원로·사업가·대지주로 구성된" 지방위원회가 각 농가의 쌀 공출량을 결정했다. 위원회는 공출량에 대한 항의를 허용하지 않았으며 그것을 채우지 못한 농민은 투옥되곤 했다.[126] 1945년 가을, 경찰은 쌀 공출 임무를 박탈당했지만 자유 시장 정책이 실패하면서 이를 되찾았다. 경찰은 "공출독려반"을 조직해 그 임무를 수행했는데, 경찰 단독으로 근무하거나 경찰 외에 공출과 관련된 공무원이 함께 일했다. 할당된 수취량을 채우지 못한 경찰은 개인적으로 쌀을 횡령했다고 의심받아 처벌받거나 파면되기도 했다.[127] 이처럼 그들은 가혹하게 쌀을 공출했고 인민위원회나 농민조합과 연계된 농민을 적발하기도 했다. 공식 기록에 따르면 "쌀을 내지 않는 농민은 경찰서로 연행돼 투옥됐으며, 경찰에게 터무니없이 비싼 값을 내지 않으면 음식도 주지 않았다".[128] 최능진은 1946년 후반 한미공동회의에서 이렇게 말했다.

> 저는 한 농민을 방문했다가, 지난여름 경찰관이 갑자기 들이닥쳐 할당량이 얼마인지도 모르면서 농민에게서 쌀을 강제로 수탈했다는 이야기를 들었습니다. 쌀을 내놓지 않으면 경찰이 수갑을 채워 경찰서로 연행해 하루 종일 구금하면서 식사를 주지 않기도 했다고 합니다.[129]

1946년 5월 충청북도의 미군 제67중대는 「음성陰城 공출대의 습격」이라는 보고서에서 미곡 공출대가 "한국인 경찰과 공무원으로 구성돼 미군과 함께 평화와 질서를 유지했다"고 적었다. 경기도의 제68중대는 광주 농민들이 조선생활필수품영단 직원의 미곡 공출을 막았다고 보고했다. "노인들은 (영단) 트럭 앞에 몸을 던졌다."[130] 하지가 앨버트 웨더마이어 장군에게 한국에서는 "무기와 식량배급표만 있으면 모든 것을 통제할 수 있다"고 말한 것은 이런 경험 때문이었을 것이다.[131]

1945~1946년 겨울, 군정은 미곡 수집을 도울 만한 다른 방법을 시도했다. 12월 11일 아널드 장군은 50명의 사업가로 "애국자위원회"를 조직해 지방을 돌아다니며 농민들에게 비축해놓은 쌀을 내놓도록 설득하게 할 것이라고 발표했다.[132] 그러나 성과는 전혀 없었다. 12월 13일 조선물자통제회사 본부에서 모인 위원회의 구성원은 대부분 한민당과 연결된 부유한 지주였다. 그들은 "대한경제보국회大韓經濟報國會"라는 조직을 결성했는데, 미곡 수집을 돕는 것보다는 이승만과 임정 지도자들에게 자금을 공급하는 일에 치중했다. 그 뒤 그들은 미군 지프를 타고 지방을 돌아다니면서 이승만에게 기부할 부자들을 찾았다고 한다.[133]

이 조직은 그 구성 및 이승만 등의 정치가와의 관련성 때문에 중요하다. 지주·은행가·사업가·기업가 집단이었는데, 대부분 앞서 말한 지주-기업가로 볼 수 있다. 이 단체는 이승만과 김구의 귀국, 은행 관련 군정의 조치라는 두 중요한 사건이 일어난 뒤 조직됐다. 12월 8일 군정은 일본에 본사를 둔 은행의 지점들을 "한국인이 경영하는" 은행에 병합시켰다. 조선상업은행은 제국은행 서울 지점을, 조흥은행은 야스다安田은행 지점을 접수하는 식이었다.[134] 그러나 겉으로 한국인이 경영하는 것처럼 보인 이 은행들은 8월 15일까지 일본인의 은행이었다. 식민지 재정 운영의 중요한 요소였던 은행들을 어떻게 한국인이 운영하거나 소유할 수 있었는지 분명히 알려주는 자료는 찾지 못했다. 아무튼 같은 날인 12월 8일 보국회는 2000만 원(15원당 1달러라는 공식 환율이나 50원당 1달러라는 암시장 환율을 사용하면 40만~130만 달러 정도)을 자신들에게 빌려줄 수 있는지 여러 은행에 문의했고, 그 뒤 이 돈은 이승만과 김구에게 제공됐다.[135] 그러나 그런 차관은 군정의 일정한 승인을 받아야 했으며, 군정의 위신을 손상시켰다고 생각된다.

그 무렵 이승만의 후원자인 프레스턴 굿펠로는 조금 의심스러운 경로로 군정의 고문에 임명돼 서울에 도착했다.[136] 굿펠로 문서에서 발견된 이승만의 편지 한 통에서는 "우리의 목적을 위해 10명의 기부자가 1000만 원을 기부했다"고 언급했다.

> 그 10명은 그 돈이 군정에서 제공됐다는 것을 모른다고 부인하는 각서에 서명했습니다. 그들이 아는 것은 그들이 제공한 담보에 따라 은행이 2000만 원을 대부하라는 군정의 허가를 받았다는 것입니다(강조는 인용자).

굿펠로에게 보낸 또 다른 편지에서 이승만은 이렇게 말했다.

> 10명에게서 받은 1000만 원은 독립운동에 쓰려고 모두 제가 보관하고 있으며 그렇게 해도 좋다는 그들의 서명을 받았습니다.[137]

뒤에서 좀더 자세히 논의하겠지만, 굿펠로는 이승만이 귀국한 뒤 미국에서 그를 후원하는 작은 단체를 결성했다. 이 집단을 결속시킨 한 요소는 이승만이 남한에서 최고 권력자가 됐을 때 무역권을 비롯한 이권을 얻으려는 바람이었다. 이처럼 이승만은 중국 시장처럼 "한국 시장"을 기대하는 일군의 미국인들과 일본에 협력했다는 전력 때문에 전면에 나서기보다, 군정 사령부 최고 수뇌부의 묵인 아래 이승만에게 제공할 자금을 모았던 일군의 지주-기업가를 결집하는 힘으로 기능했다.

보국회 회장은 황해도 출신의 부유한 지주 김홍양으로, 미곡 공출 절차를 아널드 장군에게 조언한 인물 가운데 한 사람이었다. 50명으로 이뤄진 보국회 회원에는 신한공사 기획부장 공진항, 한때 한민당 재정부장으로 미군 방첩대에게 "마약왕"으로 지목된 전용순, 김구에게 큰 저택을 제공한 광산주 최창학, 총독부 중추원 참의를 지낸 민규식, 대한은행협회 이사 구자국 등이 있었다.[138]

나중에 하지 장군은 이승만과 관련해 이렇게 말했다.

> 그는 귀국한 지 얼마 안 돼 일부 부유한 사람에게 영향력을 행사했다. (…) 그들은 일제 아래서 많은 돈을 벌었기 때문에 대부분 친일파로 지목됐다.[139]

그러나 이것은 사실을 모두 언급한 것이 아니다. 하지는 이승만을 귀국시키고 군정이 통제하던 은행에서 이승만에게 자금을 지원하도록 허락한 군정의 역할은 말하지 않았다. 그는 완전히 명백한 사실만 넌지시 말했을 뿐이다. 이승만은 이런 기여에 대한 보답으로 공산주의 정권이나 민족주의 정권이 수립될 경우 대일 협력의 전력 탓에 재산을 몰수당할 가능성이 컸던 사람들을 보호해주었다. 한국민주당도 부유층과 비슷한 합의를 공유했지만 이승만은 애국적 정통성을 제공할 수 있었던 유일한 사람이었다. 곧 그는 부유층과 한민당, 경찰까지 자기 아래 거느렸다.[140] 대체로 이승만의 행동은 1927년 상하이은행과 결탁한 장제스와 비슷했다.

지금까지 핵심 내용을 설명한 자유 시장과 미곡 정책의 큰 실패는 군정 기간 정치와 경제 정책 사이의 긴밀한 상호 관계를 보여준다. 미국은 정치적 조처를 경제적 결과와 분리시킬 수 없었다. 옛 질서를 유지하려는 정치 정책은 개혁적 경제 정책을 방해했다. 군정은 변화를 요구하는 정치 세력을 적대시하면서 다른 모든 영역을 결정하는 데 정치적 판단을 개입시켰다. 특히 하지는 좌익이 주도할 변화와 개혁을 추진할 의사가 없었다. 1945년 말 군정 사령부가 적극적으로 개혁을 추구할 때조차 요직에 있는 한국인의 반대와 저항에 부딪혔다. 그 결과 토지 개혁과 관련한 군정의 의지는 미온적이고 일시적이었으며, 개혁의 제안은 1946~1948년까지 질질 끌면서 아무 문제도 해결하지 못했다. 아래의 글은 이름을 알 수 없는 한 미군 대령의 말로 익살스럽지만 적잖은 진실을 담고 있다.

> 한국에서 우리 임무는 부재지주가 가차 없이 쫓겨나는 것을 막는 것이었다. 한국 민중은 농민에게 토지를 나눠주기를 바랐다. 우리 임무는 농민에게 소

작료를 내도록 강요하는 것이었다. 소련의 주요한 잔학 행위는 부재지주의 대토지를 몰수해 보잘것없는 소작농에게 나눠준 것이었다.[141]

결론

군정 초기 몇 달 동안 이뤄진 미국의 정책을 다룬 이 두 장을 마무리하는 데는 12월 16일 하지가 도쿄에 제출한 "한국 정세"와 관련된 매우 솔직한 보고서를 검토하는 것이 적절할 듯하다.[142]

석 달 동안 남한을 점령한 뒤 본관은 아래와 같은 명확한 결론에 이르게 됐다. 이것은 이전 보고서들을 좀더 구체화한 것이다.

A. 미국과 소련이 남한과 북한을 분할 점령하고 있는 상황은 (…) 건전한 경제를 건설하고 앞으로 한국의 독립을 준비하려는 우리의 점령 임무를 불가능하게 만들고 있다. 남한에서 미국은 분단의 책임자로 비난받고 있으며 수동적 저항을 포함해 모든 미국인에 대한 분노가 커지고 있다. (…) 이런 상황 아래 매일 표류하면서 한국에서 우리 위치는 더욱 불안해지고 우리의 지지와 임무 수행의 효율성도 줄고 있다. 친미파라는 단어는 친일파·민족 반역자·대일 협력자에 추가되고 있다. 소련이 존재하는 상황의 유일한 이점은 한국 분단과 관련된 한국민의 분노를 일부 흡수한다는 것이다. 모든 한국인은 분할 점령 아래서 진정한 자유와 독립의 논의가 완전히 허구적이라는 사실을 잘 알고 있다. (…) 독립이 계속 늦춰진다면 국민의 분열을 심화하고 영구화할 것이다.

B. 한국인은 무엇보다 독립을 즉각적으로 바라고 있다. (…) 서양의 기준에서 한국은 독립할 준비가 돼 있지 않지만 현재 상황에서 그들의 자치 능력이 시간이 흐름에 따라 크게 나아지지 않으리라는 것 또한 점차 명백해지고 있다.

C. 남한의 상황은 공산주의가 확산되는 데 매우 비옥한 토양이 되고 있다. 본관이 보기에 한국인은 공산주의를 바라지 않지만, 불안정한 상황과 뚜렷한

정책의 결여는 (…) 미국 점령 지역의 국민을 완전한 공산주의는 아니라도 급진적 좌익 사상으로 쉽게 몰아넣을 것이다. 만주와 중국에 있던 사람들이 돌아와 현재 공산주의자들을 적극 돕고 있다. (…) 인접국의 국제적 영향력과 해방된 동양 국민의 모든 자유와 재산권을 보장하는 우리의 점령 정책은 공산주의의 활동을 돕고 있다. 이런 정책 아래 보수 세력은 법률을 따르지만 급진 세력은 그렇게 하지 않고 있다. (…)

D. 한국인들은 본관이 본 국민 가운데 가장 정치적이다. 모든 행동과 말은 정치적으로 해석되고 평가된다. (…)

E. "신탁통치"는 다모클레스의 칼•처럼 모든 한국인의 마음을 떠나지 않고 있다. 지금이나 미래의 어느 시기에 그것이 시행된다면 한국 국민은 실제로 물리적 폭동을 일으킬 가능성이 있다.

F. 미국은 38도선 이북에 대한 소련의 점령 방식을 납득할 수 없다. 그들은 38도선 이북을 조금이라도 침범할 경우에 대비해 효율적인 야전 방어 체제를 수립해 유지하고 있다는 증거가 있다. 그들은 방어벽을 쌓고 무장군인을 배치하고 있음이 확실하다. (…) 38도선 이남에서는 미국과 소련이 전쟁을 준비하고 있다는 소문이 있다. (…) 한국인은 소련이 미국의 4배 정도의 병력을 북한 지역에 보유하고 있다고 알고 있으며, 일반적으로 동양인은 더 강력한 무력을 가진 쪽에 기우는 경향이 있다. 대중이 소련에 미래를 의지하려는 경향이 커지고 있다.

하지는 신탁통치의 폐기와 한국 분단을 철회하는 협상을 추천한 뒤 그 보고서를 끝맺었다.

앞으로 적절한 조치가 없다면 현재 상황 아래서 미국과 소련이 동시에 한국

• 다모클레스는 기원전 4세기 전반 시칠리아 시라쿠사의 참주僭主 디오니시우스 1세의 신하다. 그가 참주의 부와 권력을 부러워하자 참주는 자리를 바꾸자고 제안했다. 다모클레스가 왕좌에 앉아보니 바로 위에 날카로운 칼이 말총 한 가닥에 묶인 채 걸려 있었다. '다모클레스의 칼'은 항상 곁에 있는 위험을 말한다.

에서 철군하고 스스로 정화淨化를 위해 한국이 그 자체의 방법으로 불가피한 내부 격변을 겪도록 내버려두는 협정을 소련과 체결하는 것을 심각하게 고려해야 한다고 건의한다(강조는 인용자).

하지의 특별한 마지막 문장을 빼면 이것은 고전적인 냉전 문서였다. 이것은 곧 트루먼 대통령에게 전달돼 그의 생각에 어떤 영향을 미친 것으로 보인다.[143] 이는 미국이 전후 세계 곳곳에서 마주치고 있는 어려움과 선택의 여지가 없는 상황을 반영했지만, 한국에서 그 문제는 더 격심했고 미국의 처방은 그리 효과적이지 않았다. 하지의 문서는 한국인의 바람에 동정과 이해를 표한 뒤 인종차별적 묘사를 번갈아 하는 등 한국인에 대한 그의 양면적 태도를 보여주고 있다. 끝으로 이 문서는 하지와 그의 고문들이 이미 결정하고 추진하기 시작한 치유책은 전혀 언급하지 않은 채 군정이 직면한 여러 문제를 자세히 서술했다.

하지는 자기 행동을 설명하고 정당화하기 위해 소련이라는 두려운 존재에 본질적으로 의지했다. 공식 기록은 소련의 완전히 비타협적 태도와 관련된 사례를 보여주는 데 352쪽을 할애했다. 한국에서 "소련은 협력할 의사가 전혀 없었다".[144] 그러나 1945~1946년 가을과 겨울 한국에서 미·소 관계는 훨씬 더 복잡했고, 객관적 독자는 하지의 설명에 두 측면이 있다는 것을 알 수 있을 것이다. 이를테면 하지는 소련이 38도선을 따라 방어벽을 설치했다고 언급했지만, 자신이 한국에 도착한 나흘 뒤(9월 12일) 그 38도선을 따라 방어벽을 쌓고 "38도선 침입을 적극적으로 방어"하라고 명령한 것은 말하지 않았다. 10월 15일 38도선 남측 부분을 따라 20개 정도의 도로에 방어벽이 설치됐다.[145] 또한 하지는 9월 21일 "북한에 주둔하고 있는 소련군" 때문에 자신이 점령군 증강을 요청했다는 것을 보고하지 않았다.[146] 이 시기 소련과 미국의 다양한 논쟁과 서로 상대방이 폭동을 일으켰다고 주장한 기록을 읽으면 적대와 공존, 도발과 협력, 신뢰와 불신이 고루 섞여 있음을 알게 된다.[147] 두 나라가 남북을 오가는 한국인에게 받은 정보는 매우 왜곡됐는데, 그들 대부분이 이런저런 불만으로 흥분해 있었기 때문이다. 그러나 소련의 존재에도 불구하고 하지의 주요 문제는 미국 정책에 저항하는 남한의 한국인이었으며, 그들은 북한의 소련이나 공산주의자에게 조종받지 않았다. 1945년 9~12월 군정 G-2와 미군 방첩대는 북한 공산주의자의 조종이나 침투를 거의 언급하지 않았다. 공식 기록에 따르면, "하지 장군은 점령 초기부터 외부 정치 세력이 남한 공산주의자를 조종하고 있다고 완전히 확신했지만, 뚜렷한 증거를 얻기는 매우 어렵다는 것을 깨달았다".[148] 나중의 연구에 따르면 남한의 공산주의자들은 북한의 공산주의자들과 자주 불화하기 시작했고 독립적으로 활동하기로 결정했다.[149]

하지는 자신이 한국인에 대해 가진 편견의 피해자이기도 했다. 11월 30일 전문에서 그는 "국내에서 일어난 사건들을 검토하면 지방 공산주의 지도자들은 예상보다 큰 조직력과 지도력을 갖고 있다"는 견해를 피력했다.[150] 한국인은 "대체로 합리적인 정치 활동을 할 능력이 없다"는 믿음은 미국인들에게 널리 퍼져 있었다.[151] 그 때문에 조직을 만들고 지원을 동원할 수 있는 한국인은 모두 의심받았다. 일부 최고위급 미국인들은 한국인을 오만한 태도로 바라봤다.[152] 하지 스스로도 자기 부관들에게 한국인을 모욕하는 발언을 했다.[153] 모든 미국인이 그런 편견을 가진 것은 아니다. 그리고 개인적 수준에서 말하면, 군정 정책에 반대한다고 해도, 한국인은 소련인보다 미국인을 더 좋아했다고 말하는 편이 공정할 것이다. 소련의 정책은 인기 있었지만 소련인은 그렇지 않았다. 미국인은 그 반대였다. 루이스 하츠의 말대로 그리 부유하지 않고 로크가 주장한 자유주의적 인격을 가진 미국인은 "아무도 만족시키지 못하지만 아무도 그를 철저히 증오하지는 않는다".[154]

1945년 마지막 석 달 동안 한국 및 소련과 관련된 기존의 미국 정책은 서울에서 사실상 전면적 공격을 받았다. 미국은 한국 문제에서 자신들의 영향력을 확보하려고 했지만 소련이 실제로 참여하고 한국의 통일을 보장하는 다국적 합의안을 포기한 것은 아니었다. 소련은 앞서부터 지지한 그런 정책을 포기하지 않았고 북한에 분단 정권을 세우지도 않았다. 군정 사령부가 한민당과 경찰, 창설 초기의 군대, 임정과 이승만에 대한 지지를 포기했다면, 그리고 그 뒤 이 모든 것을 하지 않았다면, 이 시기는 일련의 변칙과 실수가 일어난 불행한 출발이 있었던 때로 되돌아볼 수도 있을 것이다. 그러나 "정무위원회"의 구상에 바탕해 분단 체제를 수립하려는 움직임은 1946년 내내 빠르게 지속됐다. 그 결과 일본 식민지의 일부였던 남한은 국가의 모습을 갖추기 시작했다.

이 초기의 문제에는 아직 모호한 채 남아 있는 양상들이 있다. 이승만이 굿펠로·맥아더·하지의 정책에 반대하는 생각을 갖고 서울로 돌아온 것은 상당히 분명하다. 임시정부의 귀국을 야기한 정무위원회의 분리주의적 생각에 이승만이 영향을 주었다고 추정하는 것도 합리적이다. 굿펠로의 역할은 명확지 않다. 전쟁 동안 전략사무국(미 중앙정보국CIA의 전신) 부국장이었던 그는 11월 또는 12월 서울에 나타나 이승만에게 거액을 전달했으며, 나아가 다음 장에서 보듯 최초의 한국 정부 수립을 도왔다고 주장했다. 그 뒤 그는 이승만과 비밀리에 거래하고 남한 단독정부를 지지했다는 혐의를 안고(모두 실제로 그렇게 했다) 1946년 5월 미국으로 돌아갔다.

1945년이 끝나면서 남한의 미국인들은 자신들의 곤경을 소련의 책임으로 돌렸지만 실제로 비난해야 할 대상은 그들 자신이었다. 군정은 자기편에 있는 옛 체제의 세력을 끌어들이면서 중립을 주장했으며, 다른 한국인들의 반발을 피하거나 소련의 협력을 얻지 못했다. 군정은 위에서 자세히 살펴본 정책들을 추진할 수도 없었으며 그런 결과를 벗어날 수도 없었다. 그렇다고 "스스로 정화를 위해 한국이 그 자체의 방법으로 불가피한 내부 격변을 겪도록 내버려둘" 수도 없었다. 그 선택은 그때까지 30여 년 동안 한국을 폭력적으로 지배한 체제보다는 나았지만, 1945년 마지막 석 달 동안 이뤄진 결정에 비추면 실현될 수 없는 것이었다. 대체로 군정은 미국 없이는 완전히 취약했을 한국인들의 요구에 맞춰줄 수 없는 조치를 시행했다. 그런 식으로 군정 사령부는 더 큰 위기가 자신을 기다리는지 모른 채 1946년으로 돌진했다.

7장

국제협력주의적 정책과 일국독점주의적 논리: 경직되는 중앙의 태도, 1946년

좌익을 끌어안지 않는다면 우리는 통일을 이룰 수 없을 것이다.

_김구

소련을 자신의 조국으로 생각하고 우리 민족을 분열시키고 이른바 인공의 깃발 아래 혼란을 조성해 끝내 우리나라를 소련의 일부로 만들려는 몇몇 반동분자가 있다. (…) 그들을 반드시 근절해야 한다.

_이승만

일본이 항복한 때부터 1946년이 시작될 때까지 미국의 한국 정책에는 두 가지 모순된 징후가 나타났다. 하나는 다국적 신탁통치에 대한 공식적 약속 또는 국제협력주의적 방법이며, 다른 하나는 실질적 봉쇄에 대한 실제적 약속 또는 일국독점주의적 방법이었다. 1945년 9~12월 남한에서 군정이 내린 중요한 결정은 매우 일관되게 후자의 경로를 따랐다. 남한 체제의 기본 구조가 형성된 뒤 나날이 더욱 견고하고 단단하게 자리 잡았으며, 그것을 뒤집기 위한 비용은 한층 커졌다. 곧 군정 사령부는 한국의 정부 기구를 당연한 사실로 받아들이게 됐다. 군정의 정책은 "상층부의 권력 배치" 곧 관료 기구를 지휘하는 집행 기구의 구성과 구조를 마련하는 데 주안점을 두었다. 1946년 동안 군정이 한국과 워싱턴·모스크바의 비판을 진정시키기 위해 남한 문제를 조정하려고 시행한 이 정책들은 대부분 즉흥적이고 반작용적으로 형성됐다는 특징을 보였다. 그러나 실제로 군정의 정책은 1945년 11월 윌리엄 랭던이 정무위원회의 제안에서 마련한 초안을 벗어나지 않았다. 1946년 군정은 긴박하고 난처한 변화가 자주 일어난 이 문제에 대처하는 데 초점을 맞췄다.

그러나 1946년부터 일국독점주의자와 국제협력주의자의 충돌이 본격적으로 일어났다. 그것을 해결해야만 군정은 자신의 임무를 수행할 수 있었다. 전후 미국의 정책에서 주요 전환이 일어난 시점에 멀리 떨어진 한국에서도 동일한 현상이 일어났다는 점은 주목할 만하다. 1946년 초 조지 케넌이 등장하면서 대소 관계에서 루스벨트의 정책이 결정적으로 패배했던 것처럼, 1945년 12월의 모스크바삼상회의 합의가 무효로 돌아간 것은 한국 신탁통치 정책에 결정적 타격을 주었다. 복잡한 변증법은 공포로 위축된 한국 지배층과 군정 사령부, 워싱턴의 일국독점주의자들을 국제협력주의적 방법과 신탁통치에 맞서 뭉치게 했다. 그로 인해 아직도 루스벨트적 정책에서 가치를 찾던 자유주의적 소수파는 더욱 소외됐다.

이 장에서는 2월에 발족된 대표민주의원, 여름에 시작된 좌우합작위원회, 1946년 가을 남조선과도입법의원 그리고 그해 말에 나타난 남조선과도정부 수립 등 정무위원회의 제안에서 파생된 결과들을 살펴볼 것이다. 아울러 모스크바에서 시도된 미·소 합의와 그 뒤 1946년 초 서울 미소공동위원회, 남한에서 주기적으로 주도권을 잡으려고 했던 우익의 시도, 미국의 행동을 이해하는 데 핵심적 배경을 제공하는 좌익의 지속적인 강세 등 군정 정책을 가로막았던 여러 사건도 고려할 것이다.

후견과 독립, 민족 반역자와 애국자: 신탁통치를 둘러싼 혼란

1945년 12월 16일, 미국·영국·소련의 외무장관이 전쟁 동안 협상에서 해결되지 않은 여러 전후 문제를 논의하려고 모스크바에 모였는데, 한국 문제는 중요한 의제 가운데 하나였다. 미국은 전쟁 기간에 몇 차례 한국의 다국적 신탁통치를 제안했지만, 앞서 본 대로 얄타와 포츠담에서 신탁통치 문제를 둘러싼 상호 불신과 비난의 분위기에서 의미 있는 협상이나 합의는 가능하지 않았다. 세 강대국은 그들의 흔들리는 관계가 전시 동맹이라는 서로에게 이로운 기반으로 돌아가기를 바라면서 모스크바에서 만났다.[1] 모스크바삼상회의는 큰 성공을 거두고 12월 27일 끝났다. 『뉴욕타임스』는 "세 강대국이 폭넓은 합의로 통합을 이뤘다"는 머리기사로 그 결과를 크게 보도했다.[2] 모스크바 합의에는 4대 강국이 한국에 5년 이내의 신탁통치를 실시한다는 조항이 들어 있었다.

전시에 그랬듯이, 모스크바에서 미국은 한국의 신탁통치를 적극 지지했다. 전시에 이뤄진 논의 기록은 소련이 신탁통치보다 빠른 독립을 좀더 선호했음을 알려준다. 1945년 11월 해리먼 대사는 소련이 신탁통치 문제에 침묵하고 있지만 몇 차례 토론에서 한국의 독립을 지지했다고 보고했다. 그는 "(한국에서) 소련의 우세는 어떤 다국적 후견 제도보다 '독립되고 우호적인' 한국 정부를 수립해 실현될 것"이라고 지적했다. 이어서 해리먼은 "신탁통치는 소련의 우위를 보장하지 않으며 소련이 3~4개국의 동등한 투표권 가운데 하나만 갖게 되므로" 중요하다고 언급했다.[3] 1946년 1월 조지 케넌은 말했다.

> 소련은 샌프란시스코(유엔회의) 이후 전체적으로 미국이나 영국의 신탁통치안에 찬성하지 않는다는 입장을 분명히 밝혀왔다. 특히 한국과 관련해 소련은 그곳이 이전에 일본의 식민지였으므로 빠른 독립을 선호한다는 의견을 보였다.[4]

소련은 미국이 주도할 가능성이 있는 다국적 기구보다 한국의 독립 정부를 수립해야 자신들의 이익을 더 잘 구현할 수 있다고 생각한 것이 대체로 분명해 보인다. 이처럼 모스크바에서 소련이 한국 신탁통치에 찬성한 것은 타협이자 "얄타 정신"으로 돌아간 것이었다.[5] 아울러 소련은 한국 신탁통치에 찬성하면 동유럽과 관련된 자신의 구상에서 미국의 묵인을 얻는 데 도움이 될 것으로 생각했다고 여겨진다.

미국이 모스크바에서 제출한 한국 신탁통치 초안에는 미·소 양군 사령부가 합동 행정부를 세워 무역·교통·화폐 같은 문제를 다루자는 제안이 들어 있었다. 이 잠정 기구는 4대국(미국·소련·중국·영국) 신탁통치 기구로 이어져 행정·입법·사법 기능을 수행하면서 한국이 독립할 준비가 됐다고 생각될 때까지 한국을 통치하도록 규정했다. 제안된 신탁통치 기간은 5년이었지만, 필요하면 5년을 추가한다는 조항이 있었다. 그 제안은 한국인을 행정관과 고문으로 채용하는 것은 어느 정도 허용했지만 신탁통치 아래서 기능할 한국의 행정 기구나 과도정부에 대해서는 전혀 언급하지 않았다.[6]

소련도 자신들의 초안을 제출했다. 한국인으로 구성된 과도정부를 수립하고 한국에 주둔한 미·소 양군 사령부가 공동위원회를 설치해 정부수립을 돕는다는 내용에서 미국의 초안과 차이가 있었다. 소련의 초안은 약간 수정된 뒤 3대국에 채택됐다.[7] 미·소의 제안과 나중에 한국에 대한 최종 합의안을 신중히 읽어보면, 분쟁의 불씨인 신탁통치 문제는 최종안에서 결정적으로 약화됐음을 알 수 있다. 신탁통치라는 표현은 세 번째 조항까지는 나오지 않는다. 그 대신 한국의 과도정부를 수립하는 것을 주로 강조했다. 과도정부를 구성하고 미소공위와 논의한 뒤에야 4대국은 함께 "최대 5년의 신탁통치와 관련된 합의를 도출할 것을" 고려한다는 것이었다.[8] 이처럼 모스크바협정은 신탁통치가 필요하지 않을 수도 있음을 암시했다.

모스크바협정은 몇 가지 측면에서 전시에 미국이 내놓은 제안을 진전시켰다. (1) 그것은 40~50년의 신탁통치 기간을 현실적인 "최대 5년"으로 줄였다. (2) 한국인의 애국적 자존심에 호소하려고 의도한 1조의 문장들은 이제 우호적 후견보다 독립과 민족적 존엄의 고려가 앞선다는 것을 암시했다. (3) 전쟁 동안 미국의 방안은 소련의 확고한 동의를 받지 못하고 그저 신탁통치를 비공식적으로 구두 승인받았을 뿐이지만 이제 협정은 소련과 미국이 모두 지지했다. (4) 가장 중요하다고 생각되는데, 협정은 소련과 미국이 한국과 가장 밀접하게 관련된 두 강대국임을 분명히 인정했다. 영국이나 장제스의 허약한 정부가 미국·소련과 동등하게 한국에 이해관계를 갖고 있다는 전시의 비현실적 추정은 이제 흔적만 남았다.

모스크바삼상회의의 결과는 전시에 구상한 미국 계획의 순서를 뒤바꾼 타협이었다. 한국 정부는 신탁통치 이후가 아니라 이전에 수립될 것이었다. 실제로는 그것은 자치를 위한 신탁통치 협정이거나 한국인들에게는 후견이 필수적임을 확인하는 것에 지나지 않았다. 협정은 오직 미국과 소련의 협력만이 한국의 통일을 이룰 수 있는 유일한 길임을 인정했다. 모든 것은 협정이 어떻게 시행되고 그것이 한국에서 어떻게 받아들여질지에 달려 있었다. 미국과 소련이 신중하게 협력하고 협정을 엄격하게 실천하는 것이 핵심이었다.[9]

주로 남한에서 군정과 한국인의 행동 때문에 한국과 관련된 합의는 불행히도 하룻밤 사이에 무너졌다. 늦어도 10월 중순부터 군정은 다국적 신탁통치가 한국에 시행될 수 있다는 가능성을 알고 있었다. 그러나 앞서 본 대로 그때부터 하지·베닝호프·랭던 등은 신탁통치를 포기하거나 "우회"하라고 워싱턴을 설득했다. 10월 20일 존 카터 빈센트는 미국이 한국의 신탁통치를 고려하고 있다고 공개적으로 말했다. 남한 정계는 일제히 반대했다. 그들은 그 계획을 일본의 유사한 정책과 연결시켰고 일부 한국인이 미국 아래서 "일정 기간의 후견"을 요청하고 있다며 협박에 가까운 비난을 제기했다.[10] 군정 사령부는 이런 반대를 워싱턴에 전달했고 신탁통치를 철회해야 한다고 요청했다. 그러나 군정 사령부는 워싱턴의 승인이나 소련을 비롯한 다른 연합국의 이해관계를 고려하지 않은 채 군정을 중심으로 결집하면 신탁통치를 피할 수 있다고 한국인들을 부추겼다. 또한 사령부는 어떤 형태로든 후견이 실시된다면 미국의 조건에 따르게 된 것이라고 선동했다.

10월 중순 서울에 전달된 삼성조정위원회의 "초기 기본훈령"은 군정청에 이렇게 지시했다.

> 군정청은 모든 행동에서 미국과 소련이 주도하는 초기 민간 정부의 과도적 단계부터 시작해 미국·영국·중국의 신탁통치를 거쳐 최종적으로 한국의 독립에 이르는 발전 과정을 고려하고 있는 미국의 한국 정책을 명심하라.[11]

그러나 10월 30일 아널드 장군은 신탁통치와 관련된 빈센트의 발언이 개인적 견해일 뿐 미국의 정책이 아니므로 한국인들은 그 발언을 무시해도 된다고 말했다고 보도됐다.[12] 하지는 10월 31일 한민당 당수 송진우와 가진 중요한 회담에서 비슷한 내용을 말했다. 5장에서 지적한 대로 하지는 경무부장에 조병옥을 임명하는 등의 중요한 결정에서 송진우와 긴밀히 협력했다. 또한 그는 한국에 미국의 조처를 설명하는 역할로도 송진우를 활용했다. 송진우와 한민당은 군정의 몇몇 결정을 전달하고 미화하는 데 자신의 선전 기구를 사용했다.[13] 11월 1일 송진우는 하지가 하루 전에 "신탁통치와 관련된 모든 발언은 (국무부) 극동부장(빈센트)의 개인적 견해이며 그는 한국 정치를 조종할 위치에 있지 않다"고 자신에게 말했다고 언급했다. 자료에서는 아래와 같이 하지의 발언을 인용했다.

> 한국인들이 결속해 독립하려는 노력이 나타난다면 나는 즉각 독립을 승인할 것이다. (…) 38도선 문제와 관련해 남한의 한국인들이 내 지휘를 따라 하나로 뭉치면 통일정부를 수립하고 분단을 곧 해결할 수 있다.[14]

다른 증거 또한 송진우가 하지의 발언을 부당하게 왜곡하지 않았음을 보여준다.[15] 아울러 그런 발언의 시점과 요지는 다국적 신탁통치 폐기에 따른 대안을 준비한 정무위원회의 계획과 분명히 관련되어 있었다. 얼마 뒤 한국의 한 신문은 송진우의 발언을 보도했다. "친소파"로 묘사된 빈센트가 신탁통치 발언을 하자 하지와 그 밖의 미국 고위 관료들은 "신탁통치가 시행될 가능성을 두려워하면서 우리에게 한 달 안에 통일을 이루라고 조언했다"는 것이었다.[16]

이처럼 모스크바협정은 하지를 궁지로 몰아넣었다. 좀더 이를 수도 있지만 10월 중순부터 그는 신탁통치에 반대했다. 의심할 바 없이 그것을 어리석은 국무부 정책 입안자들의 작품이라고 생각했다. 그와 그의 고문들은 군정 첫 석 달 동안 사실상 일방적으로 추진한 남한 분단 정권 수립에 협력할 한국인 집단을 찾으려고 노력했다. 한민당은 이런 측면에서 가장 믿을 만했고 소련이 포함될 다국적 후견보다 미국의 단독 후견을 지지했다. 모스크바삼상회의 협정에서 한국과 관련해 소련과 미국의 긴밀한 협력을 표명한 것은 9월 이후 군정이 추진한 모든 주요 시책에 의문을 제기하는 것이었다.

12월 29일 서울에서 모스크바삼상회의 협정이 발표된 직후 하지는 송진우와 회담했다. 대화의 내용은 알 수 없지만 나중에 하지는 송진우가 "회담을 마친 뒤 돌아가 측근들에게 자신은 현명하게 행동할 준비가 돼 있다고 말했고 이튿날 아침 살해됐다"고 말했다.[17] 12월 29~30일 밤 송진우는 김구와도 만난 것으로 보인다. 송진우의 전기에 따르면, 그는 김구가 신탁통치를 둘러싸고 군정과 정면으로 충돌하지 않게 하려고 노력했다.[18] 김구는 송진우가 반탁운동을 지원하도록 설득하는 데 실패하자 그가 일정 기간 미국의 후견을 받는 것을 여전히 지지하고 있다는 증거로 받아들인 것 같다. 아무튼 만남은 오전 4시에 끝났고 두 시간 뒤 송진우는 저격됐다. 송진우의 암살범 한현우는 그 뒤 송진우가 후견을 지지했기 때문에 암살했다고 말했다. 다른 증거는 한현우를 김구와 연결시켰다.[19]

그러나 암살 며칠 뒤 좌익이 송진우를 죽였다는 견해가 널리 퍼졌다. 그들이 미국의 후견을 지지하는 한국인을 공개적으로 비판해왔기 때문이다. 이런 이유로 12월 30일 하지는 맥아더에게 전문을 보내 "좌익 단체가 개입했다는 명백한 증거가 있으며 (…) 신탁통치와 관련된 모든 발언은 전적으로 자본주의 국가인 미국의 책임이라는 말이 널리 퍼져 있다"고 말했다.[20] 곧바로 하지는 국면을 전환시켜 미국이 신탁통치를 반대하고 신속한 독립을 옹호하는 것으로 보이려고 노력했다. 리처드 로빈슨은 하지가 신탁통치에 반대한다는 성명을 즉각 발표하기 시작했다고 말했다.[21] 이강국은 12월 29일 하지가 한 무리의 한국인들에게 신탁통치 반대를 지시했다고 보고했다.[22] 12월 30일 하지는 신탁통치에 반대하는 김구의 발언을 맥아더에게 전달하고 미국이 그것을 모스크바삼상회의에서 발언한 소련·영국·중국의 대표들에게 배포해줄 것을 요청했다.[23] 12월 30일자 전문 또한 모스크바협정의 실제 내용은 신탁통치 이전 과도정부 수립을 강조한 것임을 하지가 한국인들에게 알리려고 노력했음을 보여주지만,[24] 그의 다른 행동은 며칠 만에 소련만이 신탁통치에 찬성했다고 비난하는 우익의 반탁운동[25]을 자극했다. 레너드 호그는 "군정은 (…) 한국에서 신탁통치를 강행하려는 세력은 소련이라는 오해가 한국에서 널리 퍼지도록 묵인했다"고 정확하게 파악했다.[26]

하지 등은 워싱턴의 친소파와 "빨갱이" 또는 공산주의 동조자—모두 당시 한국의 일국독점주의자가 국제협력주의자를 묘사하는 데 사용한 표현이다—만 미국인 가운데 신탁통치에 찬성하는 부류라는 주장을 한국인에게 확신시키려고 노력했다. 무엇보다 주중 미국 대사 패트릭 헐리가 중국 국민정부를 전복시키려는 국무부의 용공 세력이 막 드러났다고 주장하고, 트루먼의 가까운 조언자 윌리엄 레이히 제독이 번스 국무장관마저 "국무부의 친공산주의적 조언자와 무관하지" 않다고 걱정하기 시작했기 때문에 가능했다.[27] 모스크바협정을 처음 보도한 『서울신문』은 미국이 한국의 독립을 지지하는 반면 소련은 신탁통치를 주장했다고 말했다.[28] 군정청 공식 기록은 남한의 미국인과 한국인 모두 소련이 신탁통치를 주장한 세력으로 비난받아야 한다고 생각했다고 서술했다. 아울러 신탁통치 문제를 둘러싼 한국인들의 갈등과 관련한 기록은 군정이 모스크바협정을 지지하는 세력을 적대하고 거기에 반대하는 부류를 지지했다고 인정했다.[29] 미국이 신탁통치를 반대하도록 기여한 또 다른 요인은 12월 30일 번스 국무장관의 발언이었다. "미소공위는 한국의 민주적 임시정부와 협의하는 과정에서 신탁통치를 시행하지 않을 수도 있다고 판단할 것이다." 이것이 모스크바협정의 본래 내용과 완전히 어긋나는 해석은 아니었지만, 한국인은 자연스럽게 마지막 구절만을 포착했다.[30]

반탁운동의 첫 성과는 김구가 이끈 일련의 파업과 시위였으며, 마침내 남한에서 쿠데타 시도로 이어졌다. 12월 29일 김구는 전국적 파업을 호소하면서, 군정청의 한국인 직원들은 자신의 지시를 받고 모든 정당을 해산하며 임정을 즉각 한국의 정부로 인정하라고 요구했다. 대규모 거리 시위가 서울을 비롯한 몇 개 도시에서 이어졌다. 12월 31일 김구는 남한에서 통치기구를 인수하려는 직접적 시도를 담은 일련의 선언을 발표했다. 그러나 쿠데타는 쉽게 진압됐고, 1월 1일 하지는 자기 집무실로 김구를 불러 군정의 의견이라면서 "질책했다". 하지는 김구에게 "나를 다시 배신하면 당신을 죽일 것"이라고 말했다. 김구는 하지의 카펫 위에서 자살하겠다고 위협했다. 그 뒤 "쿠데타는 사라졌다". 김구는 "위신이 크게 손상돼" 그와 임정은 사실상 회복하지 못했다.[31] 그러나 아무리 무력했더라도 인공의 어떤 행동보다 더 심각한 의도를 가진 이 쿠데타 시도 때문에 김구를 처벌했다는 증거는 없다.

김구의 무산된 계획은 반소적이라기보다 주로 한국의 즉각적 독립을 확보하려는 의도였다. 처음에 반탁은 박헌영과 김활란(헬렌 김)처럼 정치적 신념이 매우 다른 사람들이 신탁통치 반대 성명에 함께 서명하는 등 좌익과 우익의 연합으로 전개되었다.[32] 김구는 신탁통치에 반대하는 첫 연설에서 소련이 아니라 한국의 "민족 반역자와 친일파"를 비난했다. 그는 국가가 그들을 처벌해야 한다고 주장하고 "진보적 민주주의"를 요구했다.[33] 12월 28일부터 1월 1일까지 김구 등 임정 지도자들은 인공 지도자들을 만나 신탁통치에 반대하는 연합체를 구성하려 했는데, 그런 노력은 김구의 쿠데타 시도가 무산되면서 함께 끝났다. 김구의 반탁 활동은 군정과 결탁해 즉각적 독립을 희생하고 미국의 후견을 지지한다고 여겨진 송진우 같은 한국인을 대상으로 전개됐다. 임정이 모스크바협정에 반발한 또 다른 중요한 이유는 한국 과도정부—자신들의 한국 임정이 아니라—와 관련된 내용에 있었다. 김구의 시도가 실패한 뒤 반탁운동의 주도권은 이승만과 한민당으로 넘어갔고[34] 그 운동은 반공·반소 운동과 구분할 수 없게 됐다.

한민당과 군정청 안의 연합 세력에게 신탁통치를 둘러싼 분란은 해방 한국에서 무엇이 핵심 쟁점이 될 것인가를 밝혀주는 중대한 기회가 되었다. 그것이 한국인이 살아갈 사회질서의 본질에 대한 것이었다면 지도자들은 매우 계산적이었다. 그들은 제 기득권을 지속하는 것을 빼고는 국민에게 거의 아무것도 제시할 수 없었다. 그러나 쟁점을 (신탁통치에 따른) 소련의 억압 대 "독립"으로 구조화할 수 있다면 그들은 스스로를 애국자로 부각시키며 자신의 논리에 일정한 정통성을 부여할 수 있었다. 1945년이 저물 때까지 한민당은 자신들의 협소한 이해관계를 보편적 이해관계로 제시하는 것과 소수 부유층의 이해를 대변한다는 겉모습과 본질을 초월하는 데에서 실패했다. 그러나 신탁통치를 둘러싼 난국은 폭넓은 국가적 이익을 위해 행동하는 것처럼 보일 기회를 제공했다. 이것은 몰락할 위기를 맞은 집단이 정치적 투쟁의 범위를 넓히는 데 성공해 좀더 유리한 권력 기반을 얻는 방법을 보여주는 주요한 사례였다.[35] 이승만과 한민당은 소련과 남한에 있는 소련의 "꼭두각시", 미국 국무부 안의 용공 세력만 한국의 신탁통치에 찬성한다고 비난했다.

반탁운동의 포문을 연 때는 모스크바삼상회의가 열린 다음 날이자 결정 내용이 알려지기 열흘 전인 12월 17일이었다. 이승만은 라디오 연설에서 나중에 남한 반공 운동에 핵심이 되는 주제를 발표했다. 그는 소련이 한국과 한국인을 노예로 만들고, 한국 공산주의자는 소련을 제 조국으로 부르면서 한국을 소련의 일부로 만들려고 하며, 소련과 한국의 공산주의자는 한국을 분단시키려 한다고 주장했다. 계속해서 그는 "지금 우리가 스스로의 노력으로 이 문제를 풀지 않으면 나라는 둘로 나뉘고 내전을 피할 수 없게 될 것"이라고 말했다.[36] 그 뒤 12월 27일 한민당 선전부는 신탁통치 제안을 극동과 관련된 얄타협정과 연결시키고 그와 관련해 소련만을 비난하는 성명을 발표했다. 동시에 이승만은 국무부 안의 "공산주의자처럼 보이는 인물들"을 신탁통치 지지자 명단에 추가했다.[37] 1946년 1월 10일 한민당 간행물은 "소련은 신탁통치를 주장하고 미국은 즉시 독립을 지지한다"는 제목의 논문을 첫머리에 실었다.[38]

아울러 1월 초 이승만이 주재한 독촉 회의에서 통과된 결의안에서는 트루먼·번스·맥아더·하지 "모두 신탁통치에 반대하고 한국의 독립을 지지"하지만 국무부의 한 파벌은 공산주의에 동조해 소련과 함께 신탁통치에 찬성한다고 언급했다. 그 파벌은 앞서 임정의 외교적 승인을 거부하고 중국 국민당의 개혁을 촉구한 세력과 동일하다고 지적했다. 결의안에서는 주중 미국 대사가 국무부 일부 관료에게 공산주의적 성향이 있다고 지적한 것은 신탁통치에 반대할 "기회를 한국인에게" 주었다고 지적했다. 결의안이 채택됐을 때 군정청의 미국 관료들은 단상에 있었다.[39]

이미 당연히 신탁통치에 반대했던 한국인들은 선동적 비난을 듣고 큰 혼란에 빠졌으며, 한국과 관련된 모스크바협정은 속절없이 왜곡됐다. 충청북도에서는 소련군이 당장 그 지역으로 들어와 5년 동안 단독으로 신탁통치를 실시할 것이라는 위협적 내용으로 협정과 관련된 소식이 전달됐다.[40] 반공·반소 운동은 격렬히 전개됐고 극우 세력은 처음으로 자신들의 정책에 대한 대중적 지지를 받았다.

1월에 전개된 우익 활동의 또 다른 핵심은 남한의 좌익 세력을 소련과 연결시켜 그들을 외세의 주구이자 매국적 세력으로 보이게 하려는 음모를 시도한 것이었다. 이전 대일 협력자와 극우 세력은 모스크바협정에서 제시된 대로 소련과 미국의 공동 행정이 시행될 경우 자신들의 미래는 거의 없다고 느꼈다고 추측된다. 좌·우익의 진정한 합작은 소련과 미국이 협력하는 전제 조건이었으며 좌익은 1946년 초 여전히 남한과 북한에서 모두 우세했다. 그들은 소련이나 미국의 영향에 상관없이 우익을 압도할 수 있었다. 우익은 반탁운동을 미국과 소련 사이를 틀어지게 만들 수 있는 수단으로 봤다.

1월에 일어난 중요한 두 사건은 이런 노력에 큰 도움을 주었다. 1946년 1월 3일 신탁통치를 반대해온 좌익 집단은 갑자기 입장을 바꿨다. 그토록 자주 주장해왔듯이, 그들은 신탁통치에 찬성하는 것이 아니라 모스크바협정의 전체 내용에 찬성하는 것이라고 밝혔다. 당시 한국 우익과 나중에 남한의 역사 서술은 물론 미국 역시 이런 전환이 모스크바나 평양에서 지시한 결과라고 주장했다. 군정 공식 기록은 1월 1일 조선공산당 지도자 박헌영이 하지에게 신탁통치에 반대한다고 한 발언을 인용하고 그것을 1월 3일 그의 발언과 그 뒤 모스크바협정 지지와 대조하면서 이런 주장의 전체적 내용을 만들었다. 이런 박헌영의 행동은 "군정청과 공산 세력의 효율적 협력이 끝나기 시작하는 것"을 알려주는 신호였다고 그 기록은 평가했다.[41]

그러나 모스크바나 평양의 지시가 있었는가? 그런 지시를 보여주는 자료 증거는 1946년 4월까지 나타나지 않았지만, 4월 21일 38도선을 넘어 남한으로 온 어떤 한국인에게서 "조선공산당 평양북도위원회"가 발행한 문서가 압수됐다. 북한에 "평양북도"라는 지명이 없다는 사실보다 중요한 것은 그 명령이 한국의 분단은 모스크바협정을 거치지 않고는 해결될 수 없다고 조선공산당 남한 지부에 통보했다는 측면이다. 문서는 소련과 미국이 모스크바에서 합의한 사항을 분명히 제시하면서 남한의 공산주의자들에게 그것을 지지하라고 촉구했다.[42]

좌익에서 일어난 사태는 좀더 복잡했다. 12월 28일부터 1월 1일까지 인공 지도자들은 김구를 비롯한 임정 세력과 연합해 반탁을 전개하려고 노력했다. 이 기간에 좌익 계열 신문은 신탁통치를 맹렬히 비난했고, 그때 남한의 모든 사람은 모스크바협정의 유일한 목적은 오랫동안 신탁통치를 실시하는 것이라고 생각했다. 신문들은 임정과 인공이 "신탁통치에 반대해 손을 맞잡고 투쟁하고 있다"고 보도했다. 그러자 1월 1일 하지는 김구와 박헌영을 만났으며, 다른 사람들도 만난 것으로 추측된다. 김구가 쿠데타를 시도하고 송진우가 죽었으며 이승만이 일시적으로 퇴조하고 임정과 인공이 연합할 가능성이 나타나면서 하지 장군은 자신의 정책이 무너질 수도 있다고 느꼈다. 하지는 무산된 쿠데타 때문에 김구를 질책했을 뿐 아니라 불법 세력으로 규정한 인공과 협력하는 것을 금지했을 가능성이 있다. 아무튼 1월 2일 임정과 인공의 연합과 관련된 논의는 중단됐으며 이튿날 인공 기관지는 모스크바협정을 지지한다는 결의를 발표했다. 그 뒤 좌익 신문들은 이 입장을 지지했다.[43]

좌익이 모스크바협정을 지지하는 입장으로 한발 늦게 전환한 것은 임정과의 합작이 실패하고 협정이 좌익의 이익에 기여할 것이라고 판단했기 때문으로 생각된다—아울러 우익이 신탁통치 반대를 주도하고 소련과 좌익을 맹렬히 비난했으며, 군정이 우익을 지지한 것도 영향을 주었다고 판단된다. 또한 한국을 지배하고 있는 두 강대국의 수뇌부가 동의했고, 소련도 임정과 인공의 연합을 두려워했기 때문에 조선공산당이 모스크바협정을 지지하도록 설득했을 가능성도 있다. 소련은 미국이 극우 세력을 계속 후원하기를 바랐다고 추정된다. 며칠 만에 우익의 선전은 효과를 발휘했다. 좌익은 소련과 결탁했다는 혐의를 반박할 수 없다는 것을 깨달았고, 미국은 독립의 옹호자로 등장했으며, 남한에서 좌익의 지지는 일시적이지만 뚜렷하게 감소했다.[44]

좌익의 신뢰를 떨어뜨리려는 우익의 시도를 도운 또 다른 중요한 사건은 1월 5일 조선공산당 지도자 박헌영이 내외 기자단과 가진 기자회견이었다. 『뉴욕타임스』 기자로 한국에 와 있던 리처드 존스턴은 소련이 한국을 장기간 신탁통치한 뒤 한국을 소련에 통합시키는 방안을 박헌영이 지지한다고 보도했다. 그러자 한민당은 존스턴의 기사를 인쇄한 「박헌영 타도」라는 전단을 돌렸다.[45] 기자회견장에 있던 다른 미국인 기자들은 박헌영이 "한국인이 한국인을 위해 통치하는" 한국을 바랐을 뿐이라고 주장했으며 한국인 기자들도 이 해석을 지지했다.[46] 군정 내부 보고도 박헌영이 "즉각적 독립"을 옹호했으며 그의 발언은 "완전히 잘못 전달됐다"고 말했다.[47] 그러나 하지는 존스턴의 기사를 매우 흥미롭게 봤다고 말했다. 그리고 철회 기사를 내라는 요청들을 묵살했다.[48]

박헌영의 명성은 이 사건으로 심각하게 손상됐다. 그는 좌익 사이에서도 맹목적 친소주의자로 알려지게 됐다.[49] 더 중요한 사실은 1월 초부터 우익이 공산주의자들을 항상 "나라를 팔아먹은 소련 앞잡이" "한국을 소련의 일부로 만들려는 세력" 등으로 불렀다는 것이다. 그 뒤 하지는 "신탁통치, 소련의 조종, 공산주의는 모두 같은 말이 됐다. 한국인은 이런 표현을 하나로 뭉뚱그리지 않고는 그 단어를 사용하지 않았다"고 말했다.[50]

소련은 한국에서 벌어지고 있는 우익의 반탁운동을 잘 알고 있었다. 1월 23일 스탈린은 해리먼 대사를 불러 "한국에서 우리의 관계가 우호적으로 나아가지 않고 있다"는 의견을 전달했다. 해리먼은 이렇게 회고했다.

> 그는 한국에서 받은 전문을 내게 읽어주었다. 그곳에 있는 미국 대표가 신탁통치 시행 결정이 철회돼야 한다는 것을 지지하고, 대중 집회가 열려 그런 주장이 선동되고 있으며, 미국이 아니라 소련만 신탁통치를 고집하고 있다는 보도가 한국 신문에 실리고 있다는 보고였다. 그는 군정청 민정장관 러치 장군이 이런 일에 특히 관련된 인물이라고 지목했다.[51]

이틀 뒤 소련 타스 통신은 한국과 관련된 모스크바협정에 도달한 협상의 실제 과정을 자세하고 정확하게 분석하면서, 미국이 오랫동안 신탁통치를 지지해왔으며 소련은 "미국 초안에 전혀 없던" 한국 과도정부를 조기에 수립하자고 주장했다는 사실을 보도했다.[52] 해리먼은 급히 서울로 가서 신탁통치는 "루스벨트가 발의했고" 소련이 아니라 미국이 모스크바에서 신탁통치를 밀어붙였으며 모스크바협정을 존중해야 한다는 측면을 하지에게 상기시켜야 했다.[53]

신탁통치를 둘러싸고 복잡하게 전개된 분규는 널리 알려져 있지 않다. 그러나 한국뿐 아니라 세계 전체에서도 소련과 미국의 갈등을 심화시키는 데 중요한 사건이었다. 각국은 타협과 조정을 위해 일정하게 양보하면서 모스크바에서 엄숙한 협정에 서명했다. 소련은 식민 지배를 겪은 나라의 즉각적 독립을 가장 옹호하는 국가라는 인상에 상당한 타격을 입을 것이며 자신들이 한국에서 추진해온 민족주의자와 공산주의자의 연합이 손상될 것이라고 예상하면서도 북한 사람들을 설득해 협정을 지지하게 했다.[54] 미군 사령부가 남한에서 우익의 반탁 세력을 지지했을 때 그들은 어떻게 생각했을 것인가? 군정 초기부터 미국이 한국 우익을 지지하리라는 사실은 소련이 예상할 수 있는 문제였을 것이다.[55] 아울러 소련은 토착 좌익 세력이 광범한 지지를 받고 있기 때문에 한국에서 유리한 위치에 있었으며, 자신들의 이익은 모스크바협정의 이행과 상관없이 관철할 수 있다고 생각했다. 그러나 이처럼 협정이 하룻밤 사이에 무너진 사태는 예상하지 못한 것이었다. 그들은 이 사태를 미국과의 협력은 미국의 조건을 따를 때만 가능하다는 신호이자 배신 행위로 해석했을 것이다.

1월 하순 한국과 관련된 모스크바협정은 심각한 위기에 빠졌지만 남한의 미국인과 한국인의 행동 때문만은 아니었다. 트루먼도 모스크바협정과 모스크바에서 번스가 한 행동을 불만스러워했다. 존 루이스 개디스의 말에 따르면, 번스는 모스크바에서 이룬 타협의 정신을 고수한 결과 "워싱턴의 지배적 분위기에서 벗어났다"는 사실을 깨달았다. 그래서 그는 곧 "소련과의 협상에서 좀더 강경한 자세를 보이기로" 했다.[56] 트루먼은 모스크바협정이 이뤄진 뒤 "소련의 응석을 받아주는 데 지쳤다"면서 중국과 한국에서 강력한 중앙정부를 수립하자고 제안했으며 2월 하순 이븐 에이어스에게 "우리는 실제로든 말로든 소련과 전쟁을 치를 것이다. 상황은 악화됐고 두 개의 전선戰線이 있는데 그 하나는 한국이다"라고 말했다. 5년 뒤 트루먼은 각료들에게

"우리의 현재 정책은 1945년 12월 30일 내가 윌리엄스버그호에서 당시 번스 국무장관의 주장을 물리치고 대소 강경 정책을 선택하면서 시작됐다"고 말했다.[57]

허버트 파이스의 지적에 따르면, 소련이 모스크바에서 부당한 이익을 얻었을 뿐 아니라 한국 관련 협정을 "완전히" 무시했다는 시각은 이런 식으로 퍼져나갔다. 2월, 냉전의 전개에 중요한 의미를 지닌 두 사건이 발생했다. 봉쇄 정책 주장자들에게 성경이 된 케넌의 유명한 "긴 전문"과 스탈린의 이른바 2월 9일 "냉전 연설"이다.[58] 그 결과 한국 문제는 소련에 대해 엄청난 비난을 더하면서 냉전의 전개를 격화시켰다. 케넌·해리먼·트루먼 등은 한국 내부 사정을 전혀 모르면서 자신들이 들은 것을 동유럽 사건에 비춰 해석했다. 한국 상황을 알던 소련은 트루먼에서 하지에 이르는 미국인의 배신이 모스크바협정을 명백히 위반한 것이라고 판단했다. 그러나 진실은 공포에 사로잡힌 한국 우익과 서울의 미국인 일국독점주의자가, 자신들이 반대하는 국제협력주의적 정책에 맞서 도발적이고 독립적으로 행동하면서 협정의 한국 관련 사항을 위반했다는 것이다.

궁지에 몰린 하지

하지 장군은 모스크바협정에 대한 한국인의 반대를 지원하면서 자신이 가진 권한의 범위를 넘어 위험하게 행동했다. 이런 사실을 깨달은 그는 1월 28일 사의를 밝혔다.[59] 그러나 2월 2일 유임을 확신한 그는 공세적 자세로 전환해 국무부에 강력한 항의를 담은 전문을 보냈다. 2월 초 사태가 수습됐을 때 정무위원회의 제안은 대표민주의원이라는 형태로 남한에서 거의 그대로 유지됐다.

2월 2일자 전문에서 하지는 1월 27일 서울에서 받은 국무부의 전문을 언급했다. 모스크바협정에 대한 소련의 성명이 대체로 타당하다는 내용이었다. 1월 25일 하지가 남한 신문들에 타스 통신의 기사를 삭제하라고 명령한 사실로 미뤄 그 내용은 그를 당황하게 만들었다고 판단된다.[60] 하지는 전문에서 이렇게 주장했다.

(1월 27일자 전문은) 몇 주 전 국무부에서 본 사령부로 보내야 했던 정보를 담고 있습니다. (…) 이런 사실은 (한국) 현지의 실제 상황부터 한국 국민의 심리까지 힘들게 파악해 보낸 정보나 본 사령관과 국무부에서 파견된 정치 고문들의 거듭된 긴급한 권고에 국무부가 거의 주의를 기울이지 않았다는 명백한 증거입니다. 타스 통신 기사의 전체 내용을 검증하고, 특히 지난 10월부터 본관이 긴급히 제안한 사항과 신탁통치가 필요하지 않을 수도 있다는 희망을 품게 한 최근 국무부의 태도 변화 및 언론 보도는 본관에게 정말 중요한 소식이었습니다. 신탁통치가 발표된 뒤 일어난 폭동과 소요를 진압하면서 우리의 지위는 진주한 이래 가장 강력해졌습니다.

그는 이렇게 말한 뒤 타스 통신 기사는 한국인들에게 "미국이 이번에는 일본 대신 소련에 '우리를 팔아넘기려 한다'"고 느끼게 만들었으며 자신이 보기에 "지금 최선의 예측은 한반도 전체가 완전히 공산화됐다고 소련이 확신할 때까지는 남한과 북한이 절대 통일되지 않을 것"이라고 언급했다. 그는 계속해서 말했다.

저는 제 제안을 무시하도록 국무부에 조언하고 이끈 한국 관련 전문가가 누구인지 모릅니다. 그 사람은 미국에 있는 한국인 학자일 수도 있습니다. 그는 전후 한국을 진정으로 이해하고 있는 사람이 아닌 것은 분명합니다. 여기서 우리는 미국의 부유한 한국인 학자가 아니라 40년 동안 일본 통제의 강한 영향을 받았고 훈련과 교육을 제대로 받지 못했으며, 호불호에 완고하고 광신적으로 집착하고 거침없는 선전에 완전히 좌우되며 이성적으로 설득하기 매우 어려운 기괴한 동양인을 상대하고 있다는 사실을 국무부에 말하고 싶습니다. 현재 우리가 대결하고 있는 상대는 이런 수백만 명의 사람에게 호소하는 강력하게 조직되고 무자비한 공산주의 정치 집단입니다.[61]

하지는 이 전문을 육군성을 거쳐 보내면서 국무부에 전해달라고 요청했다. 전달은 뚜렷한 이유 없이 3월 18일까지 미뤄졌다. 그 직후 번스 국무장관은 하지가 1945년 10월 이후 신탁통치와 관련된 미국의 계획을 계속 통보받았다고 회신했다. 삼성조정위원회의 "초기 기본훈령"은 신탁통치와 관련된 미국의 핵심 구상을 서술했으며 모스크바에서 제출된 미국의 신탁통치 제안서는 삼상회의가 열리기 전 서울로 보내졌다. 번스도 곧 시작될 미소공동위원회의 미국 대표인 하지가 소련을 비판한 태도에 관심을 두면서 "하지 장군이 회의의 시작부터 실패할 거라고 확신하지 않는다면 나는 결과에 대해서 덜 우려해도 될 것"이라고 말했다.[62]

신탁통치를 미국이 제안했다는 사실을 하지가 알았다는 번스의 주장은 옳았다. 12월 하순 모스크바협정문을 받았을 때 하지는 이전 미국의 초안과 비교해보고 신탁통치와 관련된 책임이 소련에게만 있다고 비난하면 거센 반발에 직면하리라고 추측했다.[63] 그러나 이것은 모두 상당 부분 핵심을 벗어난 것이다. 핵심은 하지와 고문들이 공동 신탁통치든 다른 방법이든 한국에서 소련과 협력할 희망이 없다고 생각했으며, 군정을 시작할 때부터 그들은 남한에서 친미적 기반을 다지려고 일방적으로 행동했다는 것이다. 앞서 지적한 대로 10월 중순에 전달된 "초기 기본훈령"조차 그 뒤 추진된 군정의 조처 때문에 시행되지 못했다. 아울러 하지는 한국에 파견된 국무부 정치고문과 워싱턴에서 온 존 매클로이 같은 특사의 지지를 받았다. 그가 2월 2일의 전문에서 "10월부터 올린 자신의 긴급한 제안"이 워싱턴에서 무시됐다고 발언한 배경은 이것이었다. 한국 문제에 대한 하지의 처방은 이승만과 마찬가지로 분단을 지향하는 일국독점주의에 입각한 것이었다. 그 뒤 스스로 인정한 대로 하지는 미국이 모스크바협정 대신 "영구히 분단된 남한 단독정부 수립을 목표로 하고 있다"고 생각했다.[64]

군정의 정책이 진공상태에서 순조롭게 추진된 것은 아니었다. 수많은 남한 국민의 격렬한 반대를 무릅쓰고 강행됐으며 미국과 소련 수뇌부의 계획을 거슬렀다. 그 결과 군정 사령부는 누가 고발하든 머잖아 반항이나 이중거래 또는 배반으로 고발될 운명이었다. 국무부는 현지의 하지와 그 지지자들을 더욱 불만스럽게 생각했다. 1월 28일 빈센트는 주한 미군 사령부를 맥아더 사령부와 분리시켜 국무부가 서울과 직접 연락하는 쪽이 낫다고 애치슨에게 말했다. 그는 육군성의 헐 장군이 하지는 "좋은 사람이지만 정치적 식견이 부족하다"고 지적했다는 말도 전달했다. 빈센트는 현지의 국무부 정치고문 베닝호프와 랭던은 "헐 장군과 내가 생각한 능력"을 가진 인물이 아니라고도 말했다.[65] 그 뒤 국무부 일본·한국 경제 문제 담당 과장 에드윈 마틴은 "현지에 있는 군인들의 사고방식이 편협하다고 생각하게 됐다"고 말했다.[66] 그러나 9월 이후 한국에서 일어난 일을 고려하면 국무부의 반응은 상당히 부드러운 것이었다. 국무부 관료들은 사태가 얼마나 멀리 나아갔는지 깨닫지 못한 것이 아닌가 생각된다.

그러나 국무부가 군정 사령부를 비판한 것에도 문제는 있었다. 1943년 이후 국무부의 한국 정책은 하지의 시각과 상당 부분 일치했다. 한국 또는 남한을 소련의 영향이나 통제에서 벗어나도록 하는 것은 미국이 남한에서 이용할 수 있는 원천적 수단에 전적으로 달려 있었다. 그 수단인 이승만·경찰·한민당은 소련을 반대한다고 믿을 수 있는 유일한 세력들이었다. 또한 빈센트가 베닝호프와 랭던을 능력이 부족하다고 비판하거나 마틴이 군정을 운영하는 군인들의 "사고방식"을 올바로 세워야 한다고 주장한 것은 공정하지 않은 자기선전으로 생각된다. 베닝호프와 랭던은 1943년부터 한국 정책을 마련하는 데 참여했으며 베닝호프는 1945년 8월 초 삼성조정위원회에서 극동분과 위원장을 맡았다.[67] 아울러 하지가 추진한, 기본적으로 일국독점주의적 봉쇄 정책은 존 매클로이, 딘 러스크, 조지 케넌, 에이버럴 해리먼 그리고 아마 해리 트루먼처럼 전후 미국 대외 정책에 매우 중요한 영향력을 행사한 인물과 공유됐다고 생각된다.[68] 그렇다면 문제는 일국독점주의적 논리에 있었는가? 아니면 국제협력주의적 정책과 전후 세계가 양립할 수 없다는 데 있었는가?

하지의 지지자들은 군정이 1946년 1월 말까지 정책 지침을 받지 못했다고 변명하는 문건을 작성해 국무부의 비판에 대응했다. 4장에서 언급한 대로 군정의 정책은 반드시 국무부를 중심으로 한 정부 수뇌가 결정해야 한다는 사실을 회피할 수 있는 좋은 방법이었다. 군정의 공식 기록은 1월 말까지 "제24군단은 말 그대로 어떤 정치적 지시도 받지 못했다"고 언급했다.[69] 물론 이것은 정말로 아무 지시도 받지 못했다는 것이 아니라 서울에서 받은 지시는 반공적이고 친미적 방향을 고수하는 한 시행할 수 없었다는 뜻이었다. 이승만과 임정 같은 우익 세력을 이용하는 데 반대하거나 경찰의 전면적 축출을 지시하거나 남한과 북한의 운영 정책에서 통일성을 강조한 삼성조정위원회와 국무부의 정책은 모두 좌익에게 이로울 가능성이 있었다. 6장에서 인용한 빈센트와 매클로이의 논쟁에서 보이는, 신탁통치를 둘러싼 혼란은 미국의 정책을 수립한 수뇌부의 갈등과 모순을 드러냈다.

1945년 11월 매클로이가 하지의 편을 든 때처럼 1946년 2월 해리먼은 하지를 지지하는 데 참여했다. 로버트 패터슨 육군 장관은 번스 국무장관이 하지의 능력을 묻자 1946년 4월 10일 회답하면서 해리먼이 하지를 평가한 발언을 인용했다.

> 해리먼은 한국을 방문하기 전 현지 문제를 만족스럽게 해결하기는 매우 어려울 것으로 생각했지만, 하지 장군의 능력과 외교에 매우 긍정적인 인상을 받아 이제는 미국이 한국에서 만족할 만한 해결책에 도달할 수 있다고 믿게 됐다고 밝혔습니다.
>
> (해리먼은) 1월 한국을 방문했을 때 하지 장군에게서 매우 우호적인 인상을 받았다고 말했습니다.[70]

이런 지지와 함께 하지 장군은 남한에 반공 방어벽을 쌓기 시작했다.

신탁통치를 둘러싼 갈등이 일어나면서 정무위원회의 계획을 추진하는 명목상의 수반에서 임정의 김구 세력은 제외됐다. 하지는 김구와 지지자들에게 경호원과 미군 차량, 전통적 한국 궁궐 양식의 저택 등을 제공했지만, 김구 등은 방향을 돌려 하지를 배신했다. 귀국한 지 며칠 만에 김구는 무산된 쿠데타 시도는 말할 것도 없고 하지가 신임하던 조언자인 송진우의 암살을 뒤에서 조종했다. 하지가 만든 스튜는 소금이 좀 많이 들어간 것이었다.

1947년 하지는 웨더마이어 장군에게 이 일화를 말하면서 한국인과 함께 일하려던 자신의 계획은 1945년 12월 하순 "실패로 돌아갔다"고 언급했다.[71] 12월 31일 하지는 김구와 임정이 반탁 시위의 배후에 있으며 "현재의 태도를 유지한다면 그들은 미소공위에 자신의 가치를 보여줄 수 없을 것"이라고 자신의 참모에게 말했다.[72] 이처럼 하지는 이승만과 그의 독촉 그리고 군정청 외부의 한민당 지도자들에게 되돌아갔으며, 그들의 가치를 미소공위에 보여주려고 노력했다.

모스크바협정의 진정한 의미가 남한에서 충분히 이해되기 시작하면서 군정의 핵심 과제는 협정에서 약속된 한국 과도정부의 모체로 미소공위에 제시할 수 있는 남한 정치단체의 연합 전선을 만드는 것이 되었다. 하지와 랭던은 정무위원회의 계획에 따라 목표를 이루려고 했다. 군정 공식 기록은 3월 18일 하지가 맥아더에게 보낸 전문을 이렇게 설명했다.

> (미소공위에서) 제안된 미국의 입장은 남한 민주의원이 북한의 민주적 정당과 사회단체 대표자와 협의하고, 서로의 동의 아래 민주의원과 북측 대표로 구성된 지도자 명단을 미소공위에 제출해 협의체를 구성하며, 과도정부에서 활동할 각료 후보의 명단을 마련하게 하는 것이었다.
>
> 행정 조치와 관련한 (미소공위의) 첫 업무는 **남한 민간 정부를 과도정부의 기구로 사용하고** 우편·교통·전력·전신電信·교육 **등을 담당한 (남한과 북한의) 정부 기구를 그 안에 재편입시키는 것이었다**(강조는 인용자).[73]

달리 말하면 남한과 북한 모두 인민위원회가 해체되고 일부 북한 지도자는 행정조직 안에 흡수되는 반면, 약간 변형됐지만 본질적으로 총독 정치가 한반도 전체에 확대되는 것이었다. 앞서 하지와 베닝호프는 대표민주의원을 "새로 조직된 한국 정부"이자 "모든 주요 정당의 연합체"라고 표현한 바 있다. 그들은 미소공위의 산물이 될 한국 과도정부는 공위가 열리기 전에 수립됐다고 생각한 것으로 보인다.[74]

이 대표민주의원은 무엇인가? 설계자는 프레스턴 굿펠로와 이승만과 하지였다. 굿펠로는 11월 하순 서울에 도착한 뒤 임정과 한민당을 비롯한 비좌익 정치단체를 이승만의 지도 아래 통합하려고 했다. 1월 28일 그는 임정을 해체하고 이승만이 이끄는 통합 운동에 동참하겠다는 김구의 승낙을 얻는 데 성공했다.[75] 물론 임정은 이미 해체됐고(또는 스스로 무너졌고) 위신이 심각하게 손상된 김구는 이승만의 조연밖에 맡을 게 없었다. 이 무렵 보수 세력의 의원議院·집회·회의와 "연합"이 아주 많이 나타났다. 1월 23일 비상국민회의준비회, 2월 1일 비상국민회의, 2월 8일 이승만의 독촉을 새롭게 고쳐 부른 대한독립촉성국민회 그리고 이런 조직들의 몇몇 분파가 포함된 연합들은 남한과 북한 전체에 걸쳐 학생·여성을 비롯한 여러 단체를 대표한다고 주장했다.[76] 이런 다양한 단체들은 글자 그대로 수백만 명의 한국인을 회원으로 거느리고 있다고 주장했다.[77] 그들은 모두 미소공위가 열리기 전 남한에서 우익을 통합하려는 시도를 대표했고, 서울을 비롯한 두세 도시에 있던 좌익 분파와 느슨하게 연결돼 있었으며, 조직 능력의 빈곤을 드러냈다. 비상국민회의는 광범한 연합을 표방하면서 개최됐다. 그러나 온건파인 김규식도 불참했고 첫 모임에는 좌익이 하나도 참석하지 않았다.[78] 참가자들은 102 대 2[79]로 이승만과 김구를 비상국민회의 지도자로 선출했다. 이승만은 지나치게 난립한 정파를 감독한다는 의미에서 이런 모든 단체를 지배했다. 굿펠로는 이승만과 다양한 단체를 연합 전선으로 뭉치게 하려 했지만 덧없는 환상일 뿐이었다.

1월 하순 하지는 우익이 혼란에 빠져 있다는 것을 깨닫고 미소공위의 개최를 미뤄 "과도정부와 관련해 일정한 종류의 연합 전선을 구성할 시간을 한국인에게 줄" 것을 워싱턴에 촉구했다.[80] 베닝호프도 "민족 통일"을 향한 노력은 "우익의 비타협적 태도 때문에 거의 진전을 이루지 못했다"고 보고했다.[81] 그러나 2월 초순 군정은 우익 단체들을 대표민주의원에 참여시키는데 성공했다. 공식 자료는 대표민주의원의 발전은 "언론과 소련에 미리 알리지 않고 신속히 이뤄졌다. 일종의 기습 행동은 (미소공위) 미국 대표단의 정치적 영향력을 상당 부분 강화했다고 생각된다"고 언급했다.[82] 하지와 그의 고문들은 워싱턴의 승인 없이 정책을 추진하는 잘못을 다시 반복하지 않았

〈사진 7〉 1945년 서울 중앙중학교에서 열린 국군준비대 전국대표대회.

〈사진 8〉 당 대회에 참석한 김일성(왼쪽)과 박헌영.

〈사진 9〉 1946년 여운형(왼쪽)과 그의 동생 여운홍.

다. 그 대신 "말 그대로" 자신들이 처음 받은 정치적 지시가 담긴 문서의 "중대한 구절"을 해석해 대표민주의원 창설을 정당화하는 데 사용했다. 그 지시는 1월 28일 삼성조정위원회가 보낸 「한국 정책」이었으며 그 가운데 문제되는 구절은 다음과 같았다.

> 한국 과도정부의 수립을 가능케 하고 운영을 원활케 하려는 목적에서 한국의 군정 사령부는 다양한 한국 정치단체들에게 주요한 민주적 개혁을 포함해 새 정부가 추진할 정치·경제·사회 정책을 기본적으로 합의하도록 지체 없이 촉구해야 한다.[83]

지시는 "더 크고 강력한 정당과 조직은 정치적 힘과 대중적 지지에 비례하는 대표권을 가져야 한다"는 원칙에 따라 남한 정당들을 통합하라고 군정에 촉구했다. 아울러 극우나 극좌 또는 "외세의 꼭두각시"였던 한국인은 등용하지 말라고 경고했다. 그러나 실제 세력에 비례해 대표권을 주면 남한에서는 어떤 식으로 정치적 분배를 선택하더라도 좌익이 다수를 차지할 것이 분명했다. 군정 내부 기관은 매일 또는 매주 좌익이 지방을 압도적으로 장악했다는 보고를 계속 올렸다. 2월 미국 정보기관은 한국민주당이 13개 군에서만 정당으로 존재하며 그 아래 단위에서는 조직이 전혀 없다고 보고했다. 지지 세력은 "자본가와 지주, 보수적 민족주의자, (군정청) 관료와 소수의 가톨릭 신자"였다. 인공은 대부분 "노동자·농민·청년"을 지지 기반으로 보유하면서 여전히 "다른 정치 집단보다 훨씬 앞섰다". 미국 G-2 보고서는 이렇게 결론지었다.

> 그들의 세력이 자발적인지 강요된 것인지는 추측의 문제다. 그러나 좌익이 주로 인공의 조직력을 이용해 남한 국민 다수를 대표하고 있는 것은 사실이다.[84]

미소공위가 진행되는 과정에서 좌익이 다수를 차지한 남측 대표단은 역시 좌익이 우세한 북측 대표단을 만날 수 있었다. 이런 이유로 군정은 위의 지시에서 이 부분을 무시하고 대표민주의원 안에서 우익의 우세를 확보하려 했다고 생각된다. 그러나 삼성조정위원회의 지시는 한국 현지에 있는 인물들에게 실천하는 과정에서 "광범위한 재량권"을 준 것이 사실이다.[85]

2월 14일 대표민주의원이 개회된 날 서울 국회의사당으로 가는 광화문 도로부터 개회식이 열리는 방까지 10보 간격으로 경찰이 늘어섰다.[86] 대표민주의원은 28명의 최고정무위원으로 구성됐다. 24명은 우익 정당(한민당·독촉·임정 그리고 안재홍의 작은 정당인 조선국민당) 출신이었고 4명은 "좌익"이었다. 네 사람은 최익한·여운형·황진남·백상규였다. 그 가운데 유일하게 참석한 사람은 지주 출신으로 브라운대학을 졸업한 백상규였다. 인공 지도자는 모두 불참했다. 박헌영은 "소련이 이것을 어떻게 생각할까?"라고 물었다고 한다.[87] 김규식은 연설에서 이승만과 김구가 대표민주의원 정무위원을 모두 뽑았다고 말했다. 이승만은 "앞으로 (대표민주)의원은 한국 국민을 대표해 하지 장군 및 군정청과 협의할 것"이라고 선언했다.[88] 그들은 2월에 열린 다음 회의에서 "대표민주의원은 비상국민회의 최고정무위원회를 구성할 것이며 임무는 민주적 과도정부를 수립하고 (…) 외국과 협상하는 것"이라고 선언한 결의안을 통과시켰다.[89] 비상국민회의와 대표민주의원 상층부가 동일한 인물이라는 사실은 널리 지적됐다.[90] 그러나 최고정무위원들은 3·1절을 국경일로 지정하고 도로 교통을 좌측통행에서 우측통행으로 바꾼 것을 빼고는 통일된 모습을 보이지 못했다.[91] 하지는 다시 한번 곤경에 빠졌다.

레너드 버치가 적절히 표현한 대로 대표민주의원은 "대표도 민주도 의회도 아니었다". 그 뒤 워싱턴은 "좌익이 전혀 없으므로" 그것이 국민을 대표하는 기구라고 말하기 어렵다는 사실을 인정해야 했다.[92] 하지와 그의 고문들은 다시 난관에 부딪혔지만 대표민주의원을 계속 후원하는 것밖에는 다른 대안이 없었다. 군정은 대표민주의원에 수송 차량을 제공하고 창덕궁 사용을 허가했으며 1인당 한 달에 3000원(200달러)을 지급했다. 김성수가 사재에서 100만 원(6만7000달러)을 내놓은 것으로 생각되며 대한경제보국회에서 추가로 200만 원을 기부했다.[93] 이 돈은 대부분 이승만과 미국에 있는 그의

은행 계좌로 들어갔다.[94]

하지는 대표민주의원을, 미국의 한국 정책을 충실히 따르는 한국 정부를 수립하려는 정무위원회의 계획을 시행할 기구로 봤기에 눈감아주었다. 그는 1946년 11월 과도입법의원이 설립될 때까지 대표민주의원을 자문 기구로 계속 사용했다.[95] 그는 대표민주의원이 모든 정당을 대표하지 못했다는 측면과 관련해 좌익을 비판했다.

> 비상국민회의는 (…) 공산주의자라고 스스로 밝힌 부류 이외에서 대표자를 선출했는데, 공산주의자는 자신들이 주도권을 잡지 않으면 누구와도 협의하기를 거부했습니다. (…) 비상국민회의는 모든 주요 단체를 대표하는 대표민주의원을 선출했습니다.

또한 여운형이 대표민주의원 개회식에 참석을 거부하고 새로 결성된 민주주의민족전선(민전)에 참여한 것에 대해 인민당이 "소련이 지휘하는 공산주의자에게 완전히 넘어갔으며 여운형을 완전한 공산주의자로 볼 수밖에 없는 최초의 확실한 증거"라고 해석했다. 하지는 남한에서 좌익의 활동을 옌안·만주·북한의 공산주의자 활동과 연결시켰다. 그는 그들이 "정치적으로 침투해 동양 전역을 장악하려는 전면적 시도"를 전개하고 있다고 느꼈다. 이런 이유에서 하지는 다음과 같은 결론에 이르렀다.

> 현재 본관은 대표민주의원의 위신을 높이고 한국 국민의 전폭적 지지를 얻도록 모든 노력을 기울이며 공산주의자의 신뢰를 떨어뜨리려고 계획하고 있습니다. 미국의 진보적 용공 신문은 저를 공격하겠지만, (제가) 현지에서 지금과 다르게 행동한다면 치명적 결과를 가져올 것이라고 생각합니다.[96]

대표민주의원은 1946년 한 해 동안 군정이 조선공산당과 인공의 온건한 좌익을 "급진파"와 분리하고 후자를 고립시켜 남한에서 연합을 이루려 시도했지만 성공하지 못한 첫 시도 가운데 하나였다.[97] 그러나 대표민주의원 지도자들은 좌익과의 연합을 전혀 원하지 않았다. 2월 14일 개회식부터 그들은 자신들을 한국 정부로 묘사하려고 충동적으로 행동했다. 하지는 그들이 신중하기를 바라면서 우대하고 지켜봤다. 그 결과 그들은 좌익이 아니라 스스로를 고립시켰다.

좌익은 앞서 언급한 연합과 조선공산당(과 옛 장안파)부터 김원봉이 이끈 임정의 좌익 계열까지 아우르는 연합 전선인 민주주의민족전선을 결성해 대응했다. 여운형의 인민당과 건국동맹·건준에 참여한 온건파 지도자부터 최익한·정백 같은 장안파, 박헌영·박문규를 비롯한 조선공산당의 여러 지도자, 옌안에서 귀국했거나 한빈·백남운처럼 옌안의 한국인과 연결된 인물, 전평·전농을 비롯한 인공 산하 대중조직의 지도자까지 수많은 세력이 참가했다.[98] 민전은 인공의 직접적 계승자였다. 민전은 서울에서 중앙인민위원회를 대체한 반면 지방의 지부는 "인민위원회에 기초를 두었다".[99] 민전은 이미 있던 지방 조직을 거느렸지만 대표민주의원과 그 안의 파벌들은 서울 바깥에서는 거의 실체가 없었다.

민전 창립총회는 2월 15~16일 종로 YMCA 빌딩에서 열렸다. 그 자리에 있던 미군 방첩대 조사관은 480명 정도가 참석했다고 말했다. 박헌영·허헌·이강국·한빈·김원봉·홍남표·여운형이 연설했다. 여운형은 우레 같은 박수를 받았다. 모든 연설자는 북한에서 소련이 행정권을 인민위원회에 넘긴 것을 칭찬하고, 미국이 남한에서 같은 일을 해야 한국이 신속히 통일될 수 있다고 말했다.[100] 그 뒤 민전 대회는 지방 여러 곳에서 열렸다. 제2회 전국인민위원회 대표자회의가 4월 말 서울에서 열렸고 참석자들은 다시 인민위원회로 권력을 이양할 것을 요구했다.[101]

미국이 민전을 대표민주의원과 곧 있을 미소공위에 대응한 좌익의 행동으로 본 것은 옳았다. 그러나 미소공위 정치고문단 가운데 한 사람은 "소련에서 훈련받은 유능한 한국인 공산 세력이 그들을 지도한다"고 미국이 본 것은 잘못이라고 지적했다.[102] 남한의 민전 핵심 지도자 가운데 소련에서 훈련받거나 지령을 받은 사람은 없었다. 그것은 남한의 우익 세력뿐 아니라 2월 14일 김일성이 이끈 임시인민위원회가 출범한 것에 대응한 조직이었다

(같은 날 대표민주의원이 발족했다). 민전의 출판물과 강령 등을 대충 훑어보아도 북한으로부터 독립적이었다는 사실을 알 수 있다. 오히려 북한의 사태와 보조를 맞추면서도 경쟁하고 있던 남한 좌익의 조직적 기반으로 기능했다.[103] 남한의 인공과 인민위원회처럼 민전은 남한의 토착 좌익의 산물이었다. 서울이나 워싱턴의 미국인 모두 이런 차이를 간파하고 그에 따라 정책을 마련할 수 있을 만큼 총명하지 못했다.

1946년 초 한국의 상황은 미국이 소련과의 관계를 전면적으로 다시 조정하고 공산주의의 위협이 세계적으로 뚜렷해졌다고 판단한 것과 동시에 일어났으며 그런 판단의 일부 근거를 제공했다.[104] 정치적·사회적 권력의 내부적 균형은 두 지역에서 완전히 달랐지만, 한국에서 온 보고들은 동유럽 사태에 따라 왜곡된 시각에서 판단됐다. 이처럼 한국의 정치 상황을 보는 하지의 왜곡되고 편협한 시각은 이제 워싱턴에서 환영받았다. 서울과 워싱턴의 의견은 여전히 달랐지만, 1946년 초부터 미국의 한국 정책은 본질적으로 하나가 되었다. 현지에 있는 인물들이 주도권을 장악한 결과 하지와 고문들이 입안한 새로운 정책은 1946년에 채택됐다.

미소공동위원회에서 남한 과도정부로

미소공위가 열리기 열흘 전인 3월 11일 하지 장군은 다음과 같이 주장했다.

> 다른 무엇보다 미군의 목표는 한국에서 언론·집회·종교·출판의 자유를 확립하고 유지하는 것입니다. 이 자유는 정치적 인기를 얻으려는 빈말이 아닙니다.[105]

3월 20일 미소공위가 열리기 전까지 워싱턴과 서울에서는 미국의 기본적인 한국 정책을 굳혔다. 이제 워싱턴은 남한의 현실을 받아들였다. 대일 협력자를 축출하라는 요구도 더 이상 하지 않았고, 남한과 북한의 서로 다른 행정을 보완하라는 명령도 없었으며, 하지에 대한 비판도 거의 나오지 않았다. 군정청의 전략을 비판하는 지적은 국무부 안에서 계속 나왔지만, 매클로이·해리먼·케넌 등이 개입해 군정을 지지하면서 빈센트 같은 국제협력주의자는 힘을 잃었다. 빈센트와 그 지지자들은 이제 하지에게 근본적으로 도전하는 대신 한국의 개별 정치인이나 우익과 온건파의 장점을 놓고 군정과 다퉜으며, 누가 소련과의 협력은 불가능하고 한국은 현실적으로 분단됐으며 별개의 행정조직이 통치해야 한다는 사실을 받아들일 자세가 돼 있는가 하는 문제에서만 이견을 보였다. 요컨대 워싱턴은 이 기간 서울의 견해를 묵인하는 쪽으로 방향을 바꿔 예의를 차리지 않는 하지의 표현을 세련된 외교적 수사로 치장하는 정도에 그쳤다. 국제협력주의자들은 정책을 둘러싼 부서 사이의 갈등에서 상당히 영향력을 잃었으며,[106] 그로 인해 한국의 "효과적 통제"를 강조하는 국무부의 정책이 워싱턴과 서울을 모두 지배하게 됐다.

이런 일치가 나타난 것은 1946년 초반 한국 정책과 관련된 여러 문서에서 볼 수 있다.[107] 그러나 가장 잘 보여주는 문서는 국무부의 지명을 받아 미소공위로 파견된 익명의 미국 고문관이 3월 20일에 쓴 보고서다. 미국은 정부 형태와 상관없이 한국의 조속한 독립과 자치를 추진하고 소련과 협력해 미·소 양군의 점령을 빨리 끝내도록 노력하겠다고 공표했다. 문서는 미국 정책의 목표를 다음과 같이 말했다.

> 소련의 오랜 지배에 저항할 수 있는 독립되고 민주적이며 안정된 한국 정부를 수립하는 것이다. 미국이 보기에 소련의 지배에서 자유로워지는 것은 완전한 독립보다 중요하다. (…) 무력으로 강요되지 않는다면 한국은 예측할 수 있는 미래에 소련보다는 미국으로 향할 것이다.

문서는 미국의 "1차 목표"가 소련의 지배를 막는 것이고 "2차 목표"는 한국의 독립이라고 한 뒤 다음과 같이 서술했다.

> 한국의 독립은 2차 목표이므로 조기에 한국 정부를 구성하는 것이 미국의

> 이익에 부합된다고는 생각되지 않는다. 유엔이 침략을 막을 충분한 능력이 있다는 증거를 제시하지 않는다면 그리고 그런 증거를 제시할 때까지 미국은 소련과 함께, 필요하다면 한국에 일정한 영토를 확보하고 한국의 국제관계에 일정한 핵심적 특권을 행사해야 한다. (…) 그러므로 한국에 과도정부를 구성하는 방안은 미국이 적어도 정부 최고 수뇌부에 위장된 통제를 몇 년 동안 행사한다는 조건에 기초해야만 한다.[108]

이런 분석은 1943년부터 한국에서 소련의 위협을 강조하는 국무부 정책 입안자들의 생각에 반영됐을 뿐 아니라 그 뒤 1948년 유엔이 이승만 정권을 승인하는 데도 사용됐으며 유엔의 지지하에 한국전쟁에 대한 개입이 이루어지는 데에도 영향을 주었다. 이런 분석에 따르면 보고서는 세 가지 정책 방향을 지시했다. (1) 실제로나 암묵적으로나 9월 이후 군정이 추진한 정책을 사실상 승인했다. (2) 특히 미·소 관계를 정무위원회의 제안에 따라 규정했다—소련은 미국의 한국 정책을 묵인하며, 소련이 묵인하지 않는 계획은 남한에서만 시행된다. (3) 남한에서 좌익의 문제를 군정청과 매우 동일하게 규정했다—한국의 토착 좌익은 자발적이며 광범위한 지지를 받는 혁명 세력이지만 소련의 지배에 사용되는 도구로 생각된다는 것이다. 요컨대 이것이 과도정부의 수립과 남·북한에 통일된 행정조직을 건설하는 공동 작업과 관련해 소련과의 협상에 임하는 미국의 기본자세였다.

미소공위의 협상

미국과 소련은 한국과 관련된 모스크바협정 4조에서 명시된 대로 1월 16일부터 2월 5일까지 예비회담을 열어 제한적 범위의 경제·행정적 문제와 관련된 상호 합의를 논의했다. 미소공위의 서막인 이 회담은 당시 남한에서 미국의 정책이 미·소 관계에 어떤 영향을 미쳤는지를 보여주기 때문에 중요했다. 예비회담은 남한과 북한 사이의 우편 교환 같은 사소한 몇 가지 사항에 합의했지만 미국이 북한에 쌀을 공급할 능력이 없다는 사실이 드러나면서 교착상태에 빠졌다. 북한의 소련군 대표 테렌티 시티코프 장군은 북한 3도의 "재앙에 가까운" 식량 상황을 언급하면서 북한의 산물, 특히 석탄과 남한의 잉여 미곡을 교환해달라고 미국에 요청했다. 그러나 6장에서 지적한 대로 남한의 잉여 미곡은 "자유 시장" 정책 때문에 사라졌다. 소련은 8900만 엔에 해당되는 물자 교환을 제시한 반면 미국은 1035만 엔에 해당되는 물자만 공급할 수 있었고 북한에서 요구한 쌀은 제공할 수 없었다. 회담이 결렬되자 아널드는 소련이 "모든 책임을 져야 한다"고 말했다.[109] 이런 추정을 뒷받침할 만한 증거는 없지만, 소련은 미국 또는 그들이 장악하고 있는 남한이 북한의 쌀 부족을 경감시키는 조치를 거부해 북한 체제를 약화시키려 한다고 의심했다. 아무튼 국무부는 쌀 문제를 무시하면서 소련이 남한에 석탄 공급을 거부했다는 사실만 정치 문제로 삼기로 결정했다. 국무부는 2월 28일 군정에 "소련이 북한산 석탄 공급을 거절했으므로 남한 국민을 돕기 위해 일본에서 석탄을 수입하는 방안을 추천할 만하다"고 지시했다.[110]

미소공위는 3월 20일 정례적 개최지인 서울에서 미군과 소련군 사령부에서 대표 5명씩 참석한 가운데 열렸으며 각 진영은 다수의 정치·경제 전문가와 고문의 도움을 받았다. 아널드 장군과 시티코프 장군이 대표단을 이끌었다.[111] 6주 동안 자세히 논의했지만 양측은 한국 과도정부를 수립한다는 모스크바협정을 이행하는 데 한국의 어떤 집단과 논의할 것인지 명확히 합의하지 못했다. 미국의 제안으로 공위는 3월 16일 무기한 중단됐다.[112]

전체 과정에 걸쳐 소련은 모스크바협정을 격렬하게 비난한 한국의 정치단체들은 협정의 이행과 관련해 협의할 자격이 없다고 주장했다. 그들은 그런 단체가 연합국의 엄숙한 합의를 무너뜨리고 노골적으로 반소를 표방했다고 비판했다. 또한 소련은 신탁통치 부분을 포함해 모스크바협정 전체를 엄격하게 문자 그대로 해석해야 한다고 주장했다.[113] 그들이 이런 새로운 입장을 보인 이유는 무엇 때문인가? 남한에서 반탁운동의 흥분이 가라앉은 뒤 신탁통치를 일관되게 지지해온 나라가 미국이라는 사실은 명백해졌다. 소련은 이제 미국이 한국의 신탁통치를 계속 지지할 수밖에 없다는 것을 깨달았다. 더 중요한 측면은 군정이 지원한 대표민주의원이 반탁·반소 시위를 주도했다는 사실을 소련이 알았다는 것이다. 소련은 미국 국무부도 모르는 사실을 알았다. 최근까지 공개되지 않은 미소공위의 첫 회의록은 미국이 대표민주의원을 남한의 유일한 자문 기구로 사용하려고 제안했다는 사실을 보여준다. 3월 20일에 열린 첫 회의에 대해 그 기록은 이렇게 서술했다.

> (미국이) 입안한 구체적 계획은 (…) 솔직하고 논리적인 접근 때문에 소련 대표를 놀라게 한 것으로 보인다. 과도정부 수립과 잠정적 헌법 제정을 돕는 한국인 자문 기구나 협의체를 창설하고 그런 기구의 구성원은 두 지역의 인구 비율을 근거로 선출하자는 제안은 분명하고 간결했다. 미국은 그 구성원을 선출하는 데 주요한 자문 기관으로 남한의 대표민주의원과 북한의 여러 기구를 사용하려고 생각했다.

첫 회의에서 소련은 이 제안에 곧바로 대답하지 않고 "우리는 모스크바협정에 반대한 정당이나 단체와는 협의하지 않는다"는 준비된 답변을 읽었다. 미국 기록관 글렌 뉴먼은 "시티코프의 발언은 미국의 생각과 근본적으로 달랐다. 한국인이 구성한 협의체보다는 미소공위가 수많은 한국인과 직접 만나 대화하는 방식을 상정한 것으로 보인다"고 썼다.[114]

3월 22일 미소공위 2차 회의에서는 소련이 "모스크바협정은 어떤 협의체가 아니라 민주적 정당·단체와 대화할 것으로 예상했다"면서 오직 대표민주의원과 협의하겠다는 입장을 분명히 했다.[115] 뉴먼은 소련의 이런 태도와 관련해 이렇게 말했다.

> 모스크바협정이 그런 협의체의 구성을 예상하지 않았다는 것은 중요하지 않았다. 모스크바협정은 결과를 요청하고 있을 뿐 결과를 얻는 방법은 미소공위의 재량에 맡겼다.

또한 뉴먼은 자신의 회의록에서 자치적 국민(미국)과 전체주의 세계의 국민

(소련) 사이의 커다란 격차를 화려한 수사로 서술했다.[116] 그를 비롯한 미소공위 참석자들은 모스크바협정의 내용을 정확히 이해하려고 노력하는 게 좋았을 것이다. 협정에서는 북한이든 남한이든 어떤 단일한 기구와 협의하라고 요구하지 않았다. 만일 소련이 북한의 단일 집단을 협의체로 제안했다면 미국은 곧 그것이 공산주의자를 대표하는 단체일 뿐이라고 맞섰을 것이다. 그러나 미국은 배타적 유일한 협의체로 대표민주의원을 소련에 제안했으며, 그 단체는 워싱턴이든 서울이든 모든 미국인 관료에게 극우 세력의 조직으로 간주되고 있었다.

미국은 4월 6일에 열린 10차 회의까지 이 생각을 밀어붙였는데 그때 양측은 협의에 참가할 단체의 첫 명단을 준비하기로 결정했다. 그때까지도 미국은 인구 비율에 따라 남한 측이 3분의 2를 차지해야 한다고 주장했지만, 국무부는 소련이 받아들이지 않으리라 예측하고 있었다. 버치는 소련이 비례대표 방식을 "믿지 않는" 태도를 보였다고 말했다.[117] 10차 회의에서 미소공위는 한국 정치단체들과 협의하는 방안을 거의 타결했다. 본질적으로 1947년 2차 미소공위에서 최종적으로 타결된 방식이었다. "협의 대상이 된 모든 정당과 단체는 모스크바협정을 인정한다고 선언해야 하며 공위에서 결정한 사항을 지지해야 한다." 버치는 회의의 분위기가 매우 좋았다고 말했다.[118]

그러나 4월 8일 11차 회의 때 미국은 앞선 회의에서 합의했던 사항을 번복했다.

> 미소공위는 진정 민주적이며 (…) 한국과 관련된 모스크바협정의 1조와 2조를 시행하는 데 미소공위의 결정 및 한국과 관련된 모스크바협정의 3조에 명시된 대로 한국 과도 민주정부가 참여한 가운데 미소공위가 독립된 한국을 재건할 목적에서 추진할 여러 조치를 따를 것이라고 선언한 정당 및 단체를 협의 대상으로 삼을 것이다(강조는 인용자).

소련은 여기에 대응해 "우리는 앞서 (모스크바협정에) 반대했지만 지금은 지지를 선언한 정당과 협의하겠다고 이미 양보했다"고 말했다.[119] 13차 회의에서 소련은 10차 회의에서 도출된 방안이 유일하게 합리적 근거를 가졌다고 주장했다. 양측은 15~16차 회의에서 협의 대상 문제를 둘러싸고 밀고 당기는 논쟁을 벌였고 그 뒤 1차 미소공위는 중단됐다.[120]

11차 회의에서 미국의 입장은 모스크바 합의에서 신탁통치 조항을 폐기하자는 것이었는데, 소련도 그 자리에서 그런 사실을 지적했다. 소련은 미국이 모스크바에서 신탁통치 조항에 동의했지만 거기에 찬성하지 않을 남한의 한국인들과 연결돼 있기 때문에 곤경에 빠졌다는 점을 알아차렸다. 현지 대표단은 모스크바삼상회의에서 합의된 소련과 미국의 협정을 변경할 권한이 없었기 때문에 미국은 난감한 처지에 빠졌다. 미국은 미소공위가 시작될 때 비장의 무기로 대표민주의원을 마련했지만 소련은 이를 쉽게 무너뜨렸다. 미국에게는 군정에 가장 충성스러웠던 한국인을 거부해 그들을 완전히 고립시키고 공위와 협의할 대상으로 좌익인 민전과 소수의 온건파 정당만 남겨두거나, 소련에 반대함으로써 한국 문제에서 소련과 협조할 수 없도록 몰고 가는 두 가지 선택지밖에 남지 않았다.

미국은 미소공위 동안 소련과의 논쟁을 민주적 자유라는 본질적 문제와 관련된 차이로 다시 해석하려고 했다. 소련은 한국인들이 신탁통치(그리고 암시적으로는 공산주의) 같은 쟁점을 자유롭게 협의하고 그들의 생각을 말할 권리를 부인하려 한다고 지적받았다. 하지는 2월 12일 이런 논리를 처음 제시했다. 미국이 북한에서 자신들의 주장을 널리 알리지 못했기 때문에 미소공위가 실패했다고 해석한 그는 이렇게 말했다.

> 따라서 본관은 미국 대표단에게 앞으로 개최될 미소공위에서 한국 안에서 한국인의 언론·출판·이동의 완전한 자유를 강력히 요구하도록 지시했는데, 그것이 보장되지 않는 한 한국 정당들과 자유롭게 협의할 수 없을 것이라고 판단했기 때문입니다.[121]

2월 28일 워싱턴(삼성조정위원회와 합동참모본부)은 하지의 제안을 승인하고 하지에게 미소공위가 열리는 동안 소련이 "방해하는 세력"으로 보이도록 "언론·출판·이동의 자유를 촉구하는 귀하의 시도를 언급하는 성명을 발표하라"고 촉구했다.[122] 그런 성명을 발표하겠다는 위협은 미소공위 내내 소련의 협력을 얻어내는 데 사용됐다.[123] 이처럼 미국이 보기에 "언론의 자유"라는 쟁점은 소련을 시험하는 수단이 됐다.

언론의 자유는 진정한 쟁점이었는가, 아니면 공위에서 유리한 위치를 차지하려는 의도로 만들어진 것인가? 공위에서 활동한 미국인들에게 그것은 진정한 쟁점이었다. 그들 가운데 일부는 막 한국에 도착했으며 9월 이후 군정의 활동을 거의 몰랐다. 레너드 버치는 당시 미국 대표단의 한 사람이 민주주의의 본질적 자유에 대한 미국의 열의를 소련이 이해할 수 있는 방식으로 표현하는 데 며칠 동안 대단히 고심했다고 내게 알려준 적이 있다. 그 사람은 적절한 표현을 찾아야만 교착상태가 풀릴 것이라고 믿었다.[124] 그러나 그런 미국인들은 미국이 통치하는 지역에서는 완전한 민주적 자유가 보장됐다는 추정하에 행동했다. 그러나 실제로는 군정의 정책을 받아들인 한국인에게만 보장됐을 뿐이다. 소련은 자국과 미국의 차이가 표현의 문제만이 아니라 한국의 근본적인 정치·경제·사회적 문제 대부분을 둘러싸고 나타난다는 점을 알게 됐다.

소련 대표단은 남한에서 군정이 인민공화국을 비롯한 좌익 단체를 탄압한 사실을 지속적으로 부각시켰다. 3월 20일 시티코프는 개회 연설에서 이런 사실을 언급하면서 미국보다 훨씬 더 세련되게 한국의 해방적 분위기를 담아 호소했다.

> 일본 제국주의자를 몰아낸 미국과 소련의 위대한 군대는 일제 지배를 영원히 끝내고 한국 국민들을 해방시켰습니다.
> 한국은 새로운 발전의 단계—민족의 재탄생과 독립국가의 재건—로 들어섰습니다.
> 여러분. 오랜 문화를 가진 한국 국민은 오랜 세월에 걸친 식민지 예속의 고난과 굴욕을 겪은 뒤 민족적 자각을 강력하게 표현하고 있습니다. 이 국민은 최

선의 미래를 가질 자격이 있습니다. 한국 국민은 피와 헤아릴 수 없는 고통을 이기고 독립과 자유롭게 살 수 있는 권리를 얻었습니다.

소련 국민은 한국 국민의 이런 권리를 따뜻하게 후원하고 있습니다. 소련은 자결권과 모든 국가의 자유로운 생존을 늘 가장 앞장서 보장해왔고 앞으로도 그럴 것입니다.

민주적이고 독립된 한국 정부를 수립하려는 위대한 목표는 모든 한국 국민에게 폭넓은 정치적 활동을 부여할 것입니다.

한국 국민은 민주적 자치정부의 기구로 민주 정당과 대중조직, 인민위원회를 구성했습니다.

그러나 한국 국민의 삶 전체를 단계적으로 민주화하는 과정에서 민주적 제도를 창출하고 확고히 수립하는 작업을 방해하려는 목표를 가진 반동적·반민주적 집단이 격렬하게 저항하면서 심각한 어려움이 나타나고 있습니다.

(…)

미래의 과도적 한국 민주정부는 모스크바삼상회의의 결정을 지지하는 모든 민주 정당과 단체가 폭넓게 통일한 기반 위에서 수립돼야 합니다.

그런 정부만이 한국의 정치·경제에서 이전 일본 지배의 잔재를 완전히 청산하고 국내의 반동적 반민주 세력과 단호한 전투를 시작하며 신속한 경제 복구를 추진하고 한국인에게 정치적 자유를 주며 극동의 평화를 위한 싸움을 승리로 이끌 수 있을 것입니다.

1946년 내내(그리고 1947년에도) 미소공위 회의에서 소련 대표단은 특히 인민위원회와 거기 관련된 조직이 남북 두 지역에 광범위하게 존재한다는 사실을 강조하면서 이 주장을 계속 되풀이했다. 공위의 핵심 쟁점은 미국은 자신들이 생각하는 한국 정부가 소련이 점령한 북한 지역까지 확대되기를 바랐으며 소련은 그들대로 자신들이 생각하는 한국 정부가 미국이 점령한 남한 지역까지 넓혀지기를 기대했다는 데 있었다. 미국의 골칫거리는 소련이 지지하는 형태의 정부가 남한 전역에도 존재했다는 사실이었다. 자주 언급되지는 않았지만, 해방 직후 인민위원회가 핵심 쟁점이 된 것은 이 때문이었다.

나는 군정에서 근무한 미국인과 소련의 이런 발언에 대해 이야기를 나누면서 그들이 위에서 인용한 문장을 잘 모르거나 심지어 기억하지 못한다는 사실을 발견했다. 그러나 그들은 모두 다음 대목은 기억하는 것 같았다.

> 소련은 한국이 진정한 민주적 독립국가이자 소련에 우호적인 국가가 돼 앞으로 소련 공격의 발판이 되지 않도록 하는 데 큰 관심을 갖고 있습니다.[125]

이 발언은 소련이 한국에 대해 침략할 의도를 품고 있다는 증거로 포착됐다. 그러나 1945~1946년과 그 이전 일본이 침략한 역사를 고려하면 이것은 소련 입장에서 결코 비합리적인 태도는 아니었다. 한국이 소련과 국경을 맞댄 전략적 요충지가 아니었다면 비합리적일 수 있었다.[126] 그럼에도 당시 많은 미국인은 미국이 존중해야 할 가치가 있는 국가적 이익과 관련된 이슈를 소련이 갖고 있는지 이해하기 어려웠던 것으로 보인다.

이처럼 많은 미국인에게 언론의 자유 문제는 미국과 소련을 구별하는 핵심적 사안이었다. 그들은 소련이 한국을 지배해 공산화하려 했지만 미국은 기본적 자유를 행사하려는 한국인을 보호하려 했다고 믿었다. 그러나 하지·아널드·랭던·베닝호프 같은 인물들은 1945년부터 한국에 있었다. 그러므로 리처드 로빈슨이 지적한 대로 언론의 자유 문제는 "군정이 진정한 쟁점을 호도하고 소련을 중상하려는 허구적 문제였다"고 결론 내릴 수밖에 없었다.[127]

미소공위를 전후한 좌익 탄압

2월 23일 군정은 법령 55호로 "정당등록법"을 공포했다. 요건은 다음과 같았다. "어떤 형태로든 정치 활동에 종사하는 3명 이상으로 구성된 모든 단체"는 군정에 등록하고 "사무실을 갖고 있거나 정당에서 활동하거나 영향을 주는 모든 사람의 이름과 임무"와 목표를 밝혀야 하며, 각 정당은 군정이나 도지사에게 "그 정당이 사용하고 있는 위치의 정확한 주소와 각 도에 거주하는 구성원의 정확한 명단"을 제출해야 하고, 각 정당은 감사에 사용할 수 있도록 재정 보고서와 기부자 명단을 만들며, 도지사는 등록 절차를 밟지 않은 정당을 해산할 수 있다.[128]

3월 4일 공포된 군정법령 72호는 "군정을 공격하는 행위"에 대한 처벌을 자세히 규정했다. 그 공격에는 "폭력·강제·협박·약속이나 (…) 거부 등의 방법으로 군정이나 그 소속 직원의 공식적 행동에 영향을 주거나 그러려고 하는 행위"와 "점령군의 안전과 재산에 유해한 정보를 유포하는 행위, 점령지역 외부(곧 북한)와 허가받지 않은 통신"을 하는 것 등이 포함됐다. 거기에는 다음의 사항도 있었다.

> 점령군에게 해산되거나 불법으로 규정되거나 또는 그 이익에 위배되는 단체의 운동을 지지하거나 협력하는 행위.
>
> 점령군에게 유해하거나 점령군을 비방하는 인쇄물 또는 서적을 발행하거나 선전·유포하는 행위.
>
> 허가되지 않은 대중조직·가두행진·시위를 조직·선전·출판·원조 또는 이에 참가하는 행위.
>
> 고의로 구두나 서면을 이용해 점령군이나 그 명령에 따라 행동하는 사람에게 허위로 진술하거나 군정청이 요구한 정보를 거짓으로 제공하거나 또는 제공을 거부하는 행위(강조는 인용자).

군정법령 72호는 82개의 개별적이고 명확한 처벌 사항을 나열했다.[129]

『조선인민보』는 군정법령 55호가 "일제의 치안유지법보다 나쁘다"고 비판한 반면 한민당은 "이 법령이 공포되는 것은 당연하다"고 말했다.[130] 러치 장군은 3월 5일 한국 기자들에게 군정법령 55호의 조항은 "민주국가들과 한국 같은 상황을 통제하는 데 일반적"이라고 말했다.[131] 그러나 공식 자료는 그 법령을 공포한 주요 이유는 미소공위가 열리기 전 남한 공산주의자의 활동에 대해 더 나은 정보를 얻으려는 군정의 필요에서였다고 서술했다.[132] 두

법령의 목적은 경찰이 좌익을 색출해 체포하고 조직을 해체할 수 있는 법률적 근거를 제공하는 것이었다. 3월 공위 시작부터 9월 인민 봉기까지 좌익 탄압은 군정이 신뢰할 수 있고 충성스러운 한국 정부를 수립하려는 미국의 정책과 맞물려 전개됐다.

대표민주의원의 성급한 행동은 공위가 열리는 동안 미국이 곤란을 겪은 주요 원인이었다. 미국은 대표민주의원이 신탁통치와 소련에 반대했음에도 불구하고 그 지도자들을 협의 대상으로 삼으려 노력했지만, 그들은 그렇게 하지 않을 수 있는 풍부한 논거를 소련에 지속적으로 제공했다. 그로 인해 미국이 공위를 휴회하자고 최종적으로 제안한 핵심 요인은 대표민주의원의 명백한 무능함에 있었다.[133] 군정은 두 경로로 대표민주의원을 둘러싼 문제에 대응했다. 첫째, 좌우합작위원회를 조직하고 선거로 대의기관代議機關을 구성해 극우 세력을 배제하려고 했다(다음 참조). 둘째, 우익이 자립할 수 있는 정치조직을 형성하지 못하는 까닭은 그들의 내부적 약점과 대중적 지지의 결여 때문이 아니라 좌익의 지속적 존재 탓으로 돌리기로 했다. 그 결과 3~4월 군정은 공산주의와 소련의 음모에 극도로 민감한 반응을 보였다. 그 뒤 군정은 남한 좌익을 뿌리 뽑으려는 정책을 결정했다.

3월 2일 군정에 고용된 한 무리의 한국인 비밀 요원들은 "군사정보를 수집하려고" 북한에 침투한 뒤 서울로 돌아와 보고했다.[134] 그 요원들은 해방 뒤 월남한 북한 출신으로 생각되는데 소련의 침공이 임박했음을 하지에게 확신시켰다. 하지는 소련이 대규모 군사훈련을 북한에서 벌인 사태를 한국이 곧 "제3차 세계대전의 전장이 될 것"이라는 증거로 제시했다.[135] 이란에서 소련과 대치한 상황은 서울이든 워싱턴이든 미국에게 전면전의 공포를 강화했다. 트루먼 스스로 이란에서 전개되는 대립은 "전쟁으로 이어질 것"이라고 걱정했다.[136] 4월 20일 하지는 38도선 일대 요충지에 방어벽을 강화하고 만일에 대비해 폭파할 수도 있다는 지시를 내렸다. 군정 정보기관들도 군정 안의 미국인 가운데서 공산주의자를 찾으려고 열심히 노력했다.[137] 이 시기 (공위와 맞물려 일어난) 과민반응은 3월 25일 하지가 참모들에게 한 발언에서 분명했다. 하지는 한국을 비롯한 여러 나라에서 전개되고 있는 공산주의자의 활동은 모두 "거대한 기본 계획에 따른 것"이라고 말했다.

> 온건파와 중도파 한국인은 하나같이 급진 세력이나 공산주의자로 밝혀졌습니다. 그들은 모두 넉넉한 자금을 받고 미국을 모략하려고 시도했습니다. 이것이 8월 15일부터 그들에게 주어진 명령이었습니다. 그들은 그 뒤부터 그것을 목표로 행동했습니다. 이제 모든 것이 분명해졌습니다. 모든 조각은 완전히 들어맞았습니다.

계속해서 하지는 미국이 "우리 지역을 곧 청소하지 않으면 끔찍한 어려움"을 겪게 될 것이라고 예측했다.[138] 3월 29일 그는 다시 공산주의자의 "기본 계획"을 논의하면서 다소 방어적인 태도로 말했다.

> 본관은 우리가 이 나라도 미국과 비슷한 생활수준을 유지하게 하려고 충분히 노력한 제국주의자이며, 우리의 영향력을 확대시킨 나라를 우리는 이롭게 했다고 확신합니다. 높은 생활수준을 가진 나라는 모두 제국주의자였습니다. 우리의 제국주의는 나쁜 제국주의가 아니었습니다.[139]

하지는 진정한 곤경에 빠져 있었다. 소련은 협력하지 않았다. 그의 정책에 반대하는 한국인은 말할 것도 없고 직접 발탁한 한국인도 협력하지 않았다. 그러자 5월 18일 공위가 결렬된 직후 UPI 통신은, 국무부에서 흘러나온 정보에 기초한 것으로 생각되는데, 공위 실패와 관련해 하지를 비판하는 기사를 보도했다. 그 기사는 그가 한국인의 반탁을 지지한 결과 미국이 모스크바협정을 변경하려 시도한다고 소련이 생각하도록 만들었다고 지적했다. 그 결과 공위는 열리기도 전에 거부됐다고 그 보도는 비판했다.[140]

9월 이후 군정은 말이 아닌 실천으로 좌익을 탄압했고 경찰이 주요한 역할을 맡았다. 탄압은 미소공위가 진행되면서 강화됐고 앞서 언급한 억압적인 군정법령으로 더욱 격렬해졌다.[141] 공위가 교착상태에 빠지면서 군정은 남한에서 좌익의 반대를 뿌리 뽑기 위해 "점령 지역을 청소하기로" 결정했다. 그러나 3월 말 군정의 G-2는 좌익 지도자를 체포해도 "기껏해야 일시적인 저지"밖에 되지 않을 것이며 그 조직을 제거하는 데 효과가 없을 것이라고 결론지었다. 정보부에 따르면 "그들을 통제하는 유일한 해답은 도시와 (지방) 도청 소재지뿐 아니라 모든 마을에서 상대할 만한 조직을 만들어 대중적 지지를 얻고 우익의 시각을 널리 퍼뜨리는 것이었다". 정보부는 이승만의 독촉이 "(지방에서) 우익을 선전하고 조직을 만드는 모체"가 될 수 있다고 생각한 것으로 보인다.[142] 그러나 계획을 실행하려면 먼저 좌익 조직을 무너뜨려야 했다.

군정의 공식 자료에 따르면 1946년 5월 "미국인이 남한 전역을 다니면서 관찰한 결과 모든 좌익 지도자를 체포하라는 지시가 한국 경찰에 내려진 것이 분명했다."[143] 군정청 여론부의 내부 보고는 군정법령 72호가 "경찰이 여러 지역에서 좌익을 전면적으로 공격하는 데 전권을 부여했다"고 지적했다.[144] 공식 기록은 이런 행동에 대한 책임을 얼버무렸지만,[145] 4월 30일 랭던은 "미국이 점령한 남한 지역에서 좌익을 대대적으로 검거한 것은 기존 질서와 권력에 대한 도전을 진압하려는 쌀 배급 허가권 발급과 같은 권한을 불법적으로 장악하려는 등의 목적에서 시행됐다"고 보고했다.[146]

공위가 중단된 뒤 이승만은 독촉의 조직 활동을 고무하려는 목적에서 지방을 순회했다. 공식 자료는 독촉을 "지방에서 성공적으로 조직 활동을 벌인 첫 우익 단체"라고 서술했다. 독촉 지부는 일부 지역에서 "인민위원회를 계승했다". 그러나 공식 자료는 "경찰 고위 간부가 이승만·김구와 긴밀히 연합해 남한 전역에서 좌익 세력을 탄압했다는 풍부한 자료가 있다"고 지적했다.[147]

경찰이 이승만을 지원한 것은 군정 정책이 허용한 범위 안에서 이뤄졌지만, 이승만은 정읍 연설에서 남한 단독정부를 요구하면서 이 범위를 넘어섰다.[148] 연설은 5월 12일 서울에서 이승만을 지지하는 우익 청년들이 트럭을 타고 서울을 질주하면서 정동에 있는 소련 영사관 앞에서 소련을 비난하고 좌익 계열 신문인 『조선인민보』 『중앙신문』 『자유신문』 사무실을 파괴한 반공 시위가 일어난 직후에 있었다.[149] 군정은 이승만과 지지자들을 공개적으로 비난할 수밖에 없었다. 그 직후 분명하지 않은 이유로 굿펠로는 한국을 떠났다. 그는 출국하기 전 여러 차례 이승만을 만났으며 미국으로 가면서 도쿄에서 맥아더와도 상의했다.[150] 5월 25일 『성조지Stars and Stripes』는 그가 한국인은 스스로 정부를 운영할 준비가 돼 있으며 소련이 협력하지 않으면 남한만이라도 정부를 수립해야 한다고 말했다고 보도했다.[151]

굿펠로가 출국한 뒤 하지는 이승만의 행동을 진정시키려고 했다. 1946년 1월 23일 하지는 굿펠로에게 이런 편지를 썼다. "노인이 적절치 않은 발언을 많이 했습니다. (…) 그는 이제 단독정부를 세우고 소련을 몰아내려 합니다. (…) 나는 그를 허용 범주에 머물러 있게 하려고 두 번 만나 격렬한 논쟁을 벌였습니다. 야곱이 하나님의 천사와 밤새 씨름한 성경 구절을 알려주시기 바랍니다(강조는 원문)."[152] 군정은 5월 12일 시위의 주동자들에게 짧은 구류를 선고하고 시위를 지지한 우익 계열의 『대동일보大東日報』를 일시적으로 정간시켰다.

비슷한 시기 장택상은 경찰이 공산당 간부와 당원 16명이 포함된 지폐 위조단을 "적발했다"고 발표했다. 장택상은 『해방일보』와 조선공산당 본부가 입주한 정판사精版社 건물에서 위조지폐 300만 원이 발견됐다고 주장했다.[153] 조선공산당 최고 간부 이관술·권오직·박낙종에게 체포 영장이 발부됐다. 7월 29일 그들의 재판이 열린 법정에서는 폭력 시위가 일어났다.[154] 이관술·박낙종과 그 외 2명은 무기징역을 선고받았다.[155]

조선공산당은 경찰이 모든 사건을 조작했으며 재판은 한민당과 연결된 판사가 주재했다고 주장했다. 수용되지 않을 것이 분명했지만 공산당은 혐의를 입증할 만한 증거를 요구했다.[156] 재판에서 피고들은 고문을 당했다고 주장했지만 변호사는 그들이 "악의적 발언"을 한다면 더 불리해질 것이라고 경고했다.[157] 이 재판은 분명히 변칙적이었지만 어느 쪽이 진실인지는 알 수 없다. 정판사 인쇄소는 1945년 8월 15일부터 9월 8일까지 일본인이 경영했을 때 조선은행 지폐 1억 원을 발행한 적이 있다.[158] 그렇게 많은 지폐의 일부가 인쇄소에 남아 있었다면, 경찰이 날조를 위해 이용했거나 조선공산당이 당비로 사용했다고 볼 수 있었다.

〈사진 10〉 1947년 무렵 김두봉.

〈사진 11〉 1947년 무렵 허헌.

〈사진 12〉 1940년대의 김성수.

위조지폐 사건이 제공한 기회를 이용해 군정은 "남한 전역에서 다양한 좌익 단체의 본부를 수색했다".[159] 특별 표적은 조선공산당 인천지부 지도자 조봉암이었다. 조봉암은 일제강점기에 전향해 "전쟁 기간에 일본인과 부끄러운 관계를 맺은" 인물이었다. 5월 중순 군정은 그가 박헌영을 비판한 서신을 폭로해 다시 한번 그를 당혹스럽게 만들려고 했다. 그는 6월 12일에 투옥됐다가 22일에 풀려났으며, 그때 다시 박헌영을 비판하면서 공산당에서 탈당했다.[160]

좌익 검거는 1946년 여름 내내 이어졌다. 8월 16일 서울의 전평 본부가 수색당해 회원 명부와 회계장부 등이 압수됐다.[161] 9월 초 하지는 조선공산당의 박헌영·이강국·이주하를 체포하라는 영장을 발부했다. 그들의 죄목은 "미군의 안전을 위협한다"는 것이었다. 세 사람은 체포를 피해 은신했다. 9월 7일 군정은 『조선인민보』『중앙신문』『현대일보』를 정간시켰는데 모두 좌익 신문으로 "선동적 발언"을 했다는 혐의를 받았다. 그 발언에는 인민위원회로 권력을 이양하고 정치범을 석방하라는 요구가 들어 있었다. 8월 23일 "우리는 미군정에 맞서 우리를 지켜야 한다. 우리는 가만히 앉아서 동지들이 죽거나 다치는 것을 볼 수 없다"는 발언은 특히 선동적인 것으로 지목됐다.[162] 이처럼 9월 말 조선공산당 지도자 대부분은 투옥되거나 수배 중이었다.

늦어도 1946년 7월 중순까지 군정 G-2는 독촉이 지방에서 좌익 세력을 잠식하기를 바라고 있었다.[163] 그러나 9월 초순 그런 바람은 완전히 사라졌다. 최고 지도부는 너무 파편적이고 당파적이어서 독촉은 사실상 조직이라고 부르기 어려웠다.[164] 독촉에서 결집력을 보여준 부류는 이전의 대일 협력자와 한민당 세력뿐이었다. 9월 7~9일에 열린 독촉 전국대회에서 이승만이 중앙위원회 후보자로 선출한 명단에는 "악명 높은 친일 협력자"도 일부 포함됐으며 3분의 2에 가까운 사람이 한민당원이었다.[165] 3월 이후 좌익을 전면적으로 탄압했지만 지방에서 자력으로 살아남을 수 있는 우익의 정당 조직은 없었다.

좌우합작위원회와 과도입법의원

1946년 여름 군정은 남한 좌익과 우익의 연합을 목표로 정치 지도자의 협의를 주선했다. 그 뒤 가을에 과도입법의원 선거가 실시됐다. 이런 조치는 모두 남한에서 미국의 새로운 정책을 예고하는 것이었다. 공식 기록에 따르면 군정은 국무부의 명령에 따라 극우 세력과의 관계를 느슨하게 하고 온건파 및 상대적으로 진보적인 한국인과의 관계를 형성하기로 결정했다. 기록에 인용된 1946년 2월 28일 국무부의 전보는 다음과 같다.

> 현재의 어려운 상황을 인정하더라도 우리 지역에서 김구 세력이나 소련에 종속된 집단과 무관하면서 한국에 적용할 진보적 계획을 추진할 수 있는 지도자를 발굴하는 데 모든 노력을 기울여야 한다고 생각합니다. (…) 한국인 절대다수의 호응을 얻을 네 가지 자유와 토지 및 재정과 관련된 기본적 개혁을 강조해 공산주의자의 계획이 가장 희망적이라고 믿는 사람들을 설득해야 합니다.

이 지시는 중국도 염두에 둔 것으로 국민정부가 이승만과 김구를 지지한다는 사실을 언급하고, 군정에 그들을 대체할 "한 무리의 진보적 지도자"를 찾든지 "김구 세력이 진보적 정강을 채택하고 추진하도록 최대한의 노력을 기울여야 한다고" 촉구했다.[166]

그러나 군정은 몇 달 동안 그런 정책을 선택하려고 기다려왔으며, 하지가 그런 결정을 내린 까닭은 국무부의 지시보다는 대표민주의원의 무능하고 서툰 정치적 행동에 신물이 났기 때문이다. 좌우합작을 시도하고 과도입법의원을 설립하려는 정책과 관련된 기본 방침은 5월 24일—미소공위가 해산되고 그 직후 우익의 극단적 행동이 일어난 뒤—랭던이 기초했다. 랭던은 소련이 유고슬라비아·불가리아·루마니아에서 추진한 정책과 "아주 조금" 다를 뿐이라고 판단되는 "통일전선전술"을 한국에도 적용하려 한다고 언급하면서, 미국은 "소련이 지배할" 위협이 남아 있는 한 한국을 떠날 의도가 없음을 확실히 보여주어야 한다고 촉구했다. 또한 "한국 공산주의자의 인기가 하락(위조지폐 사건이 드러난 뒤 조선공산당에 대한 비난이 일어난 것을 말한다)한 것을 이용"해 군정이 독자적 통일전선전술—"모든 민주 정당의 진정한 연합을 형성하는 것"—을 전개하라고 제안했다. 랭던은 이 정책을 1945년 말부터 추진돼온 군정의 한국화 작업과 연결했다.

> 민주 세력을 결집시키는 가장 좋은 방법은 그들을 군정에 좀더 많이 참여시키고 좀더 많은 책임을 부여하는 것이라고 생각합니다. (…) 하지 장군은 애국적 정당들이 공산주의자와 합작하지 않고 만족스럽게 연합할 수 있다면 자신이 최고 권력을 갖고 그 아래 집행권을 갖지 않는 한국인 내각과 입법기구를 설치해 모스크바협정에 따라 통일된 과도정부를 수립하기에 앞서 일정 기간 규정과 법률을 제정케 함으로써 그들의 참여를 늘리자고 제안했습니다. (…) 이렇게 되면 북한의 한국인 꼭두각시들은 처지가 더욱 곤란해질 것이며, 미소공위가 재개되면 미국 대표단이 제안할 정부 각료 후보자를 작성하는 작업에 남한의 연합체와 개인적으로 협상하도록 그들을 유도할 수 있을 것입니다.

이런 논지는 정무위원회와 관련된 제안의 반복이었다. 그러나 김구는 더 이상 적합하지 않았다. "그는 정치적 기량이 부족해 정치 무대에서 사실상 사라졌다." 이승만과 관련해서는 이렇게 언급했다.

> 하지 장군은 이승만이 미래의 과도정부에 핵심적이거나 바람직하다고 생각할 필요는 없지만 전국적으로 알려진 소수의 민주 세력 지도자 가운데 한 사람이므로 그의 협력은 더 이상 빼놓을 수 없다고 판단했습니다.[167]

6월 초 국무부는 군정 사령부에 「한국 정책」이라는 제목의 중요한 제안서를 보냈는데, 랭던의 정책을 승인하면서 추가로 다른 측면을 강조했다. 제안서는 대표민주의원을 해체하고 "광범한 선거를 거쳐" 선출된 입법 자문 기구로 대체하며 이 기구의 자문을 받아 경제적·민주적 개혁을 추진해야 한다고 주장했다. 이 문건의 "논의" 부분에서는 노년의 망명 한국인(이승만과 김구 같은)은 미국의 목표를 "전체적으로 돕기보다는 방해한다"고 지적하면서 그들을 버려야 한다고 제안했다.[168] 그러나 제안서가 도착하기 꽤 이전부터 하지는 합작을 위한 노력을 시작했다.

하지는 젊은 육군 중위 레너드 버치에게 온건파는 포함하되 극좌와 극우는 배제하는 중도파 합작을 형성할 목표로 한국 정치 지도자들과 대화를 시작하라고 지시했다.[169] 합작은 진보적 개혁을 돕고 한국 대중이 미국의 목표를 지지하도록 만드는 유인책이 될 수 있었다. 특히 토지 개혁은 자신의 지위에 만족하면서 한국에 매우 필요한 새로운 중산층의 기반을 형성할 소농 계층을 창출할 수 있었다.

이런 노력은 1945년 이후 미국이 아시아에서 "제3세력"을 형성하려고 시도한 진정으로 흥미로운 계획 중 하나였다. 이 계획은 베트남에서도 비슷하게 추진됐고 한국에서는 군정의 다른 정책들보다 훨씬 더 정교하고 빈틈없게 진행됐다. 버치는 우익에 무게를 두기보다 우익과 좌익의 완전한 균형을 추구했다. 그는 여운형과 김규식의 약속을 얻는 데 노력을 집중했다. 버치는 여운형을 "한국 농민의 참된 대변자"이자 서구 자유주의와 공감하는 인물로 봤기 때문에 그에게 초점을 맞췄다. 여운형은 자신의 계획에서 필수적 요소였다. 박헌영처럼 여운형보다 더 왼쪽으로 치우친 인물은 포함되지 않았다. 이 때문에 여운형은 자신이 속한 좌익으로부터 합작을 그만두든지 좌익이 지시한 조건을 따르라는 강력한 압력을 받았다. 여운형은 두 세력의 대립을 이용하려고 시도했다.

버치는 여운형을 미국 진영으로 끌어들이려고 노력했다. 4월에 여운형과 여러 번 만나 민전·조공과 관계를 끊도록 설득했지만 여운형은 거절했다. 그러자 5월 초 버치는 "여운형의 친구와 조언자를 이탈시켜 여운형을 인민당에서 약화시키고 (…) 공산주의자의 지배를 받지 않는 새 정당을 세우려고" 시도했다. 순종적이고 우유부단한 동생 여운홍은 일부 "차선책"을 따랐고 5월 8일 인민당을 떠나 사회민주당을 세우는 데 동의했다. 5월 9일 여운홍은 "공산주의자들이 인민당을 방해하고 그릇된 길로 끌고 있다"고 주장했다. 사회민주당 강령에는 "한국에서 전략적 기지나 항구 또는 경제적 특권을 바라는 외국의 모든 간섭에 반대한다"는 등의 반소적 내용이 들어 있었다. 사회민주당은 군정에서 자금을 받았다.[170]

김규식은 우익에게서 같은 압력을 받았다. 이승만은 대한경제보국회가 제공한 자금을 합작 노력에 그리고 새로 결성된 사회민주당에 지원한 것으로 보인다. 앞서 본 대로 그와 굿펠로는 좌익과 온건파에서 공산주의자를 분리시키는 정책을 세웠지만, 이제 이승만은 자신이 제거되지 않을까 걱정했다.[171]

여운홍 및 사회민주당과 관련된 책략에 여운형은 크게 당황했지만 민전이나 인민당을 떠나지는 않았다. 그 결과 버치는 공산주의자가 여운형의 비밀스러운 일부 행적을 가지고 협박하고 있다고 판단하게 됐다. 8월 2일 G-2 보고서는 이 행적이란, 태평양전쟁 동안 여운형이 여러 차례 일본을 다녀간 일이라고 추측했다. 미군은 일본에 장교 대표단을 보내 정부 기록을 찾게 했고 한국에서 근무한 일본인 관료와 면담하게 했다. 여운형은 결백한 것으로 나타났다.[172]

버치는 여운형을 좌익 세력에서 이탈시키려고 시도하면서 두 가지 실수를 저질렀다. 첫째, 여운홍의 영향력을 너무 크게 평가한 것인데 그의 부도덕한 행동은 형의 오랜 골칫거리였다. 둘째, 여운형이 음모를 꾸미는 공산주의자에게 지배되거나 조종되고 있다고 본 것인데, 여운형은 1946년 내내 좌익의 지도권을 놓고 박헌영과 공개적으로 격렬하게 투쟁했다. 여운형은 박헌영을 이기기 위해 미국과 연합할 의사가 있었지만, 민전의 광범위한 조직 기반과 자신의 관계를 끊으려고 하지는 않았다—특히 사회민주당의 모호한 지향 때문은 아니었다. 군정 기록관은 사회민주당이 인민당을 분열시키고 여운형과 박헌영을 갈라놓아 합작에 여운형을 참여시킬 수 있는 장점을 가졌다고 생각했다.[173] 그러나 여운형이 실용적으로 그리고 기회주의적으로 (1) 미국의 점령은 한국에서 지속될 것이며 (2) 그들의 권력은 좌익의 주도권 다툼에서 자신에게 유리하다고 봤을 가능성이 좀더 크다.[174]

6월 초까지 버치는 여운형·김규식과 비공식적으로만 만났다. 하지와 랭던은 5월 마지막 주 이전까지는 합작 계획을 공식 후원하기로 결정하지 않았던 것으로 보인다. 그러나 6월 14일 버치는 접촉 범위를 확대하여 여운형과의 자리에는 허헌을, 김규식과의 자리에는 원세훈을 동석시켰다. 6월 30일 하지는 합작 노력을 공개적으로 지지했다.[175] 한국 신문들은 합작 방안과 관련된 많은 논평을 실었다. 마침내 7월 22일 좌우합작위원회가 첫 모임을 가졌다. 우익에서는 김규식·원세훈·최동오·안재홍·김붕준이 참석했다. 좌익에서는 여운형·허헌·김원봉·이강국·정노식이 참석했다.[176] 버치는 자신의 파벌과 관계를 끊을 수 있는 정치 지도자를 좌익과 우익에서 신중하게 선택했다. 합작위원회는 매주 월·금요일 오후 2~5시에 만나 남한에서 좌익과 우익을 통합하는 방안을 만들었다. 회의 의장은 모임마다 좌익과 우익이 번갈아 맡았다.[177]

그러나 합작 시도에서 제외된 모든 정치 지도자나 단체는 그것을 치명적 위협으로 봤다. 이를테면 박헌영은 7월 22일 북한에서 서울로 돌아와 민전 의장단회의에서 합작위원회를 강하게 몰아붙이며 반발했다. 미국의 설명에 따르면 박헌영은 합작위원회에 좌익의 참가 거부를 요청했지만 다수결에 따라 기각됐다.[178] 그러자 박헌영은 5개 요구를 받아들이면 합작을 지지하겠다고 제안했다. (1) 북한 정당들과의 통합 노력을 포함해 모스크바협정을 전면적으로 지지한다. (2) 노동법 제정을 비롯한 민주적 개혁은 물론 무상몰수 무상분배의 토지 개혁을 시행한다. (3) 친일파·민족 반역자·파시스트의 정치 활동을 금지하고 정치 테러를 근절한다. (4) 남한의 권력을 인민위원회로 이양한다. (5) 군정 아래 한국인 고문단이나 과도적 입법기관을 설치하는 것에 반대한다.[179] 7월 25일 민전은 좌익이 합작위원회에 참여하는 조건으로 요구를 가결해 발표했다. 여운형과 김원봉은 민전 회의에서 이런 입장에 반대했다.[180] 그들은 7월 29일 합작위원회 회의에 불참했는데, 좌익 진영의 공개적 분열을 피하려던 것으로 생각된다.

예상대로 합작위원회 우익 대표단은 좌익의 5개 요구를 거부하고 7월 29일 자신들의 8개 조건을 제안했다. 신탁통치를 제외한 모스크바협정의 조항을 지지하며 한국 전체에서 민주적 자유(미소공위에서 미국이 제안한 사항)를 확립할 것을 요구했지만 토지를 비롯한 개혁 문제와 대일 협력자 및 민족 반역자의 정의定義와 처리 문제는 앞으로 과도입법의원에서 진행하도록 남겨놓았다.[181] 좌익 대표단의 불참으로 8월에는 합작위원회 회의가 열리지 않았다.

여운형과 박헌영은 좌익 주도권을 놓고 투쟁했다. 미국의 설명에 따르면 여운형은 군정 정책 입안자에게 박헌영이 합작에 반대하라는 북한의 지시를 받았으며 "미국의 계획을 성공시키려면 그를 7월 29일에 열릴 정판사 위조지폐 사건에 연루하여 투옥시키는 등 이 시점에서 과감하게 처리해야 한다"고 암시했다.

> 우리는 합작을 방해하려는 공산주의자의 의도를 (여운형이) 직접 폭로하지 않는 까닭을 물었다. 그는 남한의 수많은 노동자·농민·청년이 자신을 지지하는 부류와 박헌영을 지지하는 부류로 나뉘었으며, 자신과 박헌영의 결별이 드러나면 합작 운동에 해가 될 거라고 대답했다. 그는 박헌영이 이 시점에서 영향력을 잃으면 이 집단의 상당한 비율이 우리를 지지해 유리해질 것으로 예측했다.[182]

결과적으로 미국은 합작 노력을 돕는 길은 반항하는 좌익을 체포하는 것이라고 믿게 됐다. 8월 7~8일 방첩대CIC는 김세용과 이강국(민전 내부의 논쟁에서 박헌영을 지지한 두 사람)의 집을 급습했는데 군정을 전복시키려는 시도에 그들이 연루됐다는 증거를 찾으려는 목적이었다.[183] 이를 비롯한 좌익에 대한 급습은 민전 내부의 분열을 표면화했다.

8월 중순 여운형은 인민당 당수와 민전 의장단에서 물러났고, 그 전에도 몇 차례 그랬던 것처럼 지방에서 은거하겠다고 발표했다. 그 직후 인민당은 조선공산당과 합병해 새로운 "노동당"을 만드는 투표를 실시했고 기권 50표를 포함해 48대 31로 가결했다. 이 투표는 좌익이 합작위원회에 참여하는데 반대한다는 의미였다. 패배한 세력은 회의장을 나가 여운형이 이끄는 진정한 인민당은 자신들이라고 선언했다. 미국은 "분열이 인민당을 축소시켰지만 불순 세력을 걸러냈다"고 생각했다.[184] 여운형의 지지자들은 장건상·이만규·이여성·이임수·조한용 같은 옛 건국동맹 인물들이었다.[185]

좌익 진영이 분열하고 박헌영과 이강국의 체포 영장이 발부된 뒤 합작위원회는 다시 회의를 열었다. 우익 대표단은 그대로였지만 좌익에서는 장건상과 장권(1945년 8월 서울치안대 지도자)이 허헌과 이강국을 대체했다. 격주 모임은 9월에 재개됐다. 9월 22일 여운형은 하지가 박헌영과 이강국의 체포 영장을 철회하고 정간된 세 좌익 계열 신문을 복간시킨다면 조선공산당은 합작을 지지할 것이라고 말했다.[186] 10월 4일 합작위원회는 좌익 5원칙과 우익 8원칙을 절충한 7원칙을 발표했다. 1항과 3항이 중요했다. 1항은 남한과 북한의 "좌우합작"을 거쳐 모스크바협정에 따른 과도정부 수립을 요구했고 3항은 지주에게는 조건부로 보상하지만 농민에게는 무상분배하는 토지 개혁을 촉구했다.[187] 불행히도 합작 노력은 이 방안이 발표된 직후 가을 인민봉기가 일어나면서 무산됐다.

합작 노력은 미국이 남한에서 용인할 수 있는 정치적 참여의 수준을 정확히 정의했다. 박헌영과 그 지지자들은 처음부터 배제됐다. 여운형과 허헌 같은 좌익은 협력적이라면 용인될 수 있었다. 하지만 허헌은 그렇지 않아 제외됐다. 앞서 말한 우익은 받아들일 만했다. 그들의 우발적 쿠데타 시도 등은 분별없는 행동으로 간주됐다.[188] 이승만은 합작 노력과 반대 노선을 걸었고 8월 자신이 이끄는 "민족통일총본부"를 결성했지만 박헌영처럼 탄압받지는 않았다.

한민당은 합작 구상을 전면적으로 반대했다. 그들은 참여자를 "동요하는 기회주의자"라고 부르고 합작위원회의 토지 개혁안을 반대했으며 그 뒤 합작위원회가 와해된 것을 자기 공로로 돌렸다.[189] 그 뒤 군정청 경무부장 조병옥도 합작위원회를 방해하려고 시도했다. 그가 보기에 해방 한국은 "공산주의"와 "민족주의"의 대결로 좁혀졌으며 온건파는 늘 좌익에 굴복할 가능성이 있었다.[190] 하지를 비롯한 미국인들은 마침내 같은 시각을 갖게 됐다. 1947년 하지는 웨더마이어 장군에게 합작 정부는 곧 "공산주의 정부로 갈

것"이라는 견해를 말했다. 하지는 "소련과 국지적 협상을 끝내고 공산주의자를 여기(남한)서 몰아낼 것"을 제안했다.[191] 11월 미소공위 미국 대표단은 합작위원회의 온건 좌파는 "사령관이 정치 문제를 협상할 수 있는 믿을 만한 좌익 정치 세력"을 대표한다면서 하지와 약간 다른 견해를 보였다.[192] 하지의 견해가 우세한 이상 온건 좌파를 포섭하려는 정치적 노력은 모두 덧없었다. 버치는 지혜롭고 열정적으로 합작을 추구했지만 상관의 도움이 부족했다. 게다가 중도파에 힘을 실어주면 좌익과 우익을 이끌 수 있을 거라고 한국 정치 지형을 판단했던 그의 견해는 틀렸다. 중도파는 기반이 없었지만 좌익은 강력한 조직과 대중적 지지를 받았고 우익은 부유층과 관료 기구에 의지했다.

요컨대 1946년이 저물면서 우익이 관료 기구에 확고히 정착한 것은 미국 계획의 기본적이고 제외할 수 없는 요소였지만 좌익은 신뢰·책임·충성의 증거에 따라 교섭의 결과가 달라질 수 있었다—이런 표현은 모두 군정이 남한에서 미국이 추진한 계획에 순응 여부를 묘사하는 데 사용한 것이다. 그러나 1945년 초와 마찬가지로 미국의 수용 기준은 우익과 좌익에 대한 실제 대중적 지지 분포와는 별개였다. 이 기준은 소수의 개인을 비롯한 협력적 좌익을 모두 배제한 것은 아니었다. 오히려 배제당한 쪽은 남한 전역에 걸쳐 강한 조직을 대표하는 사회 세력이었다. 군정 첫해가 전례 없는 폭력과 파괴로 끝날 수밖에 없었던 이유 한 가지는 이것이었다.

우익이 관료 기구 내부를 지배한 사실은 1946년 10월 과도입법의원 선거에서도 명백했다. 남한 과도입법의원은 하지에게 호응하고 군정 시책에 합법성의 외피를 제공하는 한국인의 대표 기구를 수립하려는 그해의 네 번째 시도였다. 군정청 고문단과 대표민주의원, 합작위원회와 마찬가지로 그것은 실패로 끝났다.

5월에 공위가 중단된 뒤 워싱턴과 군정의 정책 입안자들은 남한 정치를 정당화하는 수단으로 민주적 선거를 구상했다. 선거가 치러진다면 공위에서 제시된 기본적 자유와 관련된 미국의 입장에 근거를 부여하고 군정 사령부에 심각하게 부족했던 민의에 따른 통제라는 이미지를 줄 수 있을 것이라고 생각했다.[193] 앞서 논의한 대로 군정은 선거를 한국화 정책의 부속물로 생각했다. "점령군과 군정의 역할은 필연적으로 축소되겠지만 민주 세력을 결집하는 가장 좋은 방법은 군정에 한국인을 좀더 많이 참여시키고 좀더 많은 책임을 맡기는 일이다."[194] 6월 초에 도착한 「한국 정책」 문서 또한 검증된 한국인을 "책임 있는 부서에 되도록 많이" 임명하고 군정이 "광범한 지역의 선거를 거쳐 현재의 대표민주의원을 대체할 자문 입법기관을 수립"하도록 제안하면서 한국화와 선거를 연결시켰다.[195] 계획의 첫 공식적 발언은 7월 초에 나왔으며 8월 24일 군정법령 118호는 과도 입법기구의 선거를 허가했다.[196]

많은 한국인들은 입법기구 설립이 공위가 중단되고 이승만이 단독정부 수립을 요구한 직후에 발표됐다는 측면에서 남한 단독정부를 수립하려는 전조로 생각했다. 군정은 과도입법의원 선거를 한국화 정책과 연결시킴으로써 그런 의심을 부추겼다. 9월 11일 러치 장군은 한국인이 "한국 문제를 다루는 방법을 배우는 데 주목할 만한 진전"을 이뤘으며 모든 군정 부서의 책임자는 한국인이 맡고 미국인은 자문 역할만 수행할 것이라고 발표했다.[197] 이것은 한국화의 시작이 아니라 1945년 가을에 시작된 과정의 결말이었다. 한국인은 한민당 지도자들이 몇 달 동안 그런 정책을 옹호했다는 사실을 알고 있었다.[198]

하지는 과도입법의원을 미국 상원처럼 소수로 이뤄진 기구에서 약간 변형된 것으로 구상했다. 그는 90명의 구성원 가운데 절반을 임명할 권한과 그들의 행동에 대한 절대적인 거부권을 가졌다.[199] 하지는 거듭 실패한 뒤 한국인에게 대의정치를 천천히 접촉시키려 하면서 처음에는 발만 담그게 했다. "광범위한 지역에서 선거를 치르려는" 구상도 사라졌다. 8월 말 랭던은 "높은 문맹률과 정치적 훈련의 결여 때문에 전국 단위의 선거는 불가능하다"고 결론지었다.[200]

선거가 치러지는 과정은 일제강점기에 중추원 참의를 뽑는 제도와 유사했다. 선거 계획에 참여한 미국인에 따르면, 일제강점기의 선거법이 아직 유효해 납세자와 지주만 투표한 지역이 많았다.[201] 실제로 일반 한국인이 들어가 투표할 수 있는 장소가 없었다. 가장 낮은 행정 단위인 면에서는 장로가 그 지역의 유권자를 대표해 상위 행정 단위에서 투표할 대표자를 뽑았다. 군 단위에서만 하위 단위에서 온 대표자가 과도입법의원의 실제 후보자를 선출할 수 있었고 거기서만 비밀투표가 이뤄졌다. 과도입법의원은 전국에 특정한 선거구를 설치해 뽑지 않고 55만 명마다 1명씩 할당됐다. 로빈슨에 따르면 군정은 한국의 전통을 따르고 "보수파의 당선을 확실하게 하려는 목적"에서 이런 방식을 사용했다.[202]

그러나 선거는 10월 인민 봉기가 일어나는 동안 치러졌고 너무 빨리 실시되어 선거가 있는 줄도 몰랐던 한국인도 많았다.[203] 김규식은 "어떤 곳에서는 반장班長 등의 공무원이 자기 선거구 주민들의 도장을 걷어 마음대로 사용했다"고 주장했다. 강원도에서는 독촉이 유권자에게 자신들이 후원하는 후보자를 찍도록 강요하는 등 "모든 일을 조종했다"고 말했다. 독촉에 소속된 서상준이라는 인물은 "수많은 한국인 애국자를 투옥시킨" 일제강점기의 고등경찰이었다고 비판했다. 또한 한민당이 경상북도 대표로 지명해 선출된 서상일(역시 대일 협력자로 지적됐다)은 서울에 본적을 두고 있었다.[204] 공위의 미국 고문단은 "과도입법의원이 구성된다면 우익만으로 이뤄질 것이며 사실상 대표민주의원의 재판再版이 될 것"이라고 하지에게 말했다.[205]

좌우합작위원회와 미국인 고문들의 압력에 못 이긴 하지는 강원도와 서울의 선거를 무효화하기로 결정했다. 그러나 재선거에서도 우익은 다시 이겼다. 서울에서 출마한 후보자 10명은 여운형을 빼고는 모두 한민당이나 독촉 출신이었다. 여운형은 낙선했다. 서울에서 당선된 사람은 김성수·김도연·장덕수로 모두 1945년 9월 한민당이 창당될 때 주요 인물이었다.[206] 그래도 한민당은 하지에게 분노했다. 12월 초 그들은 재선거를 실시하면 한민당은 "입법의회에서 우위를 차지할 수 없을 것"이라고 하지에게 경고했다. 하지가 강원도와 서울에서 재선거를 실시하자 한민당은 "비민주적" 조처라며 규탄했다.[207] 제주도에서만 좌익이 두 사람 당선됐는데, 그들은 서울에 도착한 뒤 "곧 행방불명됐다".[208]

하지는 자신의 입법 정책을 어느 정도 회복시켜야 했기 때문에 과도입법의원 가운데 나머지 45명을 중도우파와 중도좌파에서 지명했다. 그러나 우익은 지지자 14명을 거기에 끼워넣었다. 장덕수가 보고한 과도입법의원의 정치적 분포는 〈표 10〉과 같다.

〈표 10〉 과도입법의원의 정치적 분포(1946년 12월)

정파	민선	관선	합계
좌익과 온건파	0	31	31
한민당	21	2	23
독촉	13	3	16
한독당*	6	4	10
무소속 우파	5	5	10
합계	45	45	90

전거: 장덕수가 맥마흔에게 제출한 자료("Antecedents, Character, and Outcome", 45쪽)
*김구가 이끈 옛 임정 계열의 한국독립당

과도입법의원은 12월 12일에 열렸지만 강원도와 서울에서 재선거를 실시한 하지의 결정에 항의해 한민당이 불참하면서 정족수를 채우지 못했다. 김성수와 장덕수도 앞으로 제정될 친일분자처벌법과 토지분배법의 성격에 대한 우려를 하지에게 표명했다.[209]

결론: "불만의 소리"

윌리엄 랭던은 과도입법의원 선거의 실패를 이렇게 설명했다.

> 국무부도 알고 있겠지만 군정의 행정 관료는 처음부터 좌익의 적대감과 실질적인 참여 거부 때문에 대부분 우익으로 이뤄졌다. 그래서 선거의 행정적 준비는 대부분 그들의 손에서 이뤄졌으며, 한편으로는 그들의 당파성 때문에 그리고 다른 한편으로는 대부분 지방 좌익의 분열과 선거의 이익에 대한 이해 부족 때문에 압도적으로 우익 인사가 선출되리라는 것은 예상된 일이었다.[210]

좌익은 우익이 10대 1로 우위를 차지한 고문단과 역시 우익이 45대 4로 우세한 대표민주의원에의 참여를 거부하고, 좌익 지도자에 대한 광범한 탄압이 이어지는 과정에서 진행된 합작에 소극적 태도를 보였으며, 관료 체제에 부속된 무력한 입법기구를 창출할 목적에서 치러진 부정선거에 반대한 행동 때문에 비판받았다. 그러나 군정 첫해가 실패로 끝난 것이 과연 좌익 때문이었던가?

진정한 문제는 "군정의 행정 관료"와 그들을 선발하고 그들의 역할을 지시한 미국의 정책에 있었다. 1947년 남한 과도정부의 고위 관료 115명을 무작위로 뽑아본 결과 70명이 일제강점기에 관료였고 23명은 공·사기업의 소유주나 경영자 또는 관리였다. 그 표본에서 경찰 간부 10명 가운데 7명은 일제강점기에 경찰이었는데 3명은 북한에서, 1명은 만주국에서 도망친 인물이었다. 법무부 관료 4명 가운데 3명은 일제강점기에 경찰이나 사법부에서 근무했다. 표본 가운데 군수 9명은 일제강점기에도 군수나 지방 고위 관료였다. 관료 가운데 11명만 망명이나 투옥 또는 미미한 항일 활동의 경력을 가졌다.[211] 우익과 일제 치하에서 활동한 인물들이 계속 우위를 차지한 현상은 우연이 아니라 미국 정책의 직접적이고도 필연적인 결과였다.

1946년 8월 랭던의 보고서가 잘 보여주듯 미국의 정책은 놀라운 지속성을 지녔다. 그는 "미국의 시책과 관련해 효력 체감의 법칙이 시작됐지만" 그것은 "한국에서 미국 본연의 역할이 이제 끝났다고 소수의 의식 있는 한국인이 생각하기" 때문이라고 지적했다. 일본인은 돌아갔고 "경찰이 창설됐으며 행정과 사법 체제가 다시 구성됐다". 의식 있는 한국인은 "직접적인 기본 행정 외에 미국이 착수한 거의 모든 사안에 불만을 갖고 있었다". 좌익도 물론 나름의 불만을 품었다.

> 이 세력의 지속적인 불만은 일본이 항복한 뒤 자신들이 세운 인민위원회의 행정이 처음에는 인정받지 못했고 나중에는 일제 치하에서 비호받던 "보수" 세력이 군정에 들어가면서 불법화됐다는 데 있다. 좌익 세력은 일제 치하에서 유지되던 전통적 사회질서를 군정이 그저 지속했으며, 자신들은 속아 사

회혁명을 도둑맞았다고 생각하고 있다.

랭던은 남한의 개량주의적 행정 체제가 좌익을 약화시킬 것이라는 국무부의 생각이 타당한지 의심했다. 랭던이 아래에 서술한 대로 미국은 북한에서 추진되던 계획에 맞설 수 있었는가?

> 이제 소련은 자국의 군대가 한국인을 폭행하지 않도록 세심히 주의하고 있고 표면적으로 행정은 완전히 한국인이 운영하고 있으며, 일본인과 토착지주의 토지는 몰수돼 소작농과 토지 없는 난민에게 무상분배됐고 일본인이 소유했던 공장은 우리 지역처럼 군정의 위임을 받은 기업가 대신 조직된 노동자위원회와 공무원이 운영하고 있으며, 노동법은 통과됐고 사람들은 상당히 자유롭다. 이런 개혁은 보수 세력과 자본가에게 큰 곤란을 안겨주어 그들 다수는 우리 지역으로 피난했으며, 농민과 도시 빈민도 처음에는 소련군의 폭력과 난행에 피해를 입었지만 중앙과 지방 행정기관에 새로 임명된 공무원과 위원회 직원을 포함한 인구의 대부분은 이런 새로운 사회질서를 좋아하고 있다.

랭던은 남한에서 그런 긍정적 발전을 보지 못했으며 "정책의 표류"만 목격했다. 해방 1주년을 맞이하는 시기에 "서울의 신문 사설에서는 기쁨이나 낙관을 언급하지 않았다". 한 신문은 "우리는 이날을 기쁨으로 축하해야 하는가, 눈물로 맞이해야 하는가?"라고 물었다.[212]

랭던은 해방 1년 뒤 미국이 남한에서 마주친 문제들을 되풀이 요약하면서 보고서를 끝맺었다.

> 한국 사회에서 정파와 이념의 분열이 커지고 있고 대체로 한국인 사이에서 미국의 인기가 줄어들고 있으며, 우익은 무기력하고 좌익은 협력하지 않거나 반대하며 (…) 소련은 북한에서 영향력과 체제를 확고히 정착시켰다.[213]

이런 주목할 만한 발언에 워싱턴은 어떻게 대답했는가? 국무부는 아무 일도 일어나지 않았으며 한국에서 겪은 모든 경험은 무시해도 된다는 듯 대답했다.

> 과거의 모든 경험은 한국인이 심리적으로 또는 기술적으로 자치 정부를 받아들일 준비가 돼 있지 않았음을 우리에게 명백히 알려주는 것 같다. (…) 기껏해야 과도정부는 미소공위의 매우 긴밀한 감독과 지도 아래 일정 기간 기능할 수 있다고 생각된다. (…) 우리는 한국인에게 신탁통치를 파기할 수 있다는 인상을 줘서는 안 된다고 생각한다.[214]

이처럼 한국에 대한 워싱턴의 생각은 국제협력주의적 희망과 멀리서 인지해야 했던 한국의 현실 사이를 계속 오갔다. 현지에서는 일국독점주의적 논리가 분명히 승리했다.

3부

1945~1947년 지방에서 발생한 한국인과 미군의 충돌

8장

지방 인민위원회의 개관

모든 사회운동은 갑자기 확대된다. 그때까지 방치됐던 대중이 이례적이며 놀라울 정도로 신속하고 쉽게 동원되는 사례는 어느 역사에나 있다. 그런 확대는 거의 언제나 감염의 형태를 띤다. 선동가가 도착하면 그 지역은 짧은 시간 안에 모두 감염된다.

_에릭 홉스봄

다음과 같은 역설을 생각해보자. 1945~1946년 한반도는 도·시·군·면 단위까지 인민위원회로 뒤덮였다. 인민위원회는 북한에서 체제가 존립할 수 있는 대중적 기반을 제공했다. 시기에 따라 다르지만 남한에서는 모든 군의 절반 이상을 통치했다. 한국에서 인민위원회는 지방에 기반을 두고 그 지역을 책임진 매우 드문 정치조직이었다. 그것은 한국사에서 전혀 없던, 지방의 정치 참여가 이루어진 시대를 보여주었다. 그러나 그 현상을 연구한 문헌은 거의 없다. 읽거나 쓸 줄 모르는 농민이 다수를 차지한 정치를 이해하는 것이 얼마나 어려운지 먼저 깨달아야 한다. 그러므로 목표를 너무 높게 잡으면 안 된다. 뒤의 세 장은 빈약한 자료에 기초해 1945~1947년 지방 정치에 대한 하나의 해석을 제시하는 정도로 그칠 것이다. 앞으로 좀더 많은 자료를 이용할 수 있게 되면 이 이야기—레온 트로츠키의 표현에 따르면 "발로 투표한" 사람들과 자신의 생각을 표현하기 위해 돌을 던지고 수많은 시위에서 자신의 인권을 증명한 사람들의 이야기—는 더 풍부하게 채워질 것이다. 여기서는 인민위원회부터 설명하기 시작해 농민항쟁—1946년 말 대부분의 지방에서 일어난 국지적 전쟁과 본격적 전쟁을 미리 보여준 작은 전투들—에서 마칠 것이다.

이 연구의 첫머리에서 일제강점기에 시작되어 일정한 수준까지 발전했지만 1945년에 중단된 여러 변화의 과정을 살펴봤는데, 그 변화는 발전이 아니라 중단과 관련해 더 큰 영향을 주었다. 그 과정에서 나타난 주요 현상은 토지 소유의 집중(과 소작농 및 이산離散하는 농민 가호의 증가), 시장경제 도입, 산업의 성장, 식민지 동원 정책 그리고 이런 요인들에 따른 인구의 대규모 이동 등이었다. 흩어졌다가 고향으로 돌아온 사람들은 남부 지방 전역에서 폭발을 일으켰다. 돌아온 사람들은 토지 소유 관계에 따른 농업 구조가 자신이 떠났을 때와 거의 똑같지만, 지주는 이전보다 더 많은 토지를 소유했다는 사실을 발견했다. 좀더 중요한 사실은 이제 지주는 한국인이고 대부분 기업가적 유형이 아니었지만, 그동안 일제에 협력했다는 오점을 가졌다는 것이었다. 8~9월 해방의 기쁨이 지난 뒤 이런 지주들은 식민지 경찰에서 근무했다가 다시 복귀한 한국인 경찰의 보호를 받았다. 이런 부당한 현상은 자기 의사와 상관없이 징용됐던 농민들을 특히 격분시켰다. 농업을 떠나거나 그로부터 추방되어 광공업에 종사했던 농민들은 좀더 오래 떠나 있었다면 자신의 새 직업에 맞는 의식을 형성할 수 있었을 것이다. 그러나 그 과정이 중단됐기 때문에 대부분 그러지 못했다. 그들의 몸은 동원됐지만 마음은 그렇지 않았다. 그들은 아직도 농민 의식에 갇혀 있었지만, 꼭 더 낫다고만 말할 수는 없는 다른 세계에 노출돼버렸다. 그런 농민들은 일제의 이익에 봉사하느라 징용된 사실에 깊은 분노를 품고 농업으로 돌아왔으며 한국 농업 구조의 기본 방향이 잘못됐다는 사실을 또렷이 인식했을 것이다. 수많은 농민 노동자가 농민 정치가로 변모했다.

인민위원회는 자생적이었고 계급 구성도 다양했기 때문에 특정 지역에서 정치 참여의 수준과 토지의 상황, 지리적 위치, 인구 이동, 근대화의 정도 같은 환경적 또는 "생태적" 변수 사이의 관계를 결정할 수 있었다. 농민사회의 정치를 생태학적으로 연구하는 경향은 미국이 인도차이나에 깊이 개입한 시기에 확산되었다. 학자들이 중국·베트남·필리핀 등에서 전개된 유격전의 성공과 실패를 이해하고 설명하려 시도했기 때문이다.[1] 그러나 1940년대 후반 한국에 대한 정보는 중국이나 베트남보다 풍부하다. 일본은 자국이 통치하는 대상을 철저히 수치화하고 조사했기 때문에 통계적 기초는 의심할 여지 없이 뛰어나다. 그러나 한국과 관련해서도 자료의 당혹스러운 공백은 존재한다. 중국의 현縣보다 작은 단위인 한국의 군郡을 살펴보면 수만 명에서 수십만 명의 인구가 있고 상당한 내부적 다양성이 존재한다. 면 단위에서 정치와 환경을 연관시키면 한국의 면은 구조(특히 친족 구조)가 상당히 다양하다는 것을 알게 된다. 따라서 지금부터는 정치와 환경 사이의 특정한 관계를 밝히는 데 초점을 맞추려 하지만, 수학적 정확성을 주장하지는 않을 것이다.

농촌의 정치와 환경적 요소에서 나타난 중요한 상관관계는 인구 이동의 영향, 소작인과 지주의 비율, 지리적 위치의 차이, 근대적 교통·통신 시설의 유무 등이다. 농촌 정치에 중요한 영향력을 분명히 갖고 있지만 관련된 자료는 거의 없는 또 하나의 요소는 농업의 상업화 수준이다.[2] 농업의 상업화는 군산·목포·부산 같은 대규모 미곡 수출항과 가까운 지역에서 가장 빠르게 진행됐으며 정치 활동도 비교적 활발히 전개됐다. 상업화된 지역에서 정치의 흐름은 다양한 형태로 농민 계급에 영향을 주었다. 이를테면 부농은 영세한 하위 수준에 토지 소유를 균일하게 맞추려는 토지 개혁안에 반대했다. 그러나 식민지 시기에 상업화는 지주가 시장 거래·투기·수출 등에 진출했지만 여전히 "봉건적" 방법으로 잉여 생산물을 착취하면서 중층적 형태로 나타났다. 농민들은 대체로 시장의 작동방식이나 착취된 곡식의 사용 목적을 몰랐다. 그들은 자신이 받게 될 토지 규모와 상관없이 토지 재분배 계획에 찬성했다. 그러나 이런 농업 상황에 대한 정보가 거의 없기 때문에 좀더 자세한 연구는 다음으로 미룰 수밖에 없다.

인민위원회를 이해하는 데 중요하게 고려할 또 다른 사항은 일본에서 미국의 통치로 넘어가는 공백기의 길이, 군정과 지방 인민위원회가 추구한 정책의 대립, 인민위원회의 다양한 구성, 일제 후반 비슷한 조직의 존재 등 대부분 정치적 문제다. 이 연구의 다른 곳에서 지적한 대로 인공과 인민위원회가 끝내 소멸된 주요 원인은 두 세력을 적대시한 미국과 한국의 권력 때문이다. 이것은 인위적 정치 세력이 자발적 조직보다 더 강력하다는 사실을 알려준다.

3장에서 본 대로 건준의 지방 지부는 8월 15일 중앙 조직을 수립한 지 며칠 만에 한국 전역에 빠르게 퍼졌다. 8월 말 145개의 지부가 있었다고 추정된다. 그러나 이 수치는 조직의 수준이나 지역적 분포에 따라 분류된 것이 아니며 한국 자료에서 계속 나오는 통계일 뿐이다. 그것은 유의해서 사용해야 한다.[3] 지방 지부는 8월 말 145개를 넘었다고 생각되지만, 그 지역이나 숫자를 확정할 수 있는 믿을 만한 자료 또한 없다.

해방 뒤 며칠 만에 한국 전체 13개 도에 건준 지부가 설립됐다. 8월 말에는 대부분의 주요 도시에도 지부가 생겨났다. 그리고 8월 15일 이후 석 달 동안 인민위원회는 최말단의 면에 이르기까지 모든 행정 단위에서 번성했다. 9월 6일 조선인민공화국 수립이 선포된 뒤 건준의 지방 조직은 비교적 쉽게 인민위원회로 바뀌었다. 몇 지부에서만 이런 변화를 거부하면서 건준의 이름을 유지하거나 한국민주당 같은 정당이나 10월에 창당된 인민당과 연합했다. 서울과 마찬가지로 지방 인민위원회에는 농민조합·노동조합·치안대(또는 보안대), 학생·청년·여성 단체가 참여했다. 이런 현상은 그저 분산된 당파나 정당이 아니라 정치 운동으로 보였다. 거의 모든 지역에서 인민위원회와 다양한 대중조직이 협력했다. 그들은 구성원이 같을 때가 많았고 사무실을 함께 쓰기도 했다. 그 운동은 한반도 전역에 영향을 미쳤다. 참여한 사람의 총인원을 알 수 있다면 그 운동은 한국에서 유례없는 지방의 정치조직과 참여를 보여주었을 것이다.

조직 구조가 알려진 지방 인민위원회는 대부분 중앙의 건준·인공과 비슷한 부서로 이루어졌다. 거의 모든 위원회에는 조직부·선전부·치안부·식량부·재정부가 있었다. 지역의 필요에 따라 각 위원회는 생활 복지, 난민의 귀향, 소비자 문제, 노사 관계, 또는 가장 빈번하게는 소작료 문제를 다루는 부서를 두었다. 수많은 지방 인민위원회는 지방의 일본인과 한국인(대체로 부유층)에게서 자발적이거나 강요된 기부를 받아 세입을 늘리는 데 놀랍도록 능숙했다. 많은 지방 인민위원회는 본국으로 떠나는 일본인에게서 작은 가옥부터 큰 공장까지 그들이 소유한 자산의 명의나 관리 책임을 자신들에게 양도하는 각서를 얻는 데 성공했다. 군 단위 위원회의 구성과 강령을 보여주는 대표적 사례는 다음과 같다.[4]

경상남도 통영군 인민위원회

위원장 신상훈
부위원장 황덕윤
총무부장 안성관
치안부장 고학수
조직부장 김재수
선전부장 황하수
재정부장 김용식
운수부장 박용건
식량부장 최수만

강령

일본인의 재산은 모두 한국인에게 반환한다.
모든 토지와 공장은 노동자와 농민이 소유한다.
모든 남성과 여성은 평등한 권리를 갖는다.

나머지 강령은 인공과 동일했다.

한반도에 흩어진 수백 개의 지방 위원회를 누가 조직했는지 정확히 밝히기는 어렵다. 고향으로 돌아온 학생과 석방된 정치범이 수행한 주요 역할은 3장에서 살펴봤다. 그들은 대부분 지방에서 당의 세포조직을 발전시킨 공산주의자였다. 그러나 학생과 제대한 군인, 지방의 명망가와 지주 그리고 일제강점기 관료까지도 위원회를 조직했다. 그것은 모두 8월 15일 이후 한국에서 일어난 폭발적 조직화의 일부였다.

이런 현상을 어떻게 이해해야 하는가? 이 모든 사건은 어떻게 그토록 빠르게 일어날 수 있었는가? 일본이 항복한 뒤 이어진 평온한 기간에 발생한 조직화의 첫 국면은 에릭 홉스봄이 이탈리아와 스페인 마을에서 조용한 농민이 하룻밤 사이에 정치에 열광적으로 참여한 사실을 연구하면서 언급한 자발적 동원과 견줄 만했다. 홉스봄은 "공화국 수립이 선포됐다"는 등의 "단편적 소식이 마을로 침투했다"면서 그 분위기를 잘 재현했다.

> 고조된 분위기는 (그런) 소식의 확산을 매우 쉽게 만들었다. 남자들은 자신이 갈 수 있는 곳이면 어디나 그 같은 기쁜 소식을 전달했고 (…) 모든 사람이 선전원이 됐으며 (…) 성공보다 전염성이 강한 것은 없었다. 이런 방법으로 운동은 넓은 지역에서 대중을 즉각 동원할 수 있었다.[5]

느리고 단조롭고 힘들게 일하다가 은퇴하는 농촌사회의 삶이 주기적으로 불만이 폭발하면서 약탈과 반란, 혁명으로 변모하는 모순적 현상은 수많은 연구자가 지적한 바 있다. 중국처럼 한국에는 농민 반란의 오랜 역사가 있다. 일본의 지배가 끝나면서 찾아온 천년왕국의 해방 같은 상황을 감안하면, 한국의 농촌이 격렬한 혼란의 시대로 빠져든 것은 놀랍지 않다. 그러나 농민이 급진화된 것은 일본의 속박에서 풀려났기 때문만이 아니었다. 수많은 인민위원회와 농민조합의 활동 뒤에는 특히 토지 관계에서 부당하게 대우받고 박탈당했다는 의식이 깔려 있었다는 것에 의문의 여지가 없다.

1945년 8월의 무거운 분위기와 농민의 뿌리 깊은 불만은 한반도 전체로 인민위원회가 빠르게 퍼져나간 까닭을 이해하는 데 도움을 준다. 시·군·면에서 "(농민이) 그럴 수 있는 기회를 잡았을 때 지방 관료·경찰·지주에게서 권력을 빼앗은 고전적" 혁명이 일어났다.[6] "그럴 수 있는 기회를 잡았"다는 것은 그들이 자신들의 이해관계와 적의 힘을 정확히 계산해 인민위원회를 조직할 것인지 말 것인지를 결정했고, 조직한다면 그 성격과 역량, 존속 기간을 적절히 판단했다는 의미였다. 곳곳에서 작은 혁명이 일어났지만 그 본질은 장소와 시간에 따라 바뀌었고, 변화의 속도와 참여한 집단 및 계급도 서로 달랐다. 거의 모든 지방에서 완전히 새로운 경찰력이 나타났고 새 위원회가 행정을 인수했으며 대부분의 일본인·한국인 지주는 재산을 위협받았다. 새 질서와 함께 옛 질서가 유지된 곳도 있었다. 새 질서가 출현하지 않은 곳도 일부 있었다. 변화가 일어난 모든 지역에서 나타난 하나의 뚜렷한 특징은 변화가 그 지역 내부에서 자생적으로 발생했다는 점이다. 변화는 외부에서 강제된 것이 아니었다. 하지 장군과 그의 고문들이 좀더 통찰력 있었다면, 다른 모든 지역의 농민과 마찬가지로 남한 농민도 미국인 자신들이 그렇듯 외부의 "선동가"(북한에서 온 사람들을 포함해)만큼 신뢰할 수 없다는 사실을 깨달았을 것이다.

몇 주 동안 건준과 인공, 인민위원회는 거의 반세기 만에 처음 나타난 한국인 정부로 기능했다. 특히 농촌지역에서 인민위원회는 우익 세력을 완전히 제압해 사실상 무력하게 만들었다. 인민위원회와 지부는 몇 주 만에 농촌 조직의 활동 영역을 자기 아래 흡수했다. 아울러 급속히 뿌리내린 그들의 조직은 나중에 대체 조직을 만들 때 이용됐다. 그러나 1945년 가을 인민위원회가 불법 단체로 규정되고 그들과 다른 세력이 권력을 장악했을 때, 인민공화국이 무너졌다는 소식은 전달되기 어려웠다. 인공과 인민위원회에 대한 소식은 언덕의 신호탄과 산속의 북소리, 사람들의 입을 거쳐 들불처럼 퍼져나갔다. 그러나 인민위원회를 폐지해야 한다는 통지가 전달되는 데는 몇 달이 걸렸다.

인공에 적대적인 보수 세력은 '언덕에서 신호탄이나 쏘면서' 자신들이 바라는 결과를 기대할 수는 없었다. 인민위원회에 반대하는 서울의 단체는 대구의 전화교환원을 믿을 수 있었을까? 그는 인민위원회에 소속된 사람일 수도 있었다. 목포의 선원이나 강원도의 우체부, 지방의 영어 통역자는 믿을 수 있었을까? 이런 자생적 운동을 무너뜨리기는 매우 어려웠다는 측면에서 하지 장군이 서울에 있는 자신의 처지를 깊은 심연의 밑바닥에 앉아 있다거나 군정이 "화산의 가장자리를 걷고 있다"고 묘사한 것은 정곡을 찔렀다고 생각된다. 미국 중서부 출신 특유의 통찰력은 상황을 완벽하게 파악했다. 인민위원회는 적대 세력, 특히 서울의 적대 세력이 갖지 못한 이점, 이를테면 대중의 지지, 지방 상황에 대한 정확한 지식, 대중적 통신수단의 장악, 일반 대중의 불만에 호소하는 강령 그리고—가장 중요하다고 생각되는데—신속

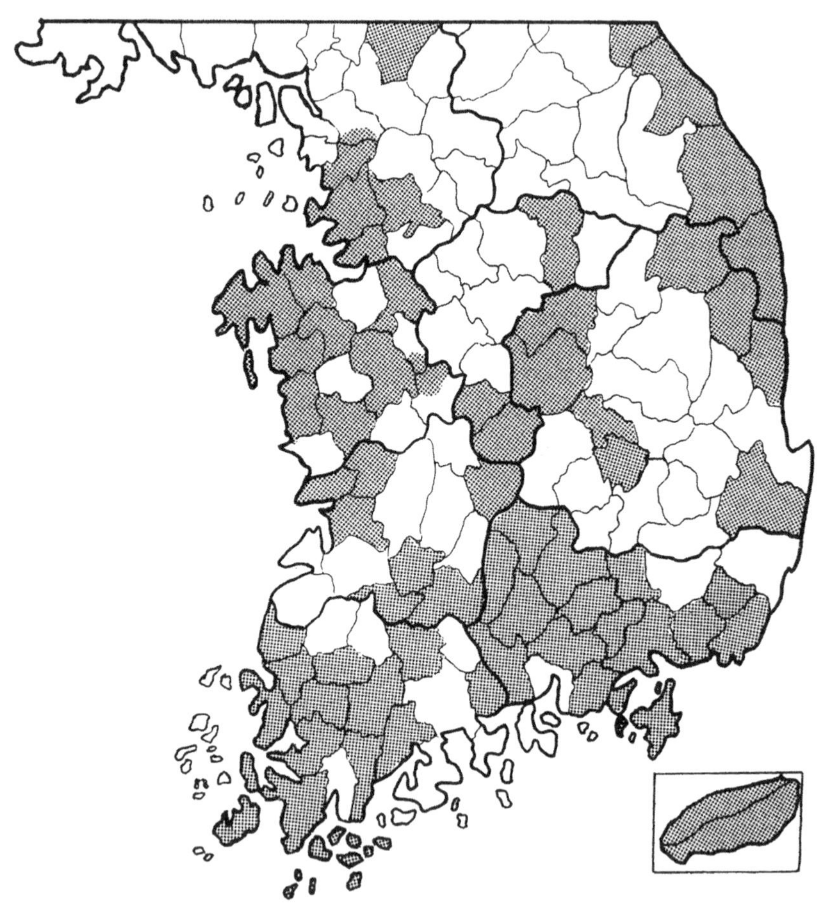

〈그림 5〉 인민위원회가 통치 기능을 수행했다고 추정되는 지역(짙은 색 부분).

하게 처음 행동했다는 이점 등을 모두 가졌다. 아울러 지금은 그렇게 되지 않았으리라는 것을 알지만, 1945년 지방 인민위원회는 자치 정부를 세우려는 자신들의 시도가 실패하리라고 생각하지 않았다.

해방 당시 정치와 관련해 현재 남아 있는 문헌은 대부분 인민위원회의 존재를 언급하고 있지만, 그 운동의 범위를 서술하려는 시도는 찾을 수 없다. 인민위원회와 관련된 정보를 담은 한국어 자료는 드물다. 공산주의자와 좌익에 관한 자료 중에서 많은 사람이 "공산주의"라고 규정한 운동에 대한 정보가 그렇게 부족하다는 사실은 이해하기 어려운데, 그것은 그들이 그 운동의 중요성을 깨닫지 못했기 때문이다. 당시(그리고 그 뒤 북한에서) 좌익은 인민의 진정한 통치기관으로 인민위원회를 기렸지만 그 조직의 범위나 지역적 위치를 밝히려고 시도하지는 않았다. 인공과 그것을 계승한 민전의 주요 지도자 이강국은 1945년 12월 인민위원회는 도에 13개, 시에 31개, 군에 220개, 면에 2282개가 있다고 말했다. 이것은 과장된 수치다. 이강국은 각 단위의 행정조직을 합산했을 뿐이다.[7] 『조선인민보』는 인민위원회가 전라남도의 모든 군과 경상남도의 22개 군 가운데 15개, 경상북도와 충청남도의 군 "대부분", 충청북도와 강원도의 "일부"를 다스렸다고 언급했다.[8] 이런 추정은 남한의 모든 도를 포함한 것이 아니지만 사실에 가깝다.

〈그림 5〉[9]는 행정 기능을 장악했다고 추정되는 인민위원회의 지역적 분포를 보여준다. 이 지도와 8~9장에 나오는 다른 지도들은 미국 정보―특히 군정 중대中隊의 작전보고, G-2 보고, 방첩대CIC의 조사, 군정청 여론부의 보고―에 따라 작성된 것이다.[10] 이 지도들이 인민위원회의 세력 범위를 낮게 평가했다면, 인민위원회가 문제를 일으키지 않는 한 대개는 미군이 관심을 두지 않았기 때문이었다. 실제로 일부 그러기도 했지만, 미군이 진주하면서 자발적으로 해산하거나 정당으로 다시 조직된 인민위원회는 이 지도들에 나타나지 않았을 것이다. 미국 정보, 특히 군정 중대 작전 보고를 사용한 통계는 더 정확하지 않을 수도 있었다. 자신들이 관할하는 지역의 정치 상황을 자세히 묘사하는 데 주의를 기울이지 않은 경우가 있기 때문이다. 관할 지역이 순조롭게 통치되고 있다는 인상을 주도록 서울의 상관에게 올리

는 보고서를 고친 군정 중대도 있지만, 매주 단위로 관할 지역의 상황을 사실대로 묘사한 중대도 있었다. 지역 정치 상황 외에는 전혀 언급하지 않은 작전 보고도 일부 있다. 따라서 그런 정보에는 일치하지 않는 측면이 있다. 그러나 지방의 미국인이 정보가 부족했거나 정치 상황에 무지했다고 여기고 그들의 보고서를 완전히 무시해서는 안 된다. 그들은 지역 경찰의 정보를 입수했고 지역 경찰은 인민위원회 관련 정보를 제공하는 데 무관심하지 않았다. 군정청 자료에는 경찰이 한국어로 작성한 인민위원회에 대한 몇 개의 보고가 아직도 남아 있다.

〈그림 5〉는 남한의 군 절반 정도가 한때 인민위원회의 통치를 받았음을 보여준다. 인민위원회는 통치하든 그러지 않든 해방 후 한동안 남한 대부분의 지역에 퍼져 있었다. 인민위원회의 영향력이 강한 순서는 (1) 경상남도 (2) 전라남도·경상북도 (3) 전라북도·충청남도·경기도 (4) 강원도 (5) 충청북도였다. 〈그림 5〉에서 경상북도는 인민위원회가 강력하지 않은 것으로 나타나지만, 뒤에서 보듯 실제로는 그렇지 않았다. 1946년 전라남도에서 독립한 제주도는 특별한 사례를 보여준다. 인민위원회는 군정이 지속된 3년 내내 그 섬을 지배했다.

〈그림 5〉에서 "통치 기능을 수행했다고 추정"된다는 뜻은 일부 보고나 기록에서 인민위원회가 군청을 장악했다고 나온다는 것이다. 군마다 장악의 정도는 크게 다르지만(일부 인민위원회는 군 행정, 미곡 공출, 학교 운영을 장악했지만 군청은 장악하지 못했다) 〈그림 5〉의 군들은 일정 기간 인민위원회가 실제로 군청을 지배했다고 판단되는 지역이다. 인민위원회가 통치하지 않은 군은 위원회가 그저 정치 당파의 몇 사람을 대표했는지 군 행정의 아주 작은 부분만을 담당했는지 알기 어렵다. 9장에서 보듯 통치하지 않은 일부 인민위원회, 특히 경상북도의 인민위원회가 후자의 사례였다. 이제부터 이 장에서는 지방 인민위원회가 강력하거나 허약했던 요인을 폭넓게 논의할 것이다.

그럴 때 마주치는 한 가지 문제는 인민위원회의 강력함이나 정치 참여의 전반적 범위를 수학적 용어로 간단히 표현해 인구 변화, 소작지 상황 같은 변수와 연결시킬 만한 지수指數가 없다는 것이다. 대부분의 연구에서 사용되는 정치적 지수는 선거에 참여한 투표율이다. 그러나 여기서는 정량화하기 상당히 어려운 지표를 다뤄야 하므로 그것의 상호 관계는 완전히 정확한 것이 아니라 근사치일 뿐이라는 사실을 인정해야 한다. 우리의 관심은 다음 사항을 충족시키는 도와 군 단위의 급진적 활동에 관한 것이다. (1) 인민위원회가 일정 기간 군을 지배했다는 정보가 있고 (2) 그 이전인 1930년대에 적색농민조합으로 대표되는 급진적 활동이 존재했으며 (3) 미국이 부과한 체제에 대한 저항이든 1946년 가을에 일어난 대규모 봉기든 1945~1946년에 반란이 보고됐는가 하는 것이다. 나는 1점부터 20점까지 점수를 매겼는데, 앞서 적색농민조합이 있던 군에는 3점, 인민위원회가 다스린 군에는 6점, 반란의 징후가 보인 군에는 8점, 반란이 특히 격렬했다고 판단된 군에는 10점을 주었다. 인민위원회가 다스리지도 않았고 적색농민조합도 없었으며 반란이 일어나지도 않은 군에는 2점을 주었다. 적색농민조합이 있었고 인민위원회가 3년 동안 통치했으며 1948년 대규모 봉기가 일어난 독특한 사례인 제주도에는 주관적으로 가장 높은 점수인 20점을 매겼다. 적색농민조합과 인민위원회가 있었고 격렬한 반란이 일어난 군에는 19점을 주었으며 그 이하는 기준에 따라 점수를 차감했다(부록 D 참조). 물론 이런 채점 방식은 부분적으로 자의적이고 주관적이지만, 증거를 잘 분석한다면 급진화 경향에 따라 군들을 서열화하는 적절한 수단을 제공하며 다양한 환경적 요인과 비교할 만한 척도를 제시할 수 있다.[11]

인구 변화

2장에서 본 대로 농민사회의 뚜렷한 인구 증가와 농촌으로부터의 이산離散은 농민을 전통에서 이탈시켜 사회·정치적 동원에 "이용할 수 있게" 만든 주요 요소였다. 고향의 농업적 환경에서 일본·만주·북한의 공업적 환경으로 보내진 농민이 돌아왔을 때 그들은 더 이상 농민이 아니었지만 숙련된 노동자도 아니었다. 앞서 본 대로 전국적으로 나타난 그 같은 대규모 인구 이동은 해방 기간 한국인의 정치의식을 자극했다. 여기서는 분석 단위로 도와 군에 초점을 맞출 것이다.

일본이 북한에서 추진한 공업화로 야기된 지역 간의 대규모 인구 이동은 남한에 중요한 정치적 영향을 미쳤다. 북한의 공장에서 노동자로 일하던 남한 출신 사람 대부분이 고향으로 돌아왔기 때문이다. 일제 후반 노동자계급의 성장은 부분적으로 인위적이었다. 징용이나 토지 상실과 사회적 지위의 하락으로 자기 의사와 상관없이 노동자가 된 사람이 많았기 때문이다. 이런 인위성은 1945년 한국의 노동자계급이 부풀려졌거나 겉으로만 노동자였다는 의미다. 대부분은 임금노동자가 되기를 바라지 않았다. 해방된 뒤 그들은 잃어버린 농민의 지위를 회복하기를 바라며 고향으로 돌아갔고, 당연히 깊은 분노를 품었을 것이다. 일본에 있던 수많은 한국인 노동자도 마찬가지였는데, 그들은 해방을 전후해 수십만 명이 귀국했다.

2장의 〈그림 2〉와 〈그림 3〉은 일제 후반 15년 동안 경상남·북도에서 북한으로 매우 많은 인구가 유출됐음을 보여준다. 한국에서 일본으로 이주한 사람도 경상도 출신이 많았다. 그들의 출생지와 관련된 통계는 없지만, 1930~1940년대 군의 인구조사는 이런 경향을 분명히 보여준다. 경상남·북도의 41개 군 가운데 15개 군만 10년 동안 절대 인구가 늘었으며 대부분은 늘지 않았거나 늘었어도 1퍼센트 미만이다. 동래(부산시는 동래군에 속해 있었다)처럼 도시화된 군만 큰 폭으로 인구가 늘었다. 이것은 모든 군에서 인구가 증가한 충청남도나, 21개 군 가운데 18개 군에서 증가를 보인 경기도와 견줄 만하다. 1930~1940년 자연적인 인구 증가를 고려하면 경상도의 인구 감소는 놀랍다. 흩어졌던 사람들은 해방 뒤 대부분 돌아왔는데, 특히 일본에서 돌아온 사람들은 그동안 좌익 사상에 영향을 받고 한국인으로서 가혹한 차별을 받았다.[12]

이런 인구 변화는 지방의 급진적 활동에 어떻게 영향을 주었는가? 도 단위에서 그 관계는 분명하다. 반란이 가장 격렬히 일어난 두 지역인 경상남·북도는 1930~1940년 인구 감소와 1944~1946년 인구 증가에서도 첫 번째와 두 번째를 차지했다(〈표 11〉).[13] 반란의 또 다른 중심인 제주도 역시

1930년대에 급격한 인구 감소를 겪었고 1944~1946년 26퍼센트에 가까운 급증을 경험했다. 1944~1946년 20퍼센트 넘게 인구가 증가한 도 가운데 전라북도는 급진적 활동이 현저하게 나타나지 않은 유일한 지역이다. 그곳에서 인민위원회는 초기에는 강력했지만 세력을 유지하지 못했다.

〈표 11〉 남한 각도의 인구 증가율(1944~1946년)

도	1944년	1946년	증가율(퍼센트)
경기도*	2,264,336	2,486,369	9.8
서울시	826,118	1,141,766	38.2
충청북도	970,623	1,112,894	14.7
충청남도	1,647,044	1,909,405	15.9
전라북도	1,639,213	2,016,423	23.0
전라남도	2,486,188	2,944,842	18.4
경상북도	2,561,251	3,178,750	24.1
경상남도	2,318,146	3,185,832	37.4
강원도*	946,643	1,116,836	18.0
제주도	219,548	276,143	25.8

전거: USAMGIK, *Population of Korea*, 2쪽
*38도선 이남의 수치만 포함

군 단위에서 관계는 좀더 복잡하다. 처음 보기에 강원도·충청남도·전라남도의 급진적 군과 인구 변화는 아무 관계가 없는 것처럼 보인다. 이 군들에 인구가 대규모로 유입된 것은 급진적 활동과 무관하거나 적은 관련만을 보여준다. 그러나 이것은 멀리 떨어진 군이나 논농사보다 밭농사를 많이 지은 군이 위에서 말한 인구 변화의 유형을 경험하지 못했다는 사실로 설명할 수 있다. 이동한 사람은 대부분 잉여 인구로 논농사를 지은 군 출신이었다. 우리가 찾는 유형은 경작할 수 있는 토지의 50퍼센트 이상이 논인 군과 1930년대 인구 감소를 보인 도에서 나타난다. 여기서 강원도·충청남도·전라남도는 제외된다. 1930~1940년 인구의 절대 수가 줄거나 조금 늘었으며 1944~1946년 대규모 인구 유입을 보인 급진적 군은 나머지 도에서 찾을 수 있다고 예상된다. 줄어든 인구가 해방 이전에 돌아왔다면 그리 영향을 주지 않았을 것이다.

〈표 12〉는 군 수준에서 급진화와 인구 변화 유형의 관계를 보여준다. 좀

더 구체적으로는 1930~1940년 3퍼센트 미만의 감소나 증가, 1944~1946년 15퍼센트 이상의 증가, 1944~1946년 증가가 1930~1946년 증가의 50퍼센트를 넘은 인구 변화의 유형이다. 이 조사 대상에는 농지의 50퍼센트 이상이 논인 군만 포함했는데, 밭이 많은 군에서는 우리가 관심을 가진 인구 이동이 제대로 나타나지 않기 때문이다. 이런 유형을 보인 모든 군(41개) 가운데 급진화의 평균치(부록 D 참조)는 11.1이며, 이런 유형을 보이지 않은 군의 급진화의 평균치는 6.3밖에 되지 않는다. 군들을 급진화의 평균치에 따라 상·중·하로 묶으면, 인구와 급진화의 관계는 더욱 뚜렷해진다. 〈표 12〉는 변칙적인 8개 군을 제외하면, 급진화의 평균치가 13.6인 군 가운데 앞서 말한 인구 유형으로 설명되지 않는 군은 11개 군밖에 되지 않는다.

〈표 12〉 인구 변화, 소작률, 급진화

급진화의 상하	군 숫자	비율(퍼센트)	급진화 평균치	소작농 비율
1. 인구 변화의 특정 유형에 부합되는 군*(41개)				
상(11~20)	20	48.8	16.5	61.2
중(6~10)	13	31.7	8.0	64.3
하(0~5)	8	19.5	2.6	73.3
합계	41	100	11.1	64.5
2. 인구 변화의 특정 유형에 부합되지 않는 군(89개)				
상(11~20)	18	20.2	15	64.8
중(6~10)	29	32.6	6.8	70.2
하(0~5)	42	47.2	2.4	70.8
합계	89	100	6.3	69.4
3. 인구 변화의 특정 유형에 부합되지 않는 군*으로 비정상적 8개 군**은 제외(81개)				
상(11~20)	11	13.6	13.1	68.1
중(6~10)	28	34.5	6.7	70.8
하(0~5)	42	51.9	2.4	70.8
합계	81	100	5.3	70.4
4. 인구 변화와 상관없이 모든 군의 숫자(130개)				
상(11~20)	38	29.2	15.8	62.8
중(6~10)	42	32.3	7.2	68.4
하(0~5)	50	38.5	2.4	71.2
합계	130	100	7.8	67.9

전거: 모든 자료는 부록 D 참조

*1930~1940년 3퍼센트 미만의 인구 감소나 증가를 보인 군, 1944~1946년 15퍼센트 이상의 인구 증가를 보인 군, 1944~1946년의 인구 증가가 1930~1946년 인구 증가의 50퍼센트를 넘는 군, 논이 50퍼센트를 넘는 군. 고양군과 동래군은 서울과 부산이라는 대도시와 가까워 수치를 왜곡시킬 수 있기 때문에 제외했다.
**안동·청송·화순·광산은 위의 인구 유형과 비슷한 군이며, 강릉·삼척·봉화·울진은 동해안에 인접했고 독특한 인구 유형을 보였다.

여기서 우리 관심은 인구 변화와 급진적 활동이 전체적 수준에서 연관되어 있는지다. 고향으로 돌아온 사람들이 인민위원회의 등장에 어떻게 반응했는지는 1945년 수많은 군에서 직접 살아보지 않고는 말할 수 없다. 그러나 전체적 수준에서 인구 변화는 중요한 변수였다고 생각된다.

교통과 통신 상황

1945년 한국은 아시아 국가 가운데 일본 다음으로 발달한 교통과 통신 시설을 갖추고 있었다고 1장에서 지적한 바 있다. 한국은 산업화되면서 근대성과 후진성의 중간 지점에 위치하게 됐고, 국내 시설은 자국이 필요로 하는 것을 상당히 넘어서는 수준까지 발전했지만 자국보다는 일본의 이익에 봉사했다. 정치적으로 불안한 시대에 나타나는 급진적 활동에서 그런 시설은 두 방향으로 사용된다. 반란 세력이 장악한다면 그것은 신속한 소통을 가능케 하지만, 질서를 유지하려는 세력이 장악하면 반란 세력을 저지하는 강력한 수단이 된다. 이처럼 해방된 남한에서 인민위원회는 가장 발달한 지역과 가장 낙후한 지역 모두에서 강력한 위상을 확보하는 역설이 나타났다.[14] 그러나 경찰을 비롯한 치안 기관은 이런 시설을 장악해 유용하게 썼다. 이것은 그들이 한국을 안정화하는 데 성공한 결정적 요인이었으며, 1945~1950년 남한의 비교적 고립된 지역에서만 강력한 반란이 펼쳐진 핵심적 이유 가운데 하나였다.

현재 이용할 수 있는 통계는 해방된 한국의 근대화 정도를 파악하기에 충분하지 않으며, 분석의 단위가 도나 군이라면 더욱 그렇다. 이를테면 통계표는 도로와 고속도로의 상태를 알려주지 않는다. 그러나 경기도·경상도·전라북도에는 철도의 중요한 연계 역들이 있었고 도내의 상당한 지역을 철도로 비교적 쉽게 오갈 수 있었다. 충청도와 강원도는 산간 지역과 내륙, 동해안을 지나는 노선이 없었기 때문에 교통이 좀더 불편했다. 다시 말해 1945년 북한의 원산에서 부산을 연결하는 철도는 완성되지 않았다는 뜻이다. 그리고 제주도에는 철도가 놓이지 않았다. 인민위원회가 통치한 지역에는 철도가 놓인 곳도 있고 놓이지 않은 곳도 있었지만, 부산부터 진주까지 서쪽으로 놓인 노선에 인접한 지역을 제외하면 철도와 가까운 지역들이 좀더 쉽게 진압될 수 있었다. 제주도와 강원도 해안 지역, 내륙 산악지대의 군처럼 서울에서 경찰을 실어 나를 수 있는 철도가 없는 지역에서는 인민위원회를 무너뜨리기가 훨씬 어려웠다.

전라북도의 도로는 1평방리平方里당 킬로미터 수치가 강원도의 두 배를 넘었다. 남한에서 가장 산업화된 지역인 경기도와 경상남도는 전라북도에 조금 못 미쳤다. 물론 도로망과 인민위원회 세력의 상관관계를 정확히 계산하기는 어렵지만, 도로와 철도가 잘 갖춰진 지역인 전라북도에서는 인민위원회가 쉽게 진압된 반면, 대조적 모습이었던 강원도에서는 권력을 잘 유지했다고 전체적으로 지적할 수 있다.

〈표 13〉 근대화 및 인구 이동과 관련된 도별 종합 순위

도	평방리당 도로 길이(킬로미터)*	문자 해독률**	도시의 성장***	산업 노동자 수****	인구 증가*****	실업률******
1. 경상남도	2	1	1	2	1	1
2. 경상북도	7	4	4	3	3	2
3. 경기도	2	2	7	1	9	6
4. 전라남도	4	9	2	4	5	4
5. 전라북도	1	7	5	5	4	7
6. 제주도		8		9	2	3
7. 충청남도	5	6	3	6	7	8
8. 충청북도	6	5	8	8	8	5
9. 강원도	8	3	6	7	6	9

전거: 『朝鮮經濟年報』, 1948, Ⅰ-12, Ⅰ-203쪽(**, ******); 『朝鮮統計年鑑』, 1943, 152쪽(*); SKIG, *Industrial Labor Force and Wage Survey*, 19쪽(****); USAMGIK, raw census data, XXIV Corps Historical File(***, *****)

* 1943년

** 한글 해독자(1947년)
*** 1944~1946년
**** 각도 인구에서 산업 노동자의 비율(1944년)
***** 1944~1946년
****** 1946년 11월

〈표 13〉은 위에서 언급한 지수를 그 밖의 근대화 지수와 결합해 가장 발달한 도와 낙후된 도를 보여준다. 이 표는 근대화를 총체적 수준에서 파악했기 때문에 실제 상태는 대략적으로만 보여준다. 그러나 순위에서 경상남·북도가 다시 가장 높고 충청남·북도와 강원도가 가장 낮다는 사실을 발견할 수 있다. 9장에서 보겠지만 뒤의 세 도에서 인민위원회가 번창한 주요 요인은 전체적으로 낙후됐다는 의미인 지리적 고립성에 있었다. 길게 말할 것 없이 근대화는 최소한 인민위원회의 성장에 해롭지는 않았지만, 인민위원회가 세력을 유지하는 데는 불리했다고 결론지을 수 있다. 반면 전체적 후진성은 인민위원회의 성장을 특별히 촉진하지 않았지만, 급진주의가 일단 시작되면 (이를테면 강원도의 해안 4개 군처럼) 후진성은 인민위원회를 타도하는 것을 더욱 어렵게 만들었다.

토지 소유 관계

인민위원회와 농민조합처럼 가난하고 짓밟힌 사람들의 이름으로 활동하는 조직은 비교적 유복한 지역보다 빈곤한 지역에서 발전한다고 예상할 수 있다. 1945년 토지 소유 관계의 불공평에서 한국을 뛰어넘는 나라는 거의 없었다. 그런 상황에서 야기된 깊은 불만은 인민위원회를 지지하고 그들의 주장을 믿게 했으며 소작제도와 쌀 공출 방법, 지주제를 겨냥한 인민위원회와 농민조합의 공격에 농민이 공감하게 만들었다. 해방된 한국에서 정치적 담론을 지배한 토지 문제는 연속성이 아닌 정치적 스펙트럼의 양극단에 집단과 계급을 분포시킨 주요인이었다.

그러나 농민을 급진 세력으로 만든 원인이 토지 소유 관계인 것만은 아니었다. 누가 봐도 비참한, 굴종할 수밖에 없는 소작농들의 생활은 농민 자신보다는 오히려 지식인과 급진주의자들이 좀더 정확히 깨달았다. 이것은 농민들이 착취당하는 것을 스스로 느끼지 못했다거나 분노하지 않았다는 말이 아니라, 대체로 그들은 소작농이나 소자작농인 자신의 미약한 존재가 위협받지 않을 방식으로만 분노를 표현했다는 뜻이다. 평소 농민은 복잡한 관계와 분열 그리고 관습 때문에 무력했다. 2장에서 지적한 대로 농민이 분석적 의미에서 계급—달리 말하면 사회변혁을 일으키는 힘—으로 행동하는 것은 자신들의 집단적 이해관계를 자각해 변화를 일으킬 기회를 포착할 때였다. 아울러 "농민"은 토지를 소유하고 있는지, 다른 사람의 토지를 소작하고 있는지, 임금노동자인지에 따라 몇 개의 범주로 나누어서 파악해야 한다.

1945년 토지 상황은 도마다 크게 달랐다. 서로 다른 기간과 자료에 의거한 〈표 14〉와 〈표 15〉는 한국 전체의 소작농 비율이 높다는 사실을 보여준다. 그러나 〈표 14〉를 보면 북한의 황해도 한 곳만 순수한 소작농 범주의 비율이 한국 전체의 평균보다 높다. 물론 북한에서 인민위원회가 발전하는 데 소련과 북한 조직의 역할을 무시할 수는 없다. 그러나 북한 각 도의 소작농 비율이 남한 각 도보다 상당히 낮지 않고 높다면, 북한이 가난했기 때문에 8월 15일 이후 철저한 사회적 혁명이 일어났다는 이론은 설득력을 지닌다. 전면적인 토지 개혁을 실시한 첫 주요 사례인 북한의 사회 혁명은 소작 문제가 남한 대부분의 도보다 심각하지 않은 지역에서 일어났다.

〈표 14〉 도별 토지 소유율(1943년) 단위:퍼센트

도	자작농*	반자작농**	소작농***	기타****
경기도	6.8	11.8	80.8	1.3
충청북도	11.6	15.0	72.0	1.4
충청남도	8.3	13.7	75.9	2.1
전라북도	5.1	10.1	81.1	3.6
전라남도	18.6	25.9	63.2	1.9
경상북도	20.4	19.4	59.9	0.4
경상남도	15.9	19.4	62.5	2.1
강원도	22.1	19.8	56.8	1.2
황해도	16.2	12.1	71.4	0.4
평안북도	23.3	12.9	63.5	0.3
평안남도	24.0	17.0	58.3	0.8
함경북도	47.4	21.3	30.9	0.4
함경남도	32.7	21.6	43.7	2.0
전국 평균	17.6	15.9	65.0	1.4

전거: 『朝鮮統計年鑑』, 1943, 42~43쪽
* 경작지의 90퍼센트 이상을 소유한 부류. 지주는 제외
** 경작지의 50~90퍼센트를 소유한 부류
*** 완전 소작농과 경작지의 10~50퍼센트를 소유한 부류
**** 대부분 고용된 농업 노동자

〈표 15〉 도별 토지 소유율, 남한(1945년 12월) 단위:퍼센트

도	자작농*	반자작농**	반소작농***	소작농****
경기도*****	7.3	11.2	14.5	65.5
충청북도	12.5	17.1	18.8	54.3
충청남도	8.2	13.9	17.9	58.2
전라북도	5.1	10.2	15.3	64.1
전라남도******	19.6	17.0	18.2	41.5
경상북도	18.3	21.8	22.4	35.2
경상남도	14.7	19.2	20.3	43.6
강원도	23.9	20.4	18.7	36.5
전국 평균	14.2	16.8	18.8	50.2

전거: USAMGIK, Department of Agriculture, raw data, XXIV Corps Historical File
* 경작지의 90퍼센트 이상을 소유한 부류. 지주는 제외
** 경작지의 50~90퍼센트를 소유한 부류
*** 경작지의 10~50퍼센트를 소유한 부류
**** 경작지의 10퍼센트 미만을 소유한 부류
***** 38도선 이남 지역만
****** 제주도 포함

전라북도는 높은 소작률과 과도한 지대, 지주가 가장 많이 밀집한 지역이었다. 세입을 늘리려는 총독부와 이윤을 늘리려는 일본인 정착민 모두 한

국 최대의 곡창지대인 그곳에 관심을 보였다. 일본인 정착민은 전라북도의 5.7퍼센트를 소유하거나 관리했는데, 전라남도의 2배, 남한 내 나머지 도의 6배였다.[15] 일본인 지주와 한국인 지주는 전라북도에 한국에서 가장 높은 소작료를 매겼다.[16] 그다음으로 소작료가 높은 지방은 경기도였는데, 그곳의 소작농과 소자작농은 전라북도보다 더 넓은 토지를 경작하는 경향이 있었다.[17] 전라남도·충청남북도·경상남도 모두 전라북도와 동일하되 정도만 다른 지주·소작농 제도가 시행됐다. 강원도·경상북도·제주도만 소규모 자작농의 비율이 비교적 높았다. 그럼에도 강원도와 경상북도의 소작률은 60퍼센트에 이르렀다.

〈표 16〉은 남한 각 도 농촌의 빈곤 지수를 계산해 순서대로 나열한 것이다. 빈곤 지수가 가장 높은 전라북도와 경기도에서는 인민위원회가 강력하지 않았으며 조직됐더라도 쉽게 해체됐다. 따라서 농촌의 착취가 심각한 도일수록 인민위원회도 강력했다고 생각하기는 어렵다. 실제로는 그 반대가 사실에 가깝다. 그렇다면 가난한 사람은 정치에도 미숙하다는 새뮤얼 헌팅턴의 말이 옳은 것인가? "분배가 불평등한 지역에서는 유력한 지주계급이 보수적 농민층을 확고히 지배하고 현재 상황이 어쩔 수 없다는 생각을 농민에게 철저히 심어놓는다"는 에드워드 미첼의 말이 옳은 것인가?[18] 이런 판단은 너무 단순하다.[19] 그런 상황에 있는 농민은 "보수적"이라거나 "급진적"이라고 구분할 수 없다. 저항의 징후를 나타낸 것을 빼면 그들의 실제 태도를 알 수 없다. 지주의 권력에 대한 순종은 순종 이상의 것을 보여주지 않는다. 인민위원회의 급진적 계획이 농민에게 호소했는지는 말할 수 없다. 농민이 기존 지주 제도를 정당한 것으로 생각했는지 그렇지 않은지는 말할 수 없다. 말할 수 있는 것은 특히 기동력을 보유한 전국적 경찰 조직의 지원을 받을 경우, 소작률이 높은 지역에서 지주의 권위는 단순하지만 강력한 구속력을 가진 구조를 나타냈다는 것이다. 농민에게 접근하는 것은 한쪽에 강력한 지주층이 있고 반대쪽에 소작농 집단이 자리 잡은 양극화된 상황에서 더욱 어렵다. 좀더 다른 농촌 환경—이를테면 "중농층"이 더 많은—에서 조직자와 개혁 계획도 성공할 기회가 더 많다. 따라서 정치권력의 문제이기

도 한 접근의 문제는 덜 착취받은 지역에서 농민의 급진 운동이 좀더 많이 나타난 까닭의 일부다.

〈표 16〉 도별 농촌 빈곤 지수의 종합 순위

도	농촌 인구 중 소작농 비율*	경작지가 1정보 이하인 농민**	고율 소작료 순위	10정보 이상을 소유한 지주***
1. 전라북도	1	1	2	1
2. 경기도	2	6	1	2
3. 충청남도	3	2	8	3
4. 충청북도	4	3	7	4
5. 경상남도	5	4	4	6
6. 전라남도	6	5	6	5
7. 경상북도	7	7	3	8
8. 강원도	8	8	5	7

전거: 『朝鮮經濟年報』, 1948, I-30~31쪽; 『朝鮮統計年鑑』, 1943, 42~43쪽; Lee, *Land Utilization*, 164쪽; USAMGIK, Department of Agriculture, raw data, XXIV Corps Historical File

* 완전 소작농과 자기가 소유한 경작지가 50퍼센트 미만인 부류

** 해당 도의 농민 전체 숫자의 백분율. 1정보는 일반적 농가가 1년 동안 생계를 유지할 수 있는 농지

*** 해당 도의 지주 전체 숫자의 백분율

한국에서 전라북도와 경기도는 토지 가격과 생산성이 높고 인천·군산 같은 항구에서 쌀을 수출해 이윤을 얻을 수 있는 핵심 지역이며 지주-기업가의 거점 지역이었다. 이런 여건은 식민 당국과 지주의 강력한 지배 구조와 함께 1945년 이후 전라북도로 돌아온 사람들의 영향력을 중화시켰다고 생각된다. 물론 전라북도 군에서는 전체적으로 귀환한 사람의 비율이 높았지만, 경상도에는 미치지 못하는 것이 사실이다. 그리고 경기도의 인구는 1930년대에 가장 많이 늘었으며 1945년 이후에는 대규모 유입이 없었다.

그러므로 급진주의와 소작농 비율의 관계를 따지자면 소작률이 가장 높은 군에서 급진주의가 약했다고 판단할 수 있다. 앞의 〈표 12〉는 남한 130개 군에서 판명되거나 추정된 소작률을 사용해 그 비율과 급진화의 정도를 비교한 결과 그런 유형을 보여준다. 〈표 12〉의 '4번 항목'은 급진주의가 소작률과 반비례한다는 것을 보여준다. '1번 항목'을 보면 인구 이동이 많이 일어나고 급진화된 군들의 소작률은 같은 인구 유형에 급진화가 낮은 군보다 평균 12퍼센트가 낮았다. 소작률과 토지 가격이 높은 지역에서는 지주계

급이 강력했고 양극화도 좀더 빨랐으며 적응력도 뛰어나 불만을 다른 곳으로 돌리기도 쉬웠다.[20] 소작률이 중간 정도인 지역은 중농과 자작농이 다른 곳보다 많았고 그에 비례해 지주의 지배력도 줄었으며 집단행동이나 개인 또는 가족 단위 상승 이동의 여지가 좀더 많았다. 중농은 자기보다 가난한 부류와 연합하거나 부농이나 지주가 되려는 바람에서 더 많은 토지와 부를 모으려고 했다. 그런 농민이 경제적·사회적 변혁에 더 활발히 반응하고 농민의 정치 운동에 적극적으로 참여한 것은 그 때문이다. 중농의 향배가 농민 혁명의 진로에 결정적 의미를 갖게 된 까닭도 거기 있다.[21] 한국에서도 지주가 부재했거나 강력한 진압 수단이 부족했기 때문에 소작률이 중간 정도인 주변적 농촌 지역—동해안 북부의 여러 군과 제주도—에서 자유롭게 행동하고 정치 활동에 참여할 수 있는 여지가 좀더 많았다.

지리적 위치

다양한 인민위원회의 지리적 위치는 그 세력을 파악하는 데 고려해야 할 매우 중요한 요소다. 주요 교통·통신 거점과의 인접성은 인민위원회의 발전을 방해하지 않았지만, 앞서 지적한 대로 그들이 세력을 유지하는 것을 막았다. 반면 지리적 고립은 권력 유지에 도움을 주었다. 〈그림 5〉를 다시 보면, 대체로 교통이 불편한 강원도와 경상북도의 해안 지역 군 중에서는 한 곳만 빼고 모두 인민위원회가 통치했음을 알 수 있다. 남한 중부의 내륙에 위치한 문경군과 영동군 같은 곳부터 소백산맥을 거쳐 지리산에 이르는 지역에는 강력한 인민위원회가 밀집했다. 그리고 전라남도 먼 섬의 군과 충청남도의 비교적 먼 서북부의 군에서도 강력한 인민위원회가 발전했다. 그러나 원격지의 이점을 가장 잘 보여주는 사례는 미국의 관심 밖에 있던 제주도로, 다른 어느 곳보다 인민위원회가 번성했다.

공백기의 길이

일본에서 미국의 통치로 넘어가는 공백기의 길이는 지리적 위치와 미군정의 인력 문제에 따라 결정됐다. 대체로 멀리 떨어진 지역일수록 늦게 점령됐고 자연히 그곳에서는 인민위원회가 오래 존속했다. 그러나 인력 부족이나 이동 때문에 도외시된 도들도 있었다. 공백기는 전라도와 제주도 그리고 앞서 언급한 지리적으로 멀리 떨어진 지역에서 가장 길었다. 미군이 들어와 일본의 통치 기구를 간단히 접수한 일부 군에서는 공백기가 전혀 없었다. 대체로 공백기가 길수록 인민위원회가 강력했다. 확고히 자리 잡을 수 있는 시간은 강력한 인민위원회를 수립하는 데 결정적 요건이었다. 2장에서 서술한 대로 시간은 조직자들이 위원회의 힘을 혁명의 추진력으로 바꿀 수 있게 했다. 새 조직과 지도자는 지역 주민과 지지자를 새로운 질서에 좀더 적극적으로 참여하도록 동원하고 교육하며 그들에게 다양한 특혜를 줄 수 있는 시간을 필요로 했다.

정치적 전사와 지표

해방 기간에 전개된 정치 운동의 수많은 선례는 한국 역사에서 찾을 수 있다. 19세기 후반 동학농민운동을 비롯해 1907~1910년 의병, 1919년 3·1운동까지 이런 움직임이 일어난 지역을 분석해볼 필요가 있다. 이런 작업은 이후의 연구를 기다려야 하지만, 가장 가까운 전사前史인 1930년대에 적색농민조합이 활발했던 군과 해방 뒤 인민위원회가 다스린 군은 뚜렷이 일치한다(〈그림 6〉 참조).[22] 적색농민조합이 있다고 보고된 남한의 37개 군 가운데 25개 군을 1945~1946년 인민위원회가 통치했다. 적색농민조합이 있던 군 가운데 오직 한 곳만이 인민위원회가 없다고 보고됐다. 경상남도 남해군인데, 해방 직후 그곳의 정치 정세에 관한 자료는 전혀 없지만 1946년 반란이 일어났다. 적색농민조합의 구성원이 8월 15일 이후 나타난 인민위원회와

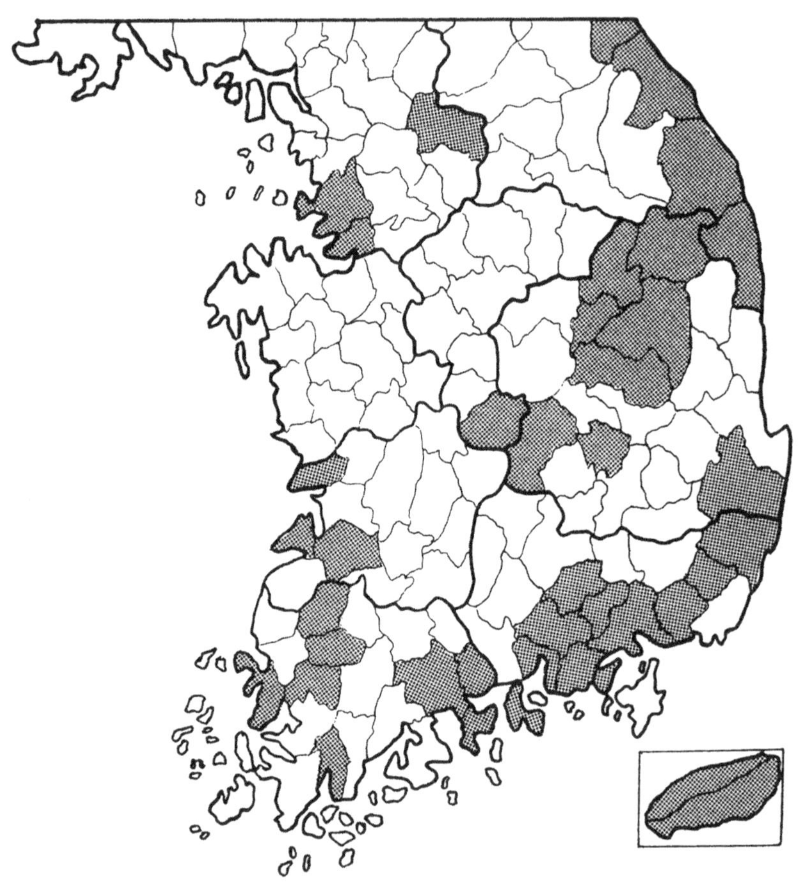

〈그림 6〉 1930~1940년 남한의 적색농민조합(색칠한 부분).
전거: Yoo, "Korean Communist Movement and the Peasantry," 129~130쪽.

농민조합에 다시 등장한 경우도 있다. 이런 사례는 좀더 조사할 필요가 있다. 또한 이것은 인민위원회와 농민조합이 난데없이 출현한 것은 아님을 알려준다.

도 단위에서 인민위원회 세력의 강약 또한 농민조합의 분포와 일정한 관계를 드러낸다. 〈표 17〉은 전농이 1946년 중반 각 도 농민조합의 세력을 발표한 공식 통계다. 예상대로 남한에서 농민조합 세력은 인민위원회 세력에 필적했다. 1946년 중반 농민조합의 세력은 경상남도와 전라남도에서 가장 강력했다. 전농 본부는 조합의 실질적인 세력을 과장했다고 생각되지만, 충청북도는 10개 군 가운데 6개 군에만 조합이 있었으며 구성원도 다른 도에 비하여 가장 적었다. 불행히도 인민위원회와 달리 농민조합의 세력이 강하거나 약한 도와 군을 정확히 알 수 있는 정보는 거의 없다. 그러나 다른 곳과 마찬가지로 남한의 좌익 조직은 우익 조직보다 자기 세력을 좀더 사실에 가깝게 묘사했다.

〈표 17〉 각 도 농민조합의 상황(1946년 중반)

도	지부(시·군·도島)	면 지부	리里 지부	조합원
전라남도	14	110	3,019	369,414
전라북도	12	103	2,075	301,645
경상남도	15	182	1,877	459,759
경상북도	17	127	2,598	275,913
충청남도	12	97	1,890	212,563
충청북도	6	57	1,750	116,978
경기도	15	134	3,329	193,549
강원도	21	176	1,857	175,852
황해도	17	227	981	204,277
평안남도	14	140	1,640	173,545
평안북도	19	178	1,600	179,424
함경남도	15	135	1,979	450,746
함경북도	11	76	783	199,532

전거: 『조선해방1년사』, 167쪽

미군의 각 도 점령

인민위원회의 운명을 도별로 분석하기에 앞서 반드시 고려해야 할 마지막 요인은 미군의 점령이다. 군정은 세 시기로 나눌 수 있다. 1기는 장교로 구성된 시찰단이 부산 같은 주요 지역에 도착해(9월 16일) 국기를 게양하고 상황을 관찰한 짧은 기간이다. 2기는 야전부대가 좀더 오랫동안 점령한 기간이다. 어떤 지역에서 점령은 1945년 12월까지 이어졌다(〈그림 7〉 참조). 마지막은 전면적 군정을 시행하고자 훈련하고 준비한 민정반(미군정청 직속 중대)이 점령한 기간이다. 이 부대는 대부분 1945년 말 각 도에 배치됐다.

9월 8일 처음 상륙한 뒤 몇 주 동안 미군의 최우선 과제는 각 도를 점령하는 것이었다. 하지 장군은 되도록 빨리 남한 전역에 자신의 부대를 파견하려고 애썼다. 처음에는 시간을 절약하려고 제40사단을 부산에 직접 상륙시켜 경상도의 점령을 맡기려고 했다.[23] 그러나 이는 실현되지 않았으며 9월 22일 제40사단은 인천에 상륙해 이틀 뒤 기차로 부산에 도착했다.[24]

각 도를 점령하는 데 서두른 까닭은 앞서 미국이 한국으로 "긴급히 출발"할 필요가 있다고 생각한 것과 같은 판단에서였다. 각 도에 남아 있던 일본인 관료들은 서울에 있는 사람들과 마찬가지로 미군을 만나 점령 초기 한국인에 대한 자신들의 두려움 및 무질서와 관련된 수많은 사항을 하지에게 보고하려고 했다.[25] 일본인과 휘하 한국인 그리고 한국의 보수주의자들은 미국이 신속히 권력을 장악해 옛 식민 질서에 대항하는 한국인의 활동을 공산주의자의 선동으로 보이게 하는 데 공통의 이해관계를 갖고 있었다. 남아 있는 일본인이 공산주의자로 알려진 한국인보다 자신들과 더 잘 걸맞다는 사실을 깨달은 하지 장군은 미군이 도착할 때까지 일본군이 철도, 전력·수도 시설, 식량 창고, 형무소 등을 지키게 했다.[26] 부산을 비롯한 주요 지역에 파견된 미국 시찰단은 일본군 파견부대를 이용해 치안을 유지했다. 그 결과 미·일 혼성부대는 이런저런 한국인의 시위를 여러 차례 진압했다. 군정의 공식 기록은 다소 방어적으로 언급했다. "누구에 맞서 이런 시설(과 도시)을 지켜야 하는가 하는 자명한 질문에 그만큼 자명한 대답은 한국인 불법

〈그림 7〉 1945년 가을 야전부대의 남한 점령.

세력에 맞서 지켜야 한다는 것이었다."[27]

점령군의 주요 임무는 치안을 유지하고 필요하다면 지방행정을 약간 변화시키는 것이었다.[28] 야전부대는 상징적 존재였으며 직접 군정을 시행하지는 않았다. 지방행정의 책임은 그 지역 사단장에게 있었기에 도마다 일정한 정책의 차이가 나타났다. 제40사단에 소속된 부대는 10월 초 경상도에 도착했다. 제96사단은 거의 같은 때 도착해 서남부 지역을 점령하기로 돼 있었지만 "톈진 지역의 복잡한 상황 때문에" 중국으로 진로를 바꿨다.[29] 이런 "복잡한 상황"은 물론 중국 내전의 격화에서 비롯됐지만 그런 변경이 이뤄진 까닭은 정책 입안자가 전라도에도 비슷하게 복잡한 상황이 있다는 것을 몰랐기 때문이다. 제96사단에게 그것은 프라이팬에서 불 속으로 들어간다는 뜻이었다.

이런 이동에 하지 장군은 격노했다. 9월 21일 그는 도쿄의 맥아더에게 한국은 "특히 전국적으로 선동가가 있다는 사실을 고려하면 (…) 강력한 군대를 필요로 한다"는 무전 연락을 보냈다. 그에 따라 9월 23일 맥아더 사령부는 기동성 있는 제96사단을 제6사단으로 대체했다. 그러나 이것은 적절한 교체가 아니었다. 제6사단은 1945년 태평양 서남부 루손섬에서 219일간 기록적인 전투를 벌였다.[30] 그러나 하지는 그들이 지쳤든 그렇지 않든 필요로 했다. 9월 30일 그는 "한국 서남부는 조기에 완전히 진압해야 하는 혼란 지역이 되고 있다"면서 다시 맥아더에게 제6사단을 빨리 보내달라고 요청했다.[31] 제6사단 부대들은 10월 중순 인천에 상륙하기 시작했고 그달 말 시찰단이 전라도에 도착했다. 11월 10일 제6사단 20보병연대가 제주도에 도착하면서 전술적 점령은 완료됐다.[32]

1945년 10월부터 12월까지 이런 야전부대는 시간과 지역은 서로 달랐지만 군정중대軍政中隊가 도착하면서 교체됐다. 그러나 군정중대는, 많은 지역에서 이미 편의의 목적과 대체할 지방자치단체가 없어 야전부대가 이미 지방 인민위원회의 권한을 승인했다는 사실을 발견했다. 이처럼 군사적 단계의 점령은 인민위원회의 존속 기간을 이해하는 데 상당히 중요하다. 지방에 따른 정책의 차이는 인민위원회가 뿌리내리는 데 다양한 기회를 제공했다. 그런 정책의 차이는 군정중대가 도착해 1946년 1월 14일 전면적인 군정이 시작될 때까지 해결되지 않았다.

9장

지방 인민위원회의 운명

인간은 어떤 가치 체계를 유지하고 전달하는 과정에서 구타와 협박을 받아 감옥이나 강제수용소로 보내지기도 하고, 회유와 매수에 넘어가 영웅이 되거나 신문에 나오기도 하며, 벽을 등지고 서서 사살되거나 사회학을 가르치기도 한다.

_배링턴 무어 2세

다음 두 장에서는 미국이 한국에 개입한 구조와 전후 질서가 한국 국민을 규정하면서 일어난 여러 사건을 살펴볼 것이다—그 사건은 주로 미군 야전부대가 도착하고 경찰서장이나 군수가 임명되면서 체제의 골격을 형성한 것과 관련돼 있다. 인민위원회가 끝내 소멸한 근본적 원인은 그들을 적대시한 미국의 권력(또는 미국의 승인을 받은 한국의 권력)이었다. 각 지역 인민위원회는 전복되기 쉬운 곳도 있었고 그렇지 않은 곳도 있었다. 어쨌든 인민위원회는 다양한 방법으로 끝내 파괴됐다. 어떤 위원회는 출범하자마자 소멸했다. 1945년 가을 미군 야전부대가 도착하면서 해체된 위원회도 있었다. 특히 야전부대가 일정 기간 활동을 용인한 위원회는 대부분 1946년 초반까지 존속했다. 대단히 견고하게 자리 잡아 1946년 가을까지 사라지지 않은 위원회도 있었다. 남한의 몇몇 고립된 지역에서 인민위원회와 산하 조직은 군정이 실시된 3년 내내 영향력을 행사했다. 실제로 여전히 남한의 몇몇 궁벽한 마을에서는 1945년 8월 지방 인민위원회를 조직한 지도자들이 뭐든 가능할 것 같았던 자신의 젊은 시절과 1945년에 세운 "새로운" 나라를 아쉽게 회고하면서 살아가고 있다.

하지 장군과 고문들은 지방의 인민위원회와 서울의 인공을 공산주의자 및 북한에 주둔한 소련과 연합한 조직으로 여기는 경향이 있었다. 인공에 공산주의자와 좌익이 존재하고 인공이 소련의 승인을 받았다는 사실은 남한 전역에서 인민위원회를 탄압하려는 미국의 결심을 정당화하기에 충분했다. 그러나 지방 통치와 관련된 하지의 생각은 일본 총독부 및 그 이전 조선 국왕들의 방식—서울이라는 중심 지역을 장악해 지방을 통치한다는 것—과 매우 비슷했다. 자신의 전임자들과 마찬가지로 하지는 지방을 장악하지 못하는 서울은 혼란에 빠진 섬이나 신경 체계를 통제하지 못하는 두뇌라고 생각했다. 한국의 촌락이 전통적으로 자치적 성격을 띠었다는 사실을 감안하면 중앙의 지배가 사라질 경우 혼란의 문이 열리게 될 것이라는 결론은 반드시 필연적이라고 할 수는 없었다. 중앙 기구가 사라진다면 촌락의 자치와 그곳 사람들의 평등 및 우애가 증진될 수 있었다. 그러나 촌락의 자치와 자발적 행동성은 한국이 전통적으로 추구한 이상이었더라도 어디까지나 이상가들의 이상이었을 뿐,[1] 쌀을 수탈하고 노동자를 군대에 징집하며 또한 중앙에 대항하려는 정치 운동이 발전하지 못하도록 저지하는 사람들의 이상은 아니었다. 그들의 관심은 중앙집권의 확립이며, 이는 서울을 지배한 부류의 특징이었다. 전통적으로 한국에서 중앙은 자원과 통치에 필요한 수단을 둘러싸고 지방과 경쟁해야 했다. 미국이 남한에서 중앙집권 제도를 완전히 부활시킨 까닭은, 일제강점기부터 지속된 반공주의와 함께 이런 상황 때문이었다. 미국 그리고 그들과 연합한 한국인은 해방 기간의 정치적 갈등에서 자신들이 승리할 수 있는 주요 방법은 중앙권력이라고 판단했다.

미국이 지방 인민위원회를 탄압한 것은 5장과 6장에서 살펴본 군정의 전체적인 정책의 일부였다. 특히 1945년 11~12월—군정의 지배력이 농촌까지 침투해 서울로 보고서를 올리고 서울의 군정 수뇌부가 지방에서 전개된 좌익 운동의 범위를 파악하기 시작한 때—군정의 정책 입안자들은 인민위원회를 제거해야만 지방에서 대안적 정치조직을 만들 수 있다는 사실을 깨달았다. 이런 생각의 핵심은 12월 미국의 정보 보고에서 찾을 수 있다.[2] 이런 인식에서 나온 기본 정책은 신뢰할 수 있는 중앙집권적 조직과 국가경찰을 이용해 인민위원회와 그 산하 조직을 무너뜨리고 진공상태를 만들어 우익과 보수 세력으로 채우는 것이었다. 미국의 정보 보고는 보수정당이 인민위원회의 기반을 무너뜨릴 것이라는 희망을 주기적으로 제출했다.[3] 그러나 보수적 지도자, 특히 한국민주당의 지도자들은 대중의 광범한 지지 기반이 갖는 중요성을 깨닫지 못할 때가 많았다. 농민을 조직해야 하는 까닭은 무엇인가? 풀이 바람을 따라 눕듯 농민은 지도자를 따른다. 그러나 그 지도자들은 관료 기구와 경찰을 장악하는 데 전력을 기울였다. 옛 체제가 유지된다면 그것이 권력을 장악하는 열쇠라는 사실을 미국인들보다 더 잘 알았기 때문이다. 따라서 인민위원회가 대부분 해체된 뒤 그것을 대체한 대중적 정치조직은 나타나지 않았으며, 대중과 지방은 다시 중앙 권력에 휘둘리게 됐다. 조직력을 전혀 갖지 못했던 보수적 반대파를 인민위원회가 압도한 상황을 8장에서 서술한 것은 바로 이 때문이다.

미국이 개발도상국에서 경제를 발전시키는 데는 뛰어났지만 정치를 발전시키고 기능할 수 있는 정치조직을 형성하는 데는 미숙했다는 새뮤얼 헌팅턴의 이론에 비춰볼 때 한국의 이런 경험은 흥미롭다.[4] 한국에서 미국인은 도 단위에서 잘 기능하고 있는 기존 정치조직을 체계적으로 무너뜨린 뒤 그것을 대체할 지방 정치조직이 발전할 수 있는 환경을 만들려고 노력했다. 그러나 한국의 보수 세력이 스스로 할 수 없는 일을 미국인이 대신 해줄 수는 없었다. 따라서 문제는 미국이 자립할 수 있는 조직을 발전시키거나 촉진하지 못한 것이 아니라, 그런 임무를 감당할 수 없는 정치집단을 지원하기로 한 편협한 결정이었다.

이상의 분석은 각 도의 인민위원회가 맞이한 운명을 고려하는 데 배경이 된다. 그러나 조금 더 거슬러 올라가 1945년 가을 지방의 상황과 미국의 도착을 살펴보아야 한다.

전라남도 인민위원회

1945년 전라남도는 주요 도시가 없고 통신과 교통이 불편한 비교적 멀리 떨어진 지역이었다. 해안에 위치한 몇 개 군은 상당히 원시적인 도로와 선박 운송을 빼고는 접근할 수 없었다. 도청 소재지인 광주 주변의 군조차 "교통수단이 거의 없었다". 이 군들과 광주를 연결하는 420킬로미터쯤 되는 도로가 있었지만 매우 낙후했다.[5] 전라남도의 소작률은 표준보다 높았지만 남한 전체보다는 비교적 낮았다. 그리고 이 책에서 사용한 농촌의 빈곤 지수에서 6위였다(8장의 표들 참조). 이 도의 농민 가운데 60퍼센트는 전면적 또는 부분적 소작농으로 분류할 수 있다. 아울러 전라남도는 동양척식주식회사가 경영한 경작지에서 일하는 소작농의 비율이 가장 높은 도였다. 동척이 소유한 토지와 동척의 소작농이 경작한 토지를 포함하면 동척의 소작농은 전라남도에 있는 논의 46퍼센트를 경작했다.[6]

2장의 분석에 따르면 전라남도는 다음과 같을 것이라고 예상할 수 있다. (1) 동척의 농지 소유율이 높으면 지주와 농민의 전통적 관계는 약화된다. (2) 농민은 한국인 지주보다 동척의 일본인 직원과 상대하는 경우가 더 많기 때문에 같은 국적은 계급적 분열에 영향을 주지 않는다. (3) (상당히 획일적인 소규모 농지와 그 결과로 발생한 농민계층의 동질화를 감안하면) 농민이나 소작인은 지위가 상승할 기회가 없기 때문에 개인의 수직적 상승보다는 서로의 이해관계를 수평적으로 조정해 결속을 다진다. (4) 목포가 미곡 수출의 거점으로 성장하고 목포 근처에서 목면 생산이 증가하면서 그 지역은 상당히 상업화되고 한국에서 드문 대규모 농장 농업이 나타나 전통적 농업 관계를 약화시켰다. 그러므로 해방 시기 전라남도 농민은 다른 도의 농민보다 좀더 반항적이었을 것이라고 예상할 수 있다.[7]

그러나 전라남도의 인구 이동은 다른 곳보다 크지 않았기 때문에 이 중요한 지수에서 보면 중간 정도의 특징을 나타낼 뿐이다. 1930년대에 5개 군에서만 인구가 줄었으며, 해방 이후 인구 증가는 평균 13퍼센트에 그쳤다.[8] 1944~1946년 20퍼센트 이상 인구가 증가한 나주 같은 급진적 군조차 인

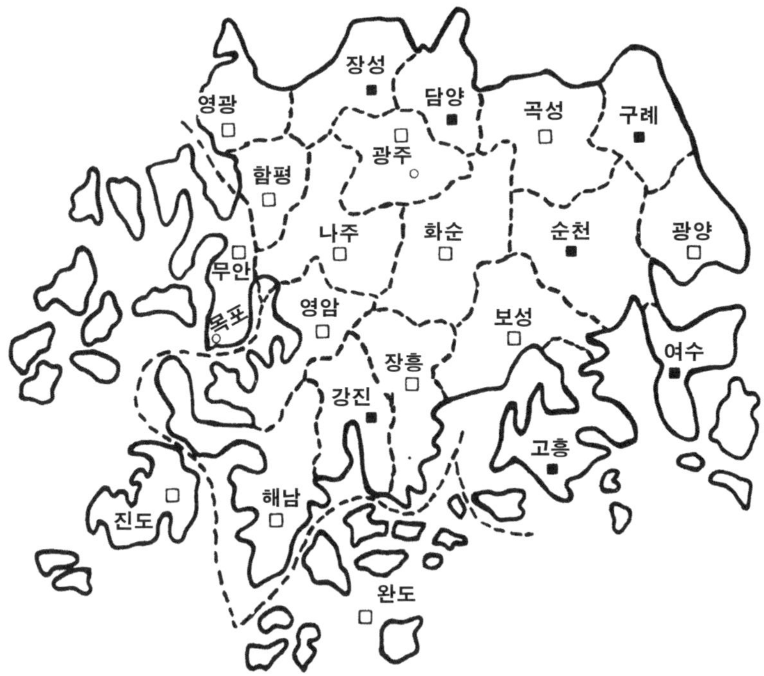

■ 인민위원회의 존재가 판명된 지역
□ 인민위원회가 기능했을 것으로 추정되는 지역

〈그림 8〉 전라남도 인민위원회.

구 증가는 1930~1946년 증가 총계의 절반 정도였다. 1930년대에 인구가 감소했지만 1944~1946년 19퍼센트가 증가한 구례군은 전혀 급진적이지 않았다. 목포 지방은 인구 변화로 가장 큰 영향을 받은 곳이었다. 1944~1946년 목포시는 60퍼센트 넘게 인구가 늘었고 이 점은 급진성에 반영됐다. 그러나 군 수준에서 인구 변화는 군의 급진화 여부에 큰 차이를 가져오지 않은 것으로 판단된다—이것은 놀랍지 않은 결과인데, 전라남도 농민은 1930년대에 도 밖으로 유출된 사람이 다른 도보다 훨씬 적었기 때문이다. 미국 보고서들은 목포항을 빼고는 이 도에서 중대한 치안상의 긴장을 보고하지 않았다. 이처럼 전라남도에는 농업 관계가 약화됐지만 돌아온 노동자-농민의 대규모 유입이 없었기 때문에 그 도의 농민 봉기는 다른 도보다 특별히 심각하지 않았으며 일정 기간 지속되지 못한 것으로 생각된다.

초기에 전라남도에서 인민위원회가 성장한 주된 원인은 일본과 미국 지배의 공백기가 길었던 데 있다. 제96사단을 중국으로 보냈기 때문에 미군 야전부대는 10월 8일까지 광주에 도착하지 않았다. 첫 군정중대가 도착한 것은 10월 22일이었다. 도착했을 때 미국인들은 인민위원회가 사실상 도 전체를 지배하고 있는 것을 발견했다(그림 8 참조). 전라남도 출신의 조직자들은 8월 17일 건준 지부를 세우고 8월 18일 도내의 정치범 1400명을 풀어주었다. 그 직후 치안대가 활동을 시작했다.[9] 10월 중순 미국은 항일운동으로 11년 동안 복역한 뒤 풀려난 김석金石이 이끄는 300여 명의 청년과 학생으로 구성된 치안대가 광주를 지배하고 있는 것을 알았다.[10] 도 전체에서 모인 "전라남도 인민대표자대회"가 9~10월 몇 차례 열렸다.[11] 147명 정도의 치안대원이 목포를 지배했고 여러 노동자위원회가 그곳의 공장 몇 곳을 접수했다.[12] 미국인의 관찰에 따르면 인민위원회는 모든 군에 있었고 "거의 모든 군에서" 자치 정부를 운영했다.[13]

지방 인민위원회의 구성은 지역마다 크게 달랐다. 보성군과 영광군에서는 지주가 인민위원회를 운영했다. 강진군과 고흥군에서는 일제강점기에 경찰과 정부 관료가 계속 권력을 장악했고 인민위원회는 외곽 지역을 지배했다.[14] 그 뒤 제61군정중대가 관할한 나주·화순·보성·장흥 같은 군에서는

8월 15일 직후 선거가 치러져 인민위원회 지도자를 선출했다. 이런 선거는 면 단위부터 시작해 마지막에는 군 단위까지 올라갔다. 인민위원회가 조직되면서 소작료·교육·구호救護와 관련된 위원회도 설치됐다.[15] 그 뒤 제61군정중대는 지난 10년 사이에 일본에 협력한 사람은 선거에서 제외한다는 기준에 따라 일제강점기의 관료는 인민위원회에서 대부분 제외됐다는 사실을 알게 됐다. 그러나 "친일파"가 인민위원회를 장악한 군도 있었다. 일부 위원회에는 지도자 명단에 소작농과 지주가 함께 들어 있었다. 미국이 공산주의자로 분류한 사람들은 "모든 군에서 적지 않은 인원이 참여했으며 주목할 만한 열정을 보여주었다. (…) 그들은 대체로 가난한 소작농 출신이었다". 화순군에서는 광산(남한에서 세 번째로 크다) 노동자들이 인민위원회를 장악했다.[16] 인민위원회의 구성은 복잡해지고 있었다.

공산주의자들이 전라남도의 군 인민위원회를 모두 장악하지 못한 까닭은 무엇인가? 농민이 동요하던 시기에 면과 군의 전통적 지배층은 어떻게 살아남았는가? 1945년 한국의 옛 질서는 어떻게 해체됐는가? 앞서 말한 대로 해방된 한국에서 정치적 정통성에 대한 주요 시험은 일제에 협력했는가 하는 것이었다. 대일 협력자나 민족 반역자로 보였거나 일본인과 협력해 지역사회를 괴롭힌 경력을 가진 사람이라면 1945년 인민위원회 같은 조직을 주도하기는 어려웠을 것이다. 일본이 식민 통치를 위해 한국의 전통적 지배층을 정책적으로 이용한 결과 그들의 도덕적 권위는 돌이킬 수 없이 훼손됐다. 그러나 이를테면 대일 협력의 오명을 피하거나 자기 마을 사람들의 이익을 위해 행동했다고 인정된 마을 원로는 지방 인민위원회에서 중심적 역할을 할 수 있었다. 소설가 리처드 김(김은국)은 자신의 책 『잃어버린 이름』에서 자기 부친(민족주의자였다)이 지방 인민위원회 지도자로 뽑혔다고 썼다. 주요 비결은, 다른 지역 유지와 달리, 창씨개명과 그 밖의 협력을 거부했기 때문이다.[17] 이처럼 1917년 혁명 이후 소련 같은 나라들처럼, 한국에서 전통적 지방 지도층은 혼란스러운 시대에도 위상을 유지할 수 있었다. 소련의 농민평의회 Soviets들처럼 인민위원회는 "혁명의 외피를 갖춘 예전의 마을 회의에 지나지 않았다".[18]

이처럼 인민위원회가 대체로 장악한 전라남도에 대한 미국의 대응은 서울의 군정청에서 실시한 정책과 사실상 동일했지만, 야전부대의 점령이 길어지자 인원 부족으로 미국은 자주 인민위원회를 통해서 업무를 수행해야 했다. 그것은 위원회에게 기반을 굳힐 시간을 주고 그들의 권위를 승인하는 효과를 가져왔다. 그러나 전술적 점령 부대가 교체된 뒤 군정청은 모든 군에서 옛 총독부 기구를 부활시키고 일제강점기에 근무한 한국인이나 보수 세력(특히 한민당과 연합한 부류)을 거기에 임명하는 정책을 추진했다. 그러나 도 단위에서 일본인은 서울 군정청에서 축출된 지 오랜 시간이 흐른 뒤에도 근무했다. 하지 장군은 9월 23일 각 도 행정기관에서 일본인을 모두 추방하라는 지시를 워싱턴에서 받았지만 "워싱턴이 권고한 것보다 좀더 천천히" 진행하기로 결정했다.[19] 아울러 앞서 언급한 대로 일본인 관료들은 축출된 뒤에도 고문으로 계속 활동했다. "많은 경우 미국인은 정부 기구의 전체적 모습을 이런 일본인 관료에게서 얻을 수 있었다."[20] 전반적으로 일본인 관료와 고문은 행정직을 맡을 한국인을 추천했다. 11월 후반까지 각 도에는 일본인의 직접적인 영향력이 널리 남아 있었다.[21]

전직 미국 관료는 인민위원회가 전라남도를 지배하면서 발생한 문제점과 그에 대한 미국의 대응책을 자세히 알려주었다.

> 도의 관할권을 모두 인민공화국에 넘기든가, 아니면 그 지배를 무너뜨려야 한다. 최종 결론은 옛 총독부 기구와 현재 근무하고 있는 하위 관료를 기반으로 이용하고 적당한 지도자를 찾는 대로 빨리 그들을 요직에 임명하는 것이다.[22]

이것은 전라남도는 물론 미국이 지배한 모든 도에 적용된 정책을 간결히 설명한 것이다. 혁명에 맞서기로 한 결정이 이보다 솔직하게 표현된 것은 드물다.

전라남도의 미군은 1945년 12월까지 일본인 도지사 야기 노부오를 유임시켰으며 국적을 바꿔 계속 남아 있으라는 제안까지 건넸다. 야기는 거절했지만 야기와 전직 도 재무국장 임문무가 제출한 한국인 비밀 명부는 미국이 그를 대신할 한국인 도지사를 뽑는 데 결정적 영향을 미쳤다. 그 뒤 임문무는 전라남도 내무부장이 됐다. 제6사단 제20연대장 D. R. 펩크 대령은 추천서에서 야기를 이렇게 평가했다.

> 미군이 도청을 그렇게 빠르고 효율적으로 인수한 데는 그의 노력이 컸습니다. 그의 작업은 야전부대가 치안을 유지하게 했을 뿐 아니라 군정 당국이 그 도에 새로운 체제를 확립하는 데 크나큰 도움을 주었습니다.[23]

미국은 "각 부서의 한국인 고급 관료를 일본인 상관의 임시 후임으로 삼는" 방식으로 도청 하위 직원을 뽑았다.[24] 추가 임명은

> 방첩대 공작원과 그 지역의 유지, 가톨릭 사제(전쟁 중에는 감옥에 있었으며 한국인과 미국인 모두의 사랑과 존경을 받았다), 일본인 관료 그리고 이미 공직에 뽑힌 한국인의 조언에 따라 이뤄졌다.[25]

납득하기 어렵지만 서울과 마찬가지로 전라남도에서도 미국은 위의 기준에 따라 이뤄진 임명은 "정치적"이지 않지만 인민위원회 지도자의 선발이나 그들을 치안대 대장 또는 지방 관료로 임명하는 것은 정치적인 것으로 간주했다. 광주 치안대장 김석의 후임에 서민호(광주시장 역임)가 임명된 것은 "비정치적" 인사 이동이었는데, 김석은 범죄를 저질렀다는 혐의를 받았기 때문이다. 비정치적 인물인 서민호는 곧 강력한 반공주의자와 우익 청년 집단 지도자로 이름을 날렸다.[26] 김석은 10월 28일에 체포된 뒤 "암살 음모"에 연루됐다는 혐의로 유죄를 선고받았다.

김석의 해임에 실제로 반대하지 않은 한 관찰자는 미군이 김석에게 유죄 판결을 내리도록 판사에게 지시했다고 썼다. 그는 그 재판이 "과장된 앵글로색슨적 정의正義가 가장 크게 희화화된 사례 가운데 하나였다"고 주장했다. 또한 그는 다음에 인용할 전임 일본인 도지사의 충고가 미국이 김석과 함께

일하는 대신 그를 체포하는 데 큰 영향을 주었다고 지적했다.

> 만약 (군정이) 현재의 행정조직과 이른바 인민공화국 조직을 조화시킬 수 있다면 그것은 일시적이며 회유적인 방법이 될 것입니다. 그러나 저는 그런 방법이 불가능하다고 생각합니다. (…) 그러므로 이 도의 치안을 다시 확보해 유지하려면 군정은 인민위원회의 요구를 모두 수용하든지, 그들을 단호히 거부하고 급진 세력을 모두 체포해야 합니다. 다른 길은 없습니다.[27]

결국 김석은 8월 18일에 석방됐지만, 기쁨은 곧 사라졌다.

김석의 체포는 미군이 부활시켜 이용한 전라남도 경찰 기구의 본질을 명확히 보여주었다. 김석을 체포하고 유죄를 선고하게 만든 정보는 그 도의 비밀경찰이 제공했다.[28] 도 경찰은 일제강점기에 경찰에서 근무한 한국인들을 고스란히 보유했으며 그들과 이전 일본인 경찰 간부의 추천에 따라 인력을 보충했다.[29] 도널드 맥도널드는 이렇게 지적했다.

> (이 경찰력은) 여러 달 동안 이전의 비밀 "사상경찰"을 약간 희석한 형태로 존속시켰다. (…) 군정 초기 그들은 좌익 세력에게 자행한 불법적 탄압—고문도 일부 있었다—에 실질적 책임이 있었다. 그것은 공정을 위해 노력한 미국인 모르게 이뤄졌다(강조는 인용자).[30]

그러나 1946년 아래와 같은 미국 조사단의 보고에 대해 판단하면, 맥도널드는 미국인의 결백을 지나치게 관대하게 주장한 것으로 생각된다.

> (광주에서는) 앞서 일본인 아래서 근무하던 특별고등 경찰이 그대로 존속하고 있다. 그들은 자기 마음대로 군청 직원을 교체하고 좌익을 철저히 탄압하며 일본의 치안유지법과 대단히 유사한 법률을 시행하고 있다고 한다. 광주의 여론을 특별히 조사한 결과 일반인들은 경찰을 기이할 정도로 두려워하고 있었다.[31]

이 무렵 한국에 있던 많은 미국인은 자신들이 선의만을 가졌으며 큰 어려움에 맞서 공정하고 비정치적인 입장을 유지하려 노력한다고 굳게 믿었다. 그러나 각 군을 통치하던 인민위원회를 무너뜨리는 주요 수단으로 도 경찰을 계속 사용한 것을 볼 때 이런 정당화는 성립되기 어렵다. 분명히 일부 미국인은 인민위원회가 정치적으로 용납하기는 어렵더라도 도 경찰 같은 단결된 무력을 동원해 진압하는 데에는 문제가 있다고 생각했다. 앞서 본 대로 서울 군정청은 경찰을 동맹 세력으로 인식하면서 국가경찰을 부활시켜 이용하기로 결정됐다. 그 결과 도 경찰에 체포된 한국인 가운데는 일제강점기와 같은 제도, 심지어 같은 경찰관에게 투옥된 사람도 많았기 때문에 미국이 그 경찰력을 이용한 것은 엄청난 불의로 보였을 것이다.

미군 야전부대가 이 도에 적용한 다른 방법 역시 서울에서 적용한 것과 비슷했다. 미군이 도착했을 때 광주 인민위원회는 『전남신보全南新報』를 발행하고 있었다. 야전부대장은 이를 정간시킨 뒤 "책임 있는" 기자가 발견될 때까지 검열받도록 하는 조건으로 복간시켰다. 목포 인민위원회의 신문도 정간됐다.[32]

전라남도의 군 인민위원회 대부분은 미군 야전부대의 지원을 받은 경찰의 탄압을 받아야 했다. 이런 사태는 영암·장흥·진도·완도·해남·보성 등 여러 군에서 일어났다. 이를테면 장흥 인민위원회와 치안대는 10월 셋째 주에 해산되고 지도자가 체포됐으며 이전 장흥 경찰서에서 일본인 아래 근무하던 한국인 경찰의 도움으로 경찰의 재편이 이뤄졌다.[33] 그러나 전라남도 전역에서 탄압이 이뤄진 것은 아니었다. 두 개 군에서 미국은 다른 정책을 실시해 다른 결과를 얻었다. 이런 정책의 차이를 이해하는 것은 지방 인민위원회가 영향력을 유지한 기간을 분석하는 데 중요하다.

1945년 가을이나 1946년 초 탄압받은 인민위원회는 북한이나 외국에서 돌아온 사람 가운데 새 구성원을 확보하지 못하면 대부분 다시 등장하지 못했다. 인민위원회가 유지되거나 부분적으로만 재조직됐거나 군을 완전히 장악하지 못했지만 그렇더라도 다른 세력과 긴장하면서 공존한 지역에서는 그 뒤—때로는 상당히 오래 뒤—반란이 일어난 사례가 많았다.

여수·순천·광양·구례 등 제69군정중대가 장악한 지역에서는 인민위원회가 전면적으로 지배하지 못했다. 광양에서만 인민위원회가 통치했다. 다른 군에서는 인민위원회의 구성과 조직이 매우 복잡하고 다양해 미군은 그들의 활동을 그리 억제할 필요가 없었다. 제69중대는 인민위원회가 "어디까지나 지역 조직"이며 "전국 조직과 직접 연결되는 고리는 없다"고 판단했다. 그들은 "강력한 중앙 본부가 정책을 지시하는" 징후를 발견하지 못했다.

> 인민위원회는 모든 마을의 당파를 가리킨다. 그러나 그 영향력—과 특징—은 지역마다 다르다. 어떤 곳에서는 "불량자 집단"으로 간주됐고 어떤 곳에서는 급진적 주장을 전혀 제기하지 않는 유일한 정당이기도 했으며 (전직) 군수가 위원장을 맡은 곳도 있었다.[34]

제69중대는 인민위원회의 영향력이 "인접 지역"에 국한된다고 생각했던 터라 그들을 탄압하지 않았다.[35] 지역에 국한됐다는 측면은 군 인민위원회 모두는 아니더라도 대부분의 특징이었다. 농촌은 대체로 외부의 지시를 따르지 않았다. 그러나 1945년 미국인이 사태를 어떻게 파악했는가 하는 측면은 매우 중요하다. 인민위원회의 전국적 성격을 깨닫지 못한 제69중대는 그들이 자립할 수 있는 공간과 시간을 주었다. 위에서 말한 4개 군 모두 인구이동 비율이 도 평균보다 높았기 때문에 그곳 인민위원회는 귀향한 사람 가운데서 추가 인원을 확보할 수 있었다. 여수에서는 1946년 5월에 도 경찰이 다시 조직됐지만, 대체로 제69중대는 이 4개 군에서 곤란을 겪지 않았다. 미군은 광양에서 강력한 인민위원회에 의지해 행정을 처리했고, 구례와 순천에서는 그 보수적 성향에 만족했으며, 여수에서는 군청에 맞서는 좌익을 진압하지 않았다. 이처럼 인민위원회 또는 그 잔존 세력은 살아남았고, 한국 보수주의자들은 1946~1947년 동안 대체로 그 지역이 "적화됐다"고 봤다. 제69중대의 방임 정책과 1948년 가을 반란 세력이 지역 대부분을 장악해 "인민공화국"을 선포한 여수·순천 반란은 서로 관련이 있다고 생각된다.[36]

미군은 전라남도의 군마다 완전히 다른 정책을 폈다. 1945년 11월 23일 미군 제45군정중대가 도착했을 때 인민위원회는 진도·해남·완도·강진 등 네 군 가운데 세 군에서 확고히 자리 잡았다. 군마다 야전부대는 인민위원회와 치안대를 사실상의 행정부로 인정했다.[37] 인민위원회는 강진군을 빼고는 행정권을 모두 장악했다(강진의 경우 읍 단위에서 인민위원회가 지배했다). 8월 15일 이후 인민위원회는 치안을 유지하고 지방 통신·교통 시설을 관리했으며 식량 배급과 학교 운영을 맡았다.

이런 군들에서 인민위원회가 강력했던 주된 원인은 지리적 거리였다. 그 군들은 모두 섬(완도군의 섬은 60개가 넘는다)이거나 섬과 비슷한 반도였다. 진도와 완도는 본토에서 완전히 떨어져 있었다. 이 섬을 오가는 교통은 비효율적인 배편이었으며 낮은 만, 강한 조류, 예측할 수 없는 높은 파도 탓에 항해하기 어려웠다. 지리적 거리는 인민위원회의 성장을 촉진했을 뿐 아니라 명백하게 지방자치주의로 이끌었다. 완도와 진도의 인민위원회는 광주 도인민위원회를 포함해 어디서도 명령을 받지 않았다.[38] 이 네 군의 인구 변동은 크지 않아 1944~1946년 강진만 도 평균보다 높았고 완도와 진도는 매우 낮았다(각각 6.5퍼센트와 10.8퍼센트). 이처럼 인민위원회가 강력했던 주요인은 지리적 원격성 및 일본과 미국 지배 사이의 긴 공백기였다.

제45군정중대는 한국에서 군정을 실시하도록 특별히 훈련받은 소수의 민정반 가운데 하나였다. 대부분의 민정반은 일본에서 훈련받은 뒤 한국으로 파견됐지만, 제45군정중대는 훈련받는 동안 한국 상황을 매일 보고받았다.[39] 군정중대를 이끈 프랭크 바틀릿 중위는 처음부터 부하들에게 "주민의 여론을 파악하고 (…) 현지의 정치 정세·정당·지도자와 강령을 숙지해야 한다"고 촉구했다. 제45군정중대는 한국의 출판물을 신중히 살폈고 경찰을 이용해 군정의 지령과 공고가 확실히 전달되게 했다.[40] 바틀릿 중위는 군정중대가 현지 사정을 알아야 할 뿐 아니라 거기에 기초해 군정의 전국적 정책과 보조를 맞춰야 한다고 생각했다. 그 지방에서 제45군정중대가 인민위원회에 시행한 조치는 무엇인가?

해남에서 "인민위원회는 의심할 바 없이 가장 강력하고 활동적인 정치단체였다". 군을 완전히 장악했고 식민지 시대에 군청에서 근무하던 한국인 직원들이 인민위원회에서 일하도록 허락했다.[41] 해남 인민위원회는 지방 버스 노선, 군의 김 산업, 소학교 21개를 운영했다.[42] 12월 초 제45군정중대는 해남 인민위원회 위원장을 행정 책임자로 공식 임명했다(그는 그 뒤 군수로 발탁됐다). 강진군에서는 "우익"이 군청 사무를 맡았으며 옛 관리들이 그대로 남아 있었다. 이처럼 이 군은 "훨씬 문제가 간단했다". 이런 관리들은 계속 근무하도록 허가받았다.[43] 진도 인민위원회 지도부는 "유능"하고 "온건"하다고 평가됐으며, 거기서도 미군은 인민위원회 위원장을 군수로 임명했다. 미군은 12월 19일에야 완도에 도착했다. 그들은 "정치적 강탈자"가 공직을 장악한 사태를 발견했지만 1946년 1월 초까지 그들에게 아무 조처도 시행하지 못했다.[44]

1946년에 접어들면서 미군은 이 네 군을 "재편"해야겠다는 결정에 이르렀다. 이 결정이 어느 직급에서 내려졌는지는 확실치 않지만, 군정의 전국적 정책과 보조를 맞추려는 바틀릿 중위의 구상과 관련됐다고 여겨진다. 현재 남아 있는 기록에는 인민위원회가 문제를 일으켰거나 협력을 거부했다는 내용이 없다.[45] 거기에는 인민위원회가 정부의 권한을 "탈취했다"고만 서술돼 있다. 또한 인민위원회가 군부터 시작해 면과 리에 이르는 지휘 계통이 없었기 때문에 미군은 인민위원회 기구를 이용해 지배하기 어려웠다고 지적했다.

네 군 모두 미군은 믿을 수 있는 광주 경찰 본부에서 특무반을 구성해 지방 인민위원회와 치안대 지도자를 대체했다. 이는 대안적 정치 지도자를 찾으려 했지만 여전히 현지 인물에서 맴돌 수밖에 없었던 미군의 무능을 아주 적절히 보여준다. 도청 소재지 출신 인물만이 그 임무를 맡을 수 있었다. 이런 경찰 특무반이 인민위원회 지도자들을 체포한 뒤 광주에서 대체 경찰 부대가 파견됐다. 군민 가운데서 새 인원이 채용되면 그들은 광주로 보내져 훈련받았다. 도 경찰은 미군 부대의 통신·교통 시설을 사용할 수 있었고 필요하면 미군 부대의 호위를 받았다. 강진군에서만 이런 재편이 이뤄지지 않았다. 거기서는 이전 관리들이 계속 자리를 지켰고 "훌륭한 행정 체제가 빠르게 갖춰지는 데 아무 어려움이 없었다". 그러나 1946년 2월과 4월 인민위원회가 장악한 강진의 일부 읍에서 폭동이 일어났다. 파견된 도 경찰은 "폭행" 죄목으로 수많은 사람을 체포했다.[46]

재편은 나머지 세 군에서 더욱 어려웠다. 완도에서는 탄압이 몇 달 동안 이뤄졌다. 제45중대는 "경찰력을 (…) 중심 지역에서 주변 섬으로 확대"해 완도 인민위원회를 대체했다. 도 경찰 특무반은 인민위원회 지도자들을 체포해 광주로 보냈다. 그 뒤 1월 하순 그들은 완도군 경찰력을 재편했다. 그 직후 제45중대는 광주에서 경찰 35명이 파견됐다고 보고했다. 완도 감옥에는 27명이 투옥됐다. 일부 주변 마을에서는 폭동이 일어났지만, 3월 4일 광주에서 임명된 군수가 도착해 집무를 시작하면서 상황은 뚜렷이 안정됐다.[47] 1월 하순 도 경찰은 진도로 이동했고 "경찰이 활동한 직후 정치적 변화가 뒤따랐다". 도 경찰은 군 치안대를 대체했다. 광주에서 임명된 한 군수는 2월 12일 도착해 "9일 뒤 면장을 모두 교체했다".[48] 12월 말 해남에서 도 경찰은 인민위원회 지도자 19명을 체포했다. 1월 19일 무렵 광주에서 파견된 특별 경찰 38명은 인민위원회 지도자 19명과 직원 38명을 대체했다. 2~3월 해남에서 일어난 폭동으로 더 많은 사람이 체포됐다. 3월 말 군 경찰은 85명에 이르렀다. 군 감옥에는 50명의 죄수가 수감됐는데 그 가운데 14명은 "경찰관을 사칭한" 혐의였다.[49] 안창도安昌島에서도 비슷한 재편이 있었는데, 1월 22일 광주에서 경찰 23명이 도착해 인민위원회 지도자 23명을 체포했다.[50]

공식 기록은 이 군들의 인민위원회에 가해진 탄압을 이렇게 정당화했다.

> 모든 곳에서 일반적 경향은 좌익 세력을 직무에서 몰아내는 것이었다는 사실을 이해해야 한다. 그 까닭은 기본적으로 정치적 신념이 아니라 그런 세력이 권력을 멋대로 행사하고 수없이 무능하거나 부정직한 사람을 등용하기 때문이었다. 지방 세력이 권력을 잡은 곳에서 지배를 확대하고 효율적인 행정기관을 수립하는 것은 미군에 충성하는 경찰력을 확립하는 데 전적으로 달려 있다는 사실이 더욱 뚜렷해졌다.[51]

제45중대는 이런 군들의 인민위원회가 모두 "좌익"이라는 증거를 제시하지 못했으며, 앞서 본 대로 전라남도에는 좌익이 지방 인민위원회를 지배하지 못한 군이 많았다. 아울러 제45중대가 보기에 진도 인민위원회는 유능하고 온건했으며 무능하지 않았다. 끝으로 지적할 점은 해방된 한국에서 완전히 신뢰를 잃은 옛 총독부 경찰력을 사용하면서 진정한 무능이 나타났다는 것이다. 그러나 위의 정당화에는 핵심적 진실과 솔직함이 있다. 진도·완도·해남의 문제는 남한 전체에서 미국이 마주친 문제와 동일했다—그것은 실효적 지배의 확대였다. 4장에서 언급한 대로 "실효적 지배"는 종전 이전부터 국무부 정책 입안자들이 한국 정책을 수립하면서 꽤나 고심하던 문제였다. 미국이 추진한 그 밖의 사안들처럼 전라남도 인민위원회의 탄압은 그동안 모호했던 상황을 효과적으로 해결했다. 정치권력의 관계는 위기에 맞닥뜨렸을 때 드러난다.[52] 전라남도의 위기는 옛 질서가 조금만 수정된 채 지속되고 있다는 사실을 드러냈다. 1946년 2월 말 미국 정보기관은 전라남도 군수 21명 가운데 17명이 한국민주당원이라고 보고했다.[53]

미국인과 그 아래 있는 한국인은 서남 해안 지대의 군들을 조금 멀리 떨어진 도청 소재지 광주가 아닌 목포의 관할 아래 두려고 했다. 그러나 목포는 스스로의 문제점을 드러냈다. 식민지 시대에 목포는 미곡 수출과 광범한 목면 재배를 비롯한 상업적 농업의 핵심 지역이었다. 1944년부터 1946년까지 돌아오는 사람들이 항구로 몰려들면서 그 인구는 60퍼센트나 늘었다. 목포 인민위원회와 치안대는 1946년 1월 도시를 지배했고 여러 노동조합은 그곳 공장들을 운영했으며 노동자들은 일본으로부터 "물려받은 공장들"을 "접수했다".[54] 그런데 1월 14일 이승만의 독촉 목포지부가 연 반탁·반소 집회를 폭도라 불리는 사람들이 난입해 무산시켰다. 이튿날 30여 명의 광주 경찰이 도착해 목포 경찰서를 접수했다. 같은 날 그들은 그곳 인민위원회 본부를 습격해 치안대장 임태호를 포함해 33명을 체포했다. 체포된 이들에게는 배임, 불법적 호구조사, 정부 차량의 불법적 사용 등의 혐의가 적용됐다.[55] 그 직후 광주 경찰 70명이 더 파견돼 목포 경찰서에 새로 배치됐다. 2월 11일 미군정은 시의 모든 직원을 사직시켰는데, 국장 6명 가운데 5명과 그보다 직위가 낮은 124명은 다시 고용되지 못했다. "이것은 사실상 시청 직원 중 정치적 불온 세력을 모두 제거한 것이었다."[56] 끝으로 5월 군정은 공장 운영 제도를 바꿨다.

> 그 지방의 공장들은 예외적으로 노동자위원회가 운영하고 있지만 군정은 모든 공장을 직접 관리하고 관리인을 임명해 그가 종업원을 고용하는 형태로 운영하도록 제도를 바꿨다.[57]

이런 공장 관리인은 "그 지역의 주요 사업가" 5명으로 구성된 "산업자문심의회"가 추천했다.[58] 전라남도 각 군에서도 미군 장교 1명, 군수, 경찰서장, 각 군청 후생과장으로 구성된 재산위원회라는 비슷한 조직이 만들어졌다.[59] 물론 이것은 일제강점기의 단체와 비슷했다.

해방 이후 목포 주변의 상황은 흥미로운데, 그 지역의 농민 계급 구조는 일제강점기 마지막 10년과는 전혀 달라졌기 때문이다. 이 지역은 1장에서 서술한 지주-기업가 중심이었으며, 미곡 무역은 사회적 지위를 높이고 새로운 부를 축적할 기회를 제공했다. 그러나 그 지역 농민은 경상도 농민만큼 북한이나 해외 공장 노동에 동원되지 않았다. 전라도 지주계급은 경상도 지주보다 주장과 신념이 강했다. 어쨌든 이곳 인민위원회는 경상도보다 좀더 쉽게 무너졌다. 그러나 그 과정은 전라북도보다 전라남도에서 더 어려웠다. 그리고 전라남도는 1946년 후반 봉기에 휩싸였지만 전라북도는 비교적 평온했다.

서남부 군(완도·진도 등)의 주민들은 해방 후 나타난 새 질서가 잠깐의 환상일 뿐이라는 사실을 금방 알아차렸다. 이는 이 지역에서 인민위원회가 아주 빠르게 소멸하고 그 뒤 1946년 가을 봉기에서도 심각한 무질서가 나타나지 않은 까닭을 설명해준다. 강력한 조직과 보호가 없던 농민은 하루하루 남의 토지를 경작하는 자신의 유일한 피난처로 되돌아갔다. 돌아오는 인구가 지속적으로 유입되지 않자 인민위원회는 남아 있던 주민에서 구성원을 새로 모집할 수밖에 없었고 주민들은 바람이 어느 쪽에서 불어오는지 읽고 있었다. 이 지방의 농민봉기는 고전적 형태를 띠고 있었다.

전라북도 인민위원회

앞서 본 대로 전라북도는 남한에서 소작률이 가장 높은 지역으로 80퍼센트에 이르렀으며—일부 군(익산·김제·정읍)은 95퍼센트에 육박했다—소자작농 가호의 숫자는 지주 가호와 비슷했다. 고창군과 순창군은 한국민주당의 두 핵심 지도자인 김성수와 김병로가 광대한 토지를 소유한 중심 지역이었다. 실제로 한민당의 핵심 세력은 곧잘 "호남 세력"이라 불렸는데, 호남은 전라도를 말한다. 전라북도의 충적층 계곡과 비옥한 토양은 그곳을 한국의 곡창지대로 만들었다.

1944~1946년 전라북도 군 평균 인구 증가율은 16.2퍼센트로 경상도보다 훨씬 낮았지만, 일제 후반에는 큰 인구 이동이 나타났다. 전라북도는 도로망이 발달했고, 특히 전주와 군산 지역은 한국에서 가장 교통이 편리했다. 전라남도보다 서울에 상당히 가까웠고 교통 시설도 훌륭했다. 1930년대 적색농민조합은 세 군—옥구沃溝·부안·정읍—에만 침투했다.

인민위원회는 전라북도 모든 군에 있었으며 절반 정도에서 실제적 통치력을 행사했다(〈그림 9〉 참조). 인구 변화와 급진주의의 뚜렷한 관련성이 처음 나타난 것은 여기다. 가장 급진적이며 논농사를 짓는 세 군—남원·순창·옥구—은 모두 1930년대에 인구가 줄었다가 1944~1946년 20퍼센트 이상 늘었는데, 이 수치는 1930~1946년 이뤄진 전체 증가의 90퍼센트를 넘는 것이었다. 유일한 예외는 장수長水인데 인구 변화 유형은 남원과 비슷했지만 급진적 성향은 나타나지 않았다. 인민위원회가 지배한 그 밖의 세 군—익산·김제·무주—은 1944~1946년 높은 인구 증가율(20퍼센트 이상)을 나타냈는데, 무주만 1930년대에 인구가 감소했다. 인민위원회가 통치하지 못한 7개 군 가운데 넷은 군 평균보다 낮은 인구 변화를 나타냈으며, 정읍만 평균보다 1퍼센트 넘는 증가율을 보였다. 군산·옥구·익산 지역의 높은 인구 증가

■ 인민위원회의 존재가 판명된 지역.
□ 인민위원회가 기능했을 것으로 추정되는 지역.

〈그림 9〉 전라북도 인민위원회.

율과 강력한 인민위원회는 미곡 수출의 거점인 군산항을 거쳐 귀국한 한국인이 많이 유입됐기 때문으로 생각된다. 무주는 높은 인구 증가율을 보였을 뿐 아니라 멀리 떨어진 삼림지대이기도 했다. 남원과 순창의 인민위원회가 강력한 데는 산악으로 둘러싸인 지형상의 특징도 작용했다고 생각된다. 전라남도 전체에서 인민위원회가 초기에 강력했던 까닭은 제96사단이 중국으로 파견되면서 긴 공백기가 생긴 것과 관련이 컸다.

전라북도 인민위원회의 세력에 대한 정보는 매우 풍부하다. 군정청 문서에는 1945년 11월 한국인 도 경찰부장이 작성한 보고서 사본이 보존돼 있는데, 전라북도 전역의 인민위원회와 농민조합, 인민위원회에 소속된 청년단체의 숫자 및 소재지가 나와 있다.[60] 전주에 있던 도 인민위원회는 백용희와 최홍렬의 지도 아래 완전한 행정조직과 6000명 정도의 구성원을 갖추었다. 김제 인민위원회는 다른 인민위원회와 마찬가지로 내무·산업·치안·교육·선전 등의 부서를 설치했다. 대부분의 군 인민위원회에는 30~100명 정도의 구성원이 있었다. 대부분 산하에 청년 단체와 농민조합을 두었다. 무주읍에서는 읍을 구성한 17개 반班을 17개의 인민위원회가 대표했다. 그 보고서에는 군 아래에 있는 면 인민위원회의 긴 목록도 들어 있다. 한민당은 전라북도에 당원 2500명이 있다고 보고됐지만 지부의 소재지나 당원의 내역은 나와 있지 않다. 보고서는 전라북도 전체에서 한민당 지도자로 5명만을 거론했다. 그 뒤 미국 보고서에서는 일부 군 인민위원회가 초기에 강세를 보인 사실을 인정했는데, 김제에서는 "인민위원회가 김제군의 행정을 완전히 총괄했다고 주장한다. 이 주장을 뒷받침하는 증거는 많으며 이를 반박하는 것은 거의 없다".[61]

전라북도에서 특히 강력한 인민위원회는 서로 반대편에 위치했다. 남원·순창은 동남부에, 무주는 동북부에, 군산·옥구·익산은 서북부에 위치했다. 10월 하순 남원에 도착했을 때 미군은 군 전체가 인민위원회의 통제 아래 있으면서 국군준비대가 거리에서 훈련하는 것을 봤다. 일본인은 남원 인민위원회에 군 안의 자기 재산을 대부분 넘겼다. 이곳과 이웃 마을인 순창·임실에서 인민위원회는 위원회 지도자를 양성할 학교를 운영했다.[62] 옥구·

익산 지방에 대한 정보는 매우 부족하지만, 상업화가 널리 이뤄진 지역이었고 인민위원회가 강력하게 완전히 장악했다고 보고됐다.[63] 서남부의 고창·정읍·부안 세 읍에도 인민위원회는 있었지만, 부안의 외진 면을 빼고는 옛 일본인과 한국인 관리가 대체되지 않았다. 치안대가 옛 경찰을 대체한 곳도 없었다. 미군은 옛 경찰을 다시 고용하고 예전 관리들을 중심으로 새 군청을 조직하는 데 거의 어려움이 없었다. 1946년 1월 서남부 각군에서 행정은 아주 순조롭게 운영돼 미군은 폭넓은 감독 기능을 수행했다.[64] 동북부의 네 군인 무주·완주·금산·진안에서 미국의 지배로 이행하는 것은 매우 질서 있게 지체 없이 시행됐다. 강력한 무주 인민위원회가 문제를 일으켰다는 보고는 없다.[65] 전라북도에서는 남원·순창·김제·익산 인민위원회가 약간 방해했지만, 일본에서 미국의 지배로 순조롭게 이행한 유형을 보여주었다.

미군이 전라북도에 들어갔을 때 도청의 기능은 볼 수 없었다. 일본인 관리는 떠났고 남아 있는 한국인 관리는 출근하지 않거나 업무를 처리하지 않았다. 그 결과 미군은 인민위원회가 도 전체를 장악했다고 생각했다. 그들은 일제강점기 관리 가운데서 도지사를 다시 임명했으며 일본인 도지사의 고문이었던 윤산희 같은 인물을 자신의 고문으로 두었다.[66] 미군은 일제강점기에 에모토 호쿄江本奉敎로 개명해 군산에서 검찰로 근무한 한국인을 전주의 지방검찰청장으로 임명했다.[67] 대체로 "훈련받고 경험이 풍부한 행정관리들이 다시 임명됐으며 (…) 오래전에 공직에 있었거나 일제 치하에서 근무하지 않은 사람이 채용된 경우도 일부 있었다". 도청은 "조직과 인원 모두 대체로 이전과 비슷했다".[68] 일제강점기의 한국인 관리도 도청과 군청의 고문회의에 들어갈 사람을 선택할 수 있도록 허락됐다. 모두 순조롭게 이뤄졌다고 여겨진다. 1946년 1월 전라북도는 "한국화"라 불린 정책에서 남한 나머지 지역의 "모범"으로 일컬어졌다. 본질적으로 옛 질서를 복구하고 강화한 이 정책과 관련된 미국의 공식적 정당화는 다음과 같다. "대체로 군정은 새로운 통치 기구에서 인민위원회에 중요한 위상을 부여하기를 주저했는데, 그들이 공산주의자는 물론 소련의 정보 요원과 관련됐다고 판단했기 때문이다."[69]

전라북도 군들은 전라남도 군들보다 훨씬 문제가 적었지만, 군 수준에서 한국화가 순조롭게 이뤄지지는 않았다. 전라북도에서 일제강점기에 경찰이었다가 다시 채용된 사람들은 너무 권위가 없어 도 전체에 걸쳐 미군이 작은 일까지 동행해야 했다.[70] 도 경찰은 남원에서만 지방 인민위원회에 맞설 힘을 가졌다. 이것은 1945년 11월 남원 사건을 불러왔다. 10월 하순 미군이 남원에 도착했을 때 인민위원회 위원장은 군 안의 일본인 재산을 정당한 과정을 거쳐 위원회에 양도한다는 일본인의 서류를 제시했다. 그러나 그는 그런 재산은 모두 군정이 처분하도록 반환해야 한다는 회답을 들었다. 인민위원회는 거부했다. 그 결과 11월 15일 전주 경찰서장은 도 경찰에서 파견된 부대를 이끌고 남원에 도착해 인민위원회 지도자 몇 명을 체포하고 모두 전주로 연행했다. 남원을 막 벗어났을 때

> 그의 차는 습격당했고 100여 명이 곤봉 등의 무기를 들고 체포된 사람들을 석방하라고 요구했다. 그가 거부하자 그들은 그를 구타했다. 그날 저녁 미군이 남원에 추가로 파병됐다. 이튿날 폭행에 가담한 16명이 체포됐다. 17일 오후 700~1000명의 군중이 다시 남원에 모였다. 그들은 미군이 지키고 있는 경찰서를 세 방향에서 습격했다. 해산하라는 명령이 여러 번 내려졌고 마침내 2분 안에 해산하지 않으면 무력으로 진압할 것이라는 통보가 내려졌다. 2분이 지나자 미군은 공포탄을 쏜 뒤 총검으로 무장하고 전진했다. 소요가 진압되는 과정에서 한국인 2명이 죽었고 몇 명이 다쳤으며 경찰 1명이 칼에 찔려 죽었다.[71]

50여 명이 더 체포된 뒤 남원은 조용해졌다.[72]

전라북도에서 강력한 인민위원회가 존재한 다른 군에서도 규모는 좀더 작았지만 비슷한 사태가 일어났다. 김제는 12월 경찰이 인민위원회의 기록을 압수하고, 그들이 사용하던 공공청사에서 나가라고 지시하면서 "재편됐다". 군청이 소재한 김제가 제압되면서 면 이하 지역은 비슷하게 재편됐다. 12월 26일 이승만의 독촉 지부는 김제에서 첫 집회를 열 수 있게 됐다.[73] 같

은 때에 익산 인민위원회의 기록과 은행 계좌가 압수됐다. 미국 정보원은 익산 인민위원회가 "지도자들이 재판에 넘겨져 금품 강탈의 죄목으로 처벌되면서 세력을 크게 잃었다"고 보고했다.[74] 이런 인민위원회와 관련된 사람들은 말 그대로 머리 위에 있는 지붕을 잃었는데, 앞서 일본인이 살던 주택을 군 경찰이 관리하게 됐고 그것을 경찰 부류와 일본인들로부터 정당하게 구입했다고 주장한 이들에게 분배했기 때문이었다.[75] 지대 징수도 인민위원회와 농민조합에서 군수와 경찰의 관할로 되돌아왔다. 김제 군수는 일본인 가옥과 쌀 배급을 다시 한번 완전히 통제했다.

1946년 1월 김제의 각 지역은 아직 통제되지 않았다. 이에 군 경찰은 때로 미군 야전부대의 도움을 받아 면 인민위원회를 습격해 지도자들을 체포했다. "습격은 주로 서류를 압수하기 위함이었지만" "과거에 악행을 저지른" 증거가 있으면 체포됐다. 김제의 미군들은 "과도적이기는 하지만 우리는 지방의 감옥을 가득 채웠다"고 보고했다.[76] 2월에 그들은 김제 경찰서장과 그 아래 모든 간부가 일본 경찰의 "정예"였다고 언급했다. 경찰서장은 "오랫동안 경찰에서 근무했다"고 실토했다. 유일한 예외는 전주에서 파견된 간부 한 사람이었다.[77] 일제강점기에 군 경찰력은 100명이었지만 지금은 128명이었다. 그러나 미군은 "현재 상황으로 증원은 시급하다"고 주장했다. 그들은 새로 232명을 보강했다. 매주 40명 정도가 체포됐다. 그래도 미군은 야전부대를 철수하면 김제 인민위원회가 다시 권력을 장악할까 우려했다.[78] 인민위원회가 외곽 지역만을 장악한 부안은 김제보다 문제가 덜했다. 그러나 부안에서도 미군은 면장 6명을 추방하고 수많은 "불온 분자"를 체포했다.[79]

정읍군은 일본에서 미국과 한국의 지배로 상당히 쉽게 옮겨갔는데, 한국인 지주는 두 체제 모두에서 지배적 위상을 유지했다. 그곳은 농업에 종사하는 부류가 압도적으로 많았다. 15개 면 가운데 11개 면에서 모든 가구의 80퍼센트 이상이 농업에 종사했으며 소작률도 매우 높았다. 이승만이 이끄는 독촉의 정읍 지부는 늦어도 1946년 3월 창설됐으며 지도자는 박명규였다. 박명규는 1940년 정읍 수리조합 조합장을 지낸 지주였으며 그 뒤 일제치하에서 전라북도 평의회 의원이었다. 그는 그 지역의 『동아일보』 지국장이기도 했다.[80] 이처럼 이런 군에서는 일본에서 한국의 통치로 이행하는 과정에서 호남 지주-기업가의 우세를 추적할 수 있다. 이리시裡里市에서도 같은 현상이 나타났다.

1945년 이리는 시라기보다는 작은 마을에 가까웠는데 유일한 존재 이유는 철도가 교차하는 전략적 요지라는 것이었다. 8월 15일 직후 이리 인민위원회는 임종환을 지도자로 내세워 출범했다.[81] 그러나 10월 19일 미군 야전부대가 이리에 도착하고 일주일 만에 제28군정중대가 도착했다. 11월 6일 미군은 일본인의 금품과 재산을 강탈했다는 혐의로 이리 인민위원회 지도자들을 체포했다.[82] 그 직후 서울에서 3명, 이리에서 2명이 와서 한국민주당 이리 지부를 설립했다. 여느 도의 상황과는 달리 한민당은 1945년이 끝나기 전 전라북도에 지부 몇 개를 세웠다. 서울에서 인원이 파견돼 읍이나 군의 주요 인물을 한민당 지부로 끌어들인 뒤 다시 서울로 갔다. 전라북도에서 한민당은 "조직이 허약하고 부유층의 이익을 대변했다"고 미국은 말했다.[83] 이는 미국이 이들 정당에게서 명확한 이념을 가진 조직과 대중적 참여 및 지원 등을 기대하기 때문이었다. 미국이 보기에 위의 5명은 이리에 잘 조직된 정당을 만들지 못했다. 한민당 지도자들은 자신들이 대중적 지지를 거의 받지 못한다는 사실을 알고 있었다. 그러나 그들은 지방 군수·경찰서장·신한공사 직원이나 그 밖의 지방 관료 기구와 밀접한 관계를 맺은 소수의 개인이 있다면 대중의 지지보다 훨씬 낫고 강력하다는 사실도 알고 있었다. 서울에서 이리로 온 세 사람은 전라북도의 정치·경제적 상황과 깊은 이해관계를 가진 부재지주였을 가능성이 크다. 이리의 미군은 그 세 사람이 미군정의 쌀 매입과 배급 가격 설정에 지대한 관심을 나타냈다고 보고했다.[84]

1945년 말 이리 고문회의가 만들어졌다. 구성원 12명의 평균 나이는 50세였고 지주 2명, 마름 2명, 사업가 4명과 의사·기자·목사·"농민" 등으로 이뤄졌다.[85] 한 달 뒤 이리 경찰은 미군의 도움 없이도 잘 운영됐다—그리고 일제강점기의 역할과 거의 다르지 않았다. 경찰은 모든 사업과 교통·산업을 인가하고 정치조직의 공개적 집회와 "정치적 회합에서 이뤄진 정치적 연설"을 모두 기록했으며, 모든 단체와 시위를 통제하고 "모든 신문·잡지·방송과 선전영화"를 검열했으며, 일본인 재산의 관리와 처분을 전부 관할했다. 경시警視 전용만·전우선·박형박은 하나같이 "옛 경찰"이었으며 새로 임용된 사람들은 "그들의 감독과 지도를 받았다".[86]

미국은 자국의 후원으로 재편된 군을 인수한 관리들도 믿을 만하다고 생각했지만, 그들이 현재 질서를 바꾸거나 개혁하려고 하면 의심했다. 미국은 "다소 좌경적" 연설을 하고 인민당과 관련된 친척이 있다는 이유로 "공산주의자"라는 소문이 돈 최재명을 김제 군수에 임명했지만, 그의 활동과 행동을 주의 깊게 감시했다.[87] 이처럼 해방 후 전라북도의 정치에는 이분법적 논리가 횡행하고 있었다.

이 시기 전라북도에서는 특권적 지주 계층이 혼란기에 생존하는 고전적 사례를 보여주었다. 이리·김제·남원 또는 그 밖의 지역에서 통제할 수 없는 사건은 전혀 일어나지 않았다. 김성수의 고향인 고창군에서는 일본인에게서 미군(나아가 한국인)의 지배로 이행하는 과정이 순조로웠고, 사실상 거의 눈치채지 못할 정도였다. 상대적으로 편리한 전라북도의 교통이 이런 이행을 도왔다고 생각된다. 이를테면 중국이나 베트남의 상황과는 달리 관료나 경찰 또는 지주는 서울에서 열차를 타고 몇 시간 안에 이리에 도착할 수 있었다. 혹은 도 경찰부장은 전주에서 남원으로 신속히 이동할 수 있었다. 이런 접근의 편리함은 차이를 만들었다. 그러나 전라북도에서 강력한 인민위원회가 발전하는 데 가장 중요한 장애는 도의 비옥한 충적토가 산출한 부와 높은 땅값, 기업가적 정신이 좀더 투철한 지주의 압도적 세력, 유별나리만큼 높은 소작농 비율이었다고 생각된다. 전라북도는 부유했기 때문에 지주와 세입이 필요한 중앙정부의 큰 관심을 끄는 지역이 됐다. 아울러 김성수 같은 지주는 식민지 시기에 한국을 위해 온건한 행동을 한 것으로 널리 알려졌다. 그런 활동에는 학교(전라북도 고부학원 같은)를 경영한 것이 포함됐는데, 그 학교들은 식민지 시대에 일본인의 억압으로 기회를 상실한 한국인이 그나마 출세할 기회를 제공하고 민족적 전통을 보존하는 수단이 됐다. 군산을 거점으로 한 미곡 수출무역으로 전개된 산업화도 부농과 지주들에게 기회를 제공했다.

인구의 다수를 차지한 소작농과 관련해 해방 이후와 1946년 가을 남원군과 순창군에서만 반란이 일어났을 뿐 전라남도와 달리 비교적 조용했던 까닭은 두 가지였다. 첫째, 광범위한 지주 제도는 소작농을 다양한 방법으로 통제했다. 아울러 한국인 지주가 더 많아 전통적 관계가 덜 무너졌다. 식민 지배가 야기한 민족적 분열이 크지 않았기 때문에 전라북도의 많은 한국인 지주는 일본과 부적절하게 가깝다는 오명을 피할 수 있었다. 둘째, 전라남도에서 동척이 대부분의 토지를 소유한 것과 반대로 전라북도에 일본인 지주가 많이 존재했다는 것은 해방 뒤 그들이 고국으로 도망치면서 소작농에게 싼값으로 토지를 팔거나 그저 버렸다는 의미였다. 이런 과정을 보여주는 자료는 없지만 널리 나타난 현상이었다. 이것은 많은 소작농이 소작농의 지위라는 집단적 문제를 개인적 방법—일정 면적의 토지를 사거나 소유하는—으로 해결했다는 의미였다. 신분 상승 이동을 이용한 개인적 해결책의 가능성은 이처럼 전라북도 소작농의 연대를 약화시켰다. 집단적 해결책은 1930년대에 고향에서 이주한 소작농들에게서 좀더 뚜렷이 나타났다. 그러나 전라북도의 군 대부분은 상대적으로 인구 변화가 적었다. 고향에 남아 있던 소작농도 생활은 어려웠지만 토지를 잃거나 경작권을 빼앗기는 곤경은 겪지 않았다. 또한 그 지역의 풍부한 생산력을 감안하면 소작농을 한계까지 억누를 필요가 적었으며 실제로 자료는 소작권이 상대적으로 안정적이었음을 보여준다. 끝으로 미곡 수출을 비롯한 그 밖의 활동으로 분화된 지주계급은 강제적 방법보다는 보수를 넉넉히 지급하면서 소작농을 좀더 유연하게 통제했다.

경상남도 인민위원회

이 도 인민위원회의 세력과 급진성은 다른 모든 도보다 앞섰다. 인민위원회는 남해군을 뺀 모든 군에 존재했고 5개 군을 제외하고는 일정 기간 행정을 담당했다(〈그림 10〉 참조). 또한 경상남도는 1944~1946년 다른 도보다

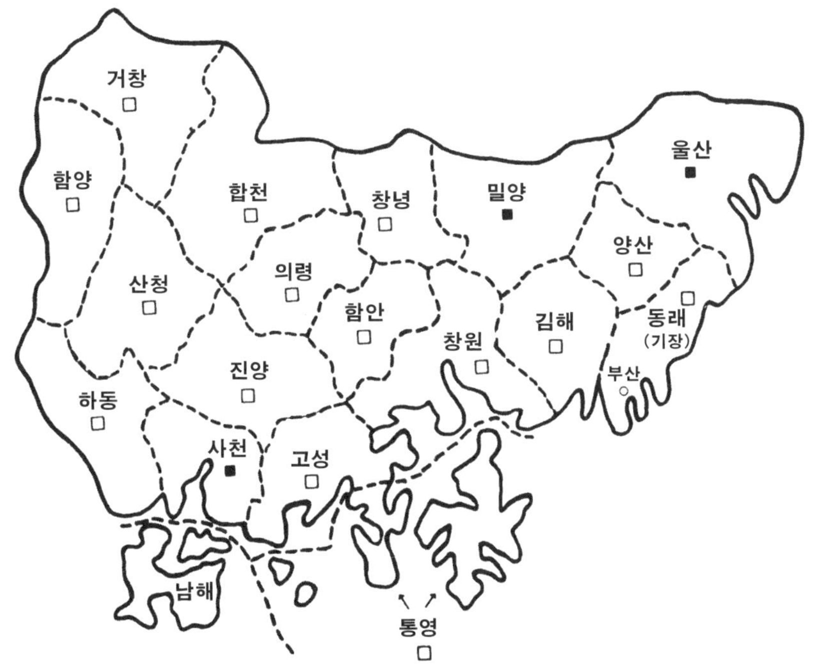

〈그림 10〉 경상남도 인민위원회.

인구 변화율이 높았으며 앞서 개략적으로 제시한 순위에 따르면 가장 근대화된 지역이었을 것이다. 소작률은 중간 정도였고 밀양과 김해처럼 소작률이 80퍼센트[88] 정도로 높았던 군은 특히 급진적이지 않았다. 적색농민조합은 1930년대 부산 서쪽의 군 대부분에서 존재했다. 8장에서 논의한 환경적 요인에 비춰보면 경상남도는 1945년 인민위원회가 성장하는 데 좋은 조건이었다.

경상남도에서는 높은 인구 변화를 겪은 군에서 특히 강력한 인민위원회를 발견할 수 있다. 인민위원회가 장악한 17개 군 가운데 15개 군은 1944~1946년 인구가 20퍼센트 이상 늘었다. 강력한 인민위원회와 두드러진 반란적 성향을 가졌던 마산과 진주는 각각 75퍼센트와 70퍼센트라는 놀라운 비율의 인구 증가를 보였다. 가장 급진적 군의 하나인 의령은 남한에서 가장 높은 73퍼센트의 인구 변화율을 기록했다. 함안과 진양도 그리 뒤떨어지지 않는 40~50퍼센트를 기록했다. 이처럼 부산 서쪽의 군들과 소도시를 포함한 지역은 한국에서 인민위원회가 가장 견고히 자리 잡고 인구 변화율이 가장 높은 지역이었다.

1930~1940년 4개 군만이 인구가 줄지 않거나 3퍼센트 미만으로 늘어났다. 그 가운데 동래군은 부산의 존재가 결과를 왜곡시킨다는 이유로 무시해서는 안 된다. 남해는 1930~1940년 인구가 12퍼센트 정도 늘었으며 1944~1946년 도 안에서 가장 낮은 증가율을 보였다. 또한 이곳은 급진성이 낮은 군이었다. 사천 인구도 1930년대에 10퍼센트 정도 늘었고 1944~1946년에 증가율이 높았지만 급진화는 두 번째로 낮은 군이었다. 유일하게 변칙적 모습을 보인 김해는 1930년대에 인구가 2퍼센트밖에 늘지 않았지만 1944~1946년 40퍼센트에 가까운 큰 증가세를 보였다—실제로 그렇게 크게 변칙적인 것은 아니었다. 이처럼 인구의 증감이 극단적인 경우는 대부분 그 지역의 급진성을 예고했다. 경상남도로 돌아온 사람 가운데는 일본에 강제로 끌려갔던 부류도 많았지만 북한과 만주에서 돌아온 인물도 많았다. 미군은 전라남도에서 사용한 방법으로 그곳의 인민위원회를 뿌리 뽑으려고 했지만, 그런 시도는 식민지 시기 후반 경상남도에서 일어난 큰 혼란

과 인민위원회 및 그와 연결된 단체에 동원될 수 있는, 깊은 실망감과 분노심을 지닌 사람들이 계속 유입되면서 좌절됐다.

조금 막연한 요인도 이곳에서 인민위원회의 강세를 도왔다고 생각된다. 경상남·북도 모두 반항적 경향이 짙기로 유명했다. 이를테면 1919년 3·1운동 참가자에는 다른 도보다 경상도 출신이 더 많았다.[89] 또한 이곳은 일본과 근접해 식민 지배의 색채가 더욱 뚜렷했다. 경상남도 부산과 경상북도 대구에서 적어도 일본인이 사는 지역은 일본 도시와 매우 비슷했다. 그 지역은 일본인과 가장 활발히 접촉하고 큰 변화가 일어난 곳이었다. 또한 경상도는 분리주의적 전통을 갖고 있었는데, 독특한 사투리는 이를 강화했다. 저명한 좌익 몇 사람은 경상남도 출신이었는데, 옌안파의 중요한 지도자 김두봉金枓奉과 여운형의 측근 장건상은 동래에서 태어났다. 김원봉의 고향은 밀양인데, 1946년 3월 그가 그곳을 방문했을 때 큰 환영을 받았다고 보고됐다.[90]

경상남도의 공백기는 전라남도보다 상당히 짧았다. 앞서 언급한 대로 9월 16일 처음 부산에 도착한 미국 시찰단은 자국으로 돌아가는 일본인과 일본에서 돌아오는 한국인이 뒤섞이면서 도시가 극심한 혼란에 빠져 있는 것을 발견했다. 부산은 참담한 모습이었다—곳곳에서 난민이 노숙했고 상점과 은행은 문을 닫았으며 거대한 군중의 이동을 빼면 도시는 멈춰 있었다. 기관총을 든 일본군이 주요 도로를 지켰다. 수많은 일본인이 본국으로 탈출하려면 이 항구를 굳게 장악해야 했다.[91]

부산 인민위원회의 발전과 관련해 남아 있는 정보는 서로 모순된다. 미군은 "수많은" 일본군이 부산을 통제했지만 3000명의 병력과 본부, 12개의 지부를 가진 부산 치안대가 그 도시의 "여러 경찰 기능을 수행했다"고 보고했다.[92] 치안대는 일본군의 직접 통제를 받지 않는 부산 일부 지역의 치안을 담당한 것으로 보인다. 도 단위에서는 윤일이 이끄는 인민위원회가 있었지만, 시 행정을 운영하지는 못한 것으로 보인다. 그러나 노동자위원회는 수많은 공장을 인수하는 데 성공했다. 몇몇 사례에서 그들은 우선 후보자를 모집한 뒤 적합한 능력을 가진 사람을 공장장으로 선출해 공장을 운영했는데, 남한 전역에서 노동자위원회가 시행한 일반적 방법이 됐다.[93]

미군은 9월 28일 부산의 치안대를 해산시켰다.[94] 그런 뒤 인민위원회를 정당으로 재편하도록 지시하고 정부가 됐다는 그들의 주장을 기각했다. 그 결과 10월 5일 인민위원회 지도자들 사이에 분열이 일어나 일부는 인공과 관계를 유지했지만 다른 일부는 새로 결성된 인민당에 참여했다(6장 참조).[95] 제40사단은 일본인 시장 도야마 오사무의 임기를 10월 6일까지 늘린 뒤 그와 일본인·한국인 부하 직원을 몇 주 동안 고문으로 고용했다.[96] 그들은 그 일본인과 한국인, 그 밖의 "저명한" 한국인의 조언에 따라 도의 고위직을 임명했다.[97] 일본인 도 경찰관은 10월 20일에야 해고됐는데, 그 시점에 도 경찰의 한국인 2900명 가운데 1600명이 배치됐다.[98]

일본이 항복한 뒤 몇 주 동안 일본인들은 미군에게 경상도의 한국인은 믿을 수 없으며 매우 변덕스럽다고 조언했다. "미군정이 정치권력을 한국인에게 넘기려 한다면 한국은 공산화될 것입니다. 공산주의 이념은 한국인에게 깊이 뿌리내려 있습니다."[99] 이런 발언은 한국의 정치권력이나 자치 정부를 공산주의와 긴밀히 연결시키고 있다. 물론 식민지 시대 일본인 관료의 마음에서 두 사안은 거의 같은 의미였다. 불행한 일은 그런 주장이 미군을 설득시켰다는 것이다. 그 결과 "한국의 급진 세력에게 큰 멸시를 받았지만 많은 일본인 관료가 일정 기간 자리를 유지했으며, 몇 달 동안 지속된 사례도 있었다".[100]

전라도와 마찬가지로 경상도에서도 일제강점기에 근무한 한국인 경찰은 치안을 유지하는 핵심 세력으로 다시 편성됐다. 그 뒤 미국의 조사에 따르면 식민지 시대 비밀경찰 조직인 특고경찰特高警察 출신이 여러 경찰 고위직에 임명됐다. 1945년 이전 이 비밀경찰의 활동은 "한국인을 감시하고 자신의 일본인 상관에게 반일·반전·반제反帝운동과 관련된 정보를 제공하는 것부터 문학·연설·집회와 관련된 모든 행동을 감독하고 통제하는 것에 걸쳐 있었다".[101] 이 특고경찰로 근무한 적 있는 도 경찰관은 회계부장 하반락, 동래경찰서장 강낙중, 도 경찰 형사부장 이대우 등이었다.[102]

미군이 10월 초 대부분의 군을 장악했을 때 인민위원회는 거의 모든 군을 통치하고 있었다. 지주나 전직 관료가 인민위원회를 이끄는 사례는 전라남도보다 경상남도가 좀더 적다고 판단되며, 실제로 보고된 바는 없다. 함양에서는 전수하가 이끈 이른바 "귀환 학도병"이 군 행정을 이끌었다. 그들은 1944년 일본군 복무를 피해 가까운 산으로 도망쳤던 사람들이다. 그들은 함양으로 돌아오자마자 군 행정권을 장악하고 옛 한국인 경찰과 관료를 투옥했다.[103] 함안·통영·진양군의 인민위원회는 대부분 농민이 지도부를 형성했으며,[104] 10월 하동에서는 인민위원회가 지주들을 투옥했다고 보고됐다.[105] 인민위원회가 특히 강력했던 거제도에서는 26세의 성낙현이 위원장을 맡을 정도로 지도부가 젊었다.[106]

지방 인민위원회가 군 행정을 장악하지 못한 울산 같은 지역에서도 강력한 산하 조직이 존재했다. 울산 농민조합에서 나온 서류는 소작농이 지주에게 소작료로 수확물의 30퍼센트 이하를 주어야 하고, 울산 인민위원회가 앞서 일본인이 소유한 농지를 모두 관리·운영해야 하며, 두 조직의 구성원은 군정과 "우호적" 관계를 형성해야 한다고 주장했다. 또한 그것은 인민위원회와 농민조합에 공통된 구성원이 많다는 사실을 숨겨야 한다고 촉구했다.[107] 삼천포에서는 인민위원회가 그 지역을 장악했다는 보고가 없었지만, 10월 15일에는 이전 군수가 납치됐다.[108]

여느 도의 상황과 달리 경상남도의 미군 야전부대는 군정중대가 도착하기 전 인민위원회 문제에 계속 개입했다. 미군은 인민위원회를 무너뜨리고 이전 군 관료나 부산에서 새로 파견된 관료가 자리를 잡도록 거듭 관여했다. 이런 난폭한 정책에 인민위원회도 똑같이 난폭하고 위험한 행동으로 맞섰다. 다른 도를 장악한 여러 인민위원회와 달리 경상남도 인민위원회는 자신들이 세운 새 질서가 전복되는 데 반대하고 힘에는 힘으로 계속 맞섰다. 그 도에서 일어난 미군과 인민위원회의 충돌은 1945년까지 폭력적 무질서를 야기했다.

군 인민위원회를 처리할 목적에서 제40사단은 "표준작전규정"을 채택했다.

지역을 점령하는 야전부대는 지방관청의 전직 책임자가 일본인일 경우 추방

> 하지만, 필요하다면 고문으로 남겨놓는다. 그 밖의 일본인은 되도록 빨리 한국인으로 대체한다. 관청의 책임자가 한국인이라면 적합한 대체 인물이 발견될 때까지 그대로 둔다. 정당(곧 인민위원회)이 전직 관리들을 몰아내고 관청을 장악했다면 그 정당이 임명한 관리를 체포하고 적합한 인물을 대신 임명한다. 전직 경찰은 유용하고 적합할 경우 등용하며, 필요하다면 (미)군이 지원한다.[109]

전직 경찰은 대체로 즉시 임용되지는 않았지만, 현지 임무로 되돌아갔다. 그러나 전직 관리는 미군의 존재 없이는 제대로 임무를 수행할 수 없었다. 특히 경찰서와 파출소가 기능하려면 미군이 필요했다.[110] 미군이 철수하자마자 인민위원회는 대부분 다시 권력을 장악했으며 미군이 임명한 관리를 가두기도 했다. 그러고 나면 미군이 되돌아왔다. 이런 과정은 하동·통영·양산·고성·함안 등의 군에서 일어났다.[111] 한국인이 일본인 200명을 가두고 미군이 새로 임명한 군수의 집을 약탈한 사건이 일어난 뒤 10월 12일 통영에는 계엄령이 선포됐다.[112] 미군이 임명한 군청 관리와 경찰을 투옥한 사태는 고성과 함양에서도 일어났다. 10월 야전부대는 마산·진주·울산·김해·하동의 파업을 진압했다.[113] 이처럼 미군이 경상남도에서 추진한 일반적인 정책은 "도 전체에서 군·면 관리에 스스로 오른 사람은 해임하고 직위를 빼앗은 사람은 물러나게 하며 일부는 투옥시키는" 것이었다. 10월 24일 미군은 15개 군의 인민위원회를 해체하려고 시도했다.[114]

면 이하에서 사상이나 정파의 지지는 분명하지 않았고 미군의 정책은 더욱 모호했다. 11월 22일 도 군정은 면의 관리 선출권을 인민위원회에서 박탈하고 "한국의 오랜 전통에 따라" 가문을 대표하는 원로에게 되돌려주었다.[115] 미국인과 그들에게 조언한 보수적 한국인들은 이런 조치가 면에서 인민위원회의 영향력을 박탈하고 옛 질서와 전통적 사회질서를 전체적으로 강화하기를 바랐다. 12월 그런 목적의 선거가 치러졌다—그리고 촌로들은 인민위원회에 소속된 인물들을 면사무소 직책의 절반 정도에 선출했다.[116] 어떻게 이런 일이 일어났는가?

연구에서 보여주고자 노력했듯이, 인민위원회는 "급진 세력"이나 공산주의자가 자신이 선호하는 인물을 골라 조직한 것이 아니었다. 그들은 특정한 군이나 면을 장악한 사회층의 구성을 가장 정확히 반영했다. 인민위원회의 지도부는 지방 지주부터 자작농과 소작농, 일제 치하에서 근무한 한국인 관료, 1930년대 농민조합 지도자와 공산주의자까지 걸쳐 있었다. 공산주의자가 인민위원회를 이끄는 경우는 대부분 견결한 항일운동 경력이나 소작농이 갈망하던 공산주의적 토지 개혁안 때문이었다—어떤 기만적인 "조직력이라는 무기"나 공산주의자만 지도자가 될 수 있다고 믿게 만든 음흉한 술책 때문이 아니었다. 공산주의든 아니든 정치조직은 현재의 요구와 불만에 호소해 지지를 얻어내는 능력에 성패가 달려 있다. 1945년 한국에서 오랫동안 억눌린 경제적·사회적 불만에 더해 수많은 공산주의자가 일제 치하의 감옥에서 풀려나 고향으로 돌아오면서 공산주의가 갖게 된 정통성의 후광에 힘입어 그들이 여러 인민위원회를 지배할 수 있었던 것은 분명하다. 그러나 촌로와 면 인민위원회 위원은 서로 겹칠 가능성도 있었다. 촌로가 인민위원회 위원을 얼마나 많이 선발했는지는 알 수 없지만, 상당한 비율이었을 것으로 추측된다.

어쨌든 경상남도에서는 촌로들이 면 인민위원회 위원을 뽑았다는 것이 이상한 일은 아니었다. 그러나 불행히도 미군은 인민위원회 지도자들을 싸잡아 급진적 공산주의자라고 보았다. 자기충족적 예언처럼, 그 전반적 효과는 인민위원회의 급격한 좌경화로 나타났다. 모든 단위에서 대부분 공산주의자와 비공산주의자의 연합이었던 인민위원회는 스스로를 방어해야 하거나 자신들이 모두 범죄의 혐의를 받고 있다는 사실을 깨달았다. 자신을 희생해 싸우려는 사람들이 나타난 것은 놀라운 결과가 아니었다. 유약한 사람은 낙오했지만, 일제 치하에서 박해받고 단련된 경험 덕분에 공산주의자들은 강인하게 투쟁할 수 있었다. 어떤 의미에서 미군은 자신들이 바란 결과를 얻었던 것이다.

미군은 1945년 가을 경상남도 군 인민위원회를 해체시키려고 꽤 지속적으로 노력했지만, 군 인민위원회는 이듬해 봄에도 여전히 강력했다. 그들은 많은 군에서 세금을 걷고 곡물 수확을 관리했으며 주요 통계를 집계했다. "요컨대 (인민위원회는) 정부 권력과 비슷한 광범한 지배권을 행사했다."[117] 많은 군에서 미군이 쌀을 공출하지 못했다는 사실은 인민위원회의 세력이 유지됐음을 입증했다. 하동·고창·합천에서 걷은 쌀을 운반하려는 시도는 지역 농민의 거센 저항에 부딪혔다. 그들은 군정청 트럭을 에워싸고 보내지 않았다.[118] 미군은 이렇게 대응했다.

> 군정에 대한 이런 위협은 1946년 4월 1일까지 멈추지 않았다. 그 시점에서 군정은 도 전체의 좌익 세력을 숙청하기 시작해 300여 명을 체포했으며 (…) 수많은 하위 공무원은 물론 군수 4명과 경찰 160명을 석방했다. (…) 이런 숙청 이후 주민은 고무돼 좀더 협력하기 시작했고 군정을 합법적 정부로 인정했다.[119]

미군 당국과 그 아래 고용된 한국인들은 4월 거창·의령·하동·함양을 깨끗이 소탕했다. 하동군에서는 경찰서장과 군수, 모든 면장이 해임됐다. 그들은 대부분 체포됐다. 하동에서 작전이 시작된 그날 밤 군청을 비롯한 몇몇 건물이 완전히 불탔다. 미군 야전부대가 진입해 해 뜰 때부터 해 질 때까지 통행을 금지시켰다. 지역 주민들은 협력하지 않았고 누가 건물을 태웠는지 말하지 않았다.[120]

그 뒤 몇 달 동안 경상남도 각 군의 주민들은 어느 쪽이 합법적 정부인지 혼란스러워했다. 1946년 가을 여러 군에서 유혈 폭동이 일어났다. 그것이 진압된 뒤에야 도는 비교적 통제됐다. 전라남도 서남부 군에서는 1946년 초 전면적 숙청이 인민위원회를 근절하는 데 충분했지만, 경상남도에서는 그것을 거듭 시행해야 했다. 이 두 지역의 차이는 1945~1946년에 걸쳐 경상남도에서 인구 급증이 불러온 심각한 영향과 긴장을 보여준다. 일본에서 돌아오는 배마다 가득 탄 사람들은 인민위원회에 새로운 인력 공급원이 되었다. 그들은 넓어진 시야를 갖고 있었다. 그들은 한국에서 풀어야 할 원한이 있었다. 그들은 미국이 구축한 정치적 질서에 제대로 적응하지 못했다. 도에서 강력한 인민위원회가 끝내 사라진 주요 원인은, 통치 기능을 행사한 남한의 다른 인민위원회와 마찬가지로, 그 지역에서 활동하는 강력한 무장 세력의 부재와 자신들이 지배하고 있는 주민들을 정치적 적대 세력으로부터 보호하지 못한 인민위원회 지도자들의 무능이었다고 생각된다.

경상북도 인민위원회

여러 측면에서 경상북도는 경상남도의 일부로 다뤄져야 한다. 그곳도 처음 제40사단 야전부대의 점령을 받았으며 "표준작전규정"이 적용됐다. 모든 군에 인민위원회가 있었다(〈그림 11〉 참조). 그러나 경상북도와 관련된 점령 초기의 정보는 매우 제한돼 있다. 인민위원회는 〈그림 11〉에 나타난 것보다 더 많은 군을 실제로 지배했다고 추정된다.

여러 도 가운데 경상북도는 1944~1946년 인구 증가가 두 번째로 높았다. 22개 군 가운데 12개 군에서는 1930년대에 인구의 절대 수치가 줄었고 8개 군에서 인구가 늘었지만 대부분 미미한 수치이며 2개 군만 의미 있는 증가세를 나타냈다—영덕은 1930~1940년 10퍼센트 이상 늘었고 해방 후 인구가 약간 유입됐지만 도 전체에서는 가장 작은 규모였으며, 같은 인구 유형을 보인 봉화도 1930년대에 약간 더 적게 늘고 1944~1946년 약간 더 많이 유입됐다. 예상대로 영덕은 경상북도에서 가장 온건한 군 가운데 하나였지만, 봉화는 상당히 급진적이었다. 그러나 봉화는 멀리 떨어진 산악지대로, 논농사를 지을 수 있는 토지는 40퍼센트가 되지 않았다. 급진성은 같은 도의 울진 및 강원도의 강릉·삼척 같은 해안 지역의 군과 동일한 조건으로 설명할 수 있다(다음 참조). 대구를 둘러싼 중심부의 군—의성·선산·군위·달성·성주·고령·칠곡·영천·경산·청도—에서는 그 지역을 완전히 차지하지는 않았지만 강력한 인민위원회가 존재했으며 1946년 가을 봉기의 거점이 됐다. 이 군들은 모두 1930년대에 인구가 감소하고 1944~1946년 급증한 유형과 맞아떨어졌다. 1945~1946년 현지에서 보낸 미군의 보고에서도 귀국자, 특히

〈그림 11〉 경상북도 인민위원회.

강제 징용된 노동자들이 사회적 혼란을 이끌었다는 객관적 증거를 많이 제시했다. 보고에 따르면, 노동자를 해외나 북한으로 보낸 관료에게 앙갚음을 한 사례가 많았다.

주변부 군들에서 인민위원회는 주로 지리적으로 고립된 덕에 그곳을 장악했다. 〈그림 11〉을 보면 인민위원회가 통치한 8개 군 가운데 6개 군은 해안이나 경상북도의 경계지역에 있다. 지리적 위치는 일본에서 미국의 지배로 넘어가는 공백기를 상대적으로 길게 했다. 그 때문에 1946년 초 미국의 정치 보고와 정보에서는 아직도 그 군들을 인민위원회가 장악한 것으로 서술했다고 생각된다.

경상북도의 도로와 통신 시설, 문자 해독률, 도시화와 산업화는 경상남도보다 낮았지만 다른 도보다는 높았다. 이 도는 1946년 극심한 실업 문제에 시달렸지만 남한의 다른 도와 견주면 농촌이 절망적으로 가난하지는 않았다. 인구 비율에서는 완전한 소작농이 35퍼센트(소자작농까지 더하면 57퍼센트) 정도로 중간 수준이었다. 아울러 소작농과 자작농도 다른 도보다 대체로 넓은 면적을 경작했다.

그러나 경상북도의 상황은 복합적이었다. 문경·봉화처럼 멀리 떨어진 군은 몹시 가난했다. 1946년 기근이 덮쳐 문경의 농민은 풀뿌리와 나무껍질로 연명했고 봉화에서는 식량 폭동이 일어났다.[121] 1946년 3월과 6월 1만 6000명 정도의 난민이 문경으로 들어오면서 식량 사정이 긴박해져 "어디에도 쌀이 없었다".[122] 문경의 광부 약 2600명은 1945~1946년 대부분의 기간에 일자리를 잃었다. 그러나 문경은 경상북도에서 예외적 지역이었다. 한때 그곳은 전병용이 이끄는 인민위원회가 다스렸다. 그리고 1946년 2월 말까지는 보수적 정당이 존재하지 않았고 인민위원회와 그 산하의 청년 조직·농민조합·노동조합만 있었다.[123] 1945년 가을 "범죄" 혐의로 1946년 3월 지방 인민위원회 지도자들이 체포되기까지 문경에서는 소요가 일어나지 않았다.[124] 1946년 가을 봉기가 경상북도 전체를 휩쓸었을 때도 문경은 영향을 받지 않았다. 문경을 비롯해 가난하고 외진 영양 같은 지역에서 인민위원회가 일찍 등장해 강력히 활동한 까닭은 지리적 위치와 상대적으로 긴 공백기에 있었다. 이런 군에서 인민위원회가 유혈로 진압된 것은 그곳 주민들이 경제적 파멸 직전에 있어 강력한 정치조직을 유지하지 못했기 때문으로 생각된다. 이런 군은 전라남도의 완도·진도·해남과 같은 범주에 들어간다.

경상북도 군 정치 상황의 대체적 흐름은 안동·군위·의성·달성·예천·영천 등 중심부에 위치한 군에서 드러난다. 이 지역에서는 전라남도 여수·순천 지역과 비슷한 정치적 정세가 나타났다—강력하지만 완전한 통치권을 행사하지 못한 인민위원회가 여러 세력의 미미한 반대와 공존한 상황이다. 사실 이런 유형은 도청 소재지인 대구와 국방경비대 경상북도 연대에서도 나타났다.[125] 1946년 가을까지 각 군 인민위원회는 간헐적으로만 탄압받았기 때문에 지지 세력을 규합할 시간을 확보할 수 있었다. 해방 후 14개월 동안 경상북도 대부분에서는 실질적인 위기가 발생하지 않았다.

경상북도에 적용된 미국의 정책은 경상남도와 거의 다르지 않았다. 그러나 불편한 교통·통신 시설과 각 군의 복잡한 정치적 상황 때문에 시행하기는 좀더 어려웠다. 경상북도의 강력한 인민위원회는 경상남도보다 상당히 많은 지지를 받은 보수 우익 정당과 자주 공존했다. 인민위원회를 탄압하는 것은 쉽지도 순조롭지도 않았다.

제40사단의 표준작전규정에 따라 행동한 미군 야전부대는 일제강점기에 도지사이자 친일파로 악명 높았던 김대우를 군정에 고용했다.[126] "김대우는 군수를 비롯한 지방 관리를 대폭 교체했으며 일본인을 추방하고 한국인을 임명했다." 그 결과 혼란이 빚어졌고, 친일파라는 평판과 맞물리면서 그는 자리를 유지할 수 없었다.[127] 10월 11일 "정치학자로 이름 높은" 에드윈 헨 대령이 김대우를 대신했다. 그러나 헨은 김대우를 자신의 고문으로 근무케 하고 "그 도의 모든 정치조직은 명칭·목적·인원·회계를 미군 당국에 신고하라"고 명령했다. 그는 "허가받지 않은 정치적 선전물을 배포하고 사유재산을 빼앗거나 파괴하는 행위를 금지했다". 또한 그는 정치학자라도 자민족 중심으로 행동할 수 있음을 보여주었다. "영어를 할 수 있는 모든 한국인은 고용될 수 있었다."[128]

헨과 미군들은 대구에서 일본인 관료들을 한 달 동안(10월 6일~11월 6일)

현직에 유임시켰다. 일본인 경찰은 고문으로 좀더 오래 활동했으며 "그 아래의 한국인은 그들을 대리해 임무를 수행했다. (…) 일제강점기에 경찰이었던 한국인 가운데는 퇴직했다가 고위 경찰로 복귀한 사람도 있었다".[129] 자리에서 "쫓겨난" 경찰은 복직됐다. 그러나 경찰은 "대일 협력자로 경멸받았기" 때문에 사기가 계속 낮았다. 경찰서는 1946년 1월까지 모두 "탈환됐다". 그 뒤도 경찰 정원은 2200명에서 3100명으로 늘었다.[130] 경상남·북도를 비롯한 여러 도에서 미군은 일제강점기보다 50퍼센트가량 많은 경찰을 고용했다. 이런 경찰력의 증강은 전후 한국에서 동원 체제가 강화되고 통제의 필요성이 높아진 상황을 보여주는 하나의 지표로 볼 수 있다.

1946년 초 미군은 김병규를 새 지사로 임명했다(헨은 1945년 말 해임됐다). 김병규는 총독부 내무국의 고위 관료였다.[131] 하위직에 대한 비슷한 인사를 비롯해 이런 조치는 도 행정을 믿을 만한 통제 아래 두는 데 상당히 유효했다. 대구에서는 이성훈·조중식·김일식이 이끄는 견고한 인민위원회가 해방 후 첫해 동안 시정을 계속 장악했다. 이 도청 소재지의 보수 세력은 주로 도청과 경찰에 자리 잡았다. 1946년 3월 미국 정보원은 대구의 우익 정당은 아직도 소수이며 "대부분 활동을 중단했다"고 보고했다.[132] 1946년 여름 우익과 좌익 집단은 서울의 좌우합작위원회의 활동에 맞춰 지방에서도 합작을 추진했다. 경상북도의 조직은 대구지역평의회였다. 이런 조치는 우익과 좌익이 불안하게나마 공존하면서 대구의 정치를 경상북도 여러 군의 정치와 일치시키는 효과를 가져왔다.

미군 야전부대는 1945년 10월 하순 경상북도의 모든 군을 점령했다. 봉화·칠곡과 동부의 군 대부분에서 야전부대는 인민위원회의 행정을 감독하는 것 이상은 하지 못했다.[133] 그 뒤 군 단위 이하의 인민위원회들을 무너뜨리려는 시도는 성공하지 못했고, 인민위원회 간부들은 면 단위를 계속 지배했다. 10월 29일 제99군정중대가 대구에 도착한 며칠 뒤 군정부대는 도 전체에 자리 잡았다. 그들은 이런 정책을 추진했다. "군정의 활동과 주민을 대하는 태도는 적국에서 쌓은 경험을 모범으로 삼으며, 교전하고 있는 적대국을 점령한 군대가 통상적으로 받는 지시와 훈련에 따른다."[134] 그러나 4장에서 본 대로 1945년 한국을 적국으로 규정한 공식 정책은 발표되지 않았다. 경상북도에 위와 같은 정책이 적용된 것은 사실상 식민지 시대의 일본인·한국인 관료는 해방되고, 인민위원회와 관련된 한국인은 적이 됐다는 의미였다. 적어도 경상북도의 적대적 지역에서 적과 해방된 국민 사이의 구별은 "명확히 구분되거나 체감되지 않았다"고 판단된다.[135]

각 군정중대는 인민위원회 지도자를 추방하고 대구 도청이 임명한 군 관리를 임명했다. 그들을 선발한 기준은 "일제 치하에 근무하면서 쌓은 경험의 분량"이었다.[136] 다른 도와 마찬가지로 이 관리들은 미군 부대에 힘입어 자신들의 위태로운 권한을 보호해야 했다. 경상남도처럼 일본 등지에서 돌아온 사람이 계속 유입된 것은 인민위원회 지도자들이 체포되면 새로운 인물이 자리를 대체할 수 있었다는 뜻이었다. 이런 현상은 인구가 급증한 대구 주변의 군에서 특히 뚜렷이 나타났다. 그런 군의 인민위원회는 해방 뒤 1년 동안 군청 이하를 지배하거나 자기 조직을 유지하는 데 필요한 힘을 길렀다. 인민위원회가 세력을 유지한 핵심적 환경 요인은 안동·김천·상주·영주·영양처럼 전략적으로 중요한 지역에 인민위원회의 영향력을 이른 시기에 깊이 뿌리내린 것이었다. 안동은 낙동강을 오가는 선박의 종착지이자 여러 철도와 고속도로의 교차점이었다. 김천·상주·영주·영양은 경상북도 중심부의 충적 분지로 가는 주요 산간 도로의 입구였다.[137] 그러나 이런 군에 강력한 인민위원회가 존재한 것은 반대 세력 또한 이런 전략적 거점을 장악하려 했다는 의미였다. 다른 곳보다 이런 군에서 경상북도의 일반적 현상인 우익과 좌익의 위태로운 공존이 나타났다.

안동에서는 서병노가 이끈 군 인민위원회가 강력한 조직을 갖추고 군 정치를 주도했지만 군청의 직위를 차지하지는 못했다. 그렇더라도 인민위원회와 농민조합은 멀리 떨어진 면과 리를 지배했으며 안동시에서 시위를 벌이는 데 5000명을 동원했다.[138] 하지만 안동에는 한민당과 독촉의 지부도 있었고 우익은 1946년 초 군청을 지배한 것으로 보인다. 이를테면 우익의 우세로 안동은 쌀 공출 할당량을 채운 소수의 군 가운데 하나였다.[139] 아울러 안동 경찰은 안동뿐 아니라 이웃한 예천과 영주에서도 인민위원회 및 좌익 활동가를 탄압하는 데 계속 동원될 정도로 신뢰를 받았다. 그들은 3·1절 기념 시위가 일어난 뒤 안동 서부의 구담동九潭洞에서 63명을 체포했으며[140] 3월 하순 영주에서 유명한 좌익 만담가 신불출의 공연 뒤에 일어난 폭동을 진압했다.[141] 1946년 초 미국은 불온 세력을 몰아내려는 목적에서 안동 군청의 관리 몇 사람을 교체했다. 이를테면 5월 그들은 군 경찰의 새 서장으로 강일석을 임명했다. 강일석은 일제강점기 충청북도에서 군수와 경찰을 지냈다.[142] 그 무렵 영주와 예천에서 상당히 강력한 우익의 시위가 자주 보고된 것으로 미루어 이웃한 군에서도 비슷한 정치적 현상이 뚜렷이 일어난 것으로 보인다. 예천에서 우익과 좌익은 축구 시합을 자주 열었는데 늘 싸움으로 끝났다.[143]

이처럼 좌익과 우익이 결정적 우세를 보이지 못한 채 공존한 상황은 영덕·영일·경주 등 해안에 인접한 군에서 널리 나타났다. 1946년 봄의 보고에 따르면 인민위원회는 이 군들에서 강력했지만 보수 세력이 침투하고 있었다. 영덕에서는 인민위원회가 우세했지만 "상층계급"의 지원으로 독촉 지부가 조직됐다.[144] 해안에 인접한 포항시에서도 같은 현상이 나타났다.[145] 경주에서는 인민위원회가 2개 면을 빼고 모두 장악했지만 군 경찰서장과 군수는 군민들에게 "신뢰받지 못한" 일제강점기의 관료였다. 포항의 고위 경찰은 거의 모두 식민지 시기의 경찰이었다. 그들은 자신들을 혐오하는 일부 미군에게 자신들은 죄수를 구타하지 않고는 경찰서를 운영할 수 없다고 말했다.[146] 그들을 비롯한 경상북도 경찰은 정치적 반대 세력을 진압하는 주요 수단으로 쌀 공출과 배급을 사용했다. 경찰에 협력한 사람은 공출량을 줄여 주거나 배급권을 더 주었다.[147] 5장에서 언급한 대로 총과 배급권을 가진 사람이 한국에서 모든 것을 통제할 수 있다는 하지 장군의 관찰은 분명 정확했다.

1946년 3월 인민위원회는 선산과 영양에서도 지도자들이 여러 면의 행정직을 차지하고 쌀 공출 사무를 조직하면서 세력을 뚜렷이 나타냈다.[148] 상주 인민위원회는 옛 서당(한문을 가르치는 전통적 사립학교)을 학교로 운영해 각 면 인민위원회에서 선발된 학생들을 가르쳤다. 그러나 3월 말 서당은 문을 닫았고 교재는 서울로 보내져 검열을 받았다.[149] 우익과 좌익이 공존하고 인민위원회에 소속되지 않은 군수와 인민위원회 출신 면장이 함께 집무하는 경상북도의 혼란스러운 모습은 한 미군 장교가 영양군 인민위원회 위원장과 나눈 면담에서 묘사됐다.

> 주민 80퍼센트가 인민위원회에 소속돼 있고 그것을 신뢰한다. 이 사람들은 군수 오씨가 편협하고 한민당 사람들만 챙기기 때문에 좋아하지 않는다. 그 당은 소수만을 대표한다. 군수는 인민위원회를 좋아하지 않는데, 그는 일제 때 관료였고 인민위원회를 오해하고 있기 때문이다. 그는 사람들이 자신을 좋아하지 않는다는 것을 알고 있기 때문에 자신도 그들을 싫어한다. 6개 면의 면장은 직책을 수행하지 않고 있었다. 일제 때 관료였던 그들이 면장인 것을 사람들이 바라지 않았기 때문이다.[150]

위 발언의 일부는 과장이라고 치부할 수도 있지만, 이 인민위원회의 세력은 주목할 만하다. 영양군 인민위원회는 군내의 궁핍한 사람들에게 지급할 쌀을 살 만한 자금 170만원을 걷을 수 있었다.[151]

영양군 지방사를 보면 미군이 경상북도에 도착한 지 몇 달 만에 군수 임명에 뚜렷한 유형이 나타났음을 알 수 있다. 위에서 인용한 오씨는 1945년 10월 13일 영양군수에 임명된 오광진이다. 그는 해방 전 의성군 내무국장과 군위군수를 지냈다. 오광진의 후임은 1946년 5월에 임명된 신원재로 역시 군위군수를 지냈다. 미군이 도착했을 때 영양군수는 이화원으로 1943년부터 그 자리에 있었다. 그는 오광진이 영양군수로 오면서 예천군수로 옮겨갔다.[152] 이처럼 작은 지역에서는 그 밖의 지역과 마찬가지로, 식민지 때 관료가 쫓겨나는 대신, 일제가 그렇게 했던 것과 비슷하게 이곳에서 저곳으로 그저 옮겨갔을 뿐이다. 이런 경우 예전의 "상피제相避制"는 일본의 이익에 봉사한 관료가 다시 미국의 이익에 봉사하게 만들었다.

영양에서 유력한 가문이 지방 관청의 요직에 자기 친족을 임명할 수 있었던 것은 남한 전체에서 반복된 관행의 축소판이었으며, 위협받은 지배층은 해방의 혼란을 뚫고 자신의 영향력을 침투시킬 수 있었다. 영양의 부유한 지주 가문 출신인 조준영은 1945년 8월 충칭 임시정부 귀국환영위원회 지부장으로 등장했다. 그 뒤 그는 환영위원회와 마찬가지로 한민당에 입당했다. 미군이 영양에 도착한 뒤 그는 근처인 문경군 경찰서장에 임명됐다. 계속해서 그는 상주군과 도청 소재지인 대구시 경찰서장이 됐다. 1950년 1월 도경 경찰국장에 올랐다. 그의 형 조헌영은 한국민주당 창당 발기인으로 그 뒤 한민당 도 지부의 수장이 됐다. 그는 1948년과 1950년 선산에서 국회의원에 선출됐다. 장남 조근영도 한민당의 도 지부 지도자였으며 일제강점기에도 평의회 평의원을 지냈다. 넷째 조용기도 형들과 마찬가지로 영양에 거주하면서 이승만이 이끄는 독촉의 도 책임자와 우익 노동단체인 노총의 중앙위원회 구성원으로 활동했다.[153] 이처럼 서울부터 지방까지 넓고 복잡하게 연결된 인사행정은 한 가문 안에서 재현됐다.

경상북도 군 인민위원회의 전체적인 모습을 또렷이 보여주기에는 정보가 충분하지 않다. 처음에 인민위원회는 멀리 떨어져 있고 빈곤한 군에서 세력을 넓혔지만 결국 손쉽게 해체됐다. 인구 변화가 크고 좌익과 우익이 긴장 속에서 공존한 중심 지역의 군에서는 여러 인민위원회가 1946년 가을까지 세력을 유지했다. 정치 상황이 복잡한 군, 특히 인민위원회의 우세나 열세가 명확하지 않은 군에서는 인민위원회에 반대하기가 더욱 어려웠다. 미군은 물론 인민위원회와 관련되지 않은 한국인 군청 직원은 인민위원회 지도자들이 여러 면 행정을 맡도록 허락함으로써 인민위원회의 위상을 인정할 수밖에 없었다. 해방 뒤 14개월 만에 경상북도 전체에서 거대한 봉기가 일어난 것은 우연이 아니다. 그 도에 견고히 자리 잡은 인민위원회는 봉기에 필요한 조직력을 공급했고, 급격한 인구 유입은 기꺼이 무기를 들려는 정처 없고 분노에 찬 사람들을 공급했다.

충청남·북도 인민위원회

충청남·북도는 군정이 실시된 남한에서 치안 유지가 가장 잘되고 쉽게 통치된 지역이었다. 충청남도 서부와 서북부 그리고 충청북도 남부에서만 인민위원회가 강력했거나 일본에서 미국의 지배로 이행되는 데 어려움을 겪었다(〈그림 12〉와 〈그림 13〉 참조). 충청남도는 어업이 발달했고 충청남도 동부 군에는 중요한 광산이 몇 군데 있었지만, 두 도에서는 농업이 중심이었다. 충청북도는 남한에서 유일하게 육지로 둘러싸인 지역이며 교통이 매우 불편한 산간 지대가 많다. 대전은 철도의 요충지로 중심 도시가 됐지만, 두 도는 상대적으로 낙후됐다. 1944~1946년 인구 변화는 전국 평균보다 상당히 낮았다. 충청남·북도는 경상남·북도나 전라남도보다 소작률이 높았다.

충청북도는 남한에서 군당 소작률을 정확히 알 수 있는 두 도 가운데 하나다.[154] 소작률은 가장 낮은 옥천의 58퍼센트에서 가장 높은 진천의 78퍼센트까지 걸쳐 있다. 이 도에서 가장 급진적 군인 영동은 중간인 67퍼센트였다. 또한 그곳은 12에이커(약 4만8562제곱미터) 이상의 농지를 경작하는 농민이 도 안에서 두 번째로 많았고, 진천에는 그런 규모를 경작하는 농민이 전혀 없었다. 곧 진천에는 소규모 농지를 경작하는 소작농이 많았고, 영동에서는 대규모 농지를 집약적으로 경작한 것이다. 진천에서는 일본인 지주가 적고 한국인 지주가 많던 식민지 시대의 토지 관계가 대체로 유지됐다. 실제로 진천은 일제의 지배를 받으면서도 전통과 사회체제가 다른 도보다 잘 유지되어, 조선 양반 제도의 기반으로 오랫동안 인정돼온 충청북도를 가장 잘 상징하는 지역이었다. 조선시대의 왕처럼 이승만은 곧 그곳에서 자신이 소비할 미곡을 공급받았다. 아울러 충청북도는 일본군에 자원한 비율이 매우 높았는데, 일왕에게 충성을 맹세하는 혈서를 쓴 사람들도 있었다.[155] 전라북도·경상북도와 경계를 이루고 경상도의 정치적 상황과 비슷했던 가장 남쪽의 영동을 빼면 충청남·북도는 한국에서 가장 보수적인 지역이었다.

일본 지배에서 미국 지배 사이의 공백기는 제96사단이 중국으로 파견됐기 때문에 충청북도보다 충청남도가 좀더 길었다. 야전부대는 10월 셋째 주

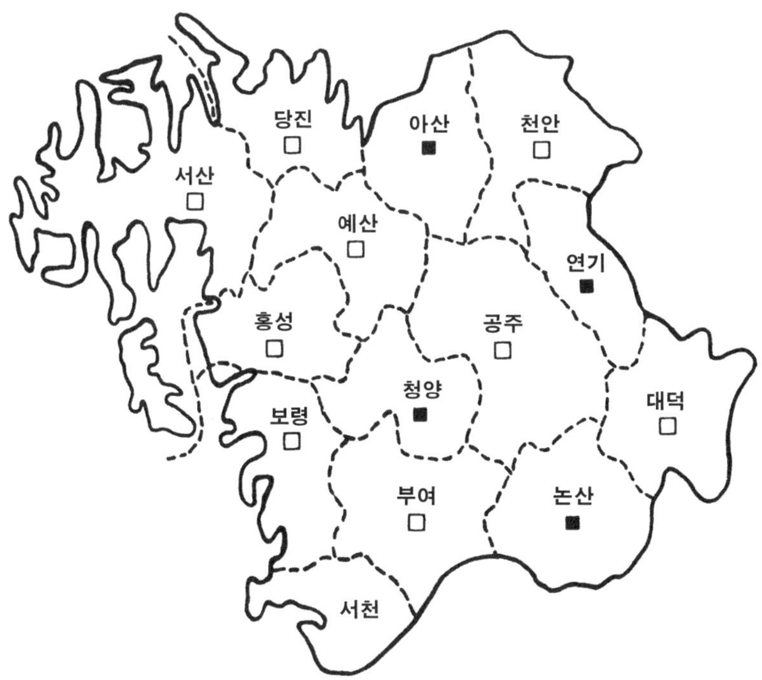

■ 인민위원회의 존재가 판명된 지역
□ 인민위원회가 기능했을 것으로 추정되는 지역

〈그림 12〉 충청남도 인민위원회.

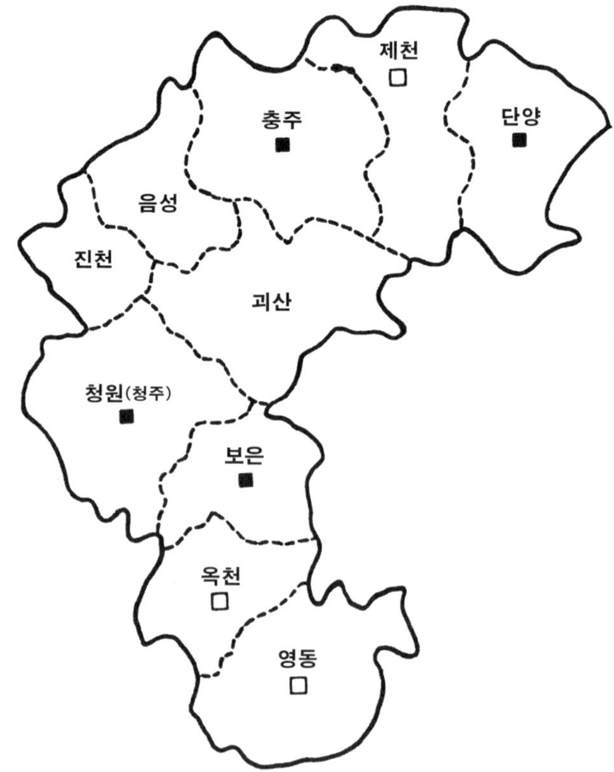

■ 인민위원회의 존재가 판명된 지역
□ 인민위원회가 기능했을 것으로 추정되는 지역

〈그림 13〉 충청북도 인민위원회.

에 그곳에 도착했는데, 충청북도에 도착한 2주 뒤였다.[156] 군정중대는 11월 초 충청남·북도 모두에 도착했다. 상대적으로 편리한 통신 덕분에 미군은 두 도를 순조롭게 지배할 수 있었다. 일제는 대전을 철도의 요충지로 만들고 모든 방향으로 뻗어나간 유용한 도로를 놓아 충청남도에 훌륭한 교통망을 건설했다. 충청북도의 교통은 좀더 불편했지만, 8월 15일 이후에도 경찰의 주요 통신선은 끊기지 않았으며 12월 무렵 10개 군 가운데 9개 군에서 복구됐다.[157] 이것은 여느 도와 상당히 다른 측면이다.

충청남도의 모든 군에서는 1930년대에 상당한 인구 증가가 나타났는데, 앞서 언급한 인구 변화의 요인은 이 도와는 맞지 않는다. 충청북도에서는 3개 군—청원·청주·음성—에서 인구가 늘었는데 모두 급진적이지 않았다. 이 가운데 1940년대에 인구가 줄어든 영동은 1944~1946년 가장 높은 증가율(25퍼센트)을 기록했다. 진천만 예외인데, 1930년대에 인구가 줄었고 1944~1946년 23퍼센트가 증가했지만 급진성이 보고되지 않았다. 위에서 말했지만, 이런 지역에서 지주와 소작농의 관계가 깊고 오래 지속된 사실은 우리의 예측과 맞아떨어지지 않는 것들에 대하여 설명을 제공해줄 수도 있다.

미군이 도착했을 때 인민위원회는 충청남도 거의 모든 군과 충청북도 10개 군 가운데 7개 군을 장악하고 있었다. 미군 자료에 따르면 인민위원회는 "충청남도 전체에 걸쳐 행정과 경찰 기구를 장악했다(따라서 〈그림 13〉은 인민위원회의 세력을 낮게 평가했을 수도 있다)".[158] 충청북도에서 인민위원회는 "주요한 문제"였지만 여느 도와는 달리 전직 경찰은 효과적으로 자기 임무를 수행했으며 식민지 때 죄인을 그대로 유치장에 가두기도 했다.[159]

대전에 있던 도 인민위원회는 대전시를 통치하고 군 인민위원회들을 관할했다. 그 지휘를 받은 노동자위원회는 대전의 유일한 신문인 『대전일보』를 발행했다.[160] 충청남·북도에서 가장 강력한 인민위원회는 멀리 떨어진 군—충청남도 서산·당진·예산과 충청북도 영동—에 있었다. 영동은 인민위원회가 형성되는 데 이상적 조건을 지녔다. 다른 도와 맞닿아 있고 농민조합의 역사가 있고 소작률이 중간 정도이며 해방 이후 높은 인구 증가를 보였기 때문이다. 그 군은 도에서 1946년 가을 봉기의 영향을 받은 유일한 군이며 해방 기간 내내 "빨갱이" 군으로 유명했다.[161]

미군이 충청북도에 도착했을 때 도청은 업무를 중지한 상태였지만, 일본인·조선인 경찰이 계속 치안을 유지하고 있었다.[162] 그러나 군 수준에서 옛 경찰은 일부 지역에서 해체됐으며, 군청이라 부를 만한 조직이 나타난 곳에서는 인민위원회가 형성됐다.[163] 미군은 앞서 도청에 근무했던 한국인 17명이 현직에 있는 것을 발견하고 그들을 모두 다시 고용했다. 충주 인민위원회는 그 도의 유일한 신문인 『충주통신』을 발행했다. 그러나 미군은 그것을 폐간시키고 "한 무리의 지역 시민"이 『국민일보』를 발행하도록 허가했다.[164] 미군은 12월에 한민당 지도자이자 중앙노동조정위원회 위원인 김도연을 충청북도로 파견해 도 단위의 자문 기구를 만들게 했다. 그 도를 점령한 직후 미군은 "주민들이 군정 장교나 직원과 대화는커녕, 쳐다보지도 않는다"고 보고했다.[165] 그러나 군정은 각 군을 통치하는 데 그다지 어려움을 겪지 않았다. 충주·괴산·진천·음성·제천 같은 북부의 군에 도착한 미군은 인민위원회가 "활발하지만"[166] 옛 경찰도 여전히 "제 기능을 하고 있는" 것을 발견했다. 미군은 이 군들에 전직 군수를 임용하려 했지만 그들이 "주민의 지지를 받지 못하며 사임하기를 바라는" 것을 깨달았다.[167] 또한 통역자를 찾는 데 큰 어려움을 겪었는데, 적당한 사람이 있어도 미군에 협력하면 공격을 받을까 두려워했기 때문이다. 북부 군에서 미군은 "공산 세력이 온건 세력보다 활발하며 (…) 대체로 농민은 자기가 경작하는 땅을 소유하고 싶어한다"고 보고했다.[168] 1946년 초 보고에 따르면 좌익은 중요한 광산들이 소재한 충주 근처의 일부 면에서 상당히 강력하며 그 지역의 경찰은 지방 인민위원회를 "두려워했다".[169] 1946년 1월 군 인민위원회와 합세한 300명이 옥천 형무소를 습격해 투옥된 지도자 4명을 빼내려는 사건이 발생하자 야전부대가 옥천으로 출동했다.[170] 영동에서도 군 인민위원회를 해체하려는 시도가 몇 차례 있었지만 완전히 성공한 경우는 없었다.[171] 그러나 대체로 충청북도의 점령은 순조로웠고 1946년 가을 봉기가 일어났을 때 미군은 이 도가 "남한에서 우익이 가장 강력하다"고 평가했다.[172]

충청북도와 관련해 현재 조금 남아 있는 정보는 기본적으로 혁명에 반대하는 미국의 정책이 이 도에 완전히 적용됐음을 보여준다. 그러나 일부 미국인들은 미국의 이상과는 크게 배치되는 수단을 사용하는 데 뚜렷한 거부감을 드러낸 것도 사실이다. 이를테면 충청북도의 쌀 공출은, 다른 지역들과 비슷하게 강제로 몰수되곤 했다. 한 보고에 따르면 "음성군에서 공출을 독려한 단체는 한국인 경찰과 관료로 편성됐으며 미군이 치안을 유지했다".[173] 많은 미국인은 그런 방식을 혐오했다. 한국인들이 조선생활필수품영단을 "모든 것을 가져가고 아무것도 주지 않는 거대한 착취 기관"으로 여겼다고 지적한 미국인도 있다.[174] 또 다른 미국인은 서울의 군정청이 자백을 얻고자 죄수를 고문하는 경찰의 행위를 근절하라고 요구하면서 "그런 행위가 미군이 운영하는 군정청에서 흔히 자행되고 있다는 것은 믿기 어렵다"고 말했다.[175]

충청남도는 충청북도보다 좀더 다루기 힘들었는데, 일본에서 미국 통치로 넘어가는 공백기가 좀더 길었기 때문으로 생각된다. 그 지역의 점령군 지휘관인 윌리엄 카프 중위는 "지방 경찰을 부활시켜" 대전의 도 인민위원회를 진압했다. 그는 대전 경찰서장을 포함해 일제강점기에 경찰이었던 한국인 40명을 계속 임명했다.[176] 또한 카프는 식민지 시대 한국인 관료를 고용해 도 행정을 맡겼는데, 그 가운데 한 사람은 태평양전쟁 기간 자신에게 할당된 한국인 노동자 징용을 초과 달성했다는 이유로 나중에 승격받았다.[177] 11월 1일 『대전일보』를 운영하던 노동자위원회는 신문의 이름을 『인민일보』로 바꿨다. 이튿날 카프는 그것을 정간시켰다. 그 신문은 한국인 주주—곧 식민지 시대부터 이어진 주주—가 "적합한" 인물을 사원으로 추천한 뒤 11월 13일에 복간됐다.[178] 이처럼 서울의 『매일신보』와 마찬가지로 미국은 1945년 11월 지방에서 주요 보도 기관을 장악해 재편했다.

공식 자료에 따르면 1945년 가을 충청남도 각 군에서 "반란과 무질서, 군정에 대한 저항"이 일어났다.[179] 미군이 예산에 도착했을 때 최용길과 그 지지자 300명이 군을 지배하고 있었다. 인민위원회는 공주·부여·홍성·서산·당진의 경찰도 장악했다. 서북부의 4개 군에서는 군정이 발족할 때 중대한 혼란이 일어났지만 관련 자료는 거의 남아 있지 않다.[180] 1946년 봄 이 군들에서는 수많은 사람이 체포됐다고 보고됐다.[181] 다른 군에서는 좀더 순조롭게 군정으로 이행했다. 이를테면 천안에서는 일본인 경찰서장이 10월 중순까지 임무를 수행했다.[182]

해방 이전과 이후 모두 한국에서 경찰이 정치권력의 최고 대행 기관이었다는 사실은 1946년 1월 대전에서 열린 군 인민위원회 집회에서 가장 두드러지게 나타났는데, 거기서 대표자들은 경찰의 박해가 자신들의 조직 활동을 가장 어렵게 만든다고 지적했다.[183] 이것은 남한 전체에서 사실이었지만, 옛 경찰력이 완전히 해체되지 않고 약간 느슨해진 도에서 더욱 그랬다. 농민은 이런 상황에서 조직 운동가의 호소에 호응하려 하지 않았는데, 특히 농민 자신이 탄압 대상이 될 때 그랬다. 이런 사실은 정치 조직자들에게는 조직의 지배 아래 있는 농민을 보호하는 것이 중요함을 다시 한번 알려준다.

충청도에 대한 정보가 너무 부족해서 현재 남아 있는 사료에는 커다란 공백과 애매함이 존재한다. 이를테면 충청북도에서 인민위원회는 그리 강력하지 않았지만 1946년 봄 미군이 도 고문회의를 탄압했다는 사실은 흥미롭다. 그 결과 고문회의는 좌익에서 우익으로 "완전히 이행했다".[184] 그러나 원래 김도연이 조직했던 고문회의는 구區·면面 관료가 투표로 뽑는 일제강점기의 방식에 기초했다.[185] 이것은 경상남도와 마찬가지로 전통적 또는 식민지 시대 방식의 선거가 곧잘 인민위원회의 우세로 끝났음을 알려준다.

1946년 10~11월 충청남도 서북부의 4개 면과 충청북도 영동군에서는 중대한 혼란이 일어났다. 이 군들의 강력한 인민위원회는 이런 봉기가 진압된 뒤에도 일정 기간은 소멸되지 않았다고 생각된다. 그러나 전체적으로 충청도는 인민위원회가 성장하기에 적절한 조건이 아니었다. 비교적 짧은 공백기와 상대적으로 편리한 교통·통신 덕분에 중앙의 지배는 상당히 손쉽게 다시 확립될 수 있었다. 그러나 가장 중요한 점은 여기서도 인구 변화가 비교적 적었다는 사실이다. 식민지 시기에 충청도는 인구 유출이 매우 적었고 따라서 해방 뒤 돌아온 사람도 그만큼 적었다. 그 결과 일본에서 미국과 한국의 지배로 쉽게 이행될 수 있었다.

강원도와 경기도 인민위원회

강원도와 경기도는 거의 모든 측면에서 대조적이었다. 1945년 경기도는 잘 발달된 통신·교통·산업 시설을 갖춘 반면, 강원도는 한국에서 근대화가 가장 더딘 도였을 것이다. 훌륭한 도로와 고속도로망은 경기도의 각 군을 긴밀히 연결했지만 강원도는 태백산맥 때문에 사실상 동서의 통행이 불가능했다. 경기도 안에서는 철도와 도로 또는 전화로 쉽게 연락했지만 강원도에서 해안 지역의 군과는 사람이 오가면서 소식을 전했다.

강원도는 인구 변화가 컸지만 다른 도와 방향이 완전히 달랐다. 강원도의 모든 군은 1930년대에 인구가 늘었고, 강릉·삼척·울진·양양 같은 해안가의 군은 더 많이 늘었다. 강릉과 삼척은 40퍼센트 넘게, 울진과 양양은 20퍼센트 넘게 늘었다. 그리고 여느 군과 달리 강릉은 1944~1946년에 37퍼센트 늘었는데, 군의 인구가 1930~1946년 두 배 가까이 늘었다는 의미였다. 강릉은 매우 급진적이었고, 강원도에서 논이 50퍼센트를 넘는 유일한 군이었다. 인구 변화 유형은 남부의 군과 일치하지 않았는데, 그 까닭은 분명하지 않다. 그러나 방향은 독특했더라도 큰 인구 변화가 일어난 것은 분명하다. 경기도에서는 3개 군에서만 1930년대에 인구의 절대 수가 감소했으며 나머지 7개 군에서는 약간 늘었다. 1944~1946년의 증가율은 평균 9퍼센트 정도였는데, 남한에서 일반적으로 나타난 유형으로 미루어 경기도가 대체로 보수적이라는 사실을 나타낸다.

경기도의 비옥한 논을 경작하는 농민 가운데 소작농의 비율은 한국 전체에서 매우 높았다 ― 전라북도에 이어 2위였지만, 강원도의 소작률은 제주도를 빼면 남한에서 가장 낮았다. 경기도의 각 군은 이 연구에서 적용한 기준에 따르면 그리 멀리 떨어진 지역이 아니었지만, 강원도의 해안 및 내륙 산간 군들은 가장 외딴 지역이었다. 1930년대에 적색농민조합은 경기도 3개 군에만 침투했지만 강원도 해안의 군들에서는 강력했다.

두 도의 환경적 특징은 그곳 인민위원회의 성장에 깊숙이 영향을 미쳤다. 미군이 진주하기까지 서울에서 나타난 건준과 인공의 우세는 경기도 전역에서 인민위원회 세력의 급속한 확장을 초래했다. 정치적 양상이 판명된 모든 군에서(〈그림 14〉에서 인민위원회가 없다고 표시된 군에는 관련 자료가 없다) 인민위원회는 해방 직후 몇 주 동안 존재하거나 통치했다(〈그림 14〉 참조). 그러나 편리한 통신과 높은 소작률 때문에 경기도는 전라북도와 마찬가지로 초기 인민위원회 세력이 몇 주 만에 소멸했다. 서울에 집중된 강력하고 기동력 있는 경찰의 존재는 지방 인민위원회를 더욱 쉽게 해체시켰다. 강원도는 반대였다. 특히 접근이 어려운 해안가의 군에서는 강력한 인민위원회가 재빨리 나타났으며 1946년까지도 지배적 위치를 유지했다(〈그림 15〉 참조).

미군은 강원도 해안 지역 군을 점령하는 데 큰 어려움을 겪었다. 산맥을 넘어 동해안으로 가는 철도나 고속도로가 없었다. 미군이 도착했을 때 통신 수단은 춘천(도청 소재지)과 해안 지역 군을 연결하는 전화선이 하나 있었을 뿐이었다.[186] 강원도는 외부에서 쌀을 수입해야 했지만, 미국은 식량 공급이 적고 쌀을 수송하는 체계적 방법이 없다는 것을 발견했다. 10월 초 야전부대가 해안 지역에 도착하고 군정중대가 한 달 안에 뒤따랐지만 그들은 군 인민위원회의 통치를 묵인할 수밖에 없었다.

건준의 춘천 지부는 처음부터 보수 세력이 장악했는데, 9월에 그들은 인공이 아니라 한민당과 연합했다.[187] 이것은 춘천 주변의 군 인민위원회의 성격에 자연히 영향을 주었다. 아울러 일본인들은 미군이 도착하기 전에 이 도청 소재지의 지배권을 내주지 않았다. 춘천은 북한에서 피신한 일본인과 한국인 난민·귀환자의 주요한 중계 지점이었다. 8~9월 일본인은 500명 정도의 병력을 동원해 이들의 이동을 도왔다.[188] 이처럼 이 도청 소재지는 미군이 들어오는 데 아무런 문제가 없었다. 10월 말 도착한 군정중대는 도 행정을 맡은 한국인 고위 관료 5명을 해임하고 나머지는 다시 고용했다. 그들은 강원도의 7개 군을 운영하는 데 인민위원회 외의 인물을 임명했지만, 강릉·삼척·울진에는 인민위원회에 소속된 군수를 임명했다.[189] 이런 변칙적 상황은 1946년 1월 이 세 지역의 군수가 모스크바협정에 찬성을 표명할 때까지 이어졌다. 그 뒤 그들은 해임됐고 해안 지역의 군 행정은 "우익이 장악했다".[190] 춘천의 제48군정중대는 춘천 주변의 군을 효과적으로 통치한 것

으로 보인다. 쌀 공출은 순조롭게 진행됐고 1945~1946년 소요는 보고되지 않았다.[191]

인민위원회에 소속된 해안 지역 군수 3명을 해임했지만, 그곳 인민위원회는 1946년 봄에도 강력했다. 1946년 3월 군정청 공보부는 영월 또한 그 군, 특히 연덕리延德里에 있는 광산에서 일하는 주민을 기반으로 한 좌익이 지배하고 있다는 사실을 발견했다. 강릉은 "남한에서 좌익이 가장 강력한 군"으로 지목됐다. 정보 제공자는 군청 전체와 경찰과 미군 통역관 대부분이 "공산주의자"라고 밝혔다. 강릉의 좌익은 "저항운동을 이끌었다. 그 결과 좌익은 매우 우수한 지도부를 갖게 됐다". 이것은 1930년대 강릉 적색농민조합의 지도자가 해방 뒤 군 인민위원회도 이끌었다는 의미로 생각된다. 비슷한 상황은 삼척에서도 나타났는데, 그곳에서 인민위원회는 남한 최대의 탄광(1944년 생산량은 94만4000톤)에서 일하는 노동자를 기반으로 융성했다.[192] 실제로 한 여론조사반은 인민위원회가 강원도와 경상북도 해안 전체를 지배했다는 사실을 발견하고 "미군이 떠나자마자 동해안 전체에서 내전이 발생할 것"이라고 예측했다.[193] 또 다른 여론조사반의 보고에 따르면, 해안 지역의 상황은 1946년 7월 좌익과 수많은 인민위원회 지도자들이 체계적으로 탄압받아 각 군의 감옥에 비참하게 투옥되면서 약간 바뀌었다.[194] 그러나 내전에 대한 미군의 예측은 들어맞았다. 1946년 가을, 강릉과 삼척에서 봉기가 일어나 1947년 태백산맥에서 유격전으로 나아갔으며, 그 뒤 전투에서는 현지 주민과 북한에서 내려온 한국인이 충돌했다.

9월에 미군이 진주한 뒤 경기도를 누가 다스렸는가 하는 문제에서는 큰 의문이 없다. 9월 11일 제1, 2, 3군정중대가 도착했다. 미군은 10월 2일까지 일본인 도지사를 유임시켰다. 미군은 그와 일제강점기에 경기도 내무부 강제 징용 사무를 맡은 신윤에게 도 행정을 담당할 만한 한국인 명단을 각각 제출하라고 요구했다. 두 명단은 "거의 비슷해" 미군들을 놀라게 했다.[195] 그 뒤 이 명단에서 인사가 이뤄졌다. 신윤은 1946년 4월 경기도 내무국장이 됐다.[196] 그 밖의 일본인 관료는 한국인의 항의를 달래기 위해 공식적으로 해임됐지만 "고문"이라는 직함을 받고 몇 주 동안 조언을 맡았다.[197] 그 도의

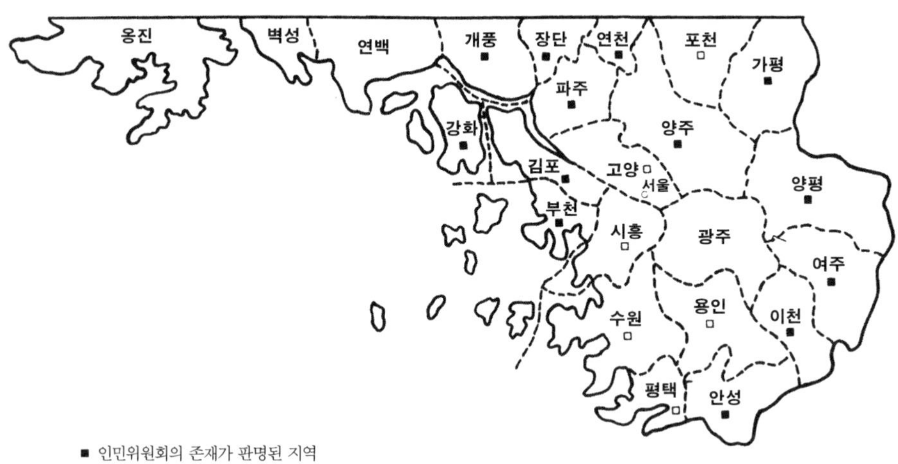

〈그림 14〉 경기도 인민위원회.

〈그림 15〉 강원도 인민위원회.

정치적 사건은 장택상을 수도경찰청장(서울과 경기도를 맡았다)에, 구자옥을 도지사에 임명하면서 잘 장악됐다. 장택상과 구자옥은 한민당의 중요한 초기 지도자였으며 경기도에서 인민위원회의 영향력을 신속히 소멸시키는 임무를 받았다.

미군 군정중대는 인민위원회가 경기도의 군 가운데 포천·시흥·수원·용인·평택을 장악하고 있는 것을 발견했다.[198] 수원과 그 주위 군 대부분에서 인민위원회는 군청 건물을 인수해 사무소로 삼거나 근처의 다른 건물에서 집무했다. 대표들은 대부분의 면사무소에 파견됐다.[199] 경기도 동부와 동북부 군에 미군이 도착했을 때 옛 군청은 대체로 기능을 못 했지만, 포천을 빼면 인민위원회의 통제력이 어느 정도였는지 알려주는 자료가 없다. 인민위원회는 여운형의 고향인 양평군에서 상당한 세력을 떨친 것으로 보인다. 일제강점기의 경찰과 행정 관료의 행위를 판결하는 인민법정은 용인에 설치됐다.[200] 인민위원회는 인천·여주·안성·가평에서도 강력했다.[201] 인천 인민위원회는 공산당 지부와 그 도시의 여러 노동조합을 기반으로 특히 강력했다.

1946년 중반 경기도에서 인민위원회가 활동했다는 보고는 거의 없다. 박성봉이 이끈 포천 인민위원회는 5월에도 군 경찰 인사를 관할했는데, 한 미군 장교는 "정치가 경찰 업무에 간섭하지 않는다"는 일반적인 정책을 위배한 것이라고 지적했다.[202] 인민위원회 지도자는 포천의 면사무소와 학교에도 배치됐다. 그러나 1946년 6월 도 교육위원회는 면에 소속된 교원을 모두 해임했다.[203]

1946년 2월 여론조사반은 38도선 근처인 개성·배천 지역의 인민위원회 지도자 두 사람과 면담했다. 두 지역에서 미군은 인민위원회 지도자들이 부유한 지주라는 사실을 발견했다(개성은 전통적으로 부재지주와 재지지주 모두가 매우 집중된 곳이었고 그런 상황은 1940년대에도 달라지지 않았다). 배천 인민위원회 지도자는 자기 가족이 480에이커(약 194만2000제곱미터) 정도의 넓은 토지를 소유하고 있다고 말했다. 또한 그는 자신과 형제 모두 공산주의자라고 말했다. 당신 같은 사람이 어째서 공산주의자가 됐느냐고 미군이 직설적으로 묻자 그는 이렇게 대답했다. "한국은 매우 가난하기 때문에 재산을 많이 가진 사람은 못 가진 사람과 나눠야 한다. (…) 우리는 우리나라가 크게 바뀌기를 바란다." 그는 자신이 가진 쌀을 이웃 지역의 가난한 사람들에게 나눠주었다고 말하면서 "이웃 지역 사람들은 굶주리고 있다. 미곡 관리법은 몇 주, 몇 달 전에 시행됐어야 했다"고 지적했다.[204] 이것은 앞서 살펴본 사항을 뒷받침한다. 계급을 고려하면 지주는 좌익과 인민위원회에 반대하는 것이 당연하지만, 개인으로 접근하면 그들은 정치적 성향의 양극단인 좌익이나 우익이 될 수 있었다.

제주도 인민위원회

인민위원회와 관련해 제주도는 변칙적 사례다. 남한 대부분의 지역과 달리 제주도는 소작률이 매우 낮았고 농업에 종사하는 주민은 대부분 자작농이었다. 그 밖의 주민은 척박한 모래 지역에서 말과 소를 길렀다. 제주도의 직업 구조는 상당히 다양했다. 주민 49퍼센트만 농업에 종사했는데, 남한의 나머지 지역과 크게 다른 비율이다. 철도는 없었고 섬 외곽 지역을 잇는 좁은 도로가 하나 있었다(제주시에서 서귀포를 종단하는 현재의 도로는 1940년대에는 개통되지 않았다). 제주도까지 가려면 비행기나 부산과 목포에서 드물게 있는 느린 증기선과 여객선을 이용해야 했다.

해녀가 조개류와 해초류를 채취하는 영세한 산업 때문에 그 섬의 인구는 남성보다 여성이 훨씬 많았다. 또한 그곳은 독특한 사투리가 남아 있는 유일한 지역이다. 섬사람들의 말은 육지 사람들이 쉽게 알아들을 수 없다. 사투리와 전통적으로 흰색보다 푸른색을 선호하는 의생활은 정치범의 유배지로 활용된 제주도의 지리적 위치와 역사에서 발원한 분리주의를 강화했다.

제주도는 식민지 시대에 많은 인구가 일본을 오가면서 일본, 특히 재일 한국인(대부분 노동자)과 매우 밀접한 관계를 맺었다. 일본과 형성한 이런 긴밀한 관계와 잦은 접촉은 수많은 제주도 출신 한국인을 급진적으로 만들었다. 해방 뒤 고국으로 돌아온 사람들이 대거 그 섬으로 밀려들면서 사실상 도시가 없는 그 섬에는 1944~1946년 25퍼센트의 인구 증가율이 나타났다. 지리적으로 멀리 떨어졌기 때문에 일본에서 미국 지배로 넘어가는 공백기가 남한에서 가장 길었다. 아울러 제주도에서는 1930년대에 적색농민조합이 활동했고 19세기에 농민 반란이 일어났다. 이것은 인민위원회가 발달하는 데 이상적 환경을 제공했다.

건준 지부는 1945년 10월 제주시에 설립되었다. 그 뒤 이 지부의 대표는 군정청 사법부 에머리 우돌을 만나(우돌은 9월 제주도에 도착한 첫 미국 조사단의 일원이었다) 세 가지 요구를 전달했다. (1) 미국은 치안 유지를 비롯한 건준의 활동에 개입하지 말 것. (2) 미국은 일본군과 경찰의 무장을 즉시 해제하고 추방할 것. (3) 미국은 섬 전체의 행정권을 건준에 이양할 것.[205] 우돌을 비롯한 미국인은 그 섬에서 일본의 항복만 받고 본토로 돌아갔다.[206] 그 뒤 "지방 자치 기관"이 섬 전체에 퍼졌으며 곧 인민위원회로 이름을 바꿨다. 인민위원회는 휘하에 보안대·청년 단체·농민조합·공장관리위원회·소비조합 등 여러 조직을 거느렸다. 이런 운동과 관련된 한국의 1차 자료는 이런 조직이 제주도 각지에서 자발적이며 독특한 형태로 결성됐다고 강조했다.[207] 이 섬에서 공산주의자는 지도부에 있었지만 인민위원회를 지배하지는 못했다. 각 지역의 인민위원회와 그 관련 조직은 학습 모임과 강좌를 개설해 체육과 오락 활동을 가르쳤다. 그들은 여러 소학교와 중학교를 관할했으며 그 도의 유일한 신문인 『제주신문』을 발간했다.[208] 1945~1946년 제주도는 거의 다 인민위원회가 장악했다.

미군 야전부대는 10월 22일 제주도에 도착했지만 남아 있는 일본군과 일본인을 귀국시키는 일밖에는 하지 못했다. 군사적 점령은 11월 10일 제6사단 20보병연대가 도착하면서 본격적으로 시작됐다.[209] 제59군정중대가 그 직후 도착했지만, 지속적인 인원 부족으로 실질적으로 통치하지는 못했다. 미군의 무관심은 일부 한국인을 불쾌하게 만들었다. "우익 세력은 경찰과 미군이 인민위원회를 탄압하지 않는 것을 불만스러워했다."[210] 제주도는 본토에 집중한 미국의 관심을 끌기에는 너무 멀리 떨어져 있었다.

좌익의 자료는 미군과 한국인 우익 세력이 한림·옹포·고산·대정·안덕·

서귀포 등에서 인민위원회를 탄압했다고 주장한다. 또한 1946년 5월 정판사 위조지폐 사건이 일어난 뒤 그 섬의 인민위원회는 지하로 숨어들었다고 주장한다.[211] 만약 그렇다면 탄압은 그리 가혹하거나 효과적이지 않았던 것이다. 1946년 제주도 인민위원회가 여전히 섬을 지배하고 있다는 몇 가지 보고가 있다.[212] 미군은 인민위원회가 수적으로 매우 우세하며 온건한 정책을 따른다고 봤다. 실제로 그런 온건한 정책은 아주 매력적이어서 우익은 인민위원회가 더욱 강력해질까봐 걱정했다.[213] 1946년 3·1 독립운동을 기념한 시위에 섬 전체의 인민위원회는 수만 명을 동원했다.[214]

미군이 제주도에서 시행한 행정과 인사에 대한 자료는 매우 적다. 미군이 임명한 도지사 박종훈은 대일 협력자로 알려졌다.[215] 기이한 일치지만, 미군 여론조사반의 통역으로 제주도에 온 인물은 자신과 함께 온 신임 제주 경찰서장이 일제강점기의 특고경찰이었음을 알게 됐다. 통역이 신우경이라는 인물에게 새 직책을 묻자 그는 "일제강점기의 경찰인 자신이 이렇게 중요한 자리에 임명된 것을 스스로도 이상하게 생각한다"고 대답했다.[216]

한라단漢拏團 같은 일부 우익 단체도 제주도에 있었다. 좌익이 분명히 우세했지만, 이렇게 여기서도 경상북도처럼 오랫동안 좌익과 우익이 공존했다. 1946년 가을 과도입법의원 선거에서 제주도에서는 2명의 좌익이 당선됐지만, 그들은 서울에 도착하자마자 행방불명됐다.

제주도의 직업 구성이 비교적 다양하게 분화돼 있던 것도 인민위원회가 발전하는 데 유리하게 작용했다고 생각된다. 농민 인구의 분화는 그들을 전통과 오랜 노동 환경에서 단절시켜 정치적 참여를 포함한 새로운 형태의 활동에 가담하게 만든다. 다른 도와 군의 직업 분포는 대부분 남아 있지 않다. 그러나 1947년 15개 군의 직업 분포는 남아 있다.

〈표 18〉 1947년 15개 군의 직업과 교육 정도의 분포(15세 이상의 남성 단위 퍼센트)

군	농업	숙련/비숙련직*	학생과 전문직**	실업자	학교 졸업자***
음성	78.7	7.6	3.8	4.0	21.1
충주	74.7	10.3	5.3	2.6	22.7
횡성	72.5	13.1	3.7	6.7	12.1
강릉	54.9	24.1	7.0	5.3	25.6
보성	67.3	16.2	4.9	4.3	19.0
장성	74.8	12.4	4.1	3.9	22.8
정읍	70.6	10.6	4.3	5.8	21.9
진안	83.5	10.0	2.8	0.1	16.8
영천	71.2	15.3	3.6	5.1	17.4
안동	71.0	11.2	4.9	6.4	21.7
창원	60.7	12.9	3.8	4.0	26.7
울산	64.1	16.4	4.3	4.1	23.8
공주	74.3	8.6	6.0	4.5	22.8
보령	78.3	12.3	3.0	4.8	23.5
북제주	65.6	8.1	6.7	3.2	35.7

전거: USAMGIK, raw census data, XXIV Corps Historical File

* 어업·광업·공업·상업·교통·서비스업·단순노동

** 공무원·사무원·고급 전문직

*** 소학교 졸업 이상

이것은 남한에서 경기도를 제외한 도에서 2개 군씩, 제주도에서 1개 군을 무작위로 추출한 것이다. 이 15개 군 가운데 1개 군에서는 인민위원회의 존재가 보고되지 않았고, 8개 군에서는 인민위원회가 통치하지 못했으며, 6개 군에서는 통치했다. 인민위원회의 세력과 직업 분화의 폭은 중요한 관련이 있는 것으로 생각된다. 농업의 비율이 낮고 숙련직과 비숙련직, 학생과 전문직, 학교 졸업자의 비율이 높은 경우는 직업의 분화 정도가 높다고 보고 순서대로 15개 군을 배열하면 다음과 같다.

순위	군
1	강릉*
2	울산**
3	창원*
4	북제주*
5	보성*
6	안동**
7	공주*
8	정읍**
9	충주**
10	장성**
11	영천**
12	횡성**
13	보령*
14	음성***
15	진안**

* 인민위원회가 통치한 군

** 인민위원회가 통치하지 못한 군

*** 인민위원회의 존재가 보고되지 않은 군

인민위원회가 통치한 군 가운데 보령만 직업 분화 순위가 낮았다. 남한에서 좌익이 가장 강력했던 군으로 불린 강릉이 첫 번째에 자리했다. 인민위원회가 통치하지 않은 울산과 안동은 2위와 6위였지만 두 군 모두 강력한 인민위원회와 산하 조직이 있었으며 안동에서는 인민위원회가 면을 장악했다. 인민위원회의 존재가 보고되지 않은 음성은 14위였다. 인민위원회의 세력에 따라 이 군들을 주관적으로 배열하면 직업 분화에 따른 순위와 거의 같다.

결론

해방된 한국에서 인민위원회가 오랫동안 발전하는 데 이상적 환경은 다음과 같이 말할 수 있을 것이다. (1) 1930년대나 1940년대 초반 인구가 줄었지만 해방 이후 급증했다. (2) 토지 소유와 관련해 농민이 주로 소작농은 아니며 지주계급의 권력 구조를 침식하거나 약화시킨 상황에서 일정한 독립성과 영향력을 가졌다. (3) 일본과 미국 지배 사이에 긴 공백기가 있다. (4) 통신과 교통이 상대적으로 불편하거나 인민위원회가 그 수단을 장악했다. (5) 역사적으로 급진적 농민운동의 경험이 있다. (6) 직업 구조가 상대적으로 분화됐다. (7) 상당한 기간 우익이나 좌익이 완전히 지배하지 못했거나 우위를 차지한 좌익이 온건한 정책을 추진하는, 정치적으로 복합적인 상황이 전개됐다. 제주도는 이런 특징을 모두 지녔으며 그 정도 또한 다른 지역보다 컸다. 그 결과 인민위원회는 깊이 뿌리내려 1948년까지 섬을 지배했으며 전후 아시아에서 가장 잔혹하고 지속적이며 집중적인 토벌 작전을 전개한 뒤에야 뿌리 뽑을 수 있었다.[217] 동일한 특징이 나타난 경상도와 전라남도·충청북도·강원도의 일부 군에서도 인민위원회가 강세를 보였다. 이런 지역에서 미국이 제주도처럼 관심을 두지 않았다면 인민위원회가 아무 도전도 받지 않고 통치했을 것이라는 측면은 의심의 여지가 없다. 그러나 그 밖의 군에서 그런 특징은 희박하거나 전혀 존재하지 않았으며 인민위원회는 보수적 성향을 보이거나 조직되지 않았다.

지역이나 군 수준의 차이 외에 각 도의 경험은 행정의 수준이 결정적으로 달랐음을 보여준다. "근대적" 정치가 전개된 시와 도 수준에서는 강력한 좌익 정당과 노동조합, 경험이 풍부한 지도자가 경찰과 같은 잘 갖춰진 관료 조직과 가장 진보한 기반 시설을 마음대로 주무르는 노련한 적대 세력을 상대했다. 해방 뒤 이런 지역에는 좌익이 급속히 몰려들었지만, 미국의 지원을 받은 관료 조직은 그런 흐름을, 되돌리지는 못하더라도 억제하는 데 충분한 동력을 제공했다. 이를테면 서울 인민위원회는 곧 하나의 야당 정도로 위축됐다.

군 수준에서는 근대적 정치와 전통적 정치가 가장 복잡한 형태로 섞였다. 경상도에서는 식민지 시대 일본인이 가장 깊이 침투하고 인구 변화가 급격한 부산과 대구에 주요 산업과 노동자가 집중되면서 인민위원회는 강력하고 지속적인 영향력을 행사했다. 전라도에서도 인민위원회는 군 수준에서 처음에 상당히 강력했지만, 새 지도부에 옛 세력이 섞이고 인구 변화가 크지 않았으며 산업 노동자가 그다지 많지 않은 결과, 세력을 그리 잘 유지하지 못했다. 저항은 산발적 농민 봉기의 형태로 나타났다. 다른 지방의 군들을 보면 식민지 시대의 영향을 덜 받은 지역은 인민위원회의 영향도 덜 받았으며, 보수적 지도층은 일본에서 미국으로 지배자가 바뀌는 동안 군에 따라 이런저런 어려움을 겪었다. 인민위원회에 반대하는 한국인 지도층이 이 지역에서 나타난 것은 분명한데, 그런 지역에서 토착의 전통적 지도층이 존속된 까닭은 식민 지배의 영향력이 적었기 때문이라는 것이 납득할 만한 설명이다.

면 단위에서 한국 정치는 사실상 전통적이었다. 이런 측면에 대한 자료는 상당히 적지만, 좌·우익의 대립은 대부분 파벌 사이의 대립이었고, 좌익 지도자 다수는 근대 정치의 겉모습을 한 마을 원로였으며, 농민은 전통적 반란의 형태로 저항했다고 생각된다. 이런 모습은 인민위원회를 겨냥한 탄압이 마침내 면 단위까지 침투한 1947년에 더욱 뚜렷이 나타났다. 인민위원회나 급진주의에 대한 탄압은 상위 행정 단위에서 시작돼 그 아래로 옮겨갔다. 1945년에는 서울이 문제의 초점이었고 얼마 뒤 점령군이 내륙 지역에 이르면서 각 도가 문제의 초점이 됐으며, 1946년 대부분의 기간에 각 군은 갈등의 초점이 됐고 1947년에는 각 면에서 투쟁이 일어났다.

행정 단위의 서열에 따라 인민위원회에 대한 탄압이 이뤄지면서 중앙집권화가 강화되고 하달식 명령 체계가 확립됐지만, 인민위원회는 그와 반대로 자발적이고 상향식 의사 전달을 구현함으로써 깊이 뿌리내릴 수 있었다. 그러나 이 같은 자발성은 인민위원회의 커다란 약점 가운데 하나로 드러났다. 결과적으로 일본인은 수십 년 동안 시장이나 행정력을 침투시켜 한국의 군과 면을 개방시켰지만, 일본이 패망하자 그 군과 면에서는 폐쇄가 나타났다. 인민위원회들은 물샐 틈 없는 밀폐 공간처럼 자신이 관할하는 군의 사무를 다스리는 데 만족하면서 다른 지역의 사건에는 대체로 관심을 갖지 않았다. 분할되고 특정 지역에 치우친 인민위원회의 행정은 일종의 세포 구조를 가졌다. 하지만 미국이 찾으려 했어도 찾지 못한 세포에 기반한 마르크스-레닌주의의 계급적 구조는 아니었다. 이런 구조적 약점에 힘입어 각 단위를 다른 단위와 분리해 처리할 수 있었기 때문에 인민위원회를 탄압하는 것은 쉬워졌다.

이런 복잡한 고려 사항보다 인민위원회가 패배한 가장 핵심적 요인은 미국의 권력이었다. 인민위원회가 대중의 지지를 받았다는 사실은 미국의 보고에 거듭 나왔지만, 미국은 이런 운동이 자신들의 이익에 봉사하지 않았기 때문에 의식적·체계적으로 뿌리 뽑았다. 이런 조치가 남한 농촌의 정치적 통합과 참여에 미친 영향은 지금까지도 느낄 수 있다.

10장

9월 총파업과 10월 봉기

> 보라, 남부 각 도의 인민들이 총칼을 들었다. (…) 이제 우리 젊은 애국자들은 다시 식민지로 떨어지려는 위험에서 조국을 구하기 위해 일어섰다! 우리 진정한 애국자를 탄압하는 악덕 경찰과 쌀을 수탈하는 사악한 관리, 그들 배후에 있는 친일 매국노를 이 땅에서 몰아내는 것이 우리의 목표다.
>
> _경기도 배천에서 발견된 전단

1946년 가을, 경상도와 전라도를 비롯해 인민위원회가 장악한 지역을 농민 봉기가 휩쓸었다. 남한 국민은 미군정이 1년 동안 쌓은 결과를 뒤집으려고 했다. 봉기는 몇 가지 측면에서 중요한 의미를 지녔다. 첫째, 군정의 정치·경제·사회적 정책의 실패를 부각시키려고 했다. 이 시기 미국은 그 전부터 쌓여온 한국인들의 불만이 팽배한 가운데 수확물을 공출했다. 둘째, 봉기가 실패로 끝나면서 강력한 정치 세력으로서 지방의 주도권을 공개적으로 다투던 인민위원회 및 그들과 연합한 대중조직도 사실상 종말을 맞았다. 셋째, 봉기의 진압과 인민위원회의 소멸은 우익, 특히 경찰 내부에 있던 우익의 운명에 중대한 전환점이 됐다. 끝으로 봉기의 확산은 해방된 한국 정치에 환경적 요인이 크게 작용했다는 것을 보여주었다.

군정 3년 동안 1946년 가을 봉기처럼 모든 수준에서 미국에 충격을 준 사건은 없었다. 수뇌부는 극심한 공황에 빠졌다. 하지 장군은 평양이나 모스크바의 지도부가 이 봉기를 지시했는지 즉각 의심했고 그들이 북쪽에서 군사 공격을 시작할지 모른다고 우려했다.[1] 그 밖에 군정 안팎의 미국인은 봉기가 자생적이라 판단하고 "본격적 혁명"으로 여겼다.[2] 그러나 봉기가 진압되자, 그것은 전쟁이나 혁명이 아니었음이 분명히 드러났다. 전쟁은 나중에 일어났고 농민들이 자신의 지배자를 쫓아내는 데 필요한 조직을 갖지 못했기 때문에 혁명은 없었다. 이처럼 10월 봉기는 농민 봉기의 고전적 사례이자 19세기 동학 이후 한국에서 나타난 가장 중요한 농민 봉기였다.

1946년 가을 연속적으로 일어난 사회적 불안은 9월 23일 부산 철도 노동자의 파업으로 시작해 곧 남한 전역으로 퍼졌다. 10월 2일 대구에서 일어난 대중 시위는 12월까지 경상남·북도와 충청남도·경기도·강원도·전라남도의 혼란으로 파급됐다. 예상대로 〈그림 16〉에서 표시한 봉기 발생 지역은 앞서 살펴본 인민위원회의 세력 판도와 매우 비슷하다(8장 〈그림 5〉 참조). 봉기는 경상도에 집중됐으며 (몇 가지 예외는 있지만) 인민위원회가 강력하거나 인민위원회가 해당 지역을 지배한 전라남도·충청남도·강원도의 군에서 일어났다. 이런 대응 관계는 부산 서쪽의 군들에서 가장 분명하다. 앞서 지적한 대로 그 군들은 1930년대에 적색농민조합이 있었고 해방 뒤 인민위원회가 통치했으며 1944~1946년 한국 전체에서 인구 변화가 가장 큰 지역이었다. 경상북도에서는 대구 주위의 군에서 혼란이 가장 심각했다. 그 군들은 대부분 인민위원회가 통치하지는 않았더라도 강력한 영향력을 행사했고 인구 증가율이 높았다. 이처럼 가을 봉기는 인민위원회와 그 연합 세력이 지방 권력을 장악하려는 마지막 대규모 시도였다. 봉기가 경상도에 집중된 것은 해방 뒤 그곳에 인민위원회가 확립됐으며 토지를 잃고 불만에 찬 농민들이 모여들었기 때문이다. 봉기는 외부 세력이 조장한 것이 아니라 지방 인민위원회 지도자와 그 지지자들이 깊은 불만과 생사가 걸린 이해관계를 선동하면서 일어났다.

9월 총파업

1946년 9월 23일 부산에서 8000명 정도의 철도 노동자가 파업을 일으켰다. 몇 시간 안에 철도 파업은 서울까지 퍼졌고 남한 전체의 철도 수송이 멈췄다. 며칠 만에 파업은 인쇄공과 전기 노동자, 전보국·우체국 직원 등으로

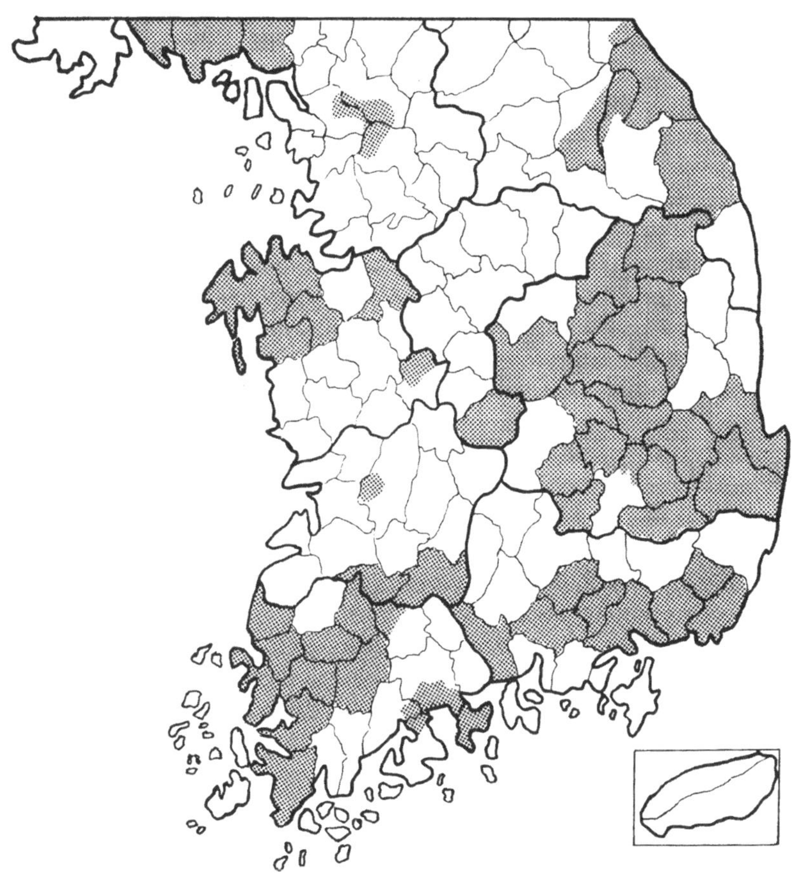

〈그림 16〉 1946년 9~12월 봉기의 양상.

확산되면서 총파업 수준에 이르렀다.[3] 수많은 학생도 파업에 참여했는데, 이를테면 서울의 명문인 경기고등학교에서도 거의 모든 학생이 수업을 거부했다.[4] 정치적 성향에 상관없이 신문들도 대부분 파업 목적을 지지했다.[5] 서울에서만 295여 개 회사에서 파업이 일어났고 노동자 3만 명과 학생 1만 6000명 정도가 참여했다고 보고됐다.[6] 남한 전역에서 참여한 노동자는 모두 25만1000명이었는데, 대부분 전평의 후원 아래 동원됐다.[7]

파업 첫 주에는 폭력 사태가 거의 일어나지 않았다. 시위는 질서 있게 이뤄졌다.[8] 노동자들의 요구는 대체로 개혁적이었다. 그들은 쌀 배급을 늘리고 임금을 올리며 실직자와 남한으로 피난 온 사람들에게 집과 쌀을 배급하며 공장의 작업 환경을 개선하고 노동자가 조직을 결성할 수 있는 자유를 요구했다.[9] 그러나 그 밖의 요구는 혁명적 의미를 담은 것도 있었다. 노동자들은 북한에서 이미 통과된 것과 비슷한 "민주적 노동법"을 요구했다. 그들은 정치범을 석방하고 "반동적 테러"를 중지하라고 요구했다.[10] 가장 중요한 요구는 인민위원회로 권력을 이양하라는 것이었다.[11] 이 요구는 9월 30일 전평 위원장 허성택이 하지 장군에게 보낸 서한에도 들어 있었다.[12]

군정청은 앞서 비슷한 소요에 대응했던 것과 같은 방식으로 이 파업에 공식 대처했다. 그들은 북한의 공산주의자가 혼란을 일으키고 있다고 비판하고 이 파업은 한국인이 아직 자치할 준비가 되지 않았음을 보여주는 것이라고 주장했다. 파업이 시작된 이튿날인 9월 24일 군정청은 북조선노동당이 남한의 동맹 세력에게 인공 창건 1주년(1946년 9월 6일)을 맞아 "투쟁"을 전개하라는 지령을 내렸다고 규탄했다.[13] 그런 지령이 실제로 내려졌을지도 모르지만, 적어도 군정청 사료와 G-2 또는 방첩대CIC 보고서에 그런 사실은 나오지 않는다. 곧 보겠지만, 아울러 군정청 내부의 정보 분석은 나중에 박헌영이 소요의 배후에 있다고 생각하게 됐다.

하지 장군은 파업에 대응해 미국인으로서 자신의 경험은 세계 어느 곳에도 적용할 수 있다는 판단과 한국인의 투쟁에 온정이 담긴 특유의 성명을 발표했다.

본관도 노동자였기 때문에 가난의 고통을 잘 알고 있습니다. (…) 본관이 노동자의 삶과 어려움을 실제로 알지 못한다고 말할 수 있는 사람은 없습니다. 이 때문에 본관은 노동자들이, 대단한 것을 약속하지만 아무것도 줄 수 없는 사람들에게 맹목적으로 선동되는 것이 참으로 안타깝습니다. (…) 이런 심각한 소요는 한국 국민을 더욱 혼란스럽게 하고 전 세계가 한국 국민은 자신들의 문제를 처리할 준비가 되지 않았다고 잘못 믿게 만들 뿐입니다.[14]

그러나 한국 노동자들은 이런 이해하기 힘든 훈계에 귀 기울이지 않았으며 9월 말 파업은 더 격렬해졌다.

9월 30일 서울 용산역 구내에서 큰 소요가 일어났다. 물론 파업을 주동한 사람들이 철도에서부터 시작한 것은 놀랍지 않다. 철도망이 몇 주나 몇 달 동안 마비되면 지방에서 파업과 봉기를 탄압하기가 훨씬 더 어려워질 것이기 때문이었다. 앞서 서울의 방첩대 지부는 용산의 철도 노동자가 매우 좌경화됐으며 전평을 적극 지지한다고 보고했다.[15] 9월 30일 수천 명의 파업 참가자와 진압자가 역 구내에서 충돌했다. 『서울타임스』에 실린 목격 기사에 따르면, 3000여 명의 파업 노동자는 경영자 측이 조직한 비슷한 숫자의 진압 세력(경찰과 우익 청년 조직 3000명)과 충돌했다.[16] 미국 정보기관은 경찰을 2100명으로 추산하고 파업 참가자 1400명 정도가 체포됐다고 보고했는데, 이로써 파업 참가자의 전체 인원은 그보다 많았음을 알 수 있다.[17] 그날 수많은 사람이 검거됐으며, 진압 세력은 "쇠막대기와 곤봉으로 무장하고 도심과 공장 지대를 돌아다녔다". 그들은 자유신문 사옥을 공격했다.[18] 10월 2일 인천역 구내에서도 비슷한 충돌이 일어났고 대규모 검거가 뒤따랐다.[19] 체포된 노동자는 파업에 참가하지 않겠다거나 전평과 관계를 끊겠다고 서약하면 복직됐지만, 거부하면 즉시 해고되고 쌀 배급이 중단됐다.[20] 철도 노동자의 파업을 이처럼 강력하게 진압한 결과 10월 3일 남한 철도의 45퍼센트 정도가 다시 운행됐다.[21] 그러나 그 무렵 경상북도에서는 훨씬 더 심각한 소요가 일어났다.

9장에서 지적한 대로 경상북도, 특히 대구와 그 인접 군, 국방경비대 경상북도 연대에서는 해방 첫해 동안 좌익과 우익이 공존하는 현상이 나타났다. 대구에서 이런 현상은 대구지역평의회로 나타났다. 그것은 조선공산당·한국민주당·한국독립당·인민당에서 지역 지도자 20명을 동일하게 뽑아 구성한 단체였다. 평의회는 1946년 6월 28일부터 주마다 한 번씩 모였다. 미군정도 담당 장교는 평의회의 조언을 군정 정책 수립에 이용했다.[22] 그들은 그 단체가 곡물 징수를 위해 농민의 협력을 얻는 데 특히 유용하다는 것을 깨달았다.[23] 이 평의회는 전후 한국에서 드물게 성공한 합작 시도의 하나였지만, 극우와 극좌는 여러 이유를 대며 반대했다. 또한 평의회는 경상북도에서 좌익이 존속하고 일정한 합법성을 얻는 데 핵심적 역할을 했다. 그러나 전후 남한에서 마찬가지로 희망차게 출발한 수많은 조직처럼, 이 역시 유혈의 폭력적 갈등 속에 끝났다.

파업은 9월 말 대구의 40여 개 공장과 기업에서 일어났다. 3000여 명의 노동자가 참여했다.[24] 미군 사령부는 외부 선동가들이 파업을 이끌고 있다고 비판했지만, 몇 년 뒤 발간된 남한 자료에 따르면 대구 파업은 조선공산당 대구 지부 손기영, 대구 보안대장保安隊長 나윤철, 전평 대구 지부 윤창혁, 인민당 대구 지부 최문식, 『민성일보民聲日報』 주간主幹 이목이 이끌었다.[25]

10월 봉기

10월 1일 200~300명의 시위대가 파업 노동자들을 지지하며 대구 시내를 행진했다. 파업 참가자들과 마찬가지로 이 시위대(대부분 다양한 나이의 어린이들처럼 보였다)[26]는 식량 배급량을 늘려줄 것을 요구했다. 그날 경찰은 시위대 한 명을 죽였다.[27] 10월 2일 1000~2000명으로 추산되는 군중이 전날 사망한 시위대의 시신을 들고 대구 시내를 행진했다.[28] 그 뒤 시위와 관련된 사건을 재판한 미국인 검사에 따르면, 10월 2일 사건의 지도자는 전시에 일본과 만주국에서 강제 노동을 한 31세의 의대생 채무학이었다. 만주국에서 "그는 중국 공산주의자의 영향을 받았다"고 보고됐다. 그는 해방 뒤 대구로

돌아왔다.[29]

시위대는 시신을 대구 중앙경찰서까지 운반한 뒤 그곳을 에워쌌다. 경찰서 안에 있던 존 플레지아 소위는 군중을 해산시키라고 경찰에 명령했다. 경찰이 따르지 않자 그는 경찰서를 떠나 미군의 지원을 찾았다. 군중은 그 직후 경찰서로 밀려들었고 경찰 20~30명은 제복을 벗어던지고 피신했다. 미국은 이처럼 "완전히 비겁한 경찰의 행위"를 그들 일부가 공산주의자라는 증거로 받아들였다.[30] 그러나 미국인에게 고용돼 대구에 근무하던 한국인 경찰은 앞서 일본인 아래서 일했으며, 이런 경력은 그들의 도주가 공산주의에 동조해서나 비겁해서가 아니라 유일한 선택이었음을 보여준다.

피신한 경찰들은 운이 좋았다. 대구의 폭도들은 경찰 50여 명을 사로잡았으며 10월 6일 대구 경찰 38명을 살해했다.[31] 그러나 그들은 단순히 살해된 것이 아니었다—죽을 때까지 고문당하고 불태워졌으며 산 채로 피부가 벗겨졌다. 그들이 죽자 그들의 집과 가족이 공격받았다. 폭도들은 대구 전역에서 도지사를 포함한 공무원들의 집을 약탈했다. 그들의 재산을 약탈하고 가족을 구타했으며 그들이 존재한 흔적을 모두 없애려고 했다. 그 뒤 미국인들은 안구가 도려지고 팔다리가 잘리고 수백 군데의 찔린 상처가 있는 경찰의 시신을 발견하고는 한국인의 야만성을 규탄했다.[32] 경찰의 공식 기록에서는 "우매한 농민"의 소행이라고 적었다.[33] 그러나 이런 극단적 폭력 사건은 상당히 중요한 의미를 지닌 역사적 자료다. 이런 폭력은 아무 까닭 없이 일어난 것이 아니었다. 그것은 증오하는 관리를 겨냥한 것이었는데, 그들 대부분은 식민지 시대와 해방 첫해에 한국인에게 비슷한 잔혹 행동을 했다. 미국인이 그런 공격의 대상이 된 적은 없었다. 1927년 중국 후난성湖南省에서처럼 농민은 매우 통찰력 있는 시각을 지녔다.[34] 인종 차별이나 계급적 편견은 이런 행위의 역사적 의미를 박탈할 수 없다. 그것은 탄압받은 사람들의 원초적 폭력이었다—탄압의 대리인을 겨냥했다는 의미에서는 정치적이었지만, 한국 농민이 가진 사회적 힘을 집중시키고 활용할 수 있는 조직이 경상북도에는 존재하지 않았다는 측면에서 그 폭력은 비정치적이었다.

한국에 있던 미국인 가운데 소수만 한국인 경찰에 자행한 폭력 뒤의 분노를 이해했다. 그러지 못한 하지 장군은 경찰이 공격받은 까닭을 이렇게 해석했다.

> 경찰은 법과 질서를 유지하고 시행하며 법을 준수하는 국민과 그들의 재산을 보호한다. 선동 세력은 자신들이 이끌려던 무질서를 경찰이 막자 경찰을 무너뜨리고 혼란시키려는 의도에서 큰 증오를 일으키는 선전활동을 전개했다.[35]

달리 말하면 하지는 한국 경찰을 자신의 고향인 일리노이주 골콘다 마을의 경찰과 동일하게 본 것이었다. 실제로 그는 정통성을 가진 정치제도에서 경찰이 독점적으로 행사한 합법적 강제력과 무법자의 승인받지 못한 폭력을 합리적으로 구별했다. 그러나 많은 한국인은 식민지 시대의 경찰을 불법적 존재로 봤다. 그들이 전후 한국에서 폭력 수단을 독점한 것은 부당했기 때문에 합법성의 정의定義에 따르면 그것은 승인될 수 없었다.

대구 봉기는 총파업에 뒤이어 일어났던 터라 미국인과 그에 연합한 한국인들은 이미 즉각 행동할 준비를 갖췄다. 미군 탱크는 10월 2일 정오에 대구 시내를 순찰했다. 도시 전체 도로가 봉쇄됐다. 한국인은 집단적으로 모이는 것이 금지됐다. 오후 7시 계엄령이 선포되고 야간 외출이 금지됐다.[36] 그러나 대구에서 일어난 불꽃은 경상도 전체의 큰 화재로 번졌다. 한국을 끓고 있는 화산이나 위험한 화약고로 본 하지의 판단은, 유감스럽게도 의심의 여지 없이 완전히 들어맞았다.

10월 3일, 1만 명으로 추산되는 사람들이 영천 경찰서를 습격해 군수를 살해하고 40명 정도의 군 경찰을 납치했다. 공무원과 경찰도 여럿 살해됐으며 경찰서와 우체국은 완전히 불탔다.[37] 미군 야전부대는 며칠 만에 치안을 회복했다. 그 뒤 생존한 영천 경찰들과 우익 세력은 체포된 폭도들의 집을 약탈했다.[38]

영천의 폭력 사태—일본인 아래서 근무한 관리들을 감안하면 그저 민족주의적 또는 애국적 분노로 설명될 수도 있었다—는 대중이 경찰과 공무원을 넘어 지주계급을 공격한 것이었다. 좌익 자료에 따르면 영천 지역의 "반동적이고 악질적인 지주" 20명 정도가 죽임을 당했다. 1만~1만5000석 정도의 곡물을 소유하거나 관리하는 이른바 "대지주"가 특히 목표였다. 농민은 지방의 "대지주"이자 한민당의 주요 인물인 이활의 아버지 이인석의 으리으리한 저택을 침입해 파괴했다. 그 뒤 영천의 한 활동가는 여름에 곡물 공출이 공평하지 않아 식량 가격이 크게 올랐기 때문에 그 지방 농민들은 지주계급에 깊은 원한을 갖게 됐다고 말했다. 또한 그는 10월에서 넉 달 전 45차례 정도 좌익 탄압이 자행돼 140명이 넘게 체포됐기 때문에 봉기가 시작됐을 때 지방 농민들에게는 지도자가 없었다고 말했다.[39]

의성군 경찰서는 10월 3~5일 5000여 명의 시위대에 장악됐으며, 그 기간 군 전체의 지서 16곳도 습격받았다. 의성 경찰서장은 의성과 그 이웃인 군위의 폭도는 모두 현지 주민이라고 보고했다. 그는 시위대 5000명의 대표 9명과 의성에서 대화를 나눴는데 그 9명 가운데 5명은 지방 인민위원회에, 2명은 인민당 지부에, 1명은 의성 농민조합에, 1명은 어디에도 소속되지 않은 교사였다고 밝혔다. 현지의 미국인은 의성과 군위의 정치단체가 대부분 지방 인민위원회에 소속 또는 연계됐다고 말했다.[40]

군위 남쪽의 구미에서는 10월 3일 폭도 2000명이 경찰서를 습격했다. 그들은 경찰을 가두고 지방 경찰과 공무원의 집 86채를 완전히 파괴했다.[41] 군위군의 군청 소재지에서는 군중 1000명이 경찰서장과 군수를 가두고 군 행정을 지방 인민위원회로 넘기라고 요구했다. 이튿날 충청북도 청주에서 파견된 경찰이 군위의 소요를 진압했다. 그들은 폭도들이 군위 인민위원회와 인민당 지부, 지방 농민조합, 인민위원회와 연계된 여성·청년 단체에 소속됐다고 보고했다.[42] 같은 날 폭도들은 군위 안의 경찰지서 8곳을 공격했다.[43]

10월 3일 근처의 왜관에서는 2000여 명의 폭도가 군 경찰서를 습격했다. 그들은 경찰서장을 불구로 만든 뒤 살해하고 그 부하 7명을 구타해 죽였다. 그리고 경찰서와 그곳에 있는 무기를 접수했다. 그런 뒤 그들은 지방 경찰·공무원·부자의 집 50채를 파괴했다. 비슷한 사건이 이웃의 작은 마을에서도 일어났다.[44] 왜관과 김천을 잇는 고속도로의 다리는 같은 날 폭파됐다.[45]

그런 뒤 시위대는 선산군 경찰서를 탈취하고 대구에서 파견된 경찰 75명의 공격을 물리치는 데 성공했다. 한 미국인은 "경찰이 도착했을 때도, 경찰이 퇴각했을 때도 군중이 그 지역을 장악했다"고 언급했다. 선산 바로 남쪽의 낙성동에서는 2000명의 군중이 죽창과 농기구·몽둥이로 무장하고 여름에 걷은 곡식을 탈취해 지역 주민에게 나눠주었다.[46] 10월 3일 왜관 남쪽의 성주에서는 350명가량이 경찰과 공무원, "애국 단체"에 소속된 인사들을 공격했다. 이튿날 수천 명의 군중이 성주 경찰서를 에워싸고 경찰 21명을 감금했으며 경찰서를 불태우려고 시도했다. 도 경찰에서 파견된 부대가 그들을 진압했다.[47] 이런 혼란이 일어나기 일주일 전 성주의 공무원 2명이 범법 행위로 체포됐다. 그들은 미군정이 제안한 남조선 과도입법의원과 남한 단독정부 수립에 반대한다고 단언했다. 그들은 미국인에게 "우리는 우리나라가 미국의 식민지가 되는 것을 바라지 않는다"면서 미국이 여름에 곡물을 공출한 것은 "예전의 일본보다 더 잔혹했다"고 비난했다.[48]

심각한 혼란은 10월 3~5일 경주와 영일 같은 해안 지역 군에서도 일어났다. 10월 3일 청년 700여 명이 포항 시내를 행진하고 그 지역 미군 장교에게 다음과 같은 편지를 보냈다.

> 이 위기에 민주주의를 세우라.
> 우리는 굶주려 울고 있는 사람들을 구해야 한다.
> 우리는 반역자의 나라가 되는 것을 거부한다.[49]

그날 밤 미군은 포항에 계엄령을 선포했다. 10월 4일 시위대는 군청과 경주에 소속된 3개 면의 면장 집을 불태웠다. 거기서도 미군은 계엄령을 선포하는 것으로 맞섰다.[50] 미군 방첩대 요원은 경주 시위대의 지도자가 쓴 문서를 노획해 그들이 경주 인민위원회와 지방 농민조합, 민전 지부에서 왔다는 사실을 알게 됐다. 그 문서에서는 "우리는 이 기회를 이용해 깊이 뿌리내려야 한다"고 말하면서 폭력을 행사하지 말도록 촉구했다.[51] 대체로 경상북도의 정치 조직자들은 농민에게 폭력을 선동하지 않은 것으로 보인다. 그런 사건을 경험한 사람은 누구나 극단적 폭력은 정치적으로 무익하며 똑같이 극단적인 탄압을 불러오리라는 사실을 알고 있었다. 실제로 그 뒤 좌익 지도자들은 바로 그런 이유에서 가을 봉기를 비판했다. 1927년 후난성에서 젊은 마오쩌둥이 그랬던 것처럼, 경상도의 정치 조직자들은 울분을 분출하는 농민들의 폭력적 힘을 놀란 채 바라보고만 있었다.[52]

12월 3일 영일군 안강安江에서 "농민"이라고 표현된 폭도들이 군수를 죽이고 현지 경찰서를 점거했다. 근처의 기계杞溪에서는 폭도가 관청과 공무원의 집을 불태우고 선교사를 공격했다(가을 봉기 동안 외국인을 직접 공격한 것으로 보고된 유일한 사례였다).[53] 10월 6일 2000여 명의 폭도는 다이너마이트와 수류탄으로 무장하고 구룡포 경찰서를 공격했지만 경찰과 우익단체가 물리쳤다.[54] 이 무렵 계엄령이 경상북도 전역에 선포됐다.

경상북도 북부 각 군의 소요는 9장에서 그 지역 군 인민위원회의 세력을 분석한 결과와 일치했다. 우익이 장악한 안동군의 군청 소재지에서는 9월 25일 철도 노동자의 소규모 파업밖에 일어나지 않았다.[55] 봉기가 끝난 뒤 전달된 유일한 불만은 "저명한 우익 인사"가 남긴 것인데, 안동 경찰이 그와 그의 부유한 친구에게 와서 외딴 지역의 파괴된 집과 경찰서를 복구하는 데 자금을 지원해달라는 내용이었다.[56] 1946년 5월 지방 인민위원회가 해체된 문경에서는 소요가 전혀 일어나지 않았다. 그러나 강력한 인민위원회가 있던 예천에서 미국은 10월 3일 "시설이 완전히 파괴되고" 10여 명이 소요로 죽었다고 보고했다. 그곳에서는 10월 5일 야전부대가 도착할 때까지 질서가 회복되지 않았다. 그 뒤에도 경찰은 예천 경찰서에 방어벽을 치는 정도의 일밖에 할 수 없었다. 폭동이 시작된 뒤 일주일 동안 외곽 면에는 경찰이 없었다. 봉화와 영주도 마찬가지였다.[57] 그러나 10월 19일 남아 있던(또는 살아 있던) 군수와 경찰이 통제력을 회복했다. 감옥은 죄수로 넘쳐나 예천에 213명, 영주에 137명 등이 수감됐다.[58] 안동·문경·예천·영주에서도 이례적으로 강력한 좌익 반대 운동이 일어났는데, 1945년 가을 북한의 평안남·북도에서 인민위원회가 권력을 장악하자 내려온 피난민 때문이었다.[59]

10월 7일 폭동은 경상남도로 번져 진주와 마산에서 가장 심각한 폭력 사태가 일어났다. 그곳은 1945~1946년 강력한 인민위원회가 미국이 임명한 지방정부를 몇 차례 퇴진시켰으며 귀국한 사람들이 대거 밀려들어 특히 불안한 상황을 유발한 지역이었다. 10월 7일 진주에서는 한국인 경찰이 시위 군중에게 발포해 2명을 사살했다. 같은 날 미군 야전부대가 군중에게 발포해 4명을 사살했다. 시위대 100명이 체포됐다. 사흘 뒤 진주 파출소가 습격당했고 10월 14일 격렬한 충돌이 일어나 시위대 10명이 죽고 11명이 다쳤다.[60] 그 뒤 사로잡힌 시위대를 조사해보니 그들은 농민·임금노동자·행상·상인이었다. 그들은 군정에 "특권계급과 악덕 지주, 모리배"의 이익을 위한 미곡 공출을 중단하라고 요구하며 "남한을 북한처럼 만드는 것"이 옳은 과정이라고 말했다. 그들은 전단을 만들어 진주 경찰이 "일본의 충직한 개"였다고 고발하면서, 경찰이 "한국에서 태어났고 한국인과 동일한 혈통인데 어째서 한국인에게 발포했는지" 물었다. 폭도는 대부분 진주 인민위원회나 그 산하의 청년 단체에 소속돼 있었다.[61]

10월 7일 마산에서 미군 부대와 한국인 경찰이 군중 6000명에게 발포해 "많은 사상자"를 냈다—자료에 따르면 8~15명이 죽고 수십 명이 다쳤으며 150여 명이 체포됐다.[62] 같은 날 경찰은 창원 근처의 남지리에서 군중에게 발포해 2명을 죽였다. 10월 둘째 주 나흘 동안 경찰은 10회 습격을 받았다. 미군 야전부대는 몇 가지 사건에 개입했다. 10월 14일 해안에 위치한 서생리에서 500여 명의 시위대가 마을회관과 경찰서를 파괴했다. 10월 8~10일 군중은 양산과 동래에서 경찰을 공격했다. 미군 부대와 한국인 경찰은 진해 부근의 웅천에서 군중에게 발포해 5명을 죽였다.[63]

부산 서쪽에 위치해 인구가 많이 유입된 지역인 하동에서도 10월 8~11일 경찰과 공무원이 여러 번 습격당했다. 10월 8일에는 농민 200여 명이 죽창을 들고 경찰을 쫓아가 몇 사람을 찔러 죽였고, 농민도 4명이 죽었다. 농민은 대부분 지방 농민조합과 인공 산하의 청년 단체에 소속된 이들로 보고됐다. 그 뒤 청년 단체에 소속된 15명이 체포됐는데 14명은 18~35세의 농민이었다. 지도자인 이병구는 25세의 교사였는데, 그 공격의 목적은 "친일파와 민족 반역자"를 처단하는 것이라고 일기에 썼다. 그들이 배포한 전단에서는 "남한 전체에서 타오른 혁명의 불꽃은 억압받은 계급의 분노가 폭발한 것"이라면서 아래와 같이 말했다.

> 우리는 경찰을 증오하는 것이 아니라 조국의 독립을 위해 죽을 준비가 돼 있다.
>
> * * *
>
> 농민들에게: 우리 손으로 독립국가를 세우자. 모든 권력을 인민에게 돌리자. 토지를 인민에게 공평히 분배하자. 모든 곡물 공출에 반대하자.[64]

부산에서는 시내의 모든 학교가 9월 23일부터 10월 8일까지 동맹휴학에 들어갔다. 10월 9일 유혈 사태가 일어나 경찰과 시위대 24명이 죽었다. 부산 시장이 습격당했다. 미군 야전부대가 투입됐다.[65]

미국은 10월 셋째 주, 혼란을 조성하려는 목적에서 "공산주의자들이 대구에서 서울로 왔다"고 봤다. 그러나 공식 자료에 따르면 "서울은 우익이 장악했으며 훌륭한 통신 시설과 잘 조직된 경찰, 즉각 도울 수 있는 미군 부대가 있었다."[66] 이것은 근대적 통신수단을 사용해 소요를 진압할 수 있다는 사실을 간결히 인정한 것이다. 그러나 미국은 여운형의 도움도 받았다. 그는 폭동이 10월 22일로 계획돼 있다고 미리 경고했다.[67] 아무튼 서울에서는 심각한 혼란이 일어나지 않았지만 서울 근처에서는 소요가 벌어졌다.

서울 동쪽의 작은 도시인 광주에서는 10월 20일 경찰서가 습격받아 불타고 그 안에 갇혀 있던 죄수들이 풀려났다. 비슷한 때에 500명 정도가 서울 북쪽의 수색리 경찰서를 공격했다.[68] 10월 20일부터 38도선 근처인 개성 지역에서 좀더 광범한 폭동이 일어났다. 개성 경찰서장이 살해되고 파출소 몇 곳이 탈취당했다. 미군 야전부대는 이곳과 근처의 연안延安·배천·청단靑丹·연백延白에 투입됐다. 폭도는 10월 20일 연백에서 경찰 2명을 살해하고 4명을 납치했다. 경찰은 개성 지역에서 경찰과 폭도 40명이 죽었다고 추정했다. 경찰은 3782명을 체포했다.[69]

경상도와 마찬가지로 이런 지역에서 시위대는 대부분 지역 주민이었으며 그들은 대부분 인민위원회와 농민조합 또는 인민위원회 산하의 청년 단체와 관련됐다. 다른 곳과 마찬가지로 경찰은 우익 청년 단체의 도움을 받았다. 미군 방첩대는 배천에서 일어난 시위대가 거의 다 배천 인민위원회와 농민조합(만주에서 배천으로 돌아온 조태준이 이끌었다), 노동조합과 연결됐다고 보고했다. 그곳 경찰은 독촉에 소속된 지방 청년 조직의 도움을 받았다.[70] 인천의 폭도들은 10월 26일 경찰서 한 곳을 포위하고 폭파해 그 안에 있던 경찰 2명과 인천 독촉 청년 조직원 32명을 죽였다.[71] 1946년 가을 남한 전역에서 일어난 지역적 충돌은 서울에서 나타난 좌우 대립의 구조를 반영했다.

충청남도의 소요는 1945~1946년 인민위원회가 강력하게 지배한 서북부의 4개 군 대부분에서 나타났다. 10월 13일 덕산(예산군)에서는 300명으로 추산된 폭도가 경사警査와 딸을 살해했다. 나흘 뒤 1000명 정도가 인근에 있는 합덕合德의 경찰을 습격했다. 미군 야전부대는 아슬아슬하게 경찰을 구출했다. 이튿날 홍성의 파출소 몇 곳이 습격당했고 홍성 경찰은 군중에게 발포해 4명을 사살했다. 비슷한 소요가 서산군·예산군·당진군 전역에서 거의 같은 때에 일어났다. 폭동은 해방 뒤 인민위원회가 통치한 또 다른 군인 천안에서도 발생했다.[72] 서북부 4개 군을 맡은 제41군정중대는 11월 말 재판해야 할 사건이 아직도 350개나 남았으며 "그것들은 정치적 성격을 띠었다"고 보고했다.[73]

충청남도의 봉기가 정치적이었다는 데는 의심의 여지가 없다. 홍성 시위대가 뿌린 일부 전단에서는 "한국 정부를 인민위원회로 되돌려라!" "모든 형태의 권력을 인민위원회로 되돌려라!" 같은 주장이 제기됐다. 전단은 과도입법의원과 군정을 폐지하고 북한과 같은 노동법과 토지법을 시행하라고 요구했으며 군정이 쌀을 공출하고 한민당과 결탁한다고 비판했다.[74] 합덕 시위의 지도자는 지방 농민조합 위원장인 이수하였다. 폭도의 계급적 배경은 경상도와 마찬가지로 주로 노동자나 농민계급인 것으로 판단된다. 대전 시위대 31명은 농민 6명, 노동자 7명, 실직자 9명, 의사 3명(일반적인 의사가 아니라 한의사로 생각된다), 상인 2명, "기타" 4명으로 분류됐다. 그들의 나이는 25세부터 60세까지 걸쳐 있었지만, 대부분 20대 후반과 30대 초반이었다.[75] 미국 조사관은 대전의 경찰이 우익 정당과 밀접히 연결됐다고 지적했다. 경찰은 우익 세력에게 식별할 수 있는 완장을 주고 합동작전을 펴기 위해 트럭을 빌려주었다.[76]

충청북도는 대체로 가을 봉기를 비껴갔다. 강력한 인민위원회가 이끌던 외곽 지역인 영동에서만 소요가 일어났다.[77] 경찰과 우익 세력이 협력해 신속히 대처한 덕분에 그 도의 봉기를 막을 수 있었다고 생각한 미국은 충청북도를 "남한에서 우익이 가장 강력한 도"라고 결론지었다.[78]

10월 말 봉기는 전라남도로 확산됐다. 미군정 기록에는 현지 봉기를 39쪽에 걸쳐 포괄적으로 서술한 보고서가 있다.[79] 11월 첫 두 주 동안 50회를 웃도는 사건이 발생했다. 대부분 몽둥이·창·돌·낫·괭이·칼·쇠스랑으로 무장한 농민이 파출소를 습격한 것이었다. 내용은 대부분 아래와 같았다. "인민위원회 소속으로 보이는 폭도가 파출소를 습격했고 경찰이 발포해 6명을 죽였다." "1000명이 경찰서를 습격했고 (…) 경찰이 100여 발을 발포해 폭도들을 죽였다(사망자는 확인되지 않음)." "경찰이 폭도 3000명에게 발포해 5명을 죽였다." "경찰이 폭도 60명에게 발포했고 (…) 야전부대가 출동해 죽창 여섯 자루와 칼 두 자루를 압수했다." "600~800명이 경찰서로 행진해오자 경찰이 4명을 죽였다." 이런 개별적 농민전쟁의 목록을 읽어내려가면 마침내 끝에 도달한다. 그러나 그것은 끝이 아니며 독자들은 전라남도 농민의 수많은 시체가 쌓여 있는 이미지를 떠올리게 될 것이다.

전라남도의 봉기는 10월 30일 화순의 광부들이 광주로 행진하면서 시작됐다. 화순은 1945~1946년 내내 미국의 고민거리였다. 그곳의 강력한 인민위원회는 그 지역 광부 수천 명의 지지를 받았다. 화순탄광의 생산량은 남한에서 세 번째였지만 1946년에는 1939~1943년 평균 생산량의 절반 아래로 떨어졌다.[80] 그러자 많은 광부가 일자리를 잃었고 현지 미국인은 그곳 주민들이 굶주리고 동요하고 있으며 군 전체가 말할 수 없는 가난에 시달리고 있다고 지속적으로 보고했다. 해방 1주년을 기념해 광부들이 도청 소재지인 광주로 행진하면서 광범한 시위가 일어났다.[81] 10월 31일 화순 노동조합 위원장이 이끈 광부 3000여 명이 다시 광주로 행진을 시도했다. 미군 방첩대와 야전부대는 폭력 사태 없이 그들을 돌려보내려고 시도했다. 미국의 보고에 따르면, 군중에는 여성 300여 명이 포함됐는데 대부분 굶주림으로 울고 칭얼대는 아이를 데리고 있었다.[82] 며칠 동안 작은 사건과 체포가 이어졌다. 그런 뒤 11월 4일의 일이다.

> 피크 대령은 미군 병사 12명, 방첩대 요원 4명, 한국인 경찰 10명, 군정청 관계자 몇 명을 데리고 (10월 31일) 화순탄광 파업의 지도자를 체포하기 위해 광주를 떠나 화순으로 갔다. 5명을 체포해 광주로 돌아오던 그들을 우마차 3대와 도망친 광부 1000~2000명이 막아섰다. 다음 마을에서는 체포된 사람들을 구조하려고 시도했다. 폭도 몇 명이 지프차 창문으로 통나무를 던져 차량이 구렁에 빠졌다. 두 번째 지프차도 첫 번째 차량을 들이받고 전복됐다. 그 차량들을 버려두고 탑승자들은 남은 차량을 타고 화순으로 돌아왔다. 호송대는 돌과 총에 맞았고 군중을 뚫고 나가다가 33명이 다치고 3명이 죽었다. 미군 2명도 부상당했다.[83]

이 사건 뒤 지방 국방경비대는 탄광을 접수했으며 화순 경찰은 증강됐다. 곧 경찰은 "우리가 상황을 완전히 장악했으며 (…) 죄수는 투옥시켰다"고 보고했다. 그러나 11월 6일 화순에서 또 다른 습격이 일어나 50명이 체포됐다.[84]

화순탄광 광부가 행진을 시작한 것과 같은 날, 목포항의 전화교환원들이 파업을 일으켜 모든 통신이 중단됐다. 10월 31일과 11월 1일 미군 야전부대가 투입돼 그곳 경찰서로 행진하던 수천 명의 노동자와 학생을 해산시켰는데, 부대가 트럭을 몰고 시위대를 돌파하면서 "많은 폭도가 다쳤다". 10월 31일 경찰은 목포 바로 북쪽의 임성에서 폭도 600명에게 발포했다.[85] 10월 31일 나주 부근의 산에서 북소리가 들리더니 이튿날 아침 농민 수천 명이 시위를 벌이려고 모였다(많은 미국인은 북소리를 듣고 전라남도가 인디언의 나라가 아닌가 생각했다). 각 1000명 이상으로 짜인 세 집단이 서로 다른 방향에서 나주로 집결했다. 그들은 제20보병연대의 1개 소대와 경찰 250명, 경비대원 80명과 마주쳤다. C-47기 2대가 상공을 선회하자 분노한 농민은 높은 언덕으로 올라가 돌을 던졌다. 폭도는 파출소 5곳을 공격했고 경찰도 무수히 발포해 한차례 농민 10명을 사살하고 뒤이어 3명을 더 죽였다.[86] 또한 경찰은 11월 1일 함평에서 1000명 이상의 군중에게 발포했는데 사망자 숫자는 정확히 알 수 없다. 이틀 뒤 폭도 7명이 무안務安에서 살해됐다.[87] 풍양(여수 부근)에서는 농민들이 경찰 1명을 죽창으로 항문을 찔러 죽였으며 다른 1명은 죽이기 전에 입술을 도려냈다. 11월 11일 해남 일대의 농민이 농기구를 들고 파출소를 습격한 결과, 농민은 사망 54명, 부상 61명, 체포 357명이 발생하고 경찰에서는 사망 10명, 부상 33명, 실종 11명이 발생했으며 경찰서와 파출소 24곳이 불타고 "우익" 28명이 살해당했다. 경찰은 시위대 수천 명에게서 소총 24정만 압수했을 뿐이다.[88] 멀리 떨어진 서남부 각 군을 빼고는 도 전역에서 작은 규모의 소요와 경찰에 대한 공격이 수없이 일어났다. 이를테면 11월 3일 칠성리에서는 농민 380명이 신한공사 창고로 난입해 모든 기록을 불태웠다. 11월 1~3일 경찰은 영산포·영광·광순·광산에서 농민에게 발포해 모두 16명을 죽였다.[89] 수없는 사건과 죽음이 기록에 남겨졌고, 또한 의심할 여지 없이 많은 부분이 기록되지 않았다.

11월 첫 두 주 동안 전라남도에서는 47개 시·군, 모든 면의 3분의 2에서 폭동이 일어났다. 500~1000명이 참가한 사건은 5건, 1000~5000명은 8건, 5000명 이상은 1건이었다. 미국은 실제 기록된 참가자가 2만3760명이지만 6만5000명이 가담했을 것으로 추산했다.[90] 미국 자료는 이렇게 서술했다.

> 폭도들은 입수한 공식 기록, 특히 곡물 공출 기록을 모두 파괴했다. 실제로 몇 사례에서 경찰서와 시청을 공격한 유일한 목적은 그런 기록을 확보해 파괴하려는 것이었다. 신한공사의 쌀 공출 기록도 마찬가지였다.[91]

봉기의 조직자들은 전라남도 농민이 품은 두 가지 기본적인 분노를 이용했다. 그들은 (1) "대부분의 농민이 미군정의 쌀 공출 정책을 반대"하고 (2) "도시 거주자와 농민 할 것 없이 한국인들은 보편적으로 경찰을 증오"한다는 것을 이용했다.

> 이런 증오는 다른 도보다 전라남도에서 깊었는데, 일본이 항복한 뒤 좌익 "인민위원회"가 다른 도보다 그곳을 더 오래 실질적으로 통치했기 때문이다.[92]

미국은 외부의 공산주의 선동가와 인민위원회의 "뛰어난" 조직 때문에 소요가 확산됐다고 생각했다. 폭동 기간에 "공산주의자는 인구의 75퍼센트 정도를 통제했다". 그러나 전라남도에 있던 미국인 또한 시위대가 남한 전역에서 동시에 파업을 일으키지 않고 한 도에서 다른 도로 순차적으로 일으킨 까닭을 궁금해했다. "공산주의자의 이런 실수가 숙련된 선동가가 없었기 때문인지 전체적 계획의 잘못 때문인지는 알 수 없다."[93] 그러나 전체적 계획은 없었으며 "외부 선동가"는 말할 것도 없고 조직자도 거의 없었다. 봉기는 대구 지역에서 시작해 남쪽으로 퍼진 뒤 서쪽으로 옮겨가 전라남도까지 이어졌다. 한국 전역에서 수만 명의 농민을 지휘할 수 있는 조직은 존재하지 않았다. 인민위원회와 농민조합은 지방에 존재했고 그 지역에서 영향력을 끌어왔다. 그 구조는 계층적이 아니라 독립된 세포 형태였다. 마치 소문이 대중의 비공식적 통신 수단을 거쳐 퍼지듯 한 봉기는 이웃한 지역의 또 다른 봉기를 불러왔다. 당구공이 연속해 서로 부딪치듯 이런 연쇄적 반응은 자기완결적 구조를 지녔다. 공산주의자의 선동 때문이 아니라 토지의 사용 조건과 관계, 불공평한 곡물 공출, 지방에서 지주·공무원·경찰의 유착에서 연유한 깊은 분노 때문에 전라남도 농민이 일어났음을 증거들은 보여준다.

봉기와 관련해 현재 남아 있는 소수의 좌익 자료는 이런 결론을 뒷받침한다.[94] 봉기의 표면적 조직자는 대부분 조선공산당원으로 여겨지지만, 미국의 여러 범죄에 대해서도 광범하게 서술했다. 미국은 한국을 자기 식민지로 만들려 하고, 월가에 있는 자본가의 이익에 따라 한국을 미래의 침략에 사용할 군사기지로 만들려는 정책을 갖고 있다는 것이었다. 그러나 각 지방의 폭동에 참가한 사람들의 회고에서는 식민지 시대 경찰의 만행, 가혹한 곡물 공출 정책, 지주와 부농의 곡식 저장, 지방 인민위원회에 대한 조직적 탄압 같은 지방의 문제가 두드러지게 강조되고 있다. 달리 말하면, 이런 설명은 공산주의자가 사소한 문제를 급진적으로 해결하려 했고(그들은 가을 봉기 동안 자신들의 지도가 잘못됐다고 인정했다) 지역 활동가는 실제적이고 정당한 불만이 있었음을 알려준다.

봉기 세력이 11월 중순 전라남·북도의 경계지역으로 후퇴하면서 전라북도에서 인민위원회가 강력한 두 군인 남원과 순창에서 작은 규모의 소요가 일어나기 시작했다.[95] 그렇지 않았다면 전라북도는 가을 봉기의 영향을 거의 받지 않았을 것이다—그곳에서 인민위원회가 일찍 소멸하고 지주의 세력이 강했음을 감안하면 우리 예상과 일치한다. 도청 소재지인 전주에서만 진정한 소요를 경험했다. 11월 12일 약 417명의 죄수가 전주 형무소를 탈출했다. 내부 자료는 그들이 "정치적 범죄" 때문에 투옥됐다고 언급했다.[96] 그 뒤 12월 중순, 지방의 좌익 청년 단체들은 전주 시내를 평화적으로 행진할 수 있다는 허가를 얻었다. 그러나 전주 경찰은 방어벽을 쳐 시위대(와 일부 관계없는 방관자)를 체포한 뒤 군중에게 해산하라고 명령했다.

> 군중은 시내 한복판에서 포위됐기 때문에 도망갈 수 없었다. 경찰은 공포탄을 발사했다. 군중은 흩어졌다. 당황한 경찰은 총구를 내려 시위대를 겨냥했고 비명을 지르는 군중을 기마대가 공격했다. 몽둥이와 소총이 어지럽게 뒤섞였다. 거리가 정돈됐을 때 20명이 죽어 있었다—남자·여자·아이가 섞여 있었다. 미군 방첩대는 이 사건을 군정 당국에 보고했다. 관련된 경찰은 아무 징계도 받지 않았다.[97]

예상대로 강원도에서 폭동은 강력한 인민위원회가 있던 멀리 떨어진 해안지역 군에서 주로 일어났다. 지방 경찰서가 습격받은 강릉 북쪽의 항구인 주문진과 관련해 미국 조사관은 강릉과 마찬가지로 "95퍼센트가 좌익"이라고 보고했다. 10월 29일 묵호의 경찰은 우익 200명의 도움을 받아 지방 농민의 습격을 물리칠 수 있었다. 미군 방첩대 조사반 또한 11월 첫째 주 삼척군과 강릉군이 "전반적으로 불안하다"고 보고했다. 이 지역에서 경찰과 부유한 지주의 집이 공격당했다는 보고는 수없이 많았다. 경찰과 그와 연합한 우익은 체포된 폭도의 집을 부수고 약탈해 보복했다.[98] 삼척에 있던 미국인은 소요의 주원인이 그곳 광산에 좌익의 취업을 금지했기 때문이라고 말했다. 우익 청년들은 옛 일본군 군복을 입고 광산을 순찰했다. 지방 공무원도 좌익에게 쌀 배급권을 발급하지 않았다.[99]

폭동이 대부분 가라앉은 뒤 『비판신문批判新聞』은 가을 봉기가 동학농민운동 이후 한국에서 일어난 가장 거대한 봉기라고 언급했다.[100] 그런 판단은 그리 정확하지 않다. 분명히 1946년 봉기는 몇 가지 측면에서 동학과 비슷했다. 가을 봉기의 참여자들은 동학과 모든 지역의 농민 봉기에서 기법을 빌려왔다. 그들은 낫·갈고리·망치처럼 자신이 사용하는 도구를 무기로 삼았다. 그들은 화기를 갖지 못했기 때문에 경찰이 소총을 장전하느라 잠깐 멈추는 동안 집단으로 몰려들었다.[101] 그들은 언덕에서 봉화를 올리거나 산에서 북을 치거나 사람을 보내거나 구두로 전달하는 등 원시적 통신 방법으로 하룻밤 새 군중을 모을 수 있었다. 아울러 농민은 경찰·군수·지주 그리고 그들의 하수인이 자신을 억압한다는 것을 정확히 파악해 목표를 택했다. 지방 관청이 점령되면 미곡 공출 기록이 가장 먼저 파괴됐다.

진압의 방법

가을 봉기가 진압된 방법은 전후 한국 정치에서 나타난 몇 가지 측면을 두드러지게 보여주었다. 첫째, 탄압 세력의 구성에는 해방 기간에 나타난 기본적인 정치적 제휴 관계가 나타났다. 둘째, 탄압이 성공한 데는 남한의 비교적 발달한 통신·교통 시설을 사용할 수 있었던 이점이 작용했다. 셋째, 봉기를 진압하는 데 미군의 병력과 무기, 탱크 같은 장비를 지속적으로 이용해야 했다는 사실은 한국 내부의 치안력이 비교적 약했음을 보여준다. 경찰은 유기적 조직을 갖추고 통제에 필요한 남한의 자원을 거의 독점했지만 미국의 도움 없이는 승리할 수 없었다. 1946년 가을 미군이 현지에 없었다면 한국은 4년 뒤가 아니라 그때 내전에 돌입했을 것이다.

경찰과 우익 조직, 특히 우익 청년 단체의 긴밀한 연합은 1946년 가을 파업과 폭동이 전개된 석 달 동안 뚜렷이 드러났다. 미국 공식 자료는 대체로 경찰이 편파적이었다는 사실을 부정하면서 몇몇 우익 단체의 도움을 높이 평가했다. 공식 기록은 그런 단체 가운데 특히 독촉과 그 청년 조직인 대한독립촉성청년동맹이 "공산주의자가 저지른 범죄"를 폭로했다고 칭찬했으며, "'재산을 탈취하려는 범법자만' 체포한 경찰의 뛰어난 활약"을 부각시켰다. 또한 개성 지역에서 "청년 단체를 중심으로 자경단自警團을 조직해 소요가 일어난 모든 지역에서 경찰을 도와 상당한 효과를 거뒀다"고 서술했다.[102] 아울러 한국의 신문들이 자신의 정치적 입장을 넘어 파업과 폭동을 불러온 진정한 불만을 지적하자, 영주의 독촉 지부와 지방의 "애국" 청년 조직은 "한국의 독립을 반대하는 공산주의자"가 폭동을 일으켰다는 내용의 전단을 배포했다. 전단은 경찰의 "위대한 희생"을 옹호하고 "무지한 농민들"은 본업으로 돌아가라고 촉구했다.[103] 각 도에서 올라온 미국 보고서는 경찰과 우익 단체의 연합을 계속 중요하게 다뤘다. 한국 경찰의 공식 기록에서도 폭동을 진압하는 데 "애국적 우익" 단체가 도움을 주었다고 언급했다.[104]

폭동 이후 경찰이 지방의 부자들에게 손실된 경찰 인력을 충원하고 경찰의 집과 경찰서를 다시 짓는 데 재원을 기부해달라고 요청했다는 보고가 많이 올라왔다. 1946년 한미 공동회의에서 경상북도 상주 출신의 한 사람은 경찰이 자신의 부유한 아버지를 구타하고 복구 작업에 쓸 자금 50만원을 요구했다고 보고했다. 그의 아버지는 앞서 상주 인민위원회에 기부했기 때문에 특별한 목표가 됐다. 경찰은 자금을 걷은 뒤 대부분을 기생과 술 마시는 데 썼다고 보고됐다.[105]

군정은 농민 봉기를 진압하는 데 주로 경찰에 의존했다. 그들은 우선 도 경찰을 보낸 뒤 필요하면 서울의 경찰이나 미군 야전부대를 투입했다. 사태가 심각해진 10월 2~5일 대구의 미국 당국은 상주 100명, 선산 69명, 영천 50명, 경주 75명, 군위 100명, 김천 150명, 왜관 100명, 달성 70명 등으로 도

경찰을 배분했다.[106] 전라남도에서 미국은 야전부대의 지원을 받은 도 경찰의 신속한 투입으로 소요가 안정됐다고 보고했다.[107] 그러나 경상북도의 상황은 도 경찰과 야전부대가 통제할 수 있는 수준을 넘어섰다. 앞서 본 대로 그곳에는 평온한 충청북도의 경찰이 투입됐다. 이런 병력이 충분하지 않으면 경찰 수백 명과 보조 부대가 서울에서 열차로 수송됐다. 10월 5일 서울의 수도경찰청 소속 경찰 411명을 태운 열차가 대구에 도착했다.[108] 이튿날 운수부運輸部와 수도경찰청 수뇌부가 이끈 80명가량의 "파업 진압대"를 태운 열차가 도착했다.[109] 철도 교통과 크게 발달한 경찰 통신망은 경상북도의 폭동 진압을 성공으로 이끈 핵심 요소였다.

예상할 수 있듯이 경찰은 자신들을 겨냥한 폭력에 무자비하게 대응했고 많은 미국인을 놀라게 했다. 군정의 공식 기록은 "소요가 일어나는 동안 경찰의 극단적 잔인함이 나타난 사례는 수없이 많았다"고 동의했다. 거기에는 미국 방첩대원의 목격이 인용돼 있다.

> 10월 9일 나는 도 경찰에 소속된 형사가 길이 30인치, 직경 1.5인치 되는 몽둥이로 어떤 한국인의 어깨를 두세 번 때리는 것을 목격했다. 나는 그에게서 몽둥이를 빼앗았지만 징계할 권한은 없었다. 내가 소속된 방첩대 요원은 19관구管區 경찰서에서 한 경찰이 쇠몽둥이로 어떤 소녀의 어깨를 때리는 것을 본 적도 있다. (…) 내 동료는 그 경찰에게서 무기를 빼앗았지만 그를 때릴 권한은 없었다. 소녀는 폭도들에게 그 경찰의 집을 알려준 것 같았다.[110]

체포한 사람을 경찰이 고문하는 것을 목격한 미국인도 있었다. "나는 그에게 다가가 몽둥이를 빼앗고 말했다. '나는 앞서 당신에게 이런 행동을 하지 말라고 말한 바 있습니다—우리는 미국인이고 당신은 한국인이지만 올바른 사람이라면 이런 행동을 해서는 안 됩니다.'"[111]

10월 20일 군정청 경무부장 조병옥은 자신의 미국인 상관에게 조선공산당·전평·전농·인민위원회 지도자들이 "범죄를 저지르기 전에" 그들을 체포할 권한을 달라고 요구했다. 그는 다음과 같은 근거를 제시했다. "그런 예비검속豫備檢束에 합법적 근거를 제공하는 기존 법률이 있습니다. 일본인 총독이 1912년 7월에 공포한 행정명령이 그것입니다."[112] 일부 미국인은 이것을 비롯한 조병옥의 제안이 "예전 일본의 '사상 통제'"와 동일한 맥락이라고 생각했다.[113] 그러나 위에서 거론한 단체의 지도자들은 파업과 봉기가 일어난 뒤 대부분 체포됐다. 앞으로 보겠지만, 전평은 노동조합으로서 사실상 궤멸됐는데 9~10월 그 지도자들이 대거 체포됐기 때문이다. 현지에 있던 식견 있는 한 미국인은 미군 사령부와 경찰 수뇌부가 전평을 무너뜨리는 데 공모했다며 비난했다.[114] 군정청 수송부의 미국인 간부도 폭동과 파업을 진압하는 데 사용된 미국의 방법 역시 "한국"의 방법과 다르지 않았다고 인정했다.

> 우리는 전장으로 들어가듯 그 현장으로 갔다. 우리는 소요를 억제하러 갔으며 무고한 사람이 다칠까봐 걱정할 시간이 없었다. 감옥이 가득 차자 도시 외곽에 수용소를 세우고 파업 가담자들을 수용했다. 그것은 전쟁이었다. 우리는 전쟁이라고 생각했다. 그리고 우리는 그렇게 싸웠다.[115]

파업과 봉기의 원인

1946년 가을 남한에서 일어난 사건처럼 복잡한 현상을 한 가지 원인으로 설명할 수는 없으며, 9~12월까지의 기간을 군정 첫해의 경험에서 분리시킬 수도 없다. 사실 가을 봉기는 그 전해 전체에 걸쳐 발생한 사건의 절정이었다.

군정의 공식 기록은 그 봉기를 자신의 편리에 맞춰 쉽게 설명했다.

> 잘라 말하면 모든 증거는 공산주의자의 선동과 지도가 없었다면 10월 2일의 유혈 사태와 그 뒤의 심각한 소요는 일어나지 않았을 것이라는 사실을 보여준다. 요컨대 폭동은 공산주의자가 고무했으며 자발적으로 일어난 것은 결코

아니었다.[116]

봉기는 박헌영에게 내려진 지령과 북한에서 잠입한 세력을 거쳐 "북한으로부터 직접 촉발됐다".[117] 이렇게 단정한 증거는 무엇인가?

9월 24일 군정청이 폭로한 북한의 지령은 이미 언급했지만, 위의 주장을 입증하는 증거에는 포함되지 않는다. 거기에는 그와 관련된 언급이 없다. 위의 결론과 관련된 대부분의 증거는 한국 경찰과 『대동신문』 같은 우익 신문의 기사에서 제공된 정보에서 가져왔다.[118] 조병옥은 미국에 이렇게 말했다.

> 공산주의자가 군정청에 맞서 전국적인 반대 운동을 전개하려고 지난 5월부터 계획해왔다는 것은 공공연한 비밀입니다. (…) 이 계획은 공산당 지도부가 짰으며 전국과 지방 단위의 공산당 조직 및 협력 조직의 중추 세력을 동원해 수행됐고 수행되고 있습니다.[119]

경찰은 공산주의자가 좌익의 모든 조직을 장악하고 있음을 보여주는 도표를 미국에 제공했고 미국은 그런 정보를 확정적인 것으로 받아들였다. 그들은 경찰에 제기된 반대는 모두 공산주의자가 사주한 것이라는 경찰의 동기에 의문을 제기하지 않았다. 남한 공산주의자가 다른 좌익 조직을 장악하려 한 것은 분명하지만, 그들은 서울의 본부 안에 있는 각 정파도 통제하지 못했음을 보여주는 상당한 증거가 있다. 그렇다면 지방의 비좌익 단체는 지배할 수 있었는가? 남한의 공산주의자는 서울에서 단추를 눌러 지령을 보내 경상북도 농민들에게 경찰을 공격하고 곡물 공출 기록을 파괴하도록 할 능력이 없었다. 농민이 가을 봉기에 가담한 데는 좀더 깊은 동기가 있었다.

10월 초 미국 정보 보고는 봉기가 일어나기 전 몇 달 동안 북한에서 남한으로 1만여 명이 "잠입했다"고 주장했다.[120] 그러나 나는 북한에서 잠입한 사람이 폭동 기간에 체포됐다는 기록을 보지 못했다. 리처드 로빈슨의 말은 이런 조사 결과를 뒷받침한다. "파업 기간에 체포된 수천 명 가운데 남한 거주자가 아닌 사람은 한 명도 없었다."[121]

1946년 9월 23일부터 10월 1일까지 북한을 방문한 여운형은 돌아와 남한의 파업은 박헌영의 작품이라고 군정에 알려주었다. 미국의 설명에 따르면 김일성과 김두봉은 파업을 지지하지 않았으며 박헌영이 무정(당시 북한에서 홀대받았다)과 결탁했다고 여운형은 말했다. 이처럼 파업의 목적은 박헌영과 무정이 다른 공산주의 지도자들을 희생시켜 자신의 권력을 확대하려는 데 있었다고 추정된다. 또한 여운형은 박헌영이 김일성과 달리 골수 친소파였으며 한국 정부를 소련과 밀접히 연결시키려 했다고 주장했다. 마지막 측면은 자신도 김일성도 바라지 않는 사항이었다고 여운형은 말했다.[122] 여운형이 남한으로 돌아온 직후 미국은 박헌영이 심각한 경제 위기를 틈타 좌우합작위원회의 시도를 무너뜨리려는 의도로 9월 9일 파업을 지시했다고 비판하는 문서를 발견했다. 그러나 그런 혐의는 9월 19일 공산당의 반박헌영파 집회에서 나온 문서에 들어 있었으며, 그 주장의 신빙성에 의문을 던진다.[123]

여기서 한국 정치를 분석하는 모든 사람이 부딪히는 문제는 하나다. 늘 한국 지도자들은 복잡한 사건을 파벌 투쟁으로 말하는 경향이 있다는 점이다. 7장에서 본 대로 1946년 여름과 가을에 걸쳐 여운형과 박헌영은 서울에서 좌익의 주도권을 놓고 서로 대립했다. 이처럼 여운형은 군정청에 박헌영의 오명을 전달할 이유가 있었다. 김일성과 김두봉 같은 북한 지도자들이 한국 공산주의자 가운데 박헌영의 영향력을 두려워하고 있었다는 것도 알려진 사실이다. 1946년 1월 5일의 기자회견에서 박헌영이 소련과 관련해 발언한 것이 왜곡된 결과 친소파로 알려진 것도 여기서 미묘한 요인이다. 그러나 어떤 한 개인이 1946년 가을 봉기를 단독으로 "일으킬" 수 없었다는 것은 명백한 사실이다.

1946년 11월 29일 하지에게 보낸 편지에서 보이듯 사실 여운형 스스로도 봉기가 한 사람의 계획이라고 생각하지 않았다. "친애하는 장군, 당신도 사태가 순조롭지 않다는 데 동의할 것입니다. (…) 남한 전역에 널리 퍼진 불안은 깊은 불만의 표시입니다." 그는 "선동자들"이 상황을 이용했다고 동의했지만 이렇게 주장했다.

불만의 원인은 훨씬 깊은 곳에 있습니다. 불씨가 있으면 큰 화재로 번질 수밖에 없습니다. 최근 며칠 동안 나는 지방에 있었습니다. (…) 거기는 권위를 행사할 수 있는 단체가 거의 없습니다. 모든 사람이 자신의 의견을 주장하고 있습니다.

여운형은 혼란의 큰 책임을 경찰의 "폭거와 권력 남용"에 두었다. 그는 하지로 하여금 김규식에게 상황을 수습할 전권을 주라고 촉구하면서 "나는 아무런 조건 없이 온 힘을 다해 그를 도울 것"이라고 맹세했다.[124]

봉기에 북한이 관여했다는 것은 직접적인 선동보다는 "전시효과展示效果"로 이뤄졌다고 생각된다. 그들의 철저한 토지 개혁과 노동법 개혁은 남한 농민의 불만에 해답으로 다가왔다. 남한 시위대가 북한 같은 토지 개혁과 노동법 그리고 "인민위원회 같은 정치조직"을 요구한 까닭은 북한 지도자에게서 그렇게 하라는 지령을 받았기 때문이 아니라 북한의 개혁이 남한에서 큰 공감을 불러왔기 때문이다.[125]

정치적 연관에 따라 파업과 봉기의 조직자(그것을 직접 유발했든 그렇지 않든)를 분류한다면 지방 인민위원회·농민조합·노동조합, 인민위원회 산하 단체의 개입을 수없이 발견할 수 있다. 가을 봉기는 병리적 이상 사태나 개인적 책략의 결과가 아니라, 의미 있는 개혁과 노동조합·농민조합·자치기관을 1년 넘게 요구해왔지만 무시된 한국인의 분노가 정점에 다다른 끝에 발생한 자연스럽고 논리적인 현상이었다. 미국의 공식 문서에서는 이런 경험과 영향을 거의 언급하지 않았으며 현지의 내부 보고는 모두 토착적 지방 조직이 봉기에서 핵심 역할을 담당했다고 서술했다. 스튜어트 미첨은 파업이 일어나기 전 몇 달 동안 전평이 겪은 좌절을 크게 강조했다. 남한 전역의 공장과 회사에서 전평 조직자에게 노골적인 탄압과 박해를 가한 여러 사례를 자세히 서술한 뒤 그는 "전평이 임금 인상이나 그 밖의 노동 조건 개선 이외의 사항을 주장한 사례는 없었다"고 언급했다. 그러나 계속해서 그는 "날로 격화된 전평에 대한 탄압은 군정청의 승인과 협조 아래 이뤄졌다"고 덧붙였다. 그 결과 미첨은 "공장 경영자와 경찰, 미국이 전평에 전개한 소모전은 그 조직의 생명을 위태롭게 만든 지경에까지 이르렀기" 때문에 전평은 9월 파업을 전개했다고 결론지었다.[126] 남한 전역의 노동조합·농민조합·인민위원회는 가을 봉기에 앞선 상당한 기간에 비슷한 "소모전"을 전개했다.

한국 공식 자료는 봉기에 대중을 동원하는 데 지방 인민위원회·노동조합·농민조합이 주요한 역할을 맡았다고 공개적으로 인정한다.[127] 그러나 미국 공식 자료는 그렇지 않다. 이런 단체를 적대시하는 한국 당국은 지방의 "공산주의자"와 모스크바나 평양의 지령을 받는 공산주의자를 구분할 필요가 없었다. 그러나 미국은 외부 선동가와 연결시킬 수 없는 공산주의자나 좌익에 대한 탄압을 정당화하기가 좀더 어려웠다. 경상북도 지사는 도내에 "의지가 강하고 용감하며 죽을 각오가 돼 있는 3000명 정도의 토착 좌익 지도자가 있다"고 침착하게 서술한 바 있다.[128] 미국은 그들이 소련과 연결돼 있다는 사실을 확신하지 못할 경우 그들을 탄압하는 데 주저했다.

합리적인 결론은 군정 첫해 인민위원회와 농민·노동조합, 그 산하 단체를 조직적으로 탄압한 것이 가을 봉기의 씨앗을 뿌렸으며 그들에게 막다른 곳에 몰렸다는 절박감을 심어주었다는 것이다. 그러나 이것은 파업과 봉기가 하필 그때 일어난 까닭을 설명해주지 않는다. 어떤 기념일이 다가왔거나 그것과 연관된 선동 때문이 아니라 농사 주기 때문이었다. 가을은 한국에서 추수하는 시간이다.

2장에서 언급한 대로 한국 경제는 금이나 그 밖의 통화通貨 본위本位가 아닌 기본적으로 쌀 본위로 움직였다. 또한 1945년의 풍작은 군정의 자유시장 정책으로 발생한 폭리 추구·투기·비축 때문에 말 그대로 하룻밤 사이에 증발해버렸으며, 개방된 시장에서 사고파는 데 심리적으로 익숙하지 않은 국민의 소비율도 급증했다. 그러나 참담한 실패로 끝난 군정의 미곡 정책이 가져온 거대한 영향은 1946년 가을 추수 때까지 느껴지지 않았다. 그즈음 군정은 경찰·군수·지주라는 세 집단에 기초한 일제강점기의 공출제도를 완전히 부활시켰다. 차라리 미국이 일본의 제도를 단순히 지속했다면 경제적 혼란은 좀더 적었을 것이다. 그러나 자유 시장을 도입하고—지주에게 이익을 주었을 뿐 아니라 인민위원회와 노동조합이 강력한 지역에서는 그들이 쌀을

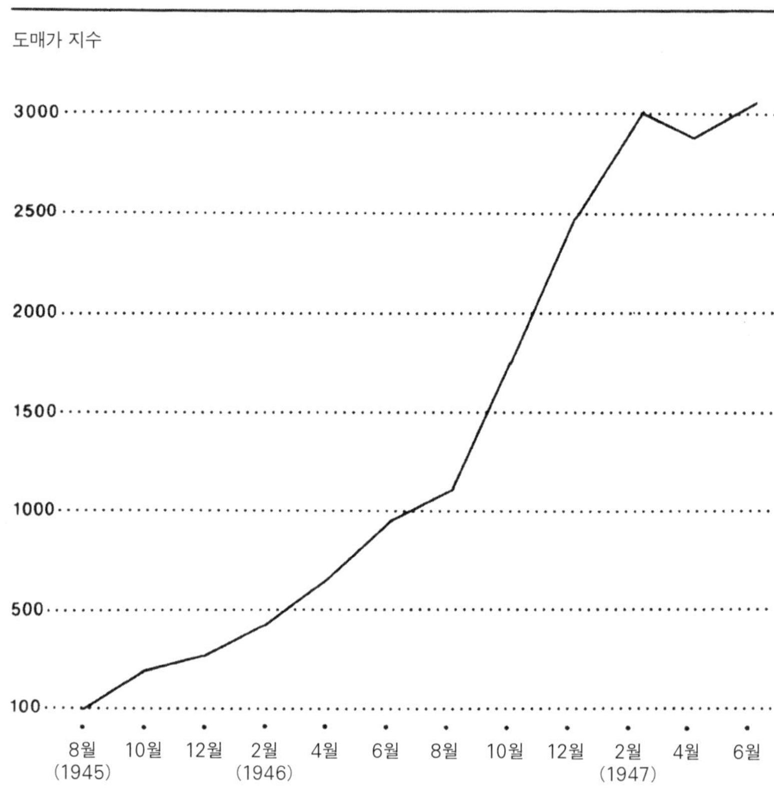

〈그림 17〉 1945년 8월~1947년 6월 서울 자유 시장의 도매가 지수(1945년 8월을 100으로 잡음).
전거: United States Delegation to Joint Commission, "Report on the Occupation Area of South Korea Since Termination of Hostilities."(Seoul: USAMGIK, 1947)

걷을 수 있게 해주었다—그런 다음 예전의 공출제도로 돌아가려 하면서 미국은 쌀값에 큰 혼란을 불러왔고 중앙정부의 공출 능력과 씨앗을 뿌려 추수하려는 농민의 의지도 크게 무너뜨렸다. 1946년 가을 무렵 남한의 농업생산자와 경제 자체는 최저점에 이르렀다. 쌀이 가는 대로 경제도 따라갔다.

서울 자유 시장의 도매가격은 1946년 8월부터 치솟기 시작해 1947년 2월에는 3배로 상승했다(〈그림 17〉 참조). 1946년 10~12월의 급격한 가격 상승은 파업과 봉기의 원인이자 영향임이 분명하다. 쌀값은 1946년 추수 직전 1부셸(약 27킬로그램)당 1만4000원으로 가장 높았다.[129] 곡물 가격은 이 가을에 정점을 찍은 뒤 1947년 2월 무렵 조금 떨어졌지만, 〈표 19〉를 보면 주요 곡물 가격은 계속 크게 오르고 있는 것을 알 수 있다(1946년 4분기에 가장 많이 올랐다).[130]

〈표 19〉 농산물의 가격 상승, 1946년 2월~1947년 2월(단위 원/석)

종류	1946년 2월	1947년 2월
쌀	1,348	10,146
보리	810	5,000
밀	1,390	6,785
수수	1,410	7,310
콩	1,060	7,805

곡물 가격의 폭등은 자연히 통화 팽창과 실업으로 이어졌다. 1945년 9월부터 1946년 6월까지 원화 유통량은 10억 원 정도 늘어 모두 94억 원에 가까워졌다. 그러나 1946년 12월 원화 유통량은 같은 해 6월의 거의 두 배로 늘어 180억 원에 이르렀다.[131] 임금 인상은 통화 팽창을 전혀 따라가지 못했다. 1945년 8월 물가와 임금지수를 100으로 잡으면 1946년 12월 물가지수는 1459인 반면 임금지수는 겨우 411이었다.[132] 이런 상태에서는 직업을 가진 사람도 살기 어려웠다. "한국의 임금 상황은 절망적이다. 생활비가 엄청나게 올랐다."[133]

1946년 12월 한국에서 일자리를 찾지 못한 노동력은 100만 명을 넘었다(〈표 20〉 참조). 이 수치는 군정청 노동부의 정보에 따른 것이다. 하지의 노동

고문 스튜어트 미첨은 그 수치가 실업 수준을 낮게 평가했다고 보았다.[134] 가장 심각한 것은 경상남·북도의 상황이었다. 전체 실업자 가운데 68퍼센트가 이 두 도에 있었다. 그리고 경상남·북도의 전체 실업자 가운데 58퍼센트는 귀환자였다. 이처럼 이런 수치에 따르면 두 도에는 일자리를 찾는 43만 6817명의 [일본 등으로부터의] 귀환자가 있거나 두 도 전체 인구의 6.9퍼센트가 그랬다. 이런 귀환자들의 곤경은 극도로 심각해 1946년 9월 파업이 일어나기 6주 전 그들 가운데 1만5000명은 식량과 직업을 찾으러 일본으로 돌아가려고 했다.[135] 그 뒤 경상도의 공무원들은 가을 폭동이 그곳에서 격렬했던 원인은 귀환자의 생활수준과 거기서 발생한 주민 사이의 긴장에 있다고 봤다.[136] 이처럼 경상도는 강제 이주된 인구와 그 결과 발생한 경제의 붕괴와 높은 정치적 참여율 사이의 중요한 관계를 다시 한번 보여주었다.

〈표 20〉 1946년 11월 도별 실업 현황(단위: 퍼센트)

도	전쟁에 관련된 실업자(A)*	(A)가 도 인구에서 차지한 비율**	실업자(B)	(A)와 (B)가 도 인구에서 차지한 비율
경기	6,883	0.3	8,050	0.6
충북	24,209	2.2	15,745	3.6
충남	19,993	1.0	23,723	2.3
전북	37,045	1.8	28,719	3.3
전남	70,283	2.4	36,694	3.6
경북	152,239	4.7	197,638	11.0
경남	284,578	8.9	111,303	12.4
강원	4,609	0.4	17,766	2.0
제주	20,591	7.5	2,422	8.3
합계	637,203	3.3	464,520	5.7

전거: 『朝鮮經濟年報』, 1948, Ⅰ-203쪽; USAMGIK, *Population of Korea*, 2쪽
*주로 일본과 만주에서 돌아온 사람들
**노동 인구가 아니라 도 인구에 대한 비율

군정의 미곡 정책이 경제적 혼란을 야기한 만큼 쌀 공출은 가을 봉기에 농민의 참여를 고무하는 데 중요했다고 생각된다. 앞서 본 대로 해방된 한국에서 특히 토지와 생산물을 중심으로 한 자원의 관리와 분배를 둘러싼 분쟁은 한국인을 정치적으로 양극화시켰다—이해관계가 절박한 만큼 분쟁도 피할 수 없는 전형적 제로섬 상황으로 그들을 몰아넣었다. 1946년 봄 북한

에서는 토지 개혁이 단행됐지만, 남한에서는 미군정이 식민지 시대의 쌀 공출제도를 부활시키고 이미 심각한 남한의 분열을 더욱 악화시켰다. 아울러 쌀 공출의 감독권은 그동안 그 임무에 익숙한 경찰에게 되돌아갔는데, 그들은 일제에 봉사한 전력 때문에 경멸을 받던 집단이었다. 쌀 공출을 그들에게 다시 맡긴 것은 곪은 상처에 소금을 뿌린 것과 같았다. 1946년 가을 추수 기간에 경찰이 그렇게 근본적인 분노의 표적이 된 까닭은 달리 설명할 수 없다.

1946년 여름 곡물 공출에서는 폭력 사건이 발생해 전국 할당량의 절반밖에 걷지 못했다. 1945년 후반 자유 시장 제도로 되돌아가기를 바란 일부 지주도 공출에 반대했다. 그 뒤 미국의 농업 담당관은 여름에 곡물을 공출하면서 경찰이 사용한 "잔혹한 방법"이 가을 폭동의 "근본 원인"이라고 지적했다. 그리고 배급제도도 도움이 되지 못했다.

> 배급의 기본 방식은 남한 전체에서 동일했다. 지방 공무원(대체로 시장市長)이 민간인을 임명해 배급소를 운영하게 했다. (…) 그 임명에는 정치적 고려가 곧잘 개입됐다.[137]

봉기가 일어나기 전인 9월 파업 기간에 미군 방첩대 조사관은 쌀 공출이 파업을 지지하게 만들 것이라고 경고했다. "쌀 공출 때문에 사람들은 철도 파업자들에게 완전히 공감하고 있다."[138] 앞서 본 대로 공출은 곧잘 강제로 이뤄졌으며 거의 언제나 정치적 고려에 기초했다. 좌익적 정치 활동을 의심받은 농민에게 할당량은 많았고 배급은 적었다. 지방 경찰과 공무원이 책정한 할당량을 농민이 채우지 못하면, 경찰은 가축과 그 밖의 재산을 압수해 부족한 분량을 메웠다. 저항하는 농민을 구타하는 것은 일상적인 일이었다.[139] 게다가 공출 과정의 모든 단계에서 부정이 만연했다. 미국 조사관은 가을 봉기 동안 경찰의 집에 쌀이 많이 쌓여 있는 사례를 자주 발견했다.[140] 경상도를 비롯한 각 도의 투기꾼은 경찰과 지방 공무원에게 쌀을 사서 주요 도시는 물론 일본의 암시장까지 운송했다.[141] 11월 초 미군 방첩대 조사관은 대구 우익 청년 단체의 창고에 약탈한 쌀이 쌓여 있는 것을 발견했다.[142] 봉기 직후 미국은 대구의 "저명인사" 19명과 면담해 봉기의 원인을 찾으려고 했다. 그들은 거의 모두 곡물 공출, 특히 경찰의 부패와 자의적이고 잔인한 방법과 관련된 농민의 불만을 들었다. 경상북도에서는 고위 경찰 간부조차 경찰이 "너무 가혹하게 곡물 공출을 강행했다"고 미국에 말했다.[143] 경찰에 대한 증오는 몹시 강해서 경상북도의 한 병원에서는 부상을 입은 경찰의 치료를 거부할 정도였다. 미군 부대는 10월 2일 대구의 도립병원을 접수할 수밖에 없었다.[144]

결론

가을 봉기의 피해는 엄청났다. 200명이 넘는 경찰이 살해됐다. 죽은 공무원·폭도·민간인의 총 인원수는 알 수 없지만(이를테면 죽은 폭도의 가족은 보복이 두려워 그런 사실을 숨겼다) 1000명을 넘을 것으로 생각된다. 재산 피해도 심각했다. 수확한 쌀은 대부분 손실됐다. 체포된 사람의 총 인원수는 알 수 없지만 석 달 동안 3만 명 이상에 이르렀다고 생각된다. 경상북도에서 7000~8000명이 체포된 것은 분명하다.[145] 전평은 소속된 노동자 1만 1624명이 10월에 체포됐다고 주장했다.[146] 앞서 지적한 대로 3000명 이상이 개성 지역에서 체포됐고 용산 철도 조차장에서는 하루에 2000명이 체포됐다. 전라남도에서는 적어도 4000명이 체포됐다.

1946년 말 안개가 걷혔을 때 좌익 세력이 가장 큰 손실을 입었다는 것은 명백했다. 봉기를 성공적으로 진압한 것은 경찰의 세력과 생존 능력의 전환점이 됐다. 남한의 농민은 경찰 앞에서 크게 위축됐다. 가을 봉기는 소요에 대처하는 관료 기구의 위력을 부각시킨 반면, 농민에게는 주변적 존재라는 자신의 무력한 모습을 보여주었다. 체제에 반대한 결과는 죽음과 파괴, 한 해 수확이나 없어서는 안 될 배급표의 상실이었다.

가을 봉기는 전후 한국의 사회 구조가 연속성을 결여했으며 균열을 나타내기도 했다는 사실을 또렷이 보여주었다. 농민 반란에서 나타난 주목할 만한 특징은 조직적으로 미숙하고 어설프다는 것이었다. 한국인 대부분의 의식이 노동자와 농민의 중간 정도에 머물러 있었던 것처럼, 지방 조직은 근대적 정치조직이라기보다는 농민 단체에 가까웠다. 경상도에서는 도시 노동자의 파업과 농촌의 농민 봉기가 혼합돼 폭동에 커다란 힘을 부여했지만, 전라남도로 옮겨가면서 그 형태는 농민 봉기로 변모했다. 위기의 시간에 인민위원회와 농민조합은 도 경계를 넘어 서로 연합하는 데 실패했고 예전의 농민 봉기와 매우 비슷한 세포 조직으로 움직였다. 그 결과 미국은 공산주의자가 이끈 조직적 혁명을 찾으려고 했건만 대신 체계 없고 실험적이며 자연발생적인 농민 전쟁의 광범한 파편을 발견했을 뿐이다. 하나씩 살펴보면 지역 주민의 수많은 원한의 산물이었다. 전체적으로 보면 해방된 한국의 체제에 불만의 절규가 쌓인 것이었다. 그러나 봉기는 지방적이고 자연발생적이었기 때문에 일본인이 남긴 근대적 통제 수단에 진압될 수밖에 없었다. 대부분 미국과 한국인 우익 세력이 장악한 철도·도로·통신 시설과 어떤 지역의 봉기든 투입돼 처리할 수 있는 전국적 경찰 조직은 결말을 이미 정해놓았다.

한국의 좌익 지도자들은 1946년 가을 분출된 인간의 놀라운 힘을 지휘하고 일정한 방향으로 인도하려 했다. 격렬한 농민 봉기를 유발한 그들의 역할에는 여러 의견이 있겠지만, 농민의 거친 힘을 조직화된 정치로 이끌지 못했다는 것은 분명하다. 남한에는 그들이 후퇴할 수 있는 안전 지역이 거의 없었다. 거기에는 베트남처럼 중앙정부의 영향력이 미치지 않는 중부 고지대가 없었다. 거기에는 중국 옌안처럼 전국을 지배한 정권과 경쟁할 수 있는 근거지도 없었다. 그리고 농민을 조직으로 편입시켜 그들에게 이익과 지위, 적을 방어하는 핵심 요소를 제공하는 과정을 추진하는 데 필요한 시간도 부족했다. 한편으로 남한의 좌익과 공산주의자는 대중을 조직하는 데 경험이 부족한 지도자들의 실패를 계속 보여줬다. 그 결과 그들은 그저 자신들만 조직했을 뿐이다. 즉 그들은 한 파벌에서 다른 파벌로 분화했으며 서울에 지나치게 힘을 집중했다. 다른 한편으로 그들은 우세한 통신·교통을 비롯한 그 밖의 물리적 수단을 갖고 농민을 철저하게 탄압하는 훈련을 받은 관료 기구와 마주쳤다. 이런 기구는 1946년 가을 동안 수많은 사건에서 미군의 지원을 받았는데, 공산주의자와 좌익 조직자의 실패만큼이나 진압을 성공하는 데 영향을 주었다.

봉기 이후 한국 농민의 가장 큰 손실은 그들의 이익을 보호해준 지방 조직이 사실상 소멸됐다는 사실이다. 남한 전역에서 대부분의 인민위원회와 농민조합이 사라졌다. 전국과 지방의 중요한 좌익 조직의 지도자들은 죽거나 투옥되거나 체포되거나 은신했다. 그들의 지지자 수천 명은 정치적으로 온건해지거나 매우 급진화됐다. 모든 좌익이 연합해야 한다는 민전의 정확한 주장은 산산이 부서졌으며, 대중적 기반의 큰 상실과 좀더 과격하고 수용의 폭이 좁은 조직인 남조선노동당의 출현으로 이어졌다. 적어도 농민에게 합리적 선택은 평온한 농촌으로 되돌아가는 것이었다.

11장

북쪽에서 불어오는 바람

> 남한 반동분자들은 앞서 38도선의 철폐를 요구한 바 있지만 (…) 지금은 그에 대해 한마디도 꺼내지 못한다. 남쪽에서 부는 바람은 우리에게 전혀 닿지 않지만, 그들은 북쪽에서 불어오는 바람을 매우 두려워한다.
>
> _김일성, 1946년 4월

해방 뒤 첫해 한국의 북반부에서는 대부분의 한국인과 여러 서구 관찰자가 일제 지배가 끝난 뒤 필연적으로 나타날 결과라고 생각한 것을 달성했다. 해방 뒤 9개월 만에 지주제도가 사라지고 토지는 다시 분배됐으며 주요 산업이 국유화되고 완전히 왜곡되었던 식민지식 공장시스템을 뿌리 뽑았으며 남녀평등을 확립하는 급진적 개혁이 이뤄졌다. 해방 뒤 1년 만에 수십만 명의 한국인을 아우른 강력한 대중정당과 초보적인 군대가 조직돼 오랫동안 한국 정치에 없었던 통일성을 부여했다. 1946년 말 북한에서도 남한과 마찬가지로 분단국가의 윤곽이 드러나기 시작해 1948년 9월 공식적으로 출범했다. 북한 공산주의와 연결된 대부분의 특징도 이 시기에 나타났다. 민족주의의 강조, 지도자의 절대적 역할 중시, 포괄적 통일전선 그리고 민족적 색채가 짙은 한국 공산주의의 특유한 수단이 된 사회주의와 주체사상의 이념적 혼합이었다. 모두 가차 없이 이뤄진 것이 아니라 다른 나라와 비교하여 최소한의 유혈만으로 신속하고 효과적으로 이뤄졌다. 달리 말하면 북한은 일제의 식민 지배가 남겨놓은 영향에서 예상할 수 있는 "일반적" 경로를 따랐다.

식민지 시대의 개발은 남한과 북한의 관계를 역전시켰다. 역사적으로 남한은 토지에서 산출한 부와 양반의 지배가 우세하고 비옥한 토지에서 나온 농산물을 한반도 전체에 공급할 수 있었다. 북한은 황해도와 평안남도 일부 지역을 제외하면 대체로 논농사보다 밭농사를 많이 지었고 가난한 고지대에서는 화전식 농법을 선호했다. 한반도 북부의 황량한 지역은 전통적으로 한국의 체제에 완전히 편입되지 않았다. 전형적인 지역적 편견은 이런 물리적 차이 위에 덧씌워졌다—그러나 민족적 분단의 논리적 근거가 될 만큼 심각하지는 않았다.

그러나 1945년에 와서 남한과 북한은 서로의 전통적 관계가 급격히 역전된 상황에 맞닥뜨렸다. 북한은 후진성에서 벗어나 근대적 산업 관계로 진입함으로써 새로운 생산양식에 기초한 역동적 기반을 사회에 제공했다. 황량한 국경 지대에서도 항일 유격전의 지도부가 새로 생겨났다. 그 결과 북한에는 젊고 역동적이며 진보적인 세력이 모여들었다. 남한은 기존 지배층의 본거지로서 우월한 사회적 지위와 전통적 정통성을 유지했지만, 일본의 지배는 그런 지위와 권위의 구조를 깊이 침식했으며 전통적인 관계를 역전시킬 만한 중요한 기초를 북한에 물려주었다.

북한의 산업적 발흥 또한 새로운 기초에 입각한 근대 국가의 출현을 요구하고 자극했다. 누가 지도자든 북한이 산업화됐으며 민간보다는 공권력의 비호 아래 이뤄졌다는 사실은 강력한 중앙이 필요하다는 것을 알려주었다. 관리와 계획의 필요, 산업과 연관된 통신과 교통의 총체적 조직, 노동력과 물자의 안정적 공급의 필요성은 모두 국가의 광범한 기능을 요구했다. 그러나 급진적 반식민주의를 주장하는 지도자에게 강력한 국가는 왜곡된 산업 기반을 식민지적 필요성이 아니라 국가의 필요성에 이바지하도록 방향을 다시 설정하고 세계시장에 공개적으로 참여해 발생하는 혼란에서 한국을 보호하는 데 유용한 것으로 밝혀졌다. 폴라니는 이렇게 썼다.

> 유럽의 조직화된 국가들은 국제적 자유무역의 여파에서 자신을 보호할 수 있었지만, 정치적으로 조직되지 못한 식민지 국민은 그럴 수 없었다. 제국주의에 저항한 반란은 주로 유럽의 무역 정책 때문에 야기된 사회적 혼란에서 외국 국민이 자신들을 지키는 데 필요한 정치적 지위를 얻을 목적으로 일으

켰다. 백인은 국가의 주권에 힘입어 스스로를 쉽게 지킬 수 있었지만, 유색인종은 전제 조건인 주권 정부를 갖지 못하는 한 까마득한 일이다.[1]

그러므로 한국의 곤경을 근본적으로 없앨 수 있는 방법은 국내에서 사회혁명을 일으키고 선진 산업국이 지배하는 세계경제에서 철수하고 관계를 끊는 것이었다. 식민지 체제의 해체는 치밀하게 조직되고 민족주의적 성향이 강한 정치체제를 북한에 남겨놓았고, 이는 즉시 농업과 산업, 사회에 배어 있는 식민지적 왜곡을 재편하고 개혁했다. 1946년 말 식민지를 거친 "제3세계"에서 나타난 혁명적 민족주의의 첫 사례 가운데 하나가 성립됐다.

오늘날에는 위에서 말한 내용의 전체나 일부에 동의하는 서구의 연구자가 거의 없다고 말하는 것은 현재 서구의 역사 서술과 전후 북한의 현실 사이에 큰 괴리가 있다는 것을 보여줄 뿐이다. 이런 견해차가 나타난 까닭은 많지만, 그 가운데 다음 사항은 특히 중요하다. (1) 소련의 적군赤軍이 북한을 점령해 혁명이 이오시프 스탈린의 보호 아래 진행됐기 때문에 스탈린주의적 사회주의의 여러 폐해가 이 시기 북한의 특징으로 간주돼왔다. (2) 현존하는 서구의 역사 서술은 냉전으로 왜곡되고 남한을 특별히 옹호했기 때문에 그 문헌들은 전형적으로 편견을 갖는 경향이 있다. (3) 북한 스스로도 이 시기 자신의 역사를 솔직하고 철저하게 서술하지 못했기 때문에 대부분 학술적 가치가 떨어진다. (4) 한국의 혁명은 냉전 초기에 일어나 자유민주주의적 노선이 식민지 이후의 발전을 이루는 방법이라는 것을 밝히려 하던 서구인, 특히 미국인에게 제3세계의 혁명에 강한 인상을 심어주었다. (5) 베트남이나 중국의 혁명가와는 달리 한국의 혁명가는 아무도 서구를 경험하거나 그들과 연관되지 않았다. 이런 모든 이유로 처음으로 되돌아가 기존 지식을 버리고 진실을 추구해야 한다.

소련의 점령

앞 장들에서 일본이 항복하기 전 소련이 한반도에 적용한 정책의 개요를 살펴본 바 있다. 스탈린은 테헤란과 얄타에서 루스벨트와 만났을 때 그리고 1945년 5월 해리 홉킨스와 회담하면서 그는 그런 합의를 문서로 남기기를 신중히 회피했으며 실제 서술된 기록은 대부분 소련이 한국의 독립을 강조했음을 보여준다. 7월 포츠담에서 몰로토프는 한국 신탁통치를 철저히 논의하자고 분명히 요구하면서 일찍이 없던 이례적 조처라고 불렀다. 그러나 실질적 토의는 이뤄지지 않았고 그 문제는 1945년 말 모스크바삼상회의까지 미뤄졌다.

포츠담 군사회담에서는 한국에서 예상된 소련의 작전을 다뤘으며 만주와 한국에 남아 있는 일본군과 대결해 패배시키는 과정에서 초래될 손실을 사실상 소련의 대규모 지상군에게 맡겼다. 미국이 히로시마와 나가사키에 원자폭탄을 투하하고 소련군이 만주에서 신속히 승리하면서 일본은 서둘러 항복할 수밖에 없었고 한반도는 진공상태에 빠졌다. 이제 소련은 그것을 채울 유리한 입장에 서게 됐다. 조지 렌슨은 소련의 한국 진입을 이렇게 서술했다.

> 소련이 (한국과 만주와 관련해) 세운 군사작전의 구상과 준비는 치밀했으며 (…) 150만 명 이상의 병력과 5500대의 탱크와 자주포自走砲로 구성된 대규모 공격이었다.[2]

8월 10일 소련 25군 10개 사단은 북한의 두 도시인 웅기와 나진을 공격했는데 일본군의 가벼운 저항만 받았다. 8월 15일 일본이 항복한 뒤 소련은 8월 21일 주요 항구인 원산으로 들어갔다. 사흘 뒤 함흥과 평양으로 진군했다.[3] 여러 한국 단체는 일본군을 공격해 소련군의 진군을 도왔으며, 25군 분견대에는 조선인도 포함됐지만 소련이나 북한의 문서에 김일성 유격대가 참여했다는 내용은 없다.[4]

소련은 일본군과 신속하고 광범한 교전을 벌여 군사·정치적으로 유리한 위치를 확보했다. 군사적으로 그들은 부산까지 내려갈 수 있는 위치에 있었다. 정치적으로 한국인의 호의를 얻었는데, 그 뒤 하지 장군이 지적한 대로 "소련은 이곳으로 와 싸웠지만" 미국은 9월 초까지 한국에 도착하지 못했으며 한국 현지에서 싸우지도 않았다고 한국인이 생각했기 때문이다.[5] 그러나 돌이켜보면 북한의 공산주의자는 소련이 군사적 우위를 이용해 한반도를 통일한 뒤 미국에 기정사실로 제시하지 않은 까닭을 궁금해했을 것이다. 소련의 온건한 태도는 두 가지 때문이었다. (1) 어쨌든 한반도의 절반이 소련의 안전을 보장한다면 쓸데없이 미국을 자극하지 않으려 했고 (2) 급격한 일본의 패망은 태평양전쟁의 종결과 관련된 소련의 계산을 틀어지게 만들었다. 히로시마에 원자폭탄이 투하되기 전인 8월 초 소련은 만주와 한국에서 희생이 크고 기나긴 전투를 치러야 하리라 예상했을 것이다. 그러나 8월 중순 거의 희생을 치르지 않고 자신들이 한반도의 절반을 장악할 수 있다는 사실이 분명해졌다. 한편 김일성을 비롯한 한국의 유격대는 일본의 급속한 패망을 안타까워했을 텐데, 자신들이 조국의 최종적 해방에 직접 참여할 기회가 사라졌기 때문이다.

종전이 급속히 이뤄졌을 때 소련의 한국 정책은 대체로 확정되지 않은 상태였고 미국의 남한 정책에 영향을 주었다. 전쟁이 끝나기 전 소련이 한국 문제를 깊이 고려했다는 증거는 거의 없다. 그리고 1945~1946년 자국 내에서 벌어진 인명과 물자의 끔찍한 손실에 대처해야 했다. 이런 "국내중심주의"[6]와 동유럽에 초점을 맞춘 외교 정책이 전개된 기간에 한국은 뒷자리로 밀려났다. 소련은 만주나 한국을 완전한 위성국으로 만들 재원도 의지도 없었다. 따라서 그들은 1946년 만주를 포기하고 동유럽 국가보다 더 많은 자치를 북한에 허용했다. 그들의 기본 목표는 한국이 만주나 소련 극동 지역의 공격을 시작하는 기지가 다시 되지 않도록 하는 것이었다. 이런 한계는 있었지만, 한국인은 해방 첫해에 특히 큰 행동의 자유를 얻을 수 있었다.[7]

1945년 소련의 팽창주의는 거대한 군사 조직이 밀고 갔다. 그것은 응집력이 강하며 수평적 방향으로 계속 확장됐다. 프란츠 슈어만과 한나 아렌트 등이 지적한 대로, 그런 팽창은 자본주의 제국帝國처럼 국내의 경제적 역동성을 갖지 못한 채 군사력에 의존했다. 그 결과 좀더 억압적이지만, 한계를 넘어설 경우 허약한 모습을 드러냈다. 만주와 한국을 장악한 소련은 우랄산맥을 넘어 광대한 내륙지역으로 뻗어갔지만 이를 지원할 산업과 농업 기반이 없었다. 소련이 중국과 한국에만 초점을 맞춘 근본 원인은 이것이라고 생각한다.

소련이 한국에 진입하면서 준비가 부족했다는 사실은 도착한 뒤 몇 주 동안 모순된 정책이 이어졌다는 사실에서 또렷이 드러났다. 일본인의 활동은 소련 점령 초기의 혼란을 가중시켰다. 남한의 일본인이 미군을 환영한 것과 달리 북한의 일본인은 사실상 소련에 전혀 협력하지 않았다. 실제로 그들은 공장·탄광·은행·공식 기록 등을 파괴했다.[8]

소련은 북한을 통치하는 데 일관된 정책이 없었거나 각 지방의 서로 다른 상황에 따라 정책을 맞춘 것으로 여겨진다. 소련은 8월 21일 원산에 도착한 뒤 일본인 관료를 몰아내고 행정 시설을 인수했으며 원산 인민위원회 위원장 강기덕에게 시내의 치안을 맡겼다. 38도선 바로 북쪽의 양양에 도착한 적군赤軍을 환영한 사람들은 1930년대 초반 지하 농민운동의 일부였던 지방 적색농민조합 대표와 노동조합과 어업조합, 인민위원회 구성원이었다. 인민위원회 지도자는 "번개 같은 행동"으로 일본인과 그 영향력을 모두 없애야 한다고 주장했다. 소련 책임자는 한국 국민의 생각을 따르고 싶지만 일본인이나 그들의 재산 처리에 대한 지시를 받지 못했다고 말했다. 그는 상관에게 일본의 영향을 즉시 없애는 것이 "한국인의 의사"라고 전달하겠다고 말했다. 또한 인민위원회에는 행정을 맡겼다.[9] 그러나 8월 30일의 한 보고에 따르면, 8월 24일 함흥에 도착한 소련군 지휘관과 함경남도 도지사는 아래와 같은 성명을 발표했다.

> 한국에 대한 정책이 결정될 때까지 소련군은 현재의 정부와 군사 기구(일본인의)를 이용해 통치할 것이다. (…) 치안을 어지럽히거나 파괴하는 사람은 엄벌될 것이며 사형이 선고될 수도 있다.[10]

그러나 그 뒤의 보고에 따르면 소련은 함흥에 인민위원회가 있는 것을 발견하자 일본인을 내쫓고 행정을 인민위원회로 돌렸다.[11] 8월 25일 평양의 소련군 사령부는 그 지역 건준 지부가 총독부의 권한을 인수하는 것을 허락하고 일본인의 주요 재산을 즉시 국유화했다.[12]

9월 하순 남한의 한 좌익 신문은 "인민 권력을 수립하기 위한 일반적 정책"이라는 제목으로 적군赤軍 정치부가 작성한 선전문을 보도했다.

> 우리가 반드시 해야 하는 일은 일본과 관계되지 않은 모든 계층의 국민을 포괄하는 완전한 독립국가를 세우는 것이다. 소련은 4대국 가운데 노동자와 농민의 주권 확립을 지지할 것이다.
>
> 토지 문제: 이것은 가장 중요한 문제이므로 토지는 국민에게 새로 분배돼야 한다. 토착 (한국인) 지주와 관련해서 지주 스스로 경작하는 토지를 제외한 모든 토지는 몰수해 정부가 농민에게 다시 분배해야 한다. 이것의 실제 성공 여부는 전적으로 우리의 노력에 달려 있다.
>
> 현재 일본인이 소유하고 있는 공장은 일본인을 완전히 축출하고 노동자와 기술자에게 운영을 맡길 것이다. 기술 분야에 일본인이 필요할 경우 일시적으로 근무시키지만 한국인 기술자를 조속히 훈련시켜야 한다. 한국인이 소유한 중소기업은 인민위원회의 감독 아래 자유롭게 운영하도록 허락할 것이다. 일상적인 생필품을 생산하는 시설을 크게 늘려야 하는데, 이것은 신속히 추진해야 한다.
>
> 올해는 농산물을 일본에 보내지 않을 것이며 일본인에게 귀속되는 수확은 인민위원회가 징수할 것이다. 아울러 비상시 필요한 물품과 소련군에게 필요한 물품은 지급해야 한다. (…) 농민에게 부과하는 세금은 징세위원회 집행부가 해결할 문제지만 예전보다는 훨씬 줄 것이다.
>
> 악질 친일 분자는 철저히 숙청하고, (친일파) 진영 안팎의 모든 불순 세력은 엄중히 처벌할 것이다.[13]

이 성명의 나머지 부분에서는 문화·의료·교육 시설을 농민과 노동자에게 개방한다는 것과 통화通貨 문제를 언급했으며, 북한의 은행을 인민위원회의 통제 아래 두자고 주장했다. 아울러 일본인 가운데 재산이 없는 사람은 관대하게 다루고 나머지는 침략자로 구별해야 한다고 주장했다.

위의 발언은 소련이 북한 인민위원회의 구조를 이해한 뒤 나왔으며 한반도 전역의 인민위원회가 제기한 요구를 반영하고 있다. 소련이 북한에 일정한 종류의 사회주의적 정권을 수립하려고 계획한 것은 분명해 보인다. 그들은 식민지 기간의 일부나 전체 동안 소련에 거주한 다수의 한국인을 데리고 들어왔으며, 그 가운데 일부는 소련 공산당원이었다.[14] 그러나 인민위원회의 확대는 북한에 정권을 수립하는 데 편리한 대중적 지역 기반을 제공했으며, 적어도 남한과 동일한 규모로 퍼져 있다는 추가적 이점이 있었다. 따라서 소련이 북한의 여러 도시와 지역에서 모순된 정책을 편 것은 사실이지만, 9월 중순 무렵 그들은 지방 인민위원회를 이용해 업무를 추진하고 식민지 유산을 재편하기 시작했다. 그런 정책은 북한 대중의 큰 호응을 받았다.

그러나 소련 점령 초기에는 심각한 오점을 남긴 양상도 나타났다. 한국에 진주한 소련군은 광범위한 지역에서 일본인과 한국인에게 강간과 약탈을 자행했는데, 적과 한국인 연합 세력에 대한 복수를 상당 부분 넘어선 것이었다. 유럽의 세계대전으로 젊은 군인들이 몰살당하자, 소련은 젊은 농민 남녀들을 강제로 징집해 대일 전쟁에 나섰다. 새로 징집된 군인 가운데 일부는 군복과 군화도 없이 한국으로 진주했고, 군량을 지급받지 못해 한국인에게 얻어먹었으며, 값을 치르지 않고 필요한 물품을 가져갔고 동유럽, 특히 독일 내 소련군처럼 각자 약탈품을 모아 자기 집으로 보내는 것도 허용되었다.[15] 소련 점령 초기 평양 시장이었던 한근조에 따르면, 소련인은 인민위원회가 비축한 식량 3분의 2를 징발했다. 그러나 한근조는 많은 한국인이 일본인과 한국인 "자본가"를 약탈하는 데 참여했다고 언급했는데, 인종보다 계급을 기준으로 파괴가 자행됐음을 보여준다.[16] 남한으로 피난한 일본인은 강간과 약탈에 대한 설명을 부풀렸다. 그들은 식민지 시대의 공장과 광산 그리고 경제 자체(대량의 지폐를 발행해 북한에서 탈출하는 비용을 마련했다)를 파괴하고자 온 힘을 다했다는 측면에서 비난을 제기할 입장이 아니었다. 그러나 점령 초기 소련군의 행동은 거의 통제되지 않았으며 북한에서 추진한 소련의 노력에 나쁜 영향을 끼친 것은 분명하다.

1946년 1월 소련은 헌병대를 도입해 부대를 엄격히 감독했다. 헌병대는 한국인을 강간하는 소련인을 발견하면 그 자리에서 사살했다.[17] 베네딕트 수도회의 독일인 신부로 1945~1949년 북한에서 거주한 호플레는 점령 초기 소련군은 초라한 행색과 굶주림 때문에 중국에서 온 난민처럼 보였다고 말했다. 그들은 "광범한 규모로 폭력과 약탈을 자행했다". 그러나 헌병대가 투입된 뒤 상황은 안정됐고 그 뒤부터 "소련 당국자의 행동은 (…) 늘 정당했으며" 부대도 엄격히 통제됐다. 소련은 그 뒤에도 배급품을 징발했지만 모든 물품과 교환할 수 있는 영수증을 발행했다.[18]

소련이 식민지 시대에 만주에 세워진 공장을 해체해서 가져간 것처럼 북한의 여러 공장도 그렇게 했다는 것은 널리 알려져 있다. 그러나 사실 몇 가지 사례를 빼고는 증거가 없다. 만주에서 소련이 실시한 공장 철거를 조사한 폴리 위원회The Pauley Commission는 한국에서 실질적인 해체와 철거는 없었다고 결론지었다.[19] 몇 달 동안 미국 정보기관은 소련이 상당한 철거를 진행했다고 생각했지만, 1946년 6월 이전의 보고는 철수한 일본인이 자행한 파괴에 기초한 것이라 판단했고, 소련 기술자들은 파괴된 공장을 복구하는 데 최선을 다하고 있으며 1946년 중반 생산은 1945년 수준을 넘어섰다고 언급했다. 1946년 9월 남한으로 온 한국인 전기기술자는 소련이 북한의 산업을 온전하게 남겨두려고 "의식적으로 노력"하고 있다고 보고했다.[20] 소련군의 개인적 행동으로 발생한 한국인의 반감 때문에 소련은 만주와 한국의 공장 철거에서 서로 다른 정책을 추진한 것으로 생각된다. 아니면 소련은 만주보다 한국에 좀더 오래 주둔하려고 계획했기 때문에 그런 차이가 나타났다고 설명할 수도 있다.

이 시대와 관련된 서구의 저작에서는 대체로 소련이 북한에서 저지른 약탈을 강조하고(1946년 초반 그런 행동은 비교적 사라졌다는 사실은 언급하지 않은 채)[21] 소련이 한국인을 인종적으로 차별했다고 거리낌 없이 서술한다. 그러나 상황을 공정하게 보려면 미국인은 나았는지 물어볼 필요가 있다.

소련군이 북한에서 자행한 규모에 비견했다고 확신할 수는 없지만, 미군도 남한에서 여러 약탈 행위를 저질렀다. 미군정 3년 내내 강간과 관련된 보고가 지속적으로 올라왔고, 1945년 경성제국대학(곧 서울대학교로 이름을 바꿨다)의 일부 건물은 미군의 숙소로 징발돼 도서관과 실험실이 약탈로 크게 파괴됐다.[22] 미국인이 38도선을 넘어온 피난민에게 일상적으로 금품을 갈취했다는 증거는 많다.[23] 그런 행동이 미군정의 일반적 특징이었다고 말할 수는 없다. 그러나 한국인에 대한 인종차별은 어디나 있었다.

앞서 본 대로 한국인에 대한 인종차별은 미군 수뇌부부터 분명했다. 인류학자 데이비드 올름스테드는 1946년 상반기 동안 38도선 부근에 주재하면서 미국인과 한국인, 소련인과 한국인의 관계를 살펴본 매우 유용한 연구를 남겼다.[24] 그의 관찰에 따르면 정기적으로 감시초소에서 교대로 근무하는 많은 미군 가운데 극소수만이 "한국인의 문제에 작은 관심이라도 갖고 있었다". 그는 한국인에게 관심을 가진 미군이 전체의 5퍼센트 정도라고 봤다. 그는 북한의 동일한 감시초소에서 근무하는 소련군 장교·병사와 여러 차례 대화를 나눈 결과 그런 소련군의 수치는 15퍼센트 정도라고 추정했다. 소련군 중에는 때때로 소련 병사들을 지휘하는 한국인 장교도 있었다—현지 주민들에게 강한 인상을 남겼다. 반면 미군에는 한국인 사환使喚(house boy) 2명이 있었는데 "그들이 하인이라는 것은 말할 필요도 없었다". 올름스테드는 소련인이 한국인을 하인으로 고용한 사실은 찾지 못했다. 한국인에 대한 인종차별은 미국인에게 널리 퍼져 있었다. 이를테면 한국인을 "국gook"•이라고 비하하지 않는 미국인은 "열 손가락에 꼽을 수 있었다". 많은 소련인을 관찰한 결과 그들도 한국의 음식과 종교를 때로 폄하했지만 "이런 태도는 발견하지 못했다"고 올름스테드는 말했다. 적어도 그의 관찰에 따르면, 그 결과 소련인과 한국인의 관계는 대체로 다정했던 반면 농촌의 한국인은 미국인에게 "무뚝뚝하고 무례하며 차가웠다".

• '끈적거리는 오물'이라는 뜻으로 동양인을 비하하는 말.

하의상달下意上達의 정치

앞서 살펴본 대로 남한 각 지방에서 정치 참여가 확산되면서 38도선 이북에서도 동일한 형태가 나타났다. 실제로 남한의 모든 좌익 정치단체나 조직은 해방 뒤 몇 달 동안 북한에서도 존속했다. 남한과 달리 소련 점령군은 이런 정치가 자라날 수 있는 기초를 제공했지만, 우익은 전혀 지원하지 않았다. 그 결과 북한 전체에서 급속한 대중 동원이 일어났다. 미국과 마찬가지로 소련도 1945년 8월부터 12월까지 북한 지배 기구의 최고 지도부 이하를 완전히 장악하거나 통제하지 못하는 물리적 한계에 부딪혔다. 그로 인해 인민위원회·농민조합·노동조합, 그 밖의 조직은 모든 곳에서 결성됐으며 그들의 정치적 성향 또한 좌익에 기울기는 했지만, 매우 다양했다. 대체로 북한의 각 도에는 독자적 정책과 구성을 가진 자체 인민위원회가 있었다. 결과적으로 지방자치적 성격이 짙은 정치 형태가 발달하여 해방 뒤 첫해 동안 존속했다. 1946년 상층부터 획일화가 시작됐지만, 이런 과정은 일러도 1947년까지는 전면화되지 않았다.

북한에서 전개된 정치는 남한과 상당히 비슷해 해방됐을 때 활동한 조직은 건준의 도지부였다. 평양에서 조만식은 평안북도 건준 지부를 이끌었다. 온건한 민족주의자인 조만식은 1913년 메이지대학 법학부를 졸업한 기독교 교육자로 한국의 여러 전문학교와 대학에서 가르쳤고 1919년 3·1운동에 참가했다. 그 뒤 그는 김성수·송진우 등과 함께 점진적인 민족주의 운동을 적극 전개했다.[25] 그는 일제 후반 민족주의자로서 지조를 지켰다는 것을 빼면 송진우·김성수와 비슷한 정치적 성향을 지녔다고 말하는 게 정확할 것이다. 그는 여운형 같은 대중 정치가가 아니었으며 한국의 통일을 위해 좌익은 물론 공산주의자와도 협력하려고 했다. 그 밑의 부위원장인 오윤선은 널리 알려진 인물이 아니지만 역시 기독교인이며 온건한 민족주의자였다. 함경남도 건준 지부는 남한 공식 기록에서 "정치범"이라 부른 인물들이 결성했는데 8월 16일 일제의 감옥에서 출소한 사람들이었다. 지도자는 송성관·김재규·박경덕 등이었다.[26] 김재규는 1930년대 초 단천端川에서 유명한 농민조합 사건을 이끈 인물이었다. 다른 도의 건준 지부도 8월 15~17일에 결성됐다.

8월 22일 소련은 평안남도 건준과 평양시 건준을 병합해 각각 16명씩 참가시켰다.[27] 남한 자료는 공산주의자 16명을 조만식이 이끄는 건준에 참여시켜 새 단체를 만들었을 뿐이라고 주장했다.[28] 이것은 증명할 수 없지만, 평양 건준 구성원이 대부분 일제강점기에 정치범이었다는 사실을 감안하면 그들의 참여가 조만식 세력을 급진화한 것은 분명하다. 새 조직은 인민정치위원회라 불렸는데, 남한에서는 사용되지 않은 이름이었다. 조만식은 계속 위원장을 맡았고 오윤선과 현준혁이 부위원장을 맡았다.[29] 현준혁은 1930년대 초 좌익의 항일 시위를 이끈 학생 지도자였으며 1945년 감옥에서 나왔다. 그는 해방 뒤 북한에서 공산당을 조직하는 데 기여했다. 그러나 스칼라피노와 이정식이 옳게 지적한 대로, 정치적 성향은 남한의 허헌이나 이강국 등과 비슷하게 단순한 좌익이었다.[30] 이 위원회의 내무부는 공산주의자인 이주연이 맡았지만, 민족주의자인 김익준이 치안을 맡고 변호사이자 역시 민족주의자인 한재덕이 평양 시장에 취임했다.[31] 8월 말 인민위원회는 북한 전역에서 나타났는데, 민족주의자와 공산주의자가 균형을 이룬 경우가 많았다. 이것은 소련 또는 한국인 좌익 세력이 적어도 좌익에게 동등한 지위를 확보해줌으로써 건준 지부의 지도부를 다시 구성하려고 했음을 보여준다.

소련이 각 도 인민위원회를 지배하거나 조종한 것으로 보이지는 않는다. 미국 정보기관은 1945년 12월, 소련이 군정을 시작하지 않았고 민정 담당관도 없으며 중앙정부를 수립하지 않았지만 "인민위원회를 도 단위부터 군이나 면 단위까지 통치 기구로 인정했다"고 언급했다. 소련은 "북한이 소련의 영토가 아니라는 사실을 매우 신중하게 강조했으며" 한 미국인은 소련군 장교와 나눈 대화에서 그가 "우리는 영국인과 미국인을 좋아하며 그들도 우리를 좋아하는 것처럼 보인다. (…) 우리는 한국인을 좋아하지 않는다. 우리는 적절하고 안정된 정부가 수립되면 떠날 것"이라고 말했다고 보고했다. 미국 정보기관은 소련이 북한은 곧 서울의 중앙정권에 다시 복속될 것이라고 생각했기 때문에 중앙정부가 나타나지 않은 것이라고 판단했다.[32]

감옥에서 막 나온 공산주의자와 좌익이, 특히 그 지역이 소련군의 지배 아래 있다면, 민족주의자가 인민위원회를 지배하도록 용인했을 것 같지는 않다. 그럼에도 놀라운 사실은 1945년 내내 이런 위원회들이 서울을 정치의 중심으로 계속 인정하고 온건한 민족주의자를 포용했다는 사실이다. 조만식의 위원회는 조선인민공화국을 즉시 승인하고 9월 6일 그 휘하에 들어갔다. 인공이 서울에서 미군정의 승인을 받지 못했을 때 북한에서는 북조선 5도행정국五道行政局을 설치했지만 중앙정부라고 주장하지는 않았다. 실질적으로 평안남도 인민정치위원회에 대부분 기초를 두었기 때문에 조만식이 위원장이고 부위원장도 마찬가지였다.[33] 이 기관은 1946년 2월까지 북한에서 인민위원회보다 높은 유일한 중앙 기구였지만 실질적인 정치적 중심은 전혀 아니었다. 그 보호 아래 실질적인 권력은 각 도 인민위원회가 행사했다. 1946년 1월 북한에서 온 정보 제공자는 미국 정보기관에 중앙의 5도행정국은 "허약하고 조직도 엉성하며" 행정을 거의 완전히 각 도 인민위원회에 의존하고 있다고 말했다.[34] 이런 상황은 신탁통치를 둘러싼 혼란이 발생하고 남한이 모스크바협정을 실시할 능력이나 의지가 없다는 것이 분명해진 직후에 종결됐다. 소련이나 그 연합 세력이 1946년 2월 이전 북한에서 단독정부를 수립하려는 계획을 세웠다는 주장을 뒷받침하는 증거는 없다.

북한 주민 대부분에게 해방 초기의 관심은 자신들의 삶과 현지의 정치였다. 각 도 인민위원회 아래서 인민위원회·농민조합·노동조합의 지도를 따라 군·면·리의 정치를 대체로 자유롭게 운영했다. 북한 정치의 이런 측면을 보여주는 자료는 매우 제한돼 있지만, 지방의 "결함"을 치료하려고 중앙에서 채택한 일련의 정책은 남한 각 도에서 나타난 것과 동일한 자발적이고 정형화되지 않은 대중 정치의 특징을 보여주었다. 앞서 양양의 사례에서 본 대로 1930년대의 적색농민조합 구성원이 난데없이 나타나 소련군을 환영했는데, 그때 이미 지방 인민위원회를 구성한 상태였다. 함경남도 인민위원회가 발표한 선언은 지방 정치의 특색을 보여준다고 생각된다. 18세 이상의 모든 남녀에게 선거권과 피선거권을 주고 "한국의 주권은 모든 국민에게 있다"고 확인했으며, 일본인이나 친일파가 소유한 공장·광산·농장·교통시설·공공시설

등을 몰수해 국유화하고 노동위원회가 운영하게 했다. 전체적으로 그 선언은 한국 문제는 한국인에게 맡기고 식민 지배자가 아니라 자신을 위해 모든 노력을 기울이라고 촉구했다.[35]

1945년 10월 8~10일 지방 인민위원회 대표들은 모든 위원회에 적용되는 일관된 구조를 도출하려고 평양에 모였다. 그들은 아래와 같은 사항을 결정했다. 도 인민위원회에는 19명, 시 인민위원회에는 15~17명, 군 인민위원회에는 13~15명, 동洞 인민위원회에는 7~9명의 위원을 둔다. 면 인민위원회 위원장은 그곳 원로가 아니라(그동안 많은 인민위원회가 그래왔다) 지역 주민이 선출한다. 면의 유권자는 지구 위원회를 선출하고, 지구에서 뽑힌 유권자는 군 인민위원회를 선출하며, 군 인민위원회는 도 인민위원회를 선출한다. 시 인민위원회는 그곳 주민 전체가 선출한다.[36] 가장 관료화된 조직처럼 위원회는 빠르게 관청과 구성원을 늘려 1946년 4월 아래와 같은 전형적 구성을 확립했다.[37]

도 인민위원회 위원 45~47명, 직원 315~423명

군 인민위원회 위원 15~17명, 직원 25명

시 인민위원회 위원 25~27명

면 인민위원회 위원 7~9명, 부서 5개

해방 뒤 6개월 동안 정책이 위에서 아래로 침투하지 않고 지역에서 상부로 스며든 정도는 다양한 지방 신문의 지면에서 나타난다. 이 시기 함경남도에서 발행된 『인민일보』는 1945년 9월 6일자 신문에서 "주권은 인민에게 있다"는 제목의 기사를 냈다. 그 뒤 나흘 동안 새로운 교육 계획과 도 행정 재편 계획 그리고 평소대로 세금을 계속 내고 한국인의 이익을 위해 일본인의 재산을 유지 관리해야 한다는 경고를 게재했다. 강조점은 달랐지만 동일한 과정은 『자유황해自由黃海』 『평북신보平北新報』 『평양민보』 같은 여러 북한 지역 신문에서 매일 자세히 다뤄졌다. 그 신문들은 모두 교육·의료·사법·삼림 관리 등과 관련된 새로운 정책을 상세히 보도했다.[38] 도의 치안을 맡은

보안대는 주민을 상대하는 "10개 항목의 지침"을 받았는데, 중국 인민해방군의 유명한 "8항주의八項注意"와 비슷했다. 인민에게 친절하고 규율 잡힌 사회생활을 보여주며 필요한 물건은 돈을 내고 구입한다는 것이었다.[39] 미국 정보기관은 북한의 인민위원회가 효율적인 지방 통치 기구며 보안대가 유일한 경찰이라고 보고했다. 보안대는 쌀과 세금을 걷는 데 인민위원회를 돕고 한 곳에서 다른 곳으로 이동하는 사람들을 검사했다. 남한으로 온 한국인은 미국 정보기관에 "소련인은 지방 행정에 간섭하지 않는다"고 한목소리로 말했다.[40]

10월 중순 소작농의 지대는 인공의 "3·7"제에 따라 다시 조정되면서 현물로 내는 소작료는 지주가 30퍼센트, 소작농이 70퍼센트를 갖게 됐다.[41] 부유한 지주는 이미 공격과 추방의 대상이 됐고 대일 협력자는 즉각 폭력적으로 제거되었으며, 인민재판이 식민지 시대 군수와 면장을 쫓아내는 데 사용됐다.[42] 물론 한국인 지주, 식민지 시대 관료, 경찰의 존재는 거대한 관료 기구의 중추가 존재하던 남한보다 북한에서 더욱 위축됐으며 식민지 시대에 고관대작이었던 친일 인사는 해방과 함께 재빨리 남쪽으로 피신했다. 해방 뒤 북한에서 혁명이 큰 유혈 사태 없이 신속히 이뤄진 부분적인 이유는 여기 있었다.

북한에 대한 학문적 연구는 해방 뒤 북한에서 전개된 이런 초기 국면에 거의 관심을 기울이지 않았으며, 명시적으로든 묵시적으로든 혁명 자체가 일어나지 않았다고 부정하거나 혁명이 일어났더라도 외부에서 강제된 것으로 해석했다. 이정식은 소련이 북한에 부과한 "이질적 제도"가 "전면적으로 이식돼 자라났고" 북한의 실질적인 공산주의자는 소수였으며 그들의 전체적 영향력은 "미미했다"고 주장했다.[43] 곧 살펴보겠지만 이런 판단은 한 줌의 최고 지도자들에게 초점을 맞춘 결과이며, 그들이 이런저런 이유로 한국에 이질적이었다고 선언하지 않았다면 이런 결론에 도달할 수 없다. 그러나 그 사회를 전체적으로 보면 인민위원회가 모든 수준의 대중이 참여할 수 있는 광장을 제공했고, 항일 경력에서 기본적인 정통성을 가진 지도자들이 이끌었다는 사실은 부정할 수 없다. 인민위원회 지도부의 한 보기는 그런 측면을 보여준다. 앞서 본 중앙의 평양 인민위원회에서는 1930년대에 항일 투쟁을 전개하고 평균 10년 정도 일제 치하에서 수감생활을 한 투사들이 8월 15일 모습을 드러내자마자 지도적 위치로 올라섰다. 그 가운데 박정애(여성) 같은 사람은 그 뒤에도 북한의 최고 지도부에 계속 남았다. 황해도 인민위원회 위원장 김덕영도 1945년 이전 몇 차례 정치범으로 투옥됐다. 강원도 인민위원회 교육부장 이기영은 유명한 프롤레타리아 작가로, 일제는 그를 체포하고 작품 발간을 금지했다. 홍원洪原 인민위원회의 초기 위원장으로 그 뒤 함경남도 인민위원회 산업부장이 된 이봉수는 홍원 출신으로 메이지대학에서 경제학을 전공하고 3·1운동에 적극 참여했으며 『동아일보』 경제면을 편집하고 "수없이 투옥된" 인물이었다.[44]

많은 한국인이 보기에 소련은 점령 초기 미국이 추구한 것과 완전히 상반된 정책을 따랐다(또는 한국인에게 그러도록 허용했다)고 말하는 것이 공정하다. 의도된 것이든 그저 인민위원회가 편리했건 간에 소련은 한국인에게 재량권을 주고 뒤로 물러났다. 조지 매큔은 "불길하지만 확고한 권위를 가진" 지위라고 적절히 표현했다.[45] 앞으로 보듯 소련이 평양의 최고 사령부에 관심을 두었다는 것은 말할 필요도 없다. 그러나 다른 지역에서 그들은 실질적 통치권을 한국인에게 주었다. 미국 정보기관은 1945년 12월 그런 정책이 "제한적 점령"을 나타낸다고 지적하면서 "중앙정부를 수립하려는 움직임은 보이지 않는다"고 보고했다.[46]

이처럼 해방 뒤 몇 달 동안 북한에서는, 미국 공식 자료가 마지못해 인정한 대로, "대부분 노동자와 농민 출신"으로 구성된 완전히 새로운 지배층이 식민지 시대의 심연에서 등장했다.[47] 식민지 시대의 계급 구조는 완전히 역전됐다. 미국의 일상적인 속어로 표현하면 "개자식들이 쫓겨난the bastards were thrown out" 것이다. 물론 남한의 미국이 보기에는 새로운 개자식이 들어왔다.

상명하달上命下達의 정치

앞서 본 대로 인민위원회의 구조는 세포 조직의 모습을 띠었기 때문에 명령 체계와 규율 있는 위계 제도가 발달하지 못했다. 각 단계별로 인민위원회는 자신의 문제에 몰두했으며 상부나 하부의 인민위원회에는 거의 관심을 두지 않았다. 이것은 기본적으로 농민사회에서 예상할 수 있는 모습이다. 그러나 해방 6개월 뒤 북한 당국은 정치의 흐름을 되돌리기 시작했다. 하의상달의 자발적 조직은 엄격한 규율을 요구하는 상명하달의 정치와 충돌했다. 중앙 권력이 이런 주장을 제기한 핵심적 요인은 인민위원회의 수평적·세포적 조직에 수직적 일관성을 부여하고 지방의 요구뿐 아니라 중앙의 의사에도 응답하도록 만들려는 데 있었다.

거칠지만 "상명하달주의"라고 부를 수 있는 것은 처음부터 소련 사회주의, 특히 스탈린주의의 특징이었다. 소련에서 혁명은 중앙이나 도시 외곽 지역에서 진행됐다. 중국은 반대였다. 그 결과 소련 혁명에서는 중국처럼 농민 정치가 그리 발달하지 못했다. 그 대신 농민은 기껏해야 혁명의 도구였으며 최악의 경우에는 혁명의 희생자였다. 테오도르 샤닌이 지적한 대로 스탈린은 농민 혁명을 자본가의 수정주의 가운데 하나로 봤다. "농민은 도시 무산 계급의 지도 아래 자신의 목적을 달성해야 한다. 토지는 국가가 지급해야 하며 자발적 행동으로 탈취해서는 안 된다(강조는 인용자)."[48]

북한 지도부는 중국과 소련 혁명을 모두 경험했으며 해방된 한국에서 자발적 농민 봉기가 시작돼 자신들의 눈앞에서 터져나올 것 같은 상황과 마주쳤다. 그 결과 이런 지도부와 그 정책은 중앙과 주변의 요구를 결합하고 스탈린의 상명하달 방식과 마오쩌둥의 대중노선을 혼합한 이념을 구현해야 했다. "간부가 모든 것을 결정한다"는 스탈린주의의 핵심 구호는 "대중에서 대중으로"라는 마오쩌둥주의의 핵심 구호와 나란히 놓였다.[49] 마오쩌둥은 이 문제를 이렇게 언급한 바 있다.

> (스탈린은) 아래에서 위로 전개된 계급투쟁 없이 동유럽과 북한에서 평화적

인 토지 개혁을 도입했으며, 지주 및 우익과 투쟁하지 않고 그저 위에서 아래로 자본가와만 투쟁했을 뿐이다. 우리도 위에서 아래로 명령을 전달하지만, 아래서 위로 전개되는 계급투쟁 또한 추진했다.[50]

마오쩌둥은 절반만 옳았고 스탈린은 동유럽과 마찬가지로 북한의 상황을 지배하지 못한 결과 스탈린주의와 마오주의를 섞은 독특한 사회주의, 또는 좀더 정확히 말하면 그 둘 사이에 있는 한국적 사회주의가 나타나게 됐다. 이런 혼합을 만든 핵심 인물은 1945년 이전 소련과 중국의 공산주의를 모두 체험한 김일성이었다.

김일성의 집권

해방 기간에 최고의 위치로 떠오른 두 지도자 이승만과 김일성이 매우 비슷한 방식으로 망명지에서 고국으로 돌아가야 했다는 사실은 상당히 주목할 만하다. 1945년 9월 말 두 사람은 그들의 명성을 둘러싼 전설 덕분에 알려졌지만 둘 다 한국에 없었다(그들이 명성이나 전설 가운데 어느 쪽으로 평균적 한국인에게 알려졌는가 하는 것은 또 다른 문제다). 10월 중순 두 사람은 각각 외국군 사령관에 의해 자기 동포들에게 거창하게 소개됐다. 1946년 2월 이승만은 남조선대표민주의원 의장으로, 김일성은 북조선임시인민위원회 위원장으로 각각 남한과 북한의 지도자에 임명됐다.

이승만과 마찬가지로 김일성도 지지자들에게 신격화되고 성인으로 떠받들어졌다. 그런 현상은 오늘날까지도 북한의 주요 사업으로 지속되고 있지만, 북한은 남한에서 김일성의 과거와 관련된 진실이 악선전의 연막 뒤에 감춰져 있다면서 강력히 반발하고 있다. 이 논쟁적 인물의 경력에서 사실과 허구를 분리하는 것은 여전히 어렵다. 김일성을 서술하려면 신화부터 시작하는 게 유용할 것이다. 북한에서는, 특히 최근 들어 김일성 유격대가 소련의 도움에 기대지 않거나 작은 도움만 받은 채 1945년 한국의 해방을 가져왔다고 서술한다. 아울러 김일성은 적어도 1930년대 중반 저마다 공산주의 지도자라고 주장하던 미숙하고 당파적이며 분산된 지식인과 소시민 집단에 이념과 조직을 소개하면서 한국 공산주의 운동의 지도자가 되었다고 평가된다. 김일성은 1930년대 후반부터 1941년 12월 진주만 공격 무렵까지 일본 제국주의에 거듭 효과적인 타격을 입혔다고 전해진다. 그 뒤부터 해방까지 3년 동안 북한의 문헌에서는 김일성의 행적을 전혀 언급하지 않았다.[51]

남한과 미국의 일부 학술 자료에서 김일성은 항일 투쟁에 아무 역할도 하지 않았다는 전면적 부정에서 전설적 실존 인물인 김일성의 이름을 빌린 소련이나 중국 국적의 인물이라거나 한국 공산주의의 이방인이라는 주장까지 다양한 견해가 제시됐다. 그러나 지배적 해석은 김일성이 소규모 유격대를 이끌고 여기저기서 비교적 사소한 항일 투쟁을 전개했지만, 소련이 그를 북한의 지도자로 낙점하면서 결정적으로 부각됐다는 것이다. 김일성이 소련의 관심을 끌게 된 까닭은 충분히 설명되지 않았고 기록도 남아 있지 않지만, 스탈린그라드 전투에 참여했다거나 1942~1945년 행적이 나타나지 않는 동안 하바롭스크 근처에서 군사 훈련을 받았다는 것을 포함해 소련군에서 복무했다는 소문과 관련 있다고 지적된다.

그러나 이런 주장의 배후에는 발언되지 않은 여러 가설이 있다. 일부는 해방 한국에서 훌륭한 지도자가 되었을 전설적 실존 인물인 김일성이라는 인물이 있었다는 가정에 바탕을 두고 있다.[52] 다른 것은 제2차 세계대전에서 소련과 함께 싸운 한국인의 존재는 명백히 의심스럽다는 추정이다(그렇다면 일본 쪽에서 싸운 사람은 그렇지 않은가? 수많은 한국인이 전쟁에서 일본이나 소련을 위해 무기를 들었다는 사실을 기억하라). 또한 주류에서 벗어난 이단적 공산주의 운동이 실재했고 중심 인물은 김일성이었지만, 그가 주류파 공산주의자였다면 한국의 보수주의자들이 좀더 쉽게 받아들였을 것이라는 주장도 있다. 끝으로 김일성의 항일 투쟁은, 참가자의 절대 인원도 매우 적지만, 다른 한국인의 항일 활동보다 상대적으로 작은 규모였다는 주장도 제기됐다.

그러나 이런 가설은 모두 틀렸다. 1장에서 말한 것처럼 전설적 인물인 김일성은 없었다. 설령 있었다고 해도 그는 대일 협력자 및 항일 세력 모두와 협력하지 않았을 것이다. 김일성이 소련군으로 참전했다는 증거는 없다. 만약 스탈린그라드 전투에 참여했다면 그것은 1945년 대부분의 한국인이 보기에 그의 명성을 손상시키기보다 높이는 쪽이었다. 아울러 1931년 이후 공산주의 운동에는 일관된 중앙 지도부가 없었다. 1920년대 초반부터 이따금씩 활동해온 장점을 내세우며 우선적 지위를 차지한 박헌영이 김일성을 몰아내고 북한에서 최고 지도자로 떠올랐다면 그런 사실이 문헌에서 아주 많이 다뤄졌을 것은 쉽게 상상할 수 있다. 끝으로, 그리고 남한에는 가장 당혹스럽겠지만, 1931년 이후 김일성보다 규모가 크거나 활발하게 일본에 맞서 싸운 민족주의나 공산주의 세력은 없었다. 충칭의 광복군은 1945년 600명 정도였지만, 대부분 기초적인 군사훈련이나 전투 능력밖에 갖추지 못한 학생·지식인·정치가로 구성됐다. 지도부인 임정 자체가 국민당 정부의 비호 아래 존속했으며 1944년 초까지는 중국 전선에서 전투에 기여할 엄두를 내지 못했다. 옌안과 연합한 한국인은 항일 전투에 좀더 적극적이었지만, 그 병력은 300명 정도였고 팔로군이나 근거지의 지휘 조직에 충분히 통합되지 않았다고 생각된다.[53] 그 밖의 한국인 지휘관과 수천 명의 병사들은 일본과 용감히 싸웠지만 그들의 역사적 위상은 현재 북한에서 무시되고 있다. 그러나 1945년 김일성의 항일 투쟁 기록은 다른 한국인보다 훨씬 더 많으며 일본 경찰 기록에도 남아 있다. 아울러 그는 휘하에 수백 명의 무장 병력을 거느렸다. 그 밖의 한국인 망명 지도자들은, 무정과 옌안파를 빼고는, 홀로 귀국하거나 무장이 해제된 채 기껏해야 가까운 지지자들과 함께 돌아왔다. 이것은 김일성의 가장 중요한 이점이었다.

김일성에 대한 문헌은 대부분 주관적이며 카스트로·티토·호찌민을 다룬 문헌을 떠올리게 한다.[54] 이제 신화에서 해방 기간에 김일성과 관련해 알려진 사실로 옮겨가보자. 최근 북한에서는 김일성 부대가 8월 초 청진에서 소련군과 연합해 일본 관동군을 공격했다고 주장했다.[55] 일부 자료에 따르면 소련의 북한 상륙작전에 참가한 한국인도 있었다. 그러나 김일성에 대한 이런 주장은 1960년대 이전에는 북한에서 나오지 않았다. 1948년에 간행된 해방 이후 시기의 공식 연대기에서 김일성의 이름은 1945년 10월 초까지 나오지 않으며, 1961년에 간행된 공식 역사서에는 8월에 그가 소련과 연합해 일본군을 무너뜨린 군사활동에 관련된 언급이 없다.[56]

내가 알기에 해방 뒤 몇 달 동안 간행된 자료에는 8월 김일성이 한국 국경 안에 있다는 언급이 한 번 나올 뿐, 행적이나 활동은 전혀 제시되지 않았다. 1946년 중반 출간된 책에서는 김일성이 8월 22일 북한에 처음 모습을 드러냈다고 썼다.[57] 1946년 초에 나온 다른 자료는 김일성이 9월 16일 38도선 바로 북쪽에 있는 해주에 나타났다고 말했다. 그가 남한의 정치 지도자들과 접촉하기를 바랐고 정세를 살피기 위해 부관을 서울로 보낸 것은 분명하다.[58] 그러나 8~9월 그의 행방을 실제로 증명해주는 자료는 없다. 신문을 비롯한 자료에 그가 평양에 있다고 나오기 시작한 것은 10월 초부터다.

내가 검토한 가장 믿을 만한 증거에 따르면, 김일성은 1941~1945년 만주 국경 바로 건너편 하바롭스크 이상은 가지 않았고 스탈린그라드에서 싸우지도 않았으며 소련군 장교도 아니었지만, 소련과 접촉하고 훈련을 받은 것은 사실로 생각된다. 1947년에 미국 정보기관은 김일성과 그의 유격부대가 1장에서 언급한 일본의 강력한 만주 대토벌 뒤 하바롭스크로 후퇴해 해방 때까지 머물렀다고 보고했다.[59]

> 오랜 공산주의자인 김일성이 이끄는 수백 명은 전멸할 위기가 닥치자 북쪽으로 올라가 소련 연해주로 들어갔다. 소련은 그들의 정치·군사적 배경을 확인한 뒤 하바롭스크 지방의 야스키 주둔지의 훈련소에 배치했다. 이 한국인들은 소련·한국·만주가 국경을 맞댄 바라바시에서 첩보·무선통신·파괴 활동과 일반 군사훈련을 익혔다. 1941~1945년 이들은 만주에서 소련의 비밀 요원으로 이용됐다. 1945년 봄 그들은 정규적 정치 훈련과 함께 한국 및 한국 정치와 관련된 사항을 교육받았다.

야스키는 소련 지도에서 확인할 수 없지만 바라바시는 한·소 국경에서 북쪽으로 50킬로미터쯤 북쪽에 있는 중·소 국경의 마을이다. 이 중요한 정보는 1944년 김일성이 동일한 장소에 있고 당시 만주에서 시작된 미 항공대의 작전을 지원하려 한다는 1장에서 인용한 일본 경찰의 보고와 일치한다.

소련이 이렇게 김일성을 이용한 것은 미국 전략정보국OSS이 같은 기간 베트남에서 호찌민의 유격대를 훈련시킨 것과 거의 다르지 않다고 생각된다. 김일성이 소련에 있던 기간 또한 1930년대에 그가 중국 공산유격대와 함께 참전한 기간보다 상당히 짧은데, 그동안 그는 중국공산당에 입당했다고 전해진다. 이 보고는 김일성이 9월 25일 원산에 상륙했다고 주장했는데, 이를 뒷받침하는 다른 증거가 있다.[60]

김일성이 북한에서 대중 앞에 모습을 나타낸 것은 정책이 서로 모순돼 맞아떨어지지 않던 초기 직후였으며, 소련이 선택한 것만큼 자신의 선택이기도 했다고 생각된다. 그는 아래와 같은 근거에서 한국인 반대 세력과 대결하고 그들을 제압해야 할 입장에 있었다. (1) 1장에서 본 대로 그의 항일 경력은 한국의 해방과 관련된 모든 세력에게 알려진 상태였다. (2) 그는 일본 경찰에 체포돼 그들의 방식대로 심문받은 적이 없기 때문에 대부분의 한국인 공산주의자와 달리 변절하거나 동료의 이름을 불었을 가능성이 없었다. (3) 그는 자신이 통제하는 무장 세력을 거느렸다. (4) 대부분의 한국인 지도자보다 정열적이고 카리스마가 있었으며, 대중의 호응을 받을 수 있도록 공산주의와 민족주의를 융합했다.

10월 14일 7만여 명이 "김일성 장군"의 귀국 환영식에 모였다.[61] 조만식이 그를 소개했다. 소련군 사령부의 최고 인사들이 그가 연설한 연단 뒤에 배석했는데, 10월 20일 하지 장군이 이승만을 환영하고 지지한다는 의사를 표현한 것과 동일했다. 그때 김일성은 33세였는데 사진 속에서는 더 젊어 보인다. 그의 나이는 남한과 북한 모두에서 즉각 쟁점이 됐다. 일부 정보는 이 문제를 상당히 미화했지만,[62] 김일성이 식민지 시대 내내 일본에 저항한 장년층의 한국인과 동년배였다고 주장하기는 분명히 어려웠다. 실제로 그는 아버지 세대의 실패를 경멸했던 신세대를 대표했다. 그 결과 세대 사이의 분열은 남북을 분단시킨 여러 요소에 추가됐다.

처음 나온 김일성의 전기는 그와 가족의 공적 및 수많은 뛰어난 능력을 언급한 찬사로 가득했다. 지금까지 북한에서 이어지고 있는 개인 숭배는 이때 시작되었다. 그러나 이 전기에서도 김일성의 어린 시절을 언급하면서 "그의 위대한 성취는 아직 오지 않았다"고 조심스럽게 주장했다.[63] 남한에서 공산당 장안파의 기관지는 10월 27일 김일성에 대한 기사를 실어 그를 "우리의 위대한 혁명가이자 민족적 지도자"라고 부르면서 티토와 견줬지만 "우리나라에서 그를 본 사람은 아무도 없으며" 그의 등장은 "혜성 같았다"고 언급했다.[64] 우익의 『독립신문』은 김일성을 한국 임시정부의 네 지도자 가운데 한 사람으로 들었지만, 박헌영의 영향 아래 있던 『해방일보』는 "한국의 젊은 영웅" 김일성을 환영한다고 썼다.[65] 11월 중순 남한의 좌익 단체는 만세를 부르는 지도자 명단에 으레 김일성을 포함시켰다.[66]

남한의 미국 정보기관은 1945년 말까지 김일성의 존재를 몰랐던 것 같다. 11월 초 미국은 무정이 조선공산당 북조선 분국을 이끌고 있으며 소련이 지도자로 지명했다고 생각했다.[67] 그러나 12월 말의 정보를 담은 1월 초 보고는 김일성에 대해 이렇게 말했다. "그는 모든 계층의 광범위한 신망을 받고 있으며, 만족할 만한 숫자의 일본군을 죽였다고 인정받는다." 계속해서 보고는 김일성이 이전에는 공산주의자로 간주되지 않았으며 소련은 "당의 관행을 일부 희생시켜서라도 국민의 지지를 얻으려고" 전면에 내세웠다고 말했다.[68] 기밀이 해제된 미국의 한 연구는 정보기관의 보고를 근거로 이 견해를 지지했다. 이 연구는 김일성이 북한에 소개된 뒤 "즉시 인기를 얻었으며" 조만식의 후원을 받았다고 말했다.

> (김일성은) 유능한 민족주의자이자 북한에서 비공산주의 지도자 가운데 가장 존경받던 조만식과 친분을 쌓고, 자신은 열렬한 민족주의자이며 한국과 관련된 공산주의자의 계획 가운데 일부는 믿지 않는다고 말했다. 이 말을 믿은 조만식은 1945년 10월 3일 평양에서 열린 해방 기념식에서 (…) 김일성을 열렬한 애국자이자 민족주의자로 소개했다. 조만식의 명성에 힘입어 김일성은 일반 대중의 뜨거운 환영을 받았고, 진짜 김일성이 좀더 나이 든 사람일

것이라는 생각은 사라졌다.[69]

김일성이 다른 여러 공산주의 지도자보다 좀더 민족주의적이었으며 비공산주의 지도자들에게서도 그렇게 인정받았다는 이 발언의 주장은 대체로 옳다고 생각된다. 앞서 본 대로 여운형은 김일성을 이렇게 봤다. 그리고 그 뒤 김규식은 그를 이렇게 평가했다. "김일성에게는 희망의 빛이 있었던 것 같다. (…) 그는 뛰어난 유격대 지도자였고 젊은이들 사이에서 상당히 인기가 있었다."[70]

김일성은 대중에게 소개된 뒤 몇 주 동안 공식적으로 지도적 역할을 수행하지 못했다. 12월 17일 김용범을 대신해 조선공산당 북조선 분국의 수장에 올랐지만, 아직도 박헌영과 서울을 당의 지도자이자 중심으로 인정하고 있었다. 김일성이 거느린 무장 세력은 회합 장소를 에워쌌다고 전해지는데, 그가 부각되는 데 이런 무력이 일정한 역할을 했음을 보여준다.[71] 그러나 여전히 김일성은 북조선 5도행정국에서 지위가 없었으며 조만식은 북한의 민족주의자와 공산주의자 모두의 지지를 받으면서 최고 지도자의 위상을 유지했다. 이런 상황은 1월 초 신탁통치를 둘러싼 위기가 닥칠 때까지 지속됐다.[72] 이때까지 소련이나 북한 최고 지도부 모두 북한 단독정부 수립으로 나아가지 않았다. 관료 조직은 도 단위로 기능했고 도청 소재지의 인민위원회가 수뇌부를 형성했다. 이것은 한반도의 분단이라는 일시적 상황과 상당히 부합됐다.[73] 경찰력은 인민위원회와 함께 출범한 치안 유지 부대가 구성했다. 북한의 독자적 군사 기구를 창설하려는 움직임은 보고되거나 기록되지 않았다. 인민위원회든 여러 단체든 정치 기구는 서울을 나라의 중심으로 계속 인정했다.

그러나 신탁통치를 둘러싼 위기 후에 이런 분권적 체제는 끝났다. 2월 초 북한 단독 행정 기구의 기초가 드러나고 곧 근본적 사회 개혁이 추진됐으며 북한의 군사 기구가 출범했다. 민족주의자와 공산주의자의 연합도 신탁통치 문제로 깨졌으며 온건한 민족주의자는 계속 세력을 잃었다. 그러나 분단 체제 수립으로 가는 초기의 선제적 행동은 1945년 마지막 석 달 동안 남한에서 나타난 것이 사실이다. 북한이 동일한 노선을 따른 것은 남한의 정책이 가져온 결과가 나타난 뒤였다. 물론 북한에서 단독정부의 수립은 필연적이었다고 주장할 수 있을 것이다. 그러나 순서는 의심의 여지가 없다. 남한이 먼저 움직였다.

북한의 중앙집권화

그 뒤 북한의 중앙집권화는 1945년 12월 17일 앞서 서술한 대로 김일성이 조선공산당 북조선 분국의 지도자로 취임하면서 시작됐다. 이 사건은 북한 단독정부를 수립하려는 결정이 아니며 강력한 당 중앙의 출현을 나타내는 것이었고, 그 뒤 추진된 중앙집권화의 중심 기구(그 뒤 북조선노동당)가 됐다.

12월 17일 김일성의 연설은 당 중앙을 창설하는 문제와 앞선 5개월 동안 공산주의 조직이 저지른 수많은 실패를 자세히 언급했다.[74] 거기서 김일성은 북한에 결집력 있는 중앙 조직이 대체로 결여됐다는 측면을 분명히 지적했다. 김일성은 북조선공산당의 당원이 4350명밖에 되지 않으므로 1년 안에 100배로 늘려야 한다며, 그들조차 "통일된 양식의 당원증"을 받지 못했다고 주장했다. 계속해서 김일성은 이렇게 말했다.

> 당 조직은 수많은 공장·기업·농촌에 아직 만들어지지 않았습니다. (…) 입당 허가 절차도 확립되지 않았습니다. (…) 이를테면 양덕 당위원회의 서기인 김 씨는 일제 때 그 군의 경찰서에서 순사부장巡査部長으로 근무했습니다. (…) 우리 공산당의 당원에는 친일 분자가 들끓고 있습니다.

계속해서 그는 당에 농민과 지식인이 지나치게 많으며 보고 체계가 확립되지 않았다고 지적했다. 그런 뒤 그는 레닌의 발언을 인용했다.

> 공산당은 가장 중앙집권적 방식으로 조직돼 군대의 강철 같은 규율이 확립되

고 당 중앙이 강력한 권위를 발휘해야만 임무를 제대로 수행할 수 있습니다.

그런 뒤 김일성은 자신이 받아들인 레닌주의에 약간의 마오주의를 독특한 방식으로 혼합해 "대중 속으로 들어가고 공장으로 가서 노동자들과 이야기해 그들의 요구를 들으라"고 당원들에게 촉구했다.

> 우리가 대중과의 연결을 계속 강화하지 않고 그들을 가르치지 않으며 그들에게서 배우지 않는다면, 공산당은 (…) 노동자 전체를 이끄는 진정한 대중정당이 되지 못할 것입니다.

12월 17일 회의는 그 직후 북한에서 독자적인 중앙이 나타났기 때문이 아니라 지금 알고 있는 한국 공산주의가 발전했기 때문에 중요했다. 그 회의와 김일성의 연설을 관통한 세 주제는 지도자·조직·대중노선으로 지금까지도 북한은 거기서 떠나지 않고 있다. 이 자신만만한 젊은이가 단지 당의 최고 지도자에 올랐기 때문이 아니라, 당의 노선을 규정하고 수많은 조직적 결함을 열거하는 것을 들으면서 청중이 어떻게 생각했을지 궁금할 것이다. 그 뒤부터 지금까지 북한에서는 그때와 동일한 지도자가 교시·권고·비판의 복합적 역할을 수행하고, "현장 지도"로 전국을 순시하면서 자신의 역할을 물리적으로 보여주고 있다. 김일성은 가는 곳마다 늘 핵심 조직과 대중 침투의 중요성을 강조했다. 중국인(또는 마오쩌둥)과 달리 김일성은 "간부가 모든 것을 결정한다" "조직이 모든 것을 결정한다"는 표현을 썼는데, 그것은 스탈린주의와 상부의 명령으로 대중을 동원하는 방식을 연상시킨다.[75] 마오쩌둥과 마찬가지로 김일성은 대중노선을 표방하는 여러 표현을 사용했다("대중으로부터 대중에게로").

12월 17일 회의는 조선공산당의 또 다른 중앙이 새로 등장했음을 보여주었다. 북한은 박헌영이 이끄는 서울 중앙 조직의 권위를 계속 인정한다고 말했지만, 이 시점부터 두 개의 중앙이 존재했으며 북쪽의 중앙이 훨씬 더 강력했다.[76] 이런 전개는 한국 전역에서 기존 공산주의자들의 격렬한 논쟁을 불러왔으며, 전평 같은 전국적 좌익 조직은 남한과 북한의 활동을 분리시킬 수밖에 없었다.

12월 17일 김일성의 주장이 북한 당 조직의 심각한 결함을 거의 치료하지 못했다는 것을 보여주는 증거는 많다. 1946년 3월 김일성이 서명한 비밀 문서에서는 당의 문맹률과 비효율, 전체적인 훈련 부족에 불만이 제기됐다. 또한 당원이 당 기관지(『정로正路』)를 업무에 충분히 활용하지 못한다고 우려했으며 각지에서 소규모 학습 모임을 조직해 기사들을 토론하도록 촉구했다. 그는 당 중앙으로 전달된 지방의 보고를 "인민의 실제 삶과 신변의 문제를 되도록 생생히 파악해 전달하고" 과장과 허위 보고를 삼가야 한다고 강조했다. 당의 통신원은 "인민에게 봉사"하고 "진보적"이어야 한다고 촉구했는데, 대부분 그렇지 않았다는 반증이다.[77] 다음 달 중앙위원회의 지령에서는 노동자계급의 당원과 당이 설립한 학교를 늘리라고 촉구했으며 조직 활동에서는 "지역마다 현지 상황에 따라 투쟁을 전개해야 한다"고 말했다. 같은 시기에 나온 또 다른 지령은 당원 명부를 중앙에 제출하고 세포 조직을 교육시키며 지방의 노동조합·농민조합과 유대를 강화하는 것이 중요하다고 강조하고, 학생과 교사의 반공주의적 동향을 보고하라고 요구했다.[78]

이처럼 남한에서 볼 수 있었던 자발적 인민위원회와 노동·농민조합은 북한에서도 필연적으로 나타났으며 헌신적 공산주의 조직자들에게도 상당한 문제를 던져준 것으로 생각된다. 김일성이 거느린 공산주의자들은 우선 헌신적 지지자로 구성된 핵심을 육성해야 한다고 강조한 뒤 그 핵심이 해방된 한국의 정치가 만들어놓은 산만한 상황을 지배할 때까지 끝없이 확장하는 동심원 형태로 성장해야 한다고 대납했다.

2월 두 가지 문제에 대응하기 위해 북조선임시인민위원회가 출범했다. 그 두 문제는 서울 인민공화국의 조직이 붕괴돼 북한에서 인민위원회 지도부를 구성해야 할 필요가 나타난 것과 남한에서 단독 행정조직이 출현한 것이다. 돌이켜보면 북한은 북조선임시인민위원회의 등장을 인공 지도자들의 실패, 나아가 배신행위와 연결하면서 인공은 "대중적 기반이 없는 한 줌의 사람들이 발표한 선언에 따라" 수립될 수 없다고 비판했다. 또한 그들은 "지방 인민위원회를 통일된 형태로 이끌 수 있는 중앙의 국가기구"가 필요했다고 주장했다.[79] 그때 그런 정당화는 조금 다르게 표현되었다.

> (8월 15일 이후) 인공 산하의 인민위원회는 중앙의 정치권력을 장악하기 위해 조직됐다. 그러나 38도선 이남에서 인민위원회는 미군정이 실시되는 특수한 상황 때문에 중앙의 정치권력을 충분히 발전시키지 못했다. 그로 인해 남한과 북한 정치권력의 유기적 연결은 지속되지 못했다.[80]

북조선임시인민위원회가 필요하다고 생각된 까닭은 "각 도와 연락을 유지하고 그들을 통제할 중앙 조직이 없어 여러 (어려움)이 발생하기" 때문이었다. 또한 북조선임시인민위원회는 모스크바협정에서 제시된 "미래의 한국 임시정부의 원형"이 될 것을 의미했다.[81] 김일성은 북조선임시인민위원회의 구성에 대한 보고에서 그것은 "통일된 한국 정부가 수립될 때까지" 기능할 것이라고 말했다. 또한 "강력해진 각 지역의 행정조직"에 대응할 필요가 있다고 말했다.[82] 그 무렵 북조선임시인민위원회는 다가오는 미소공동위원회에 참여할 남한 대표로 조직되고 있었으며, 그 뒤 실제로 미소공위와 협의할 수 있는 유일한 단체로 제안된 남조선대표민주의원에 대항하는 기구로 구상되었다. 북조선임시인민위원회는 동일한 필요에 따른 조직이었다.

이런 사건들이 일어난 시점을 기억하는 것은 중요하다. 북조선임시인민위원회는 1월 미소공위의 첫 회담 후 남한에서 모스크바협정을 따르지 않기로 한 움직임이 분명해진 뒤 결성됐다. 남한에서 미국이 추진한 조치와는 반대로 소련은 북한에서 모든 수단을 동원하고 조만식의 지도력을 희생시키면서 모스크바협정에 한국인의 동의를 이끌어냈다. 북한에서 모스크바협정을 토론하려고 열린 집회에서는 "신탁통치"라는 용어가 언급되지 않았고 그 대신 "후견"으로 번역된 표현이 사용됐으며, 소련은 미국과 반대로 그 기간을 줄이려 한다고 주장됐다—이것은 물론 사실이었다.[83] 김두봉도 7장에서 다룬 1월 25일 타스 통신 기사를 바탕으로 모스크바에서 제시된 소련의 태도를 자세히 설명하는 글을 썼다.[84] 모스크바협정에 자연히 불안을 느낀 한국인 사이에서 폭넓은 공개 토론이 이뤄진 뒤 소련과 북한 지도부는 미군정이 협정을 이행하지 않는 대신 대부분 반탁 우익 인사로 구성된 대표민주의원을 남한의 협의 기구로 제시하려 한다는 사실을 깨달았다.[85]

김일성이 북한에서 맡은 첫 주요 행정직은 북조선임시인민위원회 위원장이었다. 그러나 김책·김일 등 유격대 시절부터 믿어온 동지는 대부분 위원회에 들어가지 못했다. 주류 세력은 옛 국내파와 옌안파였다. 그의 역할과 새로운 등장은 그런 집단 모두에게서 상당한 반대에 부딪혔다.[86]

북조선임시인민위원회가 조직된 뒤 미국 정보기관은 12월 초에는 북한에서 단독정부를 수립하려는 움직임을 발견하지 못했지만 "소련이 북한을 공산화하려는 것은 상당 부분 분명하다"고 결론지었다.[87] 그러나 북한이 소련의 도움을 받은 것은 분명하지만, 그런 사건에는 소련의 의지만큼이나 북한의 의지도 작용했다. 한국인은 독자적 권력 기지를 창출하려 한다면 정치를 통합하는 수단을 찾아야 했다. 옛 왕조가 무너진 한 요인은 정치의 약점 때문이었다. 그리고 특히 젊은 세대의 지도자들에게 해방 이후 정권이 스스로를 방어하지 못한다거나 한국을 통합하는 조직을 제시하지 못한다는 것은 생각하기도 싫은 상황이었다. 인민위원회 조직은 자발성과 범위에서 독특했지만, 수평적이고 누층적累層的이라는 약점을 가졌다. 남한에서 그것은 중앙집권적이고 서열화된 조직의 강력한 탄압을 견디지 못했다. 중앙의 확고한 의지는 북한 체제가 존속하는 데 필수였다. 달리 말하면 북한에서는 강력한 국가가 사회 변혁을 추구하면서 자신의 의지를 사회에 주장해야 했다. 반대로 남한에서는 강력한 중앙 관료 체제가 기존 지배층의 사회 지배를 유지하고 존속시키는 데 이용됐다. 두 사례 모두 중앙은 해방과 함께 나타난 다양한 창조적 정치활동을 끝장냈다. 또한 북한의 중앙은 종교의 자유는 계속 인정했지만 사실상 기독교적 보수 정치조직을 소멸시켰다. 해체되지 않은 종교적 정치조직은 농민층에 강력한 기반을 갖고 있던 천도교뿐이었다.

중앙을 확립해 그것을 농촌에 뿌리내리는 전체적 업무는 쉬운 것이 아니었다. 글렌 페이지가 바르게 지적한 대로, 한국인은 중국인처럼 근거지에서 대중을 조직하는 데 풍부한 경험이 없었다. 게다가 그들은 러시아의 볼셰비키처럼 기존 행정 기구를 탈취해 이용하지도 않았다.[88] 북한의 소련인은 방향을 제시할 수는 있었지만, 실행은 한국인의 몫이었다. 북조선임시인민위원회가 결성될 무렵 신문 기사에서는 한국이 "부르주아 민주주의"나 소련 같은 "프롤레타리아 민주주의"를 수립할 수 없다고 말했다. 한국에는 한국인이 한국의 특성에서 이끌어낸 혁명—곧 한국 자체의 혁명—이 필요했다.[89]

첫 임무는 인민위원회의 행정을 수정하는 것이었다. 그때부터 지속적으로 북한 자료는, 김일성의 역할을 얼마나 드높이는지는 미뤄두고, 정부가 수립되기 이전 인민위원회의 존재를 인정하면서 그들의 역할을 "인민이 스스로의 힘으로 수립한 국가 권력 기구"라고 서술했다.[90] 이처럼 북한 정권은 무無에서 시작한 것이 아니라 인민위원회의 구조 위에 건설된 것이었다. 북조선임시인민위원회를 설명할 목적에서 발행된 『정로』 특별호에 따르면 중앙 기구의 주요 목적은 "민주적 농촌 행정 기구의 지도부를 강화"하는 것이었다.[91] 2주 뒤 『정로』는 평안남도 시·군 인민위원회의 간부들이 2월 11~25일 90시간의 훈련을 받았다고 보도했다. 63시간은 조직 활동, 21시간은 일반적 지도 방법, 6시간은 시국 문제를 학습했다. 30시간 이상은 토론·비판·자기비판과 훈련받은 것을 실제로 시행할 방법을 논의하는 데 할애했다. 중국공산당과 마찬가지로 "토론에 자유롭고 적극적으로 참가"하는 사람은 포상받았다.[92] 이런 훈련 과정은 군 단위 이상의 인민위원회 지도자들에게도 실시됐다. 지도자들은 훈련·교육·정치 지도를 받기 위해 도청 소재지와 평양으로 갔다. 이런 과정에서 중앙은 바람직하지 않은 인물을 인민위원회에서 제거할 수많은 기회를 가졌으며, 교정운동의 또 다른 목적이었다.

노동조합과 농민조합에서도 그만큼 강력하지는 않았지만 비슷한 교정운동이 전개됐다. 노동자위원회가 관리해온 주요 기업들은, 위원회의 관리 아래 일제강점기에 한국인과 일본인 기술자를 고용한 곳이 많았지만, 중앙의 지휘를 받았다. 원산의 한 신문은 상업국장의 설명을 보도했다. "일제가 소유한 공장은 인민위원회가 관리해왔고 인민위원회가 임명한 관리자가 운영해왔다." 그러나 이제 그런 공장은 중앙에서 통제되는 "강력한 권력을 가진 특정한 기구" 아래 놓였다.[93] 이런 조치는 제철·조선·화학 같은 중공업에 적용됐으며 중앙의 통제를 확인하는 동시에 자본을 이용하는 데 규모와 효율의 경제를 이루려는 의도였다.[94] 대부분 문맹이던 노동조합과 농민조합의 조합원은 단기학교와 야간학교에 들어가 읽기·쓰기·산수와 집중적인 정치 학습을 받았다.[95] 1946년 5월 회원 수가 50만 명이라고 주장한 전평 북한 지부는 서울의 중앙 조직에서 독립했다. 그러나 전평 북한 지부는 이미 1월 말 "북한의 특수한 상황 때문에" 독립한 상태였다.[96] 이 상황이란 북한에서 실시될 예정이던 토지 개혁을 일컫는 것으로 생각된다. 또한 이런 전국적 조직이 다양한 계기로 분리된 것은 북한에서 노동자계급의 강세 및 농민의 약세와 관련된 것으로 여겨진다. 물론 북한에는 진정한 산업노동자계급이 있었지만 남한의 상황은 달랐고 대부분 소작농이었다. 북한에서 노동자 조직을 중앙의 통제 아래 두는 것은 농민 조직보다 시간이 오래 걸린 작업이었음이 분명하다.

경찰과 군사 부문의 발전도 1946년 초에 전개된 중앙집권화의 또 다른 중요한 측면이다. 일제가 패망할 때 북한의 여러 조직에 있던 지역적 분포는 치안 유지를 맡은 기관에도 동일하게 나타났다. 그 기관은 치안대(남한과 같다)나 보안대·적위대赤衛隊·민위대民衛隊 등이다. 일제강점기에 경찰로 근무한 한국인은 외딴 지역에서만 계속 재직할 수 있었으며, 대부분은 쫓겨났다.

새로운 지방경찰은 대부분 가난한 농민이었다. 미국의 공식 자료에 따르면 그들은 "일반 경찰에 임명됐다".[97] 각 지방에서 치안 유지를 맡은 단체도 정치적 색채를 띠었다. 이를테면 함경북도 민위대는 최용건을 비롯해 만주에서 돌아온 인물이 이끌었으며, 평안남도에서 이른바 적위대는 현준혁·김창일·장시우 등이 지휘했다.[98]

미국과 마찬가지로 소련도 지방의 비공식적 치안 단체와 준군사 조직이 초래한 수많은 문제에 맞닥뜨렸다. 중앙에서 보기에 그런 상황이 지속될수록 원심력이 중앙의 권위를 약화하고 지방의 권력을 강화할 것이었다. 그 결과 치스탸코프 장군은 10월 12일 북한의 모든 무장 조직을 해산하라고 명령했으며 도 인민위원회가 산하에 치안 유지 부대를 조직하라고 승인했다.[99]

도 경찰은 10월에 창설됐다. 그 뒤 11월 최용건은 보안대 수뇌부 회의를 소집해 각 도 사이의 통일된 명령 체계가 없고 수많은 치안 유지 조직이 승인받지 않은 채 존속하며 전국적 보안부대를 설립해야 한다는 경찰행정의 여러 문제를 논의했다. 그리고 12월 최용건은 5도행정국의 추천으로 보안국장에 취임했다.[100] 그 뒤 최용건이 북한의 주요 인물로 떠올랐고 김일성 세력이 11월 초부터 각 도 경찰국을 감독하는 것을 도와준 사실을 감안하면[101] 초기부터 보안대에 관여하거나 이를 장악한 것은 나중에 그들이 집권하는 데 핵심적인 도움을 주었다고 여겨진다.

1946년 2월 무렵 미국 정보기관은 북한 경찰에서는 보안대가 관할권을 놓고 서로 싸우며 상대편을 감옥에 가두기도 하는 등 분권화가 여전히 문제로 남아 있다고 보고했다.[102] 그러나 2월 북조선임시인민위원회에서는 최용달(1945년 8월 남한 건준의 치안대를 이끌었다)을 책임자로 한 중앙사법국이 출범했으며[103] 같은 시기 중앙경찰학교가 평양에서 문을 열었다. 그 뒤 미국 정보기관은 경찰의 중앙집권화가 북한의 다른 기관과 비슷하게 진행됐다고 보고했다. 3월 말 각 도 보안대 지도자는 평양으로 와서 두 달 동안 훈련받았다. 나중에 미국 정보기관은 "그 전까지 느슨하고 반半자발적이었던 조직은 (…) 긴밀하게 결합되고 충분히 훈련된 단체로 변모했다"고 보고했다.[104] 도·시·군 인민위원회는 적어도 중등교육을 받은 조건을 갖춘 사람 가운데 훈련받을 간부 후보자를 추천했다. 9주 동안 후보자들은 정치와 경찰 업무, 기초적인 읽기와 쓰기와 관련된 384시간의 수업을 들었다. 4월 중순 철원군 인민위원회에 보내진 경찰 지령에서는 평양에서 훈련받으려고 파견된 보안대원은 "정치·사상·도덕적으로 건전"해야 하고 "인민이 (…) 최선의 이익을 얻는 데 마음을 다해야 한다"고 언급했다. 교육의 첫째 목적은 혁명 의식을 갖게 해 보안대를 "정화하고 강화"하는 것이었으며, 나머지 교육과정은 시사·경찰 방침·경찰 실무·"정치 상식"·한국사·세계사·"새로운 민주주의"를 배우는 일반적 내용이었다. 교육 방법은 학생의 참여를 강조했다. 학생은 모든 문제를 철저히 토론한 뒤 결론을 도출해 "사상을 완전히 이해하고 충분히 발전시키게 했다".[105] 미군 정보기관의 보고에 따르면 수업 방식과 "새로운 민주주의"와 관련된 사항은 중국 공산주의 근거지에서 돌아온 보안대 수뇌부가 많다는 사실을 보여주는 것이었다.[106]

4월 말 중앙은 전국적 보안대 조직 내부에 적절한 지휘 계통을 수립하는 데 성공했다. 경찰 권력은 아래에서 중앙으로 이동했지만, 일부 권력은 여전히 지방에 남아 있었다. 이 시점에서 북한의 경찰력은 모두 1만5600명으로 도마다 2300~2600명 정도였다(예외적으로 평안북도는 3900명, 강원도는 1560명이었다). 적절한 인원을 배정한 것은 중앙이지만, 각 도의 실질적인 임명과 배치는 해당 인민위원회가 맡았다.[107] 그 결과 일제강점기의 경찰과는 정반대로 주민의 호응을 얻고 지방에 뿌리내린 경찰이 나타났다. 비판적 태도를 보인 미국의 공식 자료조차 이런 성취를 인정했다. "새로운 경찰은 (다수가 여성인데) 자기 업무에 경험을 쌓았다. 그들은 대중에 기반을 갖고 있으며 사람들의 존경과 협력을 받을 것으로 예상된다."[108] 나중에 한국전쟁 때 체포돼 심문받은 면의 파출소장은 "일제강점기의 경찰의 관행에서 완전히 벗어난 정직하고 박식하며 자부심과 열정을 가진 인물"이었다. 고문과 강압에 따른 심문은 법률로 금지됐다. 그런 방법은 "때로 사용됐지만" 대부분 상세한 질문과 재교육으로 대체됐다. 이처럼 북한 경찰은 "일제의 폭정—고문에 따른 자백—의 상징이라는 오명에서 벗어났다."[109]

초보적 군사 조직이 북한에서 나타난 것도 1946년 초중반이었다. 이런 전개를 정확히 요약하는 것은 불가능한데, 부분적으로는 빈약하고 상충되는 자료 때문이지만 북한에서 해방 뒤 첫 두 해 동안 치안 유지 조직은 경찰과 군대의 기능을 통합해 둘을 구별하기 어렵기 때문이기도 하다. 돌이켜보면 북한과 미국의 공식 자료는 북한군의 기원을 1945년 11~12월의 사건들에 두고 있다—남한에서 미국이 추진한 조처와 비슷하다. 백봉은 북한에서 나타난 첫 정치군사학교를 1945년 11월 창설된 평양학원으로 봤다. 그 뒤 북한에서는 1946년 7월 장교 훈련학교가 설립되고 1946년 8월 정규 국가보안부대 훈련소가 문을 열어 "첫 정규 부대가 배출됐다".[110] 출간되지 않은 북한 군사 관련 미국 역사 자료는 기본적으로 이 해석을 지지하면서 1945년 10월 개교한 "평양육군사관학교"는 김일성의 측근인 김책이 교장을 맡아 보안대 장교를 양성했다고 언급했다. 1기 졸업생은 1946년 봄에 나왔으며 2기 졸업생은 1946년 8월 또는 9월에 배출됐다. 1기 졸업생은 철도 치안 부대에서 활동했으며 2기 졸업생은 보안대에 들어간 것으로 보인다.[111] 1946년 초 남한의 미국 정보기관 보고에서는 1945년 12월 말 이 사관학교가 개설됐으며 500여 명의 학생에게 4개월 동안 군사·경찰 훈련을 이수케 했다고 말했다. 그들은 1946년 4월 말 사관학교에서 보안대를 배출했고 그곳에서 훈련받은 생도들은 100~200명씩 선천宣川·신의주 등에 파견됐으며 평안남도에서는 강력한 세력을 보였지만 다른 도에서는 뚜렷한 활동을 펴지 못했고 도합 1만 명 정도로 추산된다고 보고했다. 또한 북한에 소규모 공군과 해안경비대도 존재한다는 보고에 따라 미국 정보기관은 "남한과 동일한 현상이 완료됐다"고 결론지었는데, 이것은 남한에서 먼저 시작된 군사적 발전이 북한에서도 반복되었음을 스스로 인정한 것이다.[112]

스칼라피노와 이정식은 이런 "사관학교"가 사실은 평안남도에만 남아 있던 소규모 훈련소로 도 인민위원회 보안대의 관할 아래 있었다고 지적했다. 그들은 보안대와 철도경찰이 그 뒤 북한 인민군의 "기반이 됐"지만 1946년 말 이전에는 북한에서 군대를 창설하려는 움직임이 없었다고 지적했다.[113] 서대숙도 이 기간 북한에서 군대를 창설하려는 시도는 없었다고 설명했다.[114]

기밀 해제된 북한 군사 관련 미국 역사 자료는 "북한군의 실질적 창건"을 중국에서 북한에 도착한 병사를 입대시킨 1946년 9월로 보고 있다. 1947년의 한 정보 보고는 "'국방군'을 창설하려는 결정은 1946년 봄에 이뤄졌"지만 그 시행은 9월까지 미뤄졌다고 판단했다.[115]

해방 전 한국인의 항일 무장 단체는 두 개—김일성이 이끈 세력과 중국 북부에서 무정·김두봉 등이 지휘한 옌안파—가 있었다고 재구성할 수 있다. 북한군은 이 두 세력을 병합해 태어났다. 1945년 11월부터 김일성 세력은 김책의 지휘 아래 평안남도에 설치한 소규모 보안대 사관학교와 최용건이 이끈 5도행정국 및 후신인 북조선임시인민위원회 산하의 보안국과 연합해 자신들의 무장 단체를 창설했다. 백봉이 강조한 것은 물론 이런 전개인

데, 그의 목표는 김일성을 찬양하고 한국전쟁 뒤 숙청된 옌안파의 공헌을 폄하하는 것이었기 때문이다. 그러나 옌안파는 어땠는가?

팔로군과 함께 싸운 한국인 부대는 조선의용군으로 해방 전 300명 정도였다고 생각되며 8월 15일 이후 만주를 거쳐 신병을 모집하면서 귀국했다. 9월 말 또는 10월 말(자료에 따라 다르다) 그들은 한·중 국경 지역의 도시인 안둥安東에서 2000~2500명 정도의 병력을 형성했다. 한 자료에 따르면 이 부대의 지휘관은 (김일성과 마찬가지로) 매우 젊었는데, 한 사람은 26세의 김강으로, 팔로군에서 젊은 시절 대부분을 보냈고 또 다른 사람인 김호는 36세로 유명한 황푸군관학교黃埔軍官學校를 졸업했다.[116] 남한과 미국 자료 모두 이 병력은 국경에서 소련군에게 가로막혔다고 지적했다. 북한으로 들어가려는 사람은 무장해제되었고 보병은 대부분 만주로 돌아갔다.[117]

이 자료들은 이 사건을 크게 다루면서 무장한 옌안파가 북한에 들어오면 김일성의 세력에 위협이 되지 않을까 소련과 김일성이 우려했다고 주장했다. 옌안파가 그 뒤 북한에서 권력을 장악하는 데 실패했다고 주장하기는 어렵다는 사실을 제외한다면, 불합리한 추정은 아니다. 앞으로 보듯이 김두봉 등은 북한 수뇌부에 재빨리 참여했다. 아울러 1945년 가을 소련이 2000명이 넘는 병력을 북한으로 들여보내고 38도선 이북에 주둔하도록 허락했다면 미국은 어떻게 생각했을 것인가? 북한으로 들어간 병력을 무장해제시킨 것은 한국과 관련해 소련이 미국과 맺은 협정을 철저히 따른 결과였다.

이 조치가 북한 권력 구조에 끼친 정치적 영향은 추측보다 훨씬 컸다. 조선의용군 무장 병력은 만주로 돌아와 팔로군과 함께 싸웠으며[118] 그 뒤 그곳에서 몇 년 동안 머물면서 병력을 늘리고 전투 경험을 쌓았다고 소련은 말했다고 한다. 1949년 중국 내전이 끝났을 때 수만 명의 한국인 정예부대는 조선인민군의 주력을 형성할 수 있었다. 2권에서 자세히 다루겠지만, 이런 중요한 변화는 북한군이 두 어머니를 가졌다는 의미다—그것은 김일성의 유격부대와 옌안파 부대다. 하나는 해방 뒤 북한에서 보안대와 철도경찰을 거쳐 성장한 반면, 다른 하나는 중국 내전을 겪으면서 숙련되었다. 이처럼 북한은 1945년 가을부터 군대를 보유했지만 그 군대는 중국에 있었고,

1948년까지 북한에는 경무장한 치안부대만 있었다는 것이 정확하다. 또한 미국 정보기관의 보고에 따르면 후자는 김일성 부대와 옌안파의 일부로 구성돼 있었으며 1946년 늦봄 무렵 선천·신의주 등에 있던 소규모 보안대 분대가 조선의용군의 고참 병사 대부분을 차지했다.[119] 그 뒤 무장해제되는 대신 조선의용군은 무장과 병력이 강화돼 중국에 파견되기도 했다. 이런 기민한 전략은 김일성과 옌안파 지도자 무정·김두봉의 주도로 이뤄진 것이 아닐까 추측된다.

이처럼 소련과 미국 모두 1945년 가을부터 한국에서 군대 창설을 시작했지만, 소련의 정책은 미·소의 협정을 준수해 북한 영역 안에서만 이뤄졌다고 말할 수 있다. 그들과 한국인 연합 세력은 만주를 편리한 훈련장으로 이용했다. 미군정 사령부는 국내의 치안 문제 및 북한과 만주 모두에 조선의용군이 있다는 정보기관의 보고 때문에 남한 영역 안에서만 군대를 창설할 수밖에 없었다. 그러나 한국전쟁 기간의 맥아더처럼, 그들은 한·중 국경을 존중해야 하는 경계선으로 인식하지 못했다. 끝으로 김일성 세력과 조선의용군 모두 소련이 아니라 중국과 만주에서 전개한 항일 투쟁의 산물이었다는 점을 강조해야 한다. 소련은 성장을 촉진했지만, 그것은 한국인의 군대였다.

사회혁명

북조선임시인민위원회가 결성되고 미국과 소련이 공동위원회에서 만난 뒤 북한은 사회를 재편하는 근본적 개혁을 추진했는데, 1946년에 이뤄진 어떤 조치들보다 남북한의 차이를 크게 만들었다. 이런 개혁이 이뤄진 뒤 한반도의 통일은 남한에서도 비슷한 혁명이 일어나거나 통일과 계급 지배를 목표로 한 전쟁이 발발한다는 두 방법으로만 이뤄질 수 있었다—곧 통일은 혁명이나 반反혁명을 거쳐야만 달성될 수 있었다. 한국인들이 보기에 1946년 초부터 전개된 남북의 갈등은 기본적으로 계급 갈등이며, 기존의 정치·민족주의·지역·세대 갈등이 그 주위를 감싸고 있었다.

김일성은 2월 8일 북조선임시인민위원회 창립 연설에서 북한의 "봉건적" 토지 상황을 철저히 혁신해야 한다고 언급했다. 3월 북한에서는 사회의 가장 기본 단위인 리부터 문제 해결에 착수했다. 그 결과 그들은 몇 세기 동안 유지된 지주계급의 권력을 무너뜨렸다. 그들은 인민위원회의 후원 아래 잃을 것이 없는 빈농과 농촌 노동자를 동원해 약 1만1500개의 농촌위원회를 조직하고 그 조직을 바탕으로 개혁을 밀어붙였다. 중국공산당의 방식과 매우 비슷하게, 빈농을 기반으로 삼고 중농은 포섭하며 부농은 고립시키고 지주의 지배력은 단절시켰다.[120] 토지 개혁위원회의 조직과 개혁 자체의 추진은 1000명 정도의 도시 노동자가 솔선해 농촌으로 가서 가장 작은 마을까지 벽보·전단·확성기를 이용한 집중적 선전을 펼쳐 수백만 명을 동원하고 북조선임시인민위원회의 권위를 널리 알리는 전국적 대중운동으로 이뤄졌다.[121] 그 과정이 끝날 무렵 중앙위원회는 검증되고 포상받은 충성스러운 지도부를 마을마다 배치할 수 있었다. 이런 방식으로 김일성 세력은 농촌의 가장 밑바닥까지 침투하면서 "깃대를 땅속 깊이 꽂았다".

면 수준에서 개혁위원회(농촌위원회라고 불렸다)는 5~9명으로 구성됐는데, 거의 대부분 빈농이거나 약간의 토지밖에 갖지 못한 소작농이었다. 그들은 지방 인민위원회와 상부 조직에서 파견된 노동자·간부의 도움을 받아 지주의 모든 재산을 기록해 보관하고 재분배를 위해 압류했다. 지방에서 풀기 어려운 문제는 그보다 한 단계 높은 인민위원회로 보내졌다.[122]

그 뒤 중국의 토지 개혁과 마찬가지로 "반동분자"를 규탄하는 집회가 열렸고 개혁 시행규칙은 "친일파의 죄상을 드러내기 위해" 토지를 빼앗긴 모든 농민은 명단을 작성하는 데 참가해야 한다고 규정했다. 부재지주는, 항일운동에 참여하지 않았다면 재분배를 위해 토지를 몰수당했다. 이미 자발적으로 토지를 포기한 지주는 살던 집에서 계속 살게 해줬다. 자기 토지를 경작해온 부농이라면 그 토지가 "기생적으로" 사용되었는지 여부에 초점이 맞춰졌는데, 기준은 소작농에게 임대한 토지의 비중이었다. 이를테면 7정보를 소유한 사람이 4정보는 스스로 경작하고 3정보는 소작을 부쳤다면 3정보만 몰수됐다. 반면 7정보를 모두 소작했다면 재분배를 위해 전부 몰수됐다.

자기가 가진 7정보를 모두 경작한 농민은 소유할 수 있는 토지의 최대량이 5정보로 규정된 분량을 넘었지만 토지 전체를 그대로 소유할 수 있었다. 소작농은 점수에 따라 재분배됐는데 18~60세 남성은 1점, 18~50세 여성은 1점, 15~17세 소년은 0.7점, 그보다 어린 아이는 0.5점이었다. 농촌 개혁위원회는 각 가족의 총점과 제공된 토질의 차이에 따라 토지를 재분배했다.[123]

토지가 몰수된 지주 가호는 모두 4751호로 소작농을 쓰지 않고 스스로 농사를 짓겠다고 하면 대부분 5정보를 계속 소유하거나 다른 지역으로 옮겨가 소규모의 토지를 받았다. 앞서 일본인이나 이런저런 공공 기관과 교회가 소유했던 토지도 몰수돼 아래와 같이 분배됐다.[124]

종류	가호 수	받은 토지의 넓이
토지를 갖지 못한 농민	407,307	583,304정보
소규모 자작농	255,993	336,039정보
농업 노동자	5,540	14,855정보
다른 군으로 이주한 지주	3,911	9,622정보

이런 북한의 토지 개혁은 중국과 북베트남보다 덜 폭력적인 방식으로 이뤄졌다. 미국의 공식 자료는 "모든 보고로 볼 때 이전의 농촌 지도자들은 폭력적 사태 없이 정치 세력으로서 제거됐지만, 그들이 다시 권력을 행사하지 않도록 매우 주의해야 했다"고 언급했다. 이전의 지주는 소규모 토지를 받고 다른 지방으로 이주했으며 지속적으로 "엄격히 감시받았다".[125] 당시 미국 정보기관은 폭력 사태가 일어나지 않았다고 보고했으며 남한으로 피난 온 교사의 말을 인용했다. "부자가 스스로 일하면 일정한 토지를 계속 가질 수 있도록 허락됐다. 그러나 그는 다른 지방으로 이주해야 했다. 스스로 일하지 않는 부자는 재산을 빼앗겼다."[126]

개혁이 비교적 쉽게 이뤄진 까닭은 북한의 독특한 몇 가지 상황 때문이었다. 첫째, 대부분의 지주는 이미 남한으로 피신했으며, 일본인 지주는 물론 오래전에 떠났다. 둘째, 북한에서는 두 도(황해도와 평안남도)에서만 남한 전체만큼의 매우 높은 소작률을 보였다. 북한 농민은 이미 소규모 자작농이 많았고, 대부분 논보다 밭을 경작했으며 검소하고 강인하기로 이름 났다.

이처럼 계급 갈등은 그리 격렬하지 않았다. 농민은 재분배로 좀더 많은 토지는 물론이고 새로운 농기구와 역축役畜을 갖게 됐으며 강력한 생산 동기도 유발돼 큰 혜택을 입었다. 셋째, 북한은 중국과 달리 상호부조를 즉각 시작하고 그것에 이어 집단화를 추진하지 않았으며 토지의 사유를 그대로 인정했다(양도는 허락하지 않았다). 그들은 1950년까지 집단화로 나아가지 않았다. 이처럼 개혁은 분명히 "토지를 경작자에게" 돌려준다는 취지로 가난한 농민에게 큰 호응을 받았으며 모든 농민계급의 반대를 누그러뜨렸다. 끝으로 38도선을 오갈 수 있고 남한에 지주제가 폭넓게 남아 있다는 사실은 북한에 두 가지 이점을 주었다. 북한은 지주가 남한으로 피신하도록 내버려두었는데, 나중에 그들을 처리할 수 있고 남한 정치의 좌우 대립을 더욱 격화시켜 북한이 두려워하는 온건 좌익을 약화시키리라는 사실을 알았기 때문이다. 그리고 한반도 전체의 한국인 대다수가 요구하는 철저한 개혁을 보여줌으로써 남한에 "전시효과"도 낼 수 있었다. 북한 지주의 유입과 개혁이 남한 지주들에게 준 위협으로 남한에서는 혁명적 방법이 아니라 온건한 방법에 의거한 토지 개혁의 기회가 줄었고 농민은 좌익에게서 멀어졌다. 전체적으로 개혁은 크게 성공했는데, 누구도 대학살이 지주 제도를 근절시켰다고 주장할 수 없었고 부지런한 북한 농민은 자신과 자기 조상이 바라던 것을 얻었으며 공球은 강한 소리를 내며 남한 쪽으로 떨어졌기 때문이었다. 김일성이 토지 개혁의 결과를 언급하면서 남한 반동 세력은 "이제 북쪽에서 불어오는 바람을 매우 두려워하고 있다"고 말한 것은 이런 맥락에서였다.

토지 개혁에는 두 가지 특징이 더 있었다. 첫째, 그것은 아시아 나머지 국가에 모범으로 널리 선전됐다. 김일성은 "제국주의와 국내의 봉건 세력에 맞서 해방 투쟁을 벌이고 있는 동양의 억압받은 인민에게 큰 희망을 주었다"고 주장했다.[127] 자국의 개혁을 모범으로 주장한 이런 행동은 당시 한국인에게 일반적인 모습이었다. 약간 지나친 득의만면한 자세로 그들은 자신이 아시아 나머지 나라의 앞길을 개척하고 있는 것을 모두 주목하고 있다고 생각하기 시작했다. 둘째, 그 개혁 뒤 김일성이 토지를 준 데 감사한다는 내용의 벽보가 어디나 붙었다—마치 자애로운 지도자가 모든 농민에게 토지를 한 구획씩 준 것 같았다.[128] 그 뒤 마오쩌둥은 그런 행동이 농민의 의식을 고양하고 농민이 자신의 이익을 위해 싸우도록 만드는 것을 방해했다고 비판했다.[129]

김일성의 상명하달식 방침이 마오주의와 합치되지는 않은 것은 사실이지만, 그 뒤 중국도 옌안 시기에 국민당·일본과 투쟁하면서 매우 온건한 토지 개혁 정책을 따랐다. 아울러 그 뒤 중국 북부의 마을에서 사용된 계급투쟁 방식은[130] 북한이 미군정과 남한의 잘 조직된 반대와 맞닥뜨렸을 때 북한에 적용하기는 지나치게 과격했다. 그러나 김일성은 개혁을 추진하는 동안 "대중노선"을 따라야 한다고 여러 번 언급했으며[131] 앞서 본 대로 개혁위원회의 계급 기반은 중국의 그것과 비슷했다. 요컨대 토지 개혁은, 북한의 다른 정책들과 마찬가지로, 마오주의와 소련의 방식에 한국의 독자적 방식을 섞은 것이었다.

미국 자료는 새 정권이 개혁으로 "인민의 광범한 지지"를 받게 됐다고 지적했다. 이 기간의 한 피난민은 "지식인과 부자"는 남한으로 갔지만 가난한 사람들은 "상황에 만족했다"고 말했다. 노동자와 농민은 대부분 소련을 싫어했지만 "압도적 다수"가 김일성과 북조선임시인민위원회 지도부를 지지했다.[132] 아울러 토지 개혁이 이뤄진 뒤 공장의 혹사를 금지한 노동법이 곧 제정됐다. 그것은 1946년 6월에 공포돼 하루 8시간 노동제와 사회보험제도를 실시하고 노동 조건을 개선(또는 어렵거나 위험한 작업에는 추가 수당을 지급)하며 성별에 상관없이 같은 노동에는 같은 임금을 지급하도록 규정했다. 다음 달 남녀평등 관련 법률이 제정됐다. 한국의 상황에서는 그야말로 획기적인 사건이었다. 그것은 축첩·매춘·여아 살해 그리고 여성을 착취하는 수많은 폐단(남한에서는 계속 남아 있었다)을 금지했다. 이런 개혁의 내용이 즉각 실천되지는 않았지만, 1000년 넘게 노동자와 여성을 괴롭히던 학대는 거의 보고되지 않았다.

대부분 앞서 일본인이 소유했던 주요 공장과 기업은 국유화된 반면 중소기업은 도·군 인민위원회가 관할해 투자와 생산활동을 장려케 했다.[133] 이런 방식과 남아 있던 일본인 기술자 및 소련 전문가의 도움으로 경제와 특히 주요 산업은 질서를 회복하고 1946년 말 생산 증가를 기록했다.

이때부터 30년이 흐른 지금 이런 사건들을 무미건조하게 말하는 것은 혁명에 참여해 이익을 본 사람들의 흥분과 감격, 혁명의 대상이 된 사람들의 고통과 공포를 전달하지 못할 것이다. 1940년대 후반 남한과 북한의 상황을 서술한 기록을 살펴보면 양쪽 다 말할 수 없이 야만스러웠고 잔인했다는 증거를 발견할 수 있다. 한국의 모습은 같은 시기 중국이나 지금의 이란·니카라과·남아프리카와 다르지 않다. 그런 상황에는 정치적 목적으로 자행되는 모든 폭력을 부인하는 초연한 철학이 들어설 자리가 없다. 추상적이기는 하지만, 사람이 다른 사람에게 자행하는 폭력을 혐오하지 않을 수 있는가? 그러나 일본이 패망한 다음 날부터 한국인을 분리시킨 격렬한 갈등에 대응한 방식은 상당히 인간적이었다. 해방된 한국에서 어느 쪽도 상대에게 자비를 베풀 여유는 없었다. 방법에는 서로 차이가 없었다. 그러나 목적과 목표에서는 큰 차이가 있었으며, 그 가운데서 선택해야 했다. 남북 전쟁과 독립전쟁으로 전개된 유혈의 역사를 모르고, 다른 인종으로 구성된 해방군이 사람들에게 어떻게 보일지 이해하지 못한 채 상황을 멍하니 바라보며 당황하던 미국인은 남한과 북한 양쪽에서 공산주의자를 비난하는 것이 쉬운 방법임을 깨달았다. 스탈린의 공포정치나 히틀러의 파시즘을 겪으면서 폭력과 정치의 온갖 모습을 경험한 소련인은 한국의 상황에 익숙했고 그에 맞춰 행동했다. 여기에 수십 년에 걸친 일본의 학정을 겪고 1940년대 후반 혁명의 전형적 조건을 갖춘 한국의 상황을 떠올리면 두 대립 세력이 그토록 신중한 태도를 보인 까닭이 궁금할 것이다.

통일전선 정책

1946년 여름 중순 북한은 사회 개혁을 선언한 뒤 좌익을 결속하고 동요하는 중도 세력을 포섭하려는 목표로 정치 노선을 실행에 옮기기 시작했다. 그 정책은 두 가지 보완적 목표를 지녔다. 북한의 이질적 당파를 통합하고 당시 미국의 도움 아래 남한에서 추진되던 좌우합작 운동과 뚜렷이 대비되는 단결의 인상과 힘을 보여주는 것이었다. 1946년 여름은 합작을 추구하기 좋은 시점이었다. 북한에서는 여름의 보리 수확이 풍작을 이뤄 노동자와 농민에게 조금의 부를 줄 수 있었다.[134] 대지의 너그러움은 해방 뒤 첫해를 상징하고 단결의 전망을 밝게 하는 것처럼 보였다.

결속은 김일성에게도 중요했다. 그는 2월 북조선임시인민위원회 위원장에 취임했지만 지위는 불안했다. 그는 연배가 높은 좌익과 공산주의 지도자들, 특히 강력한 옌안파의 확고한 반대에 부딪혔다. 서대숙이 지적한 대로 "김일성은 2월부터 7월까지 북조선공산당과 옌안파를 통합해 신민당으로 재조직하는 데 지치지 않고 노력했다".[135] 목표는 7월 말 이뤄졌는데, 사흘 동안 열린 회의에서 합당된 상황을 토론하고 설명했다. 김일성과 신민당 지도자 김두봉은 두 당의 합당을 위한 계급적 기반을 이해했다. 북조선공산당은 농민과 노동자를 기반으로 한 반면 신민당은 많은 지식인과 소시민을 포함했다. 두 당을 합치는 것은 북한의 "인민"의 정의에 포함되는 모든 계급을 아우르는 것이었다. 그때 신민당원은 12만 명 정도였고 북조선공산당원은 30만 명 정도로 추산됐다.[136] 한 달 뒤인 8월 29일부터 사흘 동안 다시 회의가 열려 통일전선 정책을 승인하고 북조선노동당(북로당)을 결성했는데, 그 당은 나중에 남조선노동당을 더해 지금까지 북한을 통치하고 있다. 김두봉이 북로당 위원장에 올랐고 김일성은 주영하와 함께 부위원장에 취임했다.

8월 회의에서 김일성과 김두봉의 연설은 흥미로운 대조를 보인다.[137] 김일성은 대부분 한국과 한국에게 필요한 문제를 말했다. 그는 북로당의 결성을 한국 독립운동의 역사와 민주적 발전, 새 나라와 새 삶의 건설의 필요성과 연결시켰다. "새로운 조선은 인민 스스로 세운 인민의 조선이 될 것입니다." 북한의 계획은 한국 전체의 "완전한 독립"과 "진정한 민주화"라고 그는 말했다. 북로당은 "완전히 독립된 통일국가"로 나아가는 데 남한의 "애국자들"과 함께 일할 것이었다. 그는 이 연설에서 일본인을 제국주의자가 아니라 인종적으로 경멸하는 왜놈이라 불렀으며, 남한의 우익은 자본가나 지주가 아니라 "애국자를 투옥하는 반면 매일 기생집 숫자만 늘린 반동분자·매국노·친일파"라고 불렀다. 달리 말하면, 연설의 전체적 취지는 민족주의·애국심·항일 그리고 시대에 뒤떨어진 "봉건적" 관행을 개혁한 한국인의 미덕을 명확히 알리려는 것이었다. 김일성의 표현에는 마르크스-레닌주의나 소련의 존재에 대한 언급이 거의 없었다.

또한 김일성은 그 뒤 북한에서 널리 쓰이게 된 여러 주제를 언급했다. 한국의 혁명은 동양의 여러 나라에 길을 보여줄 것이다. 북로당 간부는 "대중 사이로 깊이 들어가야 하며" 이것이 모든 것의 핵심이다. "우리 당은 늘 대중과 함께 있으며 대중을 떠나지 않을 것이다." 모든 조직 가운데 강력하고 단단하게 결속하도록 모든 노력을 기울여야 한다.

김두봉의 연설은 상당히 대조적이었다. 그는 "새로운 소련 진영"이라는 표현을 자주 언급했는데, 소련군에 힘입어 파시즘에서 해방돼 새로운 사회를 건설하고 있는 나라들에 대한 것이었다. 그는 불가리아·체코슬로바키아·루마니아·유고슬라비아에서 추진되고 있는 "민주적 개혁"을 언급했다. 그는 1917년 10월부터 세계에는 사회주의와 자본주의 두 세력만 있으며 이 두 세력은 "근본적으로 적대"하고 있다고 말했다. 두 세력의 갈등은 전후 거대한 규모로 전개됐다. 이런 조건은 모두 한국 스스로 발전하는 데 필수적이라고 생각했다.

김두봉의 연설은 김일성보다 유창하고 마르크스-레닌주의 이론과 잘 결부됐다. 그는 본론에 앞서 다양한 계급과 세계혁명에서 한국의 현 단계를 "과학적으로" 식별해 그것을 이론에 적용하는 방법을 설명하는 데 많은 노력을 기울였다. 현재 두 당의 합당과 관련해 그는 지금 연합하면 앞으로 적절한 전술을 찾을 수 있으리라 확언한 스탈린의 말을 인용했다. 그러나 연설 도중 청중에게 박수를 더 많이 받은 쪽은 김두봉이 아니라 김일성이었다.

물론 김일성이 이 특별한 날에 청중의 호응을 가장 많이 받았을 수도 있다. 그러나 그 연설은 두 지도자의 진정한 차이를 반영했다고 생각된다. 김일성은 늘 "한국 우선론자"였다. 그는 이념적으로 마르크스-레닌주의자라기보다는 혁명적 민족주의자였다. 마르크스-레닌주의는 중요했지만 2차적이었다. 김일성의 연설은 마르크스주의 지식인이 아니라 민족 해방 시대의 한국 대중에게 호소하는 데 초점을 맞췄다. 그것은 일부 한국인 공산주의자가 보기에 이론적 토대가 허약했을 수도 있지만 효과적이고 큰 호응을 얻을 수 있는 실천 방안이었다.

그 뒤 박일우는 당원의 통계를 그 대회에 제출했다.[138] 이것을 보면 북로당 지도부의 배경을 상세히 알 수 있다.

참석자의 나이	명	퍼센트
20~30세	299	28
31~40세	417	52
41~50세	129	17
50세 이상	26	3
계급적 배경	**명**	**퍼센트**
노동자	183	23
농민	157	20
사무원*	385	48
기타	76	9
학력	**명**	**퍼센트**
소학교	228	29
중학교	359	45
대학	214	26
1945년 이전의 직업	**명**	**퍼센트**
혁명가(직업적)	112	13
노동자	142	19
농민	120	15
사무원*	296	37
기타	131	16
항일 활동	**명**	**퍼센트**
"항일 투쟁에 적극 참가한 부류"	373	46
체포된 경력이 있는 사람	291	36
형기 1~5년	149	18
형기 6~10년	71	7
형기 10년 이상**	26	3
투옥된 경험을 가진 대의원의 합계	263	
복역 연수의 총계	1087	
투옥·지하활동·무장투쟁·해외 혁명 투쟁과 관련된 인물의 합계	427	53

*박일우는 사무원·관료·기술자·학자·박사 등으로 정의했다.

**한 대의원은 18년 동안 복역했는데, 식민지 기간의 정확히 절반이다.

또한 박일우는 1945년 8월 15일 이전 북조선공산당이나 신민당의 당원이었던 대의원은 62명(7퍼센트)밖에 되지 않았다고 파악했고 옌안파와 김일성

추종 세력을 가리키는 것이 분명하다. 두 집단 모두 당시에는 공식적으로 존재하지 않았기 때문이다.

1년 뒤 북로당원은 40만 명에 가까웠다고 한다. 전위前衛 정당으로서 매우 높은 이 수치는 거의 모든 사람이 북로당에 들어갈 수 있었다는 당시 북한의 통일전선 정책의 또 다른 측면을 보여준다. 김일성은 결성 대회에서 "마르크스-레닌주의를 모르더라도 민주주의를 위해 적극 싸우는 사람"은 당원이 될 수 있으며 "조국에 대한 사랑"으로 "진보적" 자질을 보여줄 수 있다고 연설했다.[139] 그 뒤 "대중정당"이라는 생각은 세계혁명에 한국이 기여한 또 다른 공헌이라고 선언됐다.[140] 북로당은 세계의 어떤 공산주의 정당보다 인구에서 당원이 차지하는 비율이 높았다. 스칼라피노와 이정식이 올바르게 강조한 대로 조직될 수 있는 모든 사람을 조직한다는 북한의 대중 동원 정책이 낳은 결과였다.[141] 가장 중요한 사실은 북로당이 해방 뒤 북한에서 나타난 "조직사회"를 만들었다는 것이다.

북로당의 결성은 강력한 의지를 가진 세 지도자—김일성·김두봉·무정—를 뭉치게 했고 박헌영이 이끈 남조선노동당이 그 직후 남한에서 등장함으로써 남한과 북한의 좌익 세력을 결속시켰다. 이 네 사람은 그 뒤 북한 정권의 최고 지도부를 형성했는데, 1946년 가을 그들의 관계는 좀더 언급할 필요가 있다.

김두봉은 1888년 경상남도에서 태어나 전통적 교육을 받은 활동가이자 저명한 한국어학자였다. 그는 1919년부터 1945년까지 중국을 중심으로 해외에 머물렀다. 그는 상하이 임시정부에서 활동한 뒤 그곳 학교에서 교사가 됐다. 1942년 옌안으로 가 그곳의 정치학교(항일대학抗日大學으로 생각된다)에서 교사가 됐으며 조선독립동맹의 최고 간부가 됐다. 그는 1945년에 걸어서 한국으로 돌아왔다고 한다.[142] 그는 외양도 그렇지만 실제로도 다소 유약한 모습에 박학한 지식인으로, 1945년 이전 군사활동을 이끈 것으로는 나오지 않는다. 이 무렵 그와 김일성의 알력은 거의 없었던 것 같다. 그는 자신이 김일성보다 우월한 지식을 갖췄다고 생각한 것으로 보이지만, 배후에서 북로당에 영향력을 행사하면서 한국전쟁이 일어날 때까지 지도부에 있었다.

무정은 항일 투쟁 경력에서 유일하게 김일성과 맞설 만한 북한의 지도자였으며 중국공산당 지도부와 명확하고 밀접한 관계를 가진 인물이었다. 그는 1905년 함경북도에서 태어난 것으로 보이며 1922년 중국으로 갔다. 그는 군벌 옌시산閻錫山 아래서 군사적 경력을 시작했고 곧 포병 전술에 뛰어난 능력을 보였다. 그는 북벌하는 동안 포병 중위로 활동했으며 1927년 중국공산당에 입당했다. 그 뒤 마오쩌둥과 주더朱德가 이끈 홍군의 포병대장砲兵隊長이 됐다고 한다. 무정은 장시성江西省에서 장정에 참가한 30명의 한국인 가운데 유일하게 살아남은 사람이었다. 그는 이 전설적 군사활동에서 몇 차례 부상당했다. 옌안에 도착한 뒤 그는 조선의용군을 지휘해 포병 지휘관으로서 팔로군과 함께 싸웠다. 주더와 가까웠다고 한다.[143]

한국으로 돌아온 무정은 높은 평가를 받았다. 그가 팔로군의 "부사령관"이었다고 생각한 한국인도 있었으며, 미국 정보기관은 "중국공산당이 한국의 지도자로 선택한 인물"로 묘사했다.[144] 한 작가는 무정이 1945년 김일성·최용건과 함께 "가장 위대한 항일 전사"라고 평가했다.[145] 그러나 그는 1946년 가을 북한 지도부에서 정치적 지위를 갖지 못했으며 여운형은 그를 높이 평가하지 않았다. 그는 보안대 포병 부대장副隊長이라는 비교적 낮은 군사적 지위에 있었다.[146] 미국 정보기관 자료에서는 그가 "명석하고 유능하며 식견이 넓지만" 너무 거침없이 말하며 "성격이 과격해 화나면 거침없이 욕설을 퍼부었다"고 했다. 그는 부하들로부터 헌신적 충성을 받았다.[147]

중국공산당이 한국 지도자를 후원할 시간이나 의사가 있었다고 생각되지는 않지만, 소련과 김일성은 무정이 가진 중국과의 연줄을 두려워했다고 생각된다. 그는 북한군을 훈련하는 데 집중한 반면 김두봉 등은 옌안파 한국인을 정치적으로 지도했다.

이 기간에 박헌영은 남한 좌익 세력을 완전히 장악했지만, 1946년 가을 체포 영장이 발부됐다. 또한 그는 북한에서 김일성과 김두봉이 권력을 장악한 사실을 받아들일 수밖에 없었다. 한국 공산주의의 명목상 지도자인 박헌영에게 김일성의 새로운 등장은 불쾌했음이 틀림없다. 그는 3월 말 기자회견에서 김일성을 지지하느냐는 질문을 받자, 김일성은 남한과 북한 모두에서 지지받고 있으며 "그러므로 그가 한국 정부의 대통령으로 선출된다면 북한 사람들은 그를 지지할 것이며 우리 또한 남한에서 그를 지지할 것"이라고 딱딱하게 대답했다.[148] 북로당 결성 대회 연설에서 김일성은 남한 통일운동의 책임자로 여운형만 거론하고 박헌영은 언급하지 않았다.[149] 이것 또한 여운형이 좌우합작 운동의 성공을 위해 박헌영을 체포하라고 미국에 요구한 때와 일치했다. 그러나 다른 순간에는 김일성은 박헌영을 높이 평가하면서 아서 번스의 비판에 맞서 그를 옹호했다.[150] 남아 있는 문헌은 박헌영과 김일성의 대립을 지나치게 강조하고 있기 때문에 배경을 살펴 실체를 읽어내야 하는 경우가 많지만, 갈등이 있었던 것은 사실이다. 역설적이지만 소련은 상황이 허락했다면 김일성보다 박헌영을 선호했을 것이다. 박헌영은 마르크스-레닌주의에 좀더 정통했고 수십 년 동안 공산주의 운동에 투신한 경력을 가졌으며 김일성보다 프롤레타리아 국제주의자였기 때문이다.

남쪽으로 부는 북풍

해방 뒤 첫해 북한에서 급격한 변화가 일어난 이유는 부분적으로 남한을 상대로 "전시효과"를 노린 데 있었다. 식민지 잔재를 효과적이고 철저하게 청산했다는 인상은 남한의 정체停滯 및 폭력과 뚜렷이 대조됐고 그렇게 만들려는 의도를 지녔다. 북풍은 남한을 더욱 혼란스럽게 만든 피난민이 천천히 유입되면서 옮겨갔으며, 남한 사회에 북한이 보낸 트로이 목마 같은 효과를 주었다.

1945년 가을이 시작되면서 남한 신문들은 북한의 변화를 자주 보도했다. 좌익 계열은 물론 중도적 신문들도 다양한 개혁 조치를 상찬했고, 우익 신문이 보도한 잔학 행위와 약탈은 대체로 무시되었다. 『근역주보槿域週報』는 남한과 북한이 추진한 대조적 정책의 전형적인 보기를 제시했다.

소련군의 정책은 미군과 다르다. 소련은 북한에 들어온 직후 일본군의 무장을 해제시키고 일본인의 좋은 옷을 벗겼으며 일본인의 가옥을 집 없는 한국인에게 주고 그들의 재산도 한국인에게 주었으며, 정치·경제적 권력을 한국인에게 완전히 넘겨주었다.[151]

북한에서 소련군 사령부의 비밀스러운 역할이 무엇이든, 소련과 북한은 남한의 한국인에게 인민위원회가 실질적 통치 기구라는 사실을 확신시켰다. 이를테면 온악중은 북한 어느 곳을 가든지 "인민이 스스로 설립한 새로운" 정부인 인민위원회의 간판을 볼 수 있다고 썼다. 이것은 "인민에 의한, 인민을 위한" 정부였다.[152] 우익 자료에서도 북한은 인민위원회가 통치하고 있다고 서술했다.

1946년 북한의 토지 개혁은 남한에 특히 강력한 충격을 주었다. 그것이 발표된 뒤 며칠 동안 남한 신문들은 이 소식을 머리기사로 다루면서 높이 평가하는 사설을 싣고 남한에서도 비슷한 개혁을 촉구했으며 비판은 거의 없었다.[153] 그 뒤 남한 각 도에서 일어난 수많은 농민 봉기에서는 북한과 같은 토지 개혁을 요구했다. 이 시기 남한 신문을 통독하면 남한 사람들은 한국인의 역동성이 북한에서 뿜어지고 있다고 생각했음을 알 수 있다.

첫해 동안 북한의 수많은 피난민이 끊임없이 남한으로 밀려왔다. 미군정은 이런 피난민이 공산주의와 소련의 학정에서 도망친 것이라고 늘 말했지만, 그 행렬은 좀더 복잡했다. 이 문제와 관련된 미군정청 외무처의 조사에 따르면,[154] 피난민은 1945년 가을과 겨울 동안 가장 많이 남한으로 내려왔으며 대부분 만주와 북한에서 남한의 고향으로 돌아오는 농민이었다. 1945년 봄 토지 개혁과 그 밖의 조치는 상층계급 난민을 증가시켰다. 이후 몇 달 동안 유입된 피난민은 대부분 교육 수준이 높은 부류—지주·상인·의사·변호사·기술자·교사·공무원 등—였다. 1946년 봄 절정에 다다른 뒤 유입은 가라앉았지만 계급적 구성은 더 복잡해졌다. 계절에 따른 흐름도 있었다. 북한에서 흉년이 들거나 식량 사정이 나빠지면 한동안 피난민이 증가했다.

그러므로 피난민의 흐름은 자연적·정치적 요인 모두에서 자극받은 것이었다. 대부분 강제로 징용됐다가 남한의 고향으로 돌아가는 사람들이었고, 다른 일부는 토지를 몰수당해 분노에 찬 사람들이었다. 상층계급이 남한으로 온 것처럼 북한으로 가는 움직임도 있었다. 남에서 북으로 가는 인구는 상대적으로 적었지만, 수십만 명의 한국인이 일본을 떠나 북한으로 갔다.[155] 이처럼 어느 정도 한국의 계급은 남북의 지역적 기반에 따라 재편됐다.

북한은 남한으로의 이주를 조장했는데 그럼으로써 남쪽에 혼란을 일으킬 수 있기 때문이었다. 거기에는 세 측면이 있다. 첫째, 돌아온 피난민은 남한의 식량 공급과 구호시설에 부담을 줄 것이며 불만을 품고 토지를 몰수당한 하층계급이 될 것이었다. 앞서 본 대로 뿌리가 뽑힌 이런 사람들은 지방에서 여러 소요를 일으켰다. 둘째, 지주들이 남한으로 피난하도록 내버려둠으로써 북한은 불만을 품고 토지를 몰수당한 상층계급을 남한으로 보낼 수 있음과 동시에 토지 개혁 이후 적대적이고 터전을 잃은 지주계급을 다뤄야 하는 곤란한 문제를 피할 수 있었다. 식민지 시대의 전직 경찰과 관리를 포함해 이런 세력이 북한으로부터 유입된 것은 남한을 양극화시켰다. 그 결과 문제를 온건하게 해결할 가능성은 사라졌으며 미국에게는 공산주의와 반동이라는 두 가지 선택지밖에 남지 않았다. 분명히 북한은 이런 효과를 환영했을 것이다. 적어도 오갈 수 있었던 38도선 덕분에 그들은 급진적 개혁이 가져올 계급 사이의 충돌을 늦출 수 있었다. 끝으로 북한은 남한으로 이동하는 대규모 난민 가운데 자신의 공작원을 침투시킬 수 있었고, 이는 미군정 당국과 남한 경찰에 끊임없는 골칫거리가 됐다.

결론

1946년 말 소련과 그 한국인 동맹 세력은 해방 첫해를 상당히 만족스럽게 돌아볼 수 있었다. 소련은 자신들의 최소 목표—국경을 맞댄 우호적 국가—와 해방 시기 한국인 대중의 요구에 부응하는 정권을 창출하는 데 비용 대비 효율이 매우 높은 전략을 추구했다. 배후로 물러나 한국인에게 재량권을 준 그들의 정책은, 미군정과 상당히 대조적으로, 그들의 점령을 적은 비용으로 순조롭게 시행할 수 있게 만들었다.[156] 소련은 최고 지도부를 재편하되 지방은 대부분 인민위원회와 보안대에게 맡기는 데 만족했다. 미국은 상부와 하부 모두 거듭 외과적 수술을 실시해야 했다.

북한 지도부는 첫해에 한 가지를 빼고는 사실상 모든 목표를 이뤘다. 최고 지도부는 좌익 연합으로 구성됐는데, 김일성과 그 동맹 세력, 김두봉·무정과 옌안파, 숫자를 정확히 파악할 수는 없지만 소련에서 귀국한 부류, 식민지 시대에 한국에 잔류했던 상당수의 좌익과 공산주의자 등이었다. 이 지도부는 인민위원회의 대중적 기반 위에 자리 잡았으며 한국인 대다수가 요구한 근본적 개혁을 실시할 수 있었다. 그해 말 이 지도부는 효과적인 경찰과 군대도 보유하게 됐는데, 중국 내전에서 전투 경험을 쌓은 부대도 상당히 포함됐다. 그들이 이루지 못한 한 가지는 외국의 점령을 끝내는 것이었다. 소련군이 북한에 남아 있는 한 김일성 세력은 자신들의 정권이 외세를 등에 업어 수립되고 지원받으면서 그들이 묵인하는 동안만 유지되는 것이 아닌가 하는 의심을 떨칠 수 없었다. 외국에 예속된 역사를 부끄러워하는 한국인과 제국주의의 각축 속에서 자신의 운명을 오랫동안 맡겨야 했던 나라로서 진정한 혁명적 정권이 되려면 독립을 달성하고 소련의 영향력에서 분명히 벗어나야 했다. 처음 북한에서 적군赤軍의 잔혹 행위와 그 뒤, 잔혹 행위는 아니더라도, 소련이 한국인에 특권을 행사하고 뻐기는 행위의 증거는 북한 지도부를 곤란하게 만들었다.[157]

그러나 해방 뒤 첫해 북한의 상황을 정산해보면 분명히 흑자였다. 한국전쟁 동안 북한의 포로와 피난민을 널리 면담한 결과에 기반한 미국의 한 연구에서 정보 제공자는 북한의 공무원과 경찰이 "일제강점기보다 잔인하지 않았으며 (…) 공무원은 열심히 일하고 효율적이며 정직하다는 인상을 주었다"고 봤다. 함흥에서 온 재단사는 "노동자와 무식한 사람들이 권력을 잡았다"고 말했지만, 다른 사람들은 큰 변화에 "충격"을 받았다고 말했다.

농가의 일꾼, 이혼녀, 당원이 시내 거리를 활보했으며 (…) 무식한 사람과 일제강점기에 하인, 해방으로 풀려난 죄수들이 새로운 지도자가 됐다.

원산의 한 기업 간부는 이렇게 말했다.

> (시市의 지도자는) 농민과 노동자였다. 그들은 한글과 한자를 열심히 배우기 시작했으며 공산주의에 금세 깊이 빠져들었다. 그런 무지한 사람들이 지식인으로 변모한 것은 놀라웠다.

북한에 살았던 남한의 어떤 교육자는 "공산주의자가 한 가장 훌륭한 일은 하층계급 가정의 아이들이 학교에 갈 수 있게 한 것"이라고 주장했다. 정보제공자들은 노동자의 생활이 크게 개선됐고 "노동자가 정치에서 상부로 올라갈 기회를 처음으로 가졌다"는 데 대체로 동의했다. 여성도 마찬가지였다. "모든 인민위원회에 적어도 여성 1명을 임명하는 것이 관행이었다."[158] 이처럼 1946년 말 북한은 정체와 폭력이 계속되던 남한에 가공할 도전을 제기했다. 날마다 북풍은 더 거세게 몰아치는 듯했다.

12장

결론: 부정된 해방

> 한국인은 일본이나 독일이 패망하면서 해방된 아시아와 유럽 국가의 국민과 함께 새 시대, 새 운명을 기뻐하며 기다렸다. 우리는 굴욕스러운 외세의 지배에서 갑자기 해방됐다. (…) 이런 고통에서 해방되고, 한국인이 자랑스럽게 전진해 다시 성장하는 것을 보며, 감옥 문을 열어 우리 애국자들이 태양 아래 나오게 하고, 우리말을 하며 새로운 한국의 계획을 짜고 기대하는 것은 (…) 1945년 8월 15일 자유를 맞은 우리의 열망이었다. 그러나 한국은 외세의 지배에서 풀려나지 못했고 (…) 해방은 신화로 미화된 환상이었다.
>
> _정경모

> 성취되리라고 생각했던 일이 무산돼 텅 빈 공간이 드러났을 때 우리는 상실을 깨닫는다.
>
> _헨리 카리엘

1946년이 끝나갈 때, 30년 뒤인 지금까지도 이어지고 있는 두 개의 한국이 모습을 갖췄다. 해방 뒤 첫해는 한반도에 지속적으로 작용한 정치·사회적 힘이 흘러나온 진정한 혼돈이었다. 그러나 남쪽과 북쪽에서 두 체제가 견고히 자리 잡으면서 해방으로 일어난 풍부하고 창조적인 계획은 무산되고 다양한 세력은 압살됐으며, 그때부터 지금까지 한국인들이 지적하듯 해방의 선물이자 도전인 진정한 독립국가를 수립할 기회는 사실상 사라졌다. 일본의 지배에서 벗어났지만 소련과 미국의 지배로 넘어가면서 해방은 제대로 이뤄지지 않았으며, 1945년 8월에 나타났다고 생각한 통일된 공화국은 환상으로 밝혀졌다.

종전終戰의 열광적 분위기 속에서 "인민의" 정권은 한반도 전역에서 수립됐다. 대부분 항일 영웅들이 이끈 그것은 지도자의 경력에서 정통성을 확보한 토착적 조직이었다. 1945년 8월 40년에 가까운 식민 지배와, 많은 사람이 원했던, 몇 세기에 걸친 불평등한 토지 분배에서 해방될 수 있는 완벽한 조건이 마련됐다. 건준의 인민공화국은 처음이자 가장 깊이 그 과업에 도전했다. "상황은 스스로 울부짖는다. 여기가 로도스섬이다, 여기서 뛰어라! 여기 장미가 있다, 여기서 춤춰라!"라는 마르크스의 표현과 일치하는 때였다.[1] 그러나 로도스섬에서 뛰어오른 한국인들은 허공에서 추락했고 미군과 소련군이 진주했다. 해방정국은 북한 정권에 대중적 기반을 제공했지만, 소련의 존재와 김일성의 야망은 결과를 왜곡했다. 인민위원회는 해당 지역의 토착 인물로 구성됐기 때문에 중앙의 권력을 각 지방에 시행하는 것은 경험이 풍부한 혁명가들에게는 아이들 장난처럼 쉬웠다. 토지·노동·사회 개혁이 이어지면서 한국 대중은 해방이 약속한 것을, 모두는 아니더라도 상당히 받았다. 그러나 남한에서는 중앙의 권력이 각 지방에 시행되는 방식이 다르게 이뤄짐으로써 1945년 8월의 기대는 무너졌으며 역행의 가능성조차 제기됐다.

1945년 마지막 석 달 동안 미군정과 한국인 연합 세력은 건준의 인민공화국에 맞설 수 있는 유일한 대안이라고 판단한 관료·경찰·군사 조직을 신설하거나 강화했다. 그러나 그것은 대안이었고 기존 체제를 대체했을 뿐, 인공이 지닌 정통성을 결여했기 때문에, 중앙의 통제력을 지방에 행사하는 과정에서 남한 정국에는 격렬한 저항과 반란이 나타났다. 남한 행정부는 수립된 때부터 반동적이고 부정적인 성격을 띠었으며, 그 인원이 대부분 한국인이라는 사실을 빼면, 이전의 식민 정권보다 나은 혜택을 제공하지 못했다. 여기서 결과마저 의심스러웠던 까닭은 남한의 대안적 정치기구를 수립한 한국인 관료와 조직은 대부분 증오의 대상인 일제강점기와 연결됐기 때문이다. 비공산주의자 가운데 동맹 세력을 찾던 미국은 가장 어려운 과도기를 보내면서 계급적·관료적 특권을 유지하기를 바라는 한국인들을 만났다. 그 결과 실현된 혼합은 위기를 느끼던 한국인들을 빼고는 아무도 만족시키지 못했다. 이런 불만은 1945년 후반 귀국한 임정 계열 민족주의 지도자들의 행동에서 가장 뚜렷이 드러났는데, 그들은 하지 장군과 이승만, 한국민주당 지도부 등이 수립한 계획에 소극적으로 참여하거나 최악의 경우 적극 거부했다. 이 시기 그들은 미군정의 정책을 따르지 않고 거부한다는 의사를 가장 강력히 밝혔다.

현지의 미국인과 보수적 또는 친일적 한국인이 가진 생각은 국가의 역할에 대한 질문이었다. 그들은 정치적 투쟁에서 승리할 수 있는 결정적 자원은 식민지 시대에 활동한 수많은 인물이라고 봤다. 미국은 안정·법률·질서를 유지하고 남한이 미국의 이익에서 멀어지는—달리 말하면 소련의 이익에 봉사하는—것을 방지하는 데 충분한 강제적 수단을 보유한 국가를 추구했다. 한국인은 전통적 방식으로 국가를 이용해 사회·경제적 우위를 유지하고 귀족적 특권과 토지를 기반으로 한 부를 늘리려고 했다. 식민 통치에 협력한 부류는 해방이 가져올지도 모르는 숙청을 막으려고 했다. 그러나 미국인도 한국인도 그런 실리적이고 이기적인 정책을 합리화할 수는 없었기 때문에 민족주의자들을 국가 체제로 끌어들여 승인을 받으려고 했다. 이런 과정에서 미군정과 그 한국인 연합 세력은 1920년대로 거슬러 올라가는 갈등, 곧 망명 항일운동가와 식민지 한국에 남아 있던 지배층 사이의 갈등에 부딪히게 됐다. 1940년대 지주-기업가와 온건한 점진적 민족주의자는 해방 뒤 보수적 한국을 운영하는 데 필요한 여러 기술을 갖고 있었다. 그러나 1930년대 후반 일본이 전쟁을 확대하면서 그들의 소극적이며 조용한 저항도 사라졌다. 그 결과 그들은 주저하고 걱정하는 태도로 해방을 맞이했다. 한국민주당의 중추를 이룬 부류의 이런 약점 탓에 김구 같은 민족주의자들은, 공개적으로는 아니더라도, 그들과 협력하지 않았다. 그 결과 그들은 자신들끼리 연합하고, 만일 있다면 자신들의 항일 경력을 변색시키는 위험을 감수했다. 이승만조차 한민당과 거리를 둘 필요가 있다고 생각했다. 식민지 시대에 나타난 이런 새로운 자본가들에게 민족주의적 색채가 결여된 결과, 좌익과 공산주의자는 식민지 이후의 정부에서 그들의 역할을 무시하거나 부정하기가 더욱 쉬웠다. 식민지 한국의 수많은 다른 측면과 마찬가지로, 일본이라는 산파産婆는 죽은 아이는 아니라도 적어도 정신분열에 걸린 아이를 낳았다. 한국의 지주-기업가들은 토지와의 관계를 끊지 않았고 위험이 따르는 새로운 사업을 시도하기보다 안전한 토지를 선호했으며, 자립할 수 없었기 때문에 국가의 관료 기구를 지배하는 좀더 안전하고 확실한 방법으로 후퇴했다.

이처럼 해방 초기에 주요 패배자는 민족주의자였다. 그들이 망명에서 돌아왔을 때 보수 세력과 친일파는 미국의 후원으로 서울에 견고히 자리 잡왔고 공산주의자와 저항 세력은 항일운동의 경력을 그들과 동등하거나 우월하게 주장하면서 소련의 지원 아래 평양에 있었다. 김구 세력의 첫 행동은 민족주의자들의 좌절감을 보여주었다. 그들은 한민당의 영수 송진우를 암살하고 모스크바삼상회의의 결과가 발표되자 쿠데타를 시도했지만 실패했다. 이념과 조직이 결여된 민족주의 세력은 한국으로 당당히 개선해 자신들의 역할을 주장할 날을 기다리면서 외국에서 저항하는 것에 만족했던 운동의 운명을 보여주었다. 그들의 계획은 간단했다. 그들은 한국인의 가장 주요한 목표인 조국의 광복을 추구했다. 나머지는 확실치 않았다. 그것은 저절로 이뤄질 것이었다. 그러나 해방된 한국에서 승리는 민첩하고 재빠른 쪽에 돌아갔고, 민족주의자들은 두 능력 모두 갖지 못했다. 홀로 활동할 때 가장 뛰어난 능력을 보인 애국자 이승만은 두 능력을 다 풍부하게 가진 인물이었다.

이승만이 남한 정치를 장악한 기술은 경이로웠다. 그동안 그의 존재는 민족주의 세력과 임시정부 안에서만 알려졌지만, 그가 실질적으로 전개한 한 가지 운동은 이승만 운동이었다. 그는 지휘자로서는 실패했지만 뛰어난 독주자獨奏者였다. 1945년 초 그다지 알려지지 않은 망명 정치가였던 그는 워싱턴 거리와 국무부를 배회하면서 자신을 망명한 임시정부의 "전권대사"로 소개했는데, 임정은 중국 국민정부의 비호 아래 명맥만 유지하고 있었으며 1925년 그를 추방했다. 1945년 후반 그는 귀국해 미국 수뇌부의 숙소로 쓰이던 조선호텔에 머물면서 수백만 달러의 기부금을 모으고, 자신이 필요로 한다기보다 자신을 더 필요로 하는 정치 지망생들 가운데 연합 세력을 뽑았으며, 자기 이익에 따라 수많은 정파를 조정하고 곤란을 겪고 있던 미군정에 자신의 특유한 장점을 팔았다. 당시 한국의 지도자 가운데 이승만이 미국의 마음을 가장 잘 꿰뚫었다. 미국은 그의 정치적 기술과 우익에 대한 장악력 그리고 한국 독립에 일생을 바친 애국자라는 그의 명성을 필요로 했다. 그는 다른 한국인이 줄 수 없는 두 가지를 제공할 수 있었다. 그것은 애국자라는 권위와 공산주의에 맞서는 확실한 방어벽이었다. 이승만 역시 두 가지 이유에서 미국을 필요로 했다. 자신이 남한의 최고 권력자로 떠오를 수 있는 환경을 제공하고 공산주의의 침투로부터 남한을 보호하는 것이었다. 그 뒤 그는 홀로 행동하는 것을 선호했고 어떤 간섭도 증오했다. 그는 본말을 전도시키는 데 대단히 능숙했다. 귀국 방식이나 우익 정치 세력에게 행사한 영향력 또는 남한 단독정부를 수립하려는 계획에서 그가 했다고 생각되는 역할에는 여러 의견이 있겠지만, 이 모든 일에서 고도의 기술을 보여주었다.

이승만의 또 다른 뛰어난 기술은 인내였다. 미국의 정치적 인내의 한계를 정확히 측정하고 그들이 정치적 범위에서 왼쪽으로 이동할수록 그런 인내는 약해지고 흔들린다는 것을 알고 있었던 그는 레너드 버치가 고안해 1946년 여름부터 가을까지 시도한 좌우합작 시도가 끝날 때까지 기다렸다. 물론 합작은 실패했지만, 군정과 국무부 안에서 이승만에 반대하는 자유주의 세력은 사라졌다. 전후 시기 내내 한국이든 다른 곳에서든 그런 사람들은 공산주의자에게 놀아난다고 비난받을 위험에 놓였다. 그들은 왼쪽으로 갈수록 견고한 지면에서 약한 지면으로 옮겨졌지만, 그들과 적대하던 미국인과 한국인은 단단히 뿌리내렸고 그들의 동기는 흔들리지 않았다. 전자는 좌익을 포용하는 것이 완전히 손절하는 것보다 낫다고 생각했지만, 후자의 입장은 반대였다.

이승만의 인내심은 신탁통치를 둘러싼 투쟁에서도 발휘됐다. 이 국면에서 이승만은 침묵을 지킨 반면, 대부분의 중요한 정치 세력은 어려움을 겪었다. 김구는 지지자를 모아 군정에 도전했지만 며칠 뒤 하지 앞에서 자살하겠다고 위협하는 것으로 끝났을 뿐이다. 한국민주당은 자신들의 지도자를 김구 세력 때문에 잃었다. 좌익은 대중적 지지가 침식됐다—북한에서는 소련이 공산주의자와 민족주의자의 연합에 타격을 주면서 찬탁으로 의견을 모았으며, 남한에서는 좌익이 모스크바협정 지지로 선회하자 한국인들은 외세의 영향력에 굴복한 것으로 봤다. 끝으로 신탁통치를 둘러싼 위기는 하지의 정책을 무너뜨렸으며 흩어진 조각을 주워 모아 다시 이승만과 한국민주당에게 의지하게 됐다. 그러나 그 무렵 우익은 소련에 맞설 만한 구실을 발견해 소련을 더욱 날카롭고 거세게 공격했으며, 하지와 그 연합 세력은 미소공동위원회에 참여할 남한 협의체로 대표민주의원을 내세우기가 더욱 어려워졌다. 이런 상황은 해방 첫해의 정치적 모습을 압축적으로 보여준다—워싱턴이나 서울에서 국제협력주의 또는 자유주의적 정책은 우익의 반대라는 옮길 수 없는 장애물에 부딪혀 무너졌다. 이승만과 연합 세력은 미군정에 긍정적으로 공헌한 것이 거의 없지만 남한에서 실질적인 거부권을 행사한 부정적 음모는 풍부했다.

이런 흐름은 미국의 실패를 가장 뚜렷이 보여준 가을 봉기 이후에도 지속됐다. 지방에서 끔찍한 폭력이 일어난 뒤 남한 정치의 거의 모든 분야에서는 우익 세력의 뚜렷한 강화와 권력 장악이 나타났다. 국가경찰은 심각한 인적 손실을 겪었지만 권력에 정면으로 도전하는 세력과 맞부딪쳤다. 공식 자료에 따르면 이것은 "경찰 역사에서 전환점이었다".[2] 관료 기구·과도입법의원·대중매체 같은 다른 분야에서도 우익이 지배했다. 노동조합·농민조합·인민위원회의 활동가들이 체포되면서 반대 세력이 움직일 수 있는 공간이 생겨났다. 우익은 위로부터 대중 정치로 전환해 청년·노동자·도시 실업자를 대규모로 조직할 수 있었다. 우익 조직자들은 처음으로 관료 기구와 서울의 정당·정파 바깥으로 나아갔으며, 대중을 조직해 거리에서 좌익과 맞서려고 시도했다. 그 뒤 몇 달 동안 급증한 청년 단체는 명망 있는 우익 정치가의 후원을 받으면서 거리에서 좌익에게 폭력을 행사하는 전형적인 반혁명적 성격을 띤 동맹 세력으로 떠올랐다. 가을 봉기의 핵심 결과는 우익이 강화되고 애국의 이름으로 기꺼이 좌익과 전투를 벌이려는 대중 정치가 나타난 것이었다. 2권에서 좀더 자세히 다루겠지만, 이런 현상은 보수 세력의 강화에 매우 중요하게 작용했다. 아울러 한국 정치는 날카롭게 양극화됐으며 가두 투쟁은 더욱 격렬해졌다. 김구 같은 민족주의자가 전개한 비조직적이고 실패 가능성이 높으며 비효율적인 테러는 이제 기득권을 빼앗기고 위협받은 계급적 분노 안에서 번창하는 강력하고 공격적인 정치로 대체됐다.

1946년이 끝나갈 무렵 이런 흐름이 막 시작됐지만 우익은 미국의 보호를 필요로 하는 취약한 존재였다. 여전히 그들은 대중의 지지와 정통성을 주장할 근거가 부족했다. 해방 이듬해에 우익은 설득력 있고 미래를 계획하는 이념을 구축하는 데 실패했으며[3] 주요 조직적 무기는 여전히 경찰이었다. 반면 좌익은 특히 해방 초기 자체적 힘을 가진 반대 세력과의 충돌은 말할 것도 없고 우익이 주도권을 거의 잡지 못한 해방 첫해에 그들의 조직력이 상대보다 훨씬 더 뛰어나다는 사실을 보여주었다. 미국이 좌익을 탄압한 것은 6개월 뒤까지 남한 전역에서 사실이었으며, 일부 도에서는 1년 뒤에도 그랬다. 그러나 미국이 상륙하기 전 지도자들이 주민과 강력한 유대를 맺는 데 필요한 시간을 가졌으며 유리한 환경 조건 덕분에 오래된 형태의 지주 지배를 용인하지 않는 세력이 유입된 제주도 같은 고립된 지역을 제외하면, 끝내 인공과 그 연합 조직은 외국의 전면적 점령에서 살아남을 만큼 강력하지 못했다. 다른 지역에서 인민위원회 조직은 초기에 빠르게 발전했지만 강력한 반대 세력과 맞닥뜨리면서 흔들렸다. 1945년 외국군의 점령이 없었다면, 인공과 인민위원회는 몇 달 만에 한반도를 장악할 수 있었을 것이다.

농민은 "작은 변화만 있고 큰 사건이 없다면 내년도 올해와 같을 것"이라는 가정에 따른 "시간의 순환"을 예상한다고 F. G. 베일리는 말했다.[4] 독특하게도 해방된 그해는 이런 "시간의 순환"에서 벗어났다. 전례 없이 복잡한 상황은 그해가 한국 농민에게 이전과 완전히 다를 것임을 일러주었다. 그 결과 농민 수천 명은 진정한 변화의 시간이 다가왔다는 판단에 따라 다양한 정치적 참여에 뛰어들었다. 모든 것을 가져가고 조금이나 아무것도 주지 않는 착취적 국가에 맞서 자신이나 자기 마을의 이익을 지키는 것이 정치라고 여기던 사람들은 대체로 상부나 중앙 관청에 의존하지 않으면서 도·군·면·리가 스스로 조직을 결성하는 정치를 경험했다. 인민위원회와 농민조합의 구조는 매우 세분화되고 지방에 기반을 두었으며, 중앙보다는 자기 지역을 중시했다. 고도로 중앙집권화된 식민지 시대에는 없었으며 현재 남한과 북한에도 대체로 찾아볼 수 없는 중간적 정치 형태였다.

그러나 이런 주목할 만한 구조는 해방 첫해를 지난 뒤 오래 지속되지 않았다. 사실상 그 효과는 1946년 가을의 유혈 사태와 함께 끝났다. 대부분의 한국 농민은 농기구로 경찰을 습격하는 대신 곡식을 경작해 파는 본래의 일로 돌아갔다. 이처럼 해방을 맞은 한 해는 농민을 해방시키는 데 기여한 것이 아니라 앞으로 용납될 수 없는 정치활동에 참여할 경우 닥칠 결과를 그들에게 경고한 것이었다. 좌익과 농민의 조직은 긴밀히 조직되고 응집력 있는 경찰에 상대가 되지 않았다. 그들은 불의를 깊이 자각해 거친 계급투쟁으로 나아갔지만 정치력이 허약했다. 그 결과는 수천 명의 농민에게 참혹했고, 그들은 이듬해도 올해를 되풀이할 뿐이라고 생각하면서 해방 첫해를 접었을 것이다.

이렇게 된 까닭은 무엇인가? 지방 조직이 좀더 오래 유지되지 못한 까닭은 무엇인가? 한국 농민, 특히 전라남도와 경상남·북도 농민의 생활 조건은 중국 남부, 특히 광둥廣東 삼각주와 베트남 남부, 특히 메콩강 삼각주의 농민과 비슷했다. 그 지역은 모두 세계시장의 힘과 미곡 수출이 침투해 있었으며 급격한 상업화, 높은 소작률과 소작농의 영세화, 무거운 세금과 지대 등이 뒤따랐다. 그러나 그 지역들은 풍부한 잉여와 세입을 산출해 국가와 지주의 큰 관심을 받았다. 이처럼 세입과 이윤에 대한 관심과 가능성이 높았고 시장의 성장에 따른 신속한 변화 때문에 이 지역에서 지주 권력의 구조는 다른 곳보다 강력하고 역동적이었다. 이것은 전근대의 권력 구조보다 더 강력한 권력 구조였다. 그러나 남한은 일부 지주가 기업가로 등장하고 다른 일부는 뒤로 물러앉아 잉여를 거두면서 상황이 매우 복잡했다. 한국 최대의 곡창지대이자 새로 떠오른 지주-기업가의 근거지인 전라북도에서 인민위원회는 이른 시점에 조직됐지만 오래가지 못했다. 그곳 농민들은 1946년 가을에 봉기를 일으키지 않았다. 처음 인민위원회가 강세를 보인 지역은 소작 조건에 불만을 품고 일제강점기에 인구 유출이 심각했으며, 국가권력의 침투와 지주계급의 지배력이 다른 지역보다 약했던 중간 지역 및 변두리 지역이었다. 그러나 강력한 인민위원회가 중간 지역과 주변 지역에서 유지되지 못한 까닭은 무엇인가?

1945년 중국·베트남과 비교하면 한국은 혁명을 촉진하기도 하고 지연시키기도 한 독특한 특징을 지녔다. 한국은 이 두 나라보다 그 이전 수십 년 동안 급속히 변화했는데, 일본이 세계시장이나 철도 같은 근대적 수단으로 깊이 침투했기 때문이다. 일본이 추진한 그런 수단과 그 밖의 정책은 한국인구의 대규모 동원과 이동을 불러왔다. 그 결과 일본의 식민지 "공영권"이 갑자기 붕괴되거나 분할됐을 때 가장 큰 충격은 일본의 지배가 가장 오래 지속된 한국에서 일어났다. 토지를 기반으로 한 계급인 농민과 지주가 자신들이 토지와 맺은 관계를 끊으려고 시작했지만 완전히 해결되지 않은 중요한 시점에 식민 통치 기구는 무력해졌다. 지주와 농민은 일제의 지배가 갑자기 사라지면서 새로운 체제로 나아가거나 옛 체제로 되돌아가는 애매한 갈림길에 놓였다. 지주-기업가와 노동자-농민 모두 전자보다 후자를 추구하면서 농촌의 충돌은 더욱 격렬해졌다. 이처럼 해방 첫해 한국은, "진보의 물결이 덮쳐" 익사할 위기에 직면한 계급은 그 혁명에서 혜택을 본 신흥 계급과 동일하거나 그 이상으로 혁명의 추진력을 제공한다는 배링턴 무어의 날카로운 관찰을 입증하는 풍부한 증거가 됐다.[5] 한 세대 안에서 한국 농민은 놀라운 "진보의 물결"이 자신들을 옛 관습에서 밀어내다가 갑자기 그 물결이 잦아들면서 이전으로 되돌아갈 가능성이 높아지는 것을 경험했다. 한국의 지주계급은 농민이 변화한 만큼 변화하지 않았으며 옛 관심에서 벗어나 발생하는 탄력성과 적응성을 얻지 못했다. 상업이나 공업으로 전환하지 않은 상태에서 농민 혁명과 마주치면서 그들은 해방과 그 뒤 이어진 사건들에 차갑고 비타협적으로 반응함으로써 계급적 화해와 온건한 해결의 희망은 모두 사라졌다.

한국은 중국이나 베트남보다 토지 귀족의 특권이 오래 유지됐다. 계급적 특권은 세습적으로 결정되고, 언어에서도 복잡한 경어와 겸양어를 사용해 서로의 상하관계를 규정하며, 일상생활에서 접촉할 때도 계급이 다르면 서로의 관계가 극단적으로 존대되거나 비하되는 것이 규칙이다. 또한 1940년대 중국이나 베트남과 달리 한국에는 식민 통치의 잔재인 강력한 통치 기구가 남아 있었다. 그 강력한 국가기구는 지방에서 경찰로 나타났는데, 중국이나 베트남에는 없던 조직이었으며, 일본이 패망하면서 급격히 약화됐지만 보수 세력의 응집력 있는 기구로 되살아났다. 1946년 가을 수백 명의 농민이 소총으로 무장한 소수의 경찰에게 돌을 던진 광경은 위에서 말한 사태를 잘 설명해준다. 아울러 식민지 시대에 경찰력을 이용해 한국인이 한국인을 탄압케 만든 간교한 술책은 1945년 이후에도 계속됐다. 그러나 식민 지배자인 일본인이 아니라 해방자인 미국인이 명령을 내렸기 때문에 한국인은 더욱 혼란스러워했다.

경찰은 하나의 독립체로 잘 조직됐으며 전용 통신망, 도로와 철도 같은 교통수단, 전국을 잇는 신경망의 중추인 서울의 사령부 등 식민지 시대부터 기반 시설을 통제해왔다. 한국의 발전이 중심부에 지나치게 치우쳤다는 것은, 반도라는 지리적 조건과 결부시키면, 베트남의 중앙 고원지대나 중국 북부의 옌안처럼 중앙정부에서 멀리 떨어져 국가의 지배 영역에 포함되지 않은 주변부의 근거지와 견줄 만한 지역이 거의 없었다는 의미다. 그런 지역은 한국의 최북단에 존재했는데, 1930년대 후반 김일성의 유격대가 활동한 지역이었다. 그러나 남한에는 동해안 북부와 인구가 희박한 중추 산맥 지대, 제주도밖에 없었다. 베트남처럼 국경을 따라 유격대의 근거지가 될 수 있는 숲이나 정글 지대도 없었다. 이런 상황에서 농민은 적대 세력에 맞설 수 없었다. 말하자면 한국에서 농민과 국가의 대결은 최근 베트남과 중국에서 일어난 농민 반란보다 국가경찰이 치안경비대Guardia Civil 역할을 한 스페인의 경험과 좀더 비슷했다.

북한에서 소련군은 갓 잉태된 사회주의 정권이 자립할 수 있을 때까지 길러주고 보호해주었다. 혁명은 신속히 추진됐고 유혈 사태도 비교적 적었다. 하룻밤 사이에 토지 소유·노동 조건·사회관계 등의 근본적 개혁이 이뤄졌다. 해방 뒤 첫해가 끝날 무렵 인민위원회에서 나타난 뚜렷한 지방주의적 색채의 정치는 김일성과 김두봉이 이끄는 강력한 중앙 지도부가 나타나면서 끝났다.

남한의 미군과 견주면 소련군의 임무는 훨씬 쉬웠다. 관료 기구에서 좌익의 통제력을 강화하는 단순한 문제로 상부에서 신뢰할 수 없는 한국인을 쫓아내고, 하부에서 인민위원회 지도자를 훈련하고 교육하며, 한국인에게 정권을 이양하는 것이었다. 소련은 철저하고 효과적이며 혁명에 수반되는 폭력을 최소화하면서 수행했다. 앞서 지적한 대로, 그렇더라도 소련이 미국보다 먼저 독자적 정부와 경찰·사법 기구·군사 조직을 수립하기 시작했다는 증거는 없다.

한국에서 미국과 소련의 핵심 목표는 매우 비슷했다. 자신들에게 계속 우호적인 일련의 지도자와 사회질서를 강화하고 지원하는 것이었다. 그 범위 안에서 한국 지도층과 조직의 성향, 그들의 세력에 따라 독립과 자치의 가능성이 결정됐다. 두 강대국은 그 정책에서 뚜렷한 한계를 설정했다. 소련은 반동 세력을 허용하지 않는다는 것이며, 미국은 혁명을 용인하지 않는다는 것이었다. 두 강대국 모두 자신들이 결과를 통제할 수 있는 능력이 줄거나 상대방의 독점적 지배를 막기 위해 한국의 독립과 통일을 허용하지 않으려고 했다.

북한의 목표가 소련의 우산 아래 한반도의 절반만 통치하는 것이었다면, 그것은 상대적으로 쉬운 임무였다. 그러나 그것은 목표가 아니었다. 그들은 통일과 남한의 혁명을 추구했으며 남한의 좌익·공산주의자와 정권을 놓고 경쟁했다. 그 결과 해방 후 첫해에 여러 행동은 남한의 정세와 거기에 미칠 전시효과를 염두에 두면서 이뤄졌다. 38도선을 넘어 내려가는 인구를 막지 않음으로써 남한을 혼란에 빠뜨리고 트로이의 목마 같은 효과를 내도록 하는 것이 포함됐다. 38도선을 넘어간 사람들 가운데는 북한의 공작원도 있었다. 그러나 대부분은 만주나 북한의 공업지대에서 불만과 분노를 품고 남한의 고향으로 돌아가는 농민이거나 토지를 몰수당한 부류와 가족이었다. 이런 대규모 인구 유입—돌아온 농민이든 분노하고 토지를 몰수당한 특권계급이든—의 효과는 남한을 혼란에 빠뜨렸고 남한 정치를 양극화·급진화했다.

그러나 소련의 보호를 받은 북한 정권이 문제가 없는 것은 아니었다. 북한 지도부는 소련의 도움으로 출범했다는 오점을 지녔다. 미국의 지원을 받은 남한 지도층보다 그들의 민족주의적 정통성은 우월했지만, 소련군이 진주하지 않았다면 다른 지도부가 등장했으리라는 추정을 피할 수 없었다. 게다가 점령 초기 소련군의 만행은 그들이 비호하는 한국인에게 나쁜 영향을 주었다. 따라서 북한의 난제는 한국을 통일하고 혁명을 일으키는 동시에 소련의 통제를 끊고 그 영향에서 벗어나는 것이었다.

이처럼 북한은 남한을 기대에 차서 응시하고 남한은 북한을 조심스럽게 바라보며, 소련은 작은 노력으로 많은 열매를 딴 데 만족한 채 주둔했고, 미국은 심연의 가장자리에서 명예와 위신 그리고 안정된 남한을 회복하려고 시도하면서 1947년이 밝았다. 미국의 한국 정책과 관련된 몇 가지 측면을 다시 한번 검토하면서 이 책을 마치려 한다.

1943년이 시작되면서부터 미국의 정책은 일정한 모순에 시달렸다. 루스벨트 대통령은 한국이 자신의 전후 계획인 다국적 신탁통치와 잘 부합된다고 생각했지만, 국무부와 군부는 실질적인 점령이 한국에서의 미국의 이익을 보장할 것이라고 봤다. 한국 민족주의자들은 조국의 독립선언을 유예한다는 제안에도 저항했다. 1945년 8월 이런 모순은 해결되지 않았지만 한국을 소련과 미국의 영역으로 분할하는 것이 사실상 분명해진 반면 미국은 신탁통치를 정책의 목표로 계속 유지했다. 그러나 1945년 12월 모스크바삼상회의에서 미국이 신탁통치안을 최종적으로 제출했을 때 미군정은 모스크바협정을 시행할 수 없다는 정책을 자체적으로 상당 부분 수립한 상태였다. 사건들을 밀어붙이고 입장을 정리한 세력은 서울 현지에 있던 사람들이었으며, 워싱턴에 있던 정책 입안자들은 현실의 변화에서 멀리 떨어져 있었다. 1945~1946년 국무부의 정책은 신중하고 사려 깊은 모습을 자주 보였지만, 한국에서 돌아가는 상황보다 대개는 몇 달씩 뒤떨어졌다.

루스벨트의 진보적 국제협력주의와 존 카터 빈센트처럼 한국과 관련된 국무부의 일부 관료는 미국이나 미국이 지원하는 한국인의 이익을 보장하지 못한 채 물러났다. 국제협력주의자들은 세계 경제를 재건하고 선진 자본주의 국가에 활력을 불어넣으며, 자유무역을 촉진하고 미국의 영향 아래 여러 나라의 국내 체제를 자유화하는 데 초점을 맞췄지만 국내와 국외에서 반대에 부딪혔다. 미국의 반공주의자들은 소련이 동유럽을 장악한 것을 루스벨트 등이 명백히 묵인한 행동은 뉴딜 시대로 되돌아간 배신행위라고 비난하면서 공산주의자의 세력 강화에 강력히 저항하거나 물리쳐야 한다고 주장했다. 한국의 보수적 반공주의자들은 좌익과의 어떤 형태의 합작이나, 소련이 참가한 다국적 협약은 자신들의 이익을 침해할 것이라고 생각해 저항과 반격을 주장했다. 요컨대 전후 미국 정책의 핵심은 공산주의의 활력과 세력에 어떻게 대응할 것인가였다. 빈센트 같은 국제협력주의자와 하지 같은 일국독점주의자 사이에서 이것은 목표가 아니라 수단의 문제였다. 이처럼 국제협력주의자와 반격정책 지지자 모두 봉쇄 정책에서 좋은 타협점을 발견할 수 있었다. 그것은 위험도가 낮은 전략으로, 새로운 세계질서에 공산주의를 받아들이거나 물리치는 두 가능성을 모두 열어놓았다. 봉쇄는 국제협력주의에 대한 한국과 미국의 반대자와 지지자가 만날 수 있는 지점이었다. 이승만 같은 인물에게는 단순히 일시적 타협이며 자신이 선호하는 전략인 반격을 유예한 것이었지만, 그들은 거기서 만났다.

봉쇄 정책은 상반된 견해—일국독점주의자 대 국제협력주의자, 자유주의자 대 보수주의자, 현실주의자 대 반격정책 옹호자—를 근본적으로 수용하는 데 성공했으며, 하지와 빈센트 같은 인물을 공통된 입장으로 이끌었다. 이런 의견 접근은 냉전이 본격적으로 시작된 1946년 초에 이뤄졌다. 그때도 한국과 관련해 워싱턴은 서울보다 뒤처졌다. 점령 초기에 나타난 워싱턴 국무부의 정책 입안자와 한국 현지의 정책 입안자들 사이의 심각한 정책 차이는 미국이 한국의 혁명에 반대한다는 것이 아니라 그것을 다루는 방법에 있었기 때문에 해소될 수 있었다.

그러나 한국의 봉쇄 정책에 대한 의견은 미군정이 워싱턴에 복종하지 않는 선제적 행동에 나서면서 재빨리 타협됐다. 하지 등은 남한을 북한의 공산주의와 국내의 혁명에 대한 방벽으로 만들려고 했다. 문제는 점령 첫해에 미군정이 쌓은 방벽은 허약하고 물이 새어 나오는 구멍과 틈새를 계속 막고 미국의 전반적인 정책을 정치적 분규로 만들어야 할 필요가 있다는 것이었다. 하지는 할 수 있는 모든 일을 다 했지만, 그의 행동은 워싱턴에서 보기에 적절치 않거나 명령에 복종하지 않는 것처럼 보이기도 했다. 그러나 하지는 방벽을 지켰으며 행동할 수밖에 없었다. 그에게는 차분히 숙고할 시간이나 책임을 회피할 기회가 없었다. 그는 한국 전체 또는 일부에 통제권을 유지하는 것이 태평양 안보의 핵심이며 한국인의 열망보다 우선시해야 한다는 미국 정부 전체가 공유한 기본 정책을 실시하는 데 필요하다고 판단된 조치를 시행했다. 하지는 명령에 따르지 않거나 비난받아야 할 인물이기는커녕, 냉전이 시작된 초기 국면에 현실적으로 행동한 인물로 평가받게 됐다.

실제로 존 R. 하지와 해리 S. 트루먼은 성격이 매우 비슷했다. 두 사람 다 서로 수백 마일 떨어진 중서부 농촌에서 태어났으며 계급적 배경도 비슷했다. 그들은 통상적인 준비 없이 예상치 않게 그 자리에 올랐다. 그들은 강인하고 직설적이며 허튼소리를 하지 않았기 때문에 미사여구를 걷어치우고 핵심을 지적할 수 있었으며 그것을 실천할 수 있었다. 두 사람 다 매우 정직했다. 두 사람은 장제스나 이승만 같은 독재자를 그리 좋아하지 않았지만 결국 그들과 손잡았다. 두 사람은 용감하지만 신중하지 못한 "결단력"을 행사했다. 두 사람 다 소련을 다루는 적절한 방법은 "돌려 말하지 않는 것"이라고 생각했다. 두 사람 다 루스벨트의 국제협력주의를 거의 따르지 않았으며 전형적인 일국독점주의와 봉쇄 정책을 신봉했다.

물론 차이도 있었다. 트루먼은 시야가 좀더 넓었고 정치적 경험이 좀더 많았으며 좀더 진보적이었다. 그러나 미국의 국내 정책과 한국 정책의 범위 및 한계에는 뚜렷한 공통점이 있었다. 군정청의 일부 미국인을 제외하면 이승만(또는 우익)에 반대하는 진보 세력과 이승만을 지지하는 보수 세력으로 나뉘었다. 분할선은 미국의 민주당과 공화당의 그것과 비슷했다. 삼성조정위원회가 입안한 일본 항복 이후의 한국 정책에는 철저한 토지 개혁과 대일협력자의 축출, 노동조합의 조직과 개혁 지원 같은 혁명적 내용도 일부 있었지만, 미국이나 미국과 협력한 한국인의 이익을 보장할 수 없었다. 몇 주 또는 적어도 몇 달 안에 그런 정책을 옹호하는 인물은 침묵하거나 점령 정책을 추진하는 데서 제외됐다. 한국은 큰 혁명적 변화가 필요하다는 가설이나, 하지의 표현에 따르면 "스스로 작동하게 내버려두면 자체 정화를 위해 필연적으로 일어날 격변"을 지지하는 사람은 한국 문제와 관련된 미국인 가운데 거의 없었다. 대신 정책의 차이는, 공산주의의 발호를 막는 데 어떤 방법이 가장 좋은가 하는 문제로 해결되었다.

그런 차이는 군정 첫해가 실패였다는 널리 퍼진 견해를 설명하거나 합리화하려는 몇몇 대화와 비망록에서 추적할 수 있다. 하지 장군과 그의 노동문제 고문 스튜어트 미첨은 여기서 몇 번 인용한 바 있는 미첨의 「노동문제

보고」와 관련해 매우 흥미로운 대화를 나눴다. 두 사람은 1947년과 1948년 군정청 수뇌부에 몇 가지 논평과 답변을 돌렸다.[6] 물론 미첨은 미국이 전평과 그들의 노동 개혁 요구를 지지해야 한다고 주장하면서 우익의 회사별 노동조합을 빼면 그것을 대체할 만한 조직은 없다고 주장했다. 그러나 하지는 미첨의 "이상적이며 인도주의적 접근"은 미국이 "공산주의와 정면으로" 부딪치고 전평이 "공산주의자의 가장 강력한 도구"인 한국의 상황에서는 적합하지 않다고 대답했다. 미첨은 미국이 건준의 인민공화국을 인정해야 한다고 주장했지만, 하지는 "소련이 북한에 수립한 공산주의적 인민공화국 정부의 남한 지부"라고 불렀으며 서울의 소련 영사관이 지휘하고 있다고 판단했다. 여운형은 미첨이 생각하는 자유주의자가 아니라 "잘 세뇌된 코민테른의 공산주의자"였다. 1946년의 혁명(또는 가을 봉기)은 경찰의 탄압이나 그 밖의 문제와는 전혀 관련이 없으며 폭도의 "주요 요구"가 보여주듯 공산주의 혁명을 일으키고 인민위원회를 복구하려는 시도였다. 실제로 하지는 군정 아래서 한국인이 "너무 많은 자유를 누렸다"고 생각했다.

미첨은 이렇게 답변했다. "남한에서 반동 세력이 권력을 잡고 있다는 사실을 장군이 부정하지 않는 것은 흥미롭다. 그는 우리가 한국을 떠난 뒤에도 지속될 수 있는 민주적 개혁이 그동안 추진돼왔다고 주장하지도 않았다." 그런 뒤 그는 철저한 토지 개혁과 경찰 개혁을 실시하고 정부에서 "극우 세력"을 몰아내며 공정한 선거를 실시해야 한다고 다시 한번 강조하면서, 이것들이 모두 미뤄진다면 대다수 한국인은 공산주의로 넘어갈 것이라고 말했다.

점령 첫해에 대한 하지 특유의 솔직한 견해는 1947년 웨더마이어 장군과 나눈 대화의 비망록에서 볼 수 있다.[7] 그는 소련이 훈련된 공산주의 조직자들을 남한으로 보내 한반도 전역에 인민위원회를 비롯한 여러 조직을 수립한 뒤, 항일 경력 덕분에 "애국자로 알려져 상당한 인기를 얻은" 지도자들을 활용하고 있다고 주장했다. 미국은 이승만과 김구 같은 "연로한 망명 애국자"를 귀국시켜 이런 시도에 맞섰다. 불행히도 "그들은 다른 누구보다 우리의 시도를 곤란하게 만들었다. 그들은 민주주의를 도입하려는 우리의 고투를 돕지 않겠다고 거부했지만 미국의 성공에 가장 큰 혜택을 입은 것은 그들이었다"라고 그는 언급했다. 그들은 소련과 미국의 협상이 끝내 결렬돼 자신들이 "극우 단독정부"를 수립하기를 바랐다고 하지는 지적했다. 그러나 미국은 그들과 관계를 끊지 못했다. "우리는 미래를 생각해 그들을 고려해야 한다. (…) 그들은 공산주의에 맞서는 방어벽이다."

하지는 웨더마이어에게 말했다. "우리가 여기서 더 머물려고 한다면 강수를 두어 (…) 진정한 민주주의와 건전한 경제의 원천으로 만들어야 한다고 생각한다." 유일한 대안은 체면을 손상시키지 않고 철수하는 것이었다. 그는 북한이 소련의 지원을 받아 "내전을 준비하고 있다"면서 미국은 그에 대응해야 한다고 말했다. 자신과 맥아더는 그런 만일의 사태에 대응할 "계획을 수립했다"고 그는 말했다. 실제로 1946년 가을 "봉기가 일어났을 때 우리는 주일 미군에 경계 태세를 발령했고 (…) 몇 개 사단이 실제로 출동하려고 소집됐다".

하지는 직설적이고 도발적인 발언을 계속 발표해 군정의 핵심적 본질을 분명히 알려주었다. 그러나 그런 솔직함은 그를 곤경에 빠뜨리기도 했다. 그때 이후 국무부 관료들은 실패한 정책이 모두 "군인적 사고" 때문이라고 비난했다.

1949년 미국 국무부는 한국의 해방에 대한 연구서를 편찬했는데, 국무부의 많은 사람이 갖고 있던 진보적 국제협력주의의 견해를 간명히 보여준다.[8] 지은이는 미국이 건준의 인민공화국을 인정해야 했다고 주장하면서 그것은 한반도 전체에 걸쳐 확고히 수립됐고 공산주의자는 군정이 인공을 탄압한 뒤에야 인공을 지배하기 시작했다는 논거를 들었다. 그러나 그는 "거의 즉각적으로 '인공'은 공산주의자에게 장악돼 통제되고 있으므로 군부가" 우익세력과 손잡았다고 주장했다. 그것은 이제 지난 일이라고 말했다. "그럼에도 그것은 남한의 정치권력이 발전하는 유형을 만들었으며 통일을 어렵게 만들었다." 또한 군인들이 신탁통치를 오해한 것을 비난하면서 더 좋은 길은 국제협력주의적 경로라고 주장했다.

(지금에야 생각하는 것이지만) 소련군이 철수하고 표결에서 늘 3대 1의 결과가 보장되는 4대국의 "신탁통치"가 실시됐다면 결과는 프랑스·이탈리아와 같았을 것이라고 주장할 수도 있다. 기록을 보면 그런 계산된 위험은 워싱턴이나 서울로 파견된 대표들의 생각에 전혀 나타나지 않는다.

물론 지은이는 그런 국제협력주의적 장치를 워싱턴에서 몰랐다고 추정하는 잘못을 저질렀다. 그들은 1943년부터 신탁통치 구상을 핵심 방안으로 고려해왔다. 좀더 중요한 것은 미국이 인공을 인정한 뒤 다국적 신탁통치를 실시해 한국을 통일시키는 방향으로 나아갈 수도 있었지만, 군인들이 "실권을 장악해" 인공과 신탁통치의 장점을 이해 못 했기 때문에 그러지 못했다는 추정이다. 당시 군정에 참여했지만 미국 정책에 비판적인 인물들에게서 여러 차례 들은 이런 주장은 더 나은 정책과 더 적은 실수 그리고 요직에서 군인의 비중이 더 적었다면 한국의 상황이 완전히 달라졌으리라는 것이다.

만약 한국이 전후 세계에서 그릇된 정책이 지배한 유일한 곳이며, 반공주의자로 자처하는 누구든 간에 미국이 지지해주는 유일한 곳이라면, 이것은 설득력 있는 주장이 될 수 있었다. 그 대신 그것은 나중에 이란·과테말라·베트남 등 다양한 지역에서 적용된 정책의 초기 사례가 됐다. "군인적 사고"라는 가정도 성립되지 않는다. 그것은 랭던과 베닝호프 같은 국무부의 고문들이 하지의 정책을 강력히 반대했을 때만 가능하다. 그들은 그러지 않았다. 가장 중요한 것은 점령 첫해 몇몇 결정적 시점에서 하지가 존 J. 매클로이, 조지 케넌, 에이버럴 해리먼 같은 저명한 외교관의 지지를 받았다는 사실이다. 그리고 국제협력주의자는 좀더 유효한 한국 정책을 제시하지 못했다. 신탁통치안에는 큰 장점이 하나 있었다. 그것은 한국인의 가장 근본적 요구인 한국의 통일을 구상한 미국의 유일한 정책이었다. 그렇지 않다면 그 같은 후견인 정책은 한국의 현실과 일제의 지배가 끝난 뒤 한국 국민이 가진 열망을 하지가 이해한 것 이상으로 고려하지 않은 것이다. 한국은 프랑스나 이탈리아와 전혀 다른 역사 및 사회 구조를 가진 나라였다. 아울러 미국이 인공을 승인해야 했다는 주장은 또 다른 질문을 불러온다. 그다음은 어떻게 해야 하는가? 토지 개혁, 친일파 숙청, 대중의 정치 참여를 향해 미국은 어디까지 나아가야 하는가? 대답은 자명하다.

우리가 논의한 문제의 모든 측면에서 미국 지도자들은 악의를 품지 않았고 음모를 꾸미지도 않았으며 착취할 의도를 지니지도 않았다. 그들은 악인이나 위선자가 아니었다. 그들은 자신이 한국에서 추구하는 정책에 신념을 가졌다. 그러나 그들은 자국의 역사적 경험에 따라 생각이 형성됐기 때문에 매우 다른 나라인 한국에 줄 수 있는 것이 거의 없었다. 그들이 사악했다면 문제는 훨씬 더 간단했을 것이다. 루이스 하츠의 표현에 따르면, 그들은 자유롭지 못한 세계에서 선천적으로 자유로운 나라가 부딪치는 문제가 얼마나 엄청난지 제대로 숙고하지 못했다.

군정청에서든 국무부에서든 해방 첫해 점령 정책의 결과를 지켜보면서 미국인들은 거울에 비친 자기 모습을 봤다. 그들이 실시한 정책은 한국 같은 나라의 국민에 대한 미국의 추정, 즉 너무 기본적이어서 거의 인식하지 못하며 너무 중요하고 보편적이어서 설명할 필요가 없는 추정을 반영했다. 사회와 행복한 삶에 대한 미국인의 견해가 모든 사람에게 타당하고, 미국인은 자신들의 생각대로 한국을 개조할 권리를 가졌으며, 미국의 동기는 분명하다는 것이었다. 늘 껌과 사탕을 입에 달고 있는 미군이 전형적으로 보여준 미국의 호의와 우정, 밝은 기질을 한국인은 인식하고 좋아했다. 그러나 미국의 정책은 그 개념과 결과에서 식민지 유산을 완전히 재건시키는데 한국인의 필요와 요구를 전혀 고려하지 않았다. 의도는 좋았다고 해도 변명되지는 않는다. 무지나 실수의 문제가 아니라 한국에서 미국이 실패한 본질적 원인이었다. 결과적으로 한국인은 물론 미국인에게 해방 뒤 첫해는 가혹한 시련의 도가니가 됐고, 그 안에서 새로운 지배 권력은 자신의 이익을 보장하는 논리를 만들어냈다.

부록

<부록A>

인민공화국 중앙인민위원회 명부(1945년 9월 6일)

이름	나이	학력	정치경력	일제강점기 투옥 경력	해방 뒤 정치적 소속
이승만	70	미국 박사	망명/임정	없음	우(독촉)
여운형	60	중국 수학	망명/임정/ 국내 지하활동	있음	좌(건준·민전)
허헌	60	메이지대학	3·1운동/신간회	있음	좌(민전)
김규식	64	미국 석사	망명/임정	없음	우(임정)
이관술	41	일본	국내 공산주의자	있음	좌(공산당)
김구	69	한학	망명/임정	있음	우(임정)
김성수	56	와세다대학	국내 민족주의자	없음	우(한민당)
김원봉	51	중국 황푸 군관학교	의열단/임정	없음	좌(민전)
이용설					
홍남표	57	한학	3·1운동/ 국내 공산주의자	있음	좌(공산당)
김병로	58	메이지대학	신간회	없음	우(한민당)
신익희	55	와세다대학	망명/임정	없음	우(임정)
안재홍	50	와세다대학	국내 민족주의자	있음	우(한국국민당)
이주상					
조만식	63	메이지대학	3·1운동/ 국내 민족주의자	있음	우(조선민주당)
김기전					좌(민전)
최익한	50	와세다대학	3·1운동/ 국내 민족주의자	있음	좌(공산당)
최용달	44	경성제대	국내 공산주의 운동	있음	좌(공산당)
이강국	41	경성제대	국내 공산주의 운동	있음	좌(공산당)
김용암					좌(민전)
강진	41	중국	국내 공산주의 운동	있음	좌(공산당)
이주하	40	소학교	국내 공산주의 운동	있음	좌(공산당)
하필원	47	와세다대학	국내 공산주의 운동	있음	좌(공산당)
김계림					
박낙종	47	와세다대학	국내 공산주의 운동	있음	좌(공산당)
김태준					좌(공산당)
이만규		의전醫專/한국	건맹		좌(인민당)
이여성	46	와세다대학	국내 공산주의 운동	있음	좌(인민당)
김일성	33	중학교(만주)	망명/항일무장투쟁	없음	좌(공산당)
정백	49	메이지대학	국내 공산주의 운동	있음	좌(공산당)
김형선	40	소학교(한국)	국내 공산주의 운동	있음	좌(공산당)
이영윤	48	모스크바	3·1운동/ 국내 공산주의 운동	있음	좌(공산당?)
김점곤					좌(공산당)
한명찬			국내 공산주의 운동	있음	좌(강원도 인민위원회 지도자)
유윤운					좌(북로당)

이름	나이	학력	정치경력	일제강점기 투옥 경력	해방 뒤 정치적 소속
이승엽					좌(공산당)
강기덕			국내 좌익/신간회		
조두원					
이기석	49			있음	좌(인민당)
김철수	54	한학	국내/이르쿠츠크파 공산당	있음	좌(공산당)
김상혁					좌(민전)
정태식					좌(민전)
정종근					
조동호	51	중국	망명/국내 공산주의 운동		좌(공산당)
서중석					좌(민전)
박문규	40	경성제대	국내 공산주의 운동	있음	좌(공산당)
박광희					좌(공산당)
김세용	42	모스크바/서울 의전	건맹	있음	좌(인민당)
김병두					
이순근	45	와세다대학	국내 공산주의 운동	있음	좌(북로당)
무정	40	팔로군	중국공산당/ 옌안 유격대		좌(북로당)
장기욱					
정전태					
이순금	47	와세다대학	국내 공산주의 운동	있음	좌(공산당)
이상훈					
이하 고문					
오세창	79	한학	3·1운동	있음	우(독촉)
권동진	84	한학	3·1운동	있음	
김창숙	66	한학	국내 민족주의 운동	있음	
징운영			천도교		
이시영	77	한학	망명/임정		우(임정)
홍명희	56	한학	3·1운동/ 초기 사회주의자	있음	좌
김항규					
김상은					
장도빈					
김용기			망명/ 민족운동(하와이)		
김관식	58	기독교 목사			
이영	57	중국	국내 공산주의 운동	있음	좌(공산당)

*전거: 『한국인명대사전』, 1967; 김종범·김동운, 『해방 전후의 조선 진상』, 169~218쪽; 김오성, 『지도자 군상』; Scalapino and Lee, Communism in Korea, v.1; Dae-sook Suh, *Korean Communist Movement*; USAMGIK, G-2 Section, "G-2 Biographies," XXIV Corps Historical File; USAMGIK, G-2 Section, "Biographies of North Korean Leaders"; 이만규, 『여운형 투쟁사』, 260~261쪽

<부록 B>

남한 민중에게 고함

미군은 곧 귀국에 상륙할 것이다. 우리는 일본 도쿄에서 조인될 일본군의 항복에 따라 연합국 대표로서 상륙하는 것으로 귀국을 민주주의 제도 아래 있게 하고 국민의 질서 유지를 도모함 또한 이 상륙의 목적이다. 국가 조직의 개조는 하루아침에 되는 것이 아니므로 질서를 지키려면 큰 혼란과 유혈이 수반될 수 있다. 어떤 개혁도 서서히 진행되므로 민중도 장래를 예비해 각자 국가 건설과 민주주의에서 생활하는 데 모든 노력을 기울여야 할 것이다.

1945년 9월 2일

주한 미군 육군사령관

존 R. 하지

<부록 C>

중국 충칭 대한민국임시정부 각료 김규식·김구·신익희 각하

삼가 말씀드립니다.

저희는 지금 역사적 흥분 속에서 이 편지를 씁니다. 우리 민족의 승리를 귀하와 함께 축하하며 귀하의 노력에 감사드립니다.

일본이 항복한 뒤의 상황을 귀하께 알려드립니다.

일본이 항복한 뒤 국민은 감격에 차 있지만 정치적으로는 혼란한 상태입니다. 가장 중요한 문제는 권력과 국민의 힘을 새로운 한국으로 집중하고 국민의 열망에 부응하는 유능한 정부를 조직하는 것입니다.

말씀드린 정치적 혼란이 발생한 까닭은 두 가지입니다. 첫째, 카이로선언 이행과 관련해 미국과 소련의 정책이 다르기 때문입니다. 둘째, 일본 세력이 아직도 남아 있기 때문인데, 이를테면 총독부는 여운형을 이용해 중국과 필리핀 같은 친일 정부를 세우려 시도하고 있습니다. 여운형은 이른바 건국준비위원회를 조직했고 이른바 인민공화국을 세워 국민을 속이고 있습니다. 소련군이 북한을 점령한 이후 그들은 국민에게 공산주의를 선전하고 있습니다.

미군이 서울을 점령한 뒤 우리 민족주의자들은 한국민주당을 결성하고 우리의 정강과 계획을 알렸습니다. 그리고 이제 우리는 국민대회를 준비하고 있습니다. 소련군이 북한에서 철수한다면, 우리는 전국에서 지지를 받을 것입니다.

그러나 지금 상황은 심각합니다. 그러므로 대한민국임시정부는 조속히 귀국해 국민의 열망에 부응해주셔야 합니다.

아래 사항을 알려주시기 바랍니다.

1. 임정이 서울에 도착하는 날짜
2. 우리가 환영하는 방법

3. 임정의 귀국을 국민에게 알리는 방법

1945년 9월 14일

원세훈·조병옥 드림

출전: 미군 G-2에서 한국어 원문을 번역한 자료. XXIV Corps Historical File 수록.•

• 여기서는 한국어 원문을 찾기 어려워 영역본을 다시 번역했다.

<부록 D>

각도별 정치·인구·농지 상황

군	인구 증감			소작률(*)	논의 비율 (**)	급진 지수 (***)
	1930~1940 (퍼센트)	1930~1946 (퍼센트)	1944~1946 (퍼센트)			
전라남도						
광산	-2.3	+21	+14	72	60~70	17
담양	-3.5	+24	+20	72	60~70	10
곡성	-7.5	+20	+14	72	60~70	6
구례	-6.2	+19	+19	80	70~80	2
광양	+4.0	+31	+22	80	70~80	9
여수	+25	+59	+16	60	40~50	5
순천	+7.4	+41	+22	80	70~80	5
고흥	+22.5	+43	+13	68	50~60	2
보성	+4.0	+36	+22	80	70~80	6
화순	-1.9	+14	+10	68	50~60	16
장흥	+10.3	+36	+19	80	70~80	6
당진	+10.1	+45	+19	80	70~80	5
해남	+23.1	+51	+14	68	50~60	6
영암	+8.3	+42	+20	72	60~70	6
무안	+2.2	+29	+15	68	50~60	17
나주	+5.4	+41	+22	72	60~70	19
함평	+9.7	+44	+17	68	50~60	14
영광	+9.6	+30	+0.7	-	-	14
장성	+2.5	+27	+17	72	60~70	5
완도	+20	+37	+10	72	60~70	6
진도	+5.7	+26	+15	60	40~50	6
전라북도						
완주	-14.6	+34	+18	90+	60~70	0
진안	-3.7	+5	+16	70	40~	2
금산	+1.2	+23	+15	75	40~50	2
무주	-7.4	+23	+26	75	40~50	6
장수	-6.9	+23	+23	80	60~70	2
임실	-5.5	+15	-19	78	50~60	6
남원	-2.0	+23	+23	83	70~80	14
순창	+0.5	+22	+20	80	60~70	14
고창	+8.2	+34	+13	78	50~60	5
부안	+5.0	+47	+22	80	60~70	2
김제	+6.8	+49	+27	90	70~80	6
옥구	-10.9	+17	+22	85	80~90	9
익산	+5.9	+54	+26	90	70~80	6
정읍	+4.0	+46	+27	90	60~70	5
경상남도						
진양	-11.6	+28	+39	65	80~90	17
의령	-8.5	+63	+73	61	60~70	17
함안	-0.3	+59	+49	61	60~70	19
창녕	-2.8	+45	+37	59	50~60	6
밀양	-3.8	+43	+33	63	70~80	2
양산	-4.4	+28	+32	63	70~80	17
울산	+0.5	+37	+31	63	70~80	5

동래§	-10.9	-32	+26	63	70~80	14
김해	+4.2	+61	+39	65	80~90	14
창원	-3.4	+43	+37	63	70~80	19
통영	+13.2	+34	+17	61	60~70	9
고성	+1.2	+39	+33	61	60~70	9
사천	+10.4	+75	+42	61	60~70	5
남해	+12.3	+31	+24	61	60~70	3
하동	-5.5	+36	+31	65	80~90	16
산청	-7.8	+33	+36	61	60~70	6
함양	-2.7	+29	+20	61	60~70	6
거창	-6.4	+32	+28	61	60~70	6
합천	-11.0	+35	+36	61	60~70	6
경상북도						
달성	-34.7	-12	+21	60	60~70	15
군위	-8.5	+19	+25	57	50~60	10
의성	-3.9	+31	+30	57	50~60	15
안동	-4.1	+27	+18	54	40~	13
청송	-19.8	+4	+19	54	40~	12
영양	-12.2	+02	+9	54	40~	6
영덕	+10.1	+20	+7	57	50~60	6
영일	+1.5	+34	+19	57	50~60	10
경주	-2.5	+24	+16	60	60~70	19
영천	-6.1	+30	+26	60	50~60	12
경산	-0.5	+49	+31	60	50~60	12
청도	-9.0	+23	+32	60	60~70	10
고령	-7.9	+28	+38	60	60~70	10
성주	-5.9	+27	+26	60	60~70	10
칠곡	+1.8	+36	+30	60	60~70	16
김천	-2.0	+30	+25	60	60~70	5
선산	+2.7	+31	+21	60	60~70	16
상주	+2.6	+30	+25	60	60~70	16
문경	-1.5	+36	+25	56	40~50	6
예천	+4.0	+31	+23	57	50~60	13
영주	+3.9	+41	+18	57	50~60	13
봉화	+8.9	+28	+7	54	40~	17
충청북도						
청원	+9.6	+32	+13	70	50~60	2
보은	-14.7	+9	+18	65	40~50	2
옥천	-4.1	+12	+13	58	40~50	6
영동	-2.3	+31	+25	67	50~60	19
진천	-4.9	+35	+23	78	50~60	0
괴산	-5.4	+19	+16	62	40~50	0
음성	+8.5	+31	+15	72	50~60	0
충주	+8.6	+29	+11	76	40~50	2
제천	-0.1	+27	+10	68	40~	6
단양	-17.7	+16	+7	66	40~	2
충청남도						
연기	+7.0	+34	+17	74	60~70	2
대덕	-15.7	+4	+12	68	40~50	6
공주	+3.9	+30	+16	74	60~70	6
논산	+4.4	+43	+24	76	70~80	2
부여	+7.6	+34	+16	76	70~80	6

보령	+8.4	+31	+13	74	60~70	6
청양	+15.5	+27	+8	74	60~70	2
홍성	+13.1	+40	+13	72	50~60	14
예산	+14.0	+35	+13	72	50~60	14
서산	+10.4	+33	+10	72	50~60	14
당진	+11.7	+41	+15	74	60~70	14
아산	+13.8	+45	+17	74	60~70	2
천안	+23.3	+52	+15	72	50~60	14
서천	+12.6	+43	+15	76	50~60	0
경기도						
고양§	-39.2	-19.6	+21	85	60~70	0
광주	+8.0	+23	+6	80	-	2
양주	+13.4	+46	+15	81	50~60	2
포천	+8.9	-7	-23	73	40~50	6
가평	+10.6	+61	+5	61	40~50	2
양평	+6.2	+11	+8	73	50~60	5
여주	+7.1	+25	+7	77	60~70	2
이천	+12.6	+40	+11	80	60~70	2
용인	+1.7	+17	+8	80	60~70	6
안성	+9.6	+34	+12	81	60~70	2
평택	+9.1	+26	+6	79	60~70	9
수원	+9.1	+33	+9	75	60~70	9
시흥	-1.4	+21	+7	78	60~70	6
부천	-16.9	+8	+9	78	50~60	2
김포	+14.8	+31	+5	80	70~80	2
강화	+16.3	+33	+9	63	70~80	2
파주	+10.6	+61	+33	81	60~70	2
장단	-4.0	-39	-40	80	50~60	2
개풍	+1.1	-5	-13	85	50~60	2
연백	+33	+60	+5	81	-	0
옹진	+34	+81	+22	60	-	0
장단과 벽성에서 38도선 이남 부분은 1946년 조사에 포함시키지 않았다.						
강원도						
춘성	+19.8	+42	+4	55	40~	2
강릉	+41.4	+93	+40	63	50~60	19
삼척	+44.4	+88	+8	55	40~	19
울진	+19.0	+37	+14	55	40~	9
정선	-6.9	+5	+9	55	40~	0
평창	+9.6	+21	+1	55	40~	2
영월	+14.3	+36	+2	55	40~	2
원주	+6.8	+41	+23	55	40~	2
횡성	+6.5	+31	+11	55	40~	2
홍천	+13.2	+88	+52	55	40~	2
인제와 양양에서 38도선 이남 부분은 1946년 조사에 포함시키지 않았다.						
제주도	+0.5	+34	+26	35	-	20

전거: 모든 인구통계는 1930, 1940, 1944년 총독부의 공식 조사와 1946년 미군정청 인구조사를 바탕으로 했다.

* 각 군의 소작률은 그 군이 소속된 도의 소작률과 경작 가능한 논·밭의 비율에 따른 소작률 차이를 계산해 산출했다. 경기도와 충청북도 각 군의 실제 수치는 『朝鮮經濟年報 1948』, 56~57, 76~77쪽에 나와 있다.

** Koo, *Study of Regional Characteristics of Korean Agriculture*의 정보를 바탕으로 했다. 논의

비율은 1945년부터 1960년대 초까지 크게 달라지지 않았다.

*** 인민위원회가 통치 기능을 행사하지 않은 경우는 2점, 1930년대 적색농민조합이 있던 경우는 3점, 인민위원회가 통치 기능을 행사한 경우는 6점, 1946년 가을봉기가 일어난 증거가 있는 경우는 8점, 봉기가 특히 격렬했다고 판단된 군은 10점을 매겼다. 적색농민조합이 있었고 인민위원회가 3년 동안 통치 기능을 행사했던 특별한 경우인 제주도는 그 지역의 두 군인 남·북제주군에 가장 높은 점수인 20점을 주었다(그 도의 전체 점수는 그 두 군의 수치를 더한 것이다).

§ 주변에 대도시가 있을 경우 인구 통계는 왜곡될 수 있기 때문에 인구와 급진도를 비교하는 데서 제외한 군.

주注

머리말

1. Harry S. Truman, *Years of Trial and Hope*(New York : Signet Books, 1956), 379쪽. 두 쪽 뒤에서 트루먼은 소련이 "한국에서 우리를 시험해본 것이 틀림없다"고 말했다. 조금 완곡하게 표현했지만 국무장관 딘 애치슨Dean Acheson도 한국전쟁의 원인을 비슷하게 파악했다. *Present at the Creation: My Years in the State Department* (New York : Signet Books, 1969), 527~528쪽 참조.
2. David Rees, *Korea: The Limited War*(New York: St. Martin's Press, 1964), p. 19 ; Adam Ulam, *The Rivals: America and Russia since World War II*(New York : Viking Press, 1971), 166쪽.
3. Glenn Paige, *The Korean Decision*(New York: The Free Press, 1968), 66쪽 참조.
4. I. F. Stone, *The Hidden History of the Korean War*(New York: Monthly Review Press, 1952, 1970). 44쪽에서 스톤은 이렇게 썼다. "소련이 그토록 큰 희생을 치르기에는 남한이 너무 작은 보상이었는가? 그 전쟁은 스탈린의 실수였는가? 아니면 맥아더의 계획이었는가? 공격은 북한에서 시작됐는가? 아니면 북한의 공격은 남한이 의도적으로 일으킨 사소한 도발 때문에 일어났는가? (…) 정치적으로는 암묵적으로 침략을 유발하고 군사적으로는 방어 태세로 상대를 불러들였으며 마침내 준비가 끝나자 국경을 넘어 사소한 교전을 벌임으로써 전쟁이 시작됐다는 가설은 많은 부분을 설명해준다."
5. 로버트 시몬스Robert R. Simmons는 한국전쟁이 민족주의에 입각한 내전적 성격을 갖고 있다는 주장에서 중요한 진전을 이뤘다. *The Strained Alliance: Peking, P'yŏngyang, Moscow, and the Politics of the Korean Civil War*(New York : The Free Press, 1975), 102~110쪽에서 그는 북한이 공격을 결정한 것은 지도부의 파벌 투쟁 때문이었다고 파악했다. 로버트 스칼라피노와 이정식은 *Communism in Korea I*(Berkeley: University of California Press, 1972), 394~398쪽에서 소련이 공격을 돕고 사주했지만 소수의 북한 지도자는 각료를 포함한 군부 외의 인물들에게도 알리지 않은 채 6월 초순 공격을 시작하는 실

제적 계획과 시점을 수립했다고 주장했다. 또한 그들은 "공격을 결정하는 데 많은 측면은 아직도 비밀에 싸여 있다"고 지적했다. 조이스 콜코Joyce Kolko와 가브리엘 콜코Gabriel Kolko는 1950년 6월 이전의 기간에 너무 초점을 맞추고 있기는 하지만, 이 전쟁이 몇 년 전부터 시작된 내전에서 발원했다는 측면을 이해하고 있는 아주 소수의 연구자들이다. *The Limits of Power : The World and U.S. Foreign Policy, 1945-1954*(New York : Harper & Row, 1972), 565~599쪽 참조.

6. 내가 이 책 전체에 걸쳐 우익과 좌익이라는 표현을 사용한 것에는 몇 가지 까닭이 있다. 첫째, 당시 한국인과 그 뒤 한국 자료가 그렇게 표현했다. 둘째, 미군정도 비슷한 방식으로 한국의 정치적 지형을 묘사했다. 셋째, 정치적 대립을 서술하는데 그보다 편리한 약칭이 없다. 끝으로 독자들은 이 책을 읽으면서 양쪽의 정치적 주장의 내용에 주의를 기울인다면 그 용어에 혼란을 느끼지 않을 것이다.

1장 식민지 한국의 계급과 지배 기구

1. 물론 그런 광경을 상상할 필요는 없다. Andrew J. Grajdanzev, *Modern Korea*(New York: Institute of Pacific Relations, 1944), 3장에 인용된 대표적 사례를 참조하라. 특별히 주목할 언급은 조지 케넌(전후 전략을 수립한 주요 인물인 조지 케넌과 같은 이름의 친척)의 "Korea: A Degenerate State," *Outlook*(October 7, 1905)이다. 케넌은 이렇게 썼다. "공정하고 편견을 갖지 않은 채 새로 도착한 외국인에게 한국인은 매우 우호적이지 않은 첫인상을 보여주었다. 그들은 모두 명대明代의 기괴하고 어울리지 않는 옷을 입고 있었는데 서커스의 어릿광대 같았고 (…) (노동자들은) 깔끔하게 차려입고 열심히 일하는 일본 노동자들과 비교할 수 없었다. 전체적으로 말해서 한국인은 위엄과 지능과 힘이 결여된 것처럼 보인다. (…) 그들은 쇠퇴한 동양 문명의 부패한 산물이다(그라즈단제브, 35쪽에서 인용)."
2. Perry Anderson, *Lineages of the Absolutist State*(London: New Left Books, 1974), 412~420쪽 ; John W. Hall, "Feudalism in Japan—A Reassessment," in John W. Hall and Marius B. Jansen, *Studies in the Institutional History of Early Modern Japan*(Princeton: Princeton University Press, 1968), 15~51쪽.
3. Thomas C. Smith, *The Agrarian Origins of Modern Japan*(Stanford: Stanford University Press, 1959) ; Barrington Moore, Jr., *Social Origins of Dictatorship and Democracy: Lord and Peasant in the Making of the Modern World*(Boston: Beacon Press, 1966), 228~254쪽 ; Anderson, Lineages, 415쪽도 참조. 일본의 대응이 '신속했다'는 것은 그것이 성공적이었다는 의미는 아니다. 성공의 평가는 소요된 시간에 달려 있다. 한국인은 그런 성공을 위해 자신이 치러야 하는 대가가 타당한지 생각하지 않았다. 미국인과 중국인 등은 1930~1940년대 그 비용을 정확하게 인식하지 못했다. 그리고 일본 농민은 메이지 정부가 자신들에게서 착취한 대가를 받으려고 하지 않았을 것이다. 이런 측면은 Moore, *Social Origins*, p. 27 ; John Dower, "E. H. Norman, Japan, and the Uses of History," in B. H. Norman, *Origins of the Modern Japanese State*, ed. John Dower(New York: Pantheon Books, 1975), 3~101쪽 참조.
4. Jon Halliday, *A Political History of Japanese Capitalism*(New York: Pantheon Books, 1975), 22쪽 ; Frances V. Moulder, *Japan, China, and the Modern World-Economy*(New York: Cambridge University Press, 1977), 96~97쪽 등. 물더는 서구의 침입 이후 중국과 일본이 다른 길을 간 까닭을 설명하면서 세계 체제의 편입 정도를 지나치게 강조했다고 생각된다. E. H. 노먼 은 '숨 돌릴 수 있는 여유breathing space'라는 표현을 처음으로 사용해 메이지유신 뒤 일본이 포착한 기회를 묘사했다(*Origins of the Modern Japa-*

nese State, p. 153 참조). 이 장에서 서술한 세계 체제에 관련된 전반적 사항은 Immanuel Wallerstein, *The Modern World-System: Capitalist Agriculture and the Origins of the European World Economy in the Sixteenth Century*(New York: Academic Press, 1974) ; Daniel Chirot, *Social Change in the Twentieth Century*(New York: Harcourt Brace Jovanovich, 1977), 특히 3~4장 참조.

5. Wallerstein, *The Modern World-System*, 73~74쪽.
6. 일본의 대외 팽창 움직임은 메이지유신 이후 정한론征韓論이 격렬히 논의된 바 있지만 1890년대까지는 그저 구상일 뿐이었다. 한국에 관련된 이런 논의를 다룬 대표적 연구는 Hilary Conroy, *The Japanese Seizure of Korea, 1868-1910*(Philadelphia: University of Pennsylvania Press, 1960)이다. 컨로이는 일본이 끝내 한국을 합병한 데는 경제적 동기가 크게 작용하지 않았다고 파악했다. 설득력 있는 반론은 Wonmo Dong, "Japanese Colonial Policy and Practice in Korea, 1905-1945: A Study in Assimilation" (Ph. D. dissertation, Georgetown University, 1965), 특히 2장 참조.
7. 최근 여러 학자는 일본의 근대화가 국가의 강력한 역할에 힘입어 '위로부터 추진'됐는지 아니면 '아래서부터 이뤄졌는지' 논쟁했다. Thomas C. Smith, "Pre-Modern Economic Growth: Japan and the West," *Past and Present*, no. 60(August 1973), 127~160쪽. 이 논문은 스미스가 *Political Change and Industrial Development in Japan: Government Enterprise, 1868-1880*(Stanford: Stanford University Press, 1955), 102쪽에서 언급한 견해를 약간 변형한 것이다. 아울러 Hugh Patrick, "Japan, 1868-1914," in Rondo Cameron, ed., *Banking in the Early Stages of Industrialization*(New York: Oxford University Press, 1967), 241~242, 249, 288쪽 ; Kozo Yamamura, *A Study of Samurai Income and Entrepreneurship* (Cambridge: Harvard University Press, 1974), 137~162쪽 참조. 야마무라는 이 논문을 약간 수정해 산업화의 기술적 기반으로서 메이지정부의 군사비 지출을 강조했다. "Success Illgotten? The Role of Meiji Militarism in Japan's Technological Progress," *Journal of Economic History* 2, no. 1(March 1977), 113~136쪽. 나는 이런 자료의 일부를 얻는 데 케네스 파일의 도움을 받았다.
8. Alexander Gerschenkron, *Economic Backwardness in Historical Perspective*(Cambridge: Harvard University Press, 1962), 1장 14쪽 참조. 데이비드 랜즈David Landes는 거셴크론의 이론은 일본에 잘 부합된다고 주장했다. "Japan and Europe: Contrasts in Industrialization," in William W. Lockwood, ed., *The State and Economic Enterprise in Japan* (Princeton: Princeton University Press, 1965), 93~182쪽. 아울러 Smith, *Industrial Development*, 102쪽 ; Norman, *Origins of the Modern Japanese State* ; Halliday, *Japanese Capitalism*, 22~61쪽 참조.
9. Landes, "Japan and Europe," 182쪽. 프러시아는 일본 지도자와 그들의 국가관에 결정적 영향을 주었다. 할리데이는 이토 히로부미가 프러시아 학자 로렌츠 폰 슈타인Lorenz von Stein과 루돌프 폰 그나이스트Rudolph von Gneist를 평가한 말을 인용했다. "나는 유명한 학자인 그나이스트와 슈타인 아래에서 공부함으로써 국가의 구조를 전체적으로 이해할 수 있게 됐다. (…) 나는 행복하게 죽을 수 있다"(*Japanese Capitalism*, 37쪽). 할리데이는 일본이 국가 경제의 잠재적 잉여를 조직하고 내부의 "정치적·경제적 (계급)구조"를 재편하며 외부 세계와 관계를 조정하는 역할을 강조했다(22~23, 47, 56~57쪽).
10. Norman, *Origins of the Modern Japanese State*, 457, 461쪽. 메이지시대의 관료 제도는 Kenneth B. Pyle, "Advantages of Followership: German Economics and Japanese Bureaucrats, 1890-1925," *Journal of Japanese Studies 1*, no. 1(Autumn 1974) : 127~164쪽, 특히 162~164쪽. 할리데이는 물론 경제 자체를 포함해 관료제도를 '일본 자본

주의의 가장 큰 성취'라고 평가했다(*Japanese Capitalism*, 39쪽).

11. Norman, *Origins of the Modern Japanese State*, 251~256쪽.
12. Wallerstein, *The Modern World-System* ; Chirot, *Social Change in the Twentieth Century*.
13. Wallerstein, *The Modern World-System*, 47, 72~74, 89쪽.
14. Chirot, *Social Change in the Twentieth Century*, 9~10쪽.
15. 이 용어는 일본학계에서 자주 사용된다. 아울러 Michael Hechter, *Internal Colonialism: The Celtic fringe in British National Development, 1536-1966*(Berkeley: University of California Press, 1975), 30~34쪽.
16. Halliday, *Japanese Capitalism*, 102쪽.
17. 이런 측면에서 보면 일본의 식민지 지배는 영국 제도British Isles를 국내 식민지로 만든 영국과 가장 잘 비교된다. 이를테면 Hechter, *Internal Colonialism* 참조.
18. 이것은 아프리카 식민지에서는 사실일 것이다. 한국과 가장 가깝게 비교할 수 있는 대상은 인도차이나 전체가 아니라 프랑스의 지배를 받은 베트남일 것이다. 베트남과 한국의 매우 비슷한 상황은 Ngo Vinh Long, *Before the Revolution: The Vietnamese Peasants Under the French* (Cambridge: The MIT Press, 1973) ; David G. Marr, *Vietnamese Anticolonialism*(Berkeley: University of California Press, 1971) ; John T. McAlister, Jr., *Vietnam : The Origins of Revolution*(New York: Doubleday Anchor Books, 1971) ; Robert Sansom, *The Economics of Insurgency in the Mekong Delta of Vietnam*-(Cambridge: The MIT Press, 1970) ; Christine Pelzer White, "The Vietnamese Revolutionary Alliance: Intellectuals, Workers, and Peasants," in John Wilson Lewis, ed., *Peasant Rebellion and Communist Revolution in Asia*(Stanford: Stanford University Press, 1974), 77~98쪽.
19. Alexander Eckstein, *China's Economic Development*(Ann Arbor: University of Michigan Press, 1975), 63, 102~103쪽 ; Wallerstein, *Modern World-System*, 45~47쪽.
20. James B. Palais, "Stability in Yi Dynasty Korea: Equilibrium Systems and Marginal Adjustment," *Occasional Papers on Korea*, no. 3(Seattle: University of Washington, 1975) ; Palais, *Politics and Policy in Traditional Korea*(Cambridge: Harvard University Press, 1976).
21. Gregory Henderson, *Korea : The Politics of the Vortex*(Cambridge: Harvard University Press, 1968).
22. Palais, *Politics and Policy*, 2쪽.
23. 1894년 갑오개혁 이후 지배층의 연속성은 Kenneth Quinones, "The Impact of the Kabo Reforms upon Political Role Allocation in Late Yi Korea, 1884-1902," *Occasional Papers on Korea*, no. 4(Seattle: University of Washington, 1975).
24. Palais, *Politics and Policy*, 58쪽.
25. 조기준, 『韓國企業家史』, 博英社, 1973, 19, 45~47쪽 ; 김영모, 『韓末支配層 硏究』, 韓國文化硏究所, 1972, 119~132쪽 참조. 중국과의 비교는 Eckstein, *China's Economic Development*, 102~103쪽.
26. Clifford Geertz, *Agricultural Involution: The Process of Ecological Change in Indonesia*(Berkeley: University of California Press, 1966).
27. Moore, *Social Origins*, 213쪽.
28. Henderson, *Vortex*, 4장. 이 용어는 과장이지만 유럽보다 일본의 식민 통치가 가혹했음을 보여준다.

29. 같은 책, 77쪽. 아울러 Grajdanzev, *Modern Korea*, 3~4쪽 참조.
30. Henderson, *Vortex*, 72쪽. 일본인은 1910~1919년 한국에 적용한 정책을 '무단통치'라고 부른다.
31. 3·1운동의 가장 뛰어난 분석은 Frank Baldwin, "The March 1 Movement: Korean Challenge and Japanese Response"(Ph. D. dissertation, Columbia University, 1969).
32. Smith, *Industrial Development*, 102쪽.
33. 칼 모스코비츠Karl Moskowitz는 도고의 논의를 다르게 표현했다. "The Creation of the Oriental Development Company," *Occasional Papers on Korea*, no. 2(Seattle: University of Washington, 1975). 조선총독부의 권력은 William W, Lockwood, *The Economic Development of Japan: Growth and Structural Change*, 2d ed.(Princeton: Princeton University Press, 1968), 551~519쪽 참조.
34. McAlister, *Vietnam*, 47, 74쪽 ; Grajdanzev, *Modern Korea*, 75~79쪽 참조. 이런 비교는 페리 앤더슨의 도움을 받았다.
35. 강력한 관료 기구가 혁명을 촉진하거나 지연시키는 데 중요한 역할을 한다는 사실은 특히 Harry Eckstein, "On the Etiology of Internal War," *History and Theory*, vol. 4, no. 2 (1964) 참조.
36. Heinrich Heine. Wolfgang Schivelbusch, "Railroad Space and Railroad Time," *New German Critique*, no. 14(Spring 1978), 34쪽에서 인용.
37. Eric J. Hobsbawm, *Industry and Empire*(London: Penguin Books, 1969), 110쪽 ; Schievelbush, "Railroad Space and Railroad Time."
38. Gordon Wright, *Rural Revolution in France: The Peasantry in the Twentieth Century* (Stanford: Stanford University Press, 1964), 11쪽.
39. George McCune, *Korea Today*(Cambridge: Harvard University Press, 1950), 52쪽에서는 1936년 조선총독부 철도국장의 발언을 인용했다. "만주국의 수립을 기점으로 (…) 교통수단의 비약적 발전에 자연히 뒤따르는 놀라운 경제발전이 일어났다. 국유 철도와 자영 철도 그리고 자동차 도로라는 강력한 세 교통망에 일본의 해운이 더해져 (…) 한반도는 일본을 아시아·유럽과 잇는 육교로 더욱 중요한 위상을 갖게 됐다."
40. Eckstein, *China's Economic Development*, 119쪽. 아울러 Herbert P. Bix, "Japanese Imperialism and the Manchurian Economy, 1900-1931," *China Quarterly*, no. 51(July-September 1972), 431쪽 ; Edwin P. Reubens, "Opportunities, Governments, and Economic Development in Manchuria, 1860-1940," in Hugh G. J. Aitken ed., *The State and Economic Growth*(New York: Social Science Research Council, 1959), 158~159쪽도 참조.
41. Irving I. Kramer, *Japan in Manchuria*(Tokyo : Foreign Affairs Association of Japan, 1954), 10~11쪽의 자료 참조. 1930년대 철도에 관련된 전체적 자료는 South Manchuria Railway Company, *Sixth Report on Progress in Manchuria*, to 1939(Dairen, 1939), 110~112쪽.
42. F. C. Jones, *Manchuria Since 1931*(New York : Oxford University Press, 1949), 103쪽. 아울러 Kungtu C. Sun, *The Economic Development of Manchuria in the First Half of the Twentieth Century*(Cambridge : Harvard University East Asian Center Monographs, 1969), 64쪽도 참조. 만주 그리고 그것보다는 조금 떨어지지만 조선은 철도 제국주의라고 부를 수 있는 주요 지역이었다. 제정 러시아의 재무상 비테Witte 백작은 "철도와 은행을 이용해" 만주로 침투하려는 계획을 세웠다. 동청철도東淸鐵道는 그 계획의 하나였다 (Jones, *Manchuria*, 100쪽). 미국인 J. R. 모스Morse는 1896년 조선 조정의 승인을 받아

한국 최초의 철도를 건설했으며 그 뒤 한국의 금광을 개발하는 중요한 권리를 얻었다. 남만주철도주식회사가 설립되기 전 일본은 미국의 철도왕 E. H. 해리먼Harriman의 제안을 받아들여 만주의 철도를 "문호개방"의 원칙에 따라 "경제적이고 공정하게 공동으로" 관리하는 데 합의했다(Japan Times, *Economic Development of Korea and Manchuria*[Tokyo : Japan Times Publishing Co., 1923], 166쪽 ; Jones, *Manchuria*, 103쪽). 그 뒤 일본인은 해리먼의 제안이 "문호개방"이라는 수사로 "의도를 숨기면서" 철도를 "미국의 영향이나 관리 아래" 두려는 방책이라고 봤다. 해리먼이 성공했다면 동아시아의 역사는 "완전히 달라졌을 것"이라고 그들은 생각했다(*The Manchoukuo Yearbook 1942*[Hsinking, Manchuria: Manchoukuo Yearbook Co., 1942], 596쪽).

43. Jones, Manchuria, 116쪽 ; Sun, *The Economic Development of Manchuria*, 79쪽. 만철은 만주에서 전기·화학·철강·비행기·자동차 산업도 발전시켰다. 이처럼 예외적으로 광범하게 활동했지만 슘페터E. B. Schumpeter는 그런 활동은 모두 만주에서 "새로운 국가를 수립하려는 계획"이었다는 좀더 이례적 사실을 발견했다(E. B. Schumpeter, ed., *The Industrialization of Japan and Manchukuo, 1930-1940*[New York : Macmillan Co., 1940], 400쪽).
44. Japan Times, *Economic Development*, 250쪽.
45. Jones, *Manchuria*, 118쪽 ; SMRC, *Sixth Report*, 112쪽.
46. 만철은 *Sixth Report*, 115쪽에서 이 용어를 썼다.
47. V. T. Zaichikov, *Geography of Korea*, trans. Albert Parry(New York : Institute of Pacific Relations, 1952), 82~83쪽.
48. 같은 책, 83쪽.
49. R. H. Tawney, *Land and Labor in China*(1932 ; reprint ed., Boston : Beacon Paperback, 1966), 85쪽 ; State Statistical Bureau, *China: Ten Great Years*[Wei ta ti shih nien] (Peking: Foreign Languages Press, 1960), 144쪽. 아울러 PhiliW. Vetterling and James J. Wagy, "China: The Transportation Sector, 1950-1971," in *People's Republic of China: An Economic Assessment*(Washington, D.C. : Joint Economic Committee, Congress of the United States, 1972), 151~156, 161쪽.
50. Vetterling and Wagy, "Transportation Sector," 161쪽 ; Zaichikov, *Geography of Korea*, 82~83쪽.
51. Moore, Social Origins, 458~483쪽. 아울러 Etienne Balazs, *Chinese Civilization and Bureaucracy*(New Haven : Yale University Press, 1964), 30, 32쪽. Bae Yong-kwang, "The Role of Entrepreneurs in the Modernization Process of Korea," *International Conference on the Problems of Modernization in Asia*(Seoul : Asiatic Research Center, 1965), 756~757쪽에서는 저명한 한국사 연구자인 시카다 히로시四方博의 견해를 인용했다.

   "개항 무렵 조선에는 축적된 자본이나 기업가적 정신을 가진 계급이나 대규모 생산을 감당할 기계나 기술이 없었다. … 쌀과 보리를 생산하는 농부와 여가시간에만 일하는 수공업자, 사치품과 잉여 생산물을 파는 상인 그리고 모든 권리를 누리고 (모든) 잉여 생산물을 차지하는 조정 관원만 있었다."
52. Moore, *Social Origins*, 437쪽에서 마르크스를 인용.
53. 이를테면 강만길, 『조선후기 상업자본의 발달』(서울 : 고려대 출판부, 1973) 참조. 북한의 동일한 견해는 전석담·허종호·홍희유, 『조선에서 자본주의적 관계의 발생』(평양, 1970) 참조.
54. Martina Deuchier, *Confucian Gentlemen and Barbarian Envoys :The Opening of Korea*, 1875-1885 (Seattle : University of Washington Press, 1977), 224쪽.

55. 같은 책, 4, 69쪽.
56. Daniel Juhn, "Nationalism and Korean Businessmen under Japanese Colonial Rule," *Korea Journal* 17, no. 1(January 1977) : 4.
57. 조기준, 『한국기업사』, 87~107, 114쪽.
58. 같은 책, 19~21쪽.
59. Hoon K. Lee [Yi Hun-gu], *Land Utilization and Rural Economy in Korea* (Shanghai : Kelly & Walsh, 1936), 33쪽. 아울러 Grajdanzev, *Modern Korea*, 69쪽.
60. Lee, *Land Utilization*, 31~32쪽.
61. 같은 책, 195쪽.
62. 같은 책, 195쪽.
63. Juhn, "Nationalism and Korean Businessmen," 6~7쪽.
64. 한국과 만주의 공업화는 1930년대 일본에서 중공업이 발달하고 국가의 역할이 증가한 시기와 동시에 전개됐다. 1930년까지 일본에서는 섬유·자기·제지·식품 같은 경공업이 우세했다. 외부에 의존을 줄이고 군사적 팽창을 뒷받침하려는 목적에서 중공업으로 이동했다. 거기에는 국가·은행·재벌이 깊이 관여했다(Schumpeter, ed., *Industrialization of Japan and Manchukuo*, 272, 596, 602~607, 744쪽 ; Halliday, *Japanese Capitalism*, 57~58쪽).
65. 록우드의 용어다. *Economic Development*, 515쪽.
66. 조선은행은 중앙은행이자 상업은행으로 기능하면서 일반적으로 분리된 기능을 한꺼번에 수행했다. 조선은행은 1939년에 2500만 엔의 자본을 가졌으며 일본은행은 4500만 엔이었다. 그 활동은 1931년 이후 만주 전역에 지점을 두는 등 한국을 훨씬 넘었다. 북한과 만주의 공업 발달에 자금을 댔으며 관동군의 재정을 지원했다(같은 책, 515~517쪽 ; Schumpeter, ed., *Industrialization of Japan and Manchukuo*, 843쪽). 록우드는 일본은행을 비롯한 특수 은행들은 식민지 전체에 걸쳐 "제국주의의 도구로 자유롭게 쓰였다"고 언급했다(517쪽). 거대 재벌은 한국에서 활동하고 있었지만, 닛산日産과 노구치野口 같은 좀더 작은 신흥 재벌은 관동군이 기존 재벌을 싫어하는 데 힘입어 북한과 만주에서 기회를 발견했다. 아이카와 요시슈케鮎川義介가 이끈 닛산은 만주의 중공업에서 중심적 역할을 한 반면, 노구치는 한국의 비료·광산·합성연료·전력산업을 "거의 독점했다."(Schumpeter, 374~375쪽).
67. Grajdanzev, *Modern Korea*, 152~153, 204, 206, 300~303쪽. 아울러 Juhn, "Nationalism arid Korean Businessmen," 8쪽 ; Jerome B. Cohen, *Japan's Economy in War and Reconstruction*(Minneapolis : University of Minnesota Press, 1949), 35~36쪽.
68. 현재 식민지 시대 토지등기 장부를 연구하고 있는 컬럼비아대학 에드윈 그래거트Edwin Gragert가 1977년 4월 6일에 보낸 편지. 어떤 마을에서 한국인은 일본인보다 더 많은 담보를 제공했다. 상업과 대부貸付에 종사한 수천 명의 한국인과 일본인에 대한 정보는 『朝鮮商工大鑑』, 1929 참조.
69. 조기준, 『한국기업사』, 25~26쪽. 아울러 Juhn, "Nationalism and Korean Businessmen," 7쪽.
70. 조기준, 『한국기업사』, 151쪽. 김영모도 『한말의 지배층』, 132~136쪽에서 지주이자 기업가에 관련해 논의했다.
71. 조기준, 『한국기업사』, 159~160, 257~260쪽. 아울러 Juhn, "Nationalism and Korean Businessmen," 9쪽.
72. 조기준, 『한국기업사』, 159~163쪽.
73. 같은 책, 151~152쪽.
74. 같은 책, 169~170쪽.
75. 같은 책, 139~140, 222~223, 360~369쪽.

76. 준Juhn은 식민지 한국에는 민족자본가가 없었으며 김성수 등의 인물은 예외적이었다고 주장했다("Nationalism and Korean Businessmen," 8~9쪽).
77. 이를테면 17~18세기 유럽 사상가에 관련된 앨버트 허치먼Albert Hirschman의 연구인 *The Passions and the Interests : Political Arguments for Capitalism before Its Triumph* (Princeton : Princeton University Press, 1977)를 들 수 있다.
78. Gerschenkron, *Economic Backwardness*, 24쪽.
79. Maurice Meisner, "Leninism and Maoism: Some Populist Perspectives on Marx-ism-Leninism in China," *China Quarterly*(January-March 1971)에 있는 "내부적 외국인internal foreigners"에 관련된 논평을 참조. 자본주의를 거부하는 한국인의 편견은 Sohn Pow-key et al., *The History of Korea*(Seoul : Korean National Commission for UN-ESCO, 1970), 4부 1, 4장 참조. 조병옥 같은 보수주의자는 자본주의를 한국 경제의 전통적 자족성을 침해하는 외부의 침입으로 묘사했다(『나의 회고록』, 서울 : 민교사, 1959, 2~5쪽). 전직 한국 대통령 박정희는 자본주의를 "일제가 한국에 강제로 이식했다"고 말했다(Our Nation's Path[Seoul, 1960], 113쪽).
80. Hongkee Karl, "A Critical Evaluation of Modern Social Trends in Korea"(Ph. D. dissertation, University of Chicago, 1934), 77쪽. 이런 직설적인 마르크스주의적 표현은 한국전쟁 이전 한국 지식인에게서 전형적으로 나타났다.
81. *International Conference on the Problems of Modernization in Asia*, proceedings (Seoul : Asiatic Research Center, 1965). 인용에 관련된 내용은 그 책의 125~126, 753, 757~763, 766~767쪽.
82. 스페인인은 "모든 유럽 상인이 하는 금전 거래와 단순한 도둑질을 구별하지 못한다. 이런 측면에서 그들은 우리보다 좀더 섬세한 중세적 양심을 갖고 있으며, 갑작스럽거나 부당한 모든 소득은, 물론 복권 당첨처럼 알라 신의 뜻에서 온 것이 아니라면, 범죄로 간주한다"는 제럴드 브레넌의 관찰을 떠올려야 한다(Gerald Brenan, *The Spanish Labyrinth*[Cambridge : Cambridge University Press, 1943], 125쪽).
83. 일본이 메이지 시대 이후 상인을 나라에 봉사하는 "전사"라고 기린 것과 매우 비슷하게 그때도 자본주의적 미덕은 개인적 이익보다 국가와 그 경제적 성장에 이바지하는 것이라고 여겨졌다. 이런 측면은 Halliday, *Japanese Capitalism*, 110쪽 참조.
84. Sang Chul Suh, *Growth and Structural Changes in the Korean Economy*, 1910-1945(Cambridge, Mass.:Council on East Asian Studies, distributed by Harvard University Press, 1978), 34쪽에 인용된 『朝鮮統計年報』, 1909.
85. Eckstein, *China's Economic Development*, 161쪽.
86. I-te Chen, "Japanese Colonialism in Korea and Formosa: A Comparison of its Effects upon the Development of Nationalism" (Ph. D. dissertation, University of Pennsylvania, 1968), 220~223쪽.
87. 20세기 초 러시아의 노동자-농민은 한국의 상황과 매우 흥미로운 대조를 보여준다. Leopold Haimson, "The Problem of Social Stability in Urban Russia, 1905-1917," *Slavic Review* 13, no. 4 (December 1964) : 619~642쪽 ; Theodore Von Laue, "Russian Labor between Field and Factory, 1892-1903," *California Slavic Studies 3*(1964), 33~65쪽 ; Reginald E. Zelnik, "The Peasant and the Factory," in Wayne S. Vucinich, ed, *The Peasant in Nineteenth-Century Russia*(Stanford : Stanford University Press, 1968), 158~190쪽.
88. Hugh Borton, *Japan Since 1931 : Its Political and Social Developments*(New York : Institute of Pacific Relations, 1940), 111~117쪽.

89. 『친일파 군상』(서울 : 삼성문화사, 1948), 161쪽 ; 『朝鮮年鑑 1945』(서울 : 京城日報社, 1945), 33쪽. 아울러 Takashi Hatada, *A History of Korea*, trans. and ed. Warren Smith and Benjamin Hazard(Santa Barbara, California: American Bibliographical Center, 1969), 125쪽.
90. 『친일파 군상』, 161쪽. 일본은 만주에서 중국인과 한국인 "투항비적投降匪賊"으로 "노동회"를 조직해 광산에서 일하게 했다(SMRC, *Sixth Report*, 21쪽).
91. 『朝鮮經濟年報』(서울 : 조선은행조사부, 1948), 111~114쪽.
92. 『朝鮮年鑑 1945』, 315~317쪽.
93. Sohn Pow-key et al., *History of Korea*, 324쪽. 전쟁 기간 동안 일본 자체의 전시동원과 사상순화 등에 관련된 비판적 설명은 Ienaga Saburo, *The Pacific War: World war and the Japanese, 1931-1945*, trans. Frank Baldwin(New York : Pantheon Books, 1978), 97~128쪽 참조. 158~159쪽에서도 이에나가는 한국인 동원과 관련해 거의 알려져 있지 않은 측면을 언급했다.

   "한국인 여성 수천 명도 일본군의 '위안부慰安婦'로 동원돼 전장으로 보내졌다. '조센삐'(군인들이 위안부를 부른 속칭)라고 불린 그들은 군인의 성욕을 배출하는 수단이었다. 그들은 교전이 뜸한 사이에 일선으로 직접 보내졌고 많은 사람들이 전투에 휘말려 죽은 것이 분명하다."
94. Edward Willett Wagner, *The Korean Minority in Japan, 1904-1950*(Vancouver : University of British Columbia, 1951), 22, 37~38쪽.
95. Cohen, *Japan's Economy*, 51쪽.
96. Huang Sung-mo, "The Role of Industrial Laborers in the Modernization of Korea," in *International Conference on the Problems of Modernization in Asia*, 773쪽.
97. Cohen, *Japan's Economy*, 283쪽.
98. 같은 책, 271, 310~325, 386쪽.
99. 같은 책, 307~317쪽.
100. USAMGIK, 97th MG Group, "Unit History," in RG no. 407, entry no. 427, "World war II Operations Reports."
101. Mary E. Wilkie, "Colonials, Marginals, and Immigrants : Contributions to a Theory of Ethnic Stratification," *Comparative Studies in Society and History 19*, no. 1(January 1977) 67~96쪽 ; Richard Morrock, "Heritage of Strife : The Effects of Colonial 'Divide and Rule' Strategy upon Colonized Peoples," *Science and Society 37*, no. 2(1973), 129~151쪽 ; Immanuel Wailerstein, "The Colonial Era in Africa: Changes in the Social Structure," in Peter Duignan and L. H. Gann, eds,, *The History and Politics of Colonialism, 1914-1960*(London : Cambridge University Press, 1970), 399~421쪽. 헥서Hechter는 식민지에서 "노동의 문화적 분화"는 "객관적 문화 차이가 계급 구별에 강력히 작용되는 계층화의 체계"라고 지적했다(*Internal Colonialism*, 30쪽).
102. Wallerstein, "The Colonial Era," 410쪽 ; Wilkie, "Colonials, Marginals, and Immigrants," 80~81쪽. 유진 네츠Eugene Knez는 "Sam Jong Dong: A South Korean Village"(Ph. D. dissertation, Syracuse University, 1959), 46~48쪽에서 1942년 그 지방의 국민총력조선연맹國民總力朝鮮聯盟 지부장이었던 한 촌장과 관련해 아래와 같이 썼다.

   "촌장인 그는 학교나 공식 집회에서 일왕의 사진에 절해야 했다. 그는 일본과 남태평양, 또는 한국의 다른 지방에 있는 공장과 광산을 비롯한 시설에서 일할 사람을 차출해야 했다. 게다가 한 달에 50명 정도씩 징발돼 마을의 여러 노역에 투입됐다. 1942~1945년 그 마을에서 15명이 일본으로 끌려가 대부분 탄광노동자로 일한 뒤 그 마을로 모두 돌아왔다. 해방이 되자 촌장은 '위장병'을 핑계로 물러났다."

103.Chen, "Japanese Colonialism," 242~243쪽. 흥남의 공장 지대에서 일한 일본인 노동자는 벽돌로 만든 집과 난방, 수세식 화장실 등이 제공된 반면, 한국인 노동자는 비좁은 막사와 재래식 화장실을 사용했다(Ienaga, *Pacific War*, 157~158쪽).

104.Cohen, *Japan's Economy*, 33쪽. 일제의 만주 식민정책은 세 민족이 서로 대립하게 만듦으로써 중국과 한국인의 심각한 분쟁을 유발했다. 세계대전이 끝난 뒤에도 중국인은 한국인을 만주 "침투를 위한 도구"라고 불렀다(Mo Shen, *Japan in Manchuria: An Analytical Study of Treaties and Documents*[Manila, 1960], 269-282쪽). Ienaga, *Pacific War*, 12쪽에 따르면 일제의 이론가 이시와라 간지石原莞爾는 일본이 지배하고 있는 지역의 인종별 노동조건을 아래와 같이 규정했다.

"일본·중국·조선·만주의 네 인종은 책임을 구분해 함께 번영할 것이다. 일본인은 정치적 지도와 대규모 공장을, 중국인은 노동과 소규모 공장을, 한국인은 쌀을, 만주인은 가축을 맡는다."

105.Dae-sook Suh, *The Korean Communist Movement, 1978-1948*(Princeton : Princeton University Press, 1967), 132쪽.

106.이를테면 Marr, *Vietnamese Anticolonialism* 참조.

107.한국 민족주의에 대한 전체적 사항은 Chong-sik Lee, *The Politics of Korean Nationalism* (Berkeley : University of California Press, 1963) 참조. 한국 혁명 세력이 온건한 민족주의자에게 느낀 혐오감은 *Song of Ariran: A Korean Communist in the Chinese Revolution*, rev. ed.(San Francisco : Ramparts Press, [1941] 1974), 74~78, 91~92, 114쪽에 잘 드러나 있다. 이 중요하고 가치 있는 기록은 1937~1938년 옌안에서 님 웨일스Nym Wales가 유명하지만 실패한 광둥 코뮌을 포함해 20여 년 동안 중국에서 활동한 한국인 김산金山(본명은 장지락張志樂)과 나눈 대담을 기초로 모은 것이다. 아울러 Dae-sook Suh, Documents of Korean Communism 1918-1948(Princeton : Princeton University Press, 1970), 91~105쪽에 실린 김규식의 웅변적이고 예지력 있는 글도 참조. 이런 기록에 비춰 해방에 미국이 개입하기를 바라고 미국인 선교사와 친분을 유지한 것은 분명하다. 온건파는 자주 "친미파"로 불렸다. "그들은 모두 '신사'였다. 그들은 대부분 영어를 잘했다. 실제로 그들은 설득력 있는 영어를 구사함으로써 독립을 얻을 수 있다고 기대했다(*Song of Ariran*, 114쪽)"고 김산은 말했다. 김규식의 글은 1920년대 초 한국 독립운동가들이 미국에 실망해 소련으로 돌아선 일반적 흐름을 잘 보여주는 대표적 사례다—"친미파"의 가장 저명한 인물이었을 이승만 같은 주목할 만한 예외도 있다.

108.Suh, *Korean Communist Movement*, 132쪽 ; Lee, *Politics of Korean Nationalism*, 4쪽.

109.관심 있는 독자는 Suh, *Documents of Korean Communism*; Robert Scalapino and Chong-sik Lee, *Communism in Korea 1*(Berkeley : University of California Press, 1972), 1~3장 참조. 베트남은 McAlister, *Vietnam; Long, Before the Revolution* ; White, "The Vietnamese Revolutionary Alliance." 참조.

110.1930년대 한국 공산주의의 권력투쟁에 관련된 사항은 Suh, *Documents of Korean Communism*, 156~167쪽 참조. 1930년대 적색농민조합은 Yoo Sae Hee, "The Korean Communist Movement and the Peasantry under Japanese Rule"(Ph. D. dissertation, Columbia University, 1974). 아울러 Scalapino and Lee, *Communism in Korea 1*, 155~170, 195~202쪽도 참조.

111.만주국의 공식 창건일은 1932년 3월 1일로 1919년 한국의 3·1운동과 같은 날짜다.

112.*Manchoukuo Yearbook 1942*, 186~189쪽 ; Tunghwa Provincial GovernMent, "Report on the Result of Reconstruction Operations(1938)." 『宣撫月報』(Pacification monthly report), vol. 4, no. 4(April 1939), in Chong-sik Lee, *Counterinsurgency in Manchuria: The Japanese Experience, 1931-1940*(Santa Monica, Calif.: The RAND Corporation, January 1967), 271~306쪽.

113. Lee, *Counterinsurgency in Manchuria*, 9~50쪽.

114. Ienaga, *Pacific War*, 89~96쪽.

115. 동변도는 환런桓仁·지안輯安·쿠안디엔寬甸·퉁화通化·린장臨江·장바이長白 같은 현들을 말한다.

116. Itagaki Teiji, "Pacification Activities in the Communist Bandit Area, Personal Reflections," 『宣撫月報』, vol. 4, no. 4(April 1939), in Lee, *Counterinsurgency in Manchuria*, 239쪽.

117. *Manchoukuo Yearbook 1942*, 189~190쪽 ; Schumpeter, ed., *Industrialization of Japan and Manchukuo*, 319, 396쪽.

118. *Manchoukuo Yearbook 1942*, 486쪽 ; Hayano Masao, "Propaganda and Pacification Activities in Tungbientao," 『宣撫月報』, vol. 4, no. 4(April, 1939), in Lee, *Counterinsurgency in Manchuria*, 243~244쪽. 혹한기 때 이 지역의 평균온도는 섭씨 영하 20도라고 한다. Zaichikov, *Geography of Korea*, 96쪽.

119. Kirin Province Police Department, "Plan for the Special Security and Purification Operation in Huatien Prefecture," 『宣撫月報』, vol. 3, no. 7(July 1938), in Lee, *Counterinsurgency in Manchuria*, 259~260쪽. 아울러 *Manchoukuo Yearbook 1942*, 190쪽.

120. Hayano, "Propaganda and Pacification Activities," in Lee, *Counterinsurgency in Manchuria*, 245쪽.

121. *Manchoukuo Yearbook 1942*, 745~746쪽.

122. Lee, *Counterinsurgency in Manchuria*, 14쪽에 인용된 공식문서다. 협화회의 목적은 "민족 간의 협화를 통해 도의세계道義世界를 건설하는 것"이었다(Manchoukuo Yearbook 1942, 759쪽).

123. Suh, *Korean Communist Movement*, 256~293쪽 ; Scalapino and Lee, *Communism in Korea 1*, 202~230쪽. 이것들이 1945년 이전 김일성에 대한 가장 뛰어난 저작이다. 스칼라피노와 이정식은 전설적 영웅인 김일성이 한 사람인지, 두 사람인지와 관련된 신화에 최종적 결론을 내렸다. 서대숙의 연구는 대단히 성실하게 연구한 기념비적 업적이다. 그 주요 결론 가운데 하나는 한국 공산주의 운동의 주류에서 김일성이 "완전히 낯선 존재였다"는 것인데, 나는 동의하기 어렵다. 이런 측면은 Jon Halliday, "The Korean Communist Movement," Bulletin of Concerned Asian Scholars 2, no. 4(Fall 1970) : 98~107쪽.

124. "Report on The Result of Reconstruction Operations(1938)," in Lee, *Counterinsurgency in Manchuria*, 281~287쪽. 그 보고서에서는 "김일성은 양징위의 지휘 아래 있었지만 두 사람의 실제 권력은 동등했다고 생각된다. 김일성은 양징위가 사라진 뒤 그의 자리를 이어받은 것 같다(285쪽)"고 말했다.

125. 같은 책, 281~282, 285~289쪽.

126. Suh, *Korean Communist Movement*, 211쪽. 일본인의 교묘한 심문 기술과 투옥시켜 동지들 사이의 의심을 조장한 사례에 관련된 생생한 서술은 Nym Wales and Kim San, *Song of Ariran*, 247~267쪽 참조.

127. Scalapino and Lee, Communism in Korea, 227쪽에 인용된 「金日成の活動狀況」, 『特高外事月報』(1944년 11월), 76~78쪽 참조. 아울러 Suh, Korean Communist Movement, 292쪽. 미국 공군의 만주폭격은 1944년 7월에 시작됐다.

128. Scalapino and Lee, Communism in Korea, 220쪽 주석.

129. Suh, Korean Communist Movement, 292쪽.

130. V. Rappaport, "Guerrilla Movement in the Northern Korean Regions," Tikhii Okean [Pacific Ocean](April-June 1937), translation in RG 353, Records of the State-War-Navy Coordinating Committee and the State-Army-Navy Coordinating Committee, "SWNCC 101," 1945, box no. 21. Suh, *Korean Communist Movement*에서는 이 기사를 각주에서 인용했지만 그 내용은 언급하지 않았다. 나는 한국 해방 전 미국 국무부가 김일성의 존재를 알고 있었다는 증거를 찾지 못했다. 그러나 조지 매큔은 항복 수락 계획에 적극 참여했으며 국무부 일본과에서 유일한 한국 전문가였다. 1945~1950년 국무부와 CIA의 인물 조사 기록은 현재 연구자들이 이용할 수 없다. 그것이 공개된다면 김일성이 북한에서 권력을 장악한 뒤 그에 관련된 정보가 참고됐는지 알 수 있을 것이다.

『태평양』은 1934년부터 1938년까지 모스크바 세계경제정치연구소 태평양 분과에서 발행됐다. 토머스 해먼드Thomas T. Hammond에 따르면 그것은 "제2차 세계대전이 끝날 때까지 극동 문제를 다룬 소련의 마지막 학술지"였다(Hammond, ed., *Soviet Foreign Relations and World Communism*[Princeton : Princeton University Press, 1965], 751쪽.)

131. Suh, *Korean Communist Movement*, 284쪽 주석 참조.

132. Se-jin Kim, *The Politics of Military Revolution in Korea*(Chapel Hill, N.C: University of North Carolina Press, 1971), 49~50쪽.

133. Suh, *Korean Communist Movement*, 287쪽 주석에서는 1937년 7월 2일자 『오사카 아사히 신문大阪朝日新聞』에서 김일성이 두 사람이라는 기사를 인용했다.

134. Kim, *Politics of Military Revolution*, 50쪽.

2장 식민지 한국의 지주와 소작농

1. Edward Willett Wagner, *The Literati Purges : Political Conflict in Early Yi Korea*(Cambridge : Harvard University East Asian Research Center, 1974), 2, 6쪽.
2. Susan S. Shin, "Some Aspects of Landlord-Tenant Relations in Yi Dynasty Korea," *Occasional Papers on Korea*, no. 3(Seattle : University of Washington, 1975), 50쪽. 아울러 James Palais, *Politics and Policy in Traditional Korea*(Cambridge : Harvard University Press, 1976), 58쪽 ; Shin Yong-ha, "Landlordism in the Late Yi Dynasty I," *Korea Journal 18*, no. 6 (June 1978) : 25~32쪽.
3. Shin, "Landlord-Tenant Relations," 57~59, 73~74쪽.
4. 같은 논문, 68~74쪽 ; Shin, "Landlordism," 27~30쪽.
5. Palais, *Politics and Policy*, 67쪽.
6. 같은 책, 69쪽에서는 19세기 전반 학자인 이규경李圭景과 19세기 후반 관원인 허부許富·김윤식金允植의 글을 인용했다.

   "당시의 조선을 중국 한·당과 비교해 그들은 조선사회의 사유재산 제도와 양반 지배층의 세력이 훨씬 크다는 것을 알았다. 그들은 양반이 너무 견고히 자리잡아 무너뜨릴 수 없으며 평등주의적 재분배는 생각할 수 없다고 결론지었다."
7. Pak Ki-hyuk and Seung Yun Lee, *Three Clan Villages in Korea*(Seoul : Yonsei University Press, 1963), 34~35, 69~70쪽.
8. 김용섭, 『조선후기 농업사연구—농촌경제·사회변동』(서울 : 일조각, 1971), 「양안의 연구—조선 후기의 농업경제」, 『사학연구』, 1960. 나는 김용섭의 연구와 관련해 제임스 팔레와 자주 논의했고 큰 도움을 받았다.
9. Thomas C. Smith, *The Agrarian Origins of Modern Japan*(Stanford :Stanford Uni-

versity Press, 1959) ; Barrington Moore, Jr., *Social Origins of Dictatorshiand Democracy : Lord and Peasant in the Making of the Modern World*(Boston : Beacon Press, 1966), 269~271쪽.

10. Martina Deuchler, *Confucian Gentlemen and Barbarian Envoys : The Opening of Korea, 1875-1885*(Seattle : University of Washington Press, 1977), 67, 84쪽.
11. Palais, *Politics and Policy*, 58쪽.
12. 그레고리 헨더슨은 일본이 한국을 합병하면서 조선 왕조의 "지배층"은 "최종적으로 제거됐다"고 말했다. *Korea : The Politics of the Vortex*(Cambridge : Harvard University Press, 1968), 77쪽. 이런 측면은 헨더슨의 저서에 대한 나의 서평 참조("Is Korea a Mass Society?" *Occasional Papers on Korea*, no. 1(Seattle : University of Washington, 1973). 식민지 시대 지주계급의 지속성은 Shin, "Landlord-Tenant Relations," 74쪽 참조.
13. 구한말 한국의 계급 구조에 관련해 저명한 학자인 김영모는 식민지 시대 초기 한국 지주의 74퍼센트가 양반이었다고 주장했다("Social Background and Mobility of the Landlords under Japanese Imperialism in Korea," *Journal of Social Sciences and Humanities*, no. 31 [Seoul : Korea Research Center, June 1971], 87, 91~93쪽). 아울러 김영모, 『한말의 지배층』, 124~137쪽 ; Pak Ki-hyuk et al., *A Study of Land Tenure System in Korea*(Seoul : Korea Land Economics Research Center, 1966), 44쪽.
14. Gunnar Myrdal, *Asian Drama: An Inquiry into the Poverty of Nations 2*(New York : Pantheon Books, 1968) : 1033쪽. 일본인 또한 메이지 시대 이후 자국에서 토지조사를 실시했다(E. H. Norman, *Origins of the Modern Japanese State*, ed. John Dower[New York : Pantheon Books, 1975], 243~259쪽).
15. Hoon K. Lee, *Land Utilization and Rural Economy in Korea*(Shanghai : Kelly & Walsh, 1936), 102~105, 137쪽. 아울러 *Annual Report on the Administration of Tyosen [sic] 1937-1938*(Keijo : Government-General, 1938), 37~38, 54~55쪽.
16. 조선시대의 이런 관행은 Palais, *Politics and Policy*, 12~14쪽 참조.
17. Myrdal, *Asian Drama*, 1035쪽. 비교할 만한 아프리카의 사례는 Elizabeth Colson, "The Impact of the Colonial Period on the Definition of Land Rights," in Victor Turner, ed., *Colonialism in Africa 3*(London : Cambridge University Press, 1971) : 193~215쪽.
18. Edwin H. Gragert, Some Reflections on the Land Survey of 1910-1918 and its Treatment in Korean Historiography"(paper, Columbia University Faculty Seminar on Korea, December 1973), 8~9쪽.
19. 같은 논문, 16쪽.
20. F. C. Jones, *Manchuria Since 1931*(New York : Oxford University Press, 1949), 171쪽에서는 만주에서 "일본인은 농촌사회의 구조를 변화시키지 않으려고 했다"고 서술했다. 한국의 토지 관계와 관련해 서상철은 일본의 정책은 "옛 제도를 바꾼 것이 아니라 그것을 합법화했다"고 지적했다(*Growth and Structural Changes in the Korean Economy, 1910-1945*[Cambridge, Mass.: Council on East Asian Studies, distributed by Harvard University Press, 1978], 81쪽).
21. Myrdal, *Asian Drama*, 1037~1039쪽.
22. Lee, *Land Utilization*, 159쪽.
23. Myrdal, *Asian Drama*, 1034쪽.
24. Lee, *Land Utilization*, 159쪽 ; James Dale Van Buskirk, *Korea : Land of the Dawn*(New York : Missionary Education Movement, 1931), 70쪽. "반자작농"은 거의 언제나 자기 가족을 부양하기에도 충분하지 않은 소규모의 토지를 소유해 추가로 토지를 빌려

야 했다.

25. 이를테면 인정식, 『조선의 토지 문제』(서울 : 청수사, 1946), 105쪽 ; Wolf Ladejinsky, *Chosen's Agriculture and Its Problems*(Washington, D.C. : U.S. Department of Agriculture, 1940), 111쪽. 래드진스키도 한국의 소작 상황은 "세계에서 유례를 찾기 어렵다"고 생각했다. Sidney Klein, *Land Tenure Reform in East Asia after World war II*(New York : Bookman Associates, 1958), 85-88쪽. 아울러 小早川九郎 編, 『朝鮮農業發達史』 全2卷, 京城:朝鮮農會, 1944 부록에 실린 여러 표도 참조.
26. Pak, *Study of Land Tenure*, 66쪽. 인구 증가가 지주에게 "착취의 기회를 늘려주는" 중요한 요소라는 측면은 Myrdal, *Asian Drama*, 1039쪽 참조. 이훈구도 *Land Utilization*, 167쪽에서 같은 사항을 지적했다.
27. Lee, *Land Utilization*, 165쪽 ; Ladejinsky, *Chosen's Agriculture*, 31쪽. "
28. Gragert, "Reflections on the Land Survey," 16쪽. 아울러 小早川九郎 編, 『朝鮮農業發達史』 1, 부록의 〈표 3〉과 〈표 9〉도 참조.
29. Lee, *Land Utilization*, 163, 167쪽 ; Pak, *Study of Land Tenure*, 60-61쪽 ; 인정식, 『조선의 토지문제』, 63~64쪽 ; Pak, *Three Clan-Villages*, 53쪽.
30. 1949년 혁명 이전 중국의 상황은 크게 바뀌었으며 통계는 믿기 어려운 경우가 많다. 그러나 R. H. Tawney, *Land and Labor in China*(1932 ; reprint ed., Boston : Beacon Paperback, 1966), 37, 63쪽에서는 가혹한 소작 상황과 높은 소작료는 한국과 비슷했다고 지적했다.
31. Lee, *Land Utilization*, 233~251쪽.
32. 같은 책, 165쪽 ; Pak, *Study of Land Tenure*, 47쪽 ; 인정식, 『조선의 토지문제』, 63~64쪽.
33. 『조선일보』 1932년 3월 27일자. Lee, *Land Utilization*, 171쪽에서 인용.
34. *Annual Report, 1937-1938*, 218쪽.
35. 특히 대공황 기간과 그 이후 화전민의 급증은 小早川九郎 編, 『朝鮮農業發達史』 1 〈표 3〉 참조. 1930~1932년 순수한 화전농가는 3만8000호에서 6만 호로 늘었다. 화전이 소작농의 도피처와 농민 저항의 온상이 된 사실은 Jerome Blum, *The End of the Old Order in Rural Europe* (Princeton : Princeton University Press, 1978), 351~352쪽 참조.
36. Lee, *Land Utilization*에서 인용. 아울러 Takashi Hatada, *A History of Korea*, trans. and ed. Warren Smith and Benjamin Hazard(Santa Barbara, Calif.: American Bibliographical Center, 1969), 126~127쪽 ; Ladejinsky, *Chosen's Agriculture*, 97쪽 ; Pak, *Study of Land Tenure*, 47쪽도 참조.
37. Lee, *Land Utilization*, 171쪽 ; Andrew J. Grajdanzev, *Modern Korea*(New York : Institute of Pacific Relations, 1944), 10장.
38. 이를테면 Cho Jae-hong, "Post-1945 Land Reforms and Their Consequences in South Korea"(Ph. D. dissertation, Indiana University, 1964), 20쪽 등 참조. 남한의 지주이자 정치가인 루이스 임Louise Yim(임영신)은 1930년대 자신이 가진 토지와 관련해 이렇게 말했다. "소작인들은 평화롭고 친절하고 부드러웠다. 그들의 유일한 야심은 올해처럼 내년도 좋기를 바라는 것이었다. 그들은 자신이 가진 것에 만족했다"(*My Forty Year Fight for Korea*[Seoul : Chungang University, International Culture Research Center, 1951], 22쪽). 김성주의 한 친척은 1973년 나와 나눈 대화에서 김성주의 수많은 소작농은, 그의 표현에 따르면, "봉건제" 아래서 행복하고 조화롭게 살았다고 말했다.
39. 1933년 한국인과 일본인 지주의 숫자는 小早川九郎 編, 『朝鮮農業發達史』 1: 62~63쪽 참조. "부재지주"는 자기 토지가 있는 군 바깥에서 사는 지주를 말한다.
40. 인정식, 『조선의 토지문제』, 134쪽.

41. Moore, Social Origins, 471쪽. 아울러 Barrington Moore, Jr., *Reflections on the Causes of Human Misery and upon Certain Proposals to Eliminate Them*(Boston : Beacon Press, 1970), 53~55쪽 ; Myrdal, *Asian Drama*, 1039쪽도 참조. 제프리 레이스Jeffrey Race는 중요한 연구인 "Toward an Exchange Theory of Revolution,"in John W. Lewis, ed., *Peasant Rebellion and Communist Revolution in Asia*(Stanford : Stanford University Press, 1974), 196~197쪽에서 지주와 소작농의 상호 교환 관계를 정교하게 다뤘다.
42. Jeffrey M. Paige, *Agrarian Revolution*(New York : Free Press, 1975), 304~305쪽.
43. Ladejinsky, *Chosen's Agriculture*, 114쪽. 아울러 Klein, Land Tenure Reform, 17~18쪽. 이 자료에서는 한국인 지주가 기업가로 변모한 사례가 없다.
44. United States Army Military Government in Korea, Department of Agriculture, *Present Agriculture Position of South Korea*(Seoul, 1947), 3쪽.
45. Suh, *Growth and Structural Changes*, 84~85, 96쪽.
46. Myrdal, *Asian Drama*, 1039쪽. 이훈구도 한국인 지주와 관련해 본질적으로 같은 측면을 지적했다. *Land Utilization*, 167쪽.
47. Robert Sansom, *Economics of Insurgency in the Mekong Delta of Vietnam*-(Cambridge : The MIT Press, 1970), 18~46쪽 ; Paige, *Agrarian Revolution*, 19~23, 304~306, 318쪽 ; Samuel L. Popkin, *The Rational Peasant*(Berkeley : University of California Press, 1979), 4장.
48. Karl Polanyi, *The Great Transformation*(Boston : Beacon Press, 1967), 71쪽.
49. Myrdal, *Asian Drama*, 1031쪽.
50. 농민과 소작농의 차이는 로버트 레드필드Robert Redfield의 유명한 연구인 *Peasant Society and Culture*(1956: reprint ed., Chicago : University of Chicago Press, 1960), 18~19쪽 참조. 한국과 관련해서는 Lee, *Land Utilization*, 97쪽.
51. Teodor Shanin, "A Russian Peasant Household at the Turn of the Century," in Shanin, ed., *Peasants and Peasant Society*(Baltimore : Penguin Books, 1971), 30쪽. 비슷한 관점에서 "잉여생산물을 지배층의 주요 집단에게 납부하는 농촌 경작자"로 농민을 정의한 견해는 Eric Wolf, *Peasants*(Englewood Cliffs, NJ. : Prentice-Hall, Inc., 1966), 3~4쪽.
52. Tawney, *Land and Labor*, 77쪽.
53. George M. Foster, "Peasant Society and the Image of Limited Good," *American Anthropologist*, no. 67(April 1965), 293~315쪽.
54. 관련된 연구는 Moore, *Social Origins*; Eric Wolf, *Peasant Wars of the Twentieth Century* (New York : Harper & Row, 1969) ; Paige, *Agrarian Revolution*. 아울러 Andrew Pearse, "Metropolis and Peasant: The Expansion of the Urban-industrial Complex and the Changing Rural Structure," in Shanin, ed., *Peasants and Peasant Societies*, 69~80쪽. 일본에서 시장의 등장은 Smith, *Agrarian Origins of Modern Japan* 참조.
55. Kar Marx, *Pre-Capitalist Economic Formations*, introduction by Eric J. Hobsbawn(New York : international Publishers, 1965), 67, 105, 106, 110~111쪽 및 Hobsbawn's introduction, 30~46쪽. 아울러 관련된 내용은 Karl Marx, *Capital I*, 7장, "The So-called Primitive Accumulation(New York : International Publishers, 1967). 아울러 Maurice Dobb, *Studies n the Development of Capitalism*(New York : international Publishers, 1947, 1963) 5장; Blum, *Rural Europe*, 438-441쪽.
56. Polanyi, *Great Transformation*, 3쪽. 나는 제임스 커스James Kurth와 폴라니의 연구를 여러 차례 토론한 데서 큰 영감을 얻었다.

57. 같은 책, 40~47, 62~76쪽.
58. 같은 책, 159~160, 178~180쪽.
59. Marx, *Capital I*, 716쪽.
60. Moore, *Social Origins*, 특히 419~432쪽.
61. 베트남의 관개 벼농사와 수출시장의 중요성은 Sansom, *The Economics of Insurgency in the Mekong Delta*, 18-52쪽 ; Paige, *Agrarian Revolution*, 62, 278~282쪽 참조. 아울러 중요한 논문인 Arthur L. Stinchcombe, "Agricultural Enterprise and Rural Class Relations," *American Journal of Sociology*, no. 67(September 1961), 165~176쪽도 참조.
62. Jerome B. Cohen, *Japan's Economy in War and Reconstruction*(Minneapolis : University of Minnesota Press, 1949), 369쪽 ; Grajdanzev, *Modern Korea*, 93쪽 ; Lee, *Land Utilization*, 134, 161쪽.
63. 東畑精一·盛永俊太郎 共編, 『米穀經濟の硏究』(東京:有斐閣, 1939), 379쪽. 이 자료는 마이클 도넬리Michael Donnelly의 도움으로 입수했다.
64. Cohen, *Japan's Economy*, 369쪽.
65. Suh, *Growth and Structural Change*, 88, 95쪽.
66. 이 부분에 관련된 나의 생각을 명확히 하는 데는 Jeffrey Paige, *Agrarian Revolution*, 21~25, 42~45, 57~59쪽의 도움을 받았다.
67. Hobsbawm, introduction to Marx, *Pre-Capitalist Economic Formations*, 46쪽.
68. 이런 측면은 Popkin, *Rational Peasant*, 33~34, 73~82쪽 참조.
69. Lee, *Land Utilization*, 257~261쪽.
70. Suh, *Growth and Structural Changes*, 79~81쪽.
71. Glenn Trewartha and Wilbur Zelinsky, "Population Distribution and Change in Korea, 1925-1949," *The Geographical Review 45*, no. 1(January 1955), 14쪽. 아울러 홍경희, 「한국의 도시화」 1~2부, 『경북대학 논문집』 6~7, 1962, 287~325, 355~381쪽. 이 자료는 조셉 노와코프스키Joseph Nowakowski의 도움으로 입수했다.
72. 아이린 테이버Irene B. Taeuber는 1940년 한국에 있던 전체 한국인의 9퍼센트가 태어난 도가 아닌 지역에서 거주했다고 추산했다. 20~34세의 인구에서 그 비율은 13퍼센트였다(*The Population of Japan*[Princeton, Princeton University Press, 1958], 188쪽).
73. 『조선경제연감』 1948, III, 19~20쪽 ; 『朝鮮統計年鑑 1943』, 2, 16~22쪽 ; Suh, *Growth and Structural Changes*, 135쪽.
74. Suh, *Growth and Structural Changes*, 187쪽 ; 아울러 홍경희, 「한국의 도시화」, 300~314쪽도 참조.
75. Hatada, *History of Korea*, 114쪽 ; Lee, *Land Utilization*, 273쪽.
76. Edward Willett Wagner, *The Korean Minority in Japan, 1904-1950*(Vancouver : University of British Columbia, 1951), 9~10쪽 ; Suh, *Growth and Structural Changes*, 93쪽.
77. Taeuber, *Population of Japan*, 187쪽. 존스는 만주로 이주한 한국인은 대부분 논농사를 지었으며 나머지는 상점 점원·일용 노동자·행상·하인·매춘업주 등이었다고 지적했다(Manchuria, 69~71쪽). 한국인의 숫자는 1931년 80만 명에서 1945년 200만 명으로 늘었다. 아울러 SMRC, *Sixth Report*, 130~135쪽 참조. 만주의 일본인은 100만 명을 넘지는 않았다.
78. Taeuber, *Population of Japan*, 187, 193, 197쪽.
79. 이 수치는 Trewartha and Zelinsky, "Population Distribution"에서 가져왔다. 아울러 홍경희, 「한국의 도시화」, 292~294, 298쪽도 참조.
80. Trewartha and Zelinsky, "Population Distribution," 19~20쪽. 아울러 Irene B. Taeu-

ber, "The Population Potential of Postwar Korea," *Far Eastern Quarterly*, no. 3(May 1946) : 304쪽.

81. 홍경희, 「한국의 도시화」, 289쪽. 아울러 Myrdal, *Asian Drama*, 1104~1107쪽 ; E. J. Berg, "Backward-Sloping Labor Supply Functions in Dual Economies African Case," in Immanuel Wallerstein, ed., *Social Change : The Colonial Situation*(NewYork : John Wiley & Sons, 1966), 114~136쪽, 특히 116~118쪽 ; E. Skinner, "Labour Migration and its Relationship to Socio-cultural Change in Mossi Society," in Wallerstein, ed., *Social Change*, 137~157쪽, 특히 140~141쪽. 스키너가 지적한 대로 특히 중요한 것은 이주한 식민지 출신자의 나이가 젊다는 사실이다(16~30세 정도). 이것은 아프리카처럼 조선에서도 그랬다.

82. Wagner, *Korean Minority*, 12, 27쪽. 1936년과 1941년 재일 한국인의 직업 분포는 같은 책 94쪽의 표 참조. 아울러 홍경희, 「한국의 도시화」, 369쪽도 참조.

83. Wagner, *Korean Minority*, 43, 96쪽 ; 홍경희, 「한국의 도시화」, 369쪽.

84. 노동자의 이동에 관련된 최근의 유용한 논문은 Alejandro Portes, "Migration and Underdevelopment," *Politics and Society 8*, no.1(1978) : 1~48쪽.

85. 귀국자에 관련된 미군정청의 공식 통계는 일본에서 돌아온 한국인의 85~90퍼센트가 한국 남부지방 출신이며 일본에서 대부분 특별한 기술이 필요하지 않은 육체노동에 종사했다고 지적했다(Wagner, *Korean Minority*, 10~11쪽).

86. Wolf, *Peasant Wars*, 292쪽.

87. Wagner, *Korean Minority*, 15쪽 ; Trewartha and Zelinsky, "Population Distribution," 25쪽.

88. 일본에서 돌아온 사람들은 "좌익적" 성향을 띤 반면 초기(곧 1945년 10월 말 공식 송환이 시작된 뒤)에 북한에서 돌아온 사람들은 "대체로 토지를 몰수당한 계급"이었으며 "우익적 색채"를 띤 정치조직에 참여했다고 미국은 밝혔다(United States Army Military Government in Korea, "Report on the Occupation of South Korea"[Seoul : Administrative Services Division, September 1947], 6~8쪽).

89. Karl Deutsch, "Social Mobilization and Political Development," *American Political Science Review 55*, no.3(September 1961), 493~514쪽.

90. Samuel Huntington, *Political Order in Changing Societies*(New Haven : Yale University Press, 1968), 33~37, 47~50, 53~57쪽. 아울러 Charles Tilly, "Does Modernization Breed Revolution?" *Comparative Politics 5*, no. 3(April 1973) : 429~447쪽.

91. Huntington, *Political Order*, 57쪽.

92. Ralf Dahrendorf, *Class and Class Conflict in Industrial Society*(Stanford : Stanford University Press, 1959), 1장; Peter C. Lloyd, *Classes, Crises, and Coups : Themes in the Sociology of Developing Countries*(London : MacGibbon and Kee, 1971), 14~17쪽 ; Rudolfo Stavenhagen, *Social Classes in Agrarian Societies*(New York : Anchor Press/Doubleday, 1975), 25~32쪽.

93. Dahrendorf, *Class and Class Conflict*, 25쪽. 아울러 Isaac C. Balbus, "The Concept of interest in Pluralist and Marxian Analysis, *Politics and Society 1*, no. 2(February 1971) : 151~177쪽.

94. Balbus, "The Concept of Interest," 153쪽.

95. Robert Michels, *Political Parties* (1915; reprint ed., New York : Dover Publications, 1959), 236쪽(강조는 원문).

96. Karl Marx, *The Eighteenth Brumaire of Louis Bonaparte*(1852 ; reprint ed., New

York : International Publishers, 1963), 124쪽.

97. Teodor Shanin, "The Peasantry as a Political Factor," in Shanin, ed., *Peasants and Peasant Societies*, 253쪽.

98. Marx, *Capital I* : 주 764.

99. Paige, *Agrarian Revolution*, 1~71쪽.

100. 같은 책, 58~66쪽.

101. William Hinton, *Fanshen: A Documentary of Revolution in a Chinese Village*(New York : Vintage Books, 1966), 606~609쪽. 지방에서 전개된 중국 혁명의 또 다른 고전적 서술은 Jack Belden, *China Shakes the World*(1949; reprint ed., New York : Monthly Review Press, 1970) 참조.

3장 혁명과 반발: 1945년 8~9월

1. Gregory Henderson, *Korea : The Politics of the Vortex*(Cambridge : Harvard University Press, 1968), 114쪽.

2. 첫 번째 인용은 Arno J. Mayer, *Dynamics of Counterrevolution in Europe, 1870-1956:An Analytic Framework*(New York : Harper Torchbooks, 1971), 47쪽. 두 번째 인용은 H. Franz Schurmann, *Ideology and Organization in Communist China*(Berkeley : University of California Press, 1968), xxxvi쪽. 물론 슐만은 스스로 밝힌 대로 알렉시스 드 토크빌Alexis de Tocqueville의 견해를 인용했다.

3. United States Armed Forces in Korea, "History of the U.S. Armed Forces in Korea," Manuscript in Office of the Chief of Military History, Washington, D.C.(Seoul and Tokyo, 1947, 1948), vol.1, .ch. 3, 2쪽. 주한미군 역사주임 해럴드 라슨Harold Larsen이 이 연구를 지휘했다. 그것은 3000쪽이 넘는 세 권으로 이뤄져 있다. 주한미군에 근무한 여러 역사학자가 그 책을 쓰는 데 참여했다. 그들의 보고서는 모두 출판되지 않은 공식 기록을 바탕으로 작성됐다. 그것은 매우 가치있는 자료다(이하 "HUSAFIK"으로 부름). 이에나가 사부로家永三郎는 신원을 알 수 없는 "거리의 일본인"의 말을 인용했다. "중국인과 한국인에게 통치되는 것은 너무 수치스러워 아이들을 죽이고 자살하는 것이 낫다"(*The Pacific War: World war and the Japanese, 1931-1945*, trans. Frank Baldwin[New York : Pantheon Books, 1978], 269쪽 주 53).

4. Jean-Paul Sartre, Preface, in Franz Fanon, *The Wretched of the Earth*(New York : Grove Press, 1966), 20쪽.

5. "HUSAFIK," 1권 3장 4쪽(일본인과의 대화 인용).

6. 수치는 "HUSAFIK," 3권 5장 138쪽에서 인용.

7. 김준연, 『독립노선』(서울 : 흥한재단, 1947), 2쪽 참조. 일본인이 송진우에게 접근한 것에 관련된 다른 설명은 Louise Yim, *My Forty-Year Fight for Korea*(Seoul : Chungang University, International Culture Research Center, 1951), 227~228쪽 ; 고하선생 전기편찬위원회, 『고하 송진우 선생전』(서울 : 동아일보 출판국, 1964), 295~299쪽 ; 한국민주당 선전부, 『한국민주당 특보特報』 3, 1945. 12. 19; 김준연 편, 『한국민주당 소사』(서울 : 한국민주당 선전부, 1948), 1쪽 참조.

   송진우는 1945년 12월 암살되기 전까지 한국 정치의 주요 인물이었다. 1890년 여러 대에 걸친 부유한 지주 가문에서 태어난 송진우는 도쿄 메이지대학에서 법학을 공부했다. 1919년 만세 시위로 투옥돼 복역한 뒤 그는 권위 있는 신문인 「동아일보」의 사장이 됐다. 1940년 일제가 신문을 폐간시키자 송진우는 동본사東本社를 다시 조직해 1945년까지 부동산을 비롯한 다른 사업을 경영했다. 송진우는 김성수와 1장에서 다룬 "지주-기업가" 집단과 친밀했다. 전시 동안 일제는 송진우에게 협력하라고 큰 압력을 행사했다. 그의 전기작가는 그가 병을 핑계로 집에서 바둑을 두는 것으로 저항했다고 주장했다(『고하 송진우 선생전』, 289~292쪽). 그러나 다른 자료는 조지 매큔이 그를 "악명 높은 친일파"라고 불렀다고 인용했다. McCune, "Occupation Politics in Korea," *Far Eastern Survey 15*, no. 3(February 13, 1946) : 35쪽 참조. 언론인 앤드루 로스Andrew Roth는 송진우가 일본 경찰의 스파이였다고 주장했다("Cross-Fire in Korea," *Nation*, vol. 162, no. 8[February 23, 1946] 참조). 나는 이런 주장을 증명할 수 없다.

8. Yim, *Forty-Year Fight for Korea*, 228쪽 ; 김준연, 『독립노선』, 5쪽 참조.
9. 『고하 송진우 선생전』, 297쪽.
10. 김준연, 『독립노선』, 2~3쪽.
11. 이만규, 『여운형 투쟁사』(서울 : 정문각, 1946), 188쪽. 아울러 민주주의민족전선, 『조선해방 1년사』(서울 : 문우인서관, 1946), 79쪽도 참조. 뒤의 자료는 『조선해방연보』라고도 불리는데 매우 가치 있다.
12. 이만규, 『여운형 투쟁사』, 188쪽 ; 김준연, 『독립노선』, 4쪽.
13. 이만규, 『여운형 투쟁사』, 188쪽. 아울러 재미한족연합위원회, 『해방조선』, 하와이: 재미한족연합위원회, 1948, 2쪽도 참조. 여운형이 요구한 학생·노동자·농민의 "훈련"은 실제로는 "동원"을 의미했다.
14. 1945년 11월 5일 오다 야스마小田安馬와의 대담("HUSAFIK," 1권 3장 6쪽). 여운형은 아시아의 혁명가로서 주목할 만한 경력을 가졌다. 그는 1885년 경기도 양평군의 가난한 양반 가문에서 태어났다. 조상은 조선시대 소론이었으며, 숙부는 동학의 지도자였다. 그는 14세 때 서구 학문을 한국에 소개하는 데 도움을 준 기독교 계열의 유명한 학교인 배재학당에 들어갔다. 1914년 여운형은 중국으로 가서 1919년 독립운동과 상하이 임시정부 수립에 중요한 역할을 했다. 1921년 그는 김규식을 비롯한 30여 명의 한국인과 함께 모스크바에서 열린 극동피압박민족회의에 참석해 레닌과 트로츠키를 만났다. 중국으로 돌아온 뒤 그는 북벌 기간 동안 선전원으로 활동했으며, 쑨원孫文과 마오쩌둥을 만났다고 한다. 1927년 그는 상하이에서 장제스에게 테러를 당했지만 서양인으로 행세해 모면했다고 한다.

   1929년 여운형은 상하이에서 일본 정보원에게 체포돼 한국으로 보내져 대전 형무소에서 3년 동안 복역했다. 석방된 뒤 그는 서울의 「조선중앙일보」 사장으로 취임했다. 다른 저명한 한국인과 마찬가지로 여운형은 1938년부터 전쟁 수행에 협조하라고 일제의 압력을 받았다. 그는 일본과 죽을 때까지 싸울 것이며 자신을 죽이는 것밖에는 방법이 없을 것이라면서 저항했다. 여운형의 동생 여운홍은 일제에 무릎을 꿇었다. 그러나 여운형이 그랬다는 증거는 없다.

   여운형의 사상은 사회주의·기독교·윌슨적 민주주의를 섞은 것이었다. 그는 늘 공산주의자와 협력할 용의가 있었고 마르크스주의를 "좋은 사상"이라고 포용했지만, 조선공산당에 참여하지 않았으며 유물사관을 진심으로 믿지는 않는다고 말했다. 어느 쪽인가 하면 그는 아시아의 민중해방 운동가였다. 그는 자주 한국 농민의 티없는 너그러움과 보상받지 못하는 노역을 "500년 동안 우리 인민의 영혼을 마비시킨 이른바 지식인 계층"과 대비시켰다.

   그는 카리스마를 가진 뛰어난 연설가였다. 그의 건강하고 훌륭한 외모와 친근한 매력은 그 뒤 많은 미국인을 주변으로 모이게 했다. 점령군 기록관 앨버트 키프Albert Keep는 "그는 놀라운 한국인이었다. (…) 회색 중절모와 회색 외투, 회색 양모바지, 잘 재단된 상의, 깨끗한 소매와 말쑥한 넥타이를 맨 모습은 그리니치 컨트리클럽Greenwich Country Club의 약속에 참석하러 나가는 것 같았다"고 여운형을 말한 바 있다.

   생애에 대한 정보는 이만규, 『여운형 투쟁사』, 2~29, 71~89, 141~167쪽 ; 김오성 편, 『지도자 군상』 1(서울 : 대성출판사, 1946), 1~14쪽 ; 여운홍, 『몽양 여운형』(서울 : 청하각, 1967); 『여운형선생에 대한 판결서』(서울 : 군서당서점, 1946) 참조. 앨버트 키프의 회고는 United States Armed Forces in Korea, "XXIV Corps Journal," November 11, 1945 entry; in RG 332, XXIV Corps Historical File 참조. 미국은 여운형의 행적을 자세히 조사했지만 친일의 증거는 찾지 못했다(7장 참조). 여운형의 이름은 미국에 Lyuh Woon Hyung으로 알려졌다.

15. 이만규, 『여운형 투쟁사』, 189쪽. 그런 지도자에는 이갑수·이여성·김세용·이강국·박문규·이상백 등이 있었다.
16. 같은 책, 185, 190쪽.
17. 말 그대로 "사대"라는 용어는 역사적으로 한국이 중국에 조공한 관계를 표현한 것이지만 1945년 당시에는 외세에 아부하고 외세의 비위를 맞추려고 한국의 이익을 원칙 없이 희생하려는 태도를 경멸하는 의미로 사용됐다.
18. 이만규, 『여운형 투쟁사』, 186~189쪽.
19. 같은 책, 187쪽. 독립과 자결自決을 주장하고 사대주의에 반대하는 건준의 자세를 강조하는 문건은 월추산인(필명) 편, 『조선동포에게 고함』(서울 : 조광사, 1945), 6~9쪽 참조.
20. 이만규, 『여운형 투쟁사』, 208쪽.
21. 같은 책, 191~192쪽. 안재홍의 연설은 『조선동포에게 고함』, 31쪽 참조. 안재홍은 도쿄 와세다대학을 졸업하고 YMCA에서 활동한 민족주의자로 항일 활동 때문에 두 번 투옥됐다(Robert A. Scalapino and Chong-sik Lee, *Communism in Korea*[Berkeley : University of California Press, 1972], I : 235쪽). 그 뒤 우익은 안재홍이 건준과 협력한 것을 "어리석은 과오"라고 질책했다(고영환, 『금일의 정객들』, 서울 : 동아일보사, 1949, 40~41쪽). 안재홍은 1947년 남조선과도정부 민정장관이 됐다가 그 뒤 북한으로 갔다(자발적 행동인지는 알 수 없다).
22. 『매일신보』 1945년 8월 16일. 이 중요한 신문은 서울의 한국연구원에 모두 소장돼 있다.
23. 8월 15일까지 정치범으로 일제 치하의 감옥에 갇혀 있던 사람들은 "진정한 애국자"로 널리 인정됐다(김종범·김동운, 『해방 전후의 조선 진상』, 서울 : 조선정경연구사, 1945, 85쪽).
24. 그 뒤 미군 G-2는 서울에서 풀려난 죄수가 모두 1만 명 정도라고 추산했다(United States Army Military Government in Korea, "G-2 Periodic Report," no.4, September 12-13, 1945). 대구에서 석방된 사람은 "G-2 Periodic Report," no.37, October 15-16, 1945 참조(이 연구에서 사용된 G-2 보고서는 국립문서보관소 기록물철 no.319 "G"에서 찾을 수 있다). 국방부 편찬위원회, 『해방과 건군—한국전쟁사』 1(서울: 국방부, 1967), 46쪽에서는 8월 15일과 16일에 1만 1000명의 정치범이 풀려났다고 서술했다. 석방된 정치범이 건준 지부와 그 뒤 인민위원회 지부를 수립하는 데 중요한 역할을 한 측면은 민주주의민족전선, 『조선해방 1년사』, 80쪽 참조. 『한국민주당 특보』에서는 그들을 "사상범"이라고 경멸했지만(1945년 12월 19일자, 3호) 대부분의 한국인은 그렇게 보지 않았다. 어떤 의미에서 민족주의자와 공산주의자의 초기 활동에는 일본에서 교육받은 지식인이 영향을 주었지만, 1930년 무렵부터 1945년까지 한국의 혁명가들은 철창 안에서 교육받았다고 말할 수도 있다.
25. "HUSAFIK," 3권 4장 6쪽.
26. 이 수치는 『조선해방 1년사』, 81쪽 참조. 이 수치는 한국 자료에서 자주 인용되지만, 출처를 확인할 수 없었다.
27. Gerald Brenan, *The Spanish Labyrinth*(Cambridge :Cambridge University Press, 1943), 173~174쪽.
28. 8월 15일 이후 일본에서도 "수많은 한국인 조직이 자발적으로 생겨나" 한국의 인민공화국과 곧 제휴했다. 이런 "참으로 주목할 만한 조직적 활동"에 관련된 사항은 Edward Willet Wag-

ner, *The Korean Minority in Japan*, 50~56쪽 참조.

29. 이만규, 『여운형 투쟁사』, 194쪽. 장권은 여운형의 동지였지만 최용달은 1937년 이강국과 원산에서 노조를 결정한 뒤 투옥된 공산주의자였다. 최용달은 곧 북한으로 가서 북조선임시인민위원회 사법부장이 됐다(1946년 초). 아울러 김오성 편, 『지도자 군상』, 177~186쪽 참조.
30. 한태수, 『한국정당사』(서울 : 신태양사, 1961), 30쪽. 이 시기에 대한 한태수의 설명은 이만규, 『여운형 투쟁사』를 많이 참조했다.
31. 같은 책, 28쪽.
32. 이만규, 『여운형 투쟁사』, 194~195쪽.
33. 『해방뉴스』(서울 : 통신사, 1945), 9월 1일 첫 부분 참조.
34. Richard Kim, *Lost Names*(Seoul : Sisayongo Publishing Co., 1970), 171~183쪽.
35. 수도관구 경찰청, 『해방 이후 수도경찰 발달사』(서울 : 수도관구 경찰청, 1947), 94쪽.
36. "HUSAFIK," 1권 3장 32쪽.
37. New York Times, 1945년 9월 12일자. 한 한국 자료는 "이것은 모두 우연이 아니라 1919년 3·1운동 이후 일제의 살인적이고 포악한 억압에서 고통받은 애국자들이 건국에 헌신적으로 참여했기 때문"이라고 언급했다(『해방조선』 4쪽).
38. 『해방 이후 수도경찰 발달사』, 99~104쪽.
39. 프랑스에서는 해방된 뒤 이적분자는 머리를 깎이고 도로를 행진했으며 구타당한 사람도 많았다. 거기에 관련해서는 Robert Brasillach, "The Liberation as Seen from an Attic," in Germaine Bree and George Bernauer, eds., *Defeat and Beyond*(New York : Pantheon Books, 1970), 특히 360~361쪽 참조.
40. 『한국전쟁사』 1: 252쪽. 국군준비대는 『조선해방 1년사』, 230~240쪽 ; 『매일신보』 1945년 9월 17일자 참조.
41. 『한국전쟁사』 1: 253쪽.
42. 같은 책, 252쪽. 1945년 12월 중순 국군준비대 간부는 "상비군"을 1만 7000명, "예비군"을 7만 명으로 추산했다(『자유신문』 1945년 12월 18일자. 국사편찬위원회, 『대한민국사—자료』 1, 서울 : 1970, 601~602쪽에서 인용.
43. 여기서 "조합"이라는 용어는 근대적 노동조합에서 나타나는 조직과 지휘 체계를 반드시 의미하는 것은 아니다.
44. 그런 활동의 사례는 98th Military Goverpment(MG) Group, "Unit History" ; in XXIV Corps Historical File 참조.
45. Stewart Meacham, *Korean Labor Report*(Seoul : United States Armed Forces in Korea, 1947), 10쪽. 미첨은 사령관의 "노동문제 고문"이었다. 나는 그레고리 헨더슨의 도움으로 이 소중한 보고서에 관심을 가졌으며 K. P. 양Yang의 배려로 그것을 이용할 수 있었다. 『조선해방 1년사』 159쪽도 참조.
46. 「전국노동자신문」 1946년 4월 19일자.
47. 같은 자료, 1945년 11월 1일자. 이 파업은 이 시기부터 여러 신문에서 다뤄졌다. 그 공장은 김성수가 설립해(1장 참조) 1945년 김연수가 경영하고 있었다. 두 사람 모두 그 뒤 한국민주당의 중심 인물이 됐다. 그 공장은 1945년 서울에서 1000명 이상—약 1300명—을 고용한 세 곳 가운데 하나였다.
48. 농민조합 가운데 일부는 처음에 농민위원회나 농민동맹이라고 불렸다. 『조선해방 1년사』 166쪽 참조. 아울러 각도 농민조합의 세력은 이 책 9장 참조.
49. 『조선해방 1년사』 157쪽. 아울러 인정식, 『조선농촌문제사전』(서울 : 신학사, 1948), 213쪽 참조.
50. 『조선해방 1년사』 165쪽.

51. 『전국노동자 신문』 1945년 11월 1일 및 1946년 4월 19일자. 흥미롭게도 1930년대 농민운동에 대한 자료는 자발성과 자주성을 강조했다. "지방위원회는 중앙기구의 명령에 따라 행동하지 않아야 한다. 모든 구성원은 가장 큰 효율성을 불러오도록 독립적이고 본능적으로 행동해야 한다"(Dae-Suk Suh, *Documents of Korean Communism, 1918-1948*[Princeton : Princeton University Press, 1970], 180쪽). 이것은 레닌주의와 명백히 어긋나는 주장이다.
52. "공산주의자"라는 호칭은 한국인에게 여러 가지를 의미할 수 있다. 그것은 공산당원, 사회주의자나 마르크스주의를 신봉하는 사람 또는 가난한 사람을 위해 일하거나 (전후 남한의) 권력자에게 반대하는 사람을 의미할 수 있다. 나는 첫 번째 의미로만 사용하려고 노력했다.
53. 이하 설명은 이만규, 『여운형 투쟁사』, 167~186쪽 ; 『한국정당사』, 19~39쪽 참조. 건준과 인공의 파벌과 갈등에 관심이 있는 독자는 나의 박사논문인 "The Politics of Liberation: Korea, 1945-1947"(Columbia University, 1975), 114~148쪽 참조. 이 논문은 University Microfilms, Ann Arbor, Michigan에서 이용할 수 있다.
54. 김오성 편, 『지도자 군상』, 179~180쪽 ;이만규, 『여운형 투쟁사』, 176쪽.
55. 김종범·김동운, 『해방 전후의 조선 진상』, 58, 66쪽. 『근역주보』 1945년 11월 3일자 장안파 공산당의 8월 16일 선언 참조. 아울러 장복성, 『조선공산당 파쟁사』(서울 : 대륙출판사, 1949), 50~51쪽 참조. 최익한·정백·홍남표의 전기는 김종범·김동운, 『해방 전후의 조선 진상』, 182~183, 197~198, 202~203쪽 참조.
홍남표의 삶은 한국인 혁명가의 전형이었다. 그는 경기도 양주의 가난한 집에서 태어나 아버지에게 한문을 배웠다. 그의 아버지는 병탄에 저항해 자결했다. 홍남표는 1920년대 초반 3년 동안 투옥됐으며 1925년 조선공산당에 가입한 뒤 상하이로 가 중국공산당에서 활동했다. 그는 다시 체포돼 한국으로 보내져 8년 동안 복역했다. 그는 1943~1945년 양주에서 농사를 지은 뒤 인공과 민전에 참여했다(1946년 2월). 그 뒤 그는 북한의 주요 지도자가 됐다(김오성 편, 『지도자 군상』, 123~132쪽 ; 김종범·김동운, 『해방 전후의 조선 진상』, 207~208쪽.
56. 『조선해방 1년사』, 80, 82쪽. 아울러 『해방뉴스』 8월 22일자.
57. Cumings, "Politics of Liberation," 118~119쪽 명단 참조.
58. 장안파 기관지 「전선」 1~4호, 1945. 10에 연재된 논쟁 참조.
59. 특히 남한 사료는 그 뒤에 일어난 사건이나 거기 관련된 사람들이 그 뒤 보인 행동을 근거로 이 시기를 설명하려고 한다. 그러나 이를테면 어떤 사람이 1948년 월북하기로 결심했다고 해서 1945년 그가 실제로 공산주의자였다거나 북한 지도자들과 어느 정도 연결됐다고 추정할 수는 없다.
60. 여운형은 공산주의자가 항일에 참여했기 때문에 그들이 건준에 참여하는 것을 거절하기 어려웠다고 말했다(이만규, 『여운형 투쟁사』, 230쪽).
61. 김병로는 유명한 변호사이자 민족주의 운동가로 일제에 체포된 한국인 공산주의자들을 보호했다. 백관수는 와세다대학을 졸업하고 1919년 도쿄에서 독립 시위를 이끌었다. 그 뒤 그는 「동아일보」에서 김성수·송진우와 함께 일했다. 두 사람은 1945년 9월 한국민주당에 입당했다. 김종범·김동운, 『해방 전후의 조선 진상』, 205, 210~211쪽 참조.
62. 김준연, 『독립노선』, 7쪽 ; 『조선해방 1년사』, 82쪽.
63. 『조선해방 1년사』, 79~80쪽 ; 『고하 송진우 선생전』, 305쪽 ; 한태수, 『한국정당사』, 33쪽.
64. 일본인 관료와의 면담과 압수한 일본군 문서에서 인용했다. "HUSAFIK," 1권 3장 12~17, 29쪽.
65. 이만규, 『여운형 투쟁사』, 213쪽.
66. 『조선해방 1년사』 87쪽. 일본인은 우익이 건준을 지배하도록 도왔다고 그 자료는 주장했다(84쪽).
67. 같은 책, 82쪽.

68. 이런 측면은 같은 책, 87쪽에 잘 나와 있다.
69. 『해방조선』, 5쪽.
70. "HUSAFIK," 1권 3장 18~20쪽. 8월 15일 직후 일본인은 부산을 거쳐 일본으로 돌아가기 시작했다. 부산-시모노세키 연락선 코안마루興安丸와 도주쿠마루德壽丸 두 척과 수많은 개인 선박이 9월 하루당 6000명에 이른 대규모 인원을 수송했다. 한국에 있던 전체 일본인의 4분의 1 정도(약 16만 명)가 미군이 통제하기 시작한 9월 말까지 이런 방식으로 돌아갔다(8월 15일 남한에는 43만 5000명, 북한에는 22만 5000명 정도의 일본인이 있었다). 많은 일본인이 식민지에서 얻은 재산을 실었기 때문에 자연히 절도의 표적이 됐다. 몇 달 동안 한국과 일본의 바다에서는 옛 왜구를 떠올릴 만큼 해적이 번성했다. "HUSAFIK," 1권 3장 24쪽 ; 8장 1~2, 58~61쪽 참조.
71. "HUSAFIK," 1권 3장 22쪽.
72. 이 포고의 전문은 『조선해방 1년사』, 83~84쪽 ; 『해방조선』, 4~9쪽 ; 『해방뉴스』 8월 28일자 참조.
73. 이를테면 임정과 관련된 한국독립당이 충칭에서 보내 8월 28일 서울에 도착한 것으로 보이는 포고문에서는 (여러 일 가운데서도) "매국노"와 "봉건적·파시스트적·반민주적 세력"의 숙청을 요구했다. 『대한민국사—자료』 1: 31쪽 참조.
74. 허헌은 1919년 3·1운동에서 체포된 민족운동가들을 변호하면서 처음 명성을 얻었다. 그 뒤 그는 보성전문학교 교장이 됐다. 그는 신간회에 참여했고 1929년 광주학생운동으로 투옥됐다. 그는 1930년대 두 번 체포됐다. 김종범·김동운, 『해방 전후의 조선 진상』, 183쪽 ; 김오성 편, 『지도자 군상』, 41~49쪽 참조. 한태수는 허헌을 변함없는 원칙주의자라고 상찬했다(『한국정당사』, 38쪽). 허헌은 1948년 북한의 최고 지도자 가운데 한 사람이 됐다.
75. 박헌영은 1919년 이후 적극적인 공산주의 조직자로서 화요회를 이끌었으며 1925년 조선공산당 청년회 회장이 됐다. 그는 신의주 형무소에 두 번 수감됐는데, 두 번째는 1933년 상하이에서 한국으로 다시 들어와 조선공산당을 재건하려다가 체포돼 6년 동안 복역했다. 1939년 석방되자 그는 한국의 기존 공산주의자를 규합해 이른바 "콤그룹"을 결성하는 데 어느 정도 성공했다. 1941년 그는 전시 동안 지하로 은신해 전라남도의 한 벽돌공장에서 노동자로 일했다(김오성 편, 『지도자 군상』, 15~27쪽 ; Dae-sook Suh, *The Korean Communist Movement, 1918-1948*(Princeton : Princeton University Press, 1967), 71~72, 191~193쪽 ; 장복성, 『조선공산당 파쟁사』, 52~53쪽). 8월 15일 박헌영은 "미래를 시작하려고 간다"고 말한 뒤 광주를 떠나 서울로 왔다(『조선인민보』 1946년 2월 18일자).
76. 이영은 1920년대 박헌영과 화요회에 반대한 공산주의 계파의 지도자였다.
77. 장안파와 재건파 사이의 어리석은 파벌 다툼은 『전선』 3호, 1945년 10월 27일자와 조선공산당 재건파 기관지 『해방일보』 1, 2, 5호, 1945년 9월 19일, 10월 12일, 10월 18일자 참조. 1945년 9~12월치 『해방일보』를 꼼꼼히 영역해 나에게 제공해준 이정식에게 감사한다. 이 신문은 희귀해 서울에서 원본을 구할 수 없었다. 그러나 나는 스칼라피노와 이정식(*Communism in Korea 1*, 244~245, 250~256 쪽 등)처럼 이 파벌 투쟁을 심각하게 받아들이지 않는다(『해방일보』를 언급한 부분은 모두 이정식의 번역이다).
78. 『전선』 4호, 1945년 10월 31일.
79. 김종범·김동운, 『해방 전후의 조선 진상』, 66쪽.
80. 우익 자료는 300명 정도가 참석했다고 말했지만 좌익 자료는 100명 이상이 참석했다고 기록했다.
81. 『조선인민보』 1945년 9월 8일자. 이 신문은 인공의 기관지가 됐다.
82. 『좌익사건실록』(서울 : 대검찰청, 수사국, 1964), 29쪽. 이 공식 자료는 극단적 반공주의자인 박일원이 쓴 『남로당 총비판』(서울 : 1948)의 서술을 토대로 작성됐다.

83. 이만규, 『여운형 투쟁사』, 260쪽.

84. 1945년 9월 6일 인공 지도자 명단에 나오는 "김일성金一成"의 한자 표기는 북한 지도자의 이름(金日成)과 다르다. 그러나 그것은 동일한 사람을 가리키는 것으로 보인다. 김일성의 정적이 쓴 『조선해방 1년사』에서는 그 명단의 이름을 "金日成"으로 수정했다. 최근 『평양일보』는 아래와 같이 보도했다.

   "처음에 (사람들은) 그를 '하나의 별'을 뜻하는 '金一星'으로 부르면서 북극성 같은 존재가 되기를 바라는 열망을 표현했다. … 그러나 그들은 거기에 만족하지 않았다. … 그들은 그가 별이 아니라 태양이 되기를 열망했다. 지도자의 이름은 "태양이 된다"는 의미의 '金日成'으로 바뀌었다(1974년 8월 17일)."

85. 이강국, 『민주주의의 조선건설』(서울 : 조선인민보사 후생부, 1946) 참조. 이 책에는 마르크스주의나 공산주의의 희미한 흔적만 있다. 현준혁에 관련된 스칼라피노와 이정식의 흥미로운 언급 참조. *Communism in Korea I* : 320~321쪽.

86. 공산주의 계열의 『노동자신문』 5호, 1945년 9월 22일자 참조. 거기서는 일요일을 유급휴일로 하고 실업자에게 공영주택과 무료급식을 제공하는 등의 현실성 없는 사회개혁을 요구했다. 비슷한 자료는 Suh, *Documents of Korean Communism*, 182쪽 참조.

87. 김규식의 우아한 수필 "The Asiatic Revolutionary Movement and Imperialism," in Suh, *Documents of Korean Communism*, 91~105쪽 참조. 최근에 나온 김규식의 전기는 이정식, 『김규식의 생애(서울 : 신구문화사, 1974) 참조.

88. 이를테면 지적 자극을 일으키는 백남운의 『조선민족의 진로』(서울 : 신건사, 1946)에서는 한국의 특수성을 첫 부분에서 다뤘다. 아울러 이강국, 『민주주의의 조선건설』도 참조. 이강국과 백남운은 1948년 이후 북한의 주요 인물이었다. 지금까지도 한국의 주요 경제사학자로 평가되는 백남운은 북한에서 과학원 원장을 지냈다. 한국의 특수성과 마르크스주의의 국제주의를 통합하려는 또 다른 흥미로운 시도는 이재훈, 『민족의식과 계급의식』(서울 : 동양공사 출판사, 1946) 참조. 나는 "Kim's Korean Communism," *Problems of Communism 23*, no. 2(March-April 1974), 27~41쪽에서 그 책의 논점을 다뤘다.

89. 한태수, 『한국정당사』, 44쪽.

90. 이를테면 『한국전쟁사』 1: 57~58쪽.

91. 『조선인민보』 1945년 9월 8일자 참조. 아울러 1920년 박진순이 쓴 문건은 Suh, *Documents of Korean Communism*, 56쪽 참조.

92. 한국어 원문은 『조선해방 1년사』, 87~89쪽. 영역(이 책에서 인용한)은 Kyung Cho Chung, *Korea Tomorrow*(New York : Macmillan Co., 1956), 304~306쪽 참조.

93. Chung, *Korea Tomorrow*.

94. 이만규, 『여운형 투쟁사』, 260쪽.

95. 이 주제는 해방 기간의 여러 문헌에서 논의됐다. 리처드 김은 한국인이 너무 "무능하고 분열돼" 한국을 해방시키는 데 실패했다는 자기 아버지의 비판을 인용했다(Kim, *Lost Names*, 184~185쪽).

96. 이강국, 『민주주의의 조선건설』, 3~4쪽.

97. 여운형, 「건국과 정치문화노선」, 『중성』(부산 : 1946. 2), 12~13쪽.

98. 김종범·김동운, 『해방 전후의 조선 진상』, 53쪽. 아울러 『조선해방 1년사』, 85쪽 참조.

99. 『혁명신문』, 1945년 10월 4일자.

100. 『조선해방 1년사』, 81쪽.

101. 『해방조선』, 6쪽.

102. 『해방일보』 1호, 1945년 9월 19일.

103. Robert Michels, *Political Parties* (1915, reprinted ed.; New York : Dover Publica-

tions, 1959), 242쪽.

104.『해방조선』, 7쪽. 지방 지부의 보수 세력은 9장 참조. 김오성은 『지도자 군상』에서 그런 사람들은 "양심적 자본가"라고 불렀는데, 그 용어는 아직도 북한에서 널리 사용되고 있다.

105. 김준연 편, 『한국민주당 소사』, 8쪽 ; 『한국민주당 특보』 3호, 1945년 12월 19일 ; 한태수, 『한국정당사』, 60쪽.

106. 김준연 편, 『한국민주당 소사』, 8쪽 ; 한태수, 『한국정당사』, 60쪽.

107. 한태수, 『한국정당사』, 59쪽.

108. 김준연 편, 『한국민주당 소사』, 16쪽 ; 『한국민주당 특보』 3호, 1945년 12월 19일.

109. 김준연 편, 『한국민주당 소사』, 12쪽. 안재홍의 조선국민당은 그가 건준과 협력한 "잘못" 때문에 포함되지 않았다(앞의 주 21 참조). 안재홍은 계속 중요한 지도자로 남았지만 그의 정당은 별다른 위상을 확보하지 못했다.

110. 이것과 동일한 표현은 『한국민주당 특보』 3호, 1945년 12월 19일; 김준연 편, 『한국민주당 소사』, 16쪽 참조.

111. 김종범·김동운, 『해방 전후의 조선 진상』, 66~67; 한태수, 『한국정당사』, 13쪽.

112. 한태수, 『한국정당사』, 13쪽. 한때 한민당에 참여했던 김삼규金三奎도 당내에 지주와 친일 세력이 있다는 사실을 인정했다(김삼규, 『민족의 여명』, 발행지 불명, 1949, 181~182쪽).

113. "HUSAFIK,"2권 2장 127쪽. 아울러 United States Army Military Government in Korea, "Report on the Occupation of South Korea," (Seoul : Administrative Services Division, September 1947), 53쪽 ; "XXIV Corps Journal," September 16 첫 부분 참조.

114. Paul Timothy Chang, "Political Effect of World war Ⅱ on Korea : With Special Reference to the Policies of the United States"(Ph. D. dissertation, Notre Dame University, 1952), 85쪽 주석에 인용된 1943년 김성수의 연설 가운데 하나 참조. 그 논문에서는 한민당을 재정적으로 후원한 주요 인물은 김성수·민규식·박흥식·한상룡이라고 지적했다(147쪽). 아울러 『친일파 군상』, 15, 31쪽도 참조. 김규식 등은 1946년 11월 4일에 작성한 각서에서 김성수는 전시 동원 조직의 수장이었다고 비판했다("SKILA Materials," XXIV Corps Historical File). 한융철은 총독부 중추원 참의는 "앞서 조선 왕조와 관련된 연로한 인물이나 일본과 밀착된 기업가로 구성된 가장 반동적 집단에서 선발됐다"고 썼다("Traditionalism and the Struggle for Political Modernization in Contemporary Korea : With Special Reference to the Development of Political Parties" [Ph. D. dissertation, New York University, 1966], 63쪽.)

115. 이만규, 『여운형 투쟁사』, 206쪽.

116. 「해방일보」 24호, 1945년 12월 8일자에서는 여운형의 발언을 아래와 같이 보도했다.

> "이런 (친일)세력은 자신의 지난 과오를 은폐하고 애국자로 가장해 나라를 재건하는 데 참여하려고 한다. 이것은 매우 불쾌한 사실이며 거기 관련된 사람에게도 슬픈 일이나. 그들은 과거의 잘못을 의도적으로 다시 저지르고 있다. 그러므로 민중은 매우 냉철하게 판단해야 한다."

117. 『친일파 군상』, 6, 15, 50~52쪽 참조. 장덕수는 컬럼비아대학에서 박사학위를 받았다. 이광수·신흥우·최린·최남선은 유명한 민족주의자였지만 1930년대 후반 일제에 굴복했다.

118. *Seoul Times*, 1946년 3월 18일자. 아울러 memorandum of the Coalition Committee, November 4, 1946, XXIV Corps Historical File 참조.

119. Leonard Bertsch, memorandum to Gen. Brown, November 26, 1946, in "SKILA Materials," XXIV Corps Historical File.

120. 『친일파 군상』, 6~7쪽 등.

121. 같은 책, 6~7, 64~65쪽.

122. 나는 『대한민국사—자료』 1: 62~63쪽에 있는 600여 명의 한민당 발기인 명단을 『朝鮮年鑑 1945』(서울 : 京城日報社, 1945), 354~426쪽 인명록에 실린 600명 이상의 한국인 그리고 『친일파 군상』, 『한국인명대사전』(서울 : 신구문화사, 1967), 미군 G-2 record group no. 319 "G"에 수록된 한국인의 경력을 종합적으로 조사해 비교했다. 그 결과 한민당과 관련된 한국인은 일본식 이름을 따른 사람이 많았다(그 이름은 『朝鮮年鑑 1945』 참조).
123. 김종범·김동운, 『해방 전후의 조선 진상』, 70~74쪽. 경호사령부에서 경비警備 부대장部隊長을 맡은 이철승李哲承 같은 인물은 그 뒤 우익 청년단체의 유명한 지도자가 됐다.
124. 1948년에 출판된 김준연의 『한국민주당 소사』는 첫 8쪽에서 인공을 강력히 비난하는 내용으로 시작했는데, 책 이름이 잘못된 것이 아닌가 하는 생각을 갖게 한다.
125. 이혁 편, 『애국삐라전집』(서울 : 조국문화사, 1946), 46~50쪽 참조.
126. 김준연 편, 『한국민주당 소사』, 2쪽 참조. 아울러 『한국민주당 특보』 3호, 1945년 12월 19일; 고영환, 『금일의 정객들』, 40쪽 참조.
127. 『한국민주당 특보』 3호, 1945년 12월 19일; 4호 1946년 1월 10일. 이만규는 『여운형 투쟁사』, 252쪽에서 건준이 일본에게서 돈을 받았다는 혐의는 대수로운 문제가 아니니 걱정하지 말라고 여운형에게 송진우가 말하자 여운형은 "그것은 당신과 관련된 사안이 아니라 나와 관련된 문제"라고 대답했다고 서술했다.
128. 조병옥, 『나의 회고록』, 145쪽.
129. 김준연 편, 『한국민주당 소사』, 14쪽. 아울러 이혁 편, 『애국삐라전집』, 93쪽 참조.
130. Mayer, *Counterrevolution*, 82쪽에서 인용.
131. 김준연 편, 『한국민주당 소사』, 90~91쪽.
132. 한태수, 『한국정당사』, 13쪽.
133. 김준연, 『독립노선』, 7, 13쪽.
134. 『고하 송진우 선생전』, 318~319쪽.
135. "HUSAFIK," 3권 1장 6쪽. 아울러 C. Clyde Mitchell, *Korea : Second Failure in Asia* (Washington, D.C. : Public Affairs Institute, 1951), 15쪽. 한태수, 『한국정당사』, 44쪽에서는 미군이 들어오기 전에 한국 정부를 수립할 수 없다는 한민당의 생각은 사대주의의 발로가 아니라고 봤다.
136. 조병옥, 『나의 회고록』, 145~146쪽.
137. 「해방일보」 1호(1945년 9월 19일)에 실린 한 기사에서는 인공에 반대하는 세력에게 물었다. "다른 누군가가 우리를 위해 정부를 만들어줄 것으로 생각하는가? 소련이나 미국·중국·영국이 우리를 위해 정부를 수립해줄 것이라고 생각하는 것만큼 큰 실수는 없다."
138. C. Wright Mills, *The Sociological Imagination*(New York : Oxford University Press, 1959), 40~44쪽.
139. James B. Palais, Political Participation in Traditional Korea," *Journal of Korean Studies*, no. 1(1979) 참조. 아울러 Vipin Chandra, "The Independence Club and Korea's First Proposal for a National Legislative Assembly," *Occasional Papers on Korea*, no. 4(Seattle : University of Washington, 1975) 참조. 팔레와 찬드라가 조선 말엽 한국인 정치가와 관련해 말한 것은 사실상 모두 1940년대 연로한 정치가에 해당한다.
140. Eric J. Hobsbawm, *Industry and Empire*(London :Penguin Books, 1969), 18(강조는 원문).

4장 도가니 안의 한국 정책—1943~1945년 미국의 한국 정책에서 나타난 대립

1. H. Franz Schurmann, *The Logic of World Power : An Inquiry into the Origins, Cur-*

rents and Contradictions of World Politics(New York : Pantheon Books, 1974), pt. I. 이것은 매우 통찰력 있는 연구다. 슐만은 다음과 같이 주장했다. "근대 자본주의는 일국독점주의와 국제협력주의 모두의 이익을 산출해 서로 다른 자본주의적 세계관을 만들었다. (…) 국제협력주의자의 세계관은 세계시장체제가 궁극적으로 지구 전체를 포괄하는 것이다. 일국독점주의자의 세계관은 모든 나라가 희소한 부를 차지하려고 경쟁하면서 자국 경제를 우선적으로 중시하는 것이다. 국제협력주의자는 더 큰 부를 창출하려면 각국의 경제를 희생할 수밖에 없다고 보는 반면, 일국독점주의자는 부를 획득하는 데 국민주권이 반드시 필요하다고 생각한다(187쪽)." 1970년대 국제협력주의와 일국독점주의(또는 "지역주의")의 갈등에 관련된 흥미로운 분석은 Mary Kaldor, *The Disintegrating West*(New York : Hill and Wang, 1978) 참조.

2. Schurmann, *Logic of World Power*, 188쪽. 국제협력주의적 시각의 가장 좋은 보기—미국이 만들었거나 지배한 단일한 세계경제—는 제2차 세계대전 초반 외교평의회Council on Foreign Relation가 입안한 "거대한 아시아Grand Asia"일 것이다. 그것은 Laurence H. Shoup and William Minter, *Imperial Brain Trust: The Council on Foreign Relations and United States Foreign Policy*(New York : Monthly Review Press, 1977), 135~148쪽 참조.
3. 이런 외교정책은 존 매클로이John J. McCloy와 헨리 스팀슨Henry Stimson의 대화에서 가장 잘 증명된다.
"매클로이: 저는 우리 몫의 케이크를 차지해 먹어야 하며, 유럽에 즉시 개입하는 동시에 남미에서도 이런 지역적 계획 아래 자유롭게 행동해야 한다는 입장을 표명해왔습니다.
스팀슨: 저도 완전히 동의합니다. (…) 저는 누구도 불편하게 만들지 않을 지역은 거의 없다고 생각합니다."(Gabriel Kolko, *The Politics of War: The World and United States Foreign Policy, 1943-1945*[New York'. Random House, 1968], 470~471쪽에서 인용).
4. Willard Range, *Franklin Delano Roosevelt's World Order*(Athens, Ga. : University of Georgia Press, 1959), 49쪽. 아울러 Schurmann, *Logic of World Power*, 3~26쪽 참조.
5. 슐만은 *Logic of World Power*에서 이런 실수를 자주 저질렀다.
6. Louis Hartz, *The Liberal Tradition in America*(New York : Harcourt, Brace & World, 1955), 13, 59쪽.
7. Karl Polanyi, *The Great Transformation*(New York : Beacon Press, 1967), 212쪽 참조.
8. 좀더 자세한 사항은 Gordon Levin, Jr., *Woodrow Wilson and World Politic*(London : Oxford University Press, 1968) ; William Appleman Williams, *The Tragedy of American Diplomacy*, 2d rev. ed. (New York : Dell Publishing, 1972) ; Lloyd Gardner, *Economic Aspects of New Deal Diplomacy*(1964, reprint ed.; Boston : Beacon Press, 1971), 특히 9장; George Louis Beer, *African Questions at the Paris Peace Conference*(New York : Macmillan Co., 1923). (내게 맨 끝의 책을 추천해준 도로시 보그Dorothy Borg에게 감사한다)
9. Levin, *Woodrow Wilson*, 24~26쪽. 피터 뒤그넌Peter Duignan과 간L. H. Gann은 듀보이스W. E .B. Dubois 같은 급진주의자는 제1차 세계대전 말 신탁통치를 지지했다고 지적했다("Introduction," *Colonialism in Africa, 1870-1960 2, The History and Politics of Colonialism, 1914-1960*[New York : Cambridge University Press, 1970], 12쪽 참조).
10. Anthony Eden, *Memoirs : The Reckoning*(Boston : Houghton Mifflin Co., 1965), 438쪽. 루스벨트는 1942년 중반 몰로토프에게 제2차 세계대전이 끝나면 식민지에 신탁통치를 실시해야 한다고 제안한 것이 분명하지만, 몰로토프가 대답한 기록은 없다(Robert Dallek, *Franklin D. Roosevelt and American Foreign Policy, 1932-1945*[New York :

Oxford University Press, 1979], 342쪽 참조).

11. Cordell Hull, *Memoirs*(New York : Macmillan Co., 1948), 2 1596쪽 참조. 아울러 Eden, *Reckoning*, 595쪽도 참조. 신탁통치를 둘러싼 이견은 1943년 3월 회의에서 "가장 중요한 쟁점"이었다. William Hardy McNeill, in *America, Britain, and Russia: Their Cooperation and Conflict, 1941-1946*(1953; reprint ed., New York : Johnson Reprint Corp., 1970), 319쪽.
12. Hull, *Memoirs 2*: 1237쪽.
13. 맥닐McNeill은 "피지배 민족에 대한 후견의 책임을 개별 국가에서 국제적 신탁통치 기구로 옮기려는 미국의 계획은 (무역장벽을 없애자는 제안보다) 영국의 전통적 세력과 이해관계에 직접 도전한 것이었다"고 썼다(*America, Britain, and Russia*, 334쪽).
14. Eden, *Reckoning*, 595쪽.
15. 비슷한 견해는 United States Department of Defense, *United States-Vietnam Relations 1945-1967*(Washington, D.C., 1971), 1: A-2(이하 Pentagon Papers로 줄임).
16. RG 49, Notter File, Box 31, T-169 and T-169a, December 1942, and T-169b, April 15, 1943. William George Morris, "The Korean Trusteeship, 1941-1947: The United States, Russia, and the Cold War"(Ph. D. dissertation, University of Texas, 1974), 71~72쪽에서 인용.
17. 원문은 United States, Department of State, *Foreign Relations of the United States*(1945) (Washington, D.C., 1969), 6:1098쪽(이하 FRUS로 줄임).
18. *Star Exponent*(Los Angeles: Korea Society of Soldier's and Sailor's Relatives and Friends), 1, no. 2(April 24, 1943) : 4쪽.
19. 일본 총리 하라 케이原敬는 1919년 3·1운동 이후 "문화정책"을 발표하면서 "적절한 시기에"로 번역될 수 있는 표현을 사용했다. "적절한 시기에 한국을 일본 본토와 모든 측면에서 동일하게 대우하는 것이 일본 정부의 궁극적 목표다(Hugh Heung-woo Cynn, *The Rebirth of Korea* [New York : Abingdon Press, 1920], 169쪽에서 인용)." 망명한 한국인에 대한 다른 연구는 *Korea Economic Digest*(New York : Economic Society, 1944-1945) ; *Voice of Korea* (Washington, D.C. : Korean Affairs Institute, 1943-1945) ; Changsoon Kim, ed., *The Culture of Korea*(n.p.: Korean-American Culture Association, 1945), ix쪽 등; *FRUS* (1943), 3 : 1090~1096쪽 ; *Star Exponent 1*, no. 2 : 4쪽 등 참조.
20. Herbert Feis, *Churchill, Roosevelt, Stalin : The War They Waged and the Peace They Sought*(Princeton : Princeton University Press, 1957), 253쪽 ; James Peck, "America and the Chinese Revolution, 1942-1946 : An Interpretation," in Ernest May and James C. Thomson, Jr., eds., *American-East Asian Relations : A Survey*(Cambridge : Harvard University Press, 1972), 344~345쪽.
21. Robert E. Sherwood, *Roosevelt and Hopkins : An Intimate History*(1948; reprint ed., New York : Harper &Bros., 1950), 773쪽 ; Edward R. Stettinius, Jr., *Roosevelt and the Russians : The Yalta Conference*, ed. Walter Johnson(New York : Doubleday & Co., 1949), 71쪽.
22. Peck, "America and the Chinese Revolution," 344~345쪽.
23. 같은 책, 346쪽.
24. *FRUS*, Diplomatic Papers, *The Conferences of Cairo and Teheran*, 1943(Washington, D.C. : Department of State, 1961), 257, 334쪽.
25. 같은 책, 325, 389쪽.
26. 제임스 맥그리거 번스James MacGregor Burns에 따르면, 카이로에서 루스벨트도 "전후 일본

을 군사적으로 점령하고—장제스는 거절했다—(일본에게서) 광범위한 배상을 받아내는데 중국이 주도적 역할을 해달라고 제안했다(*Roosevelt: The Soldier of Freedom, 1940-1945* [New York : Harcourt Brace Jovanovich, 1970], 404쪽 참조)." 가드너Gardner는 루스벨트가 장제스에게 중국이 "전후 인도차이나에 종주권"을 행사하기를 바라는지 물었다고 언급했다(*Economic Aspects*, 188쪽).

27. Walter LaFeber, "Roosevelt, Churchill, and Indochina: 1942-1945," *American Historical Review 80*, no. 5(December 1975) : 1280쪽.

28. Feis, *Churchill, Roosevelt, Stalin*, 252쪽 ; Hugh Borton, "American Pre-Surrender Planning for Postwar Japan," *Occasional Papers of the East Asian Institute*(New York : Columbia University, 1967), 12쪽. 아울러 1973년 휴 보튼과 나눈 대화 참조. 제임스 매트레이James Matray는 카이로회담 전 국무부 관료들이 신탁통치에 상당한 관심을 보였다는 사실을 입증했지만, 루스벨트가 그들에게 자문받았거나 그 계획을 봤다는 증거는 없다. 카이로회담은 대부분 그의 계획이었다(Matray, "The Reluctant Crusade : American Foreign Policy in Korea, 1941-1950"[Ph. D. dissertation, University of Virginia, 1977], 54~55쪽 참조).

29. *Conferences of Cairo and Teheran*, 399~400쪽. 한국인은 "in due course"라는 표현을 오해하고 오역했다고 자주 이야기된다. 카이로선언을 번역하면서 때로 그 단서 조항을 단순히 빠뜨린 것은 사실이다. 이를테면 「해방뉴스」(서울 : 통신사, 1945), 6~7쪽 참조. 그러나 "at an appropriate time"을 "상당한 시기에"로 번역한 것은 미국의 의도와 완전히 합치되는 것이다(재미한족연합위원회, 『해방조선』, 하와이:재미한족연합위원회, 1948, 15쪽). 어니스트 메이Ernest May는 최근에 펴낸 *Lessons of the Past*(New York : Oxford University Press, 1973), 53~54쪽에서 그 구절은 한국어로 번역될 수 없었다는 견해를 계속 주장했다. 사실 "in due course"와 관련된 문제는 한국인이 그 의미를 너무 잘 이해했다는 것이었다.

30. Eden, *Reckoning*, 433쪽.

31. Stettinius, *Roosevelt and the Russians*, 237쪽에서 인용.

32. Burns, *Soldier of Freedom*, 378~379쪽 ; Range, *Roosevelt's World Order*, 109쪽 ; Samuel Rosenman, ed., *Public Papers and Addresses of Franklin D. Roosevelt*, 1942(New York : Harpers, 1942), 473~476쪽 참조. 1942년 한 라디오 연설에서 루스벨트는 이렇게 말했다. "저는 지난 44년 동안 필리핀 군도의 역사는 앞으로 나아갈 방향을 참으로 정확히 알려준다고 생각합니다. (…) 그것은 지역이나 종교·인종을 뛰어넘는 지구적 문명입니다(Burns, *Soldier of Freedom*, 378쪽에서 인용)." 우드로 윌슨도 필리핀의 역사에 대해 비슷한 견해를 가진 측면은 Williams, *Tragedy of American Diplomacy*, 69쪽 참조. 루스벨트는 신탁통치를 공정한 사업 절차에 비유하기도 했다. "개인생활에서 신탁을 이용해 재산을 관리하는 원칙을 국제관계로 확장하면 안 될 까닭이 없습니다. 적어도 일정한 기간 동안 다른 나라 및 국민과의 관계에서 신탁이 필요한 약소국과 국민은 세계에 많습니다(John Lewis Gaddis, *The United States and the Origins of the Cold War, 1941-1947* [New York : Columbia University Press, 1972], 24쪽에서 인용)."

33. Sherwood, *Roosevelt and Hopkins*, 777쪽.

34. *Conferences of Cairo and Teheran*, 485쪽.

35. 같은 책, 869쪽.

36. 같은 책, 869쪽 주석, 566쪽.

37. *FRUS*, Diplomatic Papers, *The Conferences of Malta and Yalta*, 1945(Washington, D.C. : Department of State, 1955), 770쪽.

38. Walter Millis, ed., *The Forrestal Diaries*(New York : Viking Press, 1951), 46쪽 참조.

해리먼이 인용한 스탈린의 발언은 찰스 보렌Charles Bohlen이 작성한 이 회의의 녹취록에는 나오지 않는다(*Conferences of Malta and Yalta*, 770쪽).

39. Stettinius, *Roosevelt and the Russians*, 236쪽에서 인용. 좀더 자세한 설명은 *Conferences of Malta and Yalta, 6th plenary session*, 844쪽 참조.

40. Eden, *Reckoning*, 595쪽.

41. *Conferences of Malta and Yalta*, 485쪽 ; Stettinius, *Roosevelt and the Russians*, 237~238쪽.

42. *Pentagon Papers 1*: A-2, A-20에 인용된 1945년 4월 3일 스테티니우스Stettinius의 발언. 1년 이상 전에 존 매클로이와 조지 마셜 장군은 "프랑스의 입장과 식민지 제국帝國을 회복시키는데 공감을 표시했다"고 주미 프랑스 대사는 언급했다(Christopher Thorne, *Allies of a Kind: The United States, Britain, and the War Against Japan, 1941-1945*[New York : Oxford University Press; 1978], 464쪽에서 인용). 식민지를 독립시키는 데 미국이 전반적으로 점차 열의를 잃은 측면은 Thorne, 339~351, 455~469쪽 참조.

43. *FRUS*(1945), 1: 136쪽에 실린 각서 "Arrangements for Trusteeship" 참조. 유엔 회의 이전과 그 기간 동안 신탁통치와 관련된 미국의 토의 내용은 *FRUS*(1945), 1 : 211~214, 290, 311~321, 350, 792~799쪽 참조. 5월 18일 회의에서 미국 대표단은 미국이 반식민적 신탁통치안에서 얼마나 멀리 후퇴했는지 보여준다. "중국과 소련은 신탁통치를 실시하는 목적으로 '독립'이라는 단어를 도입하고자 한다. 반면 우리는 프랑스·영국과 함께 '자치를 향한 진보적 발전'이라는 표현을 선호한다."(*FRUS*[1945], 1 : 792~793쪽). 아울러 McNeill, ***America, Britain, and Russia***, 596~597; Gardner, *Economic Aspects*, 192~193쪽도 참조. Christopher Thorne, *Allies of a Kind*, 598~600, 632쪽에서는 샌프란시스코 회담에서 존 포스터 덜레스John Foster Dulles는 신탁통치는 "법률적 장치"일 뿐이고 식민지의 독립은 목표가 아니며 국무부의 극동국極東局과 구미국歐美局은 인도차이나를 프랑스에 돌려주는 데 반대해서는 안 된다고 발언했다(극동국은 프랑스가 지금부터 "좀더 진보적"이 돼야 한다고 생각했다). 1945년 4월 2일의 보고서에서 전략정보국OSS은 이렇게 주장했다.

    "미국은 영국·프랑스·네덜란드 같은 식민제국植民帝國을 유지하는 이점을 깨달아야 한다. 우리는 식민 지배 체제를 더 잘 유지하고 식민지 반란을 고무하는 소련의 영향력을 저지하기 위해 그 체제에서 해방되려는 시도를 지원해야 한다. 지금 이런 제국을 약화 또는 해체시키거나 국제적 신탁통치 계획을 옹호해도 우리에겐 아무 이익도 없으며, 식민지의 불안과 붕괴를 불러오는 동시에 소련과 힘의 균형을 맞추는 데 도움이 필요한 유럽 국가들로부터 우리를 멀어지게 만들 것이다."(강조는 인용자)

    물론 루스벨트의 생각은 신탁통치가 식민지를 해방시키고 소련의 영향력을 저지하는 좀더 낫고 현실적인 방법이라는 것이었다. 전후 역사는, 루스벨트가 옳았다는 것은 아니지만, 전략정보국OSS의 주장이 틀렸다는 것을 분명히 보여주었다. 남아시아와 동남아시아를 차지했던 이런 제국은 모두 1950년 무렵 쫓겨가거나 무너졌다.

44. 이를테면 *Pentagon Papers 1*: A-1에 인용된 버나드 폴Bernard Fall의 견해를 참조.

45. 윌러드 랜지Willard Range는 *Roosevelt's World Order*, 103쪽에서 "혁신적 시대에 나타난 진보적 제국주의의 인도적·온정적·선교적宣教的 정신은 그들의 제국주의를 부패에서 멀어지게 했으며, 그런 정신은 루스벨트에게 충만했다"고 썼다.

46. Memorandum of conversation, March 24, 1945 ; in *FRUS* (1945), 1 : 121~124쪽.

47. 같은 책, 211~214, 290쪽.

48. 1945년 4월 17일 유엔회의에서 미국 대표단 11차 회합의 회의록 참조. 같은 책, 315~320쪽 수록.

49. LaFeber, "Roosevelt, Churchill, and Indochina," 1277, 1288~1295쪽.

50. Schurmann, *Logic of World Power*, 77쪽. 트루먼의 미숙함은 특히 Martin Sherwin, *A World Destroyed: The Atomic Bomb and the Grand Alliance*(New York : Knopf, 1975), 220~228쪽 참조. 아울러 Daniel Yergin, *Shattered Peace : The Origins of the Cold War and the National Security State*(Boston : Houghton Muffin Co., 1978), 69~86쪽도 참조.
51. 1945년 5월 15일 국무장관 대행 조지프 그루Joseph C. Grew에게 보낸 보고서 참조. United States, State Department, Foreign Relations of the United States, *The Conference of Berlin, 1945 1*(Washington, D.C., 1960): 14(이하 Potsdam Papers로 줄임).
52. 같은 책, 47쪽에 수록된 홉킨스와 스탈린의 회의 기록.
53. 같은 책, 234쪽 해리먼 대사의 보고서 참조.
54. 같은 책, 928~929쪽 "Briefing Book Paper."
55. 같은 책, 188, 201쪽.
56. *FRUS* (1945), 8: 914쪽. 아울러 Max Beloff, *Soviet Policy in the Far East, 1944-1951*(London : Oxford University Press, 1953), 155~156쪽 참조.
57. *Potsdam Papers 2*, 252~256, 264~266쪽 영국과 미국의 회담 참조.
58. *Conferences of Malta and Yalta*, 78~91쪽 1945년 1월 23일 각서.
59. Lloyd Gardner, *Architects of Illusion* (Chicago : Quadrangle Books, 1970), 35쪽 ; Schurmann, *Logic of World Power*, 76~83쪽.
60. RG 59, Notter File, "Japan: Korea : Problems of International Trusteeship," November 30, 1943; Morris, "Korean Trusteeship," 75쪽에서 인용.
61. RG 59, Notter File, "Possible Soviet Attitudes toward Far East Questions," October 2, 1943; Morris, "Korean Trusteeship," 81쪽에서 인용.
62. "Korea : Occupation and Military Government: Composition of Forces," March 29, 1944; in *FRUS*(1944), 5 : 1224~1228쪽.
63. 같은 책, 1226, 1228쪽.
64. 같은 책, 1239~1242쪽 1944년 5월 4일 각서.
65. Briefing book paper, *Conferences of Malta and Yalta*, 358~361쪽. 영국이 한국에 "실질적 이해관계"를 가진 반면, 한국과 국경을 맞대고 있는 소련은 일본과 전쟁을 시작해야만 그런 이해관계를 갖게 된다고 생각한 것은 쉽게 납득되지 않는다. "한국은 (…) 영국 병사 한 명도 희생시킬만한 가치가 없다"는 1945년 영국 외무부 극동부 폴드L. H. Fould의 발언에 나타난, 한국을 보는 영국의 시각을 살펴보면 특히 그렇다(Thorne, *Allies of a Kind*, 660쪽에서 인용).
66. 같은 책, 359쪽. 여기서 나타난 생각과 표현은 전후 점령 방식에서 소련의 이해관계와 미국 주도의 필요성을 고려한 측면에서 일본과 관련된 국무부의 중요한 문헌인 "Japan: Occupation and Military Government" (*Potsdam Papers 1*: 933~935쪽)과 상당히 비슷하다.
67 *Potsdam Papers 1*: 313쪽.
68. 신탁통치에 대한 미국의 정치적 이해관계는 한국보다 중국과 관련해 더욱 뚜렷했다. 1947년 웨더마이어 장군은 만주가 "소련의 위성"이 될 가능성을 차단하는 방법으로 5개국의 신탁통치나 보호지배를 제안했다. "5개국 가운데 하나라도 만주의 보호 체제에 참가하지 않는다면 중국은 유엔 헌장에 따라 유엔총회를 소집해 그 지역에 신탁통치를 실시하라고 요구할 것이다." Albert C. Wedemeyer, "Report to the President: Korea, September 1947"(Washington, D.C. : United States Government Printing Office, 1951), 2~3쪽.
69. LeFeber, "Roosevelt, Churchill, and Indochina," 1278쪽. 아울러 Yergin, Shattered Peace, 57쪽 참조.

70. *FRUS*(1945), 5 556~580쪽. 대안적 견해로 포함시킬 수 있는 것은 국무부에서 유일한 한국 전문가였던 조지 매큔이 작성한 여러 보고서다. Morris, "Korean Trusteeship," 95~96쪽 참조.

71. 1945년 6월 18일 합동참모본부의 각서 참조. *Potsdam Papers 1*: 905쪽 수록. 아울러 Briefing book paper, *Potsdam Papers 1*: 924~926쪽 ; Herbert Feis, *The Atomic Bomb and the End of World war* Ⅱ(Princeton : Princeton University Press, 1966), 8쪽도 참조. 소련이 일본과 개전하는 것은 반드시 필요하다는 미국 군부의 판단은 Feis, *Atomic Bomb*, 465-466쪽 참조. 아울러 Kolko, *Politics of War*, 204~208, 344, 365, 535, 554~556, 560~567쪽도 참조.

72. *Potsdam Papers 2*: 351~352쪽.

73. 같은 책, 1 : 347쪽.

74. 1945년 맥아더와의 대화 기록. United States Department of Defense, *The Entry of the Soviet Union into the War Against Japan: Military Plans, 1941-1945*(Washington, D.C., 1955), 51~52쪽 수록.

75. *Potsdam Papers 1*: 905쪽.

76. 1945년 7월 24일 삼국 군사회담 회의록. 같은 책, 2: 345쪽 수록.

77. 1945년 6월 18일 백악관에서 열린 회의의 마셜 장군과 킹 제독의 발언 참조. *Potsdam Papers 1*: 903~910쪽 수록.

78. Yergin, *Shattered Peace*, 101~102, 115~116 참조. 아울러 Mark Paul, "Diplomacy Delayed: The Atomic Bomb and the Division of Korea', 1945,"in Bruce Cumings, ed., *Korean-American Relations, 1945-1953*(Seattle : University of Washington Press, 1983), 67~91쪽 ; Matray, "Reluctant Crusade," 5장 ; Thorne, *Allies of a Kind*, 500, 529~550쪽 참조.

79. J. Lawton Collins, *War in Peacetime: The History and Lessons of Korea*(Boston : Houghton Mifflin Co., 1969), 25-26쪽 주석.

80. 1950년 7월 12일 러스크의 편지. *FRUS*(1945), 6: 1039쪽 수록. 그 해를 넘기면서 군부의 결정이 모두 그릇됐다는 비난이 많이 제기됐다. 존 군터John Gunther는 *The Riddle of MacArthur*(New York : Harper &Bros., 1950), 178쪽에서 그 뒤 아메리카 프렌즈 봉사단American Friends Service Committee 사무총장이 된 루이스 해스킨스Lewis Haskins의 말을 인용했다.

    "일본이 항복하기 직전 준장 몇 명이 국방부의 한 사무실로 급히 들어와 말했다. '우리는 한국을 분단할 것이다. 어디를 기준으로 삼을 것인가?' 극동 문제를 잘 아는 한 대령이 상관에게 항의했다. '당신은 그럴 수 없습니다. 한국은 하나의 사회·경제 단위입니다. 그것을 나눌 수 있는 곳은 없습니다.' 장군들은 계속 주장했다. '우리는 오늘 오후 4시까지 한국을 분단해야 한다."

    아울러 Arthur L. Grey, "The Thirty-eighth Parallel," *Foreign Affairs 29*, no. 3(April 1951) : 485, 487쪽 ; and Soon Sung Cho, *Korea in World Politics, 1940-1950* (Berkeley : University of California Press, 1967), 56~58쪽 참조. 최근의 한 공식 연구는 분단의 결정이 육군성 작전국에서 이뤄졌으며 그것은 포츠담 회담 동안 미국 군부가 세운 한국 관련 초기 계획에 따른 것이라고 암시했다. 그러나 이런 해석은 무리하고 모순되며 러스크의 개인적 설명을 고려하지 않았다(James F. Schnabel, *Policy and Direction: The First Year*[Washington D.C. : Office of the Chief of Military History, 1972], 7~9쪽 참조).

81. Schnabel, *Policy and Direction*, 11쪽.

82. 38도선으로 한국을 분할하자는 제안은 8월 15일 연합국에 전달된 일반명령 1호에 포함됐다. 거기에 대한 스탈린의 응답에는 한국에 대한 내용이 없다(Stalin's correspondence

with Churchill, Attlee, Roosevelt, and Truman, 1941-1945[New York : E. P, Dutton & Co., 1958] [originally published in Moscow by the USSR Ministry of Foreign Affairs], 261~266쪽 참조).

83. Schurmann, *Logic of World Power*, 566쪽.

84. Cho, *Korea in World Politics*, 47~50쪽에서는 1592년까지 거슬러 올라가 한국을 분할하려는 여러 시도를 훌륭하게 서술했다.

85. 이를테면 1945년 9월 2일 스탈린은 "만주에서 일본에 설욕하는 것은 장년층에게 러일전쟁 이후 꼬박 40년을 기다려온 숙원"이라고 말했다(Beloff, *Soviet Policy*, 246쪽에서 인용).

86. Morris, "Korean Trusteeship," 118쪽.

87. Kolko, *Politics of War*, 140쪽.

88. Han-mu Kang, "The United States Military Government in Korea, 1945-1948 : An Analysis and Evaluation of Its Policy"(Ph. D. dissertation, University of Cincinnati, 1970), 1~2쪽 ; Schnabel, *Policy and Direction*, 7~8쪽. 아울러 Leonard C, Hoag, American Military Government in Korea : War Policy and the First Year of Occupation, 1941-1946" (draft manuscript prepared under the auspices of the Office of the Chief of Military History, Department of the Army, Washington, D.C., 1970), 69~78쪽도 참조.

89. USAFIK, "HUSAFIK," Manuscript in the Office of the Chief of Military History, Washington, D.C.(Tokyo and Seoul : 1947, 1948), 1권 1장 5, 18쪽. 슈나벨Schnabel은 *Policy and Direction*에서 이런 비상 사태에 대응하는 계획을 38도선으로 한국을 분단하려는 조짐으로 오해했다고 생각되지만(7~8쪽) 곧 실질적 분단은 8월 10~11일 삼성조정위원회에서 도출됐으며 베이커 작전Operation Baker과는 전혀 관련이 없다고 인정했다(9쪽).

90. Barbara W Tuchman, *Stilwell and the American Experience inchina, 1911-1945*(New York : Macmillan Co., 1971), 663쪽.

91. 현존하는 자료는 실제 날짜가 서로 다르다. USAFIK, "XXIV Corps Journal," XXIV Corps Historical File에서는 8월 15일로, "HUSAFIK," 1권 1장 10쪽에서는 8월 12일로, Tuchman, Stilwell, 66쪽에서는 8월 14일 이후로 봤다.

92. Tuchman, *Stilwell*, 665쪽 ; "XXIV Corps Journal," March 11, 1946 첫 부분. 터크먼Tuchman은 워싱턴이 장제스를 선호하는 데 맥아더가 개입했다고 본다. 그녀는 스틸웰의 반응도 인용했다. "그렇게 그들은 장제스를 옹호하면서 내 목을 다시 한번 잘랐다(665쪽)."

93. 하지가 임명된 공식적 날짜는 1945년 8월 18일이다("HUSAFIK," 1권 1장 25쪽).

94. 같은 책, 12~13쪽. 아울러 24군단 기록관 앨버트 키프가 하지를 언급한 사항 참조. "XXIV Corps Journal," February 11, 1946.

95. Roy E. Appleman et al., *Okinawa: The Last Battle*, U.S. Army in World war Ⅱ(Washington, D.C. : United States Department of the Army, Historical Division, 1948), 26쪽 참조.

96. "HUSAFIK," 1권 1장 12쪽.

97. *New York Times* 1963년 11월 13일 하지의 부고기사 참조.

98. "HUSAFIK," 1권 1장 16쪽.

99. Kang, "United States Military government in Korea," 27쪽. 그레고리 헨더슨은 *Korea : The Politics of the Vortex*(Cambridge : Harvard University Press, 1968), 123쪽에서 "하지 장군은 해상 수송 시간을 기준으로 2000만 명에 가까운 인구를 가진 나라에 지배권을 행사한 역사상 첫 인물일 것"이라고 썼다. 스틸웰은 다른 고려사항 때문에 하지를 선택했다는 데 이의를 제기할 것이다.

100. 1945년 8월 10일의 각서. *FRUS*(1945), 8 : 967쪽 수록.

101. 같은 책, 149쪽.

102. Schnabel, *Policy and Direction*, 11쪽. 링컨 장군은 육군성 작전국 전략정책단 단장이었다. 그는 스탈린이 일반명령 1호에 회신할 때까지 미국이 기다리자고 제안했다.

103. 10군 96사단은 9월 말 한국에서 톈진天津으로 이동했다("HUSAFIK," 1권 6장 29쪽). 24군단 장교는 대부분 원래 일본으로 파견될 예정이었다.

104. "XXIV Corps Journal," August 14, 1945 첫 부분. 메릴 장군은 "한국 점령은 아직 정부 고위층에서 논의되고 있으며 미국이 한국을 전혀 점령하지 않을 가능성이 있다고—참모들에게만—설명했다." 아울러 "HUSAFIK," 1권 1장 2쪽 참조.

105. "XXIV Corps Journal," August 12 and August 27, 1945 첫 부분 ; "HUSAFIK," 1권 1장 34~36쪽.

106. 1947년 8월 27일 하지가 앨버트 웨더마이어 장군과 나눈 대화 기록. XXIV Corps Historical File 수록. 또한 하지는 1945년 8월 27일 맥아더 사령부에 보낸 전문에서 한국으로 이동을 "긴급발진scramble"이라고 표현했다(XXIV Corps Historical File 수록).

107. "HUSAFIK," 1권 1장 34쪽.

108. 같은 책 34쪽에서 인용.

109. Cable, Joint Chiefs of Staff to MacArthur, August 24, 1945 ; in RG 218, JCS, 383.21 Korea (3-19-45) 1942-1945, box no. 638.

110. Morris, "Korean Trusteeship," 114~115쪽에 서술된 1945년 7월 31일부터 8월 22일까지 열린 극동위원회 회의록에서 인용.

111. "XXIV Corps Journal," August 25, 1945 첫 부분.

112. "HUSAFIK," 1권 1장 59쪽.

113. 같은 책, 60쪽.

114. 콜코는 "미군이 내륙 깊숙이 자리한 서울과 인천에 도착했을 때 소련이 점령하고 있었다"고 잘못 말했다(*Politics of War*, 60쪽). 서울은 남한에서 그리 "깊숙이 자리한" 곳이 아니라 38도선에서 35마일(약 56킬로미터) 정도 남쪽에 있다.

115. Henderson, *Vortex*, 121쪽. 아울러 Kang, "United States Military Government in Korea," 3~4쪽 참조.

116. Ernst Fraenkel, *Military Occupation and the Rule of Law: Occupation Government in the Rhineland, 1918-1923*(New York : Oxford University Press, 1944), 183~184쪽. 카네기 재단The Carnegie Endowment은 전후 독일 점령에 적용되기를 바라며 이 연구를 지원했다. 그러나 프랭켈은 미군정청 사법부에서 경력을 마쳤다(5장 참조).

117. 같은 책, x쪽. 점령 뒤 파시스트 제도를 없앨 것인지에 대한 토론이 전쟁 중에 많이 이뤄졌다. 1943년 시칠리아 섬을 점령해 파시스트 관료를 일시적이며 "비정치적"으로 이용하면서 그 문제는 해결됐지만, 종전 무렵 점령군은 패배한 추축국에서 "정치적·사회적 생활을 완전히 다시 수립하는 도구로 그들을 이용하기로" 합의했다. Harry L. Coles and Albert K. Weinberg, *Civil Affairs : Soldiers Become Governors*(Washington, D.C. : Office of the Chief of Military History, 1964), 144~146쪽 참조. 아울러 Frederick M. Watkins, "Military Occupation Policy of the Axis Powers," and Merle Fainsod, "The Development of American Military Government Policy During World war Ⅱ," 참조. 모두 Carl J. Friedrich et al., *American Experiences in Military Government in World war*(New York : Rinehart & Co., 1948) 수록.

118. "XXIV Corps Journal," August 14, 1945 첫 부분. 유엔 구제부흥기구United Nations Relief and Rehabilitation Agency, UNRRA 미국 대표 딘 애치슨은 1945년 5월 18일 각서에서 한국은

"작전상 적국 영토"였지만 카이로선언의 공약에 따라 유엔 구제부흥기구의 지원을 받을 수 있는 "해방된 지역"으로 분류해야 한다고 주장했다. 유엔 구제부흥기구는 1945년 8월 그 제안을 승인했다(*FRUS*[1945], 2 : 979~981, 1003쪽 참조).

119. 공식 기록인 "HUSAFIK"은 맥아더의 "작전명령 4호"(나는 보지 못했다)를 아래와 같이 서술했다. "한국인은 적국 국민이 분명했지만 해방된 국민으로 대우해야 한다." "적국 국민이 분명하다"는 표현은 주한미군 기록관이 덧붙인 것으로 보인다("HUSAFIK," 1권 1장 63~64쪽). 한국 국민이 적대 세력인지 우호 세력인지와 관련된 상충하는 해석은 Hoag, "American Military Government," 103~104쪽도 참조.

120. 9월 4일 하지의 지령은 Kang, "United States Military Government in Korea," 34~35쪽에 인용돼 있다.

121. USAMGIK, "History of the United States Army Military Government in Korea, Period of September 1945 to 30 June 1946" (Seoul. Office of Administrative Services, Statistical Research Division, 1946), 3: 139쪽(이하 "HMGK"로 줄임).

122. "HUSAFIK," 1권 1장 51~52쪽에서 인용. 이 전문은 도쿄의 일본 정부로 부쳐져 맥아더에게 전달됐고, 맥아더는 오키나와에 있는 하지에게 즉시 보냈다.

123. 같은 책, 52쪽. 총독부에서 보낸 전문은 없지만 맥아더의 메모는 RG 5, SCAP, Japanese Surrender File no. 2, MacArthur Archives에서 볼 수 있다.

124. "HUSAFIK," 1권 1장 58쪽.

125. 라디오 연설은 같은 책, 58~59, 70~71쪽에서 인용.

126. 같은 책, 71쪽.

127. *New York Times*, September 23, 1945.

128. Philip H. Taylor, Administration and Operation of Military Government in Korea," in Friedrich et al., *American Experiences*, and Arthur D. Bouterse, Philip H. Taylor, and Arthur A. Maass, "American Military Government Experience in Japan," in Friedrich, 320~321쪽. 아울러 "HUSAFIK," 3권 1장 28~30쪽 ; Kazuo Kawai, *Japan's American Interlude*(Chicago : University of Chicago Press, 1960), 20쪽도 참조.

129. 1945년 4월 합동정보 연구편찬실Joint Intelligence Study Publishing Board은 "기밀confidential"로 분류된 두 권짜리 방대한 문헌을 발간했는데 Modern Military Branch, United States National Archives에서 이용할 수 있다. 24군단이 그 문헌을 가지고 연구한 사실은 "HUSAFIK," 1권 1장 20쪽에 서술돼 있다.

130. 24군단이 오키나와에서 그것을 소지하고 있었다는 그밖의 정보에 관심을 가진 독자는 나의 논문 "Politics of Liberation," 226~233쪽 참조.

131. "HUSAFIK," 1권 1장 64쪽.

132. Schurmann, *Logic of World Power*, 3~56쪽.

133. *Shattered Peace*, 83쪽에서 예긴Yergin은 트루먼이 1945년 4월 23일 몰로토프와 한 유명한 첫 회담에서 미국은 바라는 것을 100퍼센트 얻지는 못해도 "85퍼센트는 얻어야 한다"고 말했다고 인용했다.

5장 새 질서의 구축: 미군의 진주와 정부·경찰·국방 정책

1. Franz Neumann, *The Democratic and the Authoritarian State*(Glencoe Ill.: Free Press, 1957) 236쪽.

2. 샤트슈나이더E. E. Schattschneider의 발언 참조. "모든 형태의 정치조직은 그 자체가 특정한 경향을 가진 사람들을 동원한 것이기 때문에 어떤 갈등은 이용하고 어떤 갈등은 억압하는

경향이 있다. 어떤 사안은 정치 문제로 조직되지만 어떤 사안은 정치 바깥으로 밀려난다(*The Semi Sovereign People*[New York, 1960], 71쪽 참조)."

3. 한국에서 혁명 세력의 힘과 중요성은 서울보다 지방의 정치에서 좀더 분명하게 묘사됐다. 이 연구의 구조적 이유 때문에 이런 측면은 3부에서 다룰 것이다. 그러나 지방의 정세는 중앙에서 미국이 추진한 정책의 핵심적 배경이기 때문에 독자는 이 장들을 참조하기 바란다.
4. H. Franz Schurmann, *The Logic of World Power : An Inquiry into the Origins, Currents and Contradictions of World Politics*(New York : Pantheon Books, 1974), 97쪽.
5. USAFIK, "HUSAFIK" Manuscript in the Office of the Chief of Military History, Washington, D.C.(Tokyo and Seoul, 1947, 1948), 3권 2장 10쪽.
6. USAMGIK, "HMGK"(Seoul : Office of Administrative Services Statistical Research Division, 1946), 1: 1쪽. 그랜트 미드E. Grant Meade는 1945년 10월 도쿄의 맥아더 사령부에서 민정을 실시하러 한국으로 떠나는 장교들에게 한 정책 설명에서 미국의 한국정책은 "공산주의에 맞서는 방어벽을 구축하는 것"이라는 인상을 주었다고 서술했다(*American Military Government in Korea*[New York : King's Crown Press, Columbia University, 1951], 52쪽 참조).
7. "HUSAFIK," 1권 1장 72~75쪽 참조. 수송선단은 사령선 캐톡틴Catoctin 호의 지휘를 받는 미해군 7함대에 소속됐다—캐톡틴 호는 루스벨트가 얄타회담에 참석할 때도 사용됐다.
8. 장교 8명과 병사 10명으로 구성된 미국 선발대는 9월 4일 김포공항에 도착해 일본인과 접촉했다. 9월 4일 날씨가 나빠 오키나와로 돌아갈 수밖에 없던 장교 21명은 9월 6일 서울에 도착했다. 토시마로 수가이 소장少將은 조선호텔을 선발대의 숙소로 제공했다. 몇 자료에서는 미국이 여러 저명한 한국인의 방문을 거절했다고 서술했다. 리처드 로빈슨은 미국인이 일본인 고위 군인과 관리에게 연회를 베풀어 "며칠 동안 만취했다"고 서술했다(Richard Robinson, "Betrayal of a Nation," 1947[private copy at Massachusetts Institute of Technology), 15쪽. 자신의 원고를 읽도록 허락하고 이 시기에 대한 개인적 기억을 들려준 로빈슨 박사께 감사드린다. 그는 미군정청 공보부에서 근무했으며 육군성 역사기록관으로 일한 바 있다. "Betrayal of a Nation"은 그가 한국을 떠나기 전 태워버리라고 지시받은 방대한 원고의 일부다). 선발대의 활동에 관련된 로빈슨의 설명을 부분적으로 확인해주는 자료는 "HUSAFIK," 1권 4장 5쪽 참조.
9. "HUSAFIK," 1권 4장 6쪽. 「매일신보」 1945년 9월 12일자에서는 일본군이 노동조합 지도자 권평근과 보안대원 이석우를 사살했다고 보도했다.
10. *New York Times*, September 12, 1945.
11. 이를테면 Andrew Roth, "Korea's Heritage," *Nation* 162, no. (February 2, 1946) : 122쪽 참조.
12. Robinson, "Betrayal of a Nation," 16쪽. 아울러 윌리엄 랭던의 발언 참조. State Department, *FRUS*(1945), 6:1135쪽 수록.
13. "HUSAFIK," 1권 4장 7쪽.
14. 같은 책, 7~9쪽의 설명과 "XXIV Corps Journal," in XXIV Corps Historical File, September 9, 1945 첫 부분에 기초했다.
15. *Seoul Times*, September 10, 1945 ; "HUSAFIK," 1권 4장 15쪽. 한국인은 그런 온정적 발언을 일본인에게서 지겹도록 들었다. 1920년 하라 케이 총리는 일본의 한국정책이 성공하려면 "한국인이 지위를 상승할 수 있도록 노력을 유발해야 한다"고 말했는데 본질적으로 하지의 생각과 일치했다. 물론 일본인은 한국인의 행동을 판단했으며 그들이 정부에 좀더 많이 참여할 준비가 됐는지 결정했다(Hugh Heung-woo Cynn, *The Rebirth of Korea*[New York : Abingdon Press, 1920], 166~169쪽에 인용된 하라의 발언 참조). 아울러 부록 B에

실린 하지의 "To the People of Korea" 참조.

16. *Seoul Times*, September 10, 1945.
17. "HUSAFIK," 1권 4장 17쪽.
18. A. Wigfall Green, *The Epic of Korea*(Washington, D.C. : Public Affairs Press, 1950), 15, 33, 100쪽 참조.
19. *New York Times*, September 11, 1945. 그 신문의 사설에서는 "우리는 일본 식민지의 국민에게는 '부드럽고' 우리가 해방시킨 국민에게는 강경할 것인가?"라고 물었다.
20. *FRUS*(1945), 6:1045쪽. 1945년 9월 18일 트루먼은 이런 성명을 발표했다. "잠시 유임된 일본인은 그들의 기술적 능력이 반드시 필요하기 때문에 한국 국민과 우리 점령군에게 이용될 것입니다." 아울러 그 성명에서는 "한국의 경제와 정치에 일제 통치가 남겨놓은 흔적을 모두 없앨 것"이라고 약속했지만 그런 목표에는 "시간과 인내"가 필요하다고 말했다(*FRUS*[1945], 6:1048쪽). "HUSAFIK," 1권 4장 18쪽도 참조.
21 "HUSAFIK," 1권 4장 18쪽.
22. 아놀드는 미 육군사관학교 출신으로 재학 중에 전미 미식축구 대표로 뽑히기도 했다. 그는 세계대전 중에 레이테 섬과 오키나와 전투에서 지휘관으로 참전했다. 그는 포병 전문가로 알려졌다("HUSAFIK," 3권 1장 24쪽).
23. "HUSAFIK," 1권 4장 19쪽. 공식 명칭인 USAMGIK(United States Army Military Government in Korea)은 1946년 1월 14일 채택됐다. 원래 미국은 USAMGOK(Government of Korea)이라고 불렀지만 공식 자료에 따르면 "뒷부분 세 철자가 'gook("끈적거리는 오물"이라는 뜻으로 동양인을 비하하는 말—옮긴이)'처럼 들린다"는 이유 때문에 바꿨다.
24. *Seoul Times*, September 14, 1945.
25. USAFIK, XXIV Corps Historical File, Military Government team no. 3, daily Journal, September 11 and September 13, 1945 첫 부분.
26. "HUSAFIK," 1권 4장 36쪽 ; 7장 17쪽 ; 3권 2장 13쪽. 원래 350건인 각서 가운데 소수만이 군정 문서 자료에 남아 있는 것으로 생각된다.
27. 『조선인민보』 1945년 9월 8일자; *Seoul Times*, 1945년 9월 12일자 참조. 『해방뉴스』 8월 26일자에서는 건준이 8월 26일 미군 환영위원으로 3명을 뽑았다고 보도했다. 그 3명은 인공 수립에 대해서는 말하지 않았으며 그것을 몰랐던 것으로 보인다.
28. 이만규, 『여운형 투쟁사』, 237~238쪽.
29. 그들은 김성수·장덕수·구자옥·홍순엽·이원철·박용희·김창수·조만식 등 8명이다(조만식은 9월 8일 한민당 명단[3장 참조]에 들어 있었지만 자기 이름을 사용하도록 허가하지는 않은 것으로 보인다. 9월 초 그는 건준 북조선 지부를 계속 이끌고 있었다). 나머지 3명은 9월 1일 건준과 결별한 안재홍, 의사인 이임수, "최동"이다(G-2 "Periodic Report," no. 1, September 8-9, 1945, in XXIV Corps Historical File 명단 참조).
30. 『친일파 군상』, 6, 25쪽에서는 여운홍을 친일파라고 비판했으며, 그를 잘 알던 레너드 버치도 동의했다(1973년 5월 19일 대담). 여운홍과 그밖의 두 사람이 건준의 위임 권한(그들이 그것을 가졌다면)을 넘어 행동한 것은 8월 26일 이강국도 건준의 미군 환영위원으로 선출됐다는 사실에서 유추할 수 있다(『해방뉴스』 8월 26일자 첫 부분).
31. 두 번째 명단에 들어 있는 14명은 윤치호·박중양朴重陽·김명담金明濬·한상룡·이진호李軫鎬 등인데 모두 일제에게 작위를 받았다. 그밖에 기독교 지도자로 일제에 협력한 신흥우·양주삼, 경성방직주식회사 사장 김연수, 화신백화점을 비롯한 여러 기업을 소유한 기업가 박흥식, 총독부 학무국 고위관리 엄창섭嚴昌燮 그리고 조병상曺秉相·신용인愼鏞寅·김태운金泰雲·이기용李琦鎔 등이 포함됐다(G-2 "Periodic Report," no. 1, September 8-9, 1945, in XXIV Corps Historical File의 명단 참조).

32. "HUSAFIK," 2권 1장 2쪽.

33. G-2 Periodic Report, no.1, September 8-9, 1945.

34. *Seoul Times*, September 12, 1945. 앤드루 로스Andrew Roth와 하지는 "브라운대학교의 우등 졸업생이 작은 배를 타고 부두에 내려 나를 만나 (한국 정부의) 재정 장관이 되고 싶다고 말했다"고 미국인 기자에게 말했다("Cross-Fire in Korea," *Nation* 162, no. 8[February 23, 1946], 220쪽 참조). 그는 부유한 지주이자 은행가로 브라운대학교를 졸업한 뒤 1945년과 1946년 건준과 좌익에 접근한 백상규였다. 그는 미국인에게 다가가 "안녕하십니까! 1905년 브라운대학교 졸업생입니다"라고 말하곤 했다(하버드대학교 에드워드 와그너 교수와 1974년 4월에 나눈 대화).

35. Ernst Fraenkel, *Military Occupation and the Rule of Law: Occupation Government in the Rhineland, 1918-1923*(New York : Oxford University Press, 1944), 33~34쪽 ; Harry L. Coles and Albert K. Weinberg, *Civil Affairs : Soldiers Become Governors*(Washington, D.C. : Office of the Chief of Military History, 1964), 145. 그런 경고는 24군단이 한국에 가져온 군정 업무편람에서 강조됐다.

36. G-2 "Periodic Report,"no. 2, September 10-11, 1945.

37. G-2 "Periodic Report," nos. 3, 4, 6, 10, 12, September 10-21, 1945.

38. Louise Yim, *My Forty Year Fight for Korea*(Seoul : Chungang University, International Culture Research Center, 1951), 242쪽 ; PakInduk, *September Monkey*(New York : Harper &Bros., 1954), 211쪽. 미군정의 요청으로 미국 전역을 순회하며 연설한 바 있는 철저한 반공주의자인 박인덕(여성)은 "공산주의자"의 불합리한 요구의 보기로 다음을 들었다.

    "그들은 농장이 대토지를 소유한 농업국가나 지역에서는 토지를 농민들에게 나눠주겠다고 약속했지만, 공업국가나 사회에서는 노동자가 겪는 부당한 대우나 열악한 생활에 집중해 불안하고 동요하는 상황을 만든 뒤 노동자가 생산물을 공평하게 나눠 가질 수 있다고 약속했다(250쪽)."

39. "XXIV Corps Journal," September 10, 첫 부분 ; "HUSAFIK," 1권 3장 5~7쪽.

40. 김준연 편, 『한국민주당 소사』, 16~18쪽. 한민당이 건준 북조선지부 지도자 조만식를 친일파로 비난하지 않았다는 사실은 주목된다.

41. 여운형·허헌·안재홍은 기간은 다르지만 모두 일제 때 복역했다. 내가 알기에 그들이 일제에 죽음을 각오하고 저항했다는 견고한 증거는 없다. 그러나 이 책에서 미국인에게 정보를 제공한 사람으로 언급된 한민당 지도자 가운데 김성수·장덕수·서상일·김도연·임영신·박인덕은 미국과 한국 자료에서 대일협력 혐의가 있다고 지적됐다. G-2, "Biographies" ; in XXIV Corps Historical File ; 『친일파 군상』, 6, 31, 50~53, 139쪽 참조. 아울러 3장의 개인 경력 정보도 참조.

    제임스 팔레는 조선시대의 당쟁을 이렇게 서술했다. "유학자의 두드러진 특징인 독선적 도덕주의는 정치권력을 둘러싼 경쟁과 실제적 쟁점에 관련된 논쟁으로 파생된 반감을 강화하고 지속했다. 반대 세력의 비행은 죽은 뒤에도 처벌해야 하는 도덕적으로 가증스러운 행동으로 자주 규탄됐다." 또한 그는 격렬한 인신공격의 이면에는 핵심 쟁점인 정치권력과 관련된 이해관계가 숨겨져 있다고 지적했다(*Politics and Policy in Traditional Korea*[Cambridge : Harvard University Press, 1976], 46쪽).

42. 여운형은 하지가 자신을 만나기를 거절했다고 암시했지만, 이만규는 여운형이 미국인에게 아첨하는 모든 행동을 혐오해 10월 5일에야 하지를 만났다고 말했다(*Voice of Korea*, no. 90, September 16, 1947 ; 이만규, 『여운형 투쟁사』, 239쪽 참조).

43. 이 인용문은 암살되기 전 1947년 7월 18일에 쓴 여운형의 마지막 편지에서 가져온 것이며, *Voice of Korea*, no. 90, September 16, 1947에 실렸다.

44. G-2 "Periodic Report," no. 3, September 11-12, 1945.
45. G-2 "Periodic Report," no. 10, September 18-19, 1945.
46. 점령 초기 한국 신문들에는 한민당 지도자를 비롯한 그밖의 인물들이 자리와 권력을 추구하는 행태를 비난한 기사로 가득 찼다. 9월 16일 『서울 타임즈』는 미군정 사령부를 맴도는 "아첨꾼"과 "기회주의자"를 비난했다. 그 신문에서는 그들의 이름을 밝히지는 않았지만 미국에서 공부했고 "일제의 환심을 사는 방법"을 알고 있으며 "같은 무대에서 같은 연극이 상연될 것"으로 생각하는 사람들이라고 말했다. 비좌익 계열의 또 다른 자료는 일제 치하에서 다른 사람들이 굶주리는 동안 성장했고 지금은 미군정에 접근하고 있는 자본가와 지주들의 사대주의를 비판했다(배성룡, 『이 혼돈을 어떻게 수습할까』, 서울 : 전국정치운동자 후원회, 1945, 10~12쪽 참조). 아울러 재미한족연합위원회, 『해방조선』, 10쪽과 좌익 계열 신문인 『문화전선』 1945년 11월 15일자 참조.
47. 군정 초기에 다른 일부 자료에서는 이 책과 다르게 묘사했다고 말하는 것은 일종의 절제된 발언이다. 이를테면 "한국의 정파와 정당의 복잡한 구성 때문에 어떤 정파와 우호를 맺어야 하고 어떤 정파를 무시해야 하는지 알기 어렵다"는 군정 고위 관료 E. A. J. 존슨Johnson의 발언과 비교해보라(*American Imperialism in The Image of Peer Gynt*[Minneapolis : University of Minnesota Press, 1971], 180쪽). 그러나 좌익과 우익은 한 병에 들어 있는 두 마리의 전갈과 같고 미국인은 하나를 희생시켜 다른 하나를 길렀다는 것이 진실이다.
48. 1945년 9월 15일 베닝호프가 국무장관에게. *FRUS*(1945), 6:1049~1053쪽 수록.
49. 같은 책, 1051쪽. 주의 깊은 독자는 원래 "모든" 한국인이 일본인의 재산을 인도하라고 요구했다는 표현을 "공산주의자"가 요구했다는 것으로 베닝호프가 바꿨다는 사실을 알아챌 것이다.
50. Herbert Feis, *The Atomic Bomb and the End of World war*(Princeton : Princeton University Press, 1966), 166쪽 주석.
51. 1945년 9월 15일 베닝호프가 국무장관에게. *FRUS*(1945), 6:1053쪽 수록.
52. 1945년 9월 15일 베닝호프가 국무장관에게. *FRUS*(1945), 6:1061~1065쪽 수록.
53. 같은 책, 1061, 1063쪽.
54. 같은 책, 1063~1064쪽.
55. 같은 책, 1064~1065쪽.
56. "HUSAFIK," 2권 1장 3, 6~7쪽. 9월 13일 한민당 선전부는 미국이 한민당과 논의하는 과정에서 미국은 인공을 인정하지 않았으며 군정이 남한의 유일한 정부라는 사실을 확인했다는 성명을 발표했다(국사편찬위원회, 『대한민국사—자료』 1: 97쪽). 이것은 공식적이지는 않지만 미국의 승인을 받은 것으로 보이는 한민당의 여러 성명 가운데 첫 사례였다.
57. *Seoul Times*, 1945년 9월 7일자.
58. 1945년 10월 9일 베닝호프가 주일 임시 정치고문(조지 애치슨)에게. *FRUS*(1945) 6:1069쪽 수록.
59. *Seoul Times*, 1945년 10월 10일자.
60. 이만규, 『여운형 투쟁사』, 240~241쪽.
61. 같은 책, 241~242쪽 ; *Seoul Times*, 1945년 10월 5일자.
62. "HUSAFIK," 2권 1장 8쪽. 이용설은 의사, 전용순은 사업가, 오영수는 은행가, 강병순은 변호사, 윤기익은 광산주였다(『자유신문』 1945년 10월 7일자. 『대한민국사—자료』 1: 191~192쪽 수록).
63. 1945년 10월 9일 베닝호프가 애치슨에게. *FRUS* 6:1069쪽 수록.
64. 해방 당시 중추원 명단 참조. USAMGIK *Official Gazette*, removal order no. 29, November 3, 1945. 김성수와 호남 세력은 1장 참조.

65. G-2 "Periodic Report," no. 34, September 22-23, 1945.

66. Supreme Command, Allied Powers, *Summation of Non-Military Activities in Japan and Korea*(Tokyo, November 1945), 181쪽(이하 SCAP Summation으로 줄임).

67. "고위 관직을 사칭하는 사람들이 흥행 가치도 의심스러운 인형극에서 연기하고 있다면, 즉시 막을 내려야 한다. 일부 '치안유지' 집단이 법과 질서를 보호하려고 신실하지만 어리석게 행동한다면 즉시 해산시켜 본업으로 돌아가야 한다"고 아놀드도 말했다("XXIV Corps Journal," October 10, 1945 첫 부분 ; *Seoul Times*, 1945년 10월 10일자). 아울러 『대한민국사—자료』 1: 227~235쪽에 실린 여러 신문기사 참조.

68. 1945년 10월 9일 베닝호프가 애치슨에게. *FRUS* 6:1069쪽 수록.

69. "XXIV Corps Journal," October 11, 1945 첫 부분. 10월 10일 기자회견에서 한국인 기자들은 여운형이 "매우 존경받는 인물"이며 "이런 공개적 공격은 모든 한국인의 분노를 불러올 것"이라고 말했다. 거수로 의사를 표시할 때 참석한 기자들은 모두 아놀드의 발언을 지지하는 데 반대했다. 글렌 뉴먼Glenn Newman 대령은 그들에게 인공은 한국인을 대표하는 기구가 아니며 한국인은 "지금 질서와 식량을 바란다"고 대답했다(그는 "프랑스는 평온을 요구한다"는 나폴레옹 3세의 유명한 발언을 다르게 표현한 것이다).

70. 같은 책, 10월 12일 첫 부분.

71. "HUSAFIK," 2권 1장 10쪽. G-2 "Weekly Report," no. 7, October 21-28, 1945에 첨부된 원문 참조. 이용설은 1943년 6월 25일, 백낙준은 1943년 7월 25일, 구자옥은 1944년 6월 7일에 연설했다. 장덕수는 진주만 공격(1941년 12월 11일) 나흘 뒤 『매일신보』에 실린 연설에서 미국인을 "흡혈귀"라고 불렀다고 한다. 군정고문이 된 양주삼도 『매일신보』 1944년 8월 6일자에 실린 연설에서 "미국인은 인류의 적"이라고 말했다. 아울러 10월 5일 인공이 발간한 소책자인 『미국 시민에게 보내는 의견』도 참조. 거기서는 "우리 국민은 당신들이 한국 상황의 근본적 현실을 인식하기를 바란다. 여기는 이른바 중산층은 전혀 없고 일제 아래서 고통받은 가난한 사람과 친일파가 되거나 일본인으로 귀화한 부유하고 우월한 정치·사회적 지위를 가진 사람만 있을 뿐"이라고 말했다("XXIV Corps Journal," October 12, 1945 첫 부분).

72. *New York Times*, October 30, 1945.

73. 『매일신보』 1945년 10월 13일 기사 참조.

74. 1945년 10월 10일 베닝호프가 애치슨에게. *FRUS* 6:1070~1071쪽 수록. 인공을 지지하는 신문만이 아니라 대부분의 신문은 소련의 정책보다 미국의 점령정책을 비판적으로 평가했다.

75. 조병옥, 『나의 회고록』, 146쪽.

76. 『해방일보』 5호, 1945년 10월 18일자. 이것을 포함한 다른 호에서도 조선공산당은 미국이 기본적으로 선의를 가졌지만 한국인 고문에게 속아 잘못 인도되고 있다고 판단했다. 다른 호에서 조선공산당은 "특정한 정당"이 미국에게 인공 지도자들은 과격하다고 말했다고 지적했다. 조공은 그들이 참으로 과격하다면 "특정한 정당의 일부 지도자는 지상에서 사라져야 한다"고 언급했다(15호, 1945년 11월 25일).

77. USAMGIK Official Gazette, appointment no. 22, October 20, 1945 참조.

78. "XXIV Corps Journal," October 20 첫 부분 ; 조병옥, 『나의 회고록』, 147~148쪽. 그린Green은 하지가 이승만을 배후에 감춘 뒤 10월 20일 군중 앞에서 "역사적으로" 그를 소개했다고 지적했다(*Epic of Korea*, 72쪽). 이승만의 귀국에 관련된 상황은 7장 참조.

79. 1945년 11월 26일 랭던이 국무부에. *FRUS*(1945), 6:1135쪽 수록. "HUSAFIK," 3권 2장 16쪽에서는 "일제 치하에서 고등교육의 특권을 누린 사람은 모두 의심받았다"고 언급했다.

80. 랭던은 미국과 한국 관계의 중요한 측면을 정확히 지적했다. 뒤에 군정의 고위 관료가 된 클라이드 미첼C. Clyde Mitchell은 미국인은 "'재능 있고' 명석하며 예술과 교양을 배운, 곧 한국 사회의 지배층"과 가장 잘 일할 수 있다는 사실을 깨달았다"고 썼다(Mitchell, *Korea :*

Second Failure in Asia[Washington, D.C. : Public Affairs Institute, 1951], 15쪽 참조). 랭던은 그런 관계는 끝내 끊어질 것이라고 잘못 생각했다. 그런 관계는 지금까지 이어지고 있다. 내 경험에 따르면 미국인이 한국인을 평가하는 기준은 영어를 구사하고 미국인의 마음에 드는 구상을 제시하는 능력이다.

81. 한국은 봉건제의 역사가 없으며 1940년대는 앞 시대와 다른 신기원이 아니었지만, 1940년대 후반 남한의 국가 형태는 구체제의 "정치적·법제적 지배력이 점차 상승해 궁극적으로 중앙집권화된 군사 체제로 변모했다"고, 유럽의 절대주의 시대를 분석한 페리 앤더슨의 설명과 비슷하다. 절대주의 국가의 본질은 "다시 배치되고 다시 충전된 봉건 지배 체제의 기구"였다. 이런 국가는 기본적으로 귀족계급의 재산과 특권을 지키려고 행동하지만, "동시에 잠재적 신흥 상공계급의 기본적 이해도 보장한다(강조는 원문)."(Anderson, *Lineages of the Absolutist State* [London : New Left Books, 1974], 18~19, 40쪽 참조)
82. "HUSAFIK," 3권 5장 7~8쪽.
83. 특히 MG team no. 3 (Seoul), September 11-November 30, 1945의 상세한 보고 참조. 그것은 서울에 주둔한 미군의 활동일지다(United States Army, RG 407, "World war Ⅱ Operations Reports," entry no. 427 수록).
84. 1945년 9월 15일 베닝호프가 국무부에. *FRUS*(1945), 6:1049쪽 ; MG team no. 3, daily Journal, entries for September.
85. MG team no. 3, daily Journal, September 15, October 8, 1945 entries.
86. Lee Won-sul, "The Impact of United States Occupation Policy on the Socio-Political Structure of South Korea, 1945-1948"(Ph. D. dissertation, Western Reserve University, 1961), 2쪽.
87. "HUSAFIK," 3권 5장 27쪽 ; 2장 17~19쪽.
88. 1장의 대화 참조. 아울러 Barrington Moore, Jr., *Social Origins of Dictatorship and Democracy : Lord and Peasant in the Making of the Modem World*(Boston : Beacon Press, 1966), 5장 참조.
89. RaIf Dahrendorf, *Class and Class Conflict in industrial Society*(Stanford : Stanford University Press, 1959), 300쪽.
90. Wonmo Dong, "Japanese Colonial Policy and Practice in Korea, 1905-1945 : A Study in Assimilation"(Ph. D. dissertation, Georgetown University, 1965), 355~363쪽. 하급 관리(판임관급判任官級) 가운데 3분의 1이 한국인이었다.
91. 이 명단은 USAMGIK *Official Gazette*의 명단과 『대한민국사 자료』 1: 62~63쪽의 한민당 "창립자 명단"과 비교해 작성했다. 대부분 1945년 10월과 11월에 임명됐다.
92. G-2 "Weekly Report,"no. 24, February 17-24, 1946.
93. USAMGIK *Official Gazette*, appointment no. 101, July 11, 1946.
94. 이훈구는 *Land Utilization and Rural Economy in Korea*를 쓴 "Hoon K. Lee"다. 그 뒤 그는 군정청 농무부장이 됐다.
95. *Seoul Times*, October 27, 1945. 아울러 『매일신보』 1945년 10월 27일자 참조. 장우식張禹植의 경력은 『朝鮮年鑑 1945』(서울: 京城日報社, 1945), 393쪽 참조. 서울시 인민위원장 최원택崔元澤은 이범승李範昇을 친일파로 지목했다는 이유로 1945년 11월 2일에 체포됐다(MG team no. 3, daily Journal, November 3, 1945 첫 부분).
96. 『朝鮮年鑑 1945』, 380쪽.
97. 9장 참조.
98. 『朝鮮年鑑 1945』, 368쪽.
99. Eric Wolf, *Peasant Wars of the Twentieth Century*(New York : Harper & Row, 1969),

287쪽.

100. 한태수, 『한국정당사』, 13쪽.

101. "HMGK" 1 : 29~30쪽. 이 연구는 "공산주의자"만이 미군정의 인사 조처를 비판했다고 말했다. 아울러 일본 지배 제도의 "한 가지 장점"은 전국의 관료 임명을 중앙에서 통제하도록 한 것이라고 말했다(30~31쪽).

102. 같은 책, 30쪽.

103. 조병옥, 『나의 회고록』, 149쪽. E. A. J. 존슨의 건조한 변명과 비교해보라. "어떤 일이 일어났는지 우리가 알기도 전에 반보수 세력은 경찰과 사법부의 요직을 모두 장악했다(강조는 인용자)."(*American Imperialism*, 167쪽).

104. 조병옥, 『나의 회고록』, 150~151쪽. 아울러 『고하 송진우 선생전』, 324쪽 참조. 조병옥은 한양 조씨 24대 손으로 충청남도 천안의 양반지주 가문에서 태어났다. 그는 한학을 공부한 뒤 배재학당에 들어가 김규식에게 배웠다. 그는 펜실베이니아 주 킹스턴에서 고등학교를 졸업하고 1922년 컬럼비아대학에서 학사학위를 받았으며, 1925년 같은 대학교에서 박사학위를 받았다고 주장했다(컬럼비아대학 동문회 명부에는 그런 기록이 없다). 그는 한국으로 돌아온 뒤 민족주의자로 YMCA에서 활동했으며 신간회 사건으로 투옥됐다. 그는 1937~1945년 보인광산주식회사를 경영했다(조병옥, 『나의 회고록』 1: 23~43, 92~94, 108, 133~134쪽 ; and USAMCIK, "Who's Who in the South Korean Interim Government"[Seoul, 1947]). 조병옥은 1960년 한국 대통령 선거유세 도중 사망했다.

105. "XXIV Corps Journal," October 13, 1945 첫 부분. "정" 씨는 한민당 재정부장을 지내고 1946년 중반 노총을 조직했으며 마약 매매에 관여해 "마약왕"으로 알려진 전용순으로 생각된다(Counter-Intelligence Corps report, Seoul, September 25, 1946).

106. 1973년 5월 19일 레너드 버치와의 대담.

107. National War College, *Korea : Problems of U.S. Army in Occupation, 1945-1947*(Washington, D.C. : Department of the Army, 1948), 4쪽. "HUSAFIK," 3권 5장 43쪽에서는 군정청 법무부에 실질적으로 한국인이 임명된 때를 1946년 2월로 봤다.

108. "HUSAFIK," 3권 5장 73, 77쪽. 아울러 17쪽도 참조. 식민지 시대 사법제도에 관련된 뛰어난 설명은 Dong, "Japanese Colonial Policy," 139~147쪽 참조.

109. "HUSAFIK," 3권 5장 30쪽.

110. 같은 책, 29, 150쪽,

111. 1946년 3월 25일 군정청 사법부 집행관 조지 앤더슨George A. Anderson 소령과의 대담. XXIV Corps Historical File의 "Justice" 항목에 수록. 김영휘 박사는 일제 때 경찰을 복직시키는 데 큰 역할을 했다("HUSAFIK," 3권 5장 29쪽).

112. 『해방조선』 11쪽 ; 민주주의민족전선, 『조선해방 1년사』, 122쪽.

113. 이를테면 Ordinance no. 11, October 9, 1945, in USAMGIK Official Gazette 참조.

114. "HUSAFIK," 3권 5장 36쪽에서 인용.

115. 10장 참조.

116. "HUSAFIK," 3권 5장 61쪽.

117. USAMGIK, Department of Justice, *Selected Legal Opinions of the Department of Justice* (Seoul, 1948).

118. 이를테면 남한에서 한국인의 생활은 북한이나 일제 때 한국인보다 나빠졌다는 1946년 초 한 한국 신문의 사설은 1945년 10월 30일 공포된 군정법령 19호 4부의 조항에 따르면 미군정에 "적대적"인 것이었다. Opinion no. 95, March 21, 1946 참조.

119. Green, *Epic of Korea*, 6, 100~101쪽. 영장 없이 체포하는 것은 Selected Legal Opinions, 4~5쪽 참조.

120. 1946년 3월 25일 군정청 사법부 집행관 조지 앤더슨 소령과의 대담. XXIV Corps Historical File의 "Justice" 항목에 수록. 에머리 우달은 폭넓은 경험을 가진 법률가로 제2차 세계대전이 일어나기 전 중국에 일정 기간 살았으며 중국-인도-버마에서 민정관으로 근무했다 ("HUSAFIK," 2권 2장 32쪽).

121. *Selected Legal Opinions* 참조. 프랭켈과 퍼글러가 다수를 썼다.

122. 『대한경찰전사』에서 해방 시기를 다룬 권의 제목은 '민족의 선봉'이다. 아울러 Arno J. Mayer, *Dynamics of Counterrevolution in Europe, 1870-1956:An Analytic Framework*(New York : Harper Torchbooks, 1971), 59~85쪽 참조.

123. (주 123은 원서에 빠져 있다.—옮긴이)

124. SCAP *Summation*, no. 1, September-October1945, 175쪽.

125. "Basic Initial Directive to the Commander in Chief, U.S. Army Forces, Pacific, for the Administration of Civil Affairs in Those Areas of Korea Occupied by U.S. Forces," (SWNCC no. 176/8) ; in *FRUS*(1945), 6:1073~1091쪽. 이 문서는 8월 말 초안이 완성된 뒤 수정을 거쳐 10월 17일 맥아더에게 보내졌다. 완성되기 전의 초안은 RG 353, SWNCC-SANACC, SWNCC no. 176/17, box no 29 참조.

126. "HUSAFIK," 3권 4장 1부 1쪽.

127. 같은 책, 2~4, 15쪽.

128. "XXIV Corps Journal," September 13, 1945. 그러나 쉬크도 당시 경찰은 24군단 G-2보다 나은 정보를 자신에게 제공한다고 말했다.

129. 97th MG Company, "Unit History." 아울러 1946년 11월 7일 한미공동회의 의사록 참조. XXIV Corps Historical File 수록. 장택상도 "지주-기업가"였다. 한국의 유서 깊고 부유한 가문 출신인 그는 대구 근처 칠곡에서 태어나 영국 에든버러대학교를 졸업했다. 일제 초기 고위 관료였던 그의 아버지는 한국인 민족주의자에게 암살됐지만, 장택상은 초기 민족주의 지도자였으며 1919년 베르사유회의에 임시정부 대표로 파견됐다. 한국으로 돌아온 뒤 그는 온건한 개량적 민족주의 노선에서 활동했다. 1940년대 그는 대구은행 중역을 맡았다.
군정의 일부 미국인들은 그밖의 한국인 고위 관료보다 그를 가장 증오했다는 사실도 지적해야 한다. 제24군단 주임 기록관 해럴드 라슨Harold Larsen은 그를 "네로Nero의 얼굴과 괴링Goering의 행동을 지닌 어리석고 비천한 인물"로 묘사했다. 국무부 인사문서에서는 그가 "임정에서 가장 혐오받는 인물"이라고 언급했으며 "잔인하고 무자비하며 '권력자'가 될 가능성을 지녔다"는 한 미국인 고문의 발언을 인용했다. 장택상은 1948년 대한민국의 초대 외무장관이 됐다. State Department, "Biographic Reports on the Cabinet of the Korean Republic"[Washington, D.C. : Office of Intelligence and Research, 1948], in RG 94, USAMGIK ; Harold Larsen's report of conversation with Leonard Bertsch, December 5, 1946, in XXIV Corps Historical File ; and a packet of raw information in ibid, box no. 21 참조. 아울러 수도관구 경찰청, 『해방이후 수도경찰 발달사』, 129쪽 참조.

130. 97th MG Company, "Unit History."

131. 조병옥, 『나의 회고록』, 154~155쪽.

132. "HUSAFIK," 3권 4장 1부 11~12쪽. 적어도 1947년 12월까지 미국은 그런 경찰력을 계속 지원하고 그것의 의미 있는 개혁을 거부해 "한국 정치에서 가장 강력한 결집력을 가진 집단"을 약화시키지 않았다(*Activities of the South Korean Interim Government*, no. 27, December 1947, 167쪽 참조).

133. "HUSAFIK," 2권 4장 2부 43쪽.

134. Kazuo Kawai, *Japan's American Interlude*(Chicago : University of Chicago Press, 1960), 108쪽.

135. Mark Gayn, *Japan Diary*(New York : William Sloane Associates, 1948), 391쪽. 맥린 대령은 뉴욕시의 직업경찰이었다.

136. Donald S. McDonald, "Field Experience in Military Government: Cholla Namdo Province, 1945-1946," in Carl J. Friedrich et al., *American Experiences in Military Government in World War* Ⅱ(New York : Rinehart & Co., 1948), 375쪽. 맥도널드는 경찰을 중앙집권화하는 데 미국의 역할을 너무 크게 평가했다. 그것은 일제 제도를 부활한 측면이 컸다.

137. "HUSAFIK," 3권 4장 1부 19~20쪽.

138. 수도관구 경찰청, 『해방 이후 수도경찰 발달사』, 117쪽.

139. 식민지 시대에 걸쳐 외사과外事課는 만주에서 한국으로 잠입한 항일 혁명가의 활동을 진압하는 임무를 맡았다.

140. 모두 "HUSAFIK," 3권 4장 1부 12, 23, 49~50에서 인용.

141. Gayn, Japan Diary, 391쪽.

142. 식민지 경찰의 3분의 2 정도가 남한에 있었음을 감안하면 이것은 그랬을 것이다. 존 매칼리스터 2세John T. McAlister, Jr.도 해방 뒤 베트남에서도 경찰력이 식민지 시대보다 늘어난 동일한 과정을 거쳤다고 지적했다. *Vietnam : The Origins of Revolution*(Garden City, N.Y. : Doubleday Anchor Books, 1971), 106쪽.

143. "HUSAFIK," 3권 4장 1부 29, 42쪽.

144. 1946년 11월 5일과 27일 한미공동회의에서 맥린 대령이 한 발언. XXIV Corps Historical File 수록.

145. 1946년 11월 20일과 25일 한미공동회의 의사록 참조. XXIV Corps Historical File 수록. 최능진은 주목할 만한 인물이었다. 그는 1945년 8월 치안대 지도자였지만 그 뒤 군정청 경무부에 들어와 그것을 개혁하려고 노력했다. 그는 해임된 뒤 1948년 5월 10일 국회의원 선거에서 이승만과 같은 지역구에 출마하는 만용을 부렸다. 그가 출마하면서 받은 박해는 Seoul Times, 1948년 3~5월자를 참조하라. 최능진은 한국전쟁 중 북한과 공모했다는 혐의로 총살됐다. 그가 경무부에서 조병옥과 늘 마찰을 빚은 측면은 "HUSAFIK," 3권 4장 1부 22쪽 참조.

146. "Who's Who in the South Korean Interim Government."

147. Gregory Henderson, *Korea : The Politics of the Vortex*(Cambridge : Harvard University Press, 1968), 421쪽 주 참조. 아울러 수도관구 경찰청, 『해방 이후 수도경찰 발달사』, 88쪽 참조. 노덕술은 "일본 경찰의 호랑이"로 불렸다. 고원변 편, 『반민자 죄상기』(서울 : 백엽문화사, 1949), 98~100쪽. 이것은 그가 고문해 죽인 피의자의 사체가 한강의 얼음이 풀리자 발견된 뒤였다. 그 뒤 그는 1950년대 중반 이승만 정부에서 자유당의 활동가로 다시 나타났다(Henderson, Vortex).

148. 수도관구 경찰청, 『해방 이후 수도경찰 발달사』, 88~90쪽.

149. 최경진의 임명은 USAMGIK *Official Gazette*, appointment no. 66, January 11, 1946 참조. 그의 경력은 『朝鮮年鑑』, 363쪽 참조.

150. 언더우드의 강연은 『민주경찰』(서울 : 경찰교육국), 2호, 1947년 8월, 21~22쪽 참조. 언더우드는 한국에서 유명한 선교사 가문출신이었다. 경무국의 미국인 고문에 관한 사항은 "HUSAFIK," 2권 4장 2부 42쪽 참조.

151. "HUSAFIK," 3권 4장 1부 24쪽.

152. 1947년 10월 에릭슨Erickson 대령의 발언. "HUSAF1K," 2권 4장 1부 24쪽에서 인용.

153. 존 캘드웰John C. Caldwell은 "많은 미국인 경찰고문은 (…) 인종적 편견과 무지에 빠져 있었고 민족적 차이를 이해하지 못해 '한국인gooks'은 폭력으로만 복종시킬 수 있다고 확신했

다"고 말했다(Caldwell, *The Korea Story*[Chicago : Henry Regnery Co., 1952], 8쪽 참조).

154. "XXIV Corps Journal" September 14, 1945 첫 부분.

155. Henderson, *Vortex*, 특히 196~197쪽.

156. 1952년 3월 18일 하지의 편지. Robert K. Sawyer, *Military Advisors in Korea : KMAG in Peace and War*, ed. Walter G. Hermes(Washington, D.C. : Office of the Chief of Military History, 1962), 21쪽.

157. 국방부 편찬위원회, 『해방과 건군—한국전쟁사』 1264쪽. 이 책은 남한 국군의 발전을 좀더 상세히 다뤘다.

158. Sawyer. *KMAG in Peace and War*, 10쪽 주석.

159. 같은 책, 9~11쪽.

160. 국방부 편찬위원회, 『해방과 건군—한국전쟁사』 1256쪽.

161. Sawyer, *KMAG in Peace and War*, 10쪽 주석.

162. G-2 "Periodic Report," April 5, 1946 ; "HUSAFIK," 2권 4장 39쪽 참조.

163. United States, Far East Command, History of the North Korean Army"(Tokyo : G-2 Section, 1952), original classification, "top secret,"manuscript in Office of the Chief of Military History, 6쪽. 이 문헌에서는 중국 팔로군의 한국인 병사가 그 뒤 북한 인민군의 "핵심"이 됐다고 언급했으며, 그들은 1946년 늦은 봄까지 북한으로 들어가는 것이 허락되지 않았다고 지적했다(6~7쪽).

164. "HUSAFIK," 2권 4장 41쪽.

165. Joint Chiefs of Staff to MacArthur, January 9, 1946 ; in *FRUS*(1945), 6:1157쪽. 그 결정은 1945년 12월 18일 삼성조정위원회에서 내려진 뒤 합동참모본부로 전달됐다. 삼성조정위원회는 미국이 "한국의 절반만 점령하고 있으며 현재 미국 정책은 궁극적으로 한국 전체에 다국적 신탁통치를 실시하려는 것이기 때문에 미국은 '한국 국군'을 창설하는데 (…) 단독으로 행동해서는 안된다"고 언급했다(SWNCC no. 232/1, in KG SWNCC-SANACC, box no. 40).

166. Sawyer, *KMAG in Peace and War*, 20~21쪽. 조선경비대는 통위부가 설치된 뒤에도 "군사력의 기초" 또는 "국군"으로 간주됐다(USAMGIK, Office of Administration, Manual of Military Government Organization and Function[Seoul : n.d], 57쪽 참조).

167. "HUSAFIK." 3권 2장 70쪽. 이 문헌에는 "알파"와 "뱀부" 계획이 한국 전체를 대상으로 했는지 남한만을 대상으로 했는지 밝혀져 있지 않다.

168. Sawyer, *KMAG in Peace and War*, 14.

169. 『한국전쟁사』 1: 256쪽.

170. "XXIV Corps Journal," November 12, 1945 첫 부분.

171. 맥아더가 합동참모본부에. 1945년 12월 16일 하지의 보고서에서 인용. *FRUS* 6:1147쪽 수록.

172. 『한국전쟁사』 1: 260~261쪽. 조병옥이 하지에게 보낸 각서에서 인용. 날짜는 나와 있지 않음.

173. 조병옥, 『나의 회고록』, 157쪽.

174. 『한국전쟁사』 1: 248~249쪽. 이응준은 일본군 대좌로 그 뒤 미군정 고문이 됐다. 그는 1948년 한국군 초대 참모총장과 1955년 이승만 정권에서 체신부장관이 됐다(Kim Se-jin, *The Politics of Military Revolution in Korea*[Chapel Hill: University of North Carolina Press; 1971], 44쪽 ; 『한국전쟁사』 1: 259, 265, 268쪽 참조). 원용덕은 만주군 중위였다. 그는 군사영어학교 후보생을 선발하는 데 중요한 역할을 맡았고 초대 조선경비대 총사령관을 거쳐 한국군 중장이 됐다. 그는 1952년 계엄령이 선포됐을 때 이승만에게 절대적 충성을 바쳐 두각을 나타냈다(Kim, *Military Revolution in Korea*, 73쪽 ; 『한국전쟁사』 1: 258,

1269쪽 참조).

175.『한국전쟁사』 1: 249쪽.

176.“경비대”라는 용어는 1946년 6월부터 공식적으로 쓰였지만 1946년 1월부터 사용됐다.

177.같은 책, 257~258, 262쪽.

178. 같은 책, 252쪽. 김원봉은 중국에서 가장 잘 알려진 항일 혁명가 가운데 한 사람이었다. 그는 12월 초 임정의 좌익 세력과 한국으로 돌아온 뒤 인공 지도자들과 민주주의민족전선에 참여했다. 그는 1948년 이후 북한에서 요직에 올랐다.

이청천은 1920년대 항일 유격대 지도자였으며 그 뒤 중국 국민당군에서 가장 유명한 한국인 가운데 한 사람이 됐다. 그는 임정 산하의 광복군을 이끌었다. 그는 1946년 한국으로 돌아온 뒤 우익 대동청년단의 지도자로 유명해졌다.

무정은 유명한 한국인 항일 혁명가 가운데 한 사람으로 그의 성은 최씨나 김씨로 알려져 있다. 무정에 관련된 좀더 자세한 사항은 11장 참조.

179.『한국전쟁사』 1: 253쪽 ; 수도관구 경찰청, 『해방 이후 수도경찰 발달사』, 94쪽. G-2 “Weekly Report,” no. 21, January 27-February 3, 1946에서는 1월 경비대의 창설은 국군준비대와 임정 산하의 광복군에 대한 탄압과 함께 이뤄져 “수많은 체포와 유죄 판결”이 시행됐다고 지적했다. 나는 광복군이 체포됐다는 증거를 찾을 수 없었다. 그 뒤 미국 정보 보고는 1945~1946년 국군준비대의 병력은 모두 6만 명이라고 추산했다(G-2 “Weekly Report,” no. 93, June 15-22, 1947 참조).

180.『한국전쟁사』 1: 258쪽. 처음에 수업은 중앙청에서 이뤄졌지만 서대문 근처 감리교단 학교로 옮겨졌다(Green, *Epic of Korea*, 62쪽). 미국인은 광복군을 “Shine Again Army”라고 부르기도 했다.

181.Kim, *Military Revolution in Korea*, 48, 52~53쪽.

182.『한국전쟁사』 1: 247, 254쪽.

183.Chong-sik Lee, *The Politics of Korean Nationalism*(Berkeley : University of California Press 1963), 223쪽.

184.Clarence N. Weems Jr., “Korea and the Provisional Government,” September 28, 1945 ; in XXIV Corps Historical File. 윔스는 1945년 8월 충칭에서 60여 명의 광복군과 임정 인사와 대담한 뒤 이 기록을 작성했다.

185.“My Life with Magazines,” in Marshall Pihl, ed., *Listening to Korea*(New York : Praeger Publishers, 1973), 64~67쪽에 실린 고 장준하의 견해 참조. 1945년 5월 삼성조정위원회는 광복군 병력을 100명 정도로 추산한 반면, 중국 북부 지역의 근거지와 만주의 유격대는 “수천 명”으로 봤다. 또한 거기서는 전략정보국OSS이 대일 전선에서 후방을 교란하는 데 투입하려고 훈련시킨 한국인은 9명뿐이었다고 언급했다(SWNCC no. 115, RG 53, SWNCC-SANACC, box no. 22, “Utilization of Koreans in the War Effort,” May 31, 1945 참조).

186.Weems, “Korea and the Provisional Government.”

187. 중국 팔로군에 소속된 한국인에 관련된 상세한 정보는 “History of the North Korean Army” 참조.

188.“HUSAFIK,” 2권 4장 37~38쪽. 임정 지도자 엄항섭은 1945년 11월 24일 광복군이 “1만 명 정도”라고 말했다(『자유신문』 1945년 11월 25일. 『대한민국사 자료』 1: 462~465쪽 참조).

189.『한국전쟁사』 1: 307쪽에서 인용. 하지가 상하이로 특사를 파견한 것은 이범석에게 경비대 참여를 요청하자는 앨버트 웨더마이어 장군의 제안 때문에 앞당겨진 것이 분명하다. 이범석은 가장 유명한 항일투사 가운데 한 사람이었다. 그는 1900년 서울에서 태어났다. 그의 아버지는 일본에 합병되기 전 관찰사를 지냈다. 이범석은 1915년 중국으로 가 1919년 윈난 강무당雲南講武堂 기병과騎兵科를 졸업했다. 그 뒤 그는 군대를 훈련시켜 1923~1929년까지 만주

에서 일본군과 싸웠다. 1933년 그는 독일을 방문해 군사전술을 배운 뒤 1938년 중국 국민혁명군 장교로 승진해 한커우漢口 중앙훈련단 중대장이 됐다. 그는 이청천과 함께 광복군의 대표적 지도자였다. 그는 독일에 있을 때 히틀러의 나치 청소년단Jugend을 연구했으며 그 뒤 국민당 정보기관 남의사와 관계를 맺었다. 미국 전략정보국은 1945년 8월 그를 항공편으로 귀국시킨 뒤 알 수 없는 이유로 다시 상하이로 돌려보냈다. 그는 1946년 봄 귀국해 경비대에 고문으로 참여했지만 경비대가 너무 "좌경화"됐다는 이유로 5개월 뒤 사임했다. 그 뒤 그는 조선민족청년단을 조직했다(Department of State, "Biographic Reports on the Cabinet of the Korean Republic" ; 김종범·김동운, 『해방 전후의 조선 진상』, 211쪽 ; 이범석, 『한국의 분노』, 김광주 중국어 번역, 2판, 서울 : 광장각, 1945, 80쪽 참조). 중국 국민당 남의사는 Lloyd Eastman, "Fascism in Kuomingtang China," *China Quarterly*, no. 49(January-March 1972), 1~31쪽 참조.

190. 『한국전쟁사』 1: 258, 279쪽.

191. Irma Materi, *Irma and the Hermit*(New York : W. W. Norton and Co., 1949), 89쪽. 일마의 남편 조지프 마테리Joseph Materi는 조선경비사관학교 책임자이자 경무부 고문이었다.

192. 『한국전쟁사』 1: 265쪽. 아울러 Kim, *Military Revolution in Korea*, 43쪽 참조. 광복군의 송호성은 광복군 출신자의 불만을 달래기 위해 1946년 잠깐 경비대 사령관에 임명됐지만, 미군정은 그가 사령관으로서 자격이 부족하다고 판단해 해임했다(Materi, *Irma and the Hermit*, 90쪽).

193. Kim, *Military Revolution in Korea*, 41, 48쪽. 그 책의 표(46~47 및 61~63쪽)와 『한국전쟁사』 1(277~278쪽)의 표는 경비대와 그 뒤 한국군에 일본군 출신의 영향이 매우 컸음을 보여준다.

194. 조병옥, 『나의 회고록』, 157쪽.

195. 『한국전쟁사』 1: 258~259, 265, 268쪽 ; Kim, *Military Revolution in Korea*, 44쪽.

196. Materi, *Irma and the Hermit*, 72~74쪽.

197. 『한국전쟁사』 1: 258, 269쪽.

198. 같은 책, 260, 267, 268쪽.

199. 같은 책과 Kim, *Military Revolution in Korea*를 기초로 작성했다. 박정희와 김동하는 조선경비사관학교 2기생으로 1946년 가을에 졸업했다. 1961년 군사 쿠데타를 주도한 세 사람 가운데 한 명인 김종필은 1949년 8기생으로 졸업했다.

200. Kawai, *Japan's American Interlude*, 92쪽.

201. 경찰과 마찬가지로 경비대에서도 "한국화"가 즉시 이뤄졌다. 미국인의 감독은 제한돼 있었고 한국인이 대부분을 운영했다(Sawyer, *KMAG in Peace and War*, 25쪽).

202. 『한국전쟁사』 1: 282쪽에서는 1945년 11월 하순에 열린 한 모임을 소개했다. 일본군 대위였던 이형근은 1950년 6월 한국군 제2사단을 지휘했다. 그와 비슷한 부류의 인물을 대일협력자로 보는 시각이 우세했기 때문에 그들은 경비대의 "임시" 지휘관으로 배치됐다(269쪽).

203. 같은 책, 255쪽.

204. Sawyer, *KMAG in Peace and War*, 25쪽. 비슷한 내용은 『한국전쟁사』 1: 293쪽 참조.

205. 『한국전쟁사』 1: 287쪽. 대부분의 신병은 일본식 훈련에 반대했다.

206. 같은 책, 287, 292~293쪽.

207. Sawyer, *KMAG in Peace and War*, 25~26, 40쪽.

208. Counter-Intelligence Corps report, Seoul, October 14, 1946. 아울러 같은 책, 26쪽 참조.

209. 경비대는 도마다 연대 1개씩 두었다. 1946년 4월 모두 2000명으로 구성된 7개 연대가 창설됐다. 1947년 말 경비대 병력은 2만 명이었다(Sawyer, *KMAG in Peace and War*, 16~17,

29쪽).

210.『한국전쟁사』 1: 292, 294쪽. 1946년 초 경상북도 연대는 관동군 장교 최남근崔楠根이 새 연대장으로 임명돼 병사의 "사상교화"와 정신교육을 담당하면서 개편이 추진됐다. 그러나 그는 "좌익"으로 밝혀졌으며 좌익의 영향은 이 연대에서 강력히 유지됐다(295쪽).

211. Sawyer, *KMAG in Peace and War*, 26쪽.

212.『한국전쟁사』 1: 1259쪽.

213. 같은 책, 265~266, 290쪽. 1946년 6월 경비대에서는 "인민공화국 만세"라는 내용의 전단이 신병들에게 배포된 것을 포함해 심각한 "사상 문제"가 드러났다. 경비대 안의 좌익은 주요 장교들에게 "공포와 전율"을 야기했다. 경찰에서처럼 우익은 불편부당하라는 미국의 요구를 달가워하지 않았다—그럴 경우 좌익 정부가 나타날 것인데 어떻게 불편부당할 수 있겠는가(279, 290, 308쪽)?

6장 남한 단독정부를 향해

1. 1945년 10월 15일 조지 애치슨이 국무장관에게. United States, State Department, *FRUS* (Washington, D.C., 1945), 6:1091~1092쪽 수록. 하지는 이틀 동안 도쿄에서 맥아더와 상의했다. 여러 기록과 출간되지 않은 자료를 검토한 결과 국무부에서 파견된 고문들이 문서에 서명한 것으로 나타날 때조차, 하지는 맥아더의 동의를 얻어 군정 내부에서 사안을 결정하는 데 핵심 역할을 한 것으로 보인다. 하지는 제러마이아 존슨Jeremiah Johnson의 다음과 같은 유명한 발언을 실천했다고 볼 수 있다. "장군들도 정책을 결정하는가? 물론 그렇다. 일부는 내가 하지만."

2. 같은 책, 1092쪽.

3. Dae-sook Suh, *The Korean Communist Movement, 1918-1948*(Princeton: Princeton University Press, 1970), 18쪽. 아울러 Chong-sik Lee, *The Politics of Korean Nationalism*(Berkeley: University of California Press, 1963), 136쪽 참조.

4. Ralph Keating Benesch, "Kim Ku: A Study of a Nationalist"(M.A. thesis, University of Washington, 1964), 56~57쪽 참조. 김구는 1875년 해주에서 태어났다. 그는 1890년 문과에 낙방한 뒤 1892년 동학 봉기의 하위 지도자가 됐다. 1896년 그는 명성황후 시해의 복수를 이유로 안악에서 한 일본인을 죽였는데, 여기서 그가 맨손으로 명성황후 시해자를 목 졸라 죽였다는 소문이 퍼졌다. 1909년 일제에 체포돼 고문을 받았으며 일본 총독을 암살하려는 안명근의 시도에 협력했다는 혐의로 15년형을 선고받았다. 그는 1919년 상하이 임시정부에 참여해 1926년부터 그 지도자가 됐지만 그때는 "소수"만 상하이에 남았다. 김구는 1932년 4월 29일 폭탄 테러를 배후에서 지휘해 유명해졌는데, 그 사건으로 일본인 거류민단居留民團 단장 가와바타 테이지河端貞治와 해군대장 시라카와 요시노리白川義則가 죽고 주중 일본공사 시게미쓰 마모루重光葵가 다리를 잃었다(그 때문에 그는 1945년 도쿄만에 정박한 미주리호에서 치러진 일본의 항복식에서 지팡이를 짚고 참석했다). 그 뒤 김구는 장제스와 가까워졌다. 그는 귀국한 뒤 "암살자The Assassin"로 널리 알려졌지만 이승만의 지시를 받은 안두희에게 1949년 암살됐다.

5. 임정에 대한 중국 국민당의 거만한 태도는 중국의 미 국무부 관리들에게 잘 알려졌다. 클라렌스 고스 주중 미국 대사는 1944년 국민당이 임정 지도자들에게 조직 안에 좌익을 절대 들이지 말고 국민당의 삼민주의를 따르라고 강요했다고 말했다. 임정 지도자들은 국민당이 "변방 민족(곧 미개인)"을 다루는 위원회와 동일한 기구로 자신들과 접촉하는 데 큰 불만을 표시했다고 존 서비스John S. Service는 보고했다(1944년 6월 29일 고스의 편지와 1944년 7월 7일 서비스의 편지 참조. United States, State Department, RG 59, decimal file,

895.01/6-2944, 895.01/6-744 수록). 임정은 프랑스의 승인을 받았다고 주장했지만, 1945년 3월 30일 프랑스 외무부에서 받은 미 국무부의 전문에서는 프랑스가 어떤 방식으로든 임정을 승인했다는 AP통신과 UPI통신의 보도를 부인했다(895.01/3-3045). 전시 기간 이승만·임정·국무부에 대한 자세하고 뛰어난 설명은 William George Morris, "The Korean Trusteeship, 1941-1947: The United States, Russia, and the Cold War"(Ph. D. dissertation, University of Texas, 1974) 1장 참조.

6. 1944년 5월 19일 고스가 국무장관에게 보낸 보고서. RG 59, decimal file, 895.01/338 수록. Morris, "Korean Trusteeship," 32쪽에서 인용. 아울러 1945년 2월 충칭에서 애치슨이 조소앙과 나눈 대화 참조. 거기서 조소앙은—그 뒤—중국에서 임정이 한국군을 창설하는 데 미국에게 도와달라고 부탁했다(1945년 3월 3일 애치슨이 국무장관에게 보낸 보고서〔895.01/3-345〕).

7. 이승만은 국무부에 보내는 편지에 이 직함을 사용했다. 그가 임정에서 축출된 것은 Lee, *The Politics of Korean Nationalism*, 133쪽 참조. 아울러 Gregory Henderson, *Korea: The Politics of the Vortex*(Cambridge: Harvard University Press, 1968), 86쪽 참조. 해방 뒤 김구의 추종자들이 펴낸 임정의 간단한 역사에서는 서열에 따라 김구·김규식·김원봉 뒤에 이승만의 아주 간략한 전기를 실었다(『대한독립운동과 임시정부투쟁사』, 서울: 계림사, 1946).

8. 1942년 9월 30일 대화 기록 참조. RG 59, decimal file, 895.01/9-3042 수록.

9. 1944년 이승만이 국무부에. *FRUS*(1945), 6:1023쪽 주석에서 인용. 아울러 1945년 7월 21일 이승만이 국무부에. 1031쪽에서 인용.

10. 1945년 7월 25일 이승만이 국무부에. *FRUS*(1945), 6:1034~1035쪽 수록. 아울러 Robert T. Oliver, *Syngman Rhee: The Man Behind the Myth*[Cornwall, N.Y.: Cornwall Press, 1955], 184, 194쪽 참조(루블린은 당시 소련의 지지를 받던 폴란드 민족해방위원회를 말한다). 올리버는 임정을 승인하지 않으려는 국무부의 태도와 관련해 앨거 히스와 오언 래티모어Owen Lattimore를 비판했다.

11. Oliver, *Syngman Rhee*, 182쪽. 사실 혼벡은 만주에서 펼친 한국 유격대의 활약에 큰 감동을 받았다. "이런 한국인 망명자들은 공산주의 사상에 공감하고 있지만 혼벡은 미국의 도움 없이도 자유를 위해 싸우려는 그들의 의지를 존경했다"고 매트레이는 말했다(James Matray, "The Reluctant Crusade: American Foreign Policy in Korea, 1941-1950"[Ph. D. dissertation, University of Virginia, 1977], 35쪽 참조).

12. 1945년 2월 5일과 3월 15일의 보고서 참조. *FRUS*(1945), 6:1023, 1030쪽 수록.

13. 같은 책, 561쪽. 국무부는 그런 결정을 내리는 데 합동참모본부와 전략사무국과 의견이 일치했다. 이르면 1942년 합동참모본부는 국내 한국인의 신뢰를 받는 망명정부는 없다고 판단했다(1942년 4월의 여러 보고서 참조. Joint Chiefs of Staff, RG 218, Geographic File, 1945-1947, 383.21 Korea, box no. 638 수록). 전략사무국의 견해는 1944년 7월 29일 윌리엄 도노번이 합동참모본부에 보낸 보고서 참조. box no. 639 수록.

14. "Basic Initial Directive"; *FRUS*(1945), 6:1081쪽 수록.

15. 같은 책, 1075, 1081쪽.

16. 1945년 11월 7일 존 카터 빈센트가 육군성 러셀 비트럽Russel L. Vittrup 대령에게. *FRUS*(1945), 6:1113~1114쪽 수록.

17. 1945년 11월 13일 매클로이가 국무차관 딘 애치슨에게. *FRUS*(1945), 6:1122~1124쪽 수록. 매클로이의 건의는 11월 초 한국을 방문해 관찰한 결과에 바탕한 것이다. 매클로이는 "되도록 많은 망명 한국인"을 등용하도록 허락해달라고 하지에게 제안했지만 공산주의자를 포함하지는 않았다고 생각된다.

18. 1945년 11월 20일 윌리엄 랭던이 국무부에. FRUS(1945), 6:1130~1133쪽 수록. 랭던은 11월 베닝호프가 협의를 위해 워싱턴으로 돌아가면서 그를 대신해 하지에게 파견된 국무부의 고문이었다.
19. 1945년 12월 4일 본스틸 대령이 링컨 장군에게 쓴 회의 기록. War Department, RG 165, Army Staff, Plans and Operations division, ABC decimal file, box no. 31, section 17-A 수록. 이 문서에 첨부된 랭던의 전문에는 "신탁통치의 대안으로 제시된 랭던의 방안Langdon Plan offered as substitute for trusteeship"이라는 제목이 붙어 있다.
20. 빈센트, 보튼, 베닝호프 등이 초안을 작성하고 번스 국무장관이 서명해 하지에게 보낸 1945년 11월 29일자 극비 전문 참조. State Department, RG decimal file 740.0019/Control(Korea), box no. 3827 수록. 아울러 1945년 12월 12일 랭던이 국무부에 보낸 전문 참조. RG 59, decimal file 895.01/12-1445 수록. 그 뒤 딘 애치슨 국무차관이 랭던과 관련해 하지에게 보낸 전문에서는 랭던의 전문이 검토를 받고 있으며 외무장관 회담을 준비하고 있던 국무장관에게 그 내용을 전달하기 위해 모스크바로 보냈다고 언급했다(895.01/12-1945, December 19, 1945).
21. Clarence Weems, Jr., "Korea and the Provisional Government," XXIV Corps Historical File. 윔스는 충칭에서 전략사무국 요원으로 활동했다.
22. 윔스는 여운형이 임정 지도자들을 개인 자격으로 귀국시키라고 하지에게 건의하고(이만규, 『여운형 투쟁사』, 248쪽) 9월 6일 인공 지도자 명단에 임정 지도자들을 배치하는 데 중요한 역할을 했다고 정확히 판단했다. 윔스의 보고서는 한국에서 가장 유명한 민족주의자 가운데 한 사람이자 구한말 개화운동의 지도자였지만 그 뒤 일제에게서 작위를 받고 1945년 사망한 윤치호를 언급하지 않은 드문 문건 중 하나다.
23. "HUSAFIK," manuscript in the Office of the Chief of Military History, Washington, DC. (Tokyo and Seoul, 1947, 1948), 2권 1장 33쪽.
24. 1945년 9월 24일 보고서 참조. State Department, RG 59, decimal files, 895.01/9-2445 수록.
25. R. Harris Smith, *OSS: The Secret History of America's First Central Intelligence Agency* (Berkeley: University of California Press, 1972). 3쪽.
26. 같은 책, 26쪽. 1945년 5월 삼성조정위원회의 조사 보고서는 "이 계획과 관련해 더 이상 듣지 못했다"고 말했다(SWNCC no. 115 "Utilization of Koreans in the War Effort," RG 353, SWNCC-SANACC 참조). 1942~1945년 전쟁을 수행하는 과정에서 한국인을 이용하는 문제는 다양하게 논의됐지만 모두 무산됐다. RG 165, P & O, ABC file, box no. 385 (3-4-42) 참조.
27. 1945년 3월 5일 돌베어의 편지 참조. RG 59, decimal file, 895.01/3-545 수록. 돌베어가 이 자리를 수락한 배경에는 한국 금광의 이권이 작용했다고 생각된다. 미국인은 1896년부터 조선 조정의 승인 아래 금광을 개발했다. 미국인이 소유한 동양합동광업회사Oriental Consolidated Mining Company는 1939년까지 북한에서 가장 큰 금광을 소유하다가 일본에 매각했다. 금은 1930년대 한국에서 생산된 광물 가격의 절반을 넘었으며 가장 중요한 수출 광물이었다.
28. 1945년 8월 28일과 9월 13일 보고서 참조. RG 59, decimal file, 895.01/8-2845 and 9-1395 수록.
29. Henderson, Vortex, 128쪽.
30. 프레스턴 굿펠로 문서 가운데 전문. The Hoover Institution Archives, accession no. 69085-8.37, box no. 1. 소재(이하 Goodfellow Papers로 부름). 10월 13일 육군성은 맥아더에게 아래와 같은 전문을 보냈다. "(이승만은) 어떤 정파에게서도 대표로 승인받지 못했습

니다. (…) 그러나 국무부는 그의 귀국을 허락할 경우 미국이 이승만과 그의 정파를 지지하는 것으로 한국인에게 비쳐질 것을 우려하고 있습니다"(1945년 10월 13일 J. E. 헐Hull이 맥아더에게 보낸 전문. RG 165, P & O, ABC decimal file, box no. 31, section 17-A 수록).

31. "XXIV Corps Journal," November 2, 1945, XXIV Corps Historical File. 하지는 자신의 도쿄 방문을 부하들에게 말하지 않은 것으로 보인다. 이것은 하지와 맥아더가 몇 차례 만난 것 가운데 첫 회담이었으며 맥아더와 이승만이 만났다는 기록은 없다(그러나 만났을 것으로 추정된다). 버지니아 주 노퍽의 맥아더 기념도서관 사서인 로버트 알렉산더Robert H. Alexander는 나에게 다음과 같은 편지를 보냈다. "우리 도서관에는 맥아더와 하지 또는 이승만이 만났다는 자료가 없으며 (…) 그런 자료는 없을 것이라고 확신합니다(1974년 2월 14일)." 한국전쟁이 일어나기 전까지 그런 기록은 없다는 것은 사실로 생각된다.

32. 이승만은 자신의 지원자인 로버트 올리버에게 이 편지를 보냈다(Robert T. Oliver, *Syngman Rhee and American Involvement in Korea, 1942-1960*[Seoul: Panmun Book Co., 1978], 19~20쪽 참조). 아울러 『매일신보』 1945년 10월 18일자에는 이승만이 도쿄에서 하지를 만났다고 말한 기사가 실려 있다. 1949년 국무부는 이승만이 한국으로 돌아간 경위를 밝히기 위해 기록을 조사했다. 국무부 조사과는 이승만이 개인 자격으로 돌아가는 것 외에는 허용하지 않는다는 기존 방침이 변경됐다는 증거를 찾지 못했다. 그 결과 1945년 후반 "대부분의 결정은 군정 사령부가 그날그날 현지의 상황에 따라 내린 것으로 보인다"고 결론지었다(Warren S. Hunsberger, "U.S. Involvement in the Return of Syngman Rhee to Korea," September 2, 1949, State Department, RG 59, decimal file, 895.00/8-1949 참조). 이것으로 볼 때 국무부는 이승만의 귀국과 관련된 상황을 전혀 몰랐다고 생각된다.

33. H. Franz Schurmann, *The Logic of World Power: An Inquiry into the Origins, Currents and Contradictions of World Power*(New York: Pantheon Books, 1974).

34. Koh Kwang-il, "In Quest of National Unity and Power: Political Ideas and Practices of Syngman Rhee"(Ph. D. dissertation, Rutgers University, 1962), 6~9쪽.

35. Richard Allen, *Korea's Syngman Rhee*(Rutland, Vt.: Charles E. Tuttle Co., 1960), 32, 41, 44쪽. 일본인이 이승만을 수감하고 고문했다고 자주 이야기되지만, 투옥된 동안 그가 받은 고문은 한국의 감옥에서 한국인의 손으로 이뤄진 것이다.

36. Lee, *Politics of Korean Nationalism*, 133쪽.

37. Koh, "In Quest of National Unity and Power," 25쪽.

38. 이승만은 임정 안에서 이른바 "친미파"였다(1장 참조).

39. Evelyn McCune, "Introduction," *The Arts of Korea*(Rutland, Vt.: Charles E. Tuttle Co., 1962), 24쪽 참조.

40. USAMGIK, G-2 "Periodic Report," no. 62, November 9-10, 1945에서 인용. 인공이 이승만을 열렬히 환영한 사실은 『매일신보』 1945년 10월 18일 참조.

41. 『해방일보』 6호, 1945년 10월 25일. 공산주의자와 좌익 계열의 출판물은 이승만이 좌익을 비판한 한참 뒤까지도 그를 "이 박사"라고 불렀다.

42. 재미한족연합위원회, 『해방조선』(하와이: 재미한족연합위원회, 1948), 13쪽의 구호 참조. 아울러 이강국, 『민주주의의 조선건설』(서울: 조선인민보사 후생부, 1946), 61쪽 참조. 『동신일보東新日報』는 이것을 여러 재료를 한데 섞는 "비빔밥식" 통일이라고 불렀다(1945년 11월 29일). 아울러 『매일신보』 1945년 10월 25일; 『자유신문』 1945년 10월 24일, 『대한민국사 자료』 1: 290~294쪽 참조.

43. "HUSAFIK," 2권 1장 34쪽.

44. 『해방조선』, 13~14쪽; 민주주의민족전선, 『조선해방 1년사』, 110쪽. 뒤의 책은 이승만의 "원칙 없는 통합"은 민족 반역자와 친일파에게 "하늘에서 내려온 낭보"라고 말했다.

45. 김종범·김동운, 『해방 전후의 조선 진상』, 147~150쪽.
46. 이만규, 『여운형 투쟁사』, 251쪽. 이것은 좌익이 독촉에서 탈퇴하기 전인 10월 말의 일이었다.
47. 한태수, 『한국정당사』, 14쪽. 스튜어트 미첨은 한민당은 "공포에 사로잡힌 소수의 정파였는데 (…) 이승만이 해방과 함께 몰려온 민주주의의 태풍에서 자신들을 보호해줄 인물로 생각했다(Korean Labor Report[Seoul: USAFIK, 1947], 34~35쪽)." 그 뒤 미국 중앙정보국CIA은 "그들(한민당)은 그(이승만)의 정치적 명성이 필요했기 때문에 그를 타도하지 못하고 그와 불편한 협력관계를 유지할 수밖에 없었다. 동시에 그도 그들의 자금과 능력이 필요했기 때문에 그들의 요구를 무시할 수 없었다"고 말했다. United States, CIA, "Prospects for the Survival of the Republic of Korea," no. ORE 44~48, October 28, 1948, original classification "secret."
48. 김종범·김동운, 『해방 전후의 조선 진상』, 151~155쪽의 연설 기록 참조. 미국은 12월 이승만의 라디오 연설을 인공과 소련에 대한 "비난"이라고 표현했다("HUSAFIK," 2권 1장 56~57쪽).
49. "HUSAFIK," 2권 4장 39쪽. 미군정사 기록관은 1945년 이승만의 돌발적 행동과 관련해 "그는 당파를 초월해 자신을 신뢰한 하지 장군을 이용하는 데 지나치게 조심하지는 않은 것으로 보인다"고 가볍게 언급했다(1장 34쪽).
50. 1945년 5월 20일 중국 정보부 소련과 과장 주신민朱新民 박사와 전략사무국 드위트 풀DeWitt C. Poole의 대화 기록 참조. *FRUS*(1945), 7: 873쪽 수록. 아울러 1945년 9월 25일 충칭에서 국무부로 보낸 전문에 인용된 우궈전의 발언 참조. RG 59, decimal file, 895.01/9-2545 수록. 미군 방첩대도 김구가 귀국할 때 장제스가 10만 엔(상당) 이상을 제공했다는 보고를 받았다(Counter-Intelligence Corps report, Seoul, July 3, 1946 참조 ; XXIV Corps Historical File 수록). 충칭의 분위기는 고스를 대신해 패트릭 헐리가 주중 미국 대사로 부임한 뒤 임정에 훨씬 우호적이었다(1945년 8월 31일 임정을 서울로 귀환시켜야 한다고 주장한 헐리의 전문 참조. *FRUS*[1945], 6:1042쪽 수록).
51. "XXIV Corps Journal," November 2, 1945 첫 부분.
52. 같은 자료, November 12, 1945 첫 부분.
53. "HUSAFIK," 2권 1장 36쪽.
54. 김종범·김동운, 『해방 전후의 조선 진상』, 165쪽; 『해방조선』, 14쪽. 아울러 『대한민국사 자료』 1: 448~452쪽의 여러 기사 참조.
55. *New York Times*, 1945년 11월 27일 및 12월 4일 참조. 미군정청 G-2 부서에서는 점령군이 내각에 저명한 한국인을 임명해 관료기구를 인수하려고 한다는 소문이 있다고 보고했다("Weekly Report," no. 12, November25-December 2, 1945). G-2 부서는 랭던의 제안을 몰랐던 것이 분명하다. 1946년 1월 15일 보고에서 그 부서는 "삼엄한 분위기"가 임정 지도자들을 둘러싸고 있다고 지적하면서 미국이 "적절한 시기에 임정을 한국 정부로 인정하려고" 준비한다고 소련이 생각하지 않을지 자문한 뒤 "우리는 그럴 생각이 없다"고 말했다.
56. 한태수, 『한국정당사』, 13~14쪽. 『해방조선』의 지은이도 동일하게 생각했다(14쪽). 그들의 추측은 근본적으로 옳았다.
57. Richard Robinson, "Betrayal of a Nation," Manuscript at Massachusetts Institute of Technology, 66~67쪽. 로빈슨은 김구가 "자녀들"을 거느렸고 "고용한 무장 세력"을 수행원으로 두었다고 말했다(67쪽 주 120). 점령군은 덕수궁에 임정 본부를 설치하고, 부유한 지주이자 광산 소유주인 최창학은 김구에게 덕수궁 안의 궁궐인 "석조신각石造新閣"을 김구가 사용하도록 제공했다(Justin Sloane, memorandum to Clyde Sargent, February 6, 1948; in USAFIK, USFIK 11071 file, box no. 62/96 참조. 아울러 『덕수신문』 1974년 11월 24일 참조[이 자료는 컬럼비아대학의 유진 채Eugene Chai의 도움으로 볼 수 있었다]).

58. "HUSAFIK," 2권 2장 51쪽 및 1장 38쪽. 아울러 『동아일보』 1945년 12월 7일자에 실린 이 국무회의에 관련된 기사 참조. 『대한민국사 자료』 1: 538~539쪽 수록. 임정의 대변인 엄항섭은 11월 24일 임정 지도자들은 미군정이 관계하는 한 개인 자격으로 귀국할 것이지만 한국 국민은 임정을 자신들의 정부로 인정할 것이라고 말했다(『자유신문』 1945년 11월 25일. 『대한민국사 자료』 1: 462~465쪽 수록). 한민당 지도자 송진우는 임정은 정부로 대우받아야 하며 한민당은 임정 지도자들에게서 지시를 받아야 한다고 말했다(『중앙신문』 1945년 11월 6일. 『대한민국사 자료』 1: 371쪽 수록).

59. 1947년 10월 4일 한국을 방문한 미국 의원단과 하지의 대화 기록. USFIK 11071 file, box no. 62/96 수록.

60. 한태수, 『한국정당사』, 67쪽; 『한국전쟁사』 1: 67쪽; G-2 "Weekly Report," no. 1, December 16-23, 1945.

61. 이 발언은 1946년 8월 28일 미군 방첩대CIC 조사관들이 신익희의 집을 수색해 발견한 그의 개인적 서류에 들어 있었다("HUSAFIK," 2권 2장 136~137쪽).

62. 지방을 순시한 뒤 작성한 두 보고서의 내용이다. "HUSAFIK," 2권 1장 11쪽에서 인용. 아울러 USAMGIK, "Political Trends," no. 11, December 8, 1945 참조. 그 보고서 가운데 하나는 호레이스 언더우드가 제출했다.

63. Leonard C. Hoag, "American Military Government in Korea: War Policy and the First Year of Occupation, 1941-1946"(1970년 육군성 전사총괄부의 주도로 작성된 초안), 312쪽에서 인용.

64. "XXIV Corps Journal," October 13, 1945.

65. "HUSAFIK," 2권 1장 26쪽. 아울러 폐간에 관련된 사정을 자세히 설명한 『매일신보』 1945년 11월 11일 최종호 참조. 『대한민국사 자료』 1: 391쪽 수록.

66. USAMGIK, "HMGK"(Seoul: Office of Administrative Services, Statistical Research Division, 1946), 1: 193~197; G-2 "Weekly Report," no. 11, November 18-25, 1945. 내가 보기에 『매일신보』는 건준과 인공을 지지한다는 측면에서만 "급진적"이었고 1945년 8~11월의 기사는 매우 온건했다.

67. "HMGK" 1: 198; "XXIV Corps Journal," November 16, 1945 첫 부분. 1940년 『동아일보』 폐간은 고하선생 전기편찬위원회, 『고하 송진우 선생전』(서울: 동아일보 출판국, 1964), 279쪽 참조. 1946년 7월 미·소공동위원회 미국 대표 찰스 테이어Charles Thayer는 "인쇄소는 현재 한국 정당에 적당한 비율로 배분돼 있다고 말했다(1946년 7월 16일 대화 기록. *FRUS*[1946], 8: 716쪽 수록). 이것은 1946년 5월 『해방일보』가 폐간된 뒤의 발언이다. 1946년 9월 군정청은 남아 있는 주요 좌익 계열 신문을 폐간할 필요가 있다고 판단했다(7장 참조).

68. 조선인민당, 『인민당의 노선』(서울: 신문회연구소 출판부, 1946), 2쪽. 이 출판물에서는 인민당이 "건국동맹의 새 이름"이라고 말했다(13쪽). 인민당—구성원과 정강 등—은 김종범·김동운, 『해방 전후의 조선 진상』, 46~51쪽도 참조.

69. "HUSAFIK," 2권 1장 13쪽.

70. 『좌익사건실록』(서울: 대검찰청, 수사국, 1964), 40쪽 ; 민주주의민족전선, 『조선해방 1년사』, 91쪽. 미국 정보 보고에 따르면 11월 4일과 5일 충청남도 각군 인민위원회는 대표 2명씩을 선발해 대전에서 모여 전국대회에 참가할 도 대표를 뽑았다(G-2 "Weekly Report," no. 11, November 18-25, 1945). 인공 지도자들은 이런 절차는 남한 전역에서 이뤄졌다고 말했다. 인원을 정확히 알 수는 없지만 북한 인민위원회에서도 대표들이 전국대회에 참가했다. 이 대회와 관련된 이하의 설명은 이름이 밝혀져 있지 않은 한국인 서기들의 기록과 United States, Far East Command, RG 242, Captured Enemy Documents, SA2006,

item13/65(이하 PC meeting minutes로 줄임)를 참조했다.

71. 이강국, 『민주주의의 조선건설』, 46~58쪽 참조. 그 대회의 여러 절차와 결정은 41~48쪽에 나와 있다. 아울러 『해방일보』 15호, 1945년 11월 25일 참조. 그 대회를 목격한 미국인의 설명은 G-2 "Weekly Report," no. 11, November18-25, 1945 참조. 아울러 PC meeting minutes 참조.
72. 인공 지도자들은 임정 지도자들이 망명 기간 동안 한국을 위해 끊임없이 노력했다고 인정했지만, 임정은 여러 망명 단체 가운데 하나일 뿐 국내의 지지를 요구할 수는 없다고 생각했다. 이강국, 『민주주의의 조선건설』, 47쪽.
73. G-2 "Weekly Report," no. 11, November 18-25, 1945. 아울러 『자유신문』 1945년 12월 1일자 참조.
74. 『조선인민보』 1945년 11월 23일자 참조.
75. 『해방일보』 15호, 1945년 11월 25일자. 아울러 이강국, 『민주주의의 조선건설』, 7~8쪽; 민주주의민족전선, 『조선해방 1년사』, 90쪽 참조. 그 뒤 한 한국인은 모든 국민은 자신이 선택한 정부 형태와 상관없이 스스로 결정할 필요가 있다는 1797년 토머스 제퍼슨의 발언과 대서양헌장을 인용한 뒤 "트루먼의 민주주의는 제퍼슨·루스벨트의 그것과 같은가?"라고 수사적修辭的으로 물었다(온낙중 편, 『북조선 기행』, 서울: 조선중앙일보 출판사, 1948, 20쪽 참조).
76. 『해방일보』 16호, 1945년 11월 27일. 아울러 PC meeting minutes 참조.
77. 『해방일보』 16호, 1945년 11월 27일.
78. 1945년 11월 25일 하지가 맥아더에게. FRUS 6:1133~1134쪽 수록. 전문을 인용했다.
79. 같은 책, 1134쪽.
80. "HUSAFIK," 2권 1장 9쪽. 물론 한민당은 9월부터 인공의 해체를 요구했다. 12월 6일 한민당은 정부의 권한을 임정으로 넘기고 인민공화국을 해체하라고 압박했다(『동아일보』 1945년 12월 7일자. 『대한민국사 자료』 1: 535쪽 수록). 하지가 인공을 불법이라고 선언한 것과 같은 날 임정은 덕수궁을 "정부의 임시청사"로 사용하기 시작했다고 보고됐다(『자유신문』 1945년 12월 12일. 『대한민국사 자료』 1: 578쪽 수록).
81. 전평 기관지인 『전국노동자신문』 1호, 1945년 11월 1일자 참조. 이것은 지방의 조직 활동을 꾸준히 보도한 소수의 신문 가운데 하나였다. 아울러 Meacham, Labor Report, no. 22 및 군정청 장교 해럴드 제플린Harold Zepelin이 1946년 5월 17일 Korean Independence에 쓴 기사 참조. USAMGIK, "Opinion Trends," no. 6, November 9, 1945에 따르면 전국(남북한) 21만7000명의 노동자를 대표해 505명이 11월 5~6일 대회에 참가했다.
    허성택은 함경북도 성진군의 농가에서 태어났는데, 그곳은 일부 한국인 혁명가의 고향이다. 16세 때 그는 항일운동에 참여했다. 1931~1933년까지 그는 일제를 피해 성진 근처의 삼림에서 은신하다가 1934년 소련으로 피신했다. 그러나 그는 1937년 한국으로 돌아오자마자 투옥돼 1945년 8월 15일까지 수감됐다. 미국 자료에서는 그를 "지하 활동으로 널리 존경 받는" 인물로 서술하면서 아래와 같이 묘사했다. "젊고 잘생겼으며 열정적이고 (…) 강건한 체격을 가졌으며 흰색 웃옷과 바지, 푸른색 조끼, 검은 외투를 입어 (…) 서울의 노동자들과 구별하기 어렵다"(1948년 6월 1일 제이콥스Jacobs가 국무부에 보낸 보고서. RG 59 decimal file, 895.00/6-148 수록).
82. 『전국노동자신문』 1호, 1945년 11월 1일자; 1946년 4월 19일자. 아울러 민주주의민족전선, 『조선해방 1년사』, 159~165쪽; USAMGIK, "Political Trends," no. 5, November 5, 1945 참조.
83. Meacham, Labor Report, 10, 22쪽.
84. 민주주의민족전선, 『조선해방 1년사』, 163쪽.
85. "Labor Section Policy," unsigned memorandum, Bureau of Mining and Industry,

November, 16, 1945. XXIV Corps Historical File 수록. 아울러 Meacham, Labor Report 참조.

86. "HUSAFIK," 3권 4장 1부 52~53쪽.

87. George McCune, *Korea Today*(Cambridge: Harvard University Press, 1950), 164쪽; 『전국노동자신문』 1호, 1945년 11월 1일자.

88. opinion no. 306, May 6, 1946, in USAMGIK, Department of Justice, *Selected Legal Opinions of the Department of Justice*(Seoul, 1948) 참조.

89. Meacham, *Labor Report*, 11쪽.

90. 같은 책, 11쪽.

91. *Selected Legal Opinions*, 10~11쪽.

92. "HMGK" 3: 24~25쪽.

93. McCune, *Korea Today*, 100쪽. "한국인은 귀속 재산이 미군정의 관리 아래 들어가는 것을 막을 강력한 이유가 있었다. 많은 경우 거액의 개인 재산을 축적하는 것은 공적 관리에서 벗어난 대규모 창고 등을 입수하는 데 달려 있었다"고 레너드 호그는 언급했다. 이런 큰 재산은 군정에 귀속되지 않았다. 귀속 재산과 관련된 혼란스러운 상황은 1948년까지 이어졌다고 호그는 지적했다. "군정청은 최종 결정은 한국 정부가 내려야 한다는 이유로 (이 문제에) 간섭하지 않았다"(Hoag, "American Military Government in Korea," 254~256쪽).

94. 1946년 6월 22일 에드윈 폴리 대사가 트루먼 대통령에게. *FRUS*(1946), 8: 706~709쪽 수록. 트루먼은 폴리의 편지를 읽고 깊은 인상을 받았다. 1946년 7월 16일 그의 회신 참조. *FRUS*(1946), 8: 713~714쪽; Harry S. Truman, *Years of Trial and Hope*(1956; reprint ed., New York: Signet Books, 1965), 366쪽 수록.

95. G-2 "Weekly Report," no. 22, February 3-10, 1946; Meacham, *Labor Report*, 22쪽.

96. 인정식, 『조선의 토지 문제』, 208쪽. 김종범·김동운, 『해방 전후의 조선 진상』, 165쪽에서는 600명의 대표가 참석했다고 말했다. 추가적 정보와 전농 지방조직의 세력이 붕괴된 상황은 민주주의민족전선, 『조선해방 1년사』, 165~168쪽 참조.

97. 민주주의민족전선, 『조선해방 1년사』, 183~184쪽. 조병옥은 『나의 회고록』, 155쪽에서 이 청년연맹에는 30만 명 이상이 소속됐다고 말했다. 인공 지도자들은 1945년 12월 22~23일 조선부녀총동맹을 결정해 한국 사회의 모든 생활에서 여성의 "완전한 해방"과 남성과 여성의 평등, 중매결혼·여성 매매·축첩·매춘 같은 "봉건적" 관행의 폐지를 요구했다(『조선해방 1년사』, 178~182쪽 참조).

98. "HUSAFIK," 3권 4장 1부 50쪽.

99. "HUSAFIK," 3권 6장 25~26쪽. 아울러 South Korean Interim Government, National Food Administration, "Food Report for South Korea as of March 18," in "History of the National Food Administration"; in XXIV Corps Historical File.

100. USAMGIK, *Official Gazette*, Ordinance no. 9, October 5, 1945. 1945년 10월 미국은 김성수에게 군정법령 9호를 건의해달라고 요구했다. 그는 지주 3분의 1, 소작농 3분의 2 배분은 "1945년 수확에만 해방하는 일시적 조처가 돼야 한다"고 말했다(XXIV Corps Historical File에 수록된 보고서 참조).

101. *Official Gazette*, General Notice no. 1, October 5, 1945.

102. *Official Gazette*, General Notice no. 2, October 20, 1945.

103. *Official Gazette*, Ordinance no. 19, October 30, 1945.

104. "HUSAFIK," 3권 2장 35쪽; C. Clyde Mitchell, *Korea: Second Failure in Asia*(Washington, D.C.: Public Affairs Institute, 1951), 17쪽 참조.

105. Pak Ki-hyuk et al., *A Study of Land Tenure System in Korea*(Seoul: Korea Land Eco-

nomics Research Center, 1966), 89~90쪽.

106. G-2 "Weekly Report," no. 29, March 24-31, 1946.

107. 군나르 뮈르달은 지주제도가 지배하는 경제에서 기업가의 활동을 촉진하기 어렵다는 측면을 명쾌하게 설명했다. *Asian Drama: An Inquiry into the Poverty of Nations*(New York: Pantheon Books, 1968), 2, 1064, 1380쪽.

108. "HUSAFIK," 3장 6장 5쪽.

109. Robinson, "Betrayal of a Nation," 77, 151쪽. 아울러 G-2 "Weekly Report," no. 22, February 3-10에서는 일본으로 "대규모" 밀수가 있었다는 증거를 제시했다.

110. "HUSAFIK," 3권 3장 39~40쪽.

111. 같은 책, 31쪽.

112. 97th MG Company, "Unit History."

113. 1홉은 150그램 또는 525칼로리에 해당한다. 1939년 일제의 배급(그때부터 시작됐다)은 2.1~2.3홉이었다("Food Report for South Korea as of March 1948," in XXIV Corps Historical File. 이 보고서는 자유시장 정책의 영향을 아는 데 중요한 자료다).

114. "HUSAFIK," 3권 6장 6, 18쪽. 1946년 11월 미국은 밀 420만 부셸, 옥수수 1만 5000톤, 밀가루 8000톤과 그밖의 곡물을 한국에 보냈다(60쪽). 이렇게 생겨난 미국 곡물에 대한 남한의 경제적 의존은 지금까지도 극복되지 않았다.

115. 같은 책, 4장 1부 51쪽. 아울러 인정식, 『조선의 토지 문제』, 78, 95~99쪽에서는 일본과 미국의 쌀 공출 제도가 비슷하다는 측면을 자세히 서술했다.

116. "HUSAFIK," 3권 2장 73쪽.

117. 같은 책, 73~74쪽.

118. 67th MG Company, report of February 15, 1946.

119. "HUSAFIK," 3권 6장 29~30쪽.

120. "HUSAFIK," 3권 2장 77쪽.

121. USAMGIK, Office of Administration, *Manual of Military Government Organization and Function*(Seoul, n.d.), 77쪽.

122. C. Clyde Mitchell, *Final Report and History of the New Korea Company*(Seoul: National Land Administration, 1948), 20, 62쪽.

123. 같은 책, 9, 16쪽.

124. 신한공사 계약 농가가 소유한 평균 토지 규모는 0.85정보였다. 원래 1정보는 한 농가가 1년 동안 사는 데 필요한 최소 규모로 간주되지만, 가족을 부양하기 어려운 신한공사의 농민은 수확의 3분의 1 이상을 신한공사에 소작료로 낸 뒤 식량 배급권을 받아야 했다(같은 책, 11, 19~20쪽).

125. "HUSAFIK," 3권 5장 41쪽.

126. Robinson, "Betrayal of a Nation," 149쪽.

127. "HUSAFIK," 3권 4장 1부 43, 50~51, 54쪽.

128. 같은 책, 54쪽. 아울러 Richard Robinson, "Report on a Trip Through the Provinces," August 1946 참조. XXIV Corps Historical File 수록.

129. Minutes of the Korean-American Conference, November 15, 1946. XXIV Corps Historical File 수록.

130. 67th MG Company, May 15, 1946; 68th MG Company, March 11, 1946.

131. 1947년 4월 27일 하지와 웨더마이어 장군의 대화. XXIV Corps Historical File 수록.

132. "HUSAflK," 3권 6장 32~33쪽.

133. 1945년 12월 13일 공보부의 보고. XXIV Corps Historical File 수록.

134. 1945년 12월 19일 공보부의 보고. XXIV Corps Historical File 수록.

135. 1946년 7월 3일 미군 방첩대의 보고서 "Rightist Plots and Miscellaneous Politics, 1946-1947," XXIV Corps Historical File 수록. 이 보고서도 12월 8일 회합에서 경상북도 출신의 "부유한 지주"가 "악명 높은 친일파 이정회"를 보국회에 들어오도록 허락하자고 제안했다고 말했다. 그 자리에 있던 이승만은 거절했으며, 그 제안을 했던 사람은 그날 밤 괴한에게 저격됐다. 이 보고서에 따르면 이승만은 모두 1200만 원, 김구는 100만 원을 받았다.

136. 굿펠로의 임명과 관련된 상황은 쉽게 이해되지 않는다. 11월 5일 이승만과 오래 협력해온 제이 제롬 윌리엄스Jay Jerome Williams는 트루먼 대통령에게 편지를 보내 굿펠로가 "한국 관련 임무를 수행하는 데 적임자"라고 추천했다. 그러자 11월 7일 트루먼은 번스 국무장관에게 지시했다. "이 임무에 굿펠로 대령을 보내는 것은 좋은 계획으로 생각됩니다." 그러자 11월 11일 존 빈센트는 굿펠로와 윌리엄스는 이승만과 함께 "(국무)부에 노골적으로 비판적"이라고 지적했다. 11월 13일 번스는 트루먼에게 굿펠로를 임명하는 데 반대하지 않지만 그를 "대통령의 개인적 대리자"로 지명하는 것은 "추천할 만하지 않다"는 편지를 보냈다. 그 결과 굿펠로는 이승만의 사례와 매우 비슷하게 국무부 내 국제협력주의자의 반대를 통과한 뒤에야 한국에 도착할 수 있었다(이 문제와 관련된 여러 서류와 편지는 RG 9, decimal file, 740.00I9/Control (Korea), attached to doc. no. 740.0019/11-745, in box no. 3827 참조). 물론 이승만은 다른 쪽에서 하지와 맥아더에게 굿펠로를 옹호함으로써 자신의 역할을 했다(1945년 11월 8일 그가 굿펠로에게 보낸 편지 참조. Goodfellow Papers 수록).

137. 1946년 6월 27일과 8월 5일 이승만이 굿펠로에게 보낸 편지 참조. Goodfellow Papers 수록. 뒤쪽 편지에서 이승만도 "귀하는 저의 항시적인 초청을 받았으며 제 개인 고문으로 즉시 올 수 있으며 이것은 앞으로 수립될 한국 정부의 고문이 될 것이라는 뜻입니다"라고 썼다.

138. Counter-Intelligence Corps report of July 3, 1946; and Public Information Department report of December 13, 1945 in XXIV Corps Historical File 참조. 『해방일보』 24호, 1945년 12월 8일자에서는 이승만의 재정 후원자 명단에 동일한 인물을 거론했지만 『동신일보』 1946년 1월 9일자에서는 대한경제보국회 회원 50명을 "대지주"라고 언급했다.

139. 1947년 2월 12일 방한 의원단에 대한 하지의 담화 참조. USFIK 11071 file, box no. 62/96.

140. 미국 정보기관이 압수한 한민당 지도부 발신 편지에서는 한민당에 자금을 후원한 사람에는 200만 원을 기부한 박흥식(1장 참조)과 500만 원을 기부한 "부유한 지주" 김기수가 들어 있었다(G-2 "Periodic Report," no. 113, January 1-2, 1946). 한민당 초기 지도자이자 그 뒤 수도경찰청장이 된 장택상은 1940년대 후반 동안 이승만에게 생활비를 가끔 제공했다고 한다(Sungjoo Han, *The Failure of Democracy in South Korea*[Berkeley: University of California Press, 1974], 20쪽).

141. "XXIV Corps Journal," October 27, 1945 첫 부분에서 인용.

142. *FRUS*(1945), 5 1,144~1,148쪽. 맥아더는 하지의 전문에 이렇게 덧붙였다. "현재 상황에는 적극적 행동이 필요하며 최종적 위기로 흘러가도록 내버려두는 것이 가장 나쁩니다"(Hoag, "American Military Government in Korea," 334쪽 참조).

143. 트루먼은 *Years of Trial and Hope*, 361~362쪽에서 하지의 보고를 길게 인용했다.

144. "HUSAFIK," 2권 4장 "American-Soviet Relations: The First Year," 15쪽.

145. 같은 책, 19~21쪽.

146. 같은 책, 26쪽.

147. 같은 책, 4장.

148. 같은 책, 1장 23쪽. 여기서 "외부 정치 세력"은 "소련"을 의미하는 것 같다.

149. 이를테면 Suh, *Korean Communist Movement*, 10장 참조.

150. "HUSAFIK," 2권 1장 24쪽에서 인용.

151. 같은 책, 1권 4장 42쪽.
152. 같은 책, 3권 2장 25쪽. 사법부 고위 관료를 지낸 미국인이 한국인을 "국gooks"이라고 비하한 것은 A. Wigfall Green, *The Epic of Korea*(Washington, D.C.: Public Affairs Press, 1950), 7~8쪽 참조.
153. 1945년 10월 3일 하지는 자기 부관에게 이렇게 말했다.
"일본인을 다루는(곧 통제하는) 것은 부수적 문제다. 한국인은 일본인에게서 강탈·구타당했다고 소리 높여 주장하지만 그 증거는 거의 없다. (…) (나는) 그들보다 '멍청한' 사람들을 본 적이 없다. 한국인의 역사를 돌이켜보면 그들은 수시로 강간·약탈·살인을 저질렀음을 알 수 있다. 그들은 다른 사람을 때리기를 좋아한다"("XXIV Corps Journal," October 3 첫 부분). 비슷한 발언을 몇 가지 더 들 수 있다. 그러나 하지를 옹호하자면, 그는 군정의 고위 관리 대부분보다 한국인을 더 존중하고 좋아하게 됐다고 레너드 버치는 말했다(1973년 5월 19일 대담).
154. Louis Hartz, *The Liberal Tradition in America*(New York: Harcourt, Brace & World, 1955), 116쪽.

7장 국제협력주의적 정책과 일국독점주의적 논리: 경직되는 중앙의 태도, 1946년

1. 1945년 9월 런던에서 열린 외무장관 회의가 실패로 끝났기 때문에 이것은 더욱 그랬다(John Lewis Gaddis, *The United States and the Origins of the Cold War*[New York: Columbia University Press, 1972], 263~268쪽 참조).
2. *New York Times*, December 28, 1945.
3. 1945년 11월 12월 국무부에 보낸 전문. *FRUS*(1945), 6:1121~1122쪽. 이 보고서에서 해리먼은 영국은 당연히 미국의 정책에 동조할 것으로 예측했지만, 영국은 1945년 9월까지 한국정책에 관련된 태도를 분명히 밝히지 않았다. 9월 9일 조지 링컨이 쓴 보고서에 따르면 영국은 루스벨트가 얄타회담에서 한국 신탁통치와 관련해 스탈린과 나눈 대화나 그 뒤 1945년 5월 홉킨스와 스탈린의 대화 내용을 통보받지 못했다. 링컨은 "이제 영국에게 알리는 것이 좋겠다"고 제안했다(United States, War Department, RG 165, ABD decimal file, box no. 31, section 17-A 참조).
4. 1946년 1월 25일 국무부에 보낸 전문. *FRUS*(1946), 8: 619쪽 수록.
5. 클레멘스는 얄타회담이 "국제적 안정을 손상시킬 일방적 행위보다 전통적 협상에 따른 합의를 바라는 (연합국들의) 만남"이라고 봤다. Diane Shaver Clemens, *Yalta*(New York: Oxford University Press, 1970), 288쪽 참조. 모스크바 삼상회의와 관련해 개디스는 미국이 일본을 통제하고 원자력을 국제적으로 관리하자는 미국의 제안에 소련이 기본적으로 동의했으며, 미국은 소련이 루마니아와 불가리아를 통제하는 데 사실상 도전하지 않겠다고 응답했다고 설명했다(Gaddis, *United States and the Origins of the Cold War*, 281~283쪽). 모스크바 회담의 타협 정신은 James F. Byrnes, *Speaking Frankly*(New York: Harper & Bros., 1947), 6장; Daniel Yergin, *Shattered Peace: The Origins of the Cold War and the National Security State*(Boston: Houghton Muffin Co., 1978). 148, 161~162쪽도 참조.
6. *FRUS*(1945), 2: 641쪽 참조. 1945년 11월 8일 국무부는 한국의 신탁통치에 합의한 38개 조항으로 이뤄진 13쪽짜리 초안을 완성했다. 그 초안에서 한국은 유엔 헌장 77조에 따라 적국 영토에서 분리된 영토로 취급돼 4대국의 신탁통치를 받으며, 그 목적은 "한국 국민이 되도록 빨리 독립의 책임을 수락하고 (…) 유엔의 일원이 되도록 하려는" 것이라고 규정됐다. 1명의 고등 판무관辦務官과 집행위원회(후자는 4대국에서 1명씩 파견된 대표로 구성된다)로 짜

여진 통치 기구는 한국인으로 구성된 내각이나 자문위원회의 도움을 받아 행정·입법·사법권을 행사했다. 초안의 19조에서는 "적절한 한국인을 행정·사법을 비롯한 공직에 되도록 점차 많이 참여시키고 점진적으로 그들에게 권한을 이양하며" 신탁통치는 관련된 4대국이 좀더 일찍 끝내기로 합의하지 않을 경우 1951년 3월 1일에 끝난다고 규정했다(3월 1일이라는 날짜는 1919년 3월 1일에 한국에서 독립만세 운동이 일어났기 때문에 선택됐다—그러나 그 제안은 한국의 독립을 5년 동안 유예한 역설적 결과를 가져왔다). 무엇보다도 첨부된 의정서에서는 "고등 판무관이 취임하면" 한국 전체에 대한 군정이 끝나고 1개월 뒤 연합군이 철수한다고 규정됐다("Draft Trusteeship Agreement for Korea," November 8, 1945. 이 문서를 기밀해제하고 복사본을 나에게 제공해 준 존 코치John Kotch에게 감사드린다). 이 초안이 모스크바 회의에 제출됐다는 증거는 없다. 12월 16일 첫 회의에서 번스와 몰로토프 모두 한국을 신탁통치하는 데 미국과 소련이 합의하지 않았다고 지적한 뒤(몰로토프는 루스벨트와 스탈린이 얄타에서 그 문제와 관련해 "견해를 교환했을" 뿐이었다고 정확히 서술했다) 번스는 미국 대표단이 다음 회의 때 한국 관련 "초안을 준비할 것"이라고 말했다. 그에 따라 12월 17일 미국은 "한국에 대한 통일적 행정Unified Administration for Korea"이라는 제목의 각서를 제출했는데, 그 내용은 이 책에서 소개했다. 거기서는 "신탁통치 조항에 대한 우리의 생각은 아직 확정되지 않았다"고 언급했다(FRUS[1945], 2: 620~621, 641~643쪽).

7. 소련의 초안은 12월 20일 제출됐으며 번스의 표현에 따르면 "몇 가지 사소한 부분만 고친 뒤" 수락됐는데, 중국과 영국의 참여를 좀더 분명히 요청했다. 번스는 중국과 영국이 "독립된 한국의 발전에 매우 큰 관심을 갖고 있다"고 서술했다. 12월 22일 번스는 한국과 관련한 소련의 초안을 미국이 수락하는 보상을 분명하게 언급했다. "우리는 한국과 관련한 소련의 제안을 막 수락했으며, 불가리아·루마니아에서 우리가 겪고 있는 어려움을 해결하는 데 몰로토프 씨가 일정한 도움을 주기를 매우 바랍니다"(FRUS [1945], 2: 699~700, 716, 721, 728쪽. 모스크바협정의 최종안은 820~821쪽 참조). 모스크바협정의 한국 관련 조항과 관련해 "표현을 약간 수정하면서 소련은 번스의 표현을 받아들였다"는 어니스트 메이의 설명은 잘못된 것이다(*Lessons of the Past*[New York: Oxford University Press, 1973], 55쪽).

8. *FRUS*(1945), 6:1151쪽.

9. 1946년 6월까지도 국무부는 "미국이 모스크바협정을 엄격히 준수해야 한다"고 주장했다("Policy for Korea," June 6, 1946; in *FRUS*[1946], 6:697쪽).

10. 『전국노동자신문』 1945년 11월 1일; 『전선』 3호, 1945년 10월 27일; 『독립신문』 1945년 10월 31일; 『자유신문』, 1945년 10월 27일; 『매일신보』 1945년 10월 26일. 모두 『대한민국사자료』 1: 308~309쪽에서 인용. 『해방일보』(7호, 1945년 10월 31일)는 미국의 필리핀 정책과 관련해 "미국 정부는 문명으로 볼 때 한국보다 수천 년 뒤떨어진 필리핀에게조차 독립을 약속했다"고 빈센트가 말했다고 보도했다. 11월 7일 이승만은 신탁통치를 비판하면서 맥아더도 그 방안에 반대했다고 말했다(김종범·김동운, 『해방 전후의 조선 진상』, 153쪽 참조).

    5장에서 인용한 10월 10일 베닝호프의 보고서에서도 한민당 지도자들이 미국의 후견을 지지한다고 언급했다. 처음부터 한민당은 후견이 인공을 물리치는 방법이라고 생각했으며 한국의 독립은 즉시 이뤄질 수 없다는 것을 공개적으로 인정한 유일한 단체였다(9월 8일 「인공을 타도하자」라는 제목의 한민당 전단. 김준연 편, 『한국민주당 소사』, 9쪽).

11. *FRUS*(1945), 6:1074쪽

12. 『매일신보』 1945년 10월 31일.

13. 이를테면 미군정청이 38도선 이남의 유일한 정부라는 10월 27일 군정청의 성명과 한민당 선전부가 발행한 12월 12일 인공의 활동을 불법으로 규정한 하지의 선언을 참조하라(이혁 편, 『애국삐라전집』, 32, 33~37쪽).

14. 「조선 지식계급에게 고함」, 1945년 11월 1일; 같은 책, 56~58쪽. 그 문서에 따르면 하지는 송

진우에게 자신들이 나눈 대화 내용을 한국 지식인들에게 전달하라고 요구했다.

15. USAMGIK, "HMGK"(Seoul: Office of Administrative Services, Statistical Research Division, 1946), 1: 217쪽. 1946년 여름에 쓰인 이 문서는 빈센트를 신탁통치 구상의 책임자라고 명확히 비판했다.

16. 『민중일보』 1945년 12월 30일.

17. 1947년 8월 27일 하지와 앨버트 웨더마이어 장군의 대화 기록. XXIV Corps Historical File 수록. 『중앙신문』은 12월 29일에 있은 그들의 회동을 12월 31일자에 보도했다.

18. 고하선생 전기편찬위원회, 『고하 송진우 선생전』, 337~338쪽. 그의 암살에 대한 내용은 『동아일보』 1945년 12월 31일 참조. 『대한민국사 자료』 1: 713~714쪽 수록.

19. 한태수, 『한국정당사』, 69쪽. 송진우의 암살범은 송진우가 신탁통치를 지지했기 때문에 그를 죽였다는 글을 남겼다고 『서울 타임스』는 보도했다(1946년 1월 1일). 그 암살과 관련된 김구의 책임은 장택상과 원세훈이 군정에 제공한 정보 참조. 1946년 8월 16일과 7월 17일 그들이 레너드 버치와 나눈 대화 기록. USAFIK, XXIV Corps Historical File; "HUSAFIK," manuscript in the Office of the Chief of Military History, Washington, D.C.(Tokyo and Seoul, 1947, 1948), 2권 2장 58쪽; Richard Robinson "Betrayal of a Nation," Manuscript, Massachusetts Institute of Technology, 72쪽 참조. 미군정은 1946년 4월 송진우의 암살범이 북한에서 반탁 시위를 선동한 뒤 남한으로 돌아오자 체포했다((USAMGIK, G-2 "Weekly Report," no. 33, April 21-28, 1946).

20. *FRUS*(1945), 6:1,153쪽 주.

21. Robinson, "Betrayal of a Nation," 26쪽. 하지는 모스크바 회담이 "끝나고 상당한 시간이 흐른 뒤에도" 한국과 관련된 합의를 몰랐기 때문에 이런 "무지한 행동"을 했다고 로빈슨은 말했다. 모스크바 회담에 제출된 미국의 제안서는 12월 28일 이전에 하지에게 보내졌다고 내가 지적하자, 로빈슨 박사는 자신의 견해는 하지가 자기 부관에게 한 발언에 근거한 것이라고 말했다. 하지가 신탁통치 제안을 알았다면 부관에게 거짓말을 했을 것이라고 로빈슨은 말했다(1974년 3월 27일 로빈슨과의 대화). 12월 31일 간부회의의 기록자는 "하지 장군이 어떤 조건에서도 '신탁통치'에 반대하리라는 결론에 이르렀다는 인상을 받았다"고 말했다(USAFIK, XXIV Corps Historical File, "XXV Corps Journal," December 31 첫 부분).

22. 이강국, 『민주주의의 조선건설』, 103쪽.

23. *FRUS*(1945), 6:1154쪽.

24. 같은 책, 1153쪽.

25. 'Trusteeship'은 한국어로 '신탁통치'라고 번역할 수 있지만 일본이 비슷한 방법을 사용했기 때문에 좋지 않은 의미를 지니고 있다. 남한에서 '신탁통치'는 한국과 관련된 모스크바협정의 전체를 의미하는 것으로 사용됐지만, 앞서 지적한 대로 거기서 신탁통치의 비중은 그리 크지 않았다. 미군정 기록관은 "한국어로는 추상적 단어를 정확히 옮기기 어려웠기" 때문에 한국인은 신탁통치의 의미를 이해할 수 없었다고 주장했다("HUSAFIK," 1권 4장 36쪽).

26. Leonard C. Hoag, "American Military Government in Korea: War Policy and the First Year of Occupation, 1941-1946"(Draft manuscript prepared under the auspices of the Office of the Chief of Military History, 1970), 352쪽. 호그도 미국은 한국의 즉각적 독립을 주장한 반면 소련은 신탁통치를 옹호한다고 보도한 12월 27일 『성조지Stars and Stripes』의 기사를 인용했다.

27. 1945년 11월 레이히의 발언 참조. Yergin, *Shattered Peace*, 155쪽에서 인용.

28. *Seoul Times*, December 27, 1945.

29. "HUSAPIK," 2권 4장 77쪽; 2권 1장 21쪽.

30. Department of State Bulletin, December 30. 1945, 1036쪽. 번스의 발언은 남한에 널리

보도됐다. 그 뒤 그는 자신의 발언이 남한에 신탁통치를 실시하는 데 반대하는 움직임에 대응한 것이었다고 인정했다(Byrnes, *Speaking Frankly*, 222쪽 참조).

31. Hoag, "American Military Government in Korea," 291쪽; "HUSAFIK," 2권 2장 53~60쪽; 3권 4장 48~49쪽; "XXIV Corps Journal," January 2, 1946 첫 부분 참조. 그 뒤 조병옥은 1월 1일 하지와 김구의 회담을 중재했으며 그 만남에서 남한 과도정부의 구상이 나왔다고 주장했다. 이 주장은 흥미롭지만, 뒷받침할 수 있는 증거는 없다(조병옥, 『나의 회고록』, 166~167쪽 참조).
32. 이를테면 『동아일보』 1946년 1월 1일자 참조. 『대한민국사 자료』 1: 719~720쪽 수록.
33. 『동아일보』 1945년 12월 27일자 참조. 『대한민국사 자료』 1: 671~674쪽 수록.
34. 이상하게도 이승만은 모스크바협정이 발표된 직후 침묵을 지켰다(A. Wigfall Green, *The Epic of Korea*[Washington, D.C.: Public Affairs Press, 1950], 52쪽). 이것은 그가 1919년 "한국이 '자치정부'를 운영할 능력이 있다고 국제연맹이 결정할 때까지 위임통치를 실시"해 달라고 윌슨 대통령에게 청원한 한국인 집단을 이끌었기 때문으로 생각된다(Chong-sik Lee, *The Politics of Korean Nationalism*[Berkeley: University of California Press, 1963], 103쪽). 그 뒤 임정 지도자들은 이승만의 이런 행동을 공격했다. 1946년 초 한 북한 신문은 이승만은 1919년 미국에게 한국을 식민지로 삼으라고 청원했고 이 때문에 한국인들은 그를 죽일 뻔했다고 주장하면서 이 문제를 다시 거론했다(『평북신보』 1946년 2월 5일자). 온건한 민족주의자로 구성된 이른바 "친미파"가 처음에는 1919년 미국 아래서 어떤 종류의 위임 통치나 후견을 희망하다가 그 뒤 일제 치하에서 자치를 요구하는 것으로 귀결됐다는 사실은 한국인에게 널리 알려졌다. 감리교 선교사로 한국에 온 허버트 웰치Herbert Welch는 3·1운동 뒤 이렇게 말했다.
"가장 지적이고 통찰력 있는 사람들을 포함한 여러 (한국인은) 빠른 독립은 바라기 어려우며 물리적 환경과 지식·도덕 그리고 정부를 운영할 수 있는 능력을 한국 국민이 갖도록 오랜 시간에 걸쳐 노력해야 한다는데 동의했다"(Alleyne Ireland, *The New Korea*[New York: E. P. Dutton, 1926], 69쪽에서 인용).
35. *The Semi Sovereign People*(New York, 1960), 36~43쪽에 실린 E. E. 샤트슈나이더의 논의 참조. 그 뒤 하지는 신탁통치가 우익에게 명분을 주었다고 말했다. "그들은 신탁통치를 바라지 않는다는 것을 빼고는 말할 것이 없다는 것을 알자 반탁을 강력히 고수했다(1947년 10월 4일 하지와 한국을 방문한 의원단의 대화. USAFIK, USFIK 11071 file, box 62/96 수록).
36. 이 방송의 원고는 『대한민국사 자료』 1: 611~613쪽 참조. 김구는 이승만의 방송을 비판하면서 한국의 통일을 위해 "우익과 좌익은 손을 잡아야 한다"고 말했다(『서울신문』 1945년 12월 21일자. 『대한민국사 자료』 1: 637쪽 수록.
37. 『대한민국사 자료』 1: 678~679쪽에 실린 한민당의 전단과 『동아일보』 1945년 12월 28일자에 실린 이승만의 라디오 방송 참조. 『대한민국사 자료』 1: 668~670쪽 수록.
38. 『한국민주당 특보』 4호, 1946년 1월 10일.
39. 이혁 편, 『애국삐라전집』 1: 80~84쪽 참조. 이승만과 그 지지자들은 한국과 중국(국민당)의 이익이 미 국무부에 있는 공산주의 동조자들 때문에 침해됐다고 거듭 주장했다(Robert T. Oliver, *Syngman Rhee: The Man Behind the Myth*[Cornwall, N.Y.: Cornwall Press, 1955], 178, 184, 194쪽 참조). 이승만의 소규모 "한국 로비"는 "중국 로비"를 본받은 것이었다. 후자가 국무부 내부의 국제협력주의자(와 루스벨트)에게 제기한 공격의 핵심은 얄타회담에서 중국의 이익이 "무시됐다"는 것이었다(Ross Koen, *The China Lobby in American Politics*[New York: Macmillan Co., 1960], 64~69쪽). 이승만은 루스벨트와 스탈린이 한국을 분단시켰다고 주장하면서 1945년 여름부터 얄타협정 반대 운동을 전개했다. 많은 한국

인은 이 주장을 아직도 믿고 있다.

40. 1946년 1월 15일 청주에 주둔한 미군 67중대의 보고.

41. "HUSAFIK," 2권 1장 24~26쪽.

42. 같은 부분 및 4장 78~80쪽 참조. 이런 설명은 1946년 4월 21일 G-2 보고서에 따른 것이다. 해당 문서의 날짜는 1946년 1월 3일로 돼 있다.

43. 『조선인민보』 12월 31일, 1월 2일, 2일; 『자유신문』 1월 1~2일, 5일의 여러 기사 참조.

44. "HMGK" 3:52에서는 남한에서 좌익이 세력을 잃은 것은 "모스크바협정에 따른 신탁통치안에 공산주의 동조자들이 모두 찬성했기 때문"이라고 지적했다. 좌익도 그것을 인정했다(이강국, 『민주주의의 조선 건설』, 113쪽 참조).

45. *Seoul Times*, 1946년 1월 19일자. 아울러 1946년 2월 10일자 『한국민주당 특보』 5호에서는 "조선을 소련의 영향권 안에 넣으려고 하는 박헌영을 타도하자"면서 박헌영을 "매국노"라고 불렀다.

46. *Seoul Times*, 1946년 1월 18일자에서는 로버트 콘월Robert Cornwall(『태평양 성조*Pacific Stars and Stripes*』 기자)을 비롯한 여러 기자의 기사를 인용했다.

47. G-2 "Weekly Report," no. 19, January 13-20, 1946; "XXIV Corps Journal," January 6, 1946 첫 부분.

48. "XXIV Corps Journal," January 6 첫 부분. 존스턴은 하지가 호감을 가진 몇 안 되는 미국인 기자 가운데 한 사람이었다.

49. 김오성 편, 『지도자 군상』, 20쪽 참조. 많은 미국인은 박헌영을 대표적 음모가로 보게 됐다. 그의 작은 체구와 검은 얼굴은 이런 인상을 강화한 것으로 생각된다. "HUSAFIK" 2권 1장 20쪽에서는 "얼굴이 검고 교활하다"고 언급했다. 에드워드 벨러미Edward Bellamy는 『페이비언 에세이Fabian Essays』에서 보편적인 미국인은 "사회주의자를 어두운 곳에 모이고 문명과 문명이 의미하는 모든 것에 반대하며 자신의 동료를 헛되고 무서운 음모에 참여시키는 기이한 악당으로 인식한다"고 썼다(Louis Hartz, *The Liberal Tradition in America*[New York: Harcourt, Brace & World, 1955], 246쪽에서 인용).

50. 1947년 8월 27일 하지와 웨더마이어 장군의 대화 기록. XXIV Corps Historical File 수록. 김삼규 같은 온건 우익은 신탁통치에 포함된 모든 의미를 고려한 좋은 보기라고 생각된다(그의 『민족의 여명』, 발행지 불명, 1949, 9~11, 179쪽 참조). 루이스 임은 "한국의 주권을 강대국에 예속시키는 데 공산당만 찬성했다"고 간단히 썼다(*My Forty Year Fight for Korea*, 253쪽).

51. 1946년 1월 25일 해리먼의 전문. *FRUS*(1946), 8: 622쪽 수록.

52. 1946년 1월 25일 타스 통신의 공식 성명 참조. 같은 책, 617~619쪽 수록. 케넌이 이 보도에 언급한 내용은 그가 한국의 실제 상황을 전혀 이해하지 못하고 있음을 보여준다(620~621쪽).

53. "XXIV Corps Journal," February 6, 1946 첫 부분. 해리먼은 회담에서 스탈린이 이렇게 말했다고 인용했다. "소련 정부는 미국과 마찬가지로 (한국의) 신탁통치를 필요로 하지 않으며 (…) 두 나라가 합의한다면 신탁통치는 폐기할 수 있습니다."(W. Averell Harriman and Elie Abel, *Special Envoy to Churchill and Stalin, 1941-1946*[New York: Random House, 1975], 533쪽 참조). 모스크바 회담에서 한국의 전면적 신탁통치에 찬성한 미국의 태도가 얼마나 달라졌는지는 1946년 1월 19일 NBC방송과 라디오 토론에서 제시한 존 카터 빈센트의 발언에서 뚜렷이 나타났다. 한국과 관련된 모스크바협정을 요약해달라는 부탁을 받은 빈센트가 신탁통치에 대해서는 전혀 언급하지 않자 사회자가 물었다. "그런데 빈센트 씨, 한국 신탁통치와 관련된 질문에 대답해주시겠습니까?" 그러자 빈센트는 신탁통치를 "가능성 있는 하나의 과도적 수단"이라고 표현했다. 사회자는 대답했다. "저는 섬너 웰스Sumner Welles가

그것이 모스크바협정에서 가장 중요한 사항이며 그것은 국제적 신탁통치의 기반을 처음으로 놓은 발언이라고 기억합니다." 빈센트는 신탁통치는 폐기될 수 있다는 번스의 발언을 인용하면서 그것은 "필요할 수도 필요하지 않을 수도 있는 하나의 과정일 뿐"이라고 다시 표현했다. 한국과 관련된 미국의 입장을 묻자 빈센트는 대답했다. "우리는 한국에 하나의 목적만을 갖고 있습니다—되도록 빨리 자치정부와 독립을 이루는 것입니다"(Voice of Korea 3, no. 52, January 28, 1946의 녹음 기록). 1945년 11월 앨거 히스는 1945년 11월 한국 신탁통치에 관련된 국무부의 초안은 "여러 신탁통치 협정 가운데 첫 사례이며 그것들의 모범이 될 것"이라고 말했다(James Matray, "The Reluctant Crusade: American Foreign Policy in Korea, 1941-1950"[Ph. D. dissertation, University of Virginia, 1977], 147쪽에서 인용).

54. 민족주의자인 조만식은 1945년 12월까지 건준 북조선지부와 그 뒤 북조선 5도 행정국을 이끌었다. 그 뒤 조만식은 그 자리에서 쫓겨나 평양의 한 호텔에 감금됐는데 모스크바협정을 지지하지 않았기 때문으로 생각된다(Dae-sook Suh, *The Korean Communist Movement, 1918-1948*[Princeton: Princeton University Press, 1967], 315~316, 319쪽 참조).
55. 1945년 봄 스탈린은 "영토를 차지하면 누구나 그 자신의 사회 체제를 그곳에 적용한다"고 언급했다(Walter LaFeber, *America, Russia, and the Cold War, 1945-1966*[New York: John Wiley & Sons, 1967], 15쪽에서 인용).
56. Gaddis, *United States and the Origins of the Cold War*, 283쪽.
57. Eben A. Ayers Papers, Truman Library, diary entry of February 25, 1946; Yergin, *Shattered Peace*, 161쪽 참조. 1950년 12월 20일 트루먼의 발언은 Papers of Matthew J. Connelly, box 1에서 인용.
58. Herbert Feis, *Contest Over Japan*(New York: W. W. Norton, 1967), 97쪽; LaFeber, *America, Russia, and the Cold War*, 30쪽.
59. "HUSAFIK," 2권 1장 31쪽.
60. 같은 책 2장 53쪽; Robinson, "Betrayal of a Nation," 30쪽. 1월 18일 국무부도 "(모스크바) 공동성명의 한국 관련 부분은 소련이 기초하고 미국이 약간 수정했으며" 신탁통치 조항은 철회되기를 바란다는 내용의 공개 방송 내용을 하지에게 보냈다. 이처럼, 적어도 공개적으로, 국무부는 신탁통치에 대한 자신의 책임을 숨기려고 시도했다("State to CINCAFPAC, info to CG USAFIK," January 18, 1946 전문; RG 43, Joint Commission, box 9 수록).
61. *FRUS*(1946), 8: 628~630쪽.
62. 1946년 4월 1일 번스가 육군장관에게. 같은 책, 654~656쪽 수록. 번스의 편지는 하지에게 전달되지 않은 것으로 보인다.
63. 게다가 11월 베닝호프는 협의하기 위해 워싱턴으로 소환됐다가 11월 28일에야 『정책 편람』을 갖고 서울로 돌아왔다. 신탁통치와 모스크바 회담 관련 여러 전문이 11월 말부터 12월 초 서울로 보내졌으며, 11월 8일 랭던은 워싱턴으로 전문을 보내 "우리는 모스크바 주재 미국 대사관에 보낸 지침에 만족을 표시했으며 협상 과정을 계속 통보받을 것으로 믿는다"고 말했다(RG 59, decimal file, 740.0019/Control(Korea): nos. 740.0019/11-345, 11-845, 11-2845의 여러 전문 참조. 모두 box no. 3827 소재).
64. 1947년 10월 4일 방한한 의원단에게 한 하지의 발언. USFIK 11071 file, box62/96 수록.
65. 1946년 1월 28일 빈센트가 애치슨에게. State Department, RG59, decimal file, 740.0019/1-2846 수록.
66. 마틴이 조지 매큔에게. 날짜 미상. State Department, RG59, decimal file, 740.0019/3-1646 수록.
67. 1945년 8월 1일 극동 소위원회 30차 회의기록 참조. State Department, RG 353, file folder no.334, SWNCC-SANACC, box no.86 수록. 베닝호프가 위원장을 맡았다. 위원은 조지

블레이크스리George Blakeslee, 휴 보튼, 존 힐드링John Hilldring, 에드윈 마틴이었다.

68. 케넌은 유명한 "긴 전문"을 기초하기 직전 국무장관에게 전문을 보내 말했다. "소련이 한국 문제에서 다른 강대국을 되도록 빨리 완전히 배제하려는 것은 분명합니다." 계속해서 그는 이승만과 김구 같은 인물은 "실행력도 부족하고 조직도 취약하지만 현재 소련의 후원을 받고 있는 '민주적' 정당과 사회조직 그리고 앞으로 수립될 임시정부와 관련된 소련의 구상에 반대하는 친미 세력"이라고 말했다(1946년 1월 25일 케넌이 국무장관에게. *FRUS*(1946), 8: 619~620쪽 수록).

69. "HUSAFIK," 2권 2장 9쪽.

70. RG 353, SWNCC-SANACC, box no.76 참조. 번스의 질의는 앞서 말한 no. 62 참조. 해리먼은 도쿄와 서울을 방문하는 동안 소련에 강경한 태도를 보임으로써 맥아더와 하지가 이미 가진 신념을 강화했다. 해리먼은 맥아더에게 소련은 동유럽처럼 한국 전역을 "정치적으로 지배"하려고 한다고 말했다. 그는 그들이 "산업적으로도 지배해 시베리아의 발전을 지원하려고" 한다고 판단했다. 해리먼은 서울에서 "그 나라 전체에 주권을 주장하는 정부를 남한에 수립하려는 맥아더 장군의 시도를 경고했는데" 그것은 정무위원회와 관련된 계획안과 임정의 귀국을 염두에 둔 것이 분명했다. 2월 3일 그는 하지에게 소련을 다루는 문제와 관련해 "사려깊거나 너그러운 행동으로 호의를 얻으려는 시도로는 아무것도 얻을 수 없으며" 소련에 "우호적이고 공정해야" 하지만 "그래야 할 때만 그래야 한다"고 말했다. 또한 해리먼은 소련 전문가인 찰스 테이어를 하지에게 고문으로 임명하라고 추천했는데, 그것은 그 뒤 워싱턴의 승인을 받았다(Harriman and Abel, Special Envoy, 542~543쪽 참조).

71. 1947년 8월 27일 하지와 웨더마이어 장군의 대화 기록. XXIV Corps Historical File 수록. 거의 같은 때 하지는 "1945년 후반 우리는 임정을 이용해 약간 성공을 거둔 것처럼 보였지만, 모스크바협정 발표는 모든 것을 산산조각 냈다"고 말했다. 1947년 10월 4일 방한 의원단에게 한 하지의 발언. USFIK 11071 file, box no. 62/96 수록.

72. "XXIV Corps Journal," December 31, 1945 첫 부분.

73. "HUSAFIK," 2권 4장 148~149, 149~150쪽.

74. 1946년 2월 9일 베닝호프가 국무장관에게 보낸 전문에서 인용한 하지의 발언. *FRUS*(1946), 8: 630~632쪽 수록. 민주의원에는 "소련(협력을 거부했다)이 통제하고 있는 공산주의자를 제외한" 모든 단체가 포함됐다고 하지는 말했다(631쪽). 아울러 정무위원회 계획 같은 민주의원의 원래 구상에는 일부 북한 지도자도 포함됐음을 주목하라. 이것은 "비현실적"이라는 이유로 기각됐다("HUSAFIK," 2권 2장 79쪽).

75. 1946년 1월 28일 베닝호프가 국무장관에게. *FRUS*(1946), 8: 627쪽 수록. 서명과 날짜가 기입되지 않은 한 보고서에는 이렇게 적혀 있다. "민주의원은 굿펠로가 만들었다. 민주의원이 어떤 단체인지는 잘 알려져 있지 않다. 민주의원(구성원)은 이승만과 김규식이 지명했다. 민주의원은 미군정의 교육부·농무부와 그밖의 한 부서를 거느리고 있다(하지 장군은 동의하지 않았다)"("SKILA Materials," XXIV Corps Historical File 참조). 굿펠로는 자서전적 기록에서 민주의원과 관련해 자신이 1946년 초 한국에서 "최초의 임시정부를 세웠다"고 말했다(Goodfellow Papers, box no. 1).

76. "HUSAFIK," 2권 2장 61~63쪽; G-2 "Weekly Report," no. 19, January 13-20, 1946; no. 21, January 27-February 3, 1946; 한태수, 『한국정당사』, 70~71쪽 참조.

77. 독촉은 회원이 51만 2852명이라고 주장했다. 독촉 산하의 애국부인회는 1946년 4월 회원이 330만 5170명이라고 주장했다. 김구가 이끈 "반탁독립위원회"는 1265만 2718명의 회원을 확보했다고 주장했다—김구가 남한 전체 인구를 착각한 것으로 생각된다(USAMGIK, Department of Public Opinion, "Memorandum: Political Parties," 1948 참조).

78. "HUSAFIK," 2권 2장 62쪽.

79. G-2 "Weekly Report," no. 21, January 27-February 3, 1946. G-2 조사관은 비상국민회의 구성원이 인공 구성원과 "뚜렷이 다르다"고 지적했다. 비상국민회의 참가자는 "수염을 짧게 깎고 잘 차려 입었으며 지적이고 품위 있는 모습"이었으며 30세 이하는 거의 없었다.

80. 1946년 1월 22일 맥아더가 합동참모본부에 보낸 문서에서 하지의 발언을 인용. *FRUS*(1946), 8: 613쪽 수록.

81. 1946년 1월 23일 베닝호프가 국무장관에게. *FRUS*(1946), 8: 616쪽 수록.

82. "HUSAFIK," 2권 4장 146쪽. 이 자료의 동일한 부분에서는 민주의원을 "우익 기구"라고 지적했다.

83. 같은 책, 2장 91쪽. 아울러 *FRUS*(1946), 8: 623~627쪽 참조. 여러 번 수정을 거친 삼성조정위원회의 이 문서는 매우 흥미롭다. 1월 24일 첫 판본에서는 "미소공동위원회(미군정이 아니다)는 자신들과 협의할 대상으로 한국의 대표적 민주 지도자를 선발해야 하고" "우익이나 극좌가 아니라 중도와 중도좌파 정당을 대표하는 강력하고 유능한 지도자를 발굴해 다수파로 선택하도록 특별한 노력을 기울여야 한다"고 언급했다. 삼성조정위원회의 해군성과 육군성 대표들은 "우익이나 (…)"라는 표현으로 시작되는 문구에 반대하면서 "극우나 극좌가 아닌 지도자들"이라는 표현으로 바꾸자고 주장했다. 육군성 차관보 하워드 피터슨Howard C. Peterson은 미국이 "공산주의를 용납한다는 비난을" 받지 않으려면 그런 변경이 필요하다고 생각했다. 수정안을 논의한 1월 28일의 회의록에서는 다음과 같은 논점이 언급됐다. 한국 지도자들은 한국인과 "미국과 소련이 모두 받아들일 수 있는" 대표로 선발돼야 한다. 그리고 "공산주의자 같은 전체주의적 좌익이나 **자본가·지주의** 이익을 대변하는 우익은 한국인 전체를 대표할 수 없다고 생각된다. (…) 이런 두 조건에 가장 잘 합치하는 것은 중도와 중도좌파 정당이 절대적 다수를 차지한 집단이다." 또한 이 개정안은 인구비례에 따라 북한에서 3분의 1, 남한에서 3분의 2의 비율로 대표를 선출하도록 인정했지만(이전 수정안에서 제시된 정책이었다) 소련의 "강력한 반대"에 부딪칠 것으로 예상됐다. 그러나 이처럼 실현하기 어려운 방안은 그 뒤 계속 미국과 남한의 통일정책의 기조가 됐다. 여러 수정안은 State Department, RG 5, SWNCC-SANACC, SWNCC no. 176/15, January 24, 1946; and SWNCC nos. 176/18-176/28, January 1946, in box no. 29 참조(인용문의 강조는 모두 인용자가 덧붙였다).

84. G-2 "Weekly Reports," nos. 23 and 24, February 10~17 및 February, 17~24, 1946 참조. 군정청 장교 저스틴 슬로언Justin Sloane은 우익이 "광범한 조직 활동에 참여하지 않은 채 모든 영역을 활짝 열어놓았다"고 썼다. "The Communist Effort in South Korea, 1945-1948"(M.A. thesis, Northwestern University, 1949), 45쪽 참조.

85. *FRUS*(1946), 8: 625쪽.

86. "XXIV Corps Journal," February 14, 1946 첫 부분. 대표민주의원은 그 기능을 남한(남조선)에 국한시킬 경우 남조선국민대표민주의원이라고 표기하고, 한반도 전체로 본다면 대한민국대표민주의원이라고 표기할 수 있다.

87. "HUSAFIK," 2권 2장 78~79쪽. 그 구성원은 다음과 같이 나뉘었다. 한민당: 김준연·백남훈·백관수·원세훈·김도연·김법린金法麟 ; 대한독립촉성국민회의: 이승만·김여식金麗植·황현숙·김선 ; 임시정부: 김구·김규식·김붕준·조완구·조소앙·김창숙; 국민당: 안재홍·이의식·함태영·박용희. 우익에 가깝지만 "중도파"로 분류된 4명은 오세창·권동진·정인보·장면이다. 여운형은 대표민주의원에 참여하기를 희망해 개회식에서 읽을 훌륭한 연설문을 준비했지만 2월 13일 한민당의 엄항섭은 그가 대표민주의원에 참가하기를 간청했다고 일부러 공개적으로 여운형을 모욕했다. 그 결과 여운형과 황진남·최익한은 개회식에 나타나지 않았다("HUSAFIK," 2권 1장 29쪽).

88. "XXIV Corps Journal," February 14, 1946 첫 부분. 아울러 같은 책, 2장 80~81쪽 참조.

89. G-2 "Weekly Report," no. 24, February 17-24, 1946. 이런 방안은 미군정 공식 문서로 발표됐다. 『동아일보』 1946년 2월 26일자도 참조.
90. G-2 "Weekly Report," no. 23, February 10-17, 1946. 아울러 한태수, 『한국정당사』, 71쪽도 참조. 3월 19일 랭던은 일부 인공 지지자들이 민주의원은 "김구의 임시정부에 있던 비상국민회의와 비슷한 단체일 뿐"이라고 주장한다고 보고했다. *FRUS*(1946), 8: 648쪽 수록.
91. "HUSAFIK," 2권 2장 81쪽. 통행규칙을 바꾼 것은 많은 조롱을 받았다.
92. 1973년 5월 19일 대담. *FRUS*(1946), 8: 698쪽도 참조. 그 뒤 하지는 군정이 인사권을 한국인에게 넘긴 뒤 "극우"가 민주의원을 장악했다고 말했다(1947년 10월 4일 방한 의원단과 나눈 하지의 발언. USFIK 11071 file, box 62/96).
93. "HUSAFIK," 2권 2장 85쪽. 1947년 5월 23일 이묘묵이 하지에게 보낸 서한에서는 당시까지도 민주의원은 창덕궁을 사용하던 것으로 나온다("Miscellaneous File, Korea," accession no. TS Korea U58, Hoover Institution에 소장된 문서).
94. 1973년 5월 19일 레너드 버치와의 대담. 버치는 서울의 미국인 선교사들이 이승만에게 원화를 달러로 바꿔주었다고 말했다. 이런 거래를 발견한 아서 러치 장군은 이승만을 횡령죄로 체포하려고 했지만 그럴 수 없었다. 또한 버치는 이승만이 부유한 한국인들이 일제 때 한 행적을 폭로하겠다고 위협해 돈을 갈취했다고 언급했다.
95. 1947년 8월 27일 웨더마이어 장군과 나눈 하지의 대화 기록. XXIV Corps Historical File 수록.
96. 1946년 2월 24일 하지의 전문을 첨부해 맥아더가 국무장관에게. *FRUS*(1946), 8: 640~642쪽 수록. 3월 8일 하지는 인민당이 민주의원에 참여하지 않으려는 것은 그것이 "완전히 공산주의 조직이며 모스크바에서 지시를 받는 인공 및 공산당과 동일하다는 사실을" 보여주는 것이라고 자신의 참모에게 말했다. 따라서 민주의원은 "매우 소수인 공산주의자를 제외하면 한국의 진정한 대표 기구"라고 하지는 생각했다("XXIV Corps Journal," March 8, 1946 첫 부분).
97. "HUSAFIK," 2권 1장 29쪽; 2장 77쪽. 남한의 공산주의자와 관련해 굿펠로는 "나는 언제나 그들을 믿지 않았으며, 그들을 공산주의 이외의 조직과 분리시켜 고립된 상태로 노출시키는 방법을 적용해왔다"고 말했다. 1946년 8월 2일 이승만에게 보낸 편지. Goodfellow Papers, box no. 1 수록.
98. 민전의 전체 구성원 명단은 민주주의민족전선, 『조선해방 1년사』, 129~130, 135~136쪽 참조. 민전의 강령과 정책은 인공과 비슷했다(96~105쪽).
99. 같은 책, 91~92쪽; 『조선인민보』 1946년 2월 13일; 『좌익사건실록』 1: 71~73쪽; "HUSAFIK," 2권 2장 40쪽.
100. G-2 "Weekly Report," no. 23, February 10-17, 1946에 수록된 미군 방첩대CIC 요원의 목격담 참조.
101. G-2 "Weekly Report," no. 24. February 17-24, 1946; 『조선해방 1년사』, 92쪽.
102. Sloane, "Communist Effort in South Korea," 1쪽.
103. 남한과 북한의 공산주의자와 좌익의 경쟁은 특히 Suh, *Korean Communist Movement*, 10장 참조. 2월에 출범한 북조선임시인민위원회는 북한의 인민위원회 구조를 아우른 최초의 중앙 정치기구였다. 그때까지 각도 인민위원회는 대체로 자율적이었다. 1947년 8월까지 남한의 민전은 북한의 통제를 받지 않았다. 8월 11일 경찰은 남조선노동당을 습격해 여러 문건을 압수했는데 전평에서 사용한 영수증, 여운형의 암살을 추모하는 시, 박헌영이 쓴 「동학농민전쟁과 그 교훈」이라는 소논문, 최근과 앞으로 전개할 민전의 활동에 관한 문서 등이었다—그러나 북한에서 민전을 조종하고 있다는 증거는 없었다(1947년 8월 11일 경찰이 민전을 습격해 압수한 자료에 관련된 보고서. XXIV Corps Historical File 수록).

104. 특히 Gaddis, *United States and the Origins of the Cold War*, 9장, "Getting Tough with Russia: The Reorientation of American Policy, 1946," 특히 284쪽; Yergin, *Shattered Peace*, 7장 참조.

105. "HUSAFIK," 2권 4장 156쪽.

106. "영향력"이라는 용어는 모턴 핼퍼린Morton H. Halperin이 그의 저서 *Bureaucratic Politics and Foreign Policy*(Washington: The Brookings Institution, 1974)에서 사용한 의미를 원용한 것이다. 관료제도의 영향력과 그것을 상실하거나 획득하는 방법에 관련된 사항은 특히 90~91쪽 참조.

107. 2월 28일 국무부가 맥아더에게 보낸 전보는 소련이 한국에서 보인 행동을 동유럽에서 실시한 조치와 연관시켰다. 4월 5일 전문에서 번스는 앞서 한국에서 하지와 군정의 활동을 비판한 견해를 번복하고, 하지가 지적한 대로, 한국 "현지에" 실제로 있는 사람들보다 국무부가 뒤떨어졌음을 보여주었다(*FRUS*[1946], 8: 619~620, 645, 657~658쪽 수록).

108. "U.S. Document no. 3, Joint Commission Files." "HUSAFIK," 2권 4장 154~155쪽에서 인용. "HUSAFIK"에서는 "한국 국민에게 상황은 약간 다르게 설명됐다"고 지적했다. 그 뒤의 몇 문단에서는 이른 독립과 모든 국민의 자율적 결정 등에 대한 미국의 공약을 서술했다(155~157쪽). 이 문서를 작성한 사람은 하지와 미소공위의 정치고문으로 서울에 파견된 찰스 테이어로 생각된다. 그는 1930년대 소련을 감시하기 위해 리가Riga에 파견된 부대의 일원이었으며 오스트리아에 주둔한 마크 클라크Mark Clark 장군의 참모였다(1946년 1월 31일 맥아더가 하지에게 보낸 전문 참조. RG Joint Commission file, box no. 9 수록).

109. "HUSAFIK," 2권 4장 100~115쪽의 설명 참조. 아울러 1946년 2월 15일 베닝호프의 보고 참조. *FRUS*(1946), 8: 633~636 수록. 하지는 소련 대표단이 "매우 의심스럽게" 보인다고 생각했다(102쪽).

110. *FRUS*(1946), 8: 645쪽.

111. 같은 책, 637쪽에 실린 베닝호프의 보고서 참조. 미국 대표단은 아놀드, 랭던, 테이어, 로버트 부스Robert H. Booth(러치의 전직 비서관) 대령 그리고 연합국 최고사령부에서 온 프랭크 브리튼Frank H. Britton 대령으로 구성됐다. 소련 대표단은 슈티코프, 특명전권대사 세몬 차라프킨Semeon C. Tsarapkin, 정치고문 게라심 발라사노프Gerasim M. Balasanov, 티콘 콜크렌코Tikhon I. Korkulenko 대령, 레베도프G. N. Lebedoff 소장이었다("HUSAFIK", 2권 4장 158, 159쪽 참조). 소련 대표단은 미국 대표단보다 고위 인사로 구성됐다. 차라프킨은 소련 외무부의 미국부장이었다.

112. 하지가 국무부에. 발신일은 나와 있지 않으며 5월 9일 수신. *FRUS*(1946), 8: 665~667쪽 참조.

113. "HUSAFIK," 2권 4장 168~172쪽. 그 뒤 소련은 미국 대표단이 협정의 내용을 시행할 "의지"를 보이지 않았으며 "한국과 관련된 모스크바협정을 충분히 이해하지 못했다고 여러 번 선언하기까지 했다"고 주장했다(*FRUS*[1946] 8: 757쪽에서 인용). 한국에 대한 소련의 태도는 폴란드에 대한 입장과 비슷했는데 "몰로토프는 얄타협정을 지지하는 폴란드 지도자만이 (폴란드) 임시정부를 다시 조직하는 문제를 논의할 수 있다고 주장했다."(Martin F. Herz, *Beginnings of the Cold War*[Bloomington: Indiana University Press, 1966], 86쪽 참조). 이것은 교섭현장에서 얻은 양보를 이행하지 않도록 해서는 안되며 약소국이나 약소국 안의 여러 단체가 연합국의 협정을 깨뜨리도록 해서는 안 된다는 소련의 일관된 정책의 한 부분이었다(Clemens, Yalta, 129~131, 268~269, 290쪽 참조).

114. 원래 "극비문서"였던 "Joint Commission Reports" 참조. USFIK 11071 file, box 64/96 수록. 미소공위의 진행 상황을 이처럼 매일 요약한 것은 글렌 뉴먼 대령과 레너드 버치가 준비했다. 이런 회의록의 복사본은 RG 43, Joint Commission file, box no. 3 수록.

115. 같은 책, 뉴먼이 작성한 2차 회의 회의록.
116. 같은 부분.
117. 같은 책, 버치가 작성한 10차 회의 회의록.
118. 같은 부분.
119. 같은 책, 버치가 작성한 11차 회의 회의록.
120. 같은 책, 버치가 작성한 13·15·16차 회의 회의록.
121. 1946년 2월 12일 하지가 맥아더에게. *FRUS*(1946), 8: 632쪽 수록.
122. 같은 책, 644쪽.
123. 같은 책, 660~661쪽의 전문 참조. 번스는 미소공위에서 미국의 입장을 확고히 지지했다(657~658쪽).
124. 1973년 5월 19일 버치와의 대담.
125. *FRUS*(1946), 8: 652~653쪽에서 인용.
126. 1945년 5월 스탈린과 대화에서 해리 홉킨스는 "(미국은) 소련과 국경을 맞댄 모든 나라와 우호적으로 지내고 싶다고 (…) 거듭 말했다"(Herbert Feis, *Between War and Peace, The Potsdam Conference*[Princeton: Princeton University Press, 1960], 98쪽).
127. Robinson, "Betrayal of a Nation," 312쪽. 그 뒤 소련은 미소공위가 협의할 남한 정당과 사회단체 명단에서 미국이 전평과 전농을 비롯한 대중 단체를 제외한 반면, 모스크바협정을 반대하는 정당은 모두 포함시켰다고 주장했다(1946년 10월 26일 소련의 편지. 같은 책, 757~759쪽에서 인용).
128. SCAP *Summation*, no. 5, February 1946에 실린 문서 참조. USAMGIK, *Official Gazette*, February 23, 1946 수록.
129. USAMGIK, *Official Gazette*, May 4, 1946.
130. 『조선인민보』 1946년 2월 27일; 『서울신문』 1946년 2월 27일에 실린 한민당 대변인의 발언.
131. *Seoul Times*, March 6, 1946에서 인용. 물론 사실 이 두 법령은 미국의 수정헌법 1조의 규정을 어긴 것이다.
132. "HUSAFIK," 2권 1장 32쪽.
133. 미소공위에서 소련은 "국민을 대표하는 중앙 조직하고만" 협의해야 한다고 주장하면서 대표민주의원을 배제하는 또 다른 이유로 내세웠다. 3월 중순 우익은 "우익 단일 정당을 결성하기 위해 일련의 비밀 회동"을 가졌지만 계속된 정파의 대립 때문에 합의에 이르지 못했다. 이승만도 비슷한 때 자신이 대통령이 되면 일부 미국인에게 광산 채굴권을 양도하겠다고 약속했다는 혐의가 신문들에 보도되면서 대표민주의원에서 탈퇴하라는 압력을 받았다(1946년 4월 10일 랭던이 국무장관에게. *FRUS*[1946], 8: 658~659쪽).
134. "HUSAFIK," 2권 4장 31쪽.
135. 같은 책, 28~29쪽.
136. Yergin, *Shattered Peace*, 188쪽.
137. "HUSAFIK," 2권 4장 31, 312~314쪽. 에드거 스노Edgar Snow는 1946년 1월 『새터데이 이브닝 포스트Saturday Evening Post』 특파원으로 남한을 방문했는데, 미군정의 일부 인사는 그와 접촉한 것을 공산주의와 가깝다는 증거로 생각했다.
138. "XXIV Corps Journal," March 25 첫 부분. 1946년 6월 한 한국인은 서울 주재 소련 영사관의 A. I. 샤브신Shabshin이 칵테일 파티에서 자신이 "남한의 모든 공산주의자들을 통제하는 지도자며 박헌영은 자신의 심복"이라고 말했다고 보고했다. 샤브신은 지금까지도 그 이야기를 우스워할지도 모르지만, 미군정은 그것을 믿은 것이 분명하다("HUSAFIK," 2권 1장 27쪽).
139. "XXIV Corps Journal," March 29 첫 부분.

140. *Seoul Times*, May 18, 1946; "HUSAFIK," 2권 4장 220~221쪽.

141. 조지 매큔은 미소공위의 개막과 좌익 탄압의 강화가 같은 시기에 전개됐다고 지적했다. 그의 *Korea Today*(Cambridge: Harvard University Press, 1950), 72쪽 참조.

142. G-2 "Weekly Report," no. 29, March 24-31, 1946.

143. "HUSAFIK," 2권 2장 67쪽.

144. Public Opinion Bureau, raw reports, July 30, 1946. XXIV Corps Historical File 수록.

145. 책임이 경찰에게 있는지 미군에게 있는지는 아직도 확정되지 않았다("HUSAFIK," 2권 2장 67쪽; 4장 344쪽). 그러나 당시 경찰은 대개 미군정의 기구로 간주됐다.

146. 1946년 4월 30일 랭던이 국무장관에게. *FRUS*(1946), 8: 662~663쪽 수록.

147. "HUSAFIK," 2권 2장 65, 67쪽.

148. 같은 책, 69쪽. 『조선해방 1년사』, 115쪽에서도 이승만이 남한 단독정부가 수립된 뒤 한국을 통일하기 위해 "북진"을 요청했다고 주장했다.

149. *Seoul Times*, May 14, 1946 참조. 아울러 "HUSAFIK," 2권 2장 65쪽 참조.

150. *Seoul Times*, May 25, 1946.

151. *Pacific Stars and Stripes*, May 25, 1946. 아울러 *FRUS*(1946), 8: 689쪽 참조.

152. Goodfellow Papers, box no. 1. 굿펠로의 개인 문서 안에 있는 수많은 편지와 보고서는 그가 남한 단독정부를 수립해야 한다는 이승만의 주장을 지지했음을 분명히 보여준다. 1946년 11월 18일 회동에서 굿펠로가 포함된 워싱턴의 한국위원회는 국무부의 남한 단독정부 승인을 요청하기로 결정했다. 또 다른 구성원인 존 스태거스John Staggers는 "소련은 잊읍시다. 남한 단독정부가 승인을 얻은 뒤 북한 상황을 살펴봅시다"라고 말했다("Excerpts from Conference at Korean Commission," Goodfellow Papers, box no. 1).

미국으로 돌아온 뒤 굿펠로는 이승만을 헌신적으로 후원했다. 1946년 6월 28일 이승만은 굿펠로에게 자필로 편지를 썼다. "저는 루이스 임이 곧 미국에 가기를 바랍니다. 그녀는 자신이 거기서 쓸 자금을 준비할 겁니다. 그녀는 당신에게 일정액을 맡길 겁니다. (…) 당신은 해마다 충분한 금액을 받을 것으로 생각합니다." 그 편지 뒷부분에서 이승만은 "총액"은 "1년에 4만 달러나 5만 달러에 해당할 것"이라고 밝혔다(Goodfellow Papers, box no. 2). 그러나 1946년 6월 21일 하지에게 보낸 편지에서 굿펠로는 자신과 이승만이 재정적으로 연관됐다고 당시 한국에서 떠돌던 혐의를 부인했다. "제가 받은 편지로 볼 때 저는 공산 세력이 이 박사의 말을 일부러 왜곡해 인용했다고 생각합니다. 그들은 언제나 그렇게 행동했으며 그렇게 이해할 수 있습니다. **앞으로 정치범 수용소는 최근 미국 안의 공산 세력보다 더욱 광신적이고 반항적인 사람으로 가득 찰 것입니다**"(강조는 인용자)(Goodfellow Papers, box no. 1).

153. *Seoul Times*, May 17, 1946. 위조지폐 사건을 적발한 것은 실제로 5월 3일이었지만, 미소공위가 해산될 때까지 발표되지 않았다. 경찰은 이 사건 뒤 조선공산당 기관지인 『해방일보』를 폐간시켰다.

154. 7월 28일 서울운동장에서 열린 전평 집회에서 정판사 사건 피고인을 지지하는 시위를 7월 29일에 벌이기로 결정된 것으로 보인다. 29일 군중 3000명이 법원 주위를 행진했다. 경찰과 충돌해 중학생 1명이 사망하자 군중은 경찰차를 부순 뒤 법정 안으로 진입했다. 시위대는 한민당이 재판을 조종하고 있다고 주장했다. 7월 31일 장택상이 시위대에게 발포하라고 경찰에 지시했으며 학생을 죽인 "경찰을 조사할 이유가 없다"고 말했다고 알려졌다. 8월 22일 서울대 교수 신진균申鎭圭를 포함해 시위대 지도자 7명이 2~5년의 형량을 받고 투옥됐다(*Seoul Times*, July 31 and August 22, 1946 참조. 아울러 CIC Seoul report of July 30, 1946 참조. XXIV Corps Historical File 수록).

155. *Seoul Times*, November 29, 1946; *FRUS*(1946), 8: 779쪽.

156. 『조선해방 1년사』, 242~251쪽 참조. 미군정 정보부는 공산당이 이 사건에 연관됐다는 직접

적 증거는 없다고 보고했다. 증거는 공산당 본부가 소재한 같은 건물에서 지폐가 인쇄됐다는 것이었지만 "위조지폐는 거의 회수되지 않았다"(G-2 "Weekly Report," no. 100, August 3-10, 1947).

157. Seoul Times, August 22, 1946. 아울러 *FRUS*(1946), 8: 782쪽 참조. 허헌은 피고인의 변호를 맡았다. 그는 3·1 독립운동 참가자를 변호해 유명해졌다(737쪽).

158. G-2 "Weekly Report," no. 36, May 12-19, 1946 참조. 아울러 『해방일보』 1호, 1945년 9월 19일 참조. 1억 엔이라는 금액은 후자에 나온다.

159. "HUSAFIK," 2권 4장 345쪽. 거기에는 공산당 군郡 지부를 "은밀하게" 습격하도록 승인한 6월 29일자 미군 방첩대CIC의 지시도 인용돼 있다. 그러나 방첩대는 이 날 이전에도 좌익 단체를 상당히 활발하게 습격했다(339쪽).

160. 공산당의 평판을 떨어뜨리는 데 조봉암을 이용한 것은 미군정의 정책에 따른 것이 분명했다. 미군 방첩대 조사관들은 3월 습격에서 그가 박헌영에게 보낸 편지를 입수했다. 5월 초 방첩대는 그 편지를 『동아일보』에 흘렸고 기사는 5월 9~11일에 나누어 게재됐다. 5월 14일 조봉암은 그 편지를 자신이 쓴 것은 인정하지만 내용이 바뀌었다고 주장했다. 그 편지는 박헌영의 지도력을 강력히 비판했으며 당시와 그 뒤 한국 공산주의의 신망을 떨어뜨리는 데 사용됐다(Robert A. Scalapino and Chong-sik Lee, *Communism in Korea*[Berkeley: University of California Press, 1972], 1: 290~291쪽 참조). 조봉암은 그 뒤 공산당에 남아 있다가 6월에 투옥됐으며 석방된 다음날 자신의 "폭탄"을 투하했다(G-2 "Weekly Report," no. 36, May 12-19, 1946; no. 42, June 23-30, 1946 참조. 아울러 State Department, "Biographic Reports on the Cabinet of the Korean Republic"[Washington, D.C.: Office of Intelligence, 1948]의 조봉암 경력 소개 참조). 조봉암은 이승만 정권에서 초대 농림부장관이었으며, 1959년 북한과 내통했다는 혐의로 총살됐다.

161. G-2 "Weekly Report," no. 49, August 11-18, 1946. 압수된 자료에 따르면 남한의 전평 총인원은 190만 명이고, 각도 인민위원회 및 농민조합과 밀접히 연관됐으며, 1946년 2월 북한의 유사한 단체로부터 17만 원을 받았지만 북한과 남한의 조직은 비공식적 관계를 맺고 있었다. 미국 노동행정 고문단은 1946년 6월에 작성한 한 보고서에서 전평과 그 산하의 노동위원회들은 자생적으로 나타났으며 "좌익"이기는 하지만 "공산당 계열"은 아니라고 언급했다. 아울러 "우리는 전평과 제휴하지 않은 노동조합과 관련된 기록은 찾지 못했다. (…) 그것은 유일한 조합 연합체였다"라고 말했다. 아울러 그 보고서는 여성과 아동을 포함한 한국 노동자의 열악한 노동조건을 비판했다.

162. "HUSAFIK," 2권 2장 119, 349~351쪽; *Seoul Times*, September 7, 1946, and September 9, 1946 참조. 본문에서 인용한 8월 23일의 성명은 화순탄광의 쟁의와 관련된 것이다(9장 참조).

163. G-2 "Weekly Report," no. 44, July 7-14, 1946.

164. G-2 "Weekly Report," no. 56, September 29-October 6, 1946에 실린 대한독립촉성국민회의와 관련된 긴 보고서 참조.

165. 같은 글.

166. "HUSAFIK," 2권 2장 91~92쪽; 4장 147쪽 참조. 아울러 *FRUS*(1946), 9: 654-656 참조.

167. 1946년 5월 24일 랭던이 국무장관에게. *FRUS*(1946), 9: 685~689 수록.

168. 같은 책, 692~699쪽.

169. 아래 내용은 1973년 5월 19일 버치와 나눈 대담과 "HUSAFIK," 2권 2장 41~44, 96~108쪽을 기초로 했다. 버치는 오하이오 주 애크론에서 태어나 하버드대학교에서 공부한 법률가로, 그 자신의 말에 따르면 "세계에서 가장 높은 지위를 가진 중위"가 됐다. 그는 1946년 초 한국에 왔다. 많은 사람들이 생각하는 것과 달리 그는 특별한 임무를 띠고 온 것은 아니었지만,

한국에 대한 모든 자료를 "샌프란시스코 서점에서 쓸어담아" 오는 동안 다 읽었다. 그는 곧 한국의 정치와 한국인의 심성을 군정에서 가장 잘 아는 미국인이 됐으며 아놀드(와 하지)의 정치고문으로 승진했다. 버치는 곧 한국의 주요한 좌익과 우익 지도자 대부분과 개인적으로 알게 됐다.

그레고리 헨더슨은 그가 "감사나 작별 인사를 할 기회도 없이 1947년 여름 강제로 귀국했다"고 말했지만(*Vortex*, 419쪽 주) 그는 1948년까지 군정에서 근무했다. 최근 별세할 때까지 그는 여러 한국인과 1940년대 후반 정치 상황을 거의 모두 기억하고 있었다. 한국에서 겪은 경험을 친절하고 솔직하게 나에게 들려준 버치 여사와 고 버치 씨께 깊이 감사한다.

170. "HUSAFIK," 2권 2장 99쪽. 당시 공통된 주제는 소련이 한국에서 부동항을 확보하고자 한다는 것이었다.

171. 굿펠로 문서에 들어 있는 서명되지 않은 1946년 6월 31일자의 한 보고서는 이승만이 일부 미군정 장교의 요청으로 여운홍의 사회민주당에 자금을 제공했다고 서술했다. 그 뒤 김규식은 자신이 "이승만과 김구, 버치 중위의 좌우합작 운동에 참가하도록 설득됐다"고 언급했다(Maj. Gen. A. E. Brown, "Chronological Summary of Political Events in Korea," entry for November 22, 1946, in XXIV Corps Historical File). 그 뒤 미국 CIA는 김규식이 좌우합작위원회에서 우파를 명목상 이끌었지만, 실제로 그것은 "이승만과 김구의 영향 아래 있었다"고 언급했다(Central Intelligence Agency, "Korea," SR 2. 1947년 여름에 작성). 이승만은 1946년 6월 27일 굿펠로에게 보낸 편지에서 이렇게 말했다.

"내가 김(규식)을 지지하지 않는다면 그가 자신의 자리를 유지할 수 없다는 것을 (하지) 장군은 충분히 알고 있습니다. 그래서 나는 김규식이 합작정부를 수립하는 데 성공하고 그 정부가 강대국에게 승인받는다면 김규식을 지지하겠다고 동의했으며, 그러면 우리는 총선거를 치를 수 있을 것입니다. 국민이 어떤 선택을 할지 나는 조금도 의심하지 않습니다. 실제로 북한이든 남한이든 우리 국민은 모두 나를 위해 기꺼이 죽을 것입니다. 그들은 내가 그들에게 명령을 내리기를 바라며 북한에서 소련 점령군에 맞서 싸우려고 모두 봉기할 것입니다."

이 편지에는 서명이 없지만 이승만이 보낸 것이 분명하다. 아울러 원문에는 "이것은 모두 완전히 극비입니다. 귀하는 이것을 내가 보냈다는 것이 드러나지 않도록 이 정보를 취급하시기 바랍니다."(Goodfellow Papers, box no. 1).

172. "HUSAFIK," 2권 2장 100~101쪽. 1946년 5월에 출간된 이만규의 『여운형 투쟁사』는 여운형의 일본 방문을 솔직하게 다뤘다.

173. "HUSAFIK," 2권 2장 103쪽. 여운형의 전기작가는 여운형이 좌익과 우익을 협력시키는 데 "개인적 사명"을 느꼈기 때문에 합작운동에 참여했다고 서술했다(이만규, 『여운형 투쟁사』, 205쪽).

174. 여운형은 정치가였고, 따라서 엄격히 정의하면 기회주의자에 가까웠다. 그러나 통찰력 있는 정치가 격렬한 감정적 비난에 매우 자주 무너지던 1940년대 후반 한국에서 그런 기회주의는 유용했다고 생각된다. 여운형은 넓은 지지 기반을 가진 통일된 한국 정부를 바랐고 그런 목표를 이루려면 타협이 필요하며 통일의 현실적 필요는 사소한 개인적 감정을 뛰어넘는다고 판단했다. 해방 뒤 그는 좌우합작을 지치지 않고 주장했으며 그런 활동 때문에 1945년 8월 습격당했고 1946년 10월에는 거의 목숨을 잃을 뻔했다. 뿐만 아니라 1947년 3월에는 자택이 부분적으로 폭파됐고 1947년 7월 19일 끝내 저격당해 세상을 떠났다. 요컨대 여운형은 다양한 환경에서 오래도록 활동한 인물이었지만 이분법적 논리가 지배한 해방 정국에서 끝내 목숨을 잃었다.

175. "HUSAFIK," 2권 2장 108쪽. 6월 30일 하지가 좌우합작을 지지한 발언의 한국어 판본은 정시우, 『독립과 좌우합작』(서울: 삼미사, 1946), 31~32쪽 참조.

176. "HUSAFIK," 2권 2장 110쪽.

177. 같은 책, 111~113쪽. 첫 회동은 버치의 집에서 열렸으며 그 뒤에는 덕수궁에서 개최됐다.

178. G-2 "Periodic Report," July 26, 1946; "HUSAFIK," 2권 2장 114쪽. 박헌영은 공산당과 당시 북한에서 김두봉이 결성한 옌안파 중심의 신민당과 합당한 북조선공산당에 대응해 남한에서 노동당을 창설하려고 했던 것으로 보인다. 그러나 박헌영은 가을봉기가 일어나고 그 뒤 좌우대립이 격화된 뒤에도 그것을 이루지 못했다. 1946년 여름 민전 내부에서 그가 패배한 사실은 민전이 공산당의 산물이 아니었음을 보여준다.

179. "HUSAFIK," 2권 2장 114~115쪽; 정시우, 『독립과 좌우합작』, 46쪽 참조. 이런 요구는 과도입법의원이 남한 단독정부를 수립하려는 전조라는 인식이 널리 퍼져 있었음을 보여준다.

180. *FRUS*(1946), 8: 722~723쪽; *Seoul Times*, July 29, 1946 참조.

181. 8개 조건의 한국어와 영어 원문은 정시우, 『독립과 좌우합작』, 47쪽; *Seoul Times*, July 30, 1946 참조.

182. *FRUS*(1946), 8: 722~723쪽. 8월 9일 전문에서 하지도 여운형이 자신에게 박헌영을 투옥하라고 주장했다고 말했다("HUSAflK," 2권 2장 43쪽).

183. "HUSAFIK," 2권 4장 341~342쪽; *Seoul Times*, August 13, 1946.

184. *FRUS*(1946), 8: 730~731쪽; "HUSAFIK," 2권 2장 43~44쪽.

185. *Seoul Times*, August 30, 1946.

186. "HUSAFIK," 2권 2장 118, 122쪽; *Seoul Times*, October 8, 1946. 박헌영에 반대한 좌익으로 1946년 초 만주에서 귀국한 박건웅도 때로 좌익 대표단에 참여했다.

187. "HUSAFIK," 2권 2장 125쪽; 정시우, 『독립과 좌우합작』, 55~56쪽. 첫 조항은 북한 인사를 일부 포함하되 미군정이 합작을 주도하려는 앞서 랭던의 바람을 반영한 것으로 생각된다. 좌익과 우익은 토지개혁과 관련된 타협안을 거부했다. 우익은 그것이 앞으로 한국 정부를 파산시키고 지주가 자본가적 기업가로 변모하는 것을 막을 것이라고 생각했으며, 좌익은 그것을 "원칙이 없으며" 일제 치하에서 재산을 늘린 지주에게 유리하다고 생각했다.

188. 이를테면 당시 김구와 밀접한 관계에 있던 신익희는 1910년 한국이 일본에 병탄된 날에 맞춰(1946년 8월 29일) 쿠데타를 시도했다는 자세한 설명을 참조하라. "HUSAFIK," 2권 2장 128~141쪽 수록.

189. 김준연 편, 『한국민주당 소사』, 34~37쪽. 합작 시도는 한민당 간부의 분열을 공개적으로 드러냈다. 지도부가 "국민의 해방에 전혀 도움이 되지 않는 지주제를 존속시키려고 한다"고 비판하면서 55명 정도가 한민당을 탈당했다(*Seoul Times*, October 22, 1944에서 인용). "HUSAFIK" 2권 2장 127쪽에서는 한민당이 좌우합작위원회에 "반대하는 움직임을 이끌었다"고 서술했다. 좌우합작위원회와 그밖의 토지개혁 방안에 대한 한민당의 비판은 『민주경찰』 2호, 1947년 8월, 25~29쪽에 실린 홍성하의 글 참조.

190. 조병옥, 『나의 회고록』, 186~187쪽.

191. 1947년 8월 하지와 웨더마이어 장군의 대화 기록. XXIV Corps Historical File 수록.

192. 1946년 11월 22일 미소공위 미국 대표단이 하지에게 보낸 보고서. "SKILA materials," XXIV Corps Historical File 수록.

193. 1946년 6월 3일 국무장관·육군장관·해군장관의 회의 보고서. *FRUS*(1946), 8: 681~682쪽 수록. 아울러 1946년 6월 3일 랭던이 국무장관에게 보낸 전문 참조. 690쪽 수록. 이전에 랭던이 보낸 전문이 "이곳(워싱턴)의 현재 생각과 귀하의 방안을 일치시키는 데 유용했다"고 말한 번스의 발언도 참조(1946년 5월 29일. 685쪽 주에서 인용).

194. 1946년 5월 24일 랭던이 국무장관에게. 같은 책, 686쪽 수록. 이것이 번스가 언급한 전문이다(앞의 주 193 참조).

195. "Policy for Korea," June 6, 1946. 같은 책, 694쪽 수록.

196. 과도입법의원의 구상에 대한 러치와 하지의 성명은 *Seoul Times*, 1946년 6월 2일과 10일자

참조. 아울러 Ordinance no. 118, in USAMGIK, *Official Gazette*, August 24, 1946 참조.

197. *Seoul Times*, September 13, 1946.

198. 1946년 8월 15일 한민당은 군정을 한국인에게 완전히 이양하라고 공개적으로 요구했다(『조선연감 1948』, 서울: 조선통신사, 1948, 162쪽). 7월 28일 랭던은 "(과도입법의원을 설치하자는) 제안에 대한 대중의 반응은 대체로 냉담하지만, 입법의원을 장악해 38도선 이남의 정치를 적어도 일시적으로나마 지배할 수 있는 기회를 포착한 일부 우익 단체는 그것을 지지하고 있다"고 보고했다(*FRUS*[1946], 8: 720쪽 수록).

199. 1973년 5월 19일 레너드 버치와의 대담. 아울러 *FRUS*(1946), 8: 762쪽 참조.

200. *FRUS*(1946), 8: 731쪽.

201. John E. McMahon, "Antecedents, Character and Outcome of the Korean Elections of 1948"(M.A. thesis, Berkeley, University of California, 1954), 42~43쪽.

202. Robinson, "Betrayal of a Nation," 174~176쪽. 아울러 1946년 11월 4일 김규식이 하지에게 보낸 문서 참조. "SKILA materials," enclosure no. 15, XXIV Corps Historical File 수록.

203. Robinson, "Betrayal of a Nation," 176쪽. "선거고시 기간이 짧은 것에 이의를 제기한 것은" 좌익뿐이었다고 랭던은 말했다(November 3, 1946. *FRUS*[1946], 8: 762쪽 수록).

204. 1946년 11월 4일 김규식이 하지에게 보낸 서한. "SKILA materials," XX1V Corps Historical File 수록. 그 뒤 서상일은 남조선과도입법의원의 규약을 기초했지만 미군정청 사법부의 찰스 퍼글러Charles Pergler에 따르면 "그것은 남한 단독정부를 승인하고 (…) 모스크바 선언의 일방적 파기와 다름없었다."("SKILA materials," enclosure no. 24, XXIV Corps Historical File 참조). 미군 63군정중대는 10월 27일 곤봉을 휘두르는 우익 청년들이 경상북도에서 선거 관련 집회를 경호했다고 보고했다. 비슷한 증거는 *Japan Diary*(New York: William Sloane Associates, 1948)에 실린 마크 게인Mark Gayn의 서술 참조.

205. 1946년 11월 22일 하지에게 보낸 보고서. "SKILA materials," enclosure no. 19, XXIV Corps Historical File 수록.

206. *Seoul Times*, October 30 and 31, 1946.

207. 1946년 12월 10일 하지·김성수·장덕수의 대화 기록 참조. "SKILA materials," enclosure no. 23, XXIV Corps Historical File 수록. 아울러 김준연 편, 『한국민주당 소사』, 35쪽 참조.

208. 1947년 8월 27일 하지와 웨더마이어 장군의 대화 기록. XXIV Historical File 수록.

209. 1946년 12월 10일 하지·김성수·장덕수의 대화 기록. 한민당의 우려는 근거 없는 것으로 드러났다. 남조선과도입법의원은 대일 협력의 내용을 정의하는 데 1947년의 대부분을 보냈다. 마침내 의원들이 자세한 법안을 마련하자 경찰은 하지에게 최후통첩을 보냈다. 그들은 하지가 법안을 거부하지 않는다면 남한 전체에서 "법률 시행을 반대할 것"이라고 말했다(Robinson, "Betrayal of a Nation," 146쪽).

210. 1946년 11월 3일 랭던이 국무장관에게. *FRUS*(1946), 8: 763쪽 수록. 1947년 1월 28일 굿펠로에게 보낸 편지에서 하지는 말했다.

> "(남조선과도입법의원에) 선출된 사람들은 실망스러운데, 내가 일반적으로 예상한 우익이기 때문이 아니라 두 사람을 빼고는 모두 친일파나 부유한 지주를 대표하거나 그들과 공모한 인물이기 때문입니다. (…) 신문에 실리지는 않았지만 경찰을 포함한 우익 집단은 어떤 지방의 선거에서는 상당히 강력한 폭력적 수단을 사용했습니다"(Goodfellow Papers, box no. 1 참조).

211. USAMGIK, "Who's Who in the South Korean Interim Government," vols. 1-2, compiled in 1947, XXIV Corps Historical File. 이 책에는 영문 이름이 A부터 I로 시작하는 관료의 명단이 들어 있으며 임의로 표본을 만들었다. 후속 책자는 완성되지 않았다.

212. 1년 전에 비었던 남한의 감옥은 다시 가득 찼다. 전체 수용 인원이 8700명인 서울·대전·대구·부산·마산의 감옥에는 1946년 8월 15일 죄수 8850명이 수감됐다(raw information in box no. 21, XXIV Corps Historical File 참조).
213. 1946년 8월 23일 랭던이 국무장관에게. *FRUS*(1946), 8:726~729 수록.
214. 1946년 9월 13일 국무장관 대행 클레이튼Clayton이 서울의 고문단POLAD에게(바로 앞 랭던에 대한 회신). RG 59, decimal file, 740.0019/Control(Korea); and no. 740.0019/9-1346.

8장 지방 인민위원회의 개관

1. Roy Hofheinz, "The Ecology of Chinese Communist Success," in A. Doak Barnett, ed., *Chinese Communist Politics in Action*(Seattle: University of Washington Press, 1969), 3~77쪽; Robert McColl, "The Oyüwan Soviet Area, 1927-1932," *Journal of Asian Studies*(November 1967) ; McColl, "A Political Geography of Revolution: China, Vietnam, and Thailand," *Journal of Conflict Resolution*(June 1967) ; Edward J. Mitchell, "Inequality and Insurgency: A Statistical Study of South Vietnam," *World Politics*(April 1968) ; Mitchell, "Some Econometrics of the Huk Rebellion," *American Political Science Review* 63, no. 4(December 1969) ; Donald Zagoria, "Asian Tenancy Systems," *American Political Science Review*(December 1969) 참조.
2. 남한 농업에 관한 한 주요 연구는 1960년대 중반 농업의 상업화가 아직 충분히 이루어지지 않아 한국의 각 지역을 상업화 정도에 따라 나누기는 어렵다고 주장했다. 그 저자는 그 때까지도 자급적 농업이 우세했고 한국 농민의 3분의 2가 "한계 이하의 농업" 범주에 남아 있었으며 교환가치보다는 사용가치를 위해 농사를 지었다고 주장했다. 농업의 상업화는 "도시 근교" 지역에서 주로 일어났다고 그 저자는 생각했다(Jae Suh Koo, *A Study of the Regional Characteristics of Korean Agriculture*[Seoul: Korea University, 1967], 58~65, 135~136, 332~333쪽 참조). 그러나 이런 주장은 의심스러운데, 동일한 저자는 1954~1963년 헥타르당 한국의 쌀 생산량은 일본보다 그리 적지 않았고 대만보다는 앞섰다는 통계를 제출했기 때문이다(100쪽).
3. 민주주의민족전선, 『조선해방 1년사』, 81쪽; 이만규, 『여운형 투쟁사』, 210쪽. 145개라는 수치(1945년 8월 말 건준 지부)는 그밖의 여러 한국어와 영어 자료에 나온다.
4. USAMGIK, G-2 "Periodic Report," no. 63, November 10-11, 1945.
5. Eric J. Hobsbawm, *Primitive Rebels*(1959; reprint ed, New York: W. W. Norton, 1965), 86~88, 106쪽. 아울러 Gerald Brenan, *The Spanish Labyrinth*(Cambridge: Cambridge University Press, 1943), 8장.
6. Hobsbawm, *Primitive Rebels*, 8쪽.
7. 이강국, 『민주주의의 조선건설』, 4쪽.
8. 『조선인민보』 1946년 2월 11일자에 실린 김계림의 기사.
9. 이 장의 지도는 모두 아래 자료를 바탕으로 만들었다. 1930년 일제의 조사에서 작성된 각도별 지도; 1946년 미군 제24군단 측량대가 작성한 지도(RG 53, Joint Commission file, box 12에 수록); 김상진 편, 『도별행정요도道別行政要圖』(서울: 대한안내사, 1947), 2권.
10. 군정청 공보부는 "Political Organization, Fall 1945"라는 제목의 지도를 만들어 모두 130개 군의 인민위원회를 수록했다. 그러나 어떤 인민위원회가 행정 기능을 수행했는지는 나와 있지 않다. 또한 그 지도에는 8개 도의 인공 지부만 실려 있다. 지도는 1946년 3월에 만들어졌으며 Richard Robinson, "Betrayal of a Nation," Manuscript, Massachusetts Insti-

tute of Technology에 실려 있다.

11. 농민의 정치적 동향과 관련해 내가 마련한 인민위원회 세력지표는 다른 연구보다 낫다고 생각한다. 제프리 페이지Jeffrey M. Paige는 *Agrarian Revolution*(New York: The Free Press, 1975)에서 농민의 급진성을 대부분 서구 신문에 의거해 설명했는데, 그 자료를 한국의 사례에 사용한다면 지방의 동향은 전혀 알 수 없을 것이다. 에드워드 미첼Edward J. Mitchell은 필리핀의 후크단Huk 반란을 연구하면서 "핵심" 지역을 따로 떼어내 분석해 그 반란이 소작률과 인구 증가 같은 변수와 밀접한 관계를 갖고 있음을 보여주었다. 그러나 미첼이 "핵심적"이라고 판단한 근거는 오류의 가능성이 많은 필리핀 경찰의 자료였기 때문에 그 신빙성은 의심스럽다(Mitchell, "Some Econometrics of the Huk Rebellion," 1964).

12. Glenn Trewartha and Wilbur Zelinsky, "Population Distribution and Change in Korea, 1925-1949," *The Geographic Review* 45, no. 1(January 1955), 25쪽; Edward W. Wagner, *The Korean Minority in Japan*, 1904-1950(Vancouver: University of British Columbia, 1951), 15쪽.

13. 각도와 각군의 인구는 1930년, 1940년, 1944년 일제와 1946년 미군정이 실시한 인구조사에 따랐다(USAMGIK, *Population of Korea by Geographic Divisions and Sex*[Seoul, 1946]). 1940년과 1944년 조사의 복사본을 제공해준 테드 클로스Ted Kloth에게 감사한다. 1944년 조사에서는 징병제가 도입되면서 남성이 피신해 남성의 숫자가 적게 파악됐으며, 이런 측면은 모든 군에도 영향을 준 것으로 생각된다. 1944~1946년 인구 증가는 대부분 귀국한 사람의 유입 때문이었다(Trewartha and Zelinsky, "Population Distribution," 24쪽).

14. 마크 셀던Mark Selden은 농촌의 근대화가 중국에서 농민운동과 공산주의가 일어난 까닭을 설명하는 데 도움을 준다는 생각에 반대했다. 그는 발달한 지역일수록 반란을 진압하기 쉬웠다고 파악했다(*The Yenan Way in Revolutionary China*[Cambridge: Harvard University Press, 1971], 6쪽 참조). 그러나 해리 엑슈타인Harry Eckstein은 근대적 통신수단의 존재가 아니라 그것을 얼마나 사용할 수 있는가가 핵심 문제라고 언급했다("On the Etiology of Internal War," *History and Theory*, vol. 4, no. 2[1965]).

15. Hoon K. Lee, *Land Utilization and Rural Economy in Korea*(Shanghai: Kelly &Walsh, 1936), 106~107, 288쪽.

16. 같은 책, 164쪽.

17. 인정식, 『조선의 토지 문제』, 69쪽(조선총독부 자료를 사용).

18. Samuel Huntington, *Political Order in Changing Societies*(New Haven: Yale University Press, 1968), 52쪽; Mitchell, "Inequality and Insurgency," 437쪽.

19. 제프리 페이지에 따르면 그런 판단은 베트남의 사례와 맞지 않는다(*Agrarian Revolution*, 326~329쪽 참조).

20. 2장의 서술 참조. 아울러 G. William Skinner, "Regional Systems in Late Imperial China," paper prepared for the Second Annual Meeting of the Social Science History Association, October, 1977 참조. 거기서는 중국에서 소작료와 농민반란 사이에 비슷한 유형이 있다는 사실이 논의됐다(이 논문을 소개해준 엘리자베스 페리에게 감사한다).

21. Hamza Alavi, Peasants and Revolution: Russia, China, India," *Socialist Register*(New York: Monthly Review Press, 1965); Stephen E. Cohen, *Bukharin and the Bolshevik Revolution*(New York: Vintage Books, 1973), 189~201쪽; Eric Wolf, *Peasant Wars of the Twentieth Century*(New York: Harper & Row, 1969), 289~294쪽 참조.

22. Yoo, Sae Hee, "The Korean Communist Movement and the Peasantry Under Japanese Rule"(Ph. D. dissertation, Columbia University, 1974).

23. "HUSAFIK,"Manuscript in the Office of the Chief of Military History, Washington, D.C.

(Tokyo and Seoul, 1947, 1948), 1권 6장 8쪽.
24. 같은 책, 30쪽.
25. 같은 책, 7장 30쪽.
26. 같은 책, 47쪽.
27. 같은 책, 38, 47쪽. 이 사건에 관련된 정보는 없다.
28. 같은 책, 6장 43쪽.
29. 같은 책, 6, 29쪽.
30. 같은 책, 30~32쪽.
31. 같은 책, 36쪽.
32. 같은 책, 42쪽.

9장 지방 인민위원회의 운명

1. 이런 공상가 가운데 한 사람은 안영섭인데, 500여 년 동안 묵은 한국의 "정신적 병폐"를 치료하려면 서구화가 아니라 농촌으로 돌아가 활력을 찾아야 한다고 주장했다. "농촌으로 돌아가는 사람은 한국의 지도자이자 (…) 진정한 애국자가 될 것이다. 이것이 시작되는 날 한국은 독립할 것이다"(그의 유쾌한 책 『조선 민족의 살 길』, 서울: 민우사, 1945, 특히 50~56쪽 참조). 아울러 한국 농촌의 자발성과 평등주의는 Vincent Brandt, *A Korean Village between Farm and Sea*(Cambridge: Harvard University Press, 1971), 17~25, 68~77쪽 참조.
2. USAMGIK, G-2 "Weekly Reports," no. 12, November 25-December 2, 1945 참조. 거기서는 임정을 승인하는 것이 인공을 해체시키는 방법이 될 것이라는 한국 자료에 공감하면서 인용했다. no 13, December 2-9, 1945에서는 다른 정당보다 인공을 먼저 해체하면 그런 정당 지지자들의 마음을 얻을 것이라는 한민당 지도자들의 발언을 인용했다.
3. 이런 기대는 1946년 여름 독촉에 가장 많이 쏠렸다(7장 참조).
4. Samuel Huntington, *Political Order in Changing Societies*(New Haven: Yale University Press, 1968), 5~8쪽.
5. "HUSAFIK," Manuscript in Office of the Chief of Military History, Washington, D.C.(Tokyo and Seoul, 1947, 1948), 1권 6장 32쪽.
6. C. Clyde Mitchell, *Final Report and History of the New Korea Company*(Seoul: National Land Administration) 1948), 6, 23쪽.
7. 전라남도는 전통적으로 반란이 많이 일어난 곳이었다. 1923년 무렵 일제는 전라북도에서는 농장형 농업의 혁신이 상당히 성공적으로 이뤄졌지만, 전라남도에서는 "반란 때문에" "일본인 자본가들이 내륙 깊이 들어갈 엄두를 내지 못했다"고 보고했다(Japan Times, *Economic Development of Korea and Manchuria*[Tokyo: Japan Times Publishing Co., 1923], 71쪽 참조). 아울러 E. Grant Meade, *American Military Government in Korea*(New York: King's Crown Press, Columbia University, 1951), 34쪽 참조.
8. 이 장의 인구통계는 모두 1930년, 1940년, 1944년 일제의 조사와 USAMGIK, *Population of Korea by Geographic Divisions and Sex*(Seoul, 1946)에서 가져왔다.
9. 광주부 총무과 공보계, 『해방 전후 회고』(광주: 광주부, 1946), 5쪽. 처음 건준 지부장은 3·1운동에 참여하고 그 뒤 YMCA에서 활동한 최흥종이었다. 건준이 해체된 뒤 최흥종은 미군정 고문이 됐다(『전라남도지』, 829쪽).
10. "HUSAFIK," 3권 3장 45쪽.
11. 『해방 전후 회고』, 9쪽.

12. 55th MG Company, "Unit History." 목포 치안대장은 임태호였다.

13. Donald S. McDonald, "Field Experiences in Military Government," in Carl Friedrich, Jr. et al,, *American Experiences in Military Government in World War* Ⅱ(New York: Rinehart & Co., 1948), 369쪽.

14. USAMGIK, Opinion Trends, no. 9, May 1, 1946. 고흥군과 관련된 두 종류의 지방사는 군의 보안대와 치안대가 그 지역 주변의 경찰 기능을 맡았으며 사람들을 "불법적으로" 투옥했다고 서술했다. 그러나 고흥군은 처음부터 보수적 색채가 뚜렷했다. 건준 지부는 박팔봉과 신지우 같은 보수적 인물이 이끌었는데, 박팔봉은 그 뒤 이승만의 정당에서 국회의원으로 출마하고 미군정 사법부에서 근무했으며, 신지우는 고흥 경찰서장과 해남군수가 됐다. 또한 고흥은 이승만 지지자로 해방 뒤 초대 광주시장이 된 서민호의 고향이었다. 그러나 지방사는 그 군의 좌우 갈등을 전반적으로 언급했다. 갈등은 1946년 4월 미군의 지원으로 지방 경찰이 군 전역의 경찰서와 파출소를 탈환하면서 끝났다(『고흥군사』, 광주: 전남대 출판부, 1969, 47~50, 365쪽; 『고흥군 향토사』, 고흥: 고흥군 향토사 편찬위원회, 1971, 12, 140~141, 388, 395쪽 참조).

15. 61st MG Company, "Unit History." 이 지역과 전라남도의 다른 지역에서 인민위원회가 전개한 활동은 미드의 상세한 서술을 참조해야 한다. 그것은 여러 군에서 복잡하게 나타난 정치적 대립을 파악하는 데 특히 유용하다. 그 군을 통치한 세력이 좌익이든 우익이든 대중은 거의 언제나 좌익에 공감했다고 미드는 지적했다(*Military Government*, 151~189쪽).

16. 61st MG Company, "Unit History."

17. Richard Kim, *Lost Names*(Seoul: Sisayongo Publishing Co., 1970), 161, 182~183쪽.

18. Eric Wolf, *Peasant Wars of the Twentieth Century*(New York: Harper & Row, 1969), p. 89.

19. "HUSAFIK," 3권 3장 5~6쪽.

20. 같은 책, 6쪽.

21. 같은 책, 7쪽.

22. McDonald, "Field Experiences in Military Gvernment," 368쪽.

23. 1974년 2월 6일 이채진 교수의 편지. 야기八木의 일기에 수록된 펩크의 편지에서 인용. 임문무를 임명한 것은 USAMGIK, *Official Gazette*(Seoul: 1945-1946), appointment no. 66 참조.

24. McDonald, "Field Experiences in Military Government," 367쪽.

25. 같은 책, 372쪽.

26. Gregory Henderson, *Korea: The Politics of the Vortex*(Cambridge: Harvard University Press, 1968), 140쪽. 서민호의 아들 서광선은 도 경찰 요직에 임명됐다. 그 뒤 서민호는 이승만의 부유한 후원자로 알려졌다(도널드 맥도널드의 보고 참조. 1948년 9월 23일 주한 미국 대사 존 무초가 국무장관에게 보낸 전문에 수록. RG 59, decimal file, 895.00/9-2348).

27. Meade, *Military Government*, 134쪽. 아울러 "HUSAFIK," 3권 3장 27쪽 참조.

28. "HUSAFIK," 3권 3장 27쪽

29. USAMGIK, "HMGK"(Seoul: Office of Administrative Services, Statistical Research Division, 1946), 3: 257쪽.

30. McDonald, "Field Experiences in Military Government," 372쪽.

31. USAMGIK, "Opinion Trends," no. 9, May 1, 1946.

32. Meade, *Military Government*, 105, 171쪽.

33. "HMGK" 3: 257, 285쪽. 아울러 G-2 "Periodic Report," no. 152, February 12-13, 1946

참조. 거기서는 광주에서 파견돼 나주의 군 소재지와 나주 근처의 항구인 영산포에 투입된 경찰이 그 지역의 치안대를 모두 대체했다고 서술했다.

34. 69th MG Company, "Unit History for 1945." 해방 뒤 순천의 첫 군수는 김양수로 한국민주당 소속이었다. 한 지방 역사서는 1945년 8월 치안대가 그 지역 경찰 시설을 모두 인수했으며 그 뒤 도 경찰이 탈환했다고 언급했다(정한조, 『삼산이수』, 서울, 1965, 74~76, 82쪽 참조). 미드는 면장이 대부분 한민당원이었으며 보수 세력이 군정 첫해 동안 그 군을 지배했다고 썼다(*Military Government*, 183쪽).
35. 69th MG Company, "Unit History for 1945."
36. 인민공화국이 여수·순천 지역에 수립돼 한 주 정도 지속됐다(고영환, 『금일의 정객들』, 177, 180쪽 참조. 아울러 이 연구의 2권에서 여수·순천 반란에 관련된 부분 참조).
37. 45th MG Company, "Unit History"; Meade, *Military Government*, 175~178쪽.
38. Meade, *Military Government*, 99, 177~178쪽. 아울러 V. T. Zaichikov, *Geography of Korea*, trans. Albert Parry(New York: Institute of Pacific Relations, 1952), 135쪽.
39. 45th MG Company, "Unit History"; Meade, *Military History*, 175쪽.
40. "HMGK" 3: 327쪽.
41. 같은 책, 316쪽.
42. 45th MG Company, "Unit History."
43. 같은 책.
44. 같은 책.
45. 11월에 보성 인민위원회는 다른 지역보다 먼저 재결성됐다. 이 인민위원회는 지주-소작농 분쟁에서 잘못된 판단을 했기 때문에 해체되었던 것이라고 서술되었다("HMGK" 3: 286쪽).
46. 45th MG Company, "Unit History."
47. 45th MG Company reports of December 22, 1945, and January 5, February 9, March 4, 1946.
48. 45th MG Company, "Unit History."
49. 45th MG Company reports of December 29, 1945, and January 19, March 23, March 30, 1946.
50. G-2 "Weekly Report," no. 20, January 20-27, 1946.
51. "HMGK" 3: 318쪽.
52. Franz Neumann, "Approaches to the Study of Political Power," in Roy C. Macridis and Bernard E. Brown, eds., *Comparative Politics*, 4th ed.(Homewood, Ill.: Dorsey Press, 1972), 8쪽.
53. G-2 "Weekly Report," no. 24, February 17-24, 1946.
54. "HMGK" 3: 269쪽. 목포에서는 "소수의 예외를 빼고 인민위원회가 시정을 모두 장악했다"고 미드는 썼다(*Military Government*, 170쪽).
55. "HMGK" 3: 268, 271쪽; G-2 "Weekly Report," no. 19, January 13-20, 1946.
56. "HMGK" 3: 268쪽.
57. 같은 책, 282쪽.
58. 같은 책, 280쪽.
59. 같은 책, 290쪽.
60. 28th MG Company report of November 15, 1945에 번역돼 있다.
61. 28th MG Company report of December 16, 1945.
62. 64th MG Company, "Unit History," dated January 7, 1946(Unit History는 대부분 날짜가 나와 있지 않다).

63. 56th MG Company, "Unit History."
64. "HMGK" 3: 209, 215~217쪽.
65. 48th MG Company report of March 15, 1946.
66. "HUSAFIK," 3권 3장 48, 51쪽; 4장 34쪽.
67. 28th MG Company, "Unit History."
68. "HMGK" 3: 197쪽.
69. "HUSAFIK," 3권 3장 51쪽. 비슷한 발언은 "HMGK" 3: 198쪽 참조.
70. "HUSAFIK," 3권 4장 34쪽. 시 경찰 업무는 이진하 같은 인물이 지휘했는데, 그는 해방 전 비밀경찰과 군산·전주 경찰서장을 지냈으며 1949년 3월 친일 행위로 체포됐다(드럼라이트가 국무장관에게 보낸 전문. RG 59, decimal file, 895.00/3-2149, March 21, 1949 수록).
71. "HUSAFIK," 3권 3장 53~54쪽.
72. 28th MG Company, "Unit History."
73. 28th MG Company reports of December 16 and 29, 1945.
74. 같은 자료, report of December 16, 1945.
75. 같은 자료, report of December 8 and 29, 1945.
76. 같은 자료, report of January 12, 1946.
77. 같은 자료, report of February 1, 1946.
78. 같은 자료.
79. "HMGK" 3: 217, 222쪽.
80. 최현식 외, 『정읍군지』(광주: 무등교육출판주식회사, 1957), 422~426, 457, 462쪽; 『朝鮮年鑑 1945』(서울: 京城日報社, 1945), 409쪽. 내가 참고한 여러 군지郡誌는 인민위원회 지도자 가운데 일제 때 군수·경찰서장 등을 지낸 인물의 이름을 특별한 이유 없이 거의 대부분 삭제했다는 사실은 주목할 만하다. 같은 까닭에서 1937~1945년 한국인 지방관리 명단을 찾을 수 없는 경우가 많았다.
81. G-2 "Weekly Report," no. 12, November 25-December 2, 1945.
82. G-2 "Periodic Report," no. 64, November 11-12, 1945.
83. "HMGK" 3: 195쪽.
84. 28th MG Company report of December 23, 1945.
85. 같은 자료, report of January 19, 1946.
86. 같은 자료, report of February 1, 1946.
87. 같은 자료, report of February 5, 1946.
88. Hoon K. Lee, *Land Utilization and Rural Economy in Korea*(Shanghai: Kelly &Walsh, 1936), 163쪽.
89. 3·1운동 참가자의 출신도별 분류는 Frank Baldwin, "The March Movement: Korean Challenge and Japanese Response"(Ph. D. dissertation, Columbia University, 1969) 참조.
90. G-2 "Weekly Report," no. 27, March 10-17, 1946.
91. "HUSAFIK," 1권 6장 10쪽.
92. 같은 책, 10, 57쪽; G-2 "Periodic Report," no. 22, October 1-2, 1945.
93. 윤일은 합천 재판소에 방화한 혐의로 체포됐으며(G-2 "Periodic Report," no. 59, November 6-7, 1945) 후임 도 인민위원장에는 오덕준이 임명됐다. 98th MG Company, "Unit History"도 참조. "어떤 경우 노동자위원회는 공장을 접수해 스스로 운영하거나 한국인 경영자를 고용하기도 했다. 그들은 노동자위원회의 지원을 얻기 위해 (…) 노동자를 경영진에 참여시킬 것을 요구하기도 했다"고 그 보고서는 언급했다.

94. G-2 "Periodic Report," no. 22, October 1-2, 1945.
95. "History of the 40th Infantry Division in Korea," no date; in XXIV Corps Historical File.
96. "HUSAFIK," 3권 3장 63, 66쪽.
97. 50th MG Company, "Unit History."
98. 98th MG Company, "Unit History."
99. 1945년 10월 9일자 보고서. "History of the 40th Infantry Division in Korea"에서 인용.
100. 같은 자료.
101. G-2 "Weekly Report," no. 174, March 11-12, 1946.
102. 같은 자료. 1949년 3월 21일 드럼라이트가 국무장관에게 보낸 전문 참조. RG decimal file, 895.00/3-2149 수록.
103. 40th Infantry Division, "Operations Report," October 20, 1945.
104. G-2 "Periodic Report," no. 63, November 10-11, 1945. 그러나 신원을 밝히고 싶어하지 않는 한 한국인은 자기 부인의 숙부는 함안 인민위원회 위원장이었는데 지주였으며 그 일족도 그랬다고 나에게 제보했다. 그 제보자는 지주만 아들들을 교육시킬 수 있었지만 교육받는 과정에서 그들이 급진주의로 빠지는 경우가 자주 있었다고 설명했다. 급진 세력 가운데 지주 출신이 많은 까닭은 이 때문이었다고 그 제보자는 생각했다.
105. 40th Infantry Division, "Operations Report," October 10, 1945.
106. G-2 "Periodic Report," no. 183, March 21-22, 1946.
107. G-2 "Periodic Report," no. 39, October 17-18, 1945(여기 수록된 서류는 복제본이다).
108. G-2 "Weekly Report," no. 6, October 14-21, 1945.
109. "HUSAFIK," 1권 6장 61쪽.
110. "HUSAFIK," 3권 3장 35쪽.
111. 40th Infantry Division, "Operations Reports," October 10, 12, 24, and 25, 1945.
112. 같은 자료, October 12 report.
113. "HUSAF1K," 1권 6장 58~60쪽.
114. "HUSAFIK," 3권 3장 67쪽.
115. 98th MG Company, "Unit History."
116. "HMGK" 3: 185.
117. 1946년 4월 23일 프랜시스 질레트Francis E. Gillette 대위(미국인 도지사)와의 대담. XXIV Corps Historical File의 보고서에 수록.
118. "HMGK" 3: 189.
119. 1946년 4월 23일 프랜시스 질레트 대위와의 대담. 그 뒤 질레트는 미군이 도착했을 때 "소련이 남파한 공산주의자에게 대부분의 정부 기능이 이미 넘어갔기" 때문에 숙청이 이뤄질 수밖에 없었다고 말했다. 또한 미국의 감독 아래 치러진 선거에서는 "대체로 보수파가 80퍼센트 정도 득표한 반면 그렇지 않은 경우는 80퍼센트 정도를 공산주의자가 득표했다"고 언급했다. 후자의 상황은 "공산주의자의 위협" 때문에 나타났다고 생각했다(1946년 7월 2일 질레트 대위와 일부 국무부 관료의 대화기록 참조. RG 59, decimal file, 740.0019/7-246 수록).
120. "HMGK" 3: 190~191쪽.
121. 63rd MG Company reports of March 16 and July 6, 1946.
122. 같은 자료, reports of May 25 and June 15, 1946.
123. 같은 자료, report of February 23, 1946.
124. 같은 자료, report of May 18, 1946.
125. 국방경비대 경상북도 연대와 관련된 사항은 5장 참조.

126.『朝鮮年鑑 1945』, 376쪽에는 김대우가 1943~1944년 전라북도 지사를 지낸 것으로 기록돼 있다. 그는 미군이 도착하기 전 경상북도 지사로 옮긴 것으로 생각된다.
127."HUSAFIK," 1권 6장 51쪽.
128. 같은 책, 51~53쪽. 1945년과 1946년 헨과의 대담에 바탕했다.
129. 같은 책, 3권 4장 35쪽.
130. 99th MG Company, "Unit History"; and 같은 책. 9월 16일 경상북도 치안대는 도 군정청에 다음과 같은 편지를 보냈다. "귀 기관의 지시에 따르면 8월 15일의 갑작스러운 해방 이후 스스로 무장을 해제하고 35년 동안 국민의 마음에 악성 암처럼 존재해온 (…) 전직 경찰들은 이제 군정의 구성원으로 다시 편입됐습니다"(USFIK 11071 file, box 62/96 수록).
131. 김병규의 임명은 USAMGIK, *Official Gazette*, appointment no. 73에 기록돼 있다. 아울러 "HMGK" 3: 163 참조. 김병규는 1945년 9월 16일 한민당이 창당됐을 때 지도자 가운데 한 사람이었다(김준연 편, 『한국민주당 소사』, 16쪽).
132. Public Opinion Bureau, raw reports, March 29, 1946.
133. "HUSAFIK," 1권 6장 53쪽; 63rd MG Company reports of January and 26, 1946.
134. "HMGK" 3: 139쪽.
135. 같은 자료.
136. 같은 자료, 181쪽.
137. Zaichikov, *Geography of Korea*, 128쪽.
138. 68th MG Company reports of January 12 and February 2, 1946.
139. 같은 자료, report of January 12, 1946.
140. 같은 자료, report of March 10, 1946. 구담동에서 일어난 충돌은 낮은 단위에서 전개된 정치를 파악하는 데 흥미로운 사례로 이 연구의 2권에서 좀더 언급될 것이다. 구담동에는 250개 정도의 가구가 있었는데, 110개는 순천 김씨 가문이고 75개는 광산 김씨 가문이었다. 해방 뒤 광산 김씨 가문은 전농의 지방 농민조합에 참여한 반면 순천 김씨 가문은 우익 단체인 애국동지회에 참여했다. 3월 1일 애국동지회는 경찰의 도움을 받아 1500명 정도의 농민조합 시위대를 공격했다(『서울신문』 1946년 3월 18일자 참조). 촌 수준에서 좌우 대립은 가문 사이의 대립과 동일한 경우가 많았다. 근대적 정치조직이 없었고 몇 세기 동안 큰 변화 없이 한 가문이 온전하게 유지된 한국의 촌락에서 이것은 예상되는 상황이었다.
141. 68th MG Company report of March 29, 1946.
142. 같은 자료, report of May 11, 1946.
143. 같은 자료, report of August 17, 1946.
144. Public Opinion Bureau, raw reports, March 29, 1946.
145. 1946년 2월 25일과 3월 7일 포항 인민위원회와 노동조합 사무실이 습격받아 31명이 체포됐다(G-2 "Periodic Report," no. 179, March 10, 1946).
146. 같은 자료. 아울러 1946년 7월 리처드 로빈슨의 공보부 보고서 참조.
147. Robinson, Public Opinion Bureau report.
148. 68th MC Company reports of January 5 and March 16, 1946.
149. 같은 자료, report of March 30, 1946.
150. 63rd MG Company report of January 5, 1946.
151. 같은 자료.
152. 영양군지 편찬위원회, 『영양군지』(대구: 중외출판사, 1970), 211~212쪽.
153. 『영양군지』, 291, 421, 428, 435쪽; 김준연 편, 『한국민주당 소사』, 15쪽. 조준영은 1960년 경상북도 지사가 됐다.
154. 『朝鮮經濟年報』, 56~57쪽.

155. 표 XIX-8, "Korean Volunteers for Japanese Army Enlistment, by Province. 1933-1940," in Chong-sik Lee, ed., *Statistical Profile of Korea under Japenese Rule*(출간 예정) 참조. 이 표의 복사본을 제공해준 이 교수께 감사드린다.
156. "HUSAFIK," 1권 6장 26, 4쪽.
157. "HMGK" 3: 64; 27th MG Company, "Unit History."
158. "HUSAFIK," 3권 3장 29쪽.
159. 같은 책, 40쪽.
160. 같은 책, 30쪽; 27th MG Company, "Unit History."
161. 내무부 치안국, 『민족의 선봉—대한 경찰전사大韓警察戰史』 1권(서울: 흥국연문협회興國硏文協會, 1952), 86쪽.
162. "HUSAFIK," 3권 3장 48쪽.
163. 같은 책, 3권 3장 35~36쪽.
164. 같은 책, 37쪽.
165. 같은 책, 37~38쪽.
166. 67th MC Company report of December 20, 1945 참조. 이것은 괴산·음성·진천에 인민위원회가 있었음을 보여주는 유일한 자료다.
167. 같은 자료.
168. 같은 자료.
169. 같은 자료, report of May 15, 1946.
170. Ch'ungju Counter-Intelligence Corps report, January 10, 1946.
171. G-2 "Periodic Report" November 1, 1945.
172. Ch'ungju CIC report, October 10, 1946.
173. 67th MG Company report of May 15, 1946.
174. 모두 같은 자료, report February 15, 1946에서 인용.
175. 같은 자료.
176. "HUSAFIK," 3권 3장 30쪽; G-2 "Periodic Report," no. 39, October 17-18, 1945.
177. G-2 "Periodic Report," no. 35, October 13-14, 1945.
178. "HUSAFIK," 3권 3장 30~31쪽.
179. 같은 책, 4장 36쪽.
180. 같은 책, 36~37쪽; G-2 "Weekly Reports," nos. 9, 12, 15, November 4-11, November 25-December 2, December 16-23, 1945.
181. "HMGK," 3: 83쪽.
182. G-2 "Periodic Report," no. 39, October, 17-18, 1945. 1946년 2월 11일 천안 인민위원회에 소속된 8명이 지방 관료를 살해하려는 혐의로 체포됐다(G-2 "Periodic Report," no. 153, February 13-14, 1946 참조).
183. G-2 "Weekly Report," no. 24, February 17-24, 1946.
184. "HMGK," 3: 90~91, 93쪽.
185. "HUSAFIK," 3권 3장 38, 40쪽.
186. "HMGK," 3: 42쪽.
187. "HUSAFIK," 1권 3장 23쪽. 아울러 G-2 "Periodic Report," no. 140, February 8-11, 1946 참조.
188. "HUSAFIK," 1권 3장 23쪽.
189. 같은 책, 9, 21쪽.
190. 같은 책, 22쪽.

191. 48th MG Company, various reports, 1945-1946.
192. 1946년 1월 삼척 인민위원회는 노동조합·농민조합·부녀동맹(후자의 조합원은 2000명으로 강력했다)과 연합해 활동하고 있는 유일한 정치조직이라고 보고됐다. 군청 직원들도 인민위원회에 소속됐다(G-2 "Periodic Report," no. 115, January 3-4, 1946).
193. Public Opinion Bureau, raw reports, March 29, 1946.
194. 같은 자료, July 30, 1946.
195. "HUSAFIK," 3권 3장 12쪽.
196. USAMGIK, *Official Gazette*, appointment no. 87.
197. "HUSAFIK," 3권 3장 12쪽.
198. 같은 책, 4장 38쪽; 68th MG Company, "Unit History."
199. 60th MG Company, "Unit History."
200. G-2 "Weekly Report," no. 12, November 25-December 2, 1945.
201. "The Korean People's Republic," undated; in XXIV Corps Historical File.
202. 68th MG Company report of May 13, 1946.
203. 같은 책, report of June 10, 1946.
204. Public Opinion Bureau, raw reports, February 23, 1946.
205. 金奉鉉·金民柱, 『濟州道人民の4.3武裝鬪爭史』, 大阪: 文友社, 1963, 16쪽.
206. "HUSAFIK," 1권 7장 49쪽.
207. 金奉鉉·金民柱, 『濟州道人民の4·3武裝鬪爭史』, 17쪽.
208. 같은 책, 17쪽; Meade, *Military Government*, 185쪽.
209. "HUSAFIK," 1권 6장 27~28, 40쪽. Meade, Military Government, 185~186쪽에 따르면 사실 59군정중대는 제주도 인민위원회를 많이 지원했다.
210. Public Opinion Bureau, raw reports, December 9, 1946.
211. 金奉鉉·金民柱, 『濟州道人民の4·3武裝鬪爭史』, 26, 33쪽.
212. Public Opinion Bureau, raw reports, May 6 and December 9, 1946.
213. 같은 자료, report of December 9, 1946.
214. 金奉鉉·金民柱, 『濟州道人民の4·3武裝鬪爭史』, 46쪽.
215. 같은 책, 21~22쪽; USAMGIK, *Official Gazette*, appointment no. 107.
216. Public Opinion Bureau, raw reports, December, 1946.
217. 이 봉기에 대한 뛰어난 연구는 John Merrill, "The Cheju-do Rebellion" *Journal of Korean Studies* 2(1980), 139~198쪽.

10장 9월 총파업과 10월 봉기

1. 하지 장군은 1946년 10월 28일 백아더 장군에게 전보를 보내 말했다. "이번 추수가 끝난 뒤 소련이 남한을 침략하려고 계획하고 있다는 증거가 뚜렷해지고 있습니다"(State Department, *FRUS*[1946], 8: 750쪽). 이것은 그 뒤 1950년 6월 25일까지 북한의 침략을 경고한 수많은 발언 가운데 첫 번째다.
2. Richard Robinson, "Betrayal of a Nation," Manuscript at Massachusetts Institute of Technology, 162쪽. 봉기가 일어나는 동안 한국에 있었던 마크 게인은 이렇게 썼다. "(그것은) 수백만 명은 아니지만 수십만 명이 참여한 거대한 규모의 혁명이었다."(*Japan Diary*[New York: William Sloane Associates, 1948], 388쪽). 봉기에 관한 게인의 설명은 그동안 영어로 씌어진 유일한 저작이었다. 최근 비밀 해제된 자료는 그것이 매우 정확했음을 보여준다.

3. "HUSAFIK," Manuscript in the Office of the Chief of Military History, Washington, D.C.(Tokyo and Seoul, 1947, 1948), 2권 2부 2쪽; USAMGIK, G-2 "Weekly Report," no. 55, September 22-29, 1946; and no. 56, September 29-October 6, 1946.
4. Counter-Intelligence Corps report, Seoul, September 30, 1946.
5. G-2 "Weekly Report," no. 6, September 29-October 6, 1946.
6. 『조선연감 1948』, 258쪽.
7. 같은 책, 257쪽.
8. G-2 "Weekly Report," no. 55, September 22-29, 1946.
9. 『조선연감 1948』, 257~258쪽; *Seoul Times*, September 23~30, 1946; 『좌익사건실록』, 6쪽.
10. 『조선연감 1948』, 257~258쪽; 『좌익사건실록』, 354쪽.
11. G-2 "Weekly Report," no. 55, September 22-29, 1946.
12. G-2 "Weekly Report," no 56, September 29-October 6, 1946. "인민공화국 만세"라고 주장하면서 권력을 인민위원회로 이양하라고 요구하는 수많은 탄원서가 제출됐는데, 일부는 혈서로 서명하기도 했다. 한국어로 씌어진 원본은 1947년 2월 2일 랭던이 국무장관에게 보낸 전문에 첨부돼 있다. State Department, RG 59, decimal file, 740.0019/2-1147 수록.
13. *Seoul Times*, September 24, 1946.
14. 같은 자료, September 28, 1946.
15. CIC report, Seoul, September 28, 1946.
16. *Seoul Times*, October 1, 1946.
17. G-2 "Weekly Report," no. 56, September 29-October 6, 1946.
18. *Seoul Times*, October 2, 1946.
19. 같은 자료, October 3, 1946.
20. Stewart Meacham, Korean Labor Report(Seoul: USAFIK, 1947), 24쪽.
21. *Seoul Times*, October 4, 1946.
22. CIC report, October 12, 1946.
23. *Seoul Times*, August 5, 1946.
24. 『좌익사건실록』, 376쪽; 『10월 인민항쟁』(서울: 해방사, 1947), 6쪽.
25. 『좌익사건실록』, 376쪽.
26. "HUSAFIK," 2권 2부 3쪽, 99th MG Company "Unit Journal," entry for October 1, 1946; in XXIV Corps Historical File.
27. "HUSAFIK," 2권 2부 3쪽에서는 사살이 저녁에 이뤄졌다고 서술했지만, 다른 자료에서는 아침에 일어났다고 언급했다. 아울러 Maj. Gen. Albert Brown, "Report on an Investigation of Disorders in Kyongsang Province," October 5, 1946 참조. XXIV Corps Historical File 수록(그 제목은 마오쩌둥의 유명한 「후난성 농민운동 시찰보고Report on an Investigation into the Peasant Movement in Hunan」와 비슷하다).
28. G-2 "Weekly Report," no. 56, September 29-October 6에는 2000명으로, Brown, "Report on an Investigation"에는 1000명으로 돼 있다. 미국 자료에서는 죽은 시위자들은 학생처럼 "옷을 입고 있었다"고 서술했다.
29. Thomas E. Campbell, "The Taegu Riots: One of the U.S. Prosecutors Tells of the First Soviet-inspired Attempt to Take Over all Korea," Commonweal 54, no. 22(September 7, 1951), 519~522쪽. 아울러 대구 근처의 마을에서 시위를 이끈 또 다른 인물은 그 지역에서 존경 받는 원로이자 불교 지도자며 한의사였는데, 군정이 "기독교를 한국에 강요한다"고 여기고 반대했다고 캠벨은 보고했다.
30. "HUSAFIK," 2권 2부 3~4쪽; 99th MG Company, "Unit Journal," entry for October 2;

G-2 "Weekly Report," no. 56, September 29-October 6, 1946; and Brown, "Report on an Investigation."

31. G-2 "Weekly Report," no. 56, September 29-October 6, 1946.
32. "HUSAFIK," 2권 2부 11~12쪽 참조. XXIV Corps Historical File에는 살해된 경찰관들의 수많은 사진이 실려 있다.
33. 내무부 치안국, 『민족의 선봉—대한 경찰전사』 1권, 55쪽.
34. Mao Tse-tung, "Report on an Investigation into the Peasant Movement in Hunan," *Selected Works* 1(New York: International Publishers, 1954): 21~59쪽. 가난한 지방 농민과 지방의 요구에 관심이 없는 국가경찰의 조합은 그런 격렬한 폭력과 많은 관계를 갖고 있다고 생각된다. 스페인에서도 비슷한 현상이 나타났다. 치안경비대Guardia Civil에게 억제되지 않은 폭력이 행사된 것은 Edward F. Malefakis, *Agrarian Reform and Peasant Revolution in Spain*(New Haven: Yale University Press, 1970), 310~312쪽.
35. "HUSAFIK," 2권 2부 12쪽에서 인용.
36. 99th MG Company, "Unit Journal" entry for October 2, 1946. 계엄령의 원문은 Brown, "Report on an Investigation"에 실려있다.
37. G-2 "Weekly Report," no. 56, September 29-October 6, 1946; "HUSAFIK," 2권 2부 5쪽; 『대한 경찰전사』, 55쪽; 『10월 인민항쟁』, 11쪽.
38. 영천에 거주하는 선교사와의 대담. CIC report, Taegu, November 5, 1946.
39. 『10월 인민항쟁』, 11, 39~40, 45~46쪽.
40. CIC report, Taegu, October 11, 1946.
41. CIC report, Taegu, October 14, 1946.
42. 63rd MG Company report, October 12, 1946.
43. 『대한 경찰전사』, 56쪽.
44. "HUSAFIK," 2권 2부 5쪽; CIC report, Taegu, October 14, 1946.
45. 99th MG Company, "Unit Journal," entry for October 3, 1946.
46. 같은 자료, October 3 and 4, 1946.
47. 『대한 경찰전사』, 54쪽; 『10월 인민항쟁』, 11~12쪽.
48. CIC report, Taegu, September 26, 1946.
49. 99th MG Company, "Unit Journal," October 3, 1946.
50. 같은 자료, October 4, 1946.
51. CIC report, Pusan, October 31, 1946.
52. 그 뒤 좌익과 공산주의 조직자들은 좀더 면밀한 계획을 세우고 폭력을 줄이며 대중을 "잘 조직하고 신중하게 인도해야 한다"고 주장했다—조직자들은 자신보다 그들이 좀더 흥분한 상태라고 생각했다(『10월 인민항쟁』, 49~50쪽의 요약 참조).
53. "HUSAFIK," 2권 2부 6쪽.
54. 같은 부분.
55. 63rd MG Company report, October 5, 1946.
56. 같은 자료, October 12, 1946.
57. 같은 자료, October 5 and 12 reports. 그러나 한 좌익측 자료는 경찰·관료·"반동" 44명과 시위대 45명 정도가 예천에서 살해됐다고 주장했다(『10월 인민항쟁』, 11쪽 참조).
58. 63rd MG Company report, October 19, 1946.
59. 『10월 인민항쟁』, 43~44쪽.
60. G-2 "Weekly Report," no. 57, October 6-13, 1946.
61. CIC report, Chinju, October 24, 1946.

62. G-2 "Weekly Report," no. 57, October 6-13, 1946; 『10월 인민항쟁』, 12쪽.
63. G-2 "Weekly Report," no. 57, October 6-13, 1946; and "HUSAFIK," 2권 2부 6~7쪽.
64. 6th Infantry Division report, December 31 1946; in XXIV Corps Historical File. 아울러 CIC report, Chinju, October 16, 1946 참조.
65. CIC report, Pusan, October 9, 1946; Seoul Times, October 9, 1946.
66. G-2 "Weekly Report," no. 8, October 13-20, 1946.
67. 같은 자료; CIC report, Seoul, October 21, l946.
68. 『좌익사건실록』, 389쪽. "HUSAFIK," 2권 2부 11쪽에서는 수색리에서 경찰 1명이 살해됐으며 경찰서 창고 한 곳이 불탔다고 보고했다.
69. 『좌익사건실록』, 389~390쪽; "HUSAFIK," 2권 2부 9~10쪽.
70. CIC reports, Seoul, October 22 and 24, 1946.
71. CIC report, Inch'on, October 26, 1946.
72. "HUSAFIK," 2권 2부 8~9쪽; G-2 "Weekly Report," no. 58, October 13-20, 1946.
73. 41st MG Company report, November 29, 1946.
74. CIC report, Taejon, October 22, 1946.
75. CIC report, Taejon, November 1, 1946.
76. CIC report, Taejon, October 10, 1946.
77. CIC report, Taejon, October 13, 1946.
78. CIC report, Taejon, October 31, 1946.
79. "Cholla-South Communist Uprising of November 1946," December 31, 1946, United States 6th Infantry Division headquarters. XXIV Corps Historical File 수록.
80. Day & Zimmerman, Inc., Report No. 5002 to His Excellency, Syngman Rhee, President, on the Conditions, Rehabilitation, and Further Development of Certain Elements in the Industry of the Republic of Korea(Seoul, 1949), 47~48쪽.
81. 1946년 8월 15일 1000 명 정도의 광부가 인민위원회에 권력을 다시 돌려주라고 요구하면서 광주로 행진했다. 미군 야전부대는 탱크를 동원해 행진을 저지하고 7대의 P-51 전투기로 위협하기까지 했다. 시위대 3명과 경찰 5명이 사망했다(G-2 "Periodic Report," August 15 1946; *Seoul Times*, August 17, 1946; 『조선인민보』 1946년 8월 22일 참조).
82. CIC report, Kwangju, October 31, 1946.
83. "HUSAFIK," 2권 2부 15쪽.
84. 같은 책, 15~16쪽.
85. "Cholla-South Communist Uprising."
86. 같은 자료. "HUSAFIK," 2권 2부 13~14쪽도 참조.
87. "HUSAFIK," 2권 2부 14쪽; *Seoul Times*, November 4 and 5, 1946.
88. "Cholla-South Communist Uprising."
89. 같은 자료.
90. 같은 자료.
91. 같은 자료.
92. 같은 자료.
93. 모든 정보는 같은 자료에서 가져왔다. 이 보고서는 "'인민위원회'는 가장 작은 마을까지 침투한 훌륭한 조직과 면·군·도를 거쳐 서울에 이르는 명령 체계를 갖췄다"고 언급했다. 이것은 1946년 가을 인민위원회의 조직력을 지나치게 평가한 것이라고 생각한다.
94. 『10월 인민항쟁』, 1~4쪽 등.
95. "HUSAFIK," 2권 2부 16쪽.

96. CIC report, Chonju, November 24, 1946. 아울러 XXIV Corps headquarter's memorandum 참조.
97. Robinson, "Betrayal of a Nation," 163쪽(미군 방첩대CIC가 목격한 증언에 기초함).
98. CIC reports, Ch'unch'on, October 22 and 29 and November 6, 1946.
99. 32nd Infantry Company "K" headquarters, report, November 1, 1946; XXIV Corps Historical File 수록
100. 『비판신문』, 1946년 10월 28일. 이 자료의 영어 번역은 G-2 "Periodic Report," November 5, 1946에 수록. 아울러 『10월 인민항쟁』, 1쪽 참조.
101. "HUSAFIK," 2권 2부 16쪽.
102. 같은 책, 7, 9쪽. 대한독립촉성국민회의의 선전 전단을 인용.
103. 63rd MG Company report, October 12, 1946에 수록된 한국어 전단.
104. 이를테면 같은 자료 참조. 아울러 『대한경찰전사』, 57쪽 참조.
105. 1946년 11월 19일 한미공동회의 회의록 참조. XXIV Corps Historical File 수록.
106. Brown, "Report on an Investigation."
107. "HUSAFIK," 2권 2부 13쪽.
108. 99th MG Company, "Unit Journal."
109. 63rd MG Company report, October 5, 1946.
110. "HUSAFIK," 2권 2부 23쪽.
111. 같은 책, 24쪽.
112. 1946년 10월 20일 조병옥이 윌리엄 맥린에게 보낸 보고서. XXIV Corps Historical File 수록.
113. "HUSAFIK" 2권 2부 29쪽.
114. Meacham, Labor Report, 24쪽.
115. 같은 자료, 24쪽에서 인용.
116. "HUSAFIK" 2권 2부 24쪽.
117. 같은 책, 25쪽.
118. 같은 책, 27쪽.
119. 1946년 10월 20일 조병옥이 윌리엄 맥린에게 보낸 보고서.
120. G-2 "Weekly Report," no. 56, September 29-October 6, 1946.
121. Robinson, "Betrayal of a Nation," 163쪽. 1946년 11월 14일 미군 방첩대CIC 본부는 "Starement of Outside Influences upon the Recent Unrest and Civil Disturbances in South Korea"라는 제목의 보고서를 작성했다. 거기 들어있는 자료는 지방의 문제와 지방의 급진 세력이 봉기를 야기시켰음을 보여준다(XXIV Corps Historical File 참조).
122. G-2 "Weekly Report," no. 56, September 29-Octoher 6, 1946; and SKILA materials, enclosures nos. 6 and 7, 여운형과의 대담에 관련된 익명의 보고서 참조. XXIV Corps Historical File 수록.
123. G-2 "Weekly Report," no. 58, October 13-20, 1946.
124. SKILA materials, enclosure no. 22, letter of November 29, 1946. XXIV Corps Historical File 수록.
125. 『좌익사건실록』, 354쪽.
126. Meacham, *Labor Report*, 23~24쪽.
127. 『대한경찰전사』, 50~57쪽; 『좌익사건실록』, 380쪽.
128. 1946년 10월 14일 미소공위 미국 대표가 경상북도의 한국인 지사와 나눈 대담의 보고서. XXIV Corps Historical File 수록.

129. "HUSAFIK," 2권 6장 52쪽.
130. Meacham, *Labor Report*, 19쪽에서 인용.
131. James Shoemaker, *Notes on Korea's Postwar Economic Position*(New York: Institute of Pacific Relations, 1947), 12쪽.
132. Bank of Korea, *Monthly Economic Statistics*, no. 23(Seoul, June 1949), 1쪽.
133. Meacham, Labor Report, 18쪽. 다른 자료에서는 1938~1945년보다 1946년 3~7월에 한국인 노동자의 임금이 낮았다고 주장했다(민주주의민족전선, 『조선해방 1년사』, 315~316쪽).
134. Meacham, *Labor Report*, 13쪽.
135. *Seoul Times*, September 17, 1946. 1946년 9월 일본으로 다시 돌아가려는 한국인에 관한 기사가 여러 신문에 실렸다.
136. 1946년 10월 14일 미소공위 미국 대표가 경상북도의 한국인 지사와 나눈 대담의 보고서. XXIV Corps Historical File 수록.
137. National Economic Board, "Survey of Food Distribution in South Korea"(Seoul: USAMGIK headquarters, 1947), 3~4쪽; "Survey of Grain Collections in South Korea 1946," 4쪽. 모두 "History of the National Food Administration"(Seoul, 1948), XXIV Corps Historical File에 수록돼 있다. 아울러 『10월 인민항쟁』, 39~40쪽 참조.
138. CIC report, Seoul, September 25, 1946.
139. 경상북도 관료 19명과 나눈 대담의 보고서.
140. "HUSAFIK," 3권 4장 52쪽.
141. CIC report, Seoul, September 25, 1946. 쌀이 일본으로 몰래 수출됐다고 한국인들이 비난하자 미군정은 그런 주장이 완전히 터무니없다는 공식 반응을 내놓았다.
142. CIC report, Taegu, November 9, 1946.
143. 경상북도 관료 19명과의 대담.
144. "HUSAFIK," 2권 2부 23쪽.
145. 『좌익사건실록』, 388쪽.
146. 『조선연감 1948』, 258쪽.

11장 북쪽에서 불어오는 바람

1. Karl Polanyi, *The Great Transformation*(New York: Beacon Press, 1967 ed.), 182~183쪽. 아울러 Immanuel Wallerstein, "The Rise and Future Demise of the Capitalist World System," *Journal of Comparative Studies in Society and History* 16(1974): 387~415쪽.
2. George Alexander Lensen, *The Strange Neutrality: Soviet-Japanese Relations During the Second World War, 1941-1945*(Tallahassee, Fla.: Diplomatic Press, 1972), 156쪽. 일본이 최종적으로 항복하는 데 소련의 참전이 미친 중요성은 194~195쪽 참조.
3. 같은 책, 168쪽. 렌슨Lensen은 웅기와 나진을 공격한 날짜를 8월 12일로 봤지만 북한 자료에서는 8월 10일에 시작됐다고 말했다(『조선근대혁명운동사』, 평양:과학원 역사연구소, 1962, 422쪽). 그 뒤 미국 정보기관은 웅기와 나진 공격은 8월 10일에 시작됐으며 소련은 총 한발 쏘지 않고 웅기를 점령했고 나진은 작은 손실만 입은 채 차지하는 데 성공했다고 보고했다. 그러나 8월 12일 소련군은 청진에서 30명이 사망했으며 이튿날 그 도시를 점령하기 전 "심각한 손실"을 입었다("Intelligence Summary, North Korea," no. 37, May 31, 1947; in RG 319, Intelligence[G-2] Library "P" File, 1946-1951).
4. 『조선근대혁명운동사』, 422쪽. 백봉은 김일성과 그 동맹 세력이 소련의 공격을 도왔다고 말했

지만 날짜는 제시하지 않았다(*Kim Il Sung: A Political Biography*[New York: Guardian Books, 1970], 1: 512~513쪽). 이것은 김일성의 공식 전기로 여러 언어로 번역됐다. 최근까지 북한 자료에서는 소련이 북한에 상륙하는 데 김일성이 참여한 사실을 언급하지 않았으며, 백봉은 김일성이 개인적으로 가담했다고 말하는 것을 조심스럽게 회피하면서 그의 "부대"가 그때 전투 중이었다는 사실만 제시했다.

5. 1947년 10월 4일 방문한 미국 의원단에게 한 하지의 발언. USAFIK, USFIK 11071 file, box no. 62/96.
6. William Zimmerman, "Choices in the Postwar World (1): Containment and the Soviet Union," in Charles Gati, ed., *Caging the Bear: Containment and the Cold War*(New York: Bobbs-Merrill Co., 1974), 102쪽; Isaac Deutscher, *Stalin: A Political Biography*, 2d ed.(New York: Oxford University Press, 1966), 573~581쪽.
7. 이 연구의 2권에서 다루겠지만, 1947~1949년 소련이 만주와 북한을 자신의 지배 지역으로 편입시키려고 했다는 몇 가지 증거가 있다. 그러나 그렇다고 해도 소련은 북한을 전형적 위성국으로 지배하거나 김일성이 "이 기간(1945~1948) 동안 외세에 더할 나위 없이 굴종한 꼭두각시"도 아니었다. 로버트 스칼라피노와 이정식은 이렇게 판단했지만(*Communism in Korea I*[Berkeley: University of California Press, 1972], 381쪽) 증거를 제시하지 못했기 때문에 아직 논쟁의 대상으로 남아 있다.
8. Max Beloff, *Soviet Policy in the Far East, 1944-1951*(London: Oxford University Press, 1953), 156쪽.
9. 『조선인민보』 1945년 9월 8일.
10. 『대중』 1945년 9월 30일.
11. 『해방일보』 1945년 11월 27일.
12. George McCune, *Korea Today*(Cambridge: Harvard University Press, 1950), 51쪽.
13. 『노동자신문』 1945년 9월 22일.
14. 서대숙은 "소련계 한국인 300명"이 소련군과 함께 한국으로 들어왔다고 말했지만, 총인원에는 김일성 부대도 포함시켰다(*The Korean Communist Movement 1918-1948*[Princeton: Princeton University Press, 1967], 317쪽). 스칼라피노와 이정식은 "소련계 한국인 다수"가 소련군과 함께 왔다고만 서술했다(*Communism in Korea* I: 318쪽). 다른 자료들은 총인원에 김일성 부대를 더해 북한 정권에서 "소련계 한국인"의 숫자를 크게 부풀리려는 경향이 있지만, 그들이 포함됐다는 뚜렷한 증거는 없다. 그 뒤 성립된 북한 정권의 중요한 지도자 가운데 일부는 소련에서 성년기의 대부분을 보냈으며 일부는 거기서 태어나기도 했다. 현존하는 문헌은 대부분 "소련계 한국인"이 소련의 성향에 짙게 물들었기 때문에 한국인과는 상당한 차이가 있다고 서술하고 있다. 소련이 일제 치하에서 재산을 잃고 망명한 난민을 대부분 받아들였으며 1917년부터 1941년까지 한국의 독립을 계속 지원한—자주 자금과 조직으로—유일한 강대국이었다는 것은 사실이나. 아울러 이승만을 "미국계 한국인"이라고 부르지 않는데, 소련에 수십 년 동안 산 한국인은 "소련계 한국인"으로 불러야 하는가? 한국인은 그들이 어디서 살든지 한국인으로 남는 경향이 있으며, 외국계라는 꼬리표는 그들의 행동에 거의 영향을 주지 못하거나 그들이 한국으로 돌아간 뒤 그 외국의 지시에 따를 가능성도 적다고 생각된다.
15. 이를테면 탁창덕, 「내가 본 삼팔도 이북 사정」, 『중성』, 1946. 2, 27~32쪽 참조. 소련군의 약탈 행위에 관한 많은 보고를 들은 뒤 미국 정보기관은 "소련이 북한에 남으려고 하는지 의심스럽다"는 의견을 제시했다("Intelligence Summary, North Korea," no. 1, December 1, 1945).
16. 한근조와의 대담. USAMGIK, G-2 "Weekly Report," no 9, November 4-11, 1945에서 인

용.

17. G-2 "Weekly Report," no. 20, January 20-27, 1946; and no. 24, February 17-24, 1946.
18. 호플레 신부와의 대담. 주한 미국 대사 존 무초가 국무장관에게 보낸 보고서에서 인용. State Department, RG 59, decimal file, 740.0019/1-649, January 10, 1949 수록. 호플레도 북한의 "소련계 한국인"은 소수였고 "소련계 한국인" 부대가 주둔한 적은 없으며 소련어를 하는 한국인은 소련 본토나 소련 국경과 인접한 만주와 한국 지역 출신인 경우가 많았다고 언급했다.
19. 에드윈 폴리Edwin W. Pauley에게 제출된 Report en Japanese Assets in Soviet-Occupied Korea to the President of the United States(Washington, D.C., June 1946) 참조. 원래 "대외비"로 분류됐다. 이 보고서는 소련이 북한의 공업을 해체하는 대신 기술자들을 공급해 산업을 신속히 재건하고 "되도록 빠른 시간 안에 최대 규모로 생산하는" 공장을 만들도록 도왔다고 지적했다(12쪽). 많은 공장에 일본인 기술자가 있었고 공장 운영은 노동자위원회와 인민위원회가 장악했으며 공장 경영자는 대부분 한국인이었다고 그 보고서는 지적했다. 북청 전기금속공업으로 이름을 바꾼 미쓰이三井 경금속의 공장에서 한국인 관리자는 800명의 노동자를 감독했는데 거의 500명은 군복을 입은 일본인이었다. 일본인 기술자도 있었지만 소련인 관리자나 감독자는 관찰되지 않았다(58~60쪽).
20. G-2, "Weekly Report," no. 41, June 16-23, 1946; and no. 53, September 8-15, 1946.
21. 이를테면 Scalapino and Lee, *Communism in Korea* I: 315쪽; Robert R. Simmons, *The Strained Alliance: Peking, P'yong'yang, Moscow and the Politics of the Korean Civil War*(New York: Free Press, 1975), 21쪽 참조.
22. "HUSAFIK," Manuscript in the Office of the Chief of Military History, Washington, D.C.(Tokyo and Seoul, 1947, 1948), vol. 2, pt. 1. ch. 4, 25~29쪽; "XXIV Corps Journal," March 9, 1946 첫 부분. XXIV Corps Historical File 수록. 전라남도에서 미군의 약탈 행위는 E. Grant Meade, *American Military Government in Korea*(New York: King's Crown Press, Columbia University, 1951), 82쪽 참조.
23. 68th MG Company reports of May 20, May 27, and June 17, 1946 참조.
24. David L. Olmsted, "Two Korean Villages: Culture Contact at the 38th Parallel," *Human Organization* 10, no. 3(Fall 1951): 33~36쪽. 나를 올름스테드 박사에게 소개해준 앨런 화이팅Allen S. Whiting에게 감사드린다.
25. 『한국인명대사전』, 서울: 신구문화사, 1967, 872쪽.
26. 국방부 편찬위원회, 『한국전쟁사』 1: 51, 26쪽.
27. 『조선인민보』 1945년 9월 8일.
28. 『한국전쟁사』 1: 53쪽; 오영진, 『하나의 증언』(부산, 1952), 111~114쪽; Scalapino and Lee, *Communism in Korea* I: 315~316쪽.
29. 『조선인민보』 1945년 9월 8일.
30. Scalapino and Lee, *Communism in Korea* I: 320~321쪽. 현준혁의 학생운동은 Suh, *Korean Communist Movement*, 195쪽 참조.
31. 『조선인민보』 1945년 9월 8일; 『한국전쟁사』 1: 53쪽. 건준 평안도위원회에는 김용범·박정애 부부도 참여했다. 1930년대 그들의 활동은 Suh, *Korean Communist Movement*, 196쪽 참조.
32. "Intelligence Summary, North Korea," no. 1, December 1, 1945. 물론 이것은 하지와 랭던이 남한 단독정부를 계획하던 때였다.
33. Suh, *Korean Communist Movement*, 315쪽.
34. "Intelligence Summary, North Korea," no. 4, January 18, 1946.
35. 『노동자신문』 1945년 9월 22일.

36. Philip Rudolph, *North Korea's Political and Economic Structure*(New York: Institute of Pacific Relations, 1959), 10쪽.
37. G-2 "Weekly Report," no. 33, April 21-28, 1946. 그 정보는 강원도 인민위원장에게 보내는 편지를 가로채 얻은 것에 기초했다. 20만 명이 넘는 도시의 위원회에는 6개 과가 있고 과마다 직원 60명을 두었다. 직원의 숫자는 인구에 따라 줄어 5만 명 이하의 도시에는 15명을 두었다. 5개 과는 총무·재무·산업·통계·후생과였다.
38. G-2 Translation Documents, no. 537, February 27, 1946; no. 359, March 20, 1946; G-2 "Periodic Report," no. 183, March 21-22, 1946(모두 USFIK 11071 file에 수록). 『평북신보』 1946년 2월 1일·2일자도 참조.
39. G-2 "periodic Report," no. 18, March 21-22, 1946.
40. G-2 "Weekly Report," no. 24, February 17-24, 1946.
41. 『평양민보』 1945년 10월 23일.
42. 『춘추』 1(1946. 2), 27쪽 좌담회에서 정태식의 발언 참조.
43. Chong-sik Lee, "Stalinism in the East: Communism in North Korea," in Robert Scalapino, ed,, *The Communist Revolution in Asia: Tactics, Goals and Achievements*, 2d ed.(Englewood Cliffs, N.J.: Prentice-Hall, 1969), 120~121쪽.
44. G-2 Translation Documents no. 353 March 14, 1946 참조.
45. McCune, *Korea Today*, 45쪽.
46. G-2 "Periodic Report," December 1, 1945.
47. State Department, *North Korea: A Case Study in the Techniques of Takeover*(Washington, D.C.: United States Government Printing Office, 1961), 6쪽.
48. Teodor Shanin, *The Awkward Class: Political Sociology of the Peasantry in a Developing Society, Russia 1910-1925*(Oxford: Clarendon Press, 1972), 146쪽.
49. Bruce Comings, "Kim's Korean Communism," *Problems of Communism* 23, no. 2 (March-April 1974): 31~33쪽.
50. *Miscellany of Mao Tse-tung Thought, 1949-1968*(Washington, D.C.: Joint Publications Research Service, 1974), pt. I, 106쪽. 마오쩌둥은 1958년에 이 발언을 했다.
51. 영어판은 Baik Bong, *Kim Il Sung*, vols. 1 and 2 참조. 북한에서 김일성에 대한 과장과 신화가 만연한 까닭은 몇 가지 필요 때문이다. (1) 일본에 대한 저항은 끝까지 지속됐고, 약간 부족하기는 하지만, 한국 스스로의 힘으로 해방됐다는 사실을 국민에게 확신시킬 필요, (2) 김일성의 업적을 남한과 미국 등이 사실상 전혀 인정하지 않으면서 소외된 국민의 반응, (3) 끊임없는 상찬을 요구하는 김일성의 과시욕. 사회주의 이론에서는 이런 개인 숭배를 정당화하지 않지만 한국적 전통에서는 그렇지 않다. 과거에도 현재도 칭송 일색의 글이 넘쳐난다. 이를테면 이승만은 "지도자" "예언자", 나아가 "메시아"로 불리기도 했다(양우정, 『이내통령 투쟁사』, 서울: 연합신문사, 1949, 38쪽 등).
52. 이를테면 『한국전쟁사』 1: 50쪽에서는 "진짜" 김일성은 전후 한국에서 훌륭한 지도자가 됐을 것이라고 주장했다.
53. Suh, *Korean Communist Movement*, 228~229쪽.
54. 김일성에 관한 문헌과 비슷하게, 전형적으로 이런 문헌은 지도자의 행방이 알려지지 않은 기이한 암흑기와 매우 적은 추종자가 있었음을 언급하고 있다. 이를테면 호앙 반 찌Hoang Van Chi는 1933~1941년 호찌민의 활동과 관련해 그가 "소련—모스크바에서 멀리 떨어진 어떤 곳—에 은신했을 것"이라는 합리적인 견해를 제시했다(*From Colonialism to Communism*[New York: Prager 1964], 52쪽). 티토의 유격대 활동에 대한 대표적 비판은 N. j, Klones, "Tito and the Yugoslav Partisan Movement," in Gary K. Bertsch and Thom-

as W. Ganschow eds., *Comparative Communism: The Soviet, Chinese, and Yugoslav Models*(San Francisco: W. H. Freeman and Co., 1976), 121~128쪽 참조. 카스트로는 김일성과 비교하기에 가장 좋은 대상이다. 카스트로는 1953년 100여 명을 데리고 몬카다Moncada 병영을 공격했다가 실패했으며, 1956년 겨우 82명과 함께 그란마 호Granma를 타고 쿠바에 상륙했다. 그러나 김일성의 기록은 이것을 훨씬 뛰어넘는다. 또한 카스트로는 1920년대까지 쿠바 공산주의 운동의 주류에서 "소외"돼 있었으며 김일성도 마찬가지였다. 끝으로 기껏해야 4년 정도 소련에 있었고 언어도 잘하지 못한 김일성을 "소련계 한국인"이라고 주장하는 반면, 미국에 40년 넘게 머물고 오스트리아 출신 부인을 두었으며 영어를 유창하게 구사한 이승만을 애국적 국부라고 평가하는 것은 쉽게 이해되지 않는다. 그러나 남한의 많은 문헌은 그렇게 서술하고 있다.

55. 이를테면 *The People's Korea*, June 19, 1974에 인용된 윌프레드 버쳇Wilfred Burchett의 글 참조.
56. 『해방 후 3년간의 국내 중요 일기』(평양: 민주조선사, 1948), 1~2쪽(그 책은 RG 242, Captured Enemy Documents, SA. 2005, item 2/9에 소장돼 있다). 이런 측면은 『조선근대혁명운동사』, 420~422쪽도 참조.
57. 광주부 총무과 공보계, 『해방 전후 회고』(광주: 광주부, 1946), 6쪽.
58. 「김일성 장군 부대와 조선의용군의 중견 간부 좌담회」, 『신천지』 1, 3호, 1946년 3월, 230~237쪽. 아울러 Suh, *Korean Communist Movement*, 318쪽 참조.
59. "Intelligence Summary, North Korea," no. 30, February 16, 1947.
60. Far East Command, "History of the North Korean Army"(이후 "HNKA"로 줄임), Manuscript in the Office of the Chief of Military History, Washington, D.C.(Tokyo: G-2 Section, 1952), 9쪽. 중국측 정보를 바탕으로 1945년 10월에 나온 『아메라시아Amerasia』지의 흥미로운 기사에서는 김일성과 그 부대(병력을 1만 5000명으로 추산한 것은 잘못이라고 생각된다)도 해방 전후로 팔로군과 접촉했다고 언급했다("Korea—The Crossroads of Asia," *Amerasia* 9, no. 17[October 1945], 277쪽 참조).
61. 『해방 후 3년간의 국내 중요 일기』, 2쪽. 미국 국회도서관 한국과장 K. P. 양이 현재 소장하고 있다. 1945년 6월자 일본 경찰이 수기手記로 작성한 보고서에 따르면, 한국인 포로 2명은 당시 김일성이 부하들을 한국으로 보냈고 1945년 8월 한국이 해방될 거라고 예상했다고 말했다.
62. 이를테면 스칼라피노와 이정식은 오영진의 반공적 견해를 그대로 인용했다. 젊은 시절 "중국인 종업원처럼 머리를 깎았으며" "단조롭고 오리 같은 목소리"를 가진 김일성은 모임에 참여한 사람들에게 "불신·실망·불만·분노의 감정을 표출해 그들을 열광시켰다"(*Communism in Korea* I: 324~325쪽). 나는 그 모임에 있었다고 주장하는 남한 사람들에게서 비슷한 이야기를 들었다. 그런 인상을 확인할 수 있는 방법은 없다. 그밖의 망명 지도자들, 특히 김구와 관련해서도 비슷한 이야기가 있는데, 노래하는 듯한 목소리에 오리처럼 뒤뚱뒤뚱 걸었다는 것이다. 이런 것들은 풍문이다.
63. 『평양민보』 1945년 10월 21일.
64. 『전선』 1945년 10월 27일.
65. 『독립신문』 1945년 11월 11일; 『해방일보』 1945년 11월 5일.
66. 여기서 가장 흥미로운 것은 1945년 11월 24~25일 서울에서 열린 전국 인민위원회 대표자대회 회의록이다. 여운형 세력인 조두원은 그 대회의 연설에서 김일성과 그 부대를 이렇게 언급했다. "1931년 이후 하나의 용맹한 항일투쟁 세력이 있어 일본의 만주 침략, 중일전쟁 그리고 제2차 세계대전에 걸쳐 일본군과 직접 전투를 벌였습니다. 이것은 김일성 장군을 중심으로 한 의병운동이었습니다." 그런 뒤 조두원은 무정이 이끈 옌안의 조선의용군과 김원봉·이청천

이 이끈 중국 중부의 무장 세력도 비슷하게 평가했다. 그러나 함경남도 대표 김병후金炳候는 세 사람—이주하·오기섭吳淇燮·조훈趙勳—을 "우리의 위대한 지도자"라고 불렀다. 위대한 지도자라는 용어는 이미 김일성에게 사용되고 있었지만, 그는 김일성을 언급하지 않았다(RG 242, Captured Enemy Documents, SA 2006, item 13/65에 소장된 이 회의록 참조).

67. "HUSAFIK," 2권 4장 315쪽.

68. USAMGIK, "Political Trends," no. 16, January 12, 1946.

69. "HNKA," 90쪽. 이 자료는 김일성이 소련군 대위였다고 주장한다. 그 자료에 인용된 날짜(10월 3일)가 맞다면 이것은 평양의 한 식당에서 있었던 모임이었을 것이다(Scalapino and Lee, *Communism in Korea* 1: 323쪽 참조). 그러나 그 인용에서는 군중이 모였다고 서술했으므로, 10월 10일 김일성 환영 집회를 가리키는 것으로 생각된다(두 모임 모두 조만식이 김일성을 소개했다).

70. 그레고리 헨더슨이 김규식과 나눈 대화 보고서 참조. Embassy to Secretary of State, RG 59, decimal file, 895.00/6-2949, June 6, 1949 수록. 김규식도 김일성이 소련인과 그밖의 한국인에게 선동됐다고 생각한다고 말했다.

71. Suh, *Korean Communist Movement*, 319쪽.

72. 조만식은 신탁통치에 반대했기 때문에 자리에서 물러났다. 미국 정보기관의 보고에 따르면, 소련은 1946년 1월 2·4·5일 세 차례에 걸쳐 조만식에게 모스크바협정을 지지하라고 요구했다. 세 번째 거부한 뒤 그는 사임했으며 그 뒤 몇 달 동안 평양의 한 호텔에 감금됐다("Intelligence Summary, North Korea," no. 4, January 18, 1946 참조).

73. 한근조는 11월 초(남한에서 단독정부 수립 계획이 시작된 때) 미군 정보장교에게 북한에는 각도에 도청이 있을 뿐이라고 말했다. 그러나 그는 소련이 북한에 중앙정부를 수립하려고 한다고 생각했다(G-2 "Weekly Report," no. 9, November 4-11, 1945).

74. Kim Il Sung, "On the Work of the Organizations at all Levels of the Communist Party of North Korea," *Selected Works*(P'yongyang: Foreign Languages Publishing House, 1971), 10~22쪽.

75. Cumings, "Kim's Korean Communism," 33쪽; Charles Bettleheim, "The Great Leap Backward," *Monthly Review* 30, no. 3(July-August 1978): 43~63쪽.

76. 앞 장들에서 본 대로 남한의 공산당에 실제로 어떤 중앙이 있었는지 약간 의심스럽다. 잘 조직된 위계질서의 상부에 권력기구가 있고 그 명령을 충실히 이행하는 하부 조직이 있다는 의미에서 볼 때 이 시기에는 중앙이 없었다.

77. Kim Il Sung, "Concerning the Organization of a Communications Net," March 21, 1946. 번역문은 G-2 "Weekly Report," no. 34, April 28-May 5, 1946 수록.

78. NKCP Central Committee directives, April 7, 1946, and April 11, 1946. 번역문은 같은 책 수록. 신의주에서 일어난 격렬한 시위를 포함해 북한에서는 몇 번의 반공 학생 시위가 일어났다.

79. Baik, *Kim Il Sung* 2: 102~103쪽. 박헌영은 한국전쟁이 일어난 뒤 숙청돼 처형됐기 때문에 백봉은 그를 비판할 수 있었다. 그러나 박헌영을 비롯한 남로당 지도자들은 인민공화국의 조직에 매우 비판적이었다(민주주의민족전선, 『조선해방 1년사』, 81쪽 등).

80. 『평양민보』 1946년 2월 12일. 번역문은 G-2 Translation Documents, no. 351, March 13, 1946 수록. 아울러 북조선 임시인민위원회가 수립될 때 발간된 1946년 2월 10일자 『정로正路』 특별호 참조. 영역문은 G-2 Translation Documents, no. 331, February 21, 1946 수록.

81. 『평양민보』 1946년 2월 12일.

82. Kim Il Sung, "Report Concerning the Present Korean Political Situation and the Problems of Organization of the People's Committee of North Korea." 영역문은 G-2

Translation Documents, no. 331 수록.

83. 『정로』 1946년 1월 27일자 참조. G-2 Translation Documents, no. 337, February 27, 1946 수록.

84. 『정로』 1946년 2월 1일자 참조. G-2 Translation Documents, no. 332, February 21, 1946 수록.

85. 북한의 많은 신문은 북조선 임시인민위원회가 수립된 시기, 특히 그것이 미소공위가 결렬된 뒤 슈티코프가 평양으로 돌아온 뒤에 결성됐다는 사실에 주목했다(G-2 Translation Documents, no. 329, February 20, 1946에 수록된 여러 자료 참조).

86. Suh, *Korean Communist Movement*, 319~321쪽.

87. G-2 "Periodic Report," March 15, 1946.

88. Glenn D. Paige, "North Korea and the Emulation of Russian and Chinese Behavior," in A. Doak Barnett, ed., *Communist Strategies in Asia*(New York: Praeger, 1963), 246쪽.

89. 『평양신보』 1946년 2월 2일.

90. Baik, *Kim Il Sung* 2: 99, 103쪽.

91. 『정로』 1946년 2월 10일자 참조. G-2 Translation Documents, no. 331, February 21, 1946 수록.

92. 『정로』 1946년 2월 24일자 참조. G-2 Translation Documents, no. 368, February 29, 1946 수록.

93. 『원산일보』 1946년 2월 22일. G-2 Translation Documents, no. 359, March 20, 1946 수록. 비슷한 보고에 따르면, 해방 뒤 한국인 노동자 300명이 운영하던 평안북도의 화학공장은 1946년 3월 북조선 임시인민위원회의 관할 아래 들어갔다—다만 노동자가 선발한 공장 경영자는 계속 현직에 있었다("Intelligence Summary, North Korea," no. 37, May 31, 1947).

94. 같은 자료.

95. G-2 "Weekly Report," no. 41, June 16-23, 1946.

96. 『조선해방 1년사』, 163, 172~176쪽. 북한 각도 농민조합 지도자 명단은 172쪽 참조.

97. State Department, *North Korea: A Case Study*, 87쪽. "HNKA," 8~9쪽도 참조.

98. "HNKA," 8쪽.

99. G-2 "Weekly Report," no. 34, April 28-May 5, 1946; Scalapino and Lee, *Communism in Korea* I: 332쪽.

100. "HNKA," 8~9쪽. 아울러 "Intelligence Summary, North Korea," no. 39, June 30, 1947 참조.

101. "HNKA," 8~9쪽. 아울러 "Intelligence Summary, North Korea," no. 1, December 1, 1945 참조.

102. G-2 "Weekly Report," no. 24, February 17-24, 1946.

103. 김오성 편, 『지도자 군상』, 181쪽.

104. G-2 "Weekly Report," no. 29, March 24-31, 1946.

105. G-2 "Weekly Report," no. 34, April 28-May 5, 1946.

106. "HNKA," 8~12쪽; 같은 책; Henry Chung, *The Russians Came to Korea*(Seoul: Korean Pacific Press, 1947), 70~71쪽 참조.

107. G-2 "Weekly Report," no. 33, April 21-28, 1946.

108. *North Korea: A Case Study*, 87쪽. 아울러 "HNKA," 10쪽 참조.

109. *North Korea: A Case Study*, 87~90쪽.

110. Baik, *Kim Il Sung* 2: 225~226쪽.

111. "HNKA," 11쪽. 아울러 "Intelligence Summary, North Korea," no. 30, June 1947 참조.

112. G-2 "Weekly Report," no. 34, April 28-May 5, 1946.

113. Scalapino and Lee, *Communism in Korea* 1: 390~391 주석. 지은이들은 "고위직에 있다가 북한을 탈출한 사람들"의 설명을 인용했지만, 이름을 밝히지 않았으며 그 설명의 출처가 언제 어디서 있었는지도 알려주지 않았다.

114. Suh, *Korean Communist Movement*, 320~321 등.

115. "HNKA," 6, 11~13쪽; "Intelligence Summary North Korea," no. 30, February 16, 1947.

116. 한국어 문헌은 김창순, 『북한 15년사』, 서울: 지문각, 1961, 63쪽; 영어 문헌은 Scalapino and Lee, *Communism in Korea* I: 333쪽 참조.

117. 김창순, 『북한 15년사』, 61~65쪽; "HNKA," 6쪽. 아울러 "Intelligence Summary, North Korea," no. 46, October 18, 1947 참조.

118. "HNKA," 6쪽. 아울러 "Intelligence Summary," no. 46 참조.

119. G-2 "Weekly Report," no. 34, April 28-May 5, 1946. 아울러 Scalapino and Lee, *Communism in Korea* I: 334쪽 참조. "Intelligence Summary, North Korea," no. 30, February 16, 1947에 따르면 보안대 장교의 80퍼센트 정도가 옌안파 출신이었다.

120. Kim Il Sung, "The Results of the Agrarian Reform and Future Tasks," *Selected Works* 1: 35~55쪽; Hankum Tralim(필명), "Land Reform in North Korea," *Amerasia* 11, no. 2(February 1947): 55~60쪽; 『조선해방 1년사』, 332, 431쪽. 북한의 토지개혁이 1940년대 후반 만주에서 시행된 중국의 토지개혁과 상당히 비슷한 측면은 Steven Levine, "Political Consolidation in Manchuria, 1945-49"(Ph. D. dissertation, Harvard University, 1973), 7장 참조.

121. G-2 "Weekly Report," no. 27, March 10-17, 1946; *North Korea: A Case Study*, 57쪽.

122. 『조선해방 1년사』, 431~445쪽; 온낙중 편, 『북조선기행』, 29~30쪽. 아울러 Tralim, "Land Reform in North Korea" 참조.

123. "Intelligence Summary, North Korea," no. 42, August 18, 1947.

124. 이 설명은 『조선해방 1년사』, 431~432, 439~440쪽에서 가져왔다. 토지개혁법은 424쪽 참조. 그 법은 Hankum Tralim, "Land Reform in North Korea"에 영역돼 있다.

125. *North Korea: A Case Study*, 57쪽.

126. G-2 "Weekly Report," no. 27, March 10-17, 1946. 아울러 Public Opinion Bureau report, April 14, 1946 in XXIV Corps Historical File 참조.

127. Kim, "The Results of the Agrarian Reform and Future Tasks," 37쪽.

128. Baik, *Kim Il Sung* 2: 128쪽.

129. 1956년과 1958년 마오쩌둥은 이런 북한의 방식을 위로부터 대중에게 "은혜를 베푸는" '시혜주의施惠主義'라고 불렀다(*Miscellany of Mao Tse-tung Thought*, 1부, 34, 106쪽 참조).

130. Belden, *China Shakes the World*; Hinton, *Fanshen*.

131. Kim, "The Results of the Agrarian Reform and Future Tasks," 39~41쪽.

132. *North Korea: A Case Study*, 57쪽; Public Opinion Bureau report, April 14, 1946.

133. G-2 "Weekly Report," no. 53, September 8-15, 1946; Baik, *Kim Il Sung* 2: 134, 187쪽; Pauley, *Report on Japanese Assets*, 12쪽 등.

134. G-2 "Weekly Report," no. 52, September 1-8, 1946. 1946년 8월 북한 노동자의 월급은 25퍼센트가 올랐다.

135. Suh, *Korean Communist Movement*, 321쪽. 미국 정보기관의 자료는 김두봉·무정을 비롯한 여러 지도자의 반대를 극복하기 위해 김일성이 고투해야 했다는 서대숙의 주장을 뒷받침한다(G-2 "Weekly Report," no. 50, August 18-25, 1946 참조).

136. 『조선해방 1년사』, 456~458쪽에 실린 김일성과 김두봉의 연설 참조. 아울러 Koon Woo Nam, *The North Korean Communist Leadership, 1945-1965*(University, Ala.: University of Alabama Press, 1974), 50~51쪽; Scalapino and Lee, *Communism in Korea* I: 355~358쪽 참조.

137. 『북조선 노동당 창립대회』(평양: 북조선노동당 중앙본부, 1946). RG 242, Captured Enemy Documents, SA 2005, item no. 2/64 수록. 참석자는 801명을 넘지 않는다는 통계도 있는데, 모든 범주의 대표자를 파악할 수 있는 정보가 없기 때문으로 생각된다.

138. 같은 자료, 41~42쪽.

139. 같은 자료, 36쪽.

140. Baik, *Kim Il Sung* 2, 154쪽 참조. 이 책에서는 이 방법이 "당원의 자격을 창조적으로 규정했다"고 평가했다.

141. Scalapino and Lee, *Communism in Korea* I: 375쪽.

142. 김종범·김동운, 『해방 전후의 조선 진상』, 209쪽; 김오성, 『지도자 군상』, 51~59쪽; Suh, *Korean Communist Movement*, 228쪽 주.

143. 김종범·김동운, 『해방 전후의 조선 진상』, 208~209쪽; 김오성, 『지도자 군상』, 71~80쪽; Suh, *Korean Communist Movement*, 221쪽 주; "HNKA," 98쪽.

144. 『노동자신문』 1945년 9월 22일; "HNKA," 98쪽 참조.

145. 김오성, 『지도자 군상』, 71쪽.

146. "HNKA," 99쪽.

147. 같은 책, 99쪽.

148. 『조선인민보』 1946년 3월 28일. G-2 Translation Documents, no. 369, March 30, 1946 수록. 번역되면서 누락된 부분이 있을 수도 있지만 원본은 볼 수 없다.

149. 『북조선 노동당 창립대회』, 39쪽.

150. "Report of the Visit of Arthur C. Bunce with Chancellor Balasanov in P'yongyang," October 16, 1946. XXIV Corps Historical File 수록. 번스는 조만식과 김일성을 모두 만났다. 그는 조만식이 건강하고 평양 철도호텔에 묵고 있다는 사실을 알았고, 김일성은 "유머 감각이 뛰어나고 태도가 활기차며 잘 웃는다"고 평가했다.

151. 『근역주보』 1945년 11월 26일자에 실린 안기성의 기사 참조.

152. 온낙중 편, 『북조선 기행』, 19쪽. 24군단 연락장교로 평양에 파견된 월터 초인스키Walter F. Choinski 중위는 해방 직후 몇 달 동안 소련이 북한을 직접 통치했다고 주장했다. 그러나 1946년 가을 그는 이렇게 말했다. "소련군 사령부는 모든 군정청 기능에서 물러나고 각도 인민위원회가 전면에 나서게 했다. 그동안 소련군이 담당했던 행정이나 경제 문제는 이제 인민위원회로 넘어갔다"(그의 "Report on Current Events in North Korea," November 14, 1946 참조. RG 59, decimal file, 895.00/7124 수록). 실제로 소련은 군정청을 설치하지 않았지만, 1946년 가을 인민위원회에 더 많은 권한을 이양한 것으로 보인다. 남한의 좌익 세력과 공산주의자들도, 남한과 북한의 좌익 세력 사이에 있던 많은 갈등은 언급하지 않은 채, 북한의 상황을 높이 평가했다(이를테면, 『조선해방 1년사』, 390~446쪽 참조).

153. 이를테면 G-2 "Weekly Report," no. 27, March 10-17, 1946. 참조.

154. *Seoul Times*, November 21, 1947.

155. 1945년 11월 미국인 기자 로버트 마틴Robert P. Martin은 남한보다 북한으로 가는 한국인이 더 많다고 보도했다(*New York Post*, November 20, 1945). 1945~1946년 미국 정보보고에는 인구가 북한으로 이동한 증거들이 산발적으로 담겨 있지만 구체적 숫자는 제시되지 않았다. 북한으로 가장 많이 이주한 집단은 일본에 있던 한국인으로 37만 명 정도였는데, 대부분 남한 출신 농민·노동자로 1940년대 후반 북한으로 갔다. 이것은 역사상 자발적으로 사회주

의 국가로 이주한 가장 큰 규모의 집단으로 생각되며, 북한을 떠나 남한으로 피난한 인원은 대체로 언급되지 않는다. 그 뒤 1959년 다시 수십만 명이 일본에서 북한으로 이주했다.

156. 북한과 관련된 미국 국무부의 공식 연구는 "소련이 비교적 소수의 소련인을 전략적 요직에 배치해 북한의 동향을 감독할 수 있었다"고 언급했다(*North Korea: A Case Study*, 3쪽). 북한 농림부에 근무했던 한 한국인은 농림부에는 소련인 고문 3명만 배치됐으며 그들은 별다른 지식이나 활동을 보여주지 않았다고 미국 정보기관에 말했다. 한 한국인 전기 기술자는 자신이 일한 공장에서는 일본인이 기사技師였으며 소수의 소련인 고문은 공장 경영의 수뇌부에만 배치됐다고 말했다(G-2 "Weekly Report," no. 53, September 8-15, 1946; "HUSAFIK," 3권 6장 433~434쪽 참조).

157. 한국전쟁 동안 북한에서 내려온 피난민과 면담한 결과 그들 다수는 "소련군의 끊임없는 폭력"에 시달렸지만 "대부분은 토지개혁이 실시되고 산업화가 확대되며 정부에 일반 국민이 참여하게 된 것에 감사하는 듯 보였다"(William G. Bradbury, Samuel M. Meyers, and Albert G. Biderman, eds., *Mass Behavior in Battle and Captivity: The Communist Soldier in the Korean War*[Chicago: University of Chicago Press, 1968], 226쪽 참조).

158. 북한군 포로와 피난민 125명과 면담한 결과를 바탕으로 작성한 "Notes on the Pattern of Sovietization in North Korea" 참조. A Preliminary Study of the Impact of Communism Upon Korea, Psychological Warfare Research Report No. 1(Maxwell AFB, Ala.: Air University Human Resources Research Institute, 1951), 207~209, 214, 224~225, 247, 254쪽 참조.

12장 결론: 부정된 해방

1. Karl Marx, *The Eighteenth Brumaire of Louis Bonaparte*(1852, reprint ed.: New York: International Publishers, 1963)에서 인용. 로버트 터커Robert Tucker가 언급한 이솝 우화 가운데 한 편이다. 한 허풍쟁이가 자신이 로도스 섬을 한번에 뛰어넘는 것을 본 사람이 있다고 주장하자, 듣고 있던 사람이 "여기가 로도스 섬이니 여기서 뛰어보라"고 했다. 무슨 증인이 필요하다는 말인가?(Tucker, ed., *The Marx-Engels Reader*[New York: W. W. Norton & Co., 1972], 440쪽 주 참조).
2. "HUSAFIK," Manuscript in the Office of the Chief of Military History, Washington, D.C. (Tokyo and Seoul, 1947, 1948), 3권 2부 1쪽.
3. 1947년 미국 CIA는 "한국인 가운데는 자본주의를 체계적으로 이해해 지지하는 사람이 없는 것이 분명하다"고 개탄했다(Central Intelligence Agency, "Korea," SR 2[Washington, D.C., 1947], orig. classification "secret," I 7~8쪽 참조).
4. F. C. Bailey, "The Peasant View of the Bad Life," in Teodor Shanin, ed., *Peasants and Peasant Societies*(Baltimore: Penguin Books 1971), 315쪽.
5. Barrington Moore, Jr., *Social Origins of Dictatorship and Democracy: Lord and Peasant in the Making of the Modern World*(Boston: Beacon Press, 1966), 505쪽.
6. 1948년 1월 8일 하지의 "발언"과 2월 20일 보고서에 실린 미첨의 답변 참조. 모두 USAFIK, XXIV Corps Historical File 수록.
7. 1947년 8월 27일 하지와 앨버트 웨더마이어 장군의 대화. 같은 책 수록.
8. 1949년 5월 23일 주한 미국 대사 존 무초가 국무부에 보낸 문서에 동봉된 데이비드 마크 David E. Mark의 연구 참조. 그 연구의 날짜와 제목은 밝혀져 있지 않다. State Department, RG decimal file, 740.0019/5-2349 수록.

참고문헌

1. 공식 자료

미출간

Counter-Intelligence Corps reports, 1945~1947. 모두 United States Armed Forces in Korea, Record Group 332, XXIV Corps Historical File에 수록돼 있음.

Military Government Company reports, 1945~1947. 모두 United States Army, Record Group 407, "World War Ⅱ Operation Reports." Entry no. 427에 수록돼 있음.

United States Air Force, "A Preliminary Study of the Impact of Communism Upon Korea," Psychological Warfare Research Report No.1. Maxwell Air Force Base, Ala.: Air University Human Resource Research Institute, 1951.

United States Armed Forces in Korea, "History of the United States Armed Forces in Korea." Compiled under the supervision of Harold Larsen, chief historian. Tokyo and Seoul, 1947, 1948. Manuscript in the Office of the Chief of Military History, Washington, D.C.

_____, Record Group 332, forty-four boxes, XXIV Corps Historical File. Suitland, Md.: Federal Records Center Annex.

_____, USFIK 11071 File. Suitland, Md.: Federal Records Center Annex.

United States Army. Record Group 319, "Intelligence Summaries, North Korea"(Army Staff), no.739, Intelligence(G-2) Library, "P."File, 1946~1951.

_____, Record Group 407, entry 427, "World War Ⅱ Operation Reports." Suitland, Md.: Federal Records Center Annex.

United States Army Military Government in Korea. Record Group 319 "G," "Biographies." Suitland, Md.: G-2 Section, Federal Records Center Annex.

_____, "History of the United States Army Military Government in Korea." Seoul: Office of Administrative Services, Statistical Research Division, 1946. Manuscript in the Office of the Chief of Military History, Washington, D.C.

_____, "Memorandum, Political Parties" Seoul, Department of Public Opinion, 1948.

_____, "Opinion Trends," periodic. Seoul, Department of Public Opinion, 1945~1946.

_____, "Political Trends," periodic. Seoul, Department of Public Opinion, 1945~1946.

_____, Record Group 319, G-2(Intelligence) weekly and periodic reports, Suitland, Md.: Federal Records Center Annex.

United States Army Military, etc. "Report on the Occupation of South Korea." Seoul: Office of Administrative Services Division, September 1947.

_____, "Who's Who in the South Korean Interim Government." Seoul, 1947. United States Central Intelligence Agency. "The Current Situation in Korea," ORE 15-48, March 18, 1948, "secret."

_____, "Korea." SR 2. Washington, D.C., 1947.

United States, Far East Command. "History of the North Korean Army." Tokyo: G-2 Section, 1952. Manuscript in the Office of the Chief of Military History, Washington, D.C.

_____, Record Group 242, "Captured Enemy Documents." Suitland, Md.: Federal Records Center Annex.

United States, Joint Chiefs of Staff. Record Group 218, Geographic File 1945~1947, 383.21 Korea(3-19-45).

United States, Office of Strategic Services. "Joint Army-Navy Intelligence Study—Korea-75" 2 vols.(JANIS 75), 1945.

_____, 1942~1946 File. Modern Military Branch, National Archives.

United States, State Department. "Biographic Reports on the Cabinet of the Korean Republic." Washington, D.C.: Office of Intelligence, 1948.

_____, "Draft Trusteeship Agreement for Korea," November 8, 1945. Copy in possession of John Kotch.

_____, Record Group 9, "Messages, Japanese Government, Incoming and Outgoing." 1945.

_____, Record Group 43, "U.S-U.S.S.R. Joint Commission on Korea." 1946~1947.

_____, Record Group 59, Decimal File, 895.00 category. 1942~1949.

_____, Record Group 59, Decimal File, 740.0019 Control (Korea). 1945~1946.

_____, Record Group 353, State-War-Navy Coordinating Committee. "SWNCC 101." 1945.

_____, Record Group 353, "SWNCC-SANACC." 1946~1947.

United States War Department. Record Group 165, ABC Decimal File—Korea. 1944~1946.

_____, Record Group 319, Plans and Operations Division Decimal File, "Korea 1946~1950, 091 Korea." 1945~1947.

United States, Supreme Command, Allied Powers. Record Group 5, "Japanese Surrender File," no.2. 1945.

출간

American Delegation to the United States-Soviet Joint Commission. "Report on the Occupation Area of South Korea Since Termination of Hostilities." Seoul, 1947.

Bank of Korea. *Monthly Economic Statistics*, Seoul, 1948~1949.

A Chronicle of Principal Events Relating to the Korean Question, 1945~1954, Peking: World Culture, 1954.

Coles, Harry L, and Weinberg, Albert K. *Civil Affairs: Soldiers Become Governors*, Washington, D.C.: Office of the Chief of Military History, 1964.

Facts About South Korea, 1945~1960, Pyongyang: Foreign Languages Press, 1960.

Government-General, Korea, *Annual Report on the Administration of Chosen*, Keijo: Korean Government-General, 1928~1930.

_____, *Annual Report on the Administration of Tyosen* [sic] *1937~1938*, Seoul: Government-General, 1938.

Meacham, Stewart, *Korean Labor Report*, Seoul: USAFIK, 1947.

National War College, *Korea: Problems of United States Army in Occupation, 1945~1947*, Washington, D.C.: Department of the Army, 1948.

Pauley, Edwin W., *Report on Japanese Assets in Soviet-Occupied Korea to the President of the United States*, Washington, D.C., June 1946.

Political Advisory Group, "Handbook of the Democratic People's Front and Associate Organizations." Seoul: XXIV Corps Headquarters, January, 1948.

Sawyer, Robert K., *Military Advisors in Korea: KMAG in Peace and War*, Edited by Walter G. Hermes, Washington, D.C.: Office of the Chief of Military History, 1962.

Schnabel, James F., *Policy and Direction: The First Year*, Washington, D.C.: Office of the Chief of Military History, 1972.

South Korean Interim Government. *Activities*, Seoul, 1947.

Stalin's Correspondence with Churchill, Attlee, Roosevelt, and Truman, 1941~1945, New York: E. P. Dutton & Co., 1958. Originally published by USSR Ministry of Foreign Affairs, 1957.

State Statistical Bureau, *China: Ten Great Years*, Peking: Foreign Languages Press, 1960.

Tewksbury, Donald., *Source Materials on Korean Politics and Ideologies*, New York: Institute of Pacific Relations, 1950.

United States Army Military Government in Korea, Department of Agriculture, *Present Agricultural Position of South Korea*, Seoul, 1947.

_____, Department of Justice, *Selected Legal Opinions of the Department of Justice*, Seoul, 1948.

_____, Department of Public Opinions, "Memorandum: Political Parties," Seoul, 1948.

_____, Headquarters, "Historical Summation, Department of Public Health and Welfare, September 1945~May 1947," Seoul, 1947.

_____, Office of Administration, *Manual of Military Government Organization and Function*, Seoul, n.d.

_____, *Official Gazette*, Seoul, 1945~1946.

_____, *Population of Korea by Geographic Divisions and Sex*, Seoul, 1946.

United States, Defense Department, *The Entry of the Soviet Union into the War Against Japan: Military Plans, 1941~1945*, Washington, D.C., 1955.

_____, *United States-Vietnam Relations, 1945~1967*, Washington, D.C., 1971.

United States, Office of Strategic Services, *Expressions of Korean Attitudes Toward Post War Problems*, Washington, D.C., 1945.

_____, *The Korean Independence Movement*, Washington, D.C., 1945.

_____, *Questions on Korean Politics and Personalities*, Washington, D.C., 1945.
United States, State Department, *Department of State Bulletin*, Washington, D.C.: U.S. Government Printing Office, 1945~1947.
_____, *Foreign Relations of the United States*, 8 vols, Washington, D.C., 1943~1946.
_____, Foreign Relations of the United States, Diplomatic Papers. *The Conference of Berlin, 1945*, Washington, D.C., 1960.
_____, Foreign Relations of the United States, Diplomatic Papers, *The Conferences at Cairo and Teheran, 1943*, Washington, D.C., 1961.
_____, Foreign Relations of the United States, Diplomatic Papers, *The Conferences of Malta and Yalta, 1945*, Washington, D.C., 1955.
_____, *Korea, 1945~1948*, Washington, D.C.: 1948.
_____, *North Korea: A Case Study in the Techniques of Takeover*, Washington, D.C., 1961.
_____, *The Record on Korean Unification 1943~1960*, Washington, D.C., 1960.
United States, Supreme Command, Allied Powers, *Summation of Non-Military Activities in Japan and Korea*, Tokyo, 1945~1946.
United States, War Department, Military Intelligence Division, *Terrain Handbook: Korea*, Washington, D.C., 1945.
Wedemeyer, Albert C., "Report to the President: Korea, September 1947," Washington, D.C.: U.S. Government Printing Office, 1951.

Ⅱ. 저서

한국어와 일본어

강만길, 『조선후기 상업자본의 발달』, 서울: 고려대 출판부, 1973.
『건국 10년지』, 서울: 건국 10년지 간행회, 1956.
고영환, 『금일의 정객들』, 서울: 동아일보사, 1949.
고원변 편, 『반민자 죄상기』, 서울: 백엽문화사, 1949.
고하선생 전기편찬위원회, 『고하 송진우 선생전』, 서울: 동아일보 출판국, 1964.
『고흥군사』, 광주: 전남대 출판부, 1969.
『고흥군 향토사』, 고흥: 고흥군 향토사 편찬위원회, 1971.
광주부 총무과 공보계, 『해방 전후 회고』, 광주: 광주부, 1946.
『국내간행물 기사색인』, 서울: 국회도서관, 1960.
국방부 편찬위원회, 『해방과 건군—한국전쟁사』 1, 서울: 국방부, 1967.
국사편찬위원회, 『대한민국사』, 서울, 1970.
김기석, 『북조선의 현상과 장래』, 서울: 조선정경연구사, 1947.
김사림 편, 『기자 수첩』, 서울: 동아일보사, 1947.
김삼규, 『민족의 여명』, 발행지 불명, 1949.
김영모, 『한말의 지배층』, 서울: 한국문화연구소, 1972.
김오성 편, 『지도자 군상』, 서울: 대성출판사, 1946.
김윤 편, 『주의해설主義解說』, 서울: 사회발전사, 1945.
김용섭, 『조선후기 농업사연구—농촌경제·사회변동』, 서울: 일조각, 1971.
김용진 편, 『반민자 대공판기』, 서울: 한풍출판사, 1949.
김준연, 『독립노선』, 서울: 흥한재단, 1947.

김준연 편, 『한국민주당 소사』, 서울: 한국민주당 선전부, 1948.
김종범·김동운, 『해방 전후의 조선 진상』, 서울: 조선정경연구사, 1945.
김창순, 『북한 15년사』, 서울: 지문각, 1961.
내무부 치안국, 『민족의 선봉—대한 경찰전사大韓警察戰史』 1권, 서울: 흥국연문협회興國硏文協會, 1952.
______, 『朝鮮統計年鑑 1943』, 서울, 1948.
『대한독립운동과 임시정부투쟁사』, 서울: 계림사, 1946.
『대한민국정당사』, 서울: 중앙선거관리위원회, 1964.
민주주의민족전선, 『조선해방 1년사』, 서울: 문우인서관, 1946.
박태원, 『약산과 의열단』, 서울: 백양당, 1947.
배성룡, 『이 혼돈을 어떻게 수습할까』, 서울: 전국정치운동자 후원회, 1945.
백남운, 『조선민족의 진로』, 서울: 신건사, 1946.
『북조선노동당 창당대회』, 평양: 북조선노동당 중앙본부, 1946.
『북한 20년』, 서울: 공보부 조사국, 1965.
『서북의 애국자』, 서울: 평안청년회, 1946.
설의식, 『삼천만의 서원』, 서울: 홍사단 문서부, 1946.
수도관구 경찰청, 『해방이후 수도경찰 발달사』, 서울: 수도관구 경찰청, 1947.
『10월 인민항쟁』, 서울: 해방사, 1947.
안영섭, 『조선민족의 살 길』, 서울: 민우사, 1945.
안재홍, 『한민족의 기본진로』, 서울: 조양출판사, 1949.
양우정, 『이대통령 투쟁사』, 서울: 연합신문사, 1949.
『여운형선생에 대한 판결서』, 서울: 군서당서점, 1946.
여운홍, 『몽양 여운형』, 서울: 청하각, 1967.
영양군지 편찬위원회, 『영양군지』, 대구: 중외출판사, 1970.
오영진, 『하나의 증언』, 부산, 1952.
온낙중 외, 『민주주의 12강』, 서울: 문우인서관, 1946.
온낙중 편, 『북조선기행』, 서울: 조선중앙일보 출판사, 1948.
월추산인(필명) 편, 『조선동포에게 고함』, 서울: 조광사, 1945.
유광렬 편, 『미소 상극과 극동 풍운』, 서울: 국제문화협회, 1947.
이강국, 『민주주의의 조선건설』, 서울: 조선인민보사 후생부, 1946.
이건혁, 『건국과 국민경제』, 서울: 한성상회, 1946.
이기하, 『한국정당발달사』, 서울: 의회정치사, 1961.
이만규, 『여운형 투쟁사』, 서울: 정문각, 1946.
이범석, 『한국의 분노』, 김광주 중국어 번역, 2판, 서울: 광장각, 1945.
______, 『민족과 청년』, 서울, 백수사, 1948.
이승만, 『일민주의 개술』, 서울: 일민주의 보급회, 1949.
이영협, 『한국현대토지사연구』, 서울: 보문각, 1962.
이재훈, 『민족의식과 계급의식』, 서울: 동양공사 출판사, 1946.
이정식, 『김규식의 생애』, 서울: 신구문화사, 1974.
이혁 편, 『애국삐라전집』, 서울: 조국문화사, 1946.
인정식, 『조선의 토지문제』, 서울: 청수사, 1946.
______, 『조선농촌문제사전』, 서울: 신학사, 1948.
______, 『조선농업경제론』, 서울: 박문출판사, 1948.
장복성, 『조선공산당 파쟁사』, 서울: 대륙출판사, 1949.

재미한족연합위원회, 『해방조선』, 하와이: 재미한족연합위원회, 1948.
전석담·허종호·홍희유, 『조선에서 자본주의적 관계의 발생』, 평양, 1970.
정시우, 『독립과 좌우합작』, 서울: 삼미사, 1946.
정한조, 『삼산이수』, 서울, 1965.
조기준, 『한국기업사』, 서울: 박영사, 1973.
조병옥, 『민족운명의 기로』, 서울: 경무부 경찰공보실, 1948.
______, 『나의 회고록』, 서울: 민교사, 1959.
『朝鮮經濟年報』, 서울: 조선은행조사부, 1948.
『조선근대혁명운동사』, 평양: 과학원 역사연구소, 1962.
『조선연감 1948』, 서울: 조선통신사, 1948.
조선인민당, 『인민당의 노선』, 서울: 신문화연구소 출판부, 1946.
조영암, 『고당 조만식』, 서울, 1953.
『좌익사건실록』, 서울: 대검찰청, 수사국, 1964.
『중국공산당과 민족통일전선』, 서울: 우리문화사, 1945.
최현식 외, 『정읍군지』, 광주: 무등교육출판주식회사, 1957.
『친일파 군상』, 서울: 삼성문화사, 1948.
『한국인명대사전』, 서울: 신구문화사, 1967.
한재덕, 『김일성을 고발한다』, 서울, 1965.
한태수, 『한국정당사』, 서울: 신태양사, 1961.
『해방뉴스』, 서울: 통신사, 1945.
『해방연지解放年誌 1946』, 도쿄: 해방신문사, 1946.
『해방 이후 조선내 중요일기』, 서울, 1946.
『해방 후 3년간의 국내 중요일기』, 평양, 민주조선사, 1948.
홍승면 외, 『해방 20년』, 서울: 세문사, 1965.
金奉鉉·金民柱, 『濟州道人民の4.3武裝鬪爭史』, 大阪: 文友社, 1963.
小早川九郎 編, 『朝鮮農業發達史』 全2巻, 京城: 朝鮮農會, 1944.
『朝鮮商工大鑑』, 1929.
『朝鮮年鑑 1945』, 서울: 京城日報社, 1945.

영어

Acheson, Dean., *Present at the Creation: My Years in the State Department*, New York: Signet Books, 1970.
Aiken, Hugh G. J., ed, *The State and Economic Growth*, New York: Social Science Research Council, 1959.
Allen, Richard (pseud.)., *Korea's Syngman Rhee: An Unauthorized Portrait*, Rutland, Vermont: Charles E. Tuttle Co., 1960.
Alperovitz, Gar., *Atomic Diplomacy: Hiroshima and Potsdam*. New York: Simon and Schuster, 1965.
Anderson Perry., *Lineages of the Absolutist State*, London: New Left Books, 1974.
Asiatic Research Center, ed., *International Conference on the Problems of Modernization in Asia*, Seoul, 1965.
Baik, Bong., *Kim Il Sung: A Political Biography, 3* vols, New York: Guardian Books, 1970.
Bailey, Sidney D., *The Korean Crisis*, London: National Peace Council, 1950.

Balazs, Etienne, *Chinese Civilization and Bureaucracy*, New Haven: Yale University Press, 1964.

Bartz, Patricia M. *South Korea*, London: Oxford University Press, 1972.

Beer, George Louis. *African Questions at the Paris Peace Conference*, New York: Macmillan Co., 1923.

Belden, Jact. *China Shakes the World*, New York: Monthly Review Press, 1949, 1970.

Beloff, Max. *Soviet Policy in the Far East, 1944-1951*, London: Oxford University Press, 1953.

Blum, Jerome. *The End of the Old Order in Rural Europe*, Princeton: Princeton University Press, 1978.

Borton, Hugh. *Japan Since 1931: Its Political and Social Developments*, New York: Institute of Pacific Relations, 1940.

Bradbury, William C,, Samuel M. Meyers, and Albert D. Biderman, eds. *Mass Behavior in Battle and Captivity*, Chicago: University of Chicago Press, 1968.

Brandt, Vincent. *A Korean Village Between Farm and Sea*, Cambridge: Harvard University Press, 1971.

Bree, Germaine, and George Bernauer, eds. *Defeat and Beyond*, New York: Pantheon Books, 1970.

Brenan, Gerald. *The Spanish Labyrinth*, Cambridge: Cambridge University Press, 1943.

Burns, James MacGregor. *Roosevelt: The Soldier of Freedom, 1940-1945*, New York: Harcourt Brace Jovanovich, 1970.

Byas, Hugh. *Government by Assassination*, New York: Alfred A. Knopf, 1942.

Byrnes, James F. *Speaking Frankly*, New York: Harper & Bros., 1947.

Caldwell, John C. *The Korea Story*, Chicago: Henry Regnery Co., 1952.

Cameron, Rondo, ed, *Banking in the Early Stages of Industrialization*, New York: Oxford University Press, 1967.

Chirot, Daniel. *Social Change in the Twentieth Century*, New York: Harcourt Brace Jovanovich, 1977.

Cho, Soon Sung. *Korea in World Politics, 1940-1950*, Berkeley: University of California Press, 1967.

Chung, Henry. *The Russians Came to Korea*, Seoul: Korean Pacific Press, 1947.

Chung, Kyung Cho. *Korea Tomorrow*, New York: Macmillan Co., 1956.

Clemens, Diane Shaver. *Yalta*, New York: Oxford University Press, 1970.

Cohen, Jerome B. *Japan's Economy in War and Reconstruction*, Minneapolis: University of Minnesota Press, 1949.

Cohen, Warren I. *America's Response to China*, New York: John Wiley & Sons, 1971.

Conroy, Hilary. *The Japanese Seizure of Korea, 1868-1910*, Philadelphia: University of Pennsylvania Press, 1960.

Collins, J. Lawton. *War in Peacetime: The History and Lessons of Korea*, Boston: Houghton Mifflin Co., 1969.

Cynn, Hugh Heung-woo. *The Rebirth of Korea*, New York: Abingdon Press, 1920.

Day & Zimmerman, Inc. *Report No. 5002 to His Excellency, Syngman Rhee, President, on the Conditions, Rehabilitation, and Further Development of Certain Elements in the Industry of the Republic of Korea*, Seoul, 1949.

Dahrendorf, Ralf. *Class and Class Conflict in Industrial Society*, Stanford: Stanford University Press, 1959.

Dallek, Robert. *Franklin D. Roosevelt and American Foreign Policy, 1932-1945*, New York: Oxford University Press, 1979.

Deuchler, Martina. *Confucian Gentlemen and Barbarian Envoys: The Opening of Korea, 1875-1885*, Seattle: University of Washington Press, 1977.

Deutscher, Isaac. *Stalin: A Political Biography*, New York: Oxford University Press, 1949.

Dobb, Maurice, *Studies in the Development of Capitalism*, New York: International Publishers, 1947, 1963.

Eckstein, Alexander. *China's Economic Development*, Ann Arbor: University of Michigan Press, 1975.

Eden, Anthony. *Memoirs: The Reckoning*, Boston: Houghton Mifflin Co., 1965.

Facts About Korea, 1945-1960, Pyongyang: Foreign Languages Publishing House, 1960.

Fanon, Franz. *The Wretched of the Earth*, Preface by Jean-Paul Sartre. New York: Grove Press, 1966.

Feis, Herbert. *The Atomic Bomb and the End of World War* Ⅱ, Princeton: Princeton University Press, 1966.

_____, *Between War and Peace: The Potsdam Conference*, Princeton: Princeton University Press, 1960.

_____, *Churchill, Roosevelt, Stalin: The War They Waged and the Peace They Sought*, Princeton: Princeton University Press, 1957.

_____, *Contest Over Japan*, New York: W. W. Norton, 1967.

Fraenkel, Ernst. *Military Occupation and the Rule of Law: Occupation Government in the Rhineland, 1918-1923*, New York: Oxford University Press, 1944.

Freeland, Richard M. *The Truman Doctrine and the Origins of McCarthyism*, New York: Alfred A. Knopf, 1972.

Friedrich, Carl J. et al. *American Experiences in Military Government in World War* Ⅱ, New York: Rinehart & Co., 1948.

Gaddis, John Lewis. *The United States and the Origins of the Cold War, 1941-1947*, New York: Columbia University Press, 1972.

Gann, L, H., and Peter Duignan, eds, *Colonialism in Africa, 1870-1960*, vol. 2, *The History and Politics of Colonialism, 1914-1960*, New York: Cambridge University Press, 1970.

Gardner, Lloyd. *Architects of Illusion*, Chicago: Quadrangle Books, 1970.

_____, *Economic Aspects of New Deal Diplomacy*, 2d ed., Boston: Beacon Press, 1971.

Gati, Charles, ed. *Caging the Bear: Containment and the Cold War*, New York: Bobbs-Merrill Co.,1974.

Gayn, Mark. *Japan Diary*, New York: William Sloane Associates, 1948.

Geertz, Clifford. *Agricultural Involution: The Process of Ecological Change in Indonesia*, Berkeley: University of California Press, 1966.

Gerschenkron, Alexander. *Economic Backwardness in Historical Perspective*, Cambridge: Harvard University Press, 1962.

Gitovich, A,, and B. Bursov. *North of the 38th Parallel*, Shanghai: Epoch Publishing Co., 1948.

Grajdanzev, Andrew J. *Modern Korea*, New York: Institute of Pacific Relations, 1944.
Green, A. Wigfall. *The Epic of Korea*, Washington, D.C.: Public Affairs Press, 1950.
Gunther, John. *The Riddle of MacArthur*, New York: Harper & Bros., 1950.
Hailey, Foster, *Half of One World*, New York, Macmillan Co., 1950.
Hall, John W., and Marius B. Jansen, *Studies in the Institutional History of Early Modern Japan*, Princeton: Princeton University Press, 1968.
Halliday, Jon. *A Political History of Japanese Capitalism*, New York: Pantheon Books, 1975.
Halperin, Morton H. *Bureaucratic Politics and Foreign Policy*, Washington: The Brookings Institution, 1974.
Han, Sungjoo. *The Failure of Democracy in South Korea*, Berkeley: University of California Press, 1974.
Harriman, W. Averell and Elie Abel. *Special Envoy to Churchill and Stalin 1941-1946*, New York: Random House, 1975.
Hartz, Louis. *The Liberal Tradition in America*, New York: Harcourt, Brace & World, 1955.
Hatada, Takashi. *A History of Korea*, Translated and edited by Warren Smith and Benjamin Hazard. Santa Barbara, California: Americn Bibliographical Center, 1969.
Hechter, Michael. *Internal Colonialism: The Celtic Fringe in British National Development, 1536-1966*, Berkeley: University of California Press, 1975.
Henderson, Gregory. Korea: *The Politics of the Vortex*, Cambridge: Harvard University Press, 1968.
Herz Martin F. *Beginnings of the Cold War*, Bloomington: Indiana University Press, 1966.
Hinton, William. *Fanshen: A Documentary of Revolution in a Chinese Village*, New York: Vintage Books, 1966.
Hirschman, Albert. *The Passions and the Interests: Political Arguments for Capitalism before its Triumph*, Princeton: Princeton University Press, 1977.
Hobsbawm, Eric J. *Industry and Empire*, London: Penguin Books, 1969.
_____, Primitive Rebels, 2d ed. New York: W. W. Norton, 1965.
Hull Cordell. *Memoirs*, New York: Macmillan Co., 1948.
Huntington, Samuel. *Political Order in Changing Societies*, New Haven: Yale University Press, 1968.
Ienaga, Saburo. *The Pacific War: World War Ⅱ and the Japanese, 1931-1945*, Translated by Frank Baldwin. New York: Pantheon Books, 1978.
Japan Times. *Economic Development of Korea and Manchuria*, Tokyo: Japan Times Publishing Co., 1923.
Johnson, E. A. J. *American Imperialism in the Image of Peer Gynt*, Minneapolis: University of Minnesota Press, 1971.
Jones, F. C. *Manchuria Since 1931*, New York: Oxford University Press, 1949.
Kawai, Kazuo. *Japan's American Interlude*, Chicago: University of Chicago Press, 1960.
Kim, Bong-gi. *Brief History of the Korean Press*, Seoul: Korea Information Service, 1965.
Kim, Changsoon, ed. *The Culture of Korea*, n.p. Korean-American Culture Association, 1945.
Kim Il Sung. *Selected Works*, vol. 1. Pyongyang: Foreign Languages Publishing House, 1971.

Kim, Richard. *Lost Names*, Seoul: Sisayongo Publishing Co., 1970.

Kim, Se-jin. *The Politics of Military Revolution in Korea*, Chapel Hill: University of North Carolina Press, 1971.

Kimm, Kiusic (Kim Kyu-sik). *The Far Eastern Situation*, Shanghai: Sino-Korean People's League, 1933.

Klein, Sidney. *Land Tenure Reform in East Asia After World War* Ⅱ, New York: Bookman Associates, 1958.

Koen, Ross. *The China Lobby in American Politics*, New York: Macmillan Co., 1960.

Kolco, Gabriel. *The Politics of War: The World and United States Foreign Policy, 1943-1945*, New York: Random House, 1968.

Kolko, Joyce, and Gabriel Kolko, *The Limits of Power: The World and United States Foreign Policy, 1945-1954*, New York: Harper & Row, 1972.

Koo, Jae Suh. *A Study of the Regional Characteristics of Korean Agriculture*, Seoul: Korea University, 1967.

Korea and the Pacific War, n.p. United Korean Committee in America, Planning and Research Board, 1943.

Korean Liberty Conference, Los Angeles: United Korean Committee in America, 1942.

Kramer, Irving I. *Japan in Manchuria*, Tokyo: Foreign Affairs Association of Japan, 1954.

Ladejinsky, Wolf. *Chosen's Agriculture and Its Problems*, Washington, D.C.: Department of Agriculture, 1940.

LaFeber, Walter. *America, Russia, and the Cold War, 1945-1966*, New York: John Wiley & Sons, 1967.

Langer, William. *Japan Between East and West*, New York: Council on Foreign Relations, 1957.

Lasswell, Harold. *Power and Personality*, New York: W. W. Norton, 1948.

Lauterbach, Richard. *Danger From the East*, New York: Harper & Bros., 1947.

Lee, Chong-sik. *Counterinsurgency in Manchuria: The Japanese Experience, 1931-1940*, Santa Monica, Cailf.: The RAND Corporation, 1967.

_____, *Materials on Korean Communism, 1945-1947*, Honolulu: University of Hawaii Press, 1977.

_____, *The Politics of Korean Nationalism*, Berkeley: University of California Press, 1963.

Lee, Hoon K. *Land Utilization and Rural Economy in Korea*, Shanghai: Kelly & Walsh, 1936.

Lee, Man-gap, and Herbert R. Barringer, eds. *A City in Transition: Urbanization in Taegu, Korea*, Seoul: Hollym Publishers, 1971.

Lensen, George Alexander. *The Strange Neutrality: Soviet-Japanese Relations During the Second World War, 1941-1945*, Tallahassee, Fla.: Diplomatic Press, 1972.

Levin, Gordon, Jr. *Woodrow Wilson and World Politics*, London: Oxford University Press, 1968.

Lloyd, Peter C. *Classes, Crises, and Coups: Themes in the Sociology of Developing Countries*, London: MacGibbon & Kee, 1971.

Lockwood, William W. *The Economic Development of Japan: Growth and Structural Change*, 2d ed. Princeton: Princeton University Press, 1968.

_____, ed. *The State and Economic Enterprise in Japan*, Princeton: Princeton University

Press, 1965.
McAlister, John T., Jr. *Vietnam: The Origins of Revolution*, Garden City, N.Y.: Doubleday Anchor Books, 1971.
McCune, George. *Korea Today*, Cambridge: Harvard University Press, 1950.
_____, *Korea's Postwar Political Problems*, New York: Institute of Pacific Relations, 1947.
McCune, Shannon. *Korea's Heritage: A Regional and Social Geography*, Rutland, Vt.: Charles E. Tuttle, 1956.
McNeill, William Hardy. *America, Britain, and Russia: Their Cooperation and Conflict, 1941-1946*, Reprint ed. New York: Johnson Reprint Corp., 1970.
Malefakis, Edward E. *Agrarian Reform and Peasant Revolution in Spain*, New Haven: Yale University Press, 1970.
The Manchoukuo Yearbook, 1942, Hsinking, Manchuria: Manchoukuo Yearbook Co., 1942.
Mao, Tse-tung. *Miscellany of Mao Tse-tung Thought, 1949-1968*, 2 vols, Washington, D.C.: Joint Publications Research Service, 1970.
Marr, David G. *Vietnamese Anticolonialism*, Berkeley: University of California Press, 1971.
Marx, Karl. Capital. 3 vols, New York: International Publishers, 1967 ed.
_____, *The Eighteenth Brumaire of Louis Bonaparte*, Reprinted. New York: International Publishers, 1963.
_____, *Pre-Capitalist Economic Formations*, Introduction by Eric J. Hobsbawm. New York: International Publishers, 1965.
Materi, Irma. *Irma and the Hermit*, New York: W. W. Norton and Co., 1949.
May, Ernest. *Lessons of the Past*, New York: Oxford University Press, 1973.
May Ernest, and James C. Thomson, Jr., eds. *American-East Asian Relations: A Survey*, Cambridge: Harvard University Press, 1972.
Mayer Arno J. *Dynamics of Counterrevolution in Europe, 1870-1956: An Analytic Framework*, New York: Harper Torchbooks, 1971.
Meade, E. Grant. *American Military Government in Korea*, New York: King's Crown Press, Columbia University, 1951.
Michels, Robert. *Political Parties*, Reprint ed., New York: Dover Publications, 1959.
Migdal, Joel S. *Peasants, Politics and Revolution*, Princeton: Princeton University Press, 1974.
Millis, Walter, ed. *The Forrestal Diaries*, New York: Viking Press, 1951.
Mills, C. Wright. *The Sociological Imagination*, New York: Oxford University Press, 1959.
Mitchell, C. Clyde. *Final Report and History of the New Korea Company*, Seoul: National Land Administration, 1948.
_____, *Korea: Second Failure in Asia*, Washington, D.C.: Public Affairs Institute, 1951.
Moore, Barrington, Jr. *Reflections on the Causes of Human Misery and upon Certain Proposals to Eliminate Them*, Boston: Beacon Press, 1970.
_____, *Social Origins of Dictatorship and Democracy: Lord and Peasant in the Making of the Modern World*, Boston: Beacon Press, 1966.
Morris, Ivan. *Nationalism and the Right Wing in Japan*, New York: Oxford University Press, 1960.

Moulder, Frances V. *Japan, China, and the Modern World-Economy*, New York: Cambridge University Press, 1977.

Myrdal, Gunnar. *Asian Drama: An Inquiry into the Poverty of Nations*, 3 vols, New York: Pantheon Books, 1968.

Nam, Koon Woo. *The North Korean Communist Leadership, 1945-1965*, University, Ala.: University of Alabama Press, 1974.

Nathan, Robert R., Associates. *An Economic Programme for Korean Reconstruction*, New York: United Nations Reconstruction Agency, 1954.

Neumann, Franz. *The Democratic and the Authoritarian State*, Glencoe, Ⅲ.: Free Press, 1957.

Norman, E. H. *Origins of the Modern Japanese State*, Edited by John Dower, New York: Pantheon Books, 1975.

Oliver, Robert T. *Korea: Forgotten Nation*, Washington, D.C.: Public Affairs Press, 1944.

_____, *Syngman Rhee and American Involvement in Korea, 1942-1960*, Seoul: Panmun Books, 1979.

_____, *Syngman Rhee: The Man Behind the Myth*, Cornwall, N.Y: Cornwall Press, 1955.

Paige, Jeffrey M. *Agrarian Revolution*, New York: Free Press, 1975.

Pak Induk. *September Monkey*, New York: Harper & Bros., 1954.

Pak Ki-hyuk et al., *A Study of Land Tenure System in Korea*, Seoul: Korea Land Economics Research Center, 1966.

Pak Ki-hyuk et al. *Three Clan Villages in Korea*, Seoul: Yonsei University Press, 1963.

Palais, James B. *Politics and Policy in Traditional Korea*, Cambridge: Harvard University Press, 1976.

Park, Chung Hee. *Our Nation's Path*, Seoul: Kwangmyong Publishing Co., 1960.

Pihl, Marshall, ed. *Listening to Korea*, New York: Praeger Publishers, 1973.

Polanyi, Karl. *The Great Transformation*, Reprint ed., New York: Beacon Press, 1967.

Popkin, Samuel L. *The Rational Peasant*, Berkeley: University of California Press, 1979.

Range, Willard. *Franklin Delano Roosevelt's World Order*, Athens: University of Georgia Press, 1959.

Redfield, Robert. *Peasant Society and Culture*, 2nd ed., Chicago: University of Chicago Press, 1960.

Rosenman, Samuel, ed. *Public Papers and Addresses of Franklin D. Roosevelt, 1942*, New York: Harpers, 1942.

Rudolph, Philip. *North Korea's Political and Economic Structure*, New York: Institute of Pacific Relations, 1959.

Sansom, Robert. *The Economics of Insurgency in th Mekong Delta of Vietnam*, Cambridge: MIT Press, 1970.

Scalapino, Robert A., and Chong-sik Lee. *Communism in Korea*, 2 vols, Berkeley: University of California Press, 1972.

Schattschneider, K E. *The Semi Sovereign People*, New York: Holt, Rinehart, Winston. 1960.

Schumpeter, E. B., ed. *The Industrialization of Japan ana Manchukuo, 1930-1940*, New York: Macmillan Co., 1940.

Schurmann, H. Franz, *Ideology and Organization in Communist China*, Berkeley: University of California Press, 1968.

_____, *The Logic of World Power: An Inquiry into the Origins, Currents and Contradictions of World Politics*, New York: Pantheon Books, 1974.

Sebald, William J., and Russell Brines. *With MacArthur in Japan: A Personal History of the Occupation*, New York: W. W. Norton and Co.,
1965.

Selden, Mark. *The Yenan Way in Revolutionary China*, Cambridge: Harvard University Press, 1971.

Sherwood, Robert E. *Roosevelt and Hopkins: An Intimate History*, 2nd ed., New York: Harper & Bros., 1950.

Shanin, Teodor. *The Awkward Class: Political Sociology of the Peasantry in a Developing Society, Russia 1910-1925*, Oxford: Clarendon Press, 1972.

_____, ed. *Peasants and Peasant Societies*, Baltimore, Md.: Penguin Books, 1971.

Shen, Mo. *Japan in Manchuria: An Analytical Study of Treaties and Documents*, Manila, 1960.

Sherwin, Martin. *A World Destroyed: The Atomic Bomb and the Grand Alliance*, New York: Alfred A. Knopf, 1975.

Shoemaker, James. *Notes on Korea's Postwar Economic Position*, New York: Institute of Pacific Relations, 1947.

Shoup, Laurence H., and William Minter. *Imperial Brain Trust: The Council on Foreign Relations and United States Foreign Policy*, New York: Monthly Review Press, 1977.

Simmons, Robert R. *The Strained Alliance: Peking, Pyongyang, Moscow, and the Politics of the Korean Civil War*, New York: Free Press, 1975.

Smith, R. Harris. OSS: *The Secret History of America's First Central Intelligence Agency*, Berkeley: University of California Press, 1972.

Smith, Thomas C. *The Agrarian Origins of Modern Japan*, Stanford: Stanford University Press, 1959.

_____, *Political Change and industrial Development in Japan: Government Enterprise, 1868-1880*, Stanford: Stanford University Press, 1955.

Sohn Pow-key, Kim Chol-choon, and Hong Yi-sup. *The History of Korea*, Seoul: Korean National Commission for UNESCO, 1970.

South Manchurian Railway Company. *Sixth Report on Progress in Manchuria, to 1939*, Dairen, 1939.

Stavenhagen, Rudolfo. *Social Classes in Agrarian Societies*, New York: Anchor Press/Doubleday, 1975.

Stettinius, Edward R., Jr. *Roosevelt and the Russians: The Yalta Conference*, Edited Walter Johnson, New York: Doubleday & Co., 1949.

Suh, Dae-sook. *Documents of Korean Communism, 1918-1948*, Princeton: Princeton University Press, 1970.

_____, *The Korean Communist Movement, 1918-1948*, Princeton: Princeton University Press, 1967.

Suh, Sang Chul, *Growth and Structural Changes in the Korean Economy, 1910-1945*, Cambridge: Council on East Asian Studies, distributed by Harvard University Press, 1978.

Sun, Kungtu C. *The Economic Development of Manchuria in the First Half of the Twentieth Century*, Cambridge: Harvard University East Asian Center Monographs, 1969.
Taeuber, Irene B. *The Population of Japan*, Princeton: Princeton University Press, 1958.
Tawney, R. H., *Land and Labor in China*, Reprint ed., Boston: Beacon Paperback, 1966.
Thorne, Christopher. *Allies of a Kind: The United States, Britain, and the War Against Japan*, New York: Oxford University Press, 1978.
Truman, Harry S. *Year of Decisions*, Reprint ed., New York: Signet Books, 1965.
_____, *Years of Trial and Hope*, Reprint ed., New York: Signet Books, 1965.
Tuchman, Barbara W. *Stilwell and the American Experience in China, 1911-1945*, New York: Macmillan Co., 1971.
Tucker, Robert, ed. *The Marx-Engels Reader*, New York: W. W. Norton, 1972.
Van Buskirk, James Dale. *Korea: Land of the Dawn*, New York: Missionary Education Movement, 1931.
Wagner, Edward Willett. *The Korean Minority in Japan, 1904-1950*, Vancouver: University of British Columbia, 1951.
_____, *The Literati Purges: Political Conflict in Early Yi Korea*, Cambridge: Harvard University East Asian Research Center, 1974.
Wales, Nym and Kim San. *Song of Ariran: A Korean Communist in the Chinese Revolution*, 1941, Reprint, San Francisco: Ramparts Press, 1973.
Wallerstein, Immanuel. *The Modern World-system: Capitalist Agriculture and the Origins of the European World-Economy in the Sixteenth Century*, New York: Academic Press, 1974.
_____, ed. *Social Change: The Colonial Situation*, New York: John Wiley & Sons, 1966.
Williams, William Appleman. *The Tragedy of American Diplomacy*, 2d rev. ed., New York: Deli Publishing. 1972.
Wolf, Eric. *Peasants*, Englewood Cliffs, N J.: Prentice-Hall, 1966.
_____, *Peasant Wars of the Twentieth Century*, New York: Harper & Row, 1969.
Wright, Gordon. *Rural Revolution in France: The Peasantry in the Twentieth Century*, Stanford: Stanford University Press, 1964.
Yamamura, Kozo. *A Study of Samurai Income and Entrepreneurship*, Cambridge: Harvard University Press, 1974.
Yergin, Daniel. *Shattered Peace: The Origins of the Cold War and the National Security State*, Boston: Houghton Mifflin Co., 1978.
Yim, Louise. *My Forty-Year Fight for Korea*, Seoul: Chungang University, International Culture Research Center, 1951.
Zaichikov, V. T. *Geography of Korea*, Translated by Albert Parry, New York: Institute of Pacific Relations, 1952.

Ⅲ. 기사와 정기 간행물

한국어

『민주경찰』, 서울, 경찰교육국, 1946~1947.
『신천지』 1~12, 1946.

『이북통신』, 삼팔사, 1947~1948.
『중성衆聲』 1, 부산, 1946. 2.
『춘추』 1, 서울, 1946. 2.
김용섭, 「양안의 연구—조선후기의 농업경제」, 『사학연구』 7·8, 1960.
오기수, 「여운형 선생론」, 『백민』 2-1, 1947.
이강국, 「파시즘과 신탁문제」, 『인민과학』, 1946.
홍경희, 「한국의 도시화」 1~2부, 『경북대학 논문집』 6~7, 1962, 287~325, 355~381쪽.

영어

Alavi, Hamza, "Peasants and Revolution: Russia, China, India." *Socialist Register*, New York: Monthly Review Press, 1965.

Balbus, Isaac C. "The Concept of Interest in Pluralist and Marxian Analysis." *Politics and Society* 1, no 2 (February 1971): 151-177.

Bix, Herbert P. "Japanese Imperialism and the Manchurian Economy, 1900-1931." *China Quarterly*, no. 51(July-September 1972).

Borton, Hugh. "American Pre-Surrender Planning for Postwar Japan." In *Occasional Papers of the East Asian Institute*, New York: Columbia University, 1967.

Butler, Paul. "A Korean Survey." *International Affairs*(July 1946), pp. 361~375.

Campbell, Thomas E. "The Taegu Riots: One of the US. Prosecutors Tells of the First Soviet-inspired Attempt to Take Over All Korea." *Commonweal* 54, no. 22(September 7, 1951): 519~522.

Chandra, Vipin. "The Independence Club and Korea's First Proposal for a National Legislative Assembly." *Occasional Papers on Korea*, no. 4, Seattle: University of Washington, 1975.

Cho, Soon-sung. "The Failure of American Military Government in Korea." *Korean Affairs*, vol 2, no. 3, Seoul, 1963.

Coulter, John W., and Bernice Bong Hee Kim. "Land Utilization Maps of Korea." *The Geographical Review*(July 1934), pp. 418~422.

Cumings, Bruce. "Is Korea a Mass Society?" *Occasional Papers on Korea*, no. 1, Seattle: University of Washington, 1978.

_____, "Kim's Korean Communism." *Problems of Communism* 23, no. 2(March-April 1974): 27-41.

Deane, H. "Korean Diary." *Nation*(November 1, 1947), pp. 469~471.

Deutsch, Karl. "Social Mobilization and Political Development." *American Political Science Review* 55, no. 3(September 1961): 493~514.

Eastman, Lloyd. "Fascism in Kuomintang China." *China Quarterly*, no. 49(January-March 1972), pp. 1~31.

Eckstein, Harry. "On the Etiology of Internal War." *History and Theory*, vol. 4, no. 2(1965).

Foster, George M. "Peasant Society and the Image of Limited Good." *American Anthropologist*, no. 67(April 1965), pp. 239~315.

Grey, Arthur L. "The Thirty-eighth Parallel." *Foreign Affairs*, vol. 29, no. 3(April 1951).

Haimson, Leopold. "The Problem of Social Stability in Urban Russia, 1917." *Slavic Review* 13, no. 4(December 1964): 619~642.

Halliday, Jon. "The Korean Communist Movement." *Bulletin of Concerned Asian Scholars* 2, no. 4(Fall 1970): 98~107.

_____, "The Korean Revolution." *Socialist Revolution* 1, no. 6(November~December 1970): 95~134.

Hamlin, W. [pseud.] "Korea: An American Tragedy." *Nation*(March 1, 1947), pp. 245~247.

Hankum Tralim [pseud]. "Land Reform in North Korea" *Amerasia* 11, no. 2(February 1947): 55~60.

Hofheinz, Roy. "The Ecology Chinese Communist Success."In A. Doak Barnett, ed. *Chinese Communist Politics in Action*, Seattle: University of Washington Press, 1969, pp. 3~77.

Johnson, U. Alexis. "Farming Households, Holdings, Ownership and Tenant Status in Chosen."(Keijo, 1939).

Jones, Gareth. Stedman. "The History of U.S. Imperialism" In Robin Blackburn, ed. *Ideology in Social Science*, New York: Vintage Books, 1973, pp. 207~237.

Juhn, Daniel. "Nationalism and Korean Businessmen under Japanese Colonial Rule." *Korea Journal*, vol 17, no. 1(January 1977).

Kim, Doo Young. "Labor Legislation in North Korea." *Amerasia* 11, no. 4(May I 947): 156~160.

Kim, Yong-mo. "Social Background and Mobility of the Landlords under Japanese Imperialism in Korea." *Journal of Social Sciences and Humanities*, no. 31(Seoul, June 1971).

"Korea—the Crossroads of Asia." *Amerasia*, vol. 9, no. 17(October 1945).

Korea Economic Digest, New York: Economic Society, 1944~1945.

Korean Research Bulletin, Los Angeles: Korean Research Council, 1943~1944.

LaFeber, Walter. "Roosevelt, Churchill and Indochina: 1942-1945." *American Historical Review*. vol. 80, no 5(December 1975).

Lauterbach, Richard E. "Hodge's Korea." *Virginia Quarterly Review* 23, no. 3(Summer 1947): 349~368.

Lee, Chong-sik. "Stalinism in the East: Communism in North Korea." In Robert Scalapino, ed. *The Communist Revolution in Asia: Tactics, Goals, and Achievements*. 2d ed., Englewood Cliffs, N.J.: Prentice-Hall, 1969.

Lee, Won-sul. "The Embryo of Korean Bureaucracy in 1945." *Koreana Quarterly* 7, no. 3(Autumn 1965): 32~49.

Mao, Tse-tung. "Report on an Investigation into the Peasant Movement in Hunan." *Selected Works* 1: 21~59, New York: International Publishers ed., 1954.

McColl, Robert. "The Oyuwan Soviet Area, 1927-1932." *Journal of Asian Studies*(November, 1967).

_____, "A Political Geography of Revolution: China, Vietnam, and Thailand." *Journal of Conflict Resolution*(June, 1967).

McCane, George M. "Korea: The First Year of Liberation." *Pacific Affairs*(March 1947), pp. 3~17.

_____, "Occupation Politics in Korea." *Far Eastern Survey*, vol. 1, no. 3(February 13, 1946).

McCune, Shannon. "Regional Diversity in Korea." *Korean Review*(September 1949)." pp.

3~13.
Meisner, Maurice "Leninism and Maoism: Some Populist Perspectives on Marxisim-Leninism in China." *China Quarterly*(January-March 1971).
Merrill, John. "The Cheju-do Rebellion," *Journal of Korean Studies*, no. 2(1980), pp. 139~198.
Mitchell. Edward J. "Inequality and Insurgency: A Statistical Study of South Vietnam." *World Politics*(April 1968), pp. 421~438.
_____, "Some Econometrics of the Huk Rebellion." *American Political Science Review* 63, no. 4(December 1969): 1159~1171.
Morrock, Richard. "Heritage of Strife: The Effects of Colonial 'Divide and Rule' Strategy Upon Colonial Peoples." *Science and Society* 37, no. 2(1973): 129~151.
Moskowitz, Karl. "The Creation of the Oriental Development Company." *Occasional Papers on Korea*, no. 2, Seattle: University of Washington, 1975.
Neumann, Franz. "Approaches to the Study of Political Power" in Roy C. Macridis and Bernard E. Brown, eds. *Comparative Politics: Notes and Readings*. Homewood, Ⅲ.: The Dorsey Press, 1972, 4th ed.
Noble, Harold J. "Our Most Dangerous Boundary." *Saturday Evening Post*(August 31, 1946).
Olmsted, David L. "Two Korean Villages: Culture Contact at the 38th Parallel." *Human Organization*, vol. 10, no. 3(Fall 1951).
"Our Record in Korea in the Light of the Increasing Hostility of the Korean People to our Military Government." *Amerasia*(November 1946), pp. 141~146.
Paige, Glenn D. "North Korea and the Emulation of Russian and Chinese Behavior." In A. Doak Barnett, ed. *Communist Strategies in Asia*, New York: Praeger, 1963.
Palais, James B. "Political Participation in Traditional Korea." *Journal of Korean Studies*, no. 1 (1979).
_____, "Stability in Yi Dynasty Korea: Equilibrium Systems and Marginal Adjustment." *Occasional Papers on Korea*, no. 3, Seattle: University of Washington, 1975.
_____, "Pattern of Reconquest." *Amerasia*(October 1945), pp. 271-279.
Portes, Alejandro. "Migration and Underdevelopment." *Politics and Society* 8, no. 1(1978): 1~48.
Pyle, Kenneth B. "Advantages of Followership: German Economics and Japanese Bureaucrats, 1890-1925." *Journal of Japanese Studies* 1, no. 1(Autumn 1974): 127~164.
Quinones, Kenneth. "The Impact of the Kabo Reforms upon Political Role Allocation in Late Yi Korea, 1884-1902." *Occasional Papers on Korea*, no. 4, Seattle: University of Washington, 1975.
Race, Jeffrey. "Toward an Exchange Theory of Revolution." In John W. Lewis, ed, *Peasant Rebellion and Communist Revolution in Asia*, Stanford: Stanford University Press, 1974.
Roth, Andrew. "Cross-Fire in Korea." *Nation*, vol. 162, no. 8(February 23, 1946).
_____. "Korea's Heritage." *Nation*, vol. 162, no. 5(February 23, 1946).
Sarafan, Bertram D. "Military Government: Korea." *Far Eastern Survey*(November 20, 1946).
Schivelbusch, Wolfgang. "Railroad Space and Railroad Time." *New German Critique*, no.

14 (Spring 1978).
Shin, Susan S. "Some Aspects of Landlord-Tenant Relations in Yi Dynasty Korea." *Occasional Papers on Korea*, no. 3, Seattle: Universty of Washington, 1975.
Shin, Yong-ha. "Landlordism in the Late Yi Dynasty Ⅰ." *Korea Journal* 18, no. 6(June 1978): 25~32.
Smith, Thomas C. "Pre-Modern Economic Growth: Japan and the West." *Past and Present*, no. 60 (August 1973), pp. 127~160.
Stinchcombe, Arthur L. "Agricultural Enterprise and Rural Class Relations." *American Journal of Sociology*, no. 67 (September 1961), pp. 165~176.
Stone, Lawrence. "Theories of Revolution." *World Politics*(January 1966).
Strong, Anna Louise. "A Visit to North Korea." *New Statesman and Nation*(January 17, 1948).
Taeuber, Irene B. "Korea in Transition: Demographic Aspects." *Population Index* 10, no. 4(October 1944): 229~242.
_____, "The Population Potential of Postwar Korea." *Far Eastern Quarterly*, vol. 5, no. 3(May 1946).
Tilly, Charles. "Does Modernization Breed Revolution?" *Comparative Politics* 5, no. 3(April 1973): 429~447.
Trewartha, Glenn, and Wilbur Zelinsky. "Population Distribution and Change in Korea, 1925-1949." *The Geographical Review*, vol. 45, no. 1(January 1955).
Vetterling, Philip W., and James J. Wagy. "China: The Transportation Sector, 1950-1971." In *People's Republic of China: An Economic Assessment*, Washington, D.C.: Joint Economic Committee, Congress of the United States, 1972.
Wallerstein, Immanuel. "The Rise and Future Demise of the Capitalist World-System." *Journal of Comparative Studies in Society and History*, Vol. 16(1974).
Wilkie, Mary E. "Colonials, Marginals, and Immigrants: Contributions to a Theory of Ethnic Stratification." *Comparative Studies in Society and History* 19, no. 1(January 1977): 67~96.
Zagoria, Donald. "Asian Tenancy Systems and Communist Mobilization of the Peasantry." In John W. Lewis, ed. *Peasant Rebellion and Communist Revolution in Asia*, Stanford: Stanford University Press, 1974.

Ⅳ. 미간행 논문과 연구

Baldwin, Frank. "The March 1 Movement: Korean Challenge a-d Japanese Responses." Ph.D dissertation, Columbia University, 1969.
Benesch, Ralph Keating. "Kim Ku: A Study of a Nationalist." M.A. thesi, University of Washington, 1964.
Chang, Paul Timothy. "Political Effect of World War Ⅱ on Korea: With Special Reference to the Policies of the United States."Ph. D. dissertation, University of Notre Dame, 1952.
Chen, I-te. "Japanese Colonialism in Korea and Formosa: A Comparison of Its Effects upon the Development of Nationalism." Ph. D. dissertation, University of Pennsyl-

vania, 1968.
Cho Jae-hong. "Post-1945 Land Reforms and Their Consequences in South Korea." Ph. D. dissertation, Indiana University, 1964.
Cumings. Bruce. "The Politics of Liberation: Korea, 1945-1947." Ph. D. dissertation, Columbia University, 1975.
Dong, Wonmo. "Japanese Colonial Policy and Practice in Korea, 1905-1945: A Study in Assimilation." Ph. D. dissertation, Georgetown University, 1965.
Gragert, Edwin H. "Some Reflections on the Land Survey of 1910-1918 and its Treatment in Korean Historiography." Paper, Columbia University Faculty Seminar on Korea, December 1973.
Han Yung Chul. "Traditionalism and the Struggle for Political Modernization in Contemporary Korea: With Special Reference to the Development of Political Parties." Ph. D. dissertation, New York University,]1966.
Hoag. C. Leonard. "American Military Government in Korea: War Policy and the First Year of Occupation, 1941-1940." Draft manuscript prepared under the auspices of the Office of the Chief of Military History, Department of the Army, 1970.
Kang, Han-mu. "The United States Military Government in Korea, 1945-1948: An Analysis and Evaluation of its Policy." Ph. D. dissertation, University of Cincinnati, 1970.
Karl, Hongkee. "A Critical Evaluation of Modern Social Trends in Korea." Ph.D dissertation, University of Chicago, 1934.
Knez, Eugene Irving. "Sam Jong Dong: A South Korean Village." Ph. D. dissertation, Syracuse University, 1959.
Koh Kwang-il. "In Quest of National Unity and Power: Political Ideas and Practices of Syngman Rhee." Ph. D. dissertation, Rutgers University, 1962.
Lee, Won-sul. "The Impact of United States Occupation Policy on the Socio-Political Structure of South Korea, 1945-1948." Ph. D. dissertation, Western Reserve University, 1961.
LeVine, Steven. "Political Consolidation in Manchuria, 1945-1949." Ph. D. dissertation, Harvard University, 1973.
McMahon, John E. "Antecedents, Character, and Outcome of the Korean Elections of 1948." M.A. thesis, University of California, 1954.
Matray, James J. "The Reluctant Crusade: American Foreign Policy in Korea, 1941-1950." Ph. D. dissertation, University of Virginia, 1977.
Merrill, John. "The Cheju-do Rebellion." M.A. thesis, Harvard University, 1975.
Morris, William George. "The Korean Trusteeship, 1941-1947: The United States, Russia and the Cold War." Ph. D. dissertation, University of Texas, 1974.
Perry, Elizabeth. "From Rebels to Revolutionaries: Peasant Protest in Huaibei." Draft manuscript to be published by Stanford University Press, 1980.
Robinson, Richard. "Betrayal of a Nation." Manuscript, Massachusetts Institute of Technology.
Sloane, Justin. "The Communist Effort in South Korea, 1945-1948." M.A. thesis, Northwestern University, 1949.
Suh Sang Chul. "Growth and Structural Change in the Korean Economy, 1910-1945." Ph. D. dissertation, Harvard University, 1967.

Yoo Sae Hee. "The Korean Communist Movement and the Peasant Under Japanese Ru1e." Ph. D. dissertation, Columbia University, 1974.

V. 신문

한국어

『공업신문』, 서울, 1945. 10~11.
『근역주보』, 1945. 11.
『노동자신문』, 서울, 1945. 9~10.
『독립신문』, 서울, 1945. 11~12.
『동방신문』, 서울, 1945. 9~10.
『동신일보東新日報』, 서울, 1945~1946.
『동아일보』, 서울, 1945. 12~1946.
『매일신보』, 1945. 8~9.
『문화전선』, 서울, 1945. 11~12.
『민중일보』, 서울, 1945~1946.
『서울신문』, 서울, 1945. 11~1946.
『자유신문』, 서울, 1945~1946.
『전국노동자신문』, 서울, 1945. 11~1946. 4.
『전라민보』, 광주, 1945. 2.
『전선』, 서울, 1~4호, 1945. 10.
『조선민중일보』, 서울, 1945. 11.
『조선인민보』, 서울, 1945~1946.
『중앙일보』, 서울, 1945~1946.
『평북신보』, 신의주, 1946. 1.
『평양민보』, 평양, 1946. 1~4.
『한국민주당특보』, 서울, 1945. 12~1946. 2.
『한민일보』, 서울, 1945. 9.
『해방일보』, 이정식 영역, 1945. 1~11.
『혁명신문』, 서울, 1945. 9~10.

영어

Korea Times, Seoul, September-December 1945.
Korean Independence, Los Angeles, 1946.
New York Times, New York, 1945-1947.
The People's Korea, Tokyo, 1972-1978.
Seoul Press, Keijo, 1937.
Seoul Times, Seoul, 1945-1948.
Star Exponent, Los Angeles, 1944.
Stars and Stripes, Washington, D.C. and Tokyo, 1946.
Voice of Korea, Washington, D.C., 1945-1948.

Ⅵ. 기타

Dean Acheson Papers, Truman Library.

Eben A. Ayers Papers, Truman Library.

Interview with Leonard Bertsch. Akron, Ohio, May 19, 1973.

Matthew J. Connelly Papers, Truman Library.

Interviews in Seoul with various informants. 1971-1972.

Interview with Professor Han Tae-su. Seoul, June 1972.

M. Preston Goodfellow, private papers, accession no. 69085-8.37, boxes 1 and 2. Stanford, California: The Hoover Institution Archives.

"Miscellaneous File, Korea," Accession no. TS Korea U58, The Hoover Institution Archives.

옮긴이의 글

한 세기 전 이 나라는 식민지였다. 그리고 유럽에서는 제1차 세계대전이 막 끝난 상태였다. 유럽인들이 '아주 커다란 전쟁'이라고 불렀다는 사실이, 무엇보다 역사에서 처음으로 '세계대전'이라는 명칭이 붙여졌다는 사실이 보여주듯, 그것은 그때까지 인류가 경험하지 못한 규모의 전쟁이었다. 겨우 20년 뒤 다시 일어난 두 번째 세계대전은 유럽을 넘어 아시아까지 확대됨으로써 그 명칭의 빈 부분을 온전하게 채웠다. 그리고 그 5년 뒤 세계대전에 육박하는 거대하고 참혹한 전쟁이 바로 이 땅에서 일어났다.

전쟁에서 가장 흔한 행위는 살육과 파괴다. 그러니까 두 번의 세계대전과 한국전쟁에서는 그런 살육과 파괴가 어마어마한 규모로 거듭 일어난 것이다. 전장의 죽음을 생각해본다. 고통을 느낄 새도 없이 죽는 병사도 많았겠지만, 총탄이 자신의 몸을 통과했을 수많은 사람을 생각해본다. 우리는 조그만 상처에도 쩔쩔 매며 아파한다. 그러니 총상의 엄청난 고통은 쉽게 상상되지 않는다. 그보다 이제는 어떤 방법으로도 생명을 지속할 수 없다는 절망을 생각해본다. 보고 싶은 사람을 영원히 볼 수 없고, 하고 싶은 일을 다시는 할 수 없고, 먹고 싶은 것을 더는 먹을 수 없다. 그야말로 곧 속절없이 죽을 수밖에 없는 자신을 바라보고 느끼고 몸부림쳤을 수많은 사람을 생각해본다.

나이가 들면서 굳히게 된 판단 하나는 인간이 본래 악하다는 것이다. 그런 판단의 가장 중요한 근거는 다름 아닌 나 자신이다. 나만 아는 내 마음이나 행동을 지켜보면 거기에는 악이, 그득하지는 않더라도 늘 자리 잡고 있다. 사람들의 눈과 제도와 법률과 작은 도덕의 힘에 기대 그럭저럭 살아가고 있을 뿐이다.

이 책을 옮기면서 폭력의 광기가 지배했던 70년 전 이 나라와 사람들을 자주 생각했다. "죽은 사람만이 전쟁의 끝을 본다"는 말을 알게 됐다. 폭력이, 그러니까 악이 인간의 근원과 맞닿아 있다는 사실을 더없이 간결하고 명징하고 섬뜩하게 짚은 말이라고 생각한다.

저자와 이 책의 명성은 따로 말할 필요가 없을 것이다. 40년 전 이 책이 나왔을 때 한국 현대사를 공부하지 않는 사람에게도 저자와 이 책의 이름은 풍문처럼 들려왔다. 이 책을 번역하면서 해방부터 한국전쟁까지 좌우대립이 얼마나 치열했고 좌익의 세력이 얼마나 번성했는지 새삼 실감했다. 지금 우리가 이런 자유를 누리는 것이 놀랍게 느껴진 때도 적지 않았다. 원서의 내용과 체재를 충실히 전달하려고 나름대로 최선을 다했다. 길고 뜻깊은 한국어판 서문을 써주신 저자께 감사드린다. 번역 원고를 꼼꼼히 검토하고 수정사항을 알려주신 김학재 박사님(서울대학교 통일평화연구원 HK교수)께 감사드린다.

가족에게 사랑과 감사의 마음을 보낸다. 먼저 떠나신 아버지께서 늘 평안하시길 기도한다.

2023년 3월

김범

찾아보기

인명

ㄱ

ㅅ

ㅇ

단체 및 조직

ㄱ

ㄴ

ㄷ

ㅁ

ㅊ

ㅌ

ㅍ

ㅎ

그 외

자료명

ㄱ

ㄴ

한국전쟁의 기원 1

1판 1쇄 2023년 5월 29일
1판 4쇄 2024년 5월 31일

지은이 브루스 커밍스
옮긴이 김범
펴낸이 강성민
편집장 이은혜
편집 김미진 김유나 김지수 진상원 박지호 함윤이
외부교열 김학재 권성욱 최재근
마케팅 정민호 박치우 한민아 이민경 박진희 정유선 황승현
브랜딩 함유지 함근아 고보미 박민재 김희숙 박다솔 조다현 정승민 배진성
제작 강신은 김동욱 이순호

펴낸곳 (주)글항아리 | 출판등록 2009년 1월 19일 제406-2009-000002호

주소 10881 경기도 파주시 심학산로 10 3층
전자우편 bookpot@hanmail.net
전화번호 031) 955-8869(마케팅) 031) 941-5161(편집부)
팩스 031) 941-5163

ISBN 979-11-6909-095-7 94900

www.geulhangari.com